视频路径： 第3章\3.1.1下载与安装千牛.mp4 P58

视频路径： 第3章\3.1.2 工作台模式与旺旺模式\1.旺旺模式登录.mp4 P59

视频路径： 第3章\3.2.2常用设置\1.编辑头像.mp4 P63

4.2.2 宝贝分类拍摄技巧\1.服装拍摄技巧 P91

4.2.2 宝贝分类拍摄技巧\2.包类拍摄技巧 P92

视频路径： 第4章\4.3.1抠图去背景\2.钢笔工具去除复杂背景.mp4 P97

视频路径： 第4章\4.3.1抠图去背景\3.图层混合替换背景.mp4 P100

视频路径： 第4章\4.3.1抠图去背景\4. 调整边缘抠取毛发.mp4 P102

视频路径： 第4章\4.3.3图像的组合.mp4 P105

视频路径： 第4章\4.3.7处理照片的污点\1.污点修复画笔工具.mp4 P114

视频路径： 第4章\4.4.2虚化背景.mp4 P118

视频路径： 第4章\4.4.3脸部马赛克.mp4

P119

5.3.1 光线的运用

P130

5.3.2 摄影构图

P132

5.3.3 景别与角度

P133

5.4.1 认识会声会影的工作界面

P134

视频路径： 第5章\5.4.3视频分割与组合.mp4

P141

视频路径： 第5章\5.4.4为视频添加转场与特效\1.添加转场.mp4

P142

视频路径： 第5章\5.4.6添加字幕与配音\1.添加字幕模板.mp4

P156

视频路径： 第5章\5.4.8模块快速制作影片\1.影音快手.mp4

P162

视频路径： 第5章\5.5.1首页视频的应用.mp4

P167

视频路径： 第5章\5.5.2详情页视频的应用.mp4

P169

视频路径：第6章\6.4.1页面背景装修\2.平铺式背景的装修.mp4 P187

视频路径：第6章\6.4.3店招装修\2.自定义店招+导航+页头背景.mp4 P196

视频路径：第7章\7.2.2设置热点与链接.mp4 P224

视频路径：第7章\7.4.1浮动布局.mp4 P237

视频路径：第7章\7.6.3弹出层.mp4 P260

视频路径：第6章\6.4.1页面背景装修\3.固定背景的装修.mp4 P189

视频路径：第6章\6.4.4 全屏海报.mp4 P199

视频路径：第6章\6.6.1手机店铺首页\4. 图文模块装修.mp4 P211

视频路径：第7章\7.5.1鼠标响应事件.mp4 P247

视频路径：第6章\6.4.2导航设置\2.修改默认导航的颜色.mp4 P192

视频路径：第6章\6.6.1手机店铺首页\3. 店招装修.mp4 P209

视频路径：第7章\7.1.2切片与代码.mp4 P218

视频路径：第7章\7.6.2手风琴.mp4 P258

7.6.4 倒计时 P263

视频路径：第8章\8.1.4 “收藏”链接.mp4

P269

视频路径：第8章\8.1.5 “购物车”链接.mp4

P270

9.1.1 下载与安装

P276

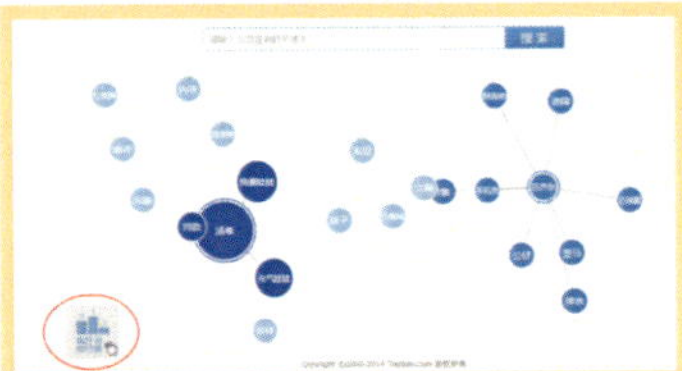

9.4.1 获取关键词\5.淘宝指数提取

P296

视频路径：第9章\9.5.2心选推荐\3.“精品”推荐宝贝.mp4

P301

视频路径：第9章\9.5.2心选推荐\4.“如图”推荐宝贝.mp4

P302

视频路径：第9章\9.7.2客服分流\1.分流设置.mp4

P326

9.8.4 淘宝VIP优惠设置\1.设置淘宝VIP

P334

视频路径：第10章\10.1.2店铺免费试用.mp4

P353

视频路径：第10章\10.1.7客户互动引流.mp4

P357

10.7.1 生意参谋\2.实时直播

P387

10.7.2 淘宝指数\1.搜索趋势

P389

12.2.1 注册微店

P421

淘宝网店/微店全攻略

麓山文化◎编著

开店＋装修＋拍摄＋推广＋客服

人民邮电出版社

北京

图书在版编目（CIP）数据

淘宝网店/微店全攻略 ： 开店+装修+拍摄+推广+客服/
麓山文化编著. -- 北京 ： 人民邮电出版社，2016.1
ISBN 978-7-115-40535-7

Ⅰ. ①淘… Ⅱ. ①麓… Ⅲ. ①电子商务－商业经营－
基本知识 Ⅳ. ①F713.36

中国版本图书馆CIP数据核字(2015)第246255号

内 容 提 要

网上购物的火爆带来了巨大的网络商机，无数创业者将目光投向淘宝开店。本书是一本帮助新手卖家快速掌握淘宝开店的实用入门书籍，书中从淘宝的新规则出发，按照淘宝开店的流程，全面地讲解了从开店、装修、管理、营销推广到物流与客服的知识，使读者能在短时间内学会淘宝开店，轻松解决开店中的各种问题。同时，结合日益发展的手机淘宝店铺和微店等内容进行具体介绍，通过微信营销和微博推广等手机端的店铺推广方式，扩展了卖家开店与商品销售的途径。

为了方便读者学习，本书提供了操作实例的教学视频，同时，赠送近千款实用素材，包括页面背景、图标、店招及装修常用代码等，方便随时调用，真正物超所值。

本书主要面向准备在淘宝开店的读者，也适用于已经开通了网店，并想深入学习网店经营技巧的卖家。同时，也可以作为相关培训机构的培训教材或辅导图书。

◆ 编　　著　麓山文化
责任编辑　张丹阳
责任印制　程彦红

◆ 人民邮电出版社出版发行　　北京市丰台区成寿寺路 11 号
邮编　100164　　电子邮件　315@ptpress.com.cn
网址　http://www.ptpress.com.cn
北京七彩京通数码快印有限公司印刷

◆ 开本：700×1000　1/16　　彩插：2
印张：27.75　　2016 年 1 月第 1 版
字数：664 千字　　2024 年 7 月北京第 20 次印刷

定价：59.00 元

读者服务热线：(010)81055410　印装质量热线：(010)81055316
反盗版热线：(010)81055315

FOREWORD

前言

随着互联网的飞速发展，网络购物已经逐渐被人们所熟悉和接纳，同时也为更多人提供了创业的机会和途径。网上开店，这种低成本创业成为很多人的选择。淘宝在中国C2C电子商务平台市场占有绝对的主导地位，每个涉足淘宝的创业者都想在淘宝网上发掘出自己的一条致富道路。

本书内容

本书是一本全面讲解淘宝开店的书籍，书中按照淘宝开店的流程，讲解了淘宝开店全过程中的操作与实用技巧。全书共分13章，分别介绍了网上开店的准备、进军淘宝市场、完成第一笔订单、宝贝图的拍摄与美化、淘宝视频的拍摄与剪辑、淘宝店铺装修、淘宝动态页面装修、获取淘宝常见链接代码、网店经营与管理、淘宝营销推广、物流与客服、微店以及微信与微博营销等内容。

本书特色

1. 入门必备、简单易学

本书主要面向淘宝新手卖家，书中按照开店流程，将淘宝开店中所有知识与操作方法整理出来，全程图文讲解，简单易学，真正帮助新手卖家学会淘宝开店。

2.内容丰富、全程详解

本书内容涵盖淘宝开店、照片拍摄与美化、视频拍摄与剪辑、店铺装修、经营管理、营销推广及物流客服等所有淘宝开店内容，还包括微店、微信与微博营销等内容，内容全面且丰富。全书通过详细的步骤讲解，使卖家能真正掌握书中内容，快速提升店铺水平。

3. 紧贴热点、抓住商机

本书抓住移动端商机，介绍了日益火爆的手机淘宝店铺和微店的内容。并结合了微信营销和微博推广等手机端的店铺推广方式，扩展了卖家开店与商品营销推广的途径。

4. 独家经验、专业指导

本书将编者精心整理收集的淘宝开店中的常用技巧与经验穿插在书中，通过100多个技巧提示，帮助新手卖家轻松解决开店中遇到的难题。

5. 海量素材、超值赠送

本书附赠资源，扫描封底“资源下载”二维码即可获得下载方法，不仅提供了书中操作实例的教学视频，还赠送近千个实用素材，包括页面背景、图标、店招及装修常用代码等，方便随时调用，真正物超所值。

本书适合读者

本书适合准备在淘宝开店的读者，以全面学习和了解店铺经营中的各个方面。也适用于已经开通了网店，并想深入学习网店经营的技巧、解决网店中遇到的难题、提升店铺水平的卖家。同时，也可以作为网上开店培训机构的培训教材或辅导图书。

本书创作团队

本书由麓山文化编著，参与编写的有陈志民、李红萍、陈云香、陈文香、陈军云、彭斌全、林小群、钟睦、张小雪、罗超、李雨旦、孙志丹、何辉、彭蔓、梅文、毛琼健、刘里锋、朱海涛、李红术、马梅桂、胡丹、何荣、张静玲和舒琳博等。

由于作者水平有限，书中错误、疏漏之处在所难免。在感谢您选择本书的同时，也希望您能够把对本书的意见和建议告诉我们。

联系邮箱：lushanbook@qq.com

读者群：327209040

编者

目录 CONTENTS

第 5 章 淘宝视频的拍摄与剪辑

第 6 章 淘宝店铺装修

CONTENTS

CONTENTS

目录

第7章 淘宝动态页面装修

第8章 获取淘宝常见链接代码

第9章 网店管理与经营

第10章 淘宝营销推广

CONTENTS

CONTENTS

目录

第 1 章 网上开店的准备

网上开店是一种在互联网时代的背景下诞生的新销售方式，区别于网下的传统商业模式，网上开店投入不大且经营方式灵活，可以为经营者提供不错的利润空间，成为许多人的创业途径。

网上开店的前期准备工作必不可少，如选择网店平台、选择货源、注册会员及设置信息等，这些准备工作可以使创业之路更加平坦。

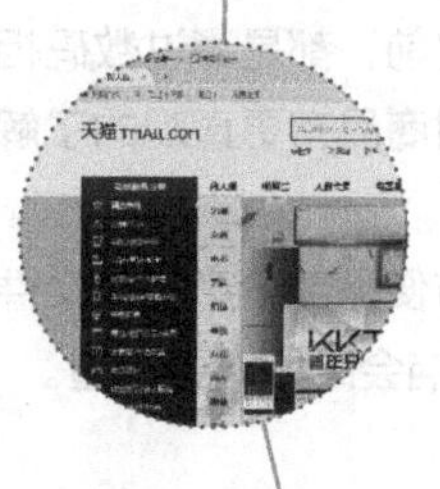

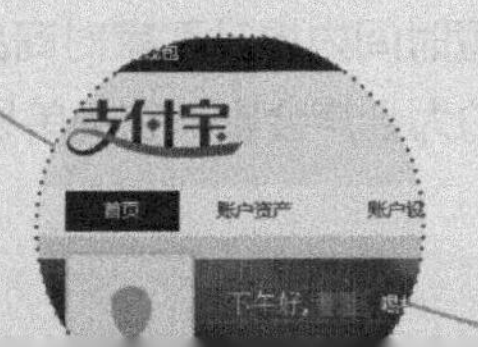

1.1 认识网上开店

网上开店是指卖家自己建立网站或通过第三方平台，在网络上把商品展示给顾客，然后在网络上留下联系方式和支付方式，买卖双方相互联系，然后买家以网上支付的方式跟店主进行买卖，来达成交易的整个流程。

1.1.1 网上开店条件

网上开店也需要一定的条件及准备。如准备电脑和相机等硬件设备，以及下载千牛、Photoshop、Dreamweaver和会声会影等软件程序。下面列举一般需要准备的硬件或软件，卖家可以根据自己的实际情况来选择必要的设备。

1. 硬件设备

硬件设备需要自己配备或购买。

- **电脑**：网上创业就是使用电脑在互联网上进行产品的销售，同时进行客户间的交流等操作。因此，电脑是网上开店的必备工具，可以说是网上创业者行走江湖的工具。
- **移动电话（手机）**：移动电话也是网上开店所必须的设备，一方面可以随时与客户保持联系；另一方面，随着淘宝手机店铺及微店等移动端的不断发展，手机在店铺经营中会起到越来越重要的作用。
- **数码相机**：数码相机是网上开店的基本设备之一，因为在宝贝上架之前，都是通过数码相机拍摄，然后进行修改和调整再上传到网上。宝贝的图片可使买家对商品有更直观的了解和感受，也使商品更具有吸引力。
- **打印机和扫描仪**：对于大量的快递单或重要文件使用打印机会十分方便；部分产品及文件会使用到扫描仪，如书籍封面和产品的质检报告等，这些纸质文件扫描会比拍摄更合适。

2. 软件准备

一般软件可以直接在网络上下载，无需任何费用。

- **电子邮箱**：无论是网站注册还是信息发送，邮箱都是必不可少的。
- **网络聊天软件**：网上交易需要与客户进行实时交流，因此聊天软件是必备的，在不同的平台开店可以选择不同的聊天工具，如微店可以选择微信，淘宝开店则选择千牛（原为阿里旺旺卖家版）。
- **图像编辑软件**：商品拍摄会因为各种原因导致照片不够美观，不能很好地体现产品优点。因此，拍摄完成后还需要进行一定的编辑，图像编辑软件比较多，常用的有美图秀秀和Photoshop，专业的人员可以选择Photoshop，而新手则可以选择美图秀秀，它相比Photoshop而言，操作更简单。
- **网页编辑软件**：网店的动态页面装修会使用到网页编辑软件，我们常用的网页编辑软件为Dreamweaver。
- **视频编辑软件**：淘宝店铺支持主图视频、首页、详情页添加视频。以影音动态呈现宝贝，可以有效地在短时间内提升买家对商品的认知和了解。视频的制作与编辑则会用到视频编辑软件，常用的为会声会影，它简单易学，且功能强大，在后面章节中会进行具体介绍。

1.1.2 网上开店优势

网上开店相比线下实体店铺而言，启动资金低，投入少，交易快捷方便，是很多人创业的首选。网上开店的优势具体的有以下几点。

1. 成本低

成本低是网上开店的最大优势。相对于线下实体店铺而言，网上开店没有各种税费和门面租金等。不需要专人的看守，节省了人力方面的投资，而且基本上没有水、电和管理费等方面的支出。另外，部分网上开店的平台支持免费注册开店，如淘宝网。

2. 方式灵活

网店的经营是借助互联网的，经营者既可以是全职经营，也可以是兼职经营，并且，网店营业时间也比较灵活，不需要专人时时看守，只要及时对浏览者的咨询给予回复就不影响经营。

3. 不受时间、地点和面积的制约

网上开店基本上不受营业时间、营业地点和营业面积这些传统因素的影响。可以一天24小时、一年365天不停地运作，无论刮风下雨，无论白天晚上，无需专人值班看店，都可以照常营业。网店的人气来自于网上，因此，即使网店的经营者在一个小胡同里也不会影响到网店的经营。网店的商品数量也不会像线下实体商店那样，生意大小常常被店面面积限制，只要经营者愿意，网店可以显示成千上万种商品。

4. 服务范围广

网店开在互联网上，只要是上网的人就有可能成为商品的浏览者和购买者。所以，这个范围可以是全国的网民，甚至是全球的网民。只要网店里的商品具有特色、价格合理、经营得法，网店每天有不错的访问量，这就大大增加了销售的机会，从而取得良好的收入。

1.1.3 网店经营模式

网店的经营方式灵活，卖家可以根据自己的时间和实际情况选择一种经营方式。

1. 线下结合

对于线下拥有实体店铺的商家而言，开通网店可以扩宽销售渠道，线上线下相结合，赢得更多的收益。因为有网下店铺的支持，在商品的价位和销售的技巧方面都更高一筹，也容易取得消费者的认可与信任。

2. 全职经营

对于时间充足的创业者和退休人员而言，可以选择全职开店。经营者可以将全部的精神都投入到网站的经营上，将网上开店作为自己的全部工作，将网店的收入作为个人收入的主要来源。

3. 兼职经营

对于上班族和大学生而言，可以利用职务之便或课余时间兼职开店，增加收入来源。这种方式在时间的安排上自由、灵活，不会影响正常的工作和学习，是一种自由的经营方式。

1.1.4 网店平台

网上开店所依托的平台有京东、淘宝和微店等，不同的平台有不同的特点，且开店要求及收费方法不同。

1. 淘宝集市

淘宝网是亚太地区较大的网络零售商圈，淘宝网的创立，为国内网民提供了更好的个人交易场所，是个人小成本创业的最佳选择，在淘宝网上的一切交易都是免费的，而且交易规则严谨，切实保护买家和卖家的权益不受侵害。支付宝使得交易更加安全、高效和快捷。

淘宝网业务跨越C2C（个人对个人）、B2C（商家对个人）两大部分，其中C2C也就是我们所说的淘宝集市，图1-1所示为淘宝网首页。

淘宝网集市开店无需缴纳开店费用，开店过程简单易操作，是大多数人的主要选择方式，也是本书重点讲解的内容之一。

图1-1 淘宝网首页

2. 天猫

天猫为原淘宝商城，与淘宝集市不同，它是商家对个人的经营模式。天猫比普通店铺更具吸引力的是它的服务，它不仅是大卖家和大品牌的集合，同时也提供比普通店铺更加周到的服务。图1-2所示为天猫的首页。

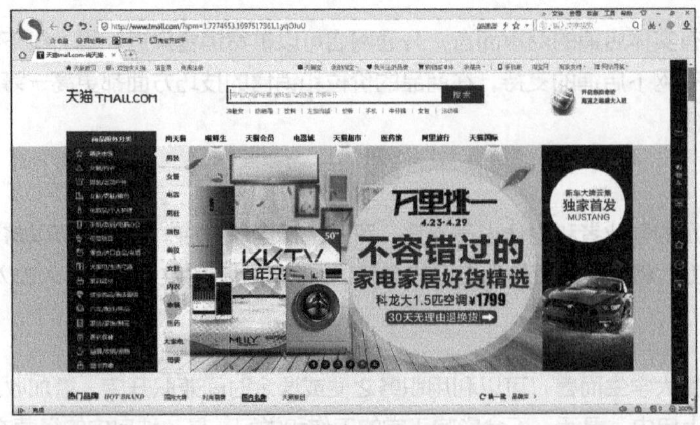

图1-2 天猫首页

天猫店铺包括旗舰店、专卖店和专营店3种类型，如图1-3所示。开店需提供企业信息与相关资质，如企业营业执照副本复印件、企业税务登记证复印件、商标注册证及授权书等，不同种类店铺需要的资质不同。

在天猫经营必须交纳保证金、年费及技术服务费。

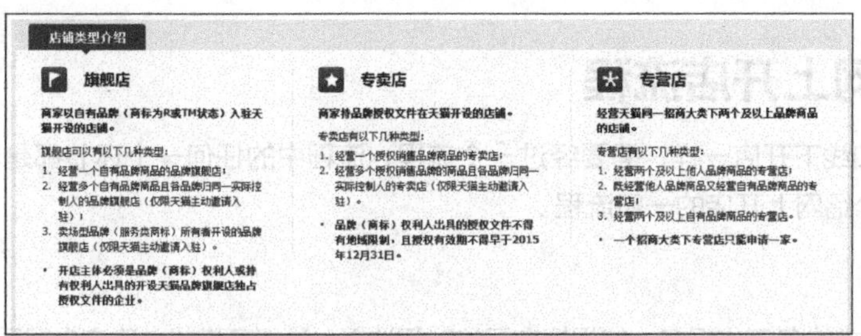

图1-3 天猫店铺类型

3. 京东商城

京东是中国最大的自营式电商企业，京东先后组建了上海及广州全资子公司，将华北、华东和华南三点连成一线，使全国大部分地区都覆盖在京东商城的物流配送网络之下；同时不断加强和充实公司的技术实力，改进并完善售后服务、物流配送及市场推广等各方面的软、硬件设施和服务条件。京东商城组建以北京、上海、广州和成都、沈阳、西安为中心的六大物流平台，以期能为全国用户提供更加快捷的配送服务，进一步深化和拓展公司的业务空间。

2014年，京东和腾讯签署了电商总体战略合作协议，腾讯将旗下拍拍C2C和QQ网购等附属关联公司注册资本、资产和业务转移予京东。

京东商城开店是不接受个人申请的，只有公司的名义或者品牌才能够入驻申请。且京东暂不接受未取得国家商标总局颁发的商标注册证或商标受理通知书的境外品牌的开店申请。图1-4所示为京东商城首页。

图1-4 京东商城首页

4. 微店

微店是让微商入驻的平台。类似于移动端的淘宝店，主要就是利用社交分享，如微信的朋友圈，及熟人进行营销。

微店帮助卖家在手机上免费开店，所有交易不收取任何手续费。支持信用卡、储蓄卡、支付宝、微信和百度钱包等多种方式付款，且无需开通网银，快捷又方便。每天自动提现至你的银行卡，及时回款。多种推广方式，给店铺带来的更多的流览量。

在各类微店中主要分为两类模式：一类为B2C模式，如京东微店，直接通过商家对接消费者；另一类微店类似于C2C模式，多面向个体。其中C2C类模式的居多。

1.1.5 网上开店流程

网上开店和线下开店一样，需要经过一个流程，流程中的任何一个环节都是非常重要且不可忽视的，下面介绍网上开店的一般流程。

1. 前期准备

开店前要做的准备工作很多，如根据自己的时间选择一种经营模式；确定自己要开一个什么店；有没有优质的货源；有没有足够的资金等，这些都要经过一番深思熟虑，才能决定网店的走向。

2. 进货

网上商品的一大优势就是物美价廉。因此，网店开张前货源的选择十分重要，一要有品质保障，二要价格合理，这样才能真正满足消费者的需要并赢得消费者的信赖。具体的进货渠道以及进货准则在后面的章节中将会具体讲述。

3. 选择平台

前面已经介绍了网上开店的不同平台，我们需要根据自己的实际情况选择平台。另外，在自己的经济能力范围内，一定要选择人气旺的大型网站，这样自己的店铺被搜索到的概率就会越大。

4. 申请店铺

申请店铺是正式开店的第一步，填写申请的相关信息，提交相关资料，等待审核，直到审核通过，完成开店。

5. 发布商品

开通店铺后，需要发布商品以及填写商品的相关信息，从而使浏览者浏览到自己的商品。

6. 营销与推广

对商品进行营销推广，使更多的人知道并购买，从而获得收益。营销推广渠道有很多种，在后面的章节中会讲述。

7. 交易

买家购买商品是交易的第一步，而后还需要联系买家确定收货地址，并联系快递发货，直到对方收到货并确定付款。

8. 评价与投诉

交易完成后，买卖双方可以给对方评价，好评是一个网上店铺经营长久的重要因素。收到差评或投诉，则及时处理，以做到双方满意。

9. 售后服务

通常，网店的售后服务是网店招揽回头客的重要手段。不管是技术支持还是退换货服务，做到让顾客满意，才能扩大口碑，打响品牌。

1.2 网店货源选择

货源是开店前必须考虑的问题，优质的货源才能使网店在网上长久地生存下去。

1.2.1 选择最佳货源

找到最佳的货源就等于成功了一半，所谓最佳货源就是除了质量好，价钱公道等最基本的要求外，还应该适合在淘宝上出售，有市场需要，且是自己熟悉并感兴趣的。

1. 适合在淘宝上出售

- 附加值高，即投入产出比较高的产品。其技术含量和文化价值等，比一般产品要高出很多，因而市场升值幅度大，获利高。
- 具备独特性或时尚性的商品更能吸引顾客的眼球。
- 价格较合理，如果同样的价格在其他的店或者实体店铺也能买到的话，就会减少买家在本店购买的概率。
- 通过网站了解就可以激起浏览者的购买欲，如果需要亲眼见到商品才可以达到购买的信任度的话，这样的商品不适合在网上销售。
- 网下没有，只有网上才能买到，如外贸定单产品和海外代购等。
- 信誉度较高的产品，被普遍接受和认可的商品，这样的商品质量和性能易于鉴别，具有较高的可靠性，又已经得到认可，所以商品的可信度较高，便于销售。
- 体积小，便于运输，降低了运输成本。如果邮费比商品价格还高，有几个人会买？所以选择货源的时候要选择体积小且方便运输的。

2. 市场需求

市场有需求，那就是商机。对于网络市场而言，网上需求不同于线下需求。

- **成人用品**：成人用品属于特殊商品，由于受传统观念的影响，人们更愿意在网上购买。不仅避免了各种尴尬，同时也保护了消费者的隐私。
- **收藏品**：收藏品往往会分布在不同的地区，网络的便捷使得消费者足不出户便能淘到自己心仪的宝贝。
- **全球购、代购**：海外商品受到很多人追捧。若自己身在海外则可以开一个商品代购店，利用价格差异，来赚得利润。

3. 熟悉并感兴趣

选择货源要考虑包括自己的兴趣爱好和经济实力等多个方面的因素。

- 对产品有兴趣，才能掌握其优点与卖点，而这些正是买家想要了解或咨询的信息。
- 根据自己的经济实力来选择货源，避免承担较大的风险与压力。

1.2.2 多种进货渠道

许多网上开店的人，最大的困惑就是无法进到合适的货源，下面介绍几个进货的渠道及优缺点。

	批发市场	品牌代理商	代销式供应商	网店代理货源网站	买入库存积压或清仓产品
优点	更新快，品种多	货源稳定，渠道正规，商品不易断货	简单省事，鼠标一点，连发货都不用自己管，坐收佣金。风险低，资金投入最小	专业，可选择货源较多，一般各类商品货源都有	成本相对较低
缺点	容易断货，品质不易控制	更新慢，价格相对较高	商品不经过自己的手，品质难控制，可能会出现对商品了解不够，与客户沟通较复杂，操作不好容易产生中差评	通常以代理类型为主，货源虽多但无法保证质量，需要仔细甄别	具有很多不确定因素，如进货的时间、地点、规格、数量和质量等都不受自己控制

上面的渠道需要根据自己的实际情况进行选择。另外，还有一个很多淘宝卖家选择的渠道，就是阿里巴巴等B2B网站。这类网站的代表有阿里巴巴和生意宝，它们作为网络批发交易的平台，充分显示了其优越性，为很多小地方的卖家提供了很大的选择空间，不仅查找信息方便，也专门为小卖家提供相应的服务，并且起拍量很小。下面介绍其优势。

- **成本优势**：可以省去来回批发市场的时间成本、交通成本、住宿费和物流费等。
- **选购的紧迫性较少**：亲自去批发市场选购由于时间有限，不可能长时间慢慢挑选，有些商品也许并未相中但迫于进货压力不得不赶快选购，网上进货则可以慢慢挑选。
- **批发数量限制优势**：一般的网上批发基本上都是10件起批，有的甚至是1件起批，这样在一定程度上增大了选择余地。
- **其他优势**：网络进货还能减少库存压力，还具有批发价格透明及款式更新快等优势。

1.2.3 网店进货技巧

网店进货分为线下进货和网络进货，两种进货方式所需的技巧不同。

1. 线下进货技巧

线下进货渠道包括从厂家直接进货和从批发市场进货。线下进货的好处是可以看到实物，了解产品的做工和面料等详细的信息，不容易被骗。

- **进货穿着**：进货是个体力活，因此穿着切忌过于时尚端庄，建议着随意的休闲装。
- **进货工具**：进货的制胜法宝就是进货工具，批发商会根据你所携带的工具而给出不同的价格。小批量进货，带个黑色塑料袋；大规模进货，拉一个两轮的小车。
- **进货术语**：进货术语是行家之间交流必需的语言，行家和外行的批发价钱也是有差异的。你可以问：拿货价多少；怎么拿；这个怎么批；拿多少还能优惠，但是千万不要外行地说："这个怎么卖啊"。
- **进货预算**：根据自己开店的情况，明确每次服装进货或补货的资金、种类和数量，这样哪怕超支也做到心里有数。
- **进货调研**：每个城市大大小小的批发市场都不少，所以想好进货种类后，就选择几家综合指数靠前的批发市场开始调研。对于感兴趣的服装货源要索要名片或用纸笔记录，比较各批发商的商品价格、质量、最少拿货数量、退换货、包装及补货的方便程度等。把自己收集的资料进行整理比较。
- **确定进货**：调研后就能确定进货了，进货需要注意几点。第一，事先谈好退换货的要求。第二，进货数量、价格的清单要保留，便于记录进货情况，同时也是退换货的凭证。第三，关系维护，不论是开网店还是实体店，将来都需要不断补货和进货。因此，在进货过程中与批发商多沟通交流，这样不仅能保持良好的关系，也方便谈论日后价钱的优惠。

2. 阿里巴巴进货技巧

尽管都知道到厂家或是批发市场实地拿货是最好的方式，但毕竟淘宝上大多数的卖家，尤其是相对较小的卖家，周边满足不了这种条件，于是网上进货就成了我们最后的选择。网上进货只要做好了保障工作，同样也能成就极好的利润。

- **尽量找诚信通会员交易**：阿里巴巴上的诚信通要收取一定费用，一般正规的、大型的、诚心要做网上交易的，通常都会申请诚信通会员。申请后，阿里巴巴会进行核实，如果已核实，在该公司（或个人）的供应图片介绍后会出现已核实。这算是阿里巴巴帮我们证明了这家公司的存在，至少有了第一手准确的信息，我们为什么不利用呢？
- **挑选诚信通指数高的会员**：诚信通指数的作用就相当于淘宝上的"好评"，这是我们相信这家公司的必要条件。
- **务必使用支付宝交易**：使用"支付宝"交易是网上安全交易的最大保障。
- **大批进货前先看样品**：在网络上不能见到实物，很容易进到仿品或残次品等，因此在批量进货前，一定要少量看样。
- **无论是合作的第几次，都不要一次批太多货**："一回好、二回差、三回不见人"这样的例子在现实社会中都在不断上演，在网络上就更容易出现了。所以，为了保险起见，不要一次性批太大款项的货。
- **务必与批发商沟通后，再下单**：决定下单前，务必同批发商沟通，要多联系，多问问题，才能避免上当吃亏。

1.3 注册淘宝会员

要想在淘宝网上购物和开店，注册为淘宝会员是前提条件，下面介绍如何注册成为淘宝会员。

1.3.1 注册淘宝账户

无论是在淘宝上买东西，还是卖东西，第一步就是注册淘宝账户，下面介绍淘宝账户的注册方法。

步骤 01 打开浏览器，进入淘宝网首页，在页面右侧单击“免费注册”按钮，如图1-5所示。

步骤 02 在跳转的页面中，填写手机号码与验证码，并选中“同步创建支付宝账户”复选框，然后单击“下一步”按钮，如图1-6所示。

图1-5 进入淘宝首页

图1-6 填写信息

若不选择“同步创建支付宝账户”，则需要在后面的开店过程中另外开通。

步骤 03 弹出填写验证码界面，填写手机收到的6位数验证码，然后单击“确定”按钮，如图1-7所示。

步骤 04 进入下一个页面，根据提示填写相关信息，包括登录密码和会员名，然后单击“确定”按钮，如图1-8所示。

图1-7 填写验证码

图1-8 填写信息

一个人可以注册多个淘宝账号，但一张身份证只能在淘宝网上开一家店（且不能更改到其他账户，即支付宝无法操作解绑）。使用同一手机注册账户时，会提示以邮箱注册，完成注册后账户绑定该手机号。

步骤05 进入下一个页面，填写支付方式，或者单击“直接跳过，完成注册”链接，如图1-9所示。身份证验证信息可以在注册完之后再提交实名认证。

步骤06 完成淘宝账户的注册，如图1-10所示。

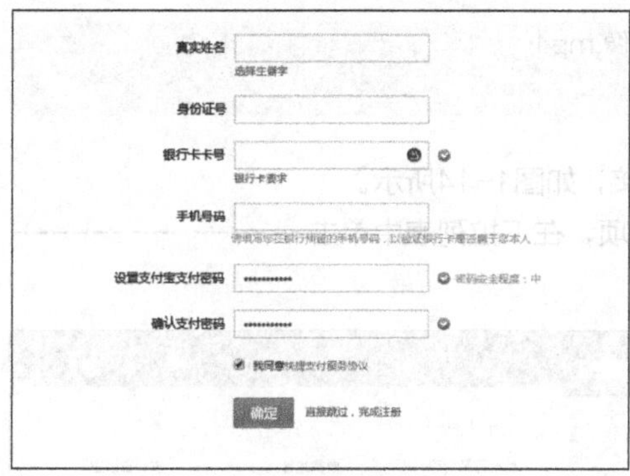

图1-9 填写支付方式

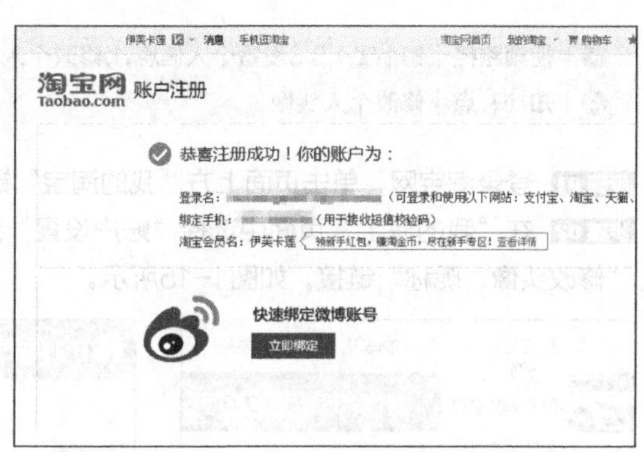

图1-10 完成注册

1.3.2 激活淘宝会员

注册淘宝账号后激活会员才算是完成淘宝会员注册的整个流程。

步骤01 将光标放置在淘宝网上方的会员名称上，在展开的列表中单击“立即激活我的身份”链接，如图1-11所示。

步骤02 在跳转的页面中，单击“立即激活”按钮，如图1-12所示。

图1-11 单击“立即激活我的身份”链接

图1-12 单击“立即激活”按钮

步骤03 激活成功后弹出提示对话框，如图1-13所示。

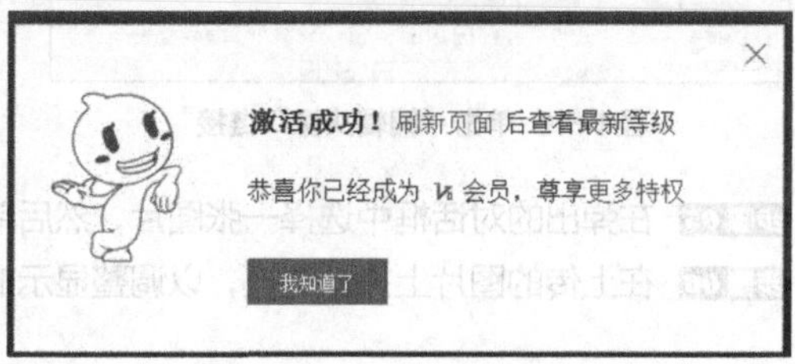

图1-13 激活成功

1.3.3 设置个人信息

注册为淘宝会员需要设置个人信息，如设置头像可以展示品牌形象；对账户进行安全设置可以加强账户安全操作等。

1. 修改个人头像

买卖双方进行交流时，个人头像会显示在聊天窗口中，它在一定程度上代表了个人的形象。

视频路径 第1章\1.3.3设置个人信息\1.修改个人头像.mp4

知 识 点 修改个人头像

步骤01 登录淘宝网，单击页面上方“我的淘宝”链接，如图1-14所示。

步骤02 在“我的淘宝”页面中选择“账户设置”选项，在下拉列表中单击“修改头像、昵称”链接，如图1-15所示。

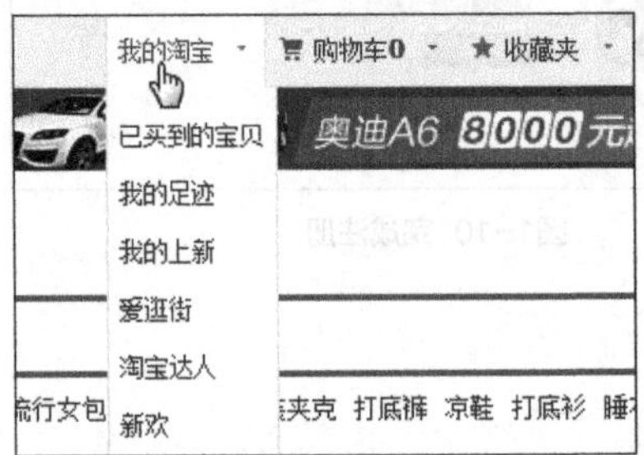

图1-14 单击“我的淘宝”链接

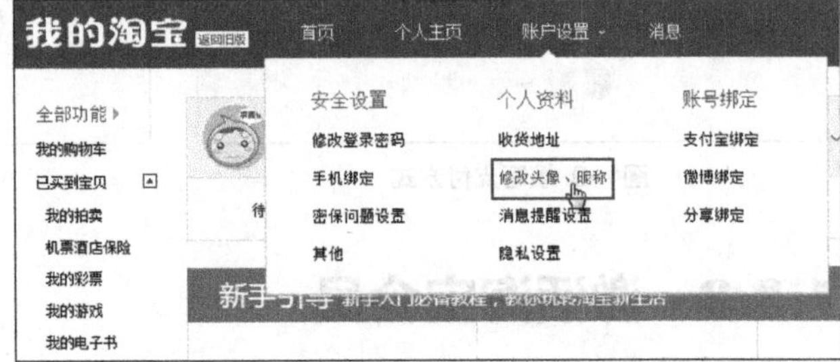

图1-15 单击“修改头像、昵称”链接

步骤03 在跳转的页面中，将光标放置在右侧的头像图标上，单击“编辑头像”链接，如图1-16所示。

步骤04 在跳转的页面中，单击“本地上传”按钮，如图1-17所示。

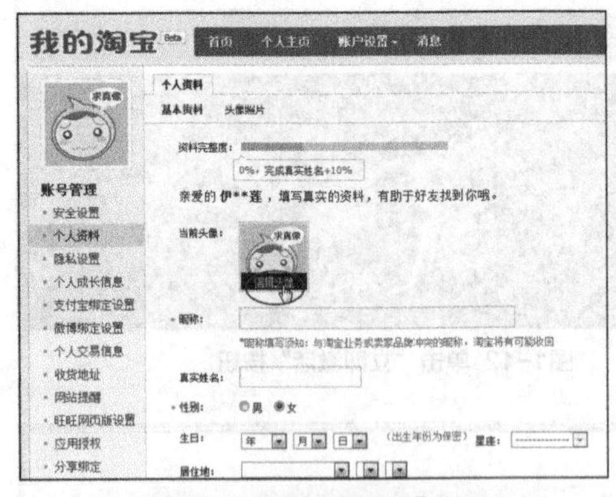

图1-16 单击“编辑头像”链接

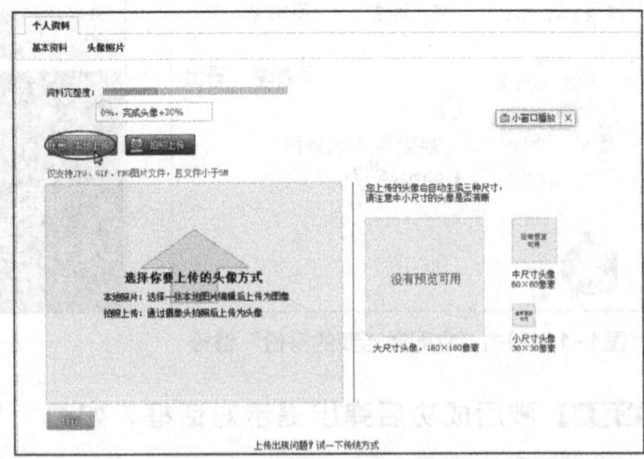

图1-17 单击“本地上传”按钮

步骤05 在弹出的对话框中选择一张图片，然后单击“保存”按钮，如图1-18所示。

步骤06 在上传的图片上拖动边框，以调整显示的区域，然后单击“保存”按钮，如图1-19所示。

图1-18 单击“保存”按钮

图1-19 单击“保存”按钮

步骤07 刷新页面，或单击“个人主页”链接，查看修改的个人头像，如图1-20所示。

图1-20 查看修改的头像

2. 安全设置

网络交易的账户安全是最重要的，下面介绍账户的安全设置方法。

步骤01 进入“我的淘宝”页面，选择“账户设置”选项，如图1-21所示。

步骤02 跳转页面，在右侧显示了安全等级，如图1-22所示。

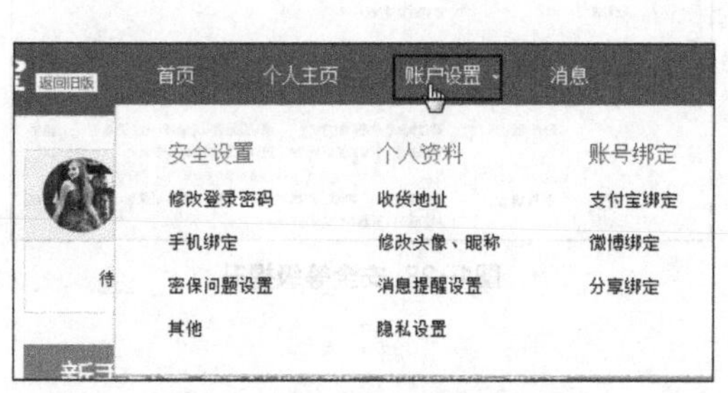

图1-21 选择“账户设置”选项

图1-22 安全等级

步骤 03 单击“密保设置”链接，然后单击“立即添加”按钮，如图1-23所示。

步骤 04 跳转页面，单击“点此免费获取”按钮获取验证码，并填写验证码及支付密码等信息，然后单击“下一步”按钮，如图1-24所示。

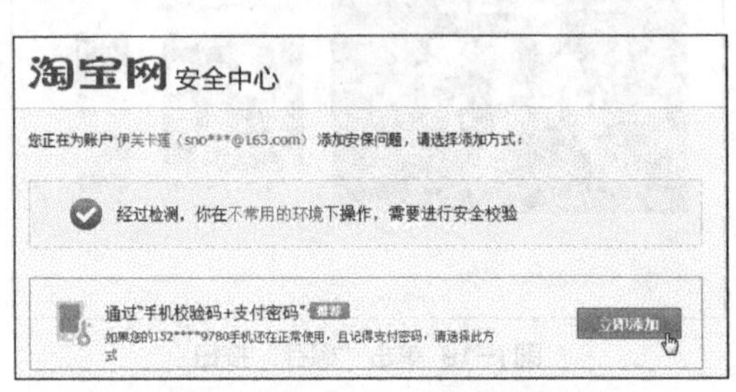

图1-23 单击“立即添加”按钮

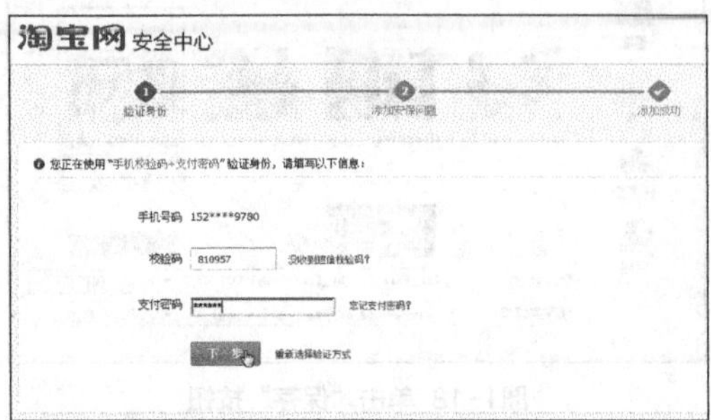

图1-24 单击“下一步”按钮

步骤 05 打开“添加安保问题”界面，设置问题，并输入答案，如图1-25所示。

步骤 06 单击“下一步”按钮，确认安保问题，如图1-26所示。

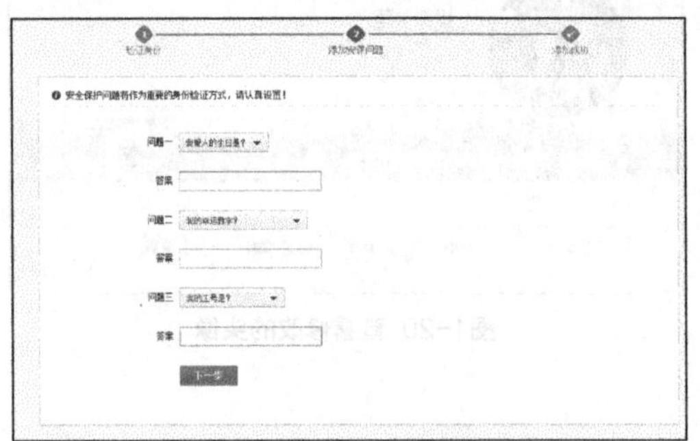

图1-25 添加安保问题

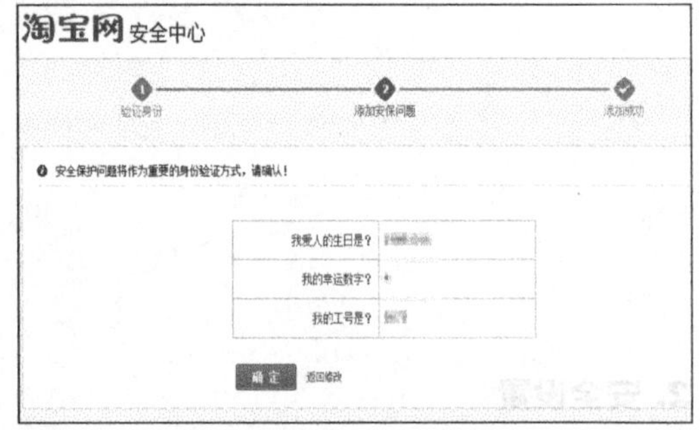

图1-26 确认安保问题

步骤 07 单击“确定”按钮，弹出新的页面，提示安保问题添加成功，如图1-27所示。

步骤 08 用同样的方法，绑定手机，绑定后的安全等级即得到提升，如图1-28所示。

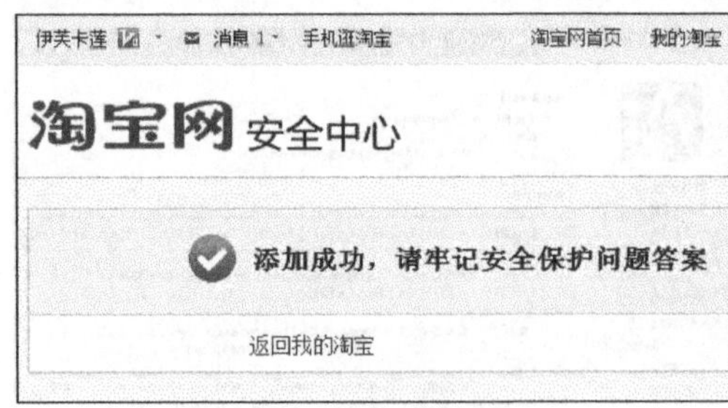

图1-27 添加成功

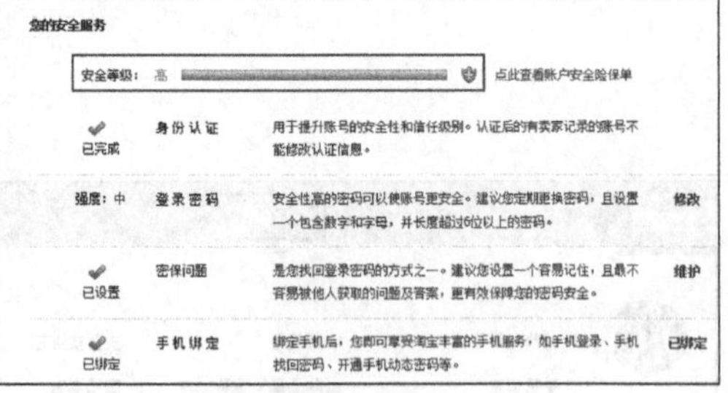

图1-28 安全等级提升

3. 收货地址

设置收货地址是为了方便在交易时的收发货。单击“收货地址”链接，进入“收货地址”页面，输入收货地址，单击“保存”按钮，如图1-29所示，即可完成收货地址的设置。

4. 消息提醒订阅

单击“网站提醒”链接，进入“消息订阅”页面，根据自己的需要选中复选框。设置后单击“确定”按钮，如图1-30所示。

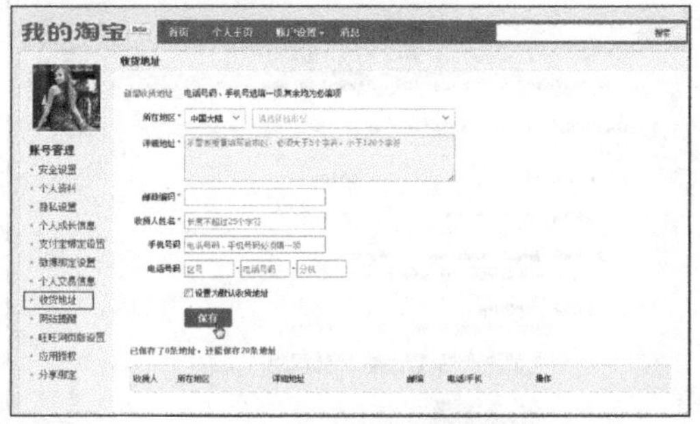

图1-29 设置收货地址

图1-30 设置网站提醒

1.4 支付宝与余额宝

支付宝是全球领先的第三方支付平台，主要提供支付及理财服务。包括网购担保交易、网络支付、转账、信用卡还款、手机充值、水电煤缴费和个人理财等多个领域。而余额宝是支付宝为个人用户打造的一项余额增值服务。通过余额宝，用户不仅能够得到收益，还能随时消费支付和转出，像使用支付宝余额一样方便。

1.4.1 支付宝认证

若在注册淘宝账号时未选中“同步创建支付宝账户”复选框，或者没有设置支付方式，都需要另外开通并认证支付宝。

步骤 01 注册淘宝会员后，单击页面上方的会员名链接，如图1-31所示。

步骤 02 进入“我的淘宝”页面，将光标放在“我的支付宝”选项上，单击“实名认证”链接，如图1-32所示。

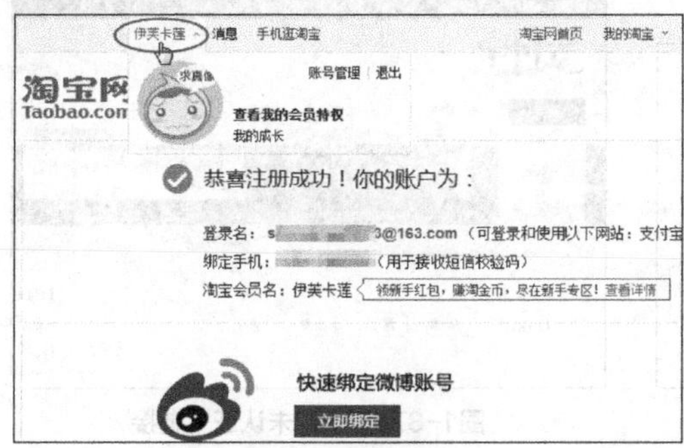

图1-31 单击会员名链接

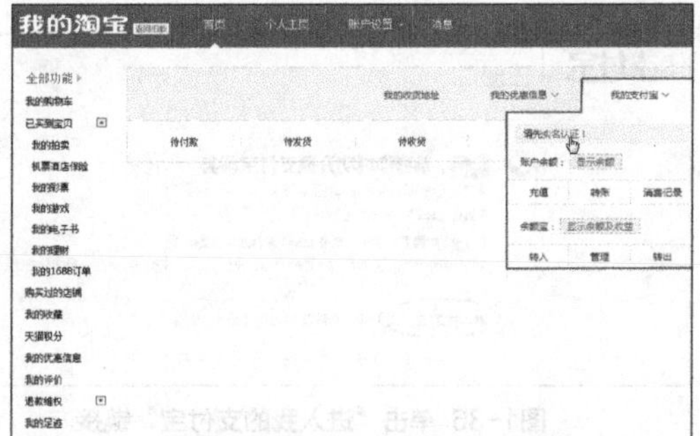

图1-32 单击“实名认证”链接

步骤 03 设置身份信息，填写支付密码及姓名等信息，并单击“确定”按钮，如图1-33所示。

步骤 04 进入新的页面，填写身份证号和银行卡号等信息，如图1-34所示。

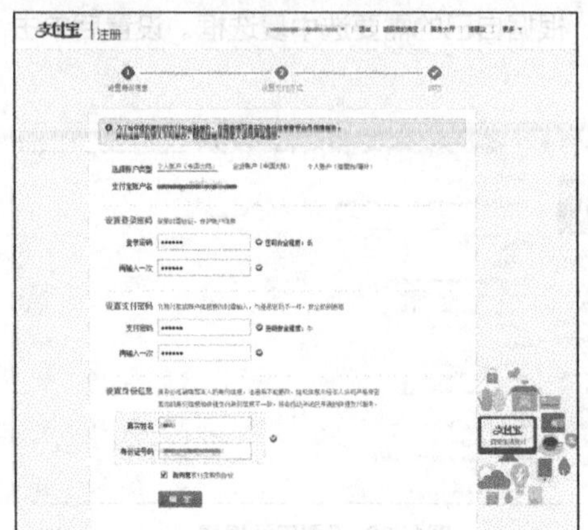

图1-33 填写信息

图1-34 填写信息

提示 这里的银行卡中的预留号码要与填写的手机号码一致，否则将无法进行验证。

步骤 05 若没有银行卡，则单击“先跳过，注册成功”的链接，如图1-35所示。

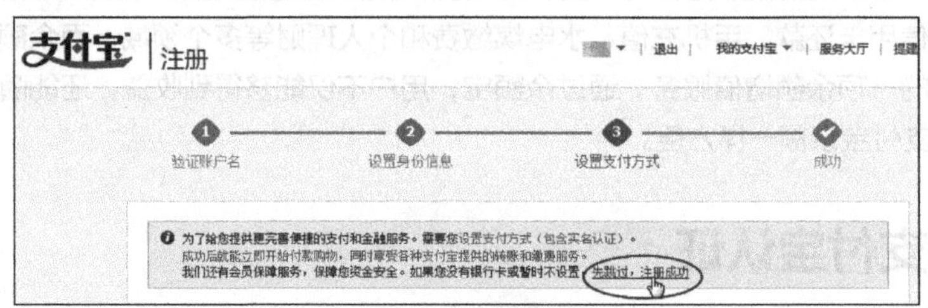

图1-35 单击链接

步骤 06 弹出新的页面，提示支付宝开通成功。支付宝开通后，单击“进入我的支付宝”链接，如图1-36所示。

步骤 07 进入“支付宝”页面，单击“未认证”链接，如图1-37所示。

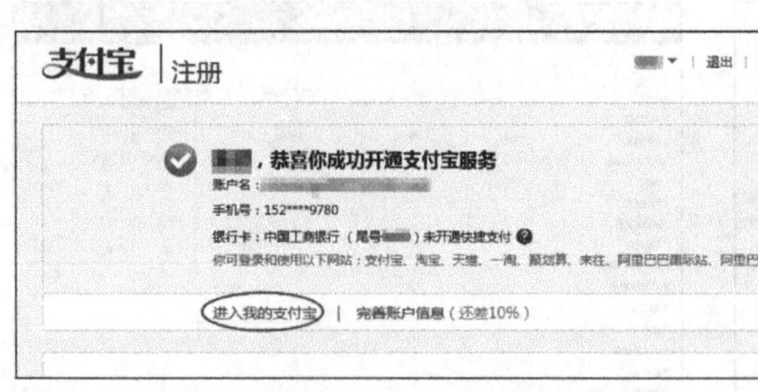

图1-36 单击“进入我的支付宝”链接

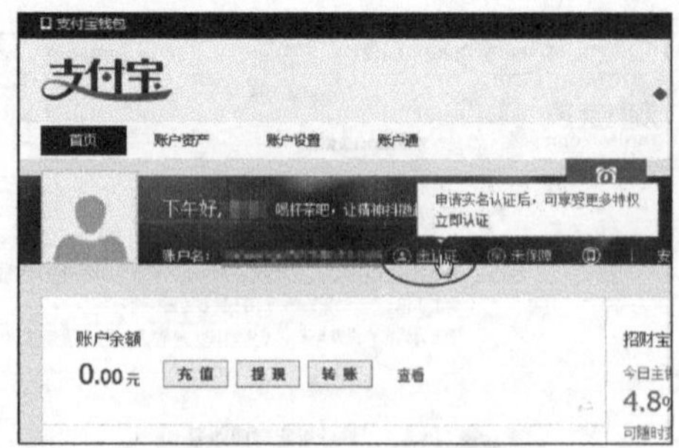

图1-37 单击“未认证”链接

提示 未实名认证的支付宝账户仅可通过网银进行付款，不能收款。因此开通淘宝网店必须对支付宝进行实名认证。

步骤 08 在进入的下一个页面中，单击“立即认证（大陆）”按钮，如图1-38所示。

步骤 09 进入“身份信息验证”界面，填写姓名与身份证等信息，然后单击“下一步”按钮，如图1-39所示。

图1-38 单击“立即认证（大陆）”按钮

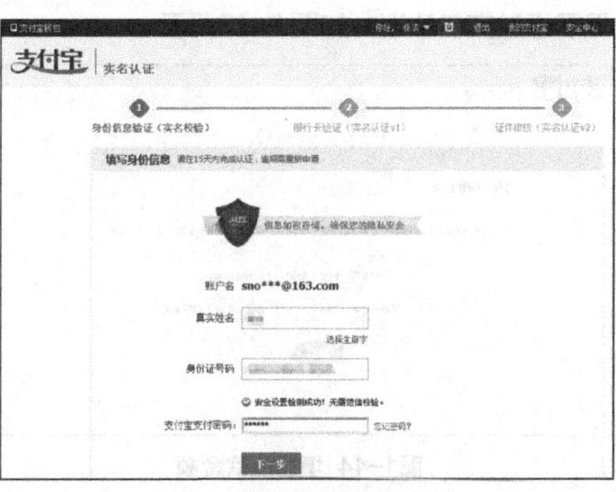

图1-39 填写姓名等信息

步骤 10 进入“实名验证”页面，填写信息，然后单击“下一步”按钮即可快捷验证银行卡。若不想开通快捷支付，则可单击右下角的“使用打款方式”链接，如图1-40所示。

步骤 11 进入新的页面，选择开户银行，并填写银行卡号码，单击“下一步”按钮，如图1-41所示。

图1-40 单击右下角的链接

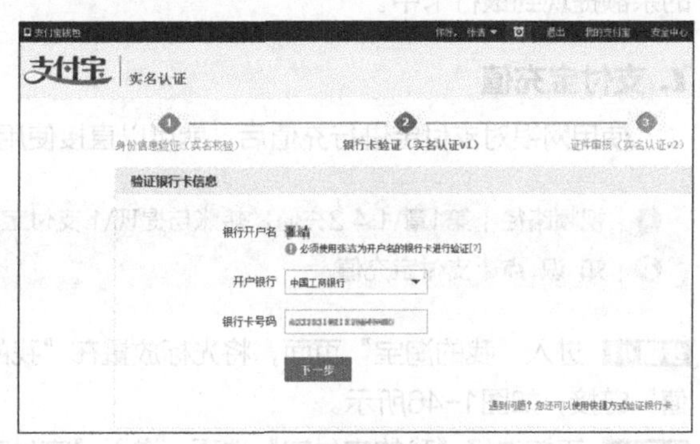

图1-41 填写银行卡号码

步骤 12 弹出对话框，确认银行卡信息后单击“下一步”按钮，如图1-42所示。

步骤 13 进入新的页面，提示等待支付宝给银行汇款，如图1-43所示。

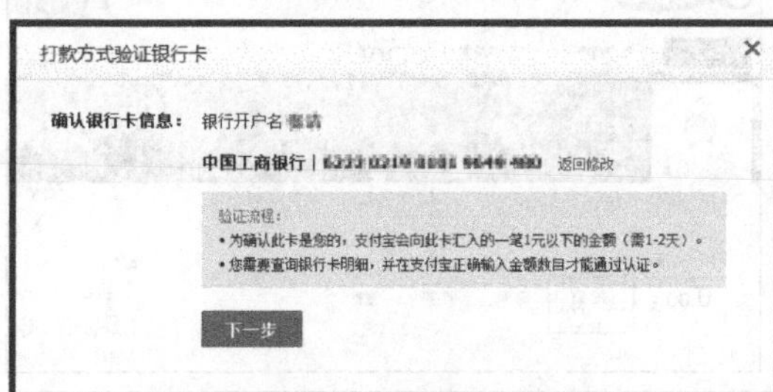

图1-42 确认银行卡信息

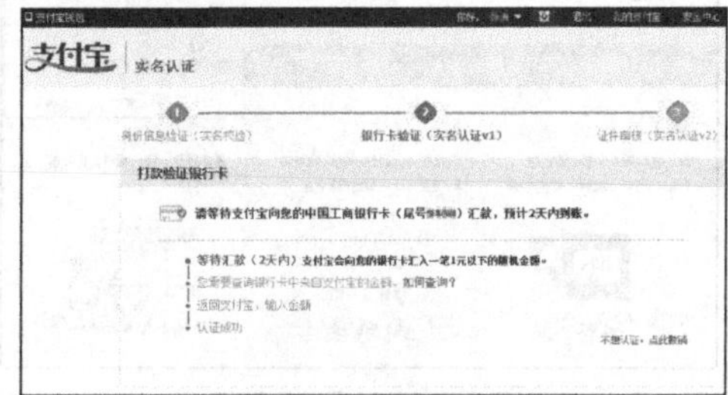

图1-43 等待汇款

步骤14 收到汇款后，刷新页面，在收到的金额中填写汇款金额，单击“确认”按钮，如图1-44所示。

步骤15 进入新的页面，提示等待人工审核证件，等待一段时间后进入“支付宝实名认证”界面，提示通过实名认证，如图1-45所示。

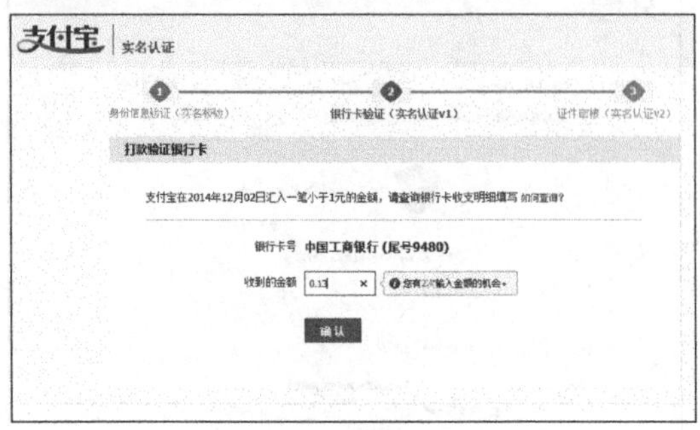

图1-44 填写汇款金额

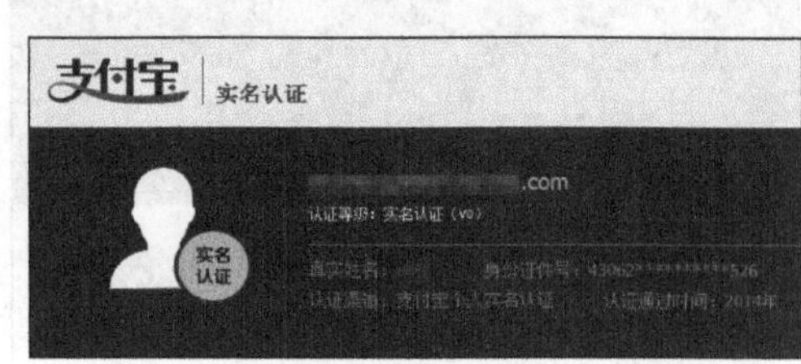

图1-45 认证完成

1.4.2 充值、转账与提现

对支付宝进行实名认证后，就可以对支付宝进行充值，并使用支付宝转账，也能将支付宝中的余额提现到银行卡中。

1. 支付宝充值

使用网银对支付宝进行充值后，就可以直接使用支付宝付款或转账等。

视频路径：第1章\1.4.2充值、转账与提现\1.支付宝充值.mp4
知 识 点：支付宝充值

步骤01 进入“我的淘宝”页面，将光标放置在“我的支付宝”选项上，在展开的列表中单击“充值”链接，如图1-46所示。

步骤02 直接选择“我的支付宝”选项，进入“支付宝”页面，单击“充值”按钮，也可以进行充值，如图1-47所示。

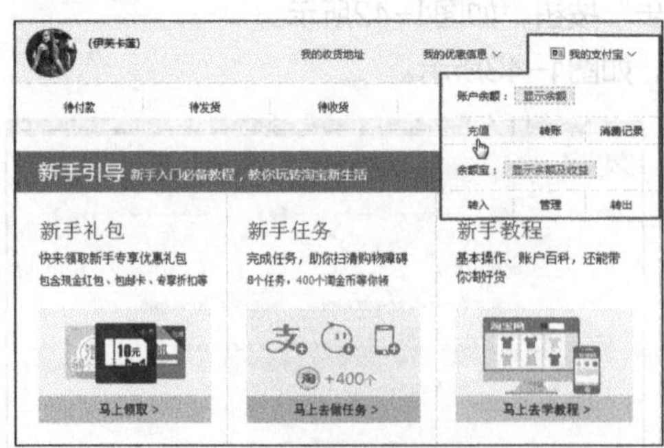

图1-46 单击“充值”链接

图1-47 单击“充值”按钮

步骤03 在跳转的页面中选择快捷支付银行或网上银行，单击“下一步”按钮，如图1-48所示，然后根据页面提示完成充值。

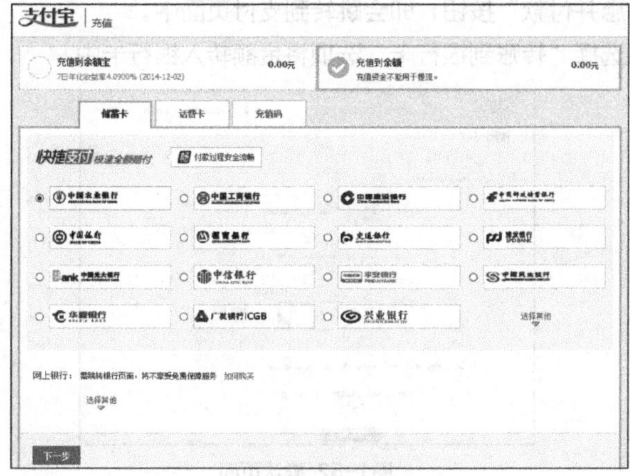

图1-48 选择银行

2. 支付宝转账

支付宝转账不仅能转账到别人的支付宝，还可以转账到自己或他人的银行卡上。

视频路径 第1章\1.4.2充值、转账与提现\2.支付宝转账.mp4

知 识 点 支付宝转账

步骤01 进入“我的淘宝”页面，在“我的支付宝”展开列表中单击“转账”链接，如图1-49所示。

步骤02 打开“支付宝”账页面，可以转账到支付宝及银行卡，如图1-50所示。

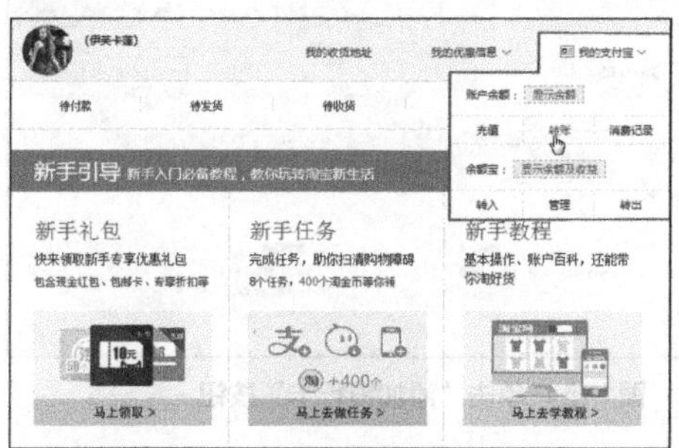

图1-49 单击“转账”链接

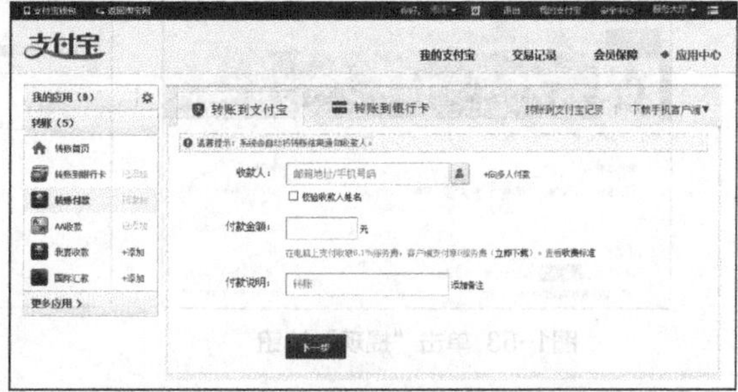

图1-50 “付宝转账”页面

使用支付宝电脑转账需要收取一定的服务费，收费标准如图1-51所示。而使用手机支付宝转账则不收取任何费用。

收费标准： 查看收费标准

用户类型	账户类型	免费交易流量	超出金额服务费率	服务费上限	服务费下限
普通用户	全部类型	无免费流量	0.1%	10.00元/笔	0.50元/笔
淘宝卖家和支付宝有效签约商家	金账户用户	20000元/月	0.5%	25.00元/笔	1.00元/笔
	实名认证用户	10000元/月	0.5%	25.00元/笔	1.00元/笔
	非实名认证用户	1000元/月	0.5%	25.00元/笔	1.00元/笔

说明：

1、淘宝卖家在店铺开通2天后，开始按淘宝卖家标准计费。

2、签约过“站内大额收付款”产品的商家，按签约费率计费。

图1-51 收费标准

步骤03 这里选择转账到支付宝，填写对方佛支付宝账户名及转账金额后，单击下一步”按钮，打开确认页面，如图1-52所示。

步骤04 单击“确认信息并付款”按钮，即会跳转到支付页面中。

步骤05 同样，也可以选择“转账到银行卡”选项将金额转入银行卡中。

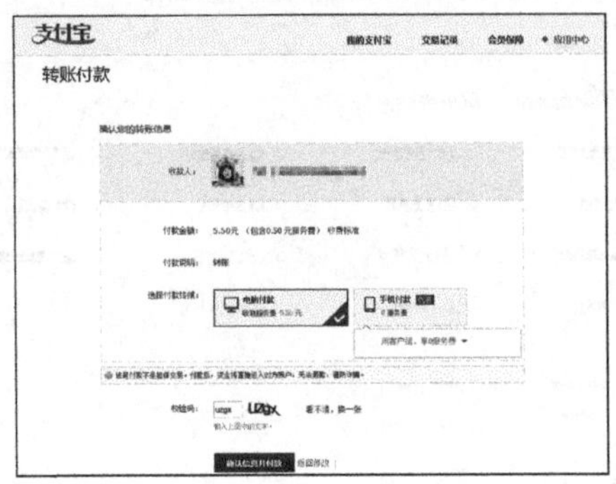

图1-52 确认页面

3. 支付宝提现

不同于转账的是，支付宝提现设置了一个固定的提现银行卡。

视频路径 第1章\1.4.2充值、转账与提现\3.支付宝提现.mp4
知 识 点 支付宝提现

步骤01 进入“我的支付宝”页面，单击“提现”按钮，如图1-53所示。

步骤02 单击页面右上角或页面中间的“添加银行卡”按钮，如图1-54所示

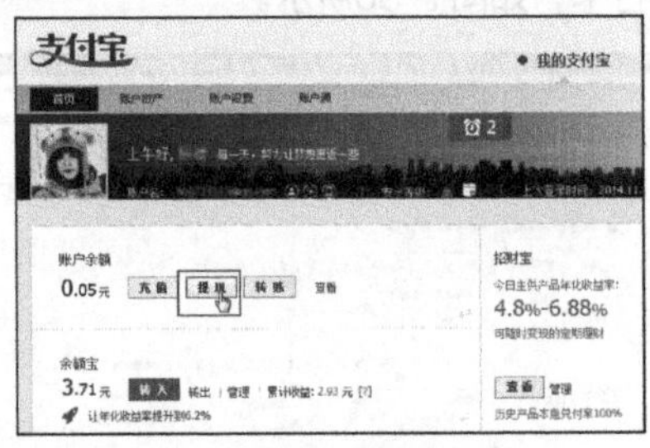

图1-53 单击“提现”按钮

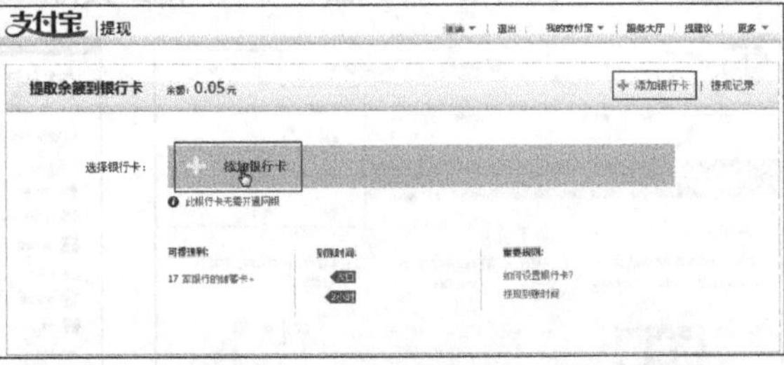

图1-54 单击“添加银行卡”按钮

步骤03 在打开的对话框中选择银行，并填写银行卡号，如图1-55所示。

步骤04 单击“保存账户”按钮。在跳转的页面中输入提现金额，选择提现方式，如图1-56所示。

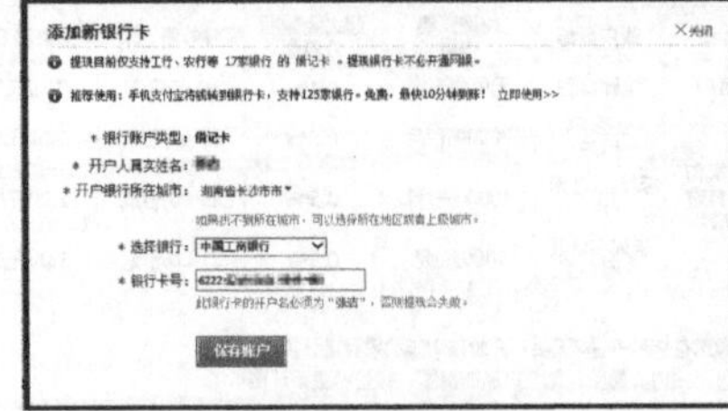

图1-55 填写银行卡号

图1-56 选择提现方式

使用手机提现免费，最快10分钟到账。使用电脑提现有两种到账方式，次日到账免费；2小时内到账则收取一定的服务费，收费规则如图1-57所示。

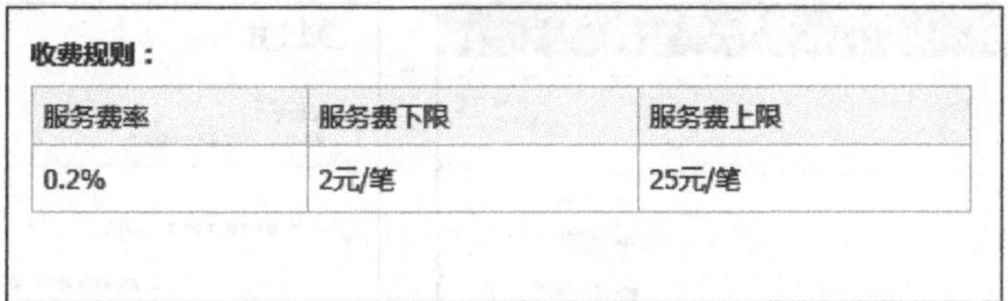

收费规则：

服务费率	服务费下限	服务费上限
0.2%	2元/笔	25元/笔

图1-57 收费规则

步骤 05 单击“下一步”按钮，在跳转的页面中确认提现信息，并输入支付密码，如图1-58所示。

步骤 06 单击“确认提现”按钮，打开新的页面，等待银行处理，如图1-59所示。

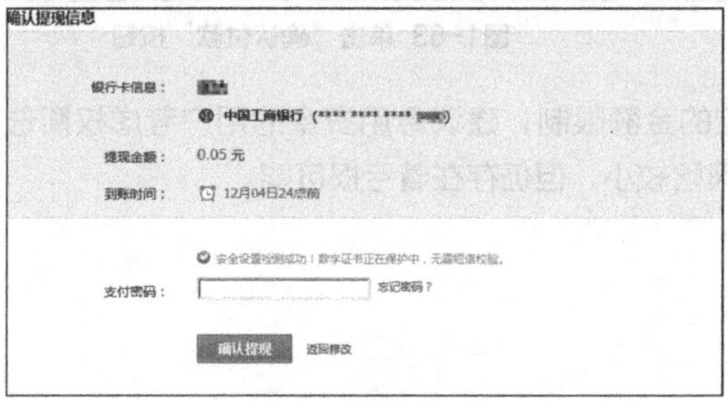

图1-58 确认信息

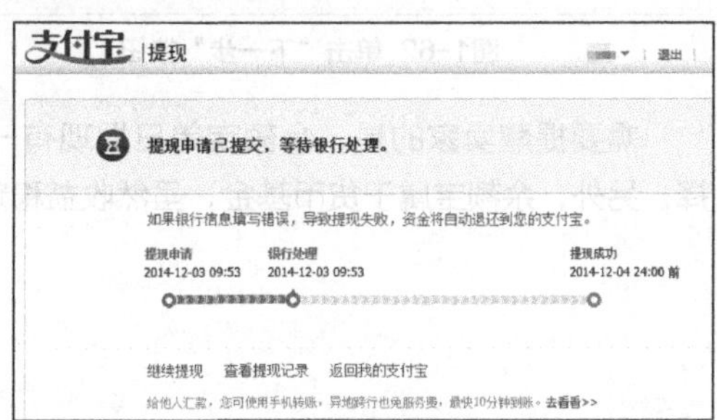

图1-59 等待银行处理

1.4.3 余额宝理财

余额宝是支付宝打造的余额增值服务。把钱转入余额宝即购买了由天弘基金提供的增利宝货币基金，可获得收益。余额宝内的资金还能随时用于网购支付，灵活提取。

视频路径 | 第1章\1.4.3余额宝理财.mp4

知 识 点 | 余额宝理财

步骤 01 进入“支付宝”页面，单击余额宝下方的“转账”按钮，如图1-60所示。

步骤 02 在跳转的页面中单击“同意协议并继续”按钮，如图1-61所示。

图1-60 单击“转账”按钮

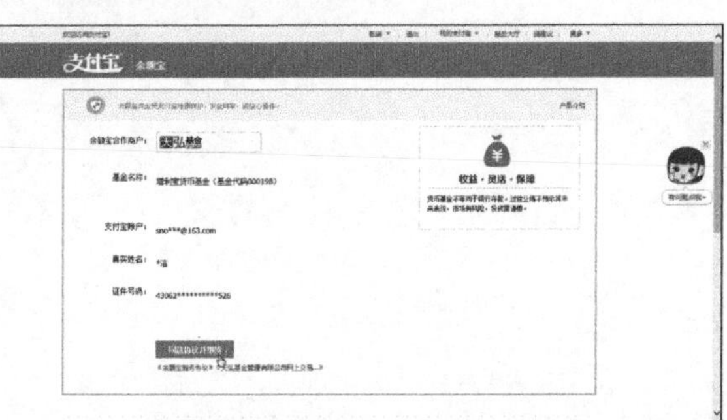

图1-61 单击“同意协议并继续”按钮

步骤03 输入转入金额，并单击“下一步”按钮，如图1-62所示。

步骤04 进入支付页面，输入支付密码，单击“确认付款”按钮，如图1-63所示。

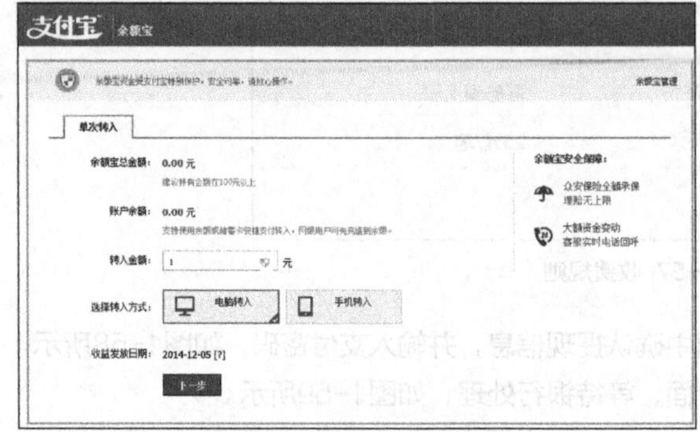

图1-62 单击“下一步”按钮

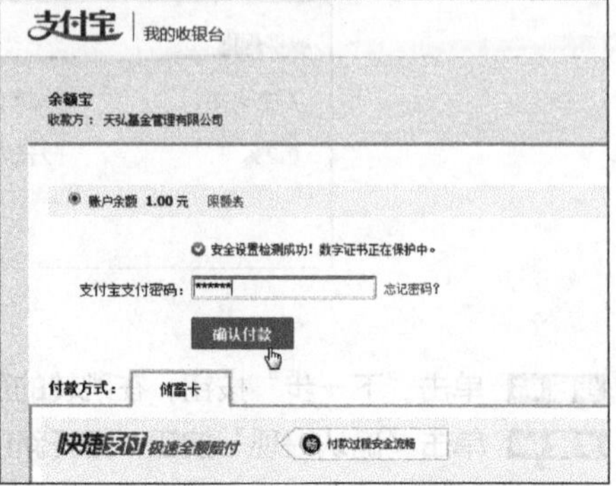

图1-63 单击“确认付款”按钮

需要提醒卖家的是，余额宝单日提现有一定的金额限制，建议急用资金的用户考虑权衡选择。另外，余额宝属于货币基金，虽然收益稳定风险较小，但仍存在着亏损可能。

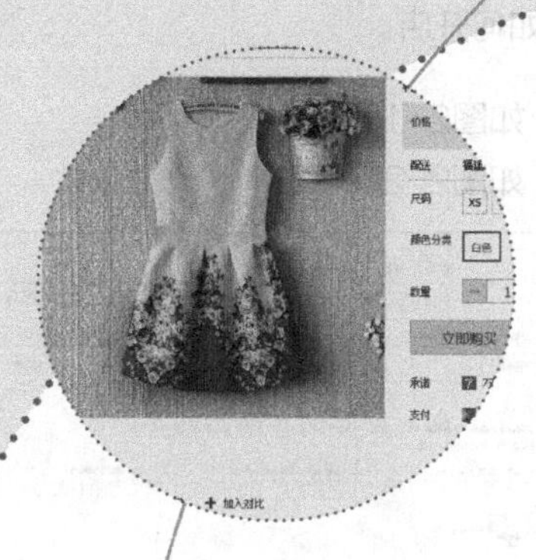

第2章 进军淘宝市场

成为淘宝会员后，无需缴纳任何费用，只需填写相应的信息并提供照片，等待淘宝验证审核，就可以免费开店了。

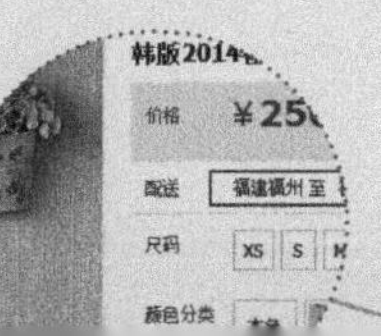

2.1 淘宝免费开店

目前在淘宝集市开店为免费，但为保障消费者利益，开店成功后部分类目需缴纳一定额度的消保保证金，保证金缴纳成功后随时可申请解冻。下面介绍如何开店。

步骤01 登录淘宝网后，单击网页上方的“卖家中心”链接，如图2-1所示。

步骤02 进入“卖家中心”页面后，单击“马上开店”按钮，如图2-2所示。

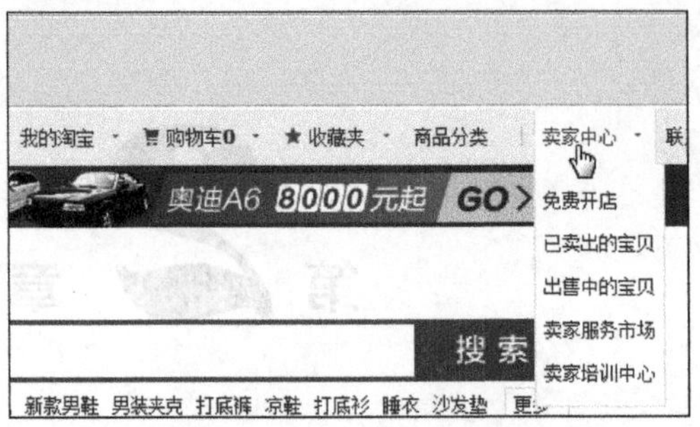

图2-1 单击“卖家中心”链接

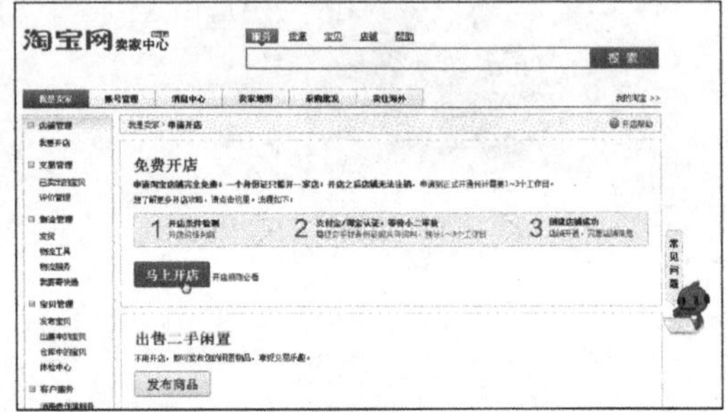

图2-2 单击“马上开店”按钮

步骤03 进入新的页面，单击“立即认证”链接，如图2-3所示。

步骤04 进入“淘宝开店认证”页面，按提示进行信息填写，如图2-4所示。

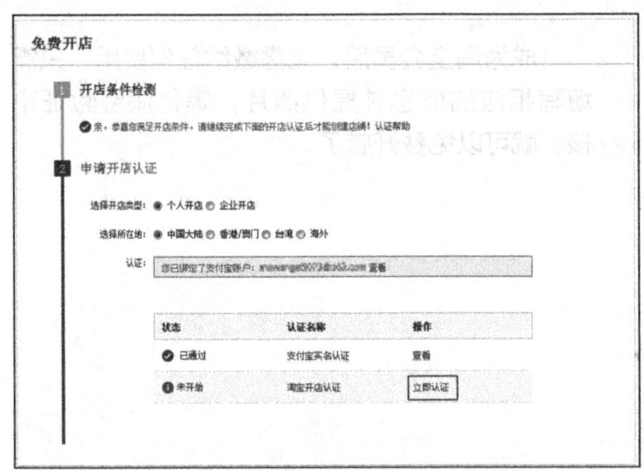

图2-3 单击“立即认证”链接

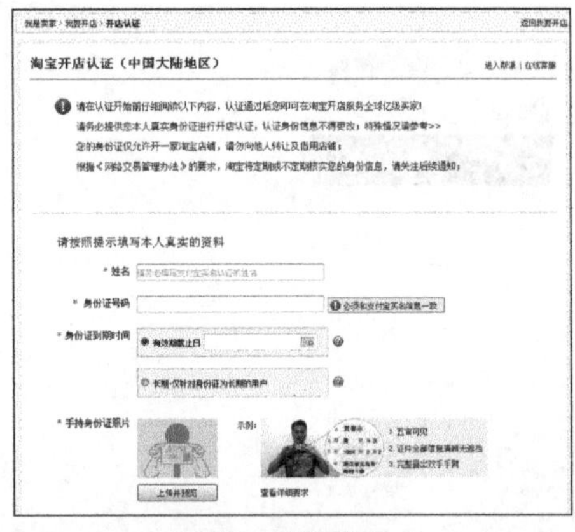

图2-4 填写信息

步骤05 单击“提交”按钮，等待淘宝审核，审核通过后单击“返回我要开店”链接，店铺就创建成功了，如图2-5所示。

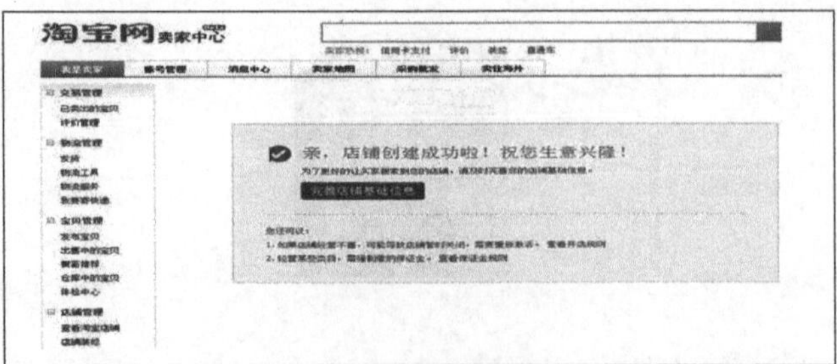

图2-5 店铺创建成功

2.2 店铺基本设置

开店后需要对店铺进行基本设置，如店铺名称、店标和域名等，这些内容都是店铺的重要标识，是区别其他店铺的特色之处。

2.2.1 卖家中心

卖家中心是卖家进行店铺设置、管理和经营的主要页面，下面对卖家中心进行简单介绍。

登录淘宝网，单击右上角的“卖家中心”链接，如图2-6所示。进入“卖家中心”首页，包括3个板块，如图2-7所示。

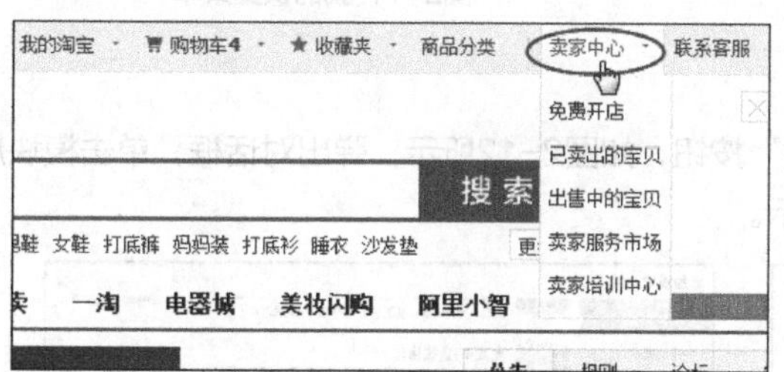

图2-6 单击“卖家中心”链接

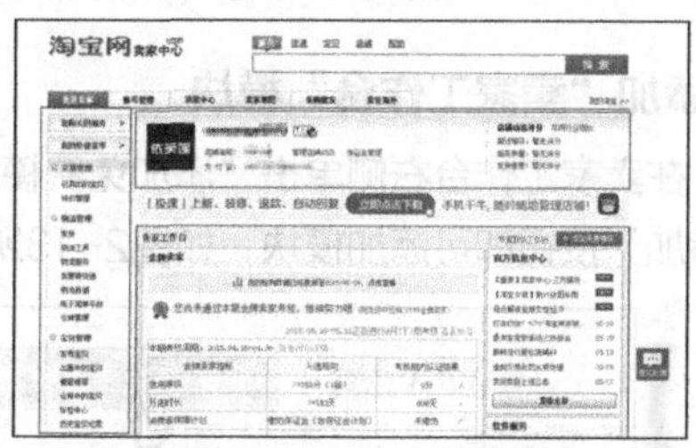

图2-7 “卖家中心”首页

- 左侧为“菜单”板块，单击不同的菜单可以跳转至相应的设置页面。
- 右侧上方为“店铺信息”板块，显示了店铺标志、账户名、店铺名、支付宝账户及店铺动态评分。
- 右侧下方为“卖家工作台”板块，显示了各种与店铺相关的模块。

1. 设置快捷菜单

在“菜单”板块中包含了很多菜单，为了方便操作，可以将常用的菜单加入快捷菜单中。

视频路径 | 第2章\2.2.1卖家中心\1.设置快捷菜单.mp4

知 识 点 | 添加快捷菜单

步骤 01 选择“我的快捷菜单”选项，展开对话框，如图2-8所示。

步骤 02 单击“一键添加”按钮，常用的10个菜单会被选中，如图2-9所示。

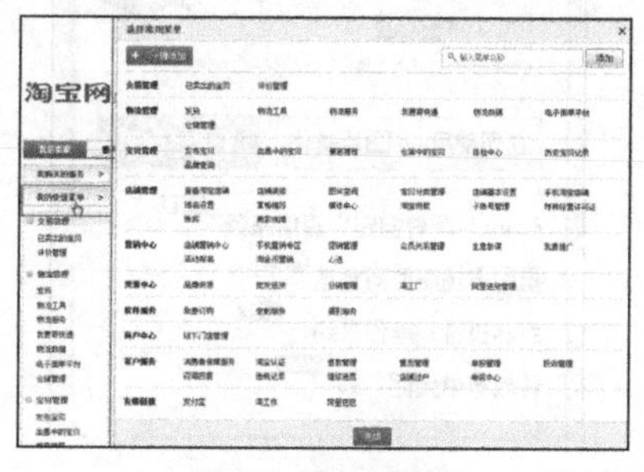

图2-8 展开对话框

图2-9 单击“一键添加”按钮

步骤 03 也可以自行选择常用的菜单，然后单击底部的“完成”按钮，如图2-10所示。

步骤 04 在“我的快捷菜单”模块即添加了常用的菜单，如图2-11所示。

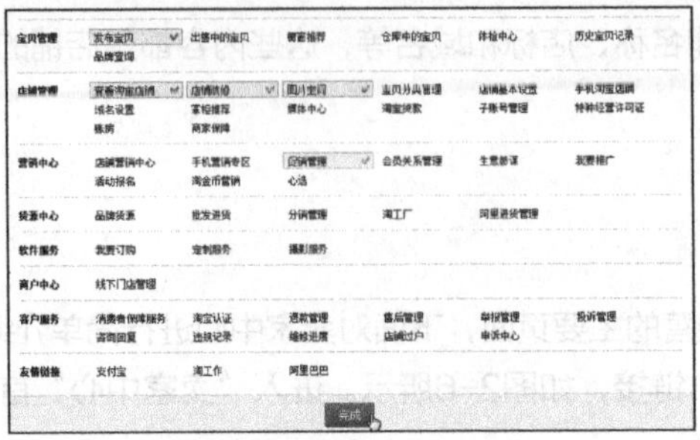

图2-10 单击“完成”按钮

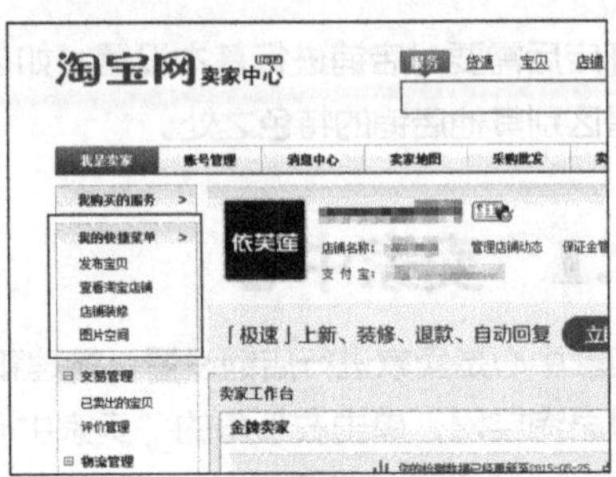

图2-11 我的快捷菜单

2. 添加“卖家工作台”模块

在卖家工作台右侧单击“添加免费模块”按钮，如图2-12所示，弹出对话框，单击模块后的“添加”按钮即可添加模块，如图2-13所示。

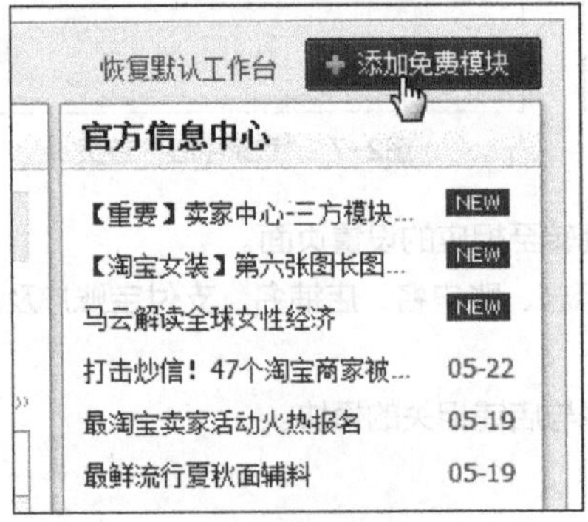

图2-12 单击“添加免费模块”按钮

图2-13 单击“添加”按钮

工作台中的模块可以隐藏，选择模块，单击右上角的×图标，即可隐藏该模块，如图2-14所示。还可以进行上下移动，单击模块右上角的上下箭头按钮即可，如图2-15所示。

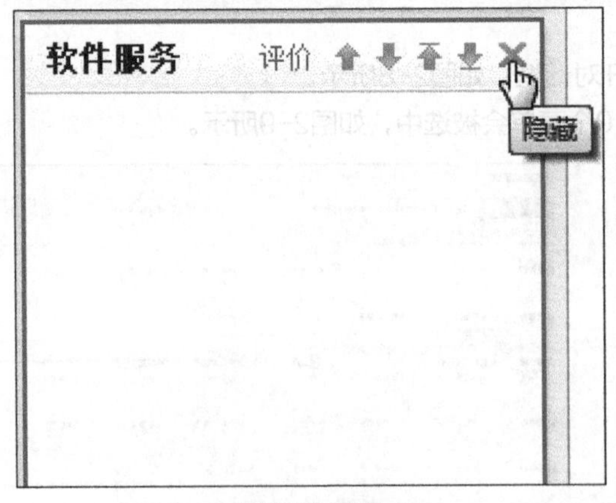

图2-14 隐藏

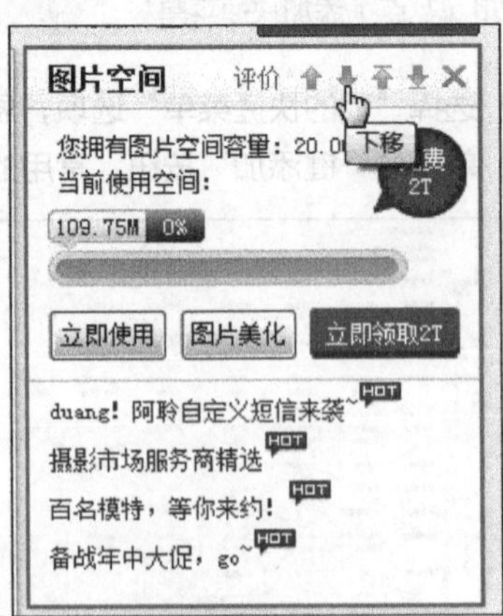

图2-15 上下移动

若需要恢复到默认工作台，单击右上角的“恢复默认工作台”链接，如图2-16所示。弹出对话框，单击“确定”按钮即可恢复，如图2-17所示。

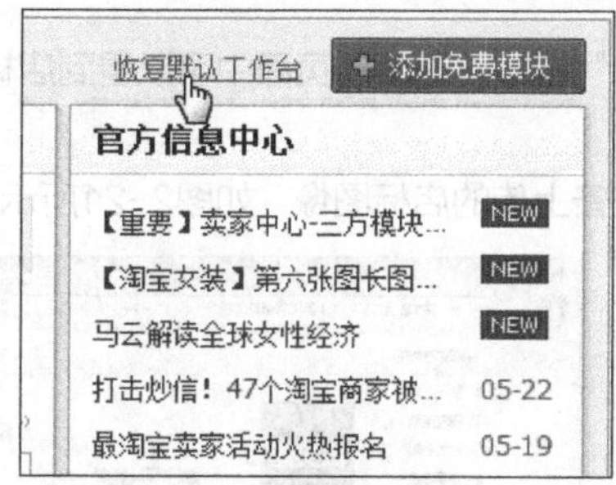

图2-16 单击“恢复默认工作台”链接

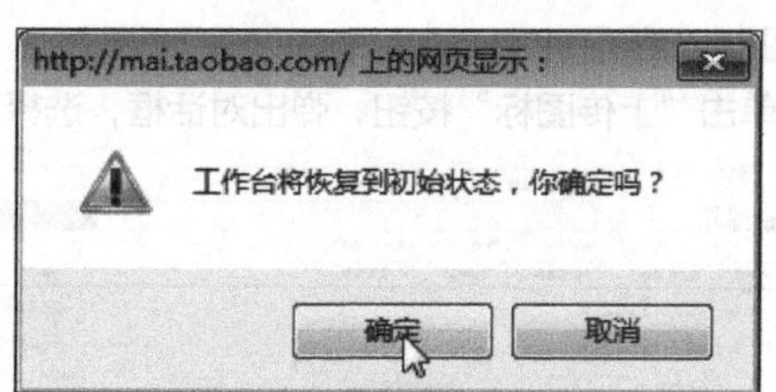

图2-17 单击“确定”按钮

2.2.2 设置店铺名称

好的店铺名称能让人印象深刻，在无形中形成品牌力量。店铺名称可以进行随意修改，但是必须是他人未使用的店铺名才能通过。

视频路径：第2章\2.2.2设置店铺名称.mp4

知 识 点：设置店铺名称

步骤01 进入“卖家中心”页面，单击左侧“店铺管理”栏下的“店铺基本设置”链接，如图2-18所示。

步骤02 跳转页面，在店铺名称一栏即可输入店铺名，如图2-19所示。设置完成后单击“保存”按钮即可。

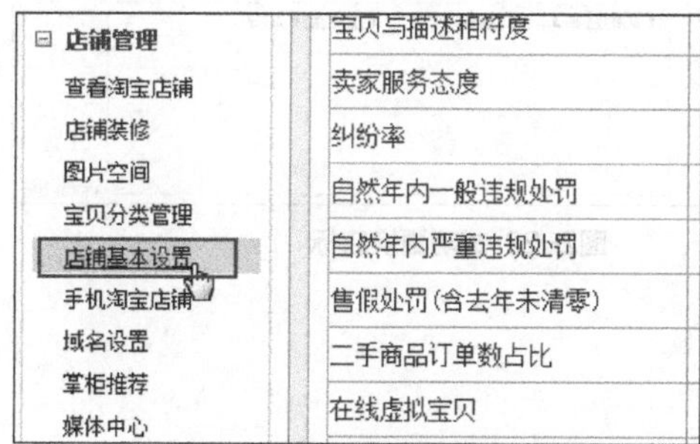

图2-18 单击“店铺基本设置”链接

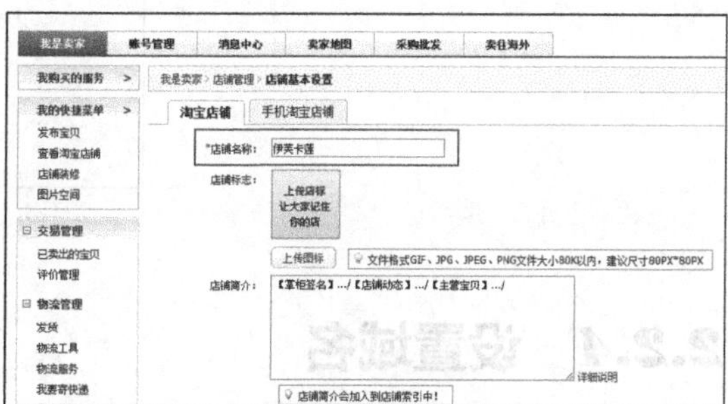

图2-19 输入店铺名

2.2.3 设置店标

店标可以看成是店铺的标志，店标可作为一个店铺的形象参考，给人的感觉是最直观的。可以代表着店铺的风格，店主的品位，产品的特性，也可起到宣传的作用。店标文件大小要求80K以内，建议尺寸为80像素×80像素。

◉ 视频路径 第2章\2.2.3 设置店标.mp4
✎ 知 识 点 设置店标

步骤01 进入“卖家中心”页面，单击“店铺基本设置”链接，在新的页面中可以看到店标尚未设置，如图2-20所示。

步骤02 单击“上传图标”按钮，弹出对话框，选择准备上传的店标图像，如图2-21所示。

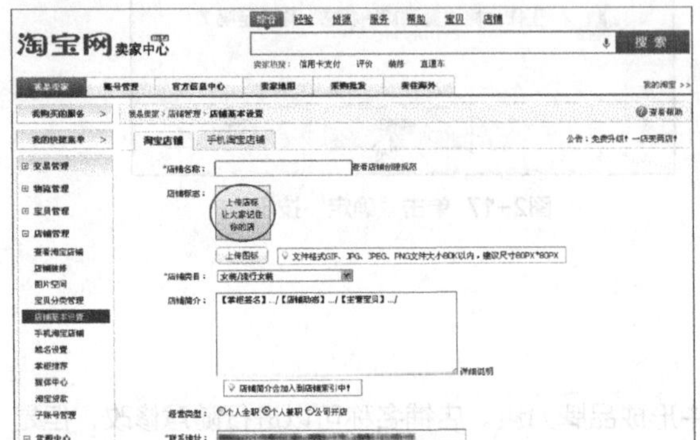

图2-20 尚未设置店标状态

图2-21 选择店标图像

步骤03 单击“打开”按钮，刷新网页后即可看到新上传的店标图像了，如图2-22所示。

步骤04 设置完成后，单击“保存”按钮保存设置。

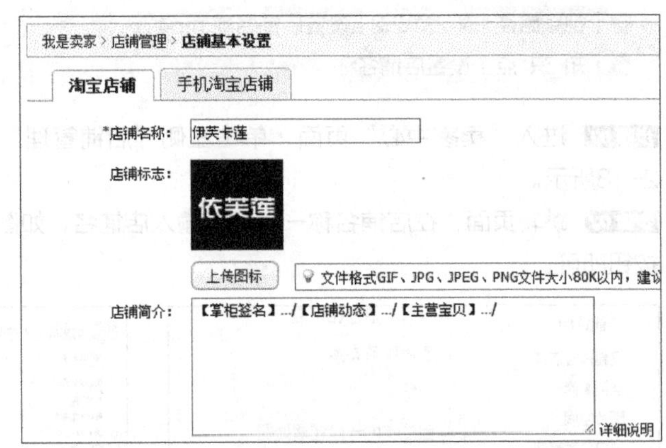

图2-22 成功更换店标

2.2.4 设置域名

在淘宝网中开店后即可拥有一个店铺域名，初始域名如http://shop104651174.taobao.com/，因其千篇一律而相对比较难记，这时就可以自定义二级域名，方便进行店铺推广。

域名设置需要注意以下两点。

- 只有一钻以上付费专业版的用户才能免费设置域名。一钻以下免费升级为专业版的用户，无法设置域名。
- 目前淘宝店铺的二级域名只能修改3次，超过3次将不能修改和设置。

设置二级域名后可在浏览器地址栏直接显示二级域名，加强买家对域名的记忆，使消费者快速在淘宝网店中找到自己的店铺。

步骤01 进入“卖家中心”页面，单击“店铺管理”一栏下的“域名设置”链接，如图2-23所示。

步骤02 在域名设置页面中输入自己设计的域名，如图2-24所示。

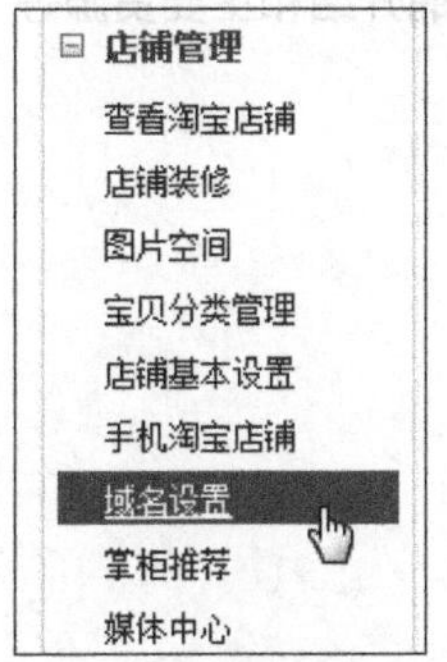

图2-23 单击“域名设置”链接

图2-24 输入域名

域名只能包含数字，字母和-，并不能以-开头和结尾。

步骤03 单击“查询”按钮，系统查询后若符合域名的命名规则，且未被占用，则可以单击“申请绑定”按钮进行绑定设置，如图2-25所示。

步骤04 在新的页面中阅读《淘宝网子域名自助注册及使用规则》，选中“同意以上规则”复选框，然后单击“绑定”按钮，如图2-26所示。

图2-25 单击“申请绑定”按钮

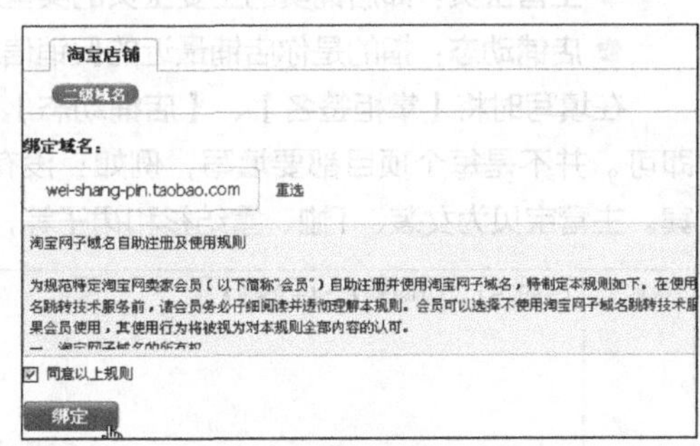

图2-26 单击“绑定”按钮

步骤05 进入下一个页面，提示域名绑定成功，如图2-27所示，在设置域名后还可以对域名进行3次更改。

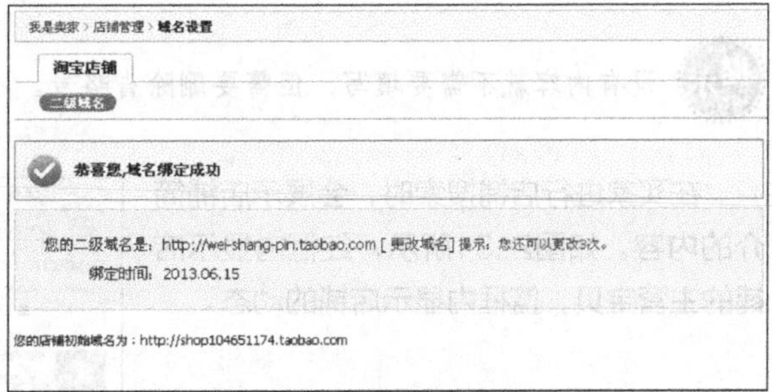

图2-27 成功绑定域名

2.2.5 其他基本信息设置

在“店铺基本设置”页面中还包括店铺简介、经营类型、联系地址、店铺介绍和主要货源等信息的设置，如图2-28所示。

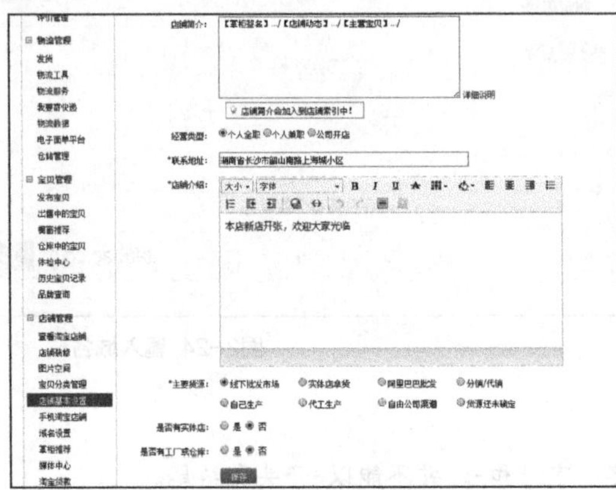

图2-28 店铺基本设置

1. 店铺简介

店铺简介主要包括掌柜签名、主营宝贝和店铺动态三个方面，如图2-29所示。

- 掌柜签名：可以很好地表达店铺的个性。
- 主营宝贝：即店铺卖的主要宝贝的类型地风格等，如民族风女装及配饰等。
- 店铺动态：指的是你店铺最近的促销信息，如全场包邮和五折等。

在填写时将【掌柜签名】、【店铺动态】、【主营宝贝】后的省略号删除，输入相应的内容即可。并不是每个项目都要填写，例如：没有掌柜签名，店铺动态内容为，新店开张，五折酬宾。主营宝贝为女装、T恤、雪纺衫和裙子等，则填写内容如下，如图2-30所示。

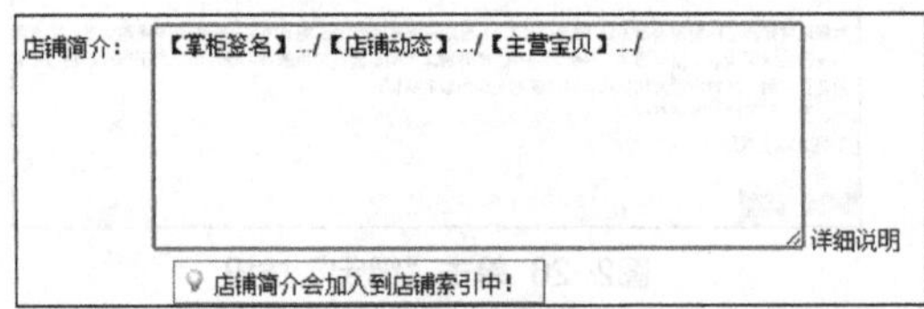

图2-29 店铺简介

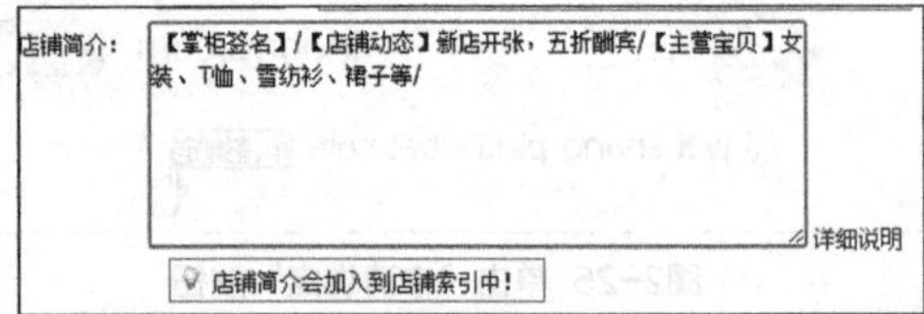

图2-30 填写内容

提示 没有内容就不需要填写，但需要删除省略号。

在买家进行店铺搜索时，会展示店铺简介的内容。如图2-31所示，红框内显示店铺的主营宝贝，篮框内显示店铺的动态。

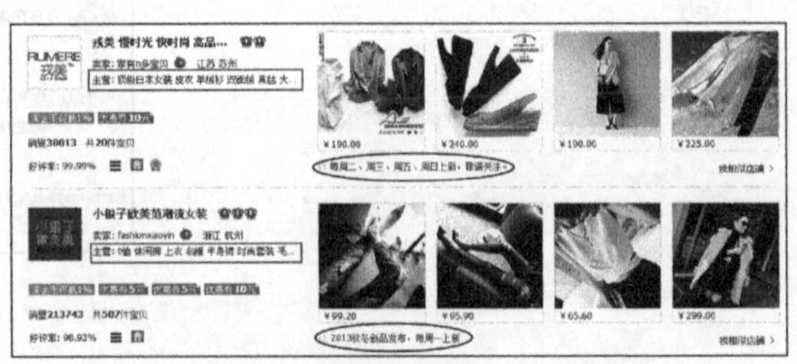

图2-31 店铺搜索

2. 其他内容

- 经营类型：根据自己的经营类型选择个人全职、个人兼职或公司开店。
- 联系地址：填写联系地址。
- 店铺介绍：对店铺整体情况进行介绍，也是宣传店铺的一种方式。
- 主要货源：选择主要货源的类型。
- 是否有实体店：选择是否有实体店。
- 是否有工厂或仓库：选择是否有工厂或仓库。

2.3 发布宝贝

发布宝贝就是将商品摆在店铺中，让别人看到并购买。目前淘宝发布宝贝有3种：发布一口价商品、发布拍卖商品和发布闲置商品。

2.3.1 “一口价”发布

开店后即可发布“一口价”商品了。“一口价”发布商品是指给商品规定一个准确的价格，发布之后该商品将以这个价格出售。

视频路径 | 第2章\2.3.1 “一口价”发布.mp4
知 识 点 | “一口价”发布

步骤 01 进入“卖家中心”页面，单击左侧“宝贝管理”一栏下的“发布宝贝”链接，如图2-32所示。

步骤 02 选择要发布的商品的类目，然后单击“我已阅读以下规则，现在发布宝贝”按钮，如图2-33所示。

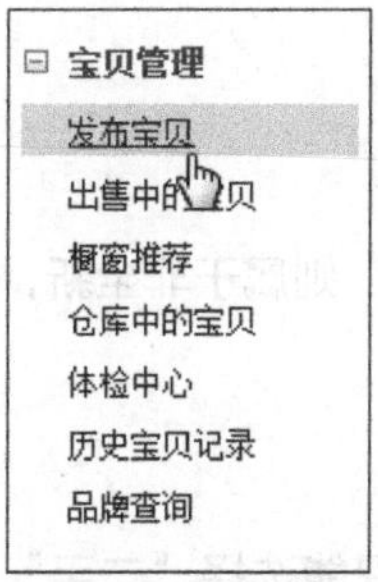

宝贝管理
发布宝贝
出售中的宝贝
橱窗推荐
仓库中的宝贝
体检中心
历史宝贝记录
品牌查询

图2-32 单击“发布宝贝”链接

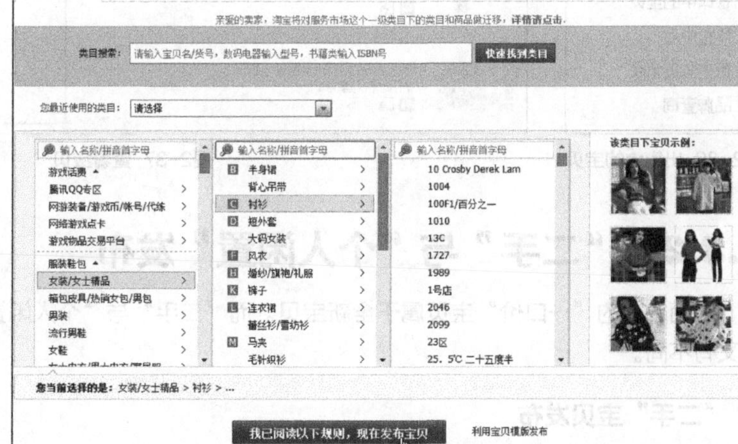

图2-33 单击按钮

步骤 03 填写商品属性信息后单击“发布”按钮，如图2-34所示。

步骤 04 商品发布成功，进入宝贝页面，如图2-35所示。

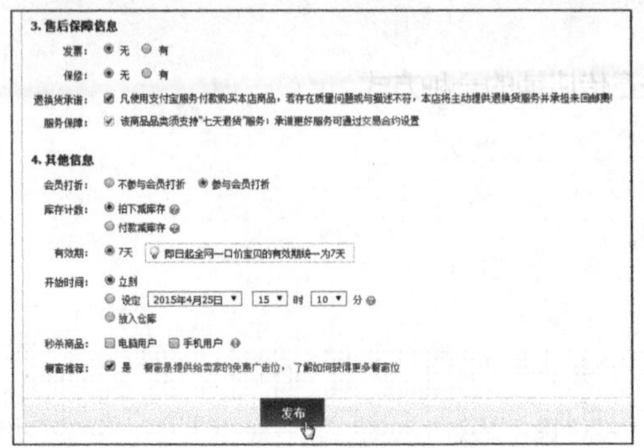

图2-34 单击“发布”按钮

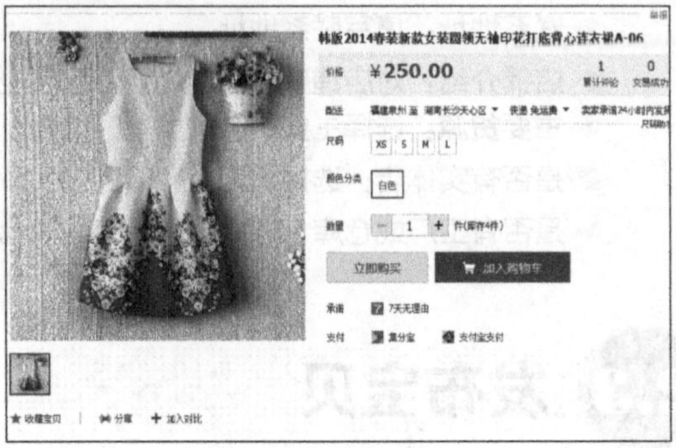

图2-35 宝贝页面

> **提示** 在“开始时间”中选择“放入仓库”单选按钮，可以将商品放入仓库中，然后根据需要来设定商品的上下架时间。

步骤 05 发布宝贝后，进入“卖家中心”页面，单击“出售中的宝贝”链接，如图2-36所示，即可看到出售中的宝贝。

步骤 06 在宝贝列表中可以查看宝贝的库存、销量与发布时间等信息，如图2-37所示。

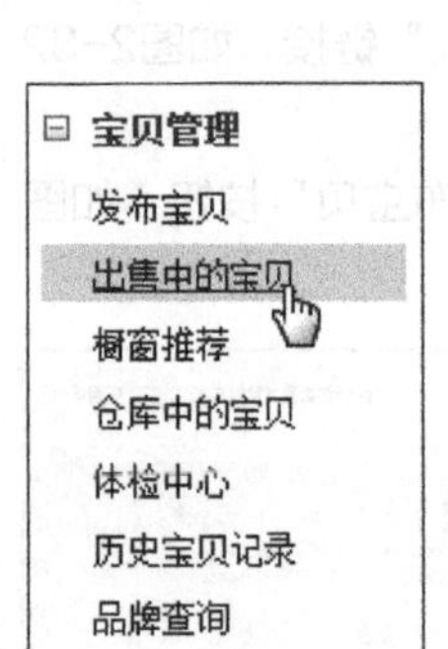

图2-36 出售中的宝贝

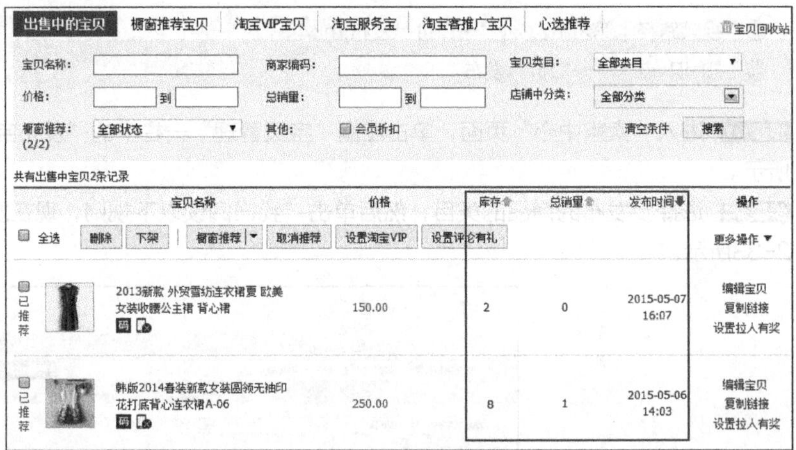

图2-37 查看宝贝

2.3.2 “二手”与“个人闲置”发布

前面发布的“一口价”宝贝属于全新宝贝。而“二手”与“个人闲置”则属于非全新，但二者又有不同。

1. “二手”宝贝发布

有几种情况不能发布“全新”宝贝，在发布页面的“宝贝类型”中只能选择“二手”，如图2-38所示。

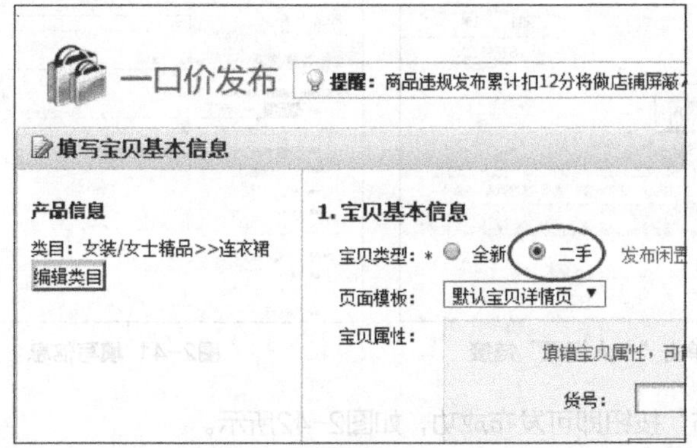

图2-38 宝贝类型为二手

不能发布“全新”宝贝主要有以下的几种原因。

- 所在类目是必缴纳消费者保障金类目才能发布全新商品，但是您还未交消费者保障金。
- 商品第一次发布时是二手商品，目前二手商品不允许转成全新商品。
- 商品类目是属于特种经营类目，您必须在特种经营申请成功之后发布全新商品。
- 商品属于家电和数码等产品，目前厂家已经停产，故淘宝网不允许您发布全新商品。

2. “个人闲置”发布

有的时候，自己买来的商品自己不喜欢，或者对于自己而言没用多大用处，但它仍然有它的价值，这时以较低的价格转手给他人，这种情况就是属于个人闲置。不用开通店铺的个人也可以选择以“个人闲置”的形式发布商品，如图2-39所示。

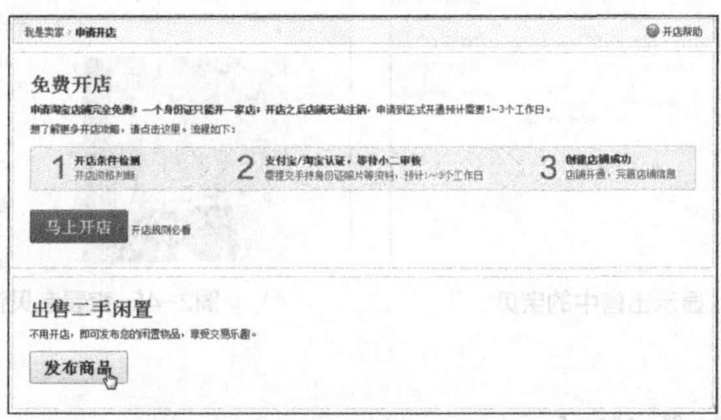

图2-39 不开通店铺发布“闲置”商品

当然，开通了店铺的卖家也可以发布个人闲置商品，下面介绍开通店铺后“个人闲置”商品发布操作。

> 视频路径 | 第2章\2.3.2“个人闲置”发布.mp4
> 知 识 点 | 个人闲置发布

步骤01 在发布宝贝页面中单击“个人闲置”链接，如图2-40所示。

步骤02 进入“淘宝二手”网页，在“发布闲置”下填写信息，如图2-41所示。

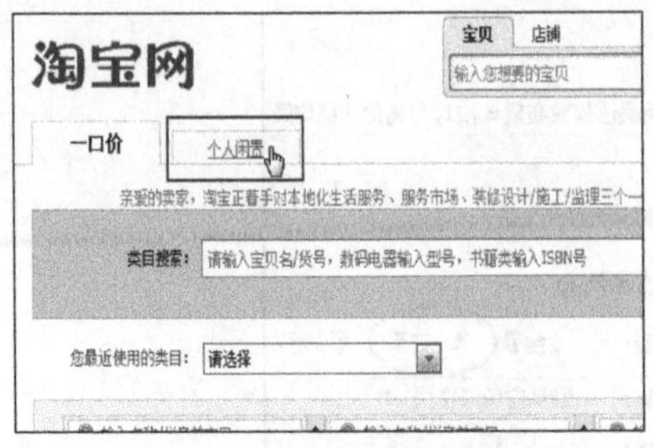

图2-40 单击“个人闲置”链接

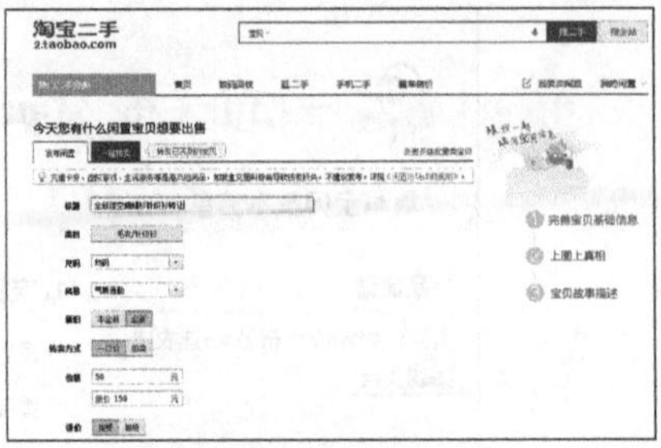

图2-41 填写信息

步骤 03 单击“立刻发布”按钮即可发布成功，如图2-42所示。

步骤 04 在“我的闲置”下列菜单中单击“出售中”链接，如图2-43所示。

图2-42 发布的个人闲置商品

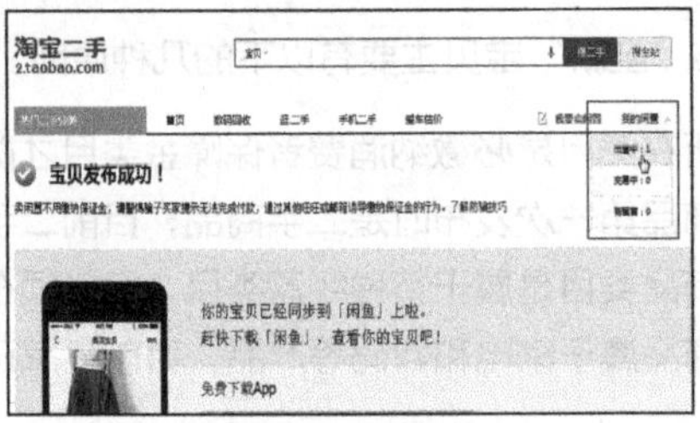

图2-43 单击“我的闲置”按钮

步骤 05 在跳转的页面中显示了出售的二手宝贝，如图2-44所示。

步骤 06 单击宝贝，查看宝贝详情，如图2-45所示。

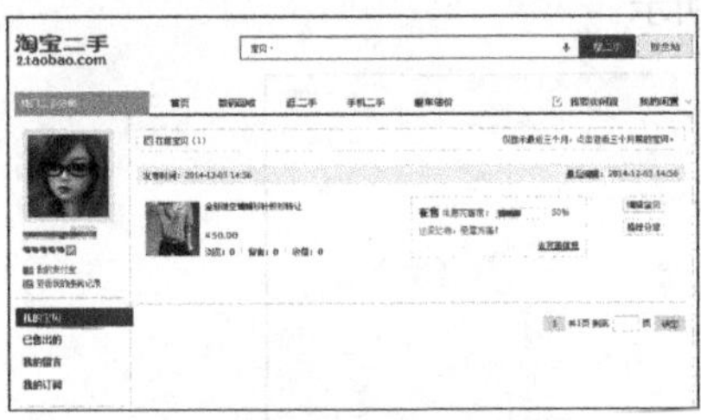

图2-44 显示出售中的宝贝

图2-45 查看宝贝详情

2.3.3 “拍卖”发布

淘宝拍卖会现在有增价拍、荷兰拍和降价拍三种拍卖形式。

1. 增价拍

卖家设置参加拍卖的宝贝起拍价和加价幅度。买家可根据自己的实际情况，输入系统需要的最低价格，也可以输入自己可以接受的最高价格，让系统代理出价。拍卖结束时，出价最高者获得宝贝。

其发布要求有以下两点。

- 认证会员可发布闲置增价拍；参与拍卖的商品件数为1；可使用系统代理加价幅度。

● 发布全新或二手增价拍，必须是已签署《消费者保障服务》并已缴纳保证金的消保卖家。

2. 荷兰拍

多件相同宝贝参加拍卖，价高者优先获得宝贝，相同价格先出价者先得。最终商品成交价格是最低成功出价的金额。如果宝贝的拍卖数量大于出价人数，则最终按照起拍价成交。如果最后一位获胜者可获得的宝贝数量不足，则可以放弃购买（注：买家不能使用系统代理出价）。

其发布要求是必须是已签署《消费者保障服务》并已缴纳保证金的消保卖家。

3. 降价拍

降价拍是拍卖家宝贝的竞价由高到低依次递减，直到竞买人应价时成交的一种拍卖方式。如果宝贝数量为1，则拍卖在第一竞买人应价时成交且拍卖结束；如果宝贝数量大于1，则所有拍卖宝贝被竞买人应价后，拍卖结束。

一旦宝贝发布成功后（不论是出售中还是在仓库里），发布方式是无法修改的，即“一口价”不能修改成“拍卖”，也无法将拍卖的宝贝修改成一口价的方式。如有此类需求，建议重新发布。

2.4 填写宝贝信息

在发布“一口价”宝贝时填写的宝贝信息是十分重要的，它会在买家浏览宝贝时显示在宝贝详情页中。下面对设置关键信息进行讲解。

2.4.1 设置商品颜色

颜色的设置是发布宝贝时非常重要的一步。颜色分类下有很多颜色可选，但可能并不完全符合自己宝贝的颜色，这就需要修改颜色。除此之外，还可以将颜色图修改为宝贝的缩略图，以便买家进行选择。

视频路径 | 第2章\2.4.1设置商品颜色.mp4
知 识 点 | 设置商品颜色

步骤 01 在发布宝贝页面中的“颜色分类”下显示了多个色系，选择一个色系，如图2-46所示。

步骤 02 选中一种颜色，并在下方备注信息，如图2-47所示。

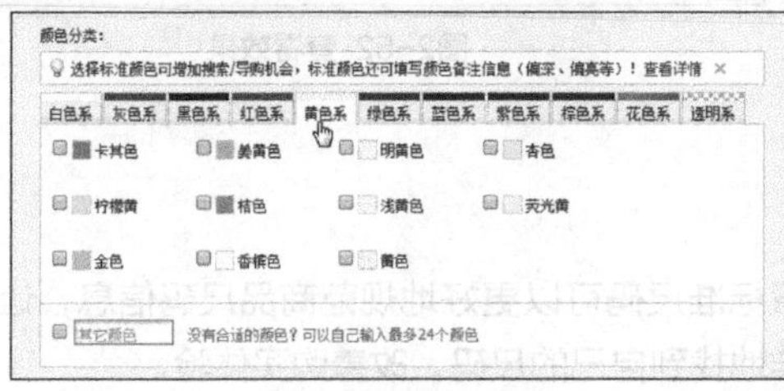

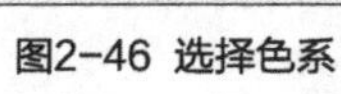

图2-46 选择色系

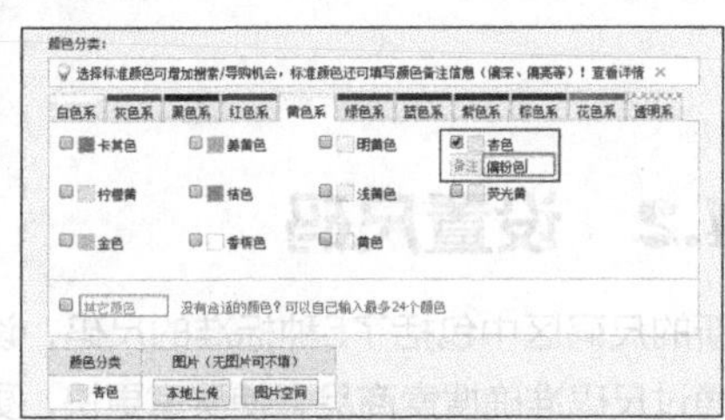

图2-47 选择颜色

步骤03 如果没有合适的颜色，在色系下方的“其他颜色”中输入一个颜色名称，并选中前面的复选框，如图2-48所示。

步骤04 选择颜色后还可以为颜色添加图片，单击“本地上传”或“图片空间”按钮，这里单击“图片空间”按钮，如图2-49所示。

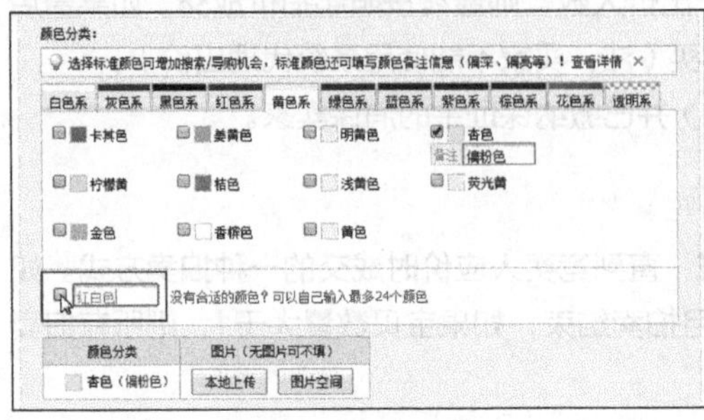

图2-48 选中复选框

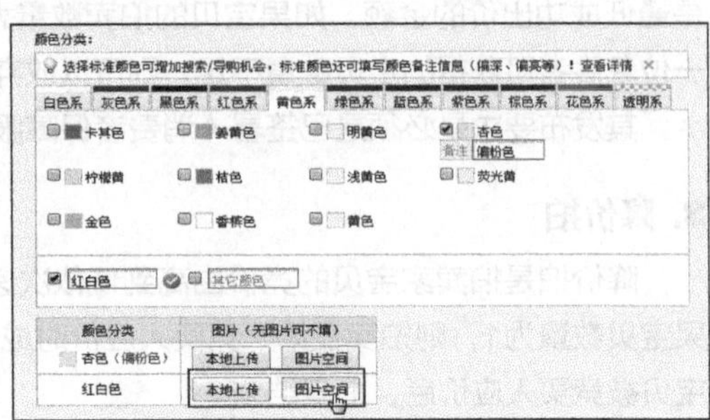

图2-49 单击“图片空间”按钮

步骤05 在打开的对话框中选择图片，单击“确定”按钮，如图2-50所示。

步骤06 添加图片后如图2-51所示。

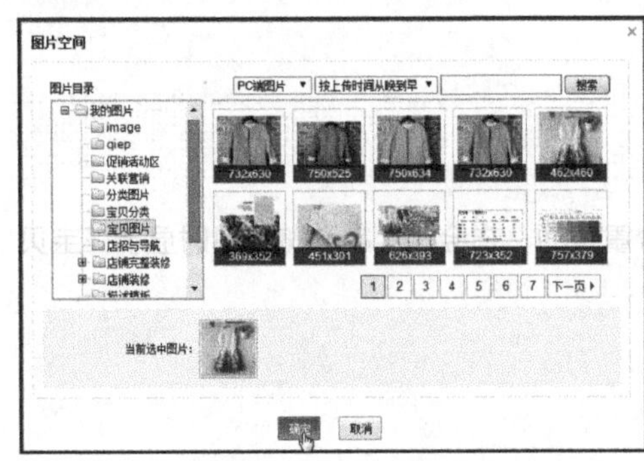

图2-50 单击“确定”按钮

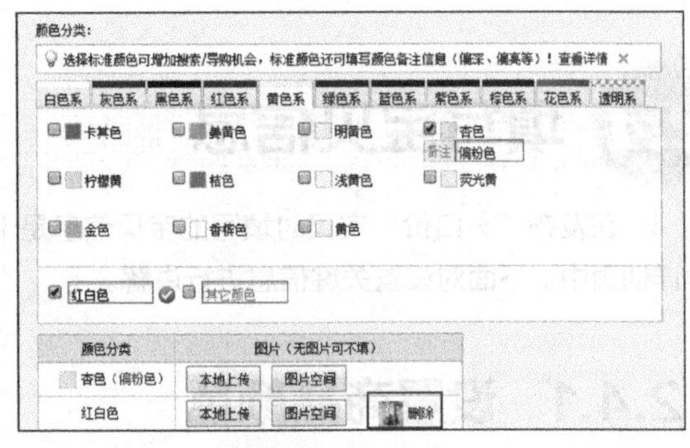

图2-51 添加图片后

步骤07 发布宝贝后，在宝贝页面查看效果，在“颜色分类”下显示了颜色的图片，将光标移至图片上时显示颜色名称，如图2-52所示。

图2-52 查看效果

2.4.2 设置尺码

新的尺码区中包括了5种标准的尺码，设置标准尺码可以更好地规范商品尺码信息，让买家可以通过尺码准确搜索商品，使买家更快、更准地找到自己的尺码，改善购买体验。

1. 标准尺码

如果能够合理使用尺码功能，可以为买家提供详细的尺码帮助，帮助减少客服咨询，甚至交易纠纷。

视频路径：第2章\2.4.2设置尺码\1.标准尺码.mp4
知 识 点：设置标准尺码

步骤 01 进入宝贝发布页面，在“尺码”区显示了多种尺寸选择，如图2-53所示。

步骤 02 选择一种尺码后，勾选相应的尺寸，在“备注”中可以输入相应的说明信息，如图2-54所示。

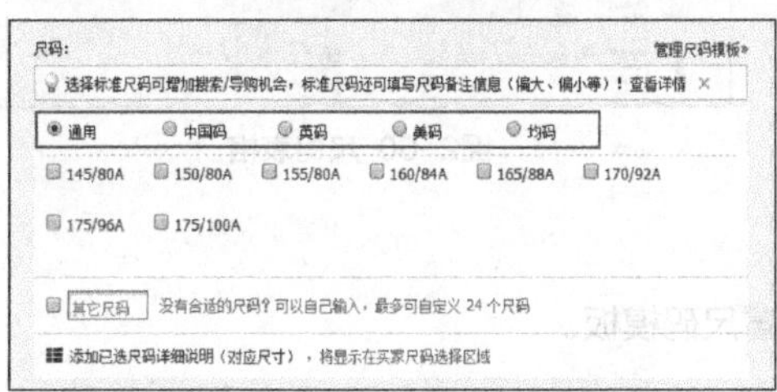

图2-53 尺码区

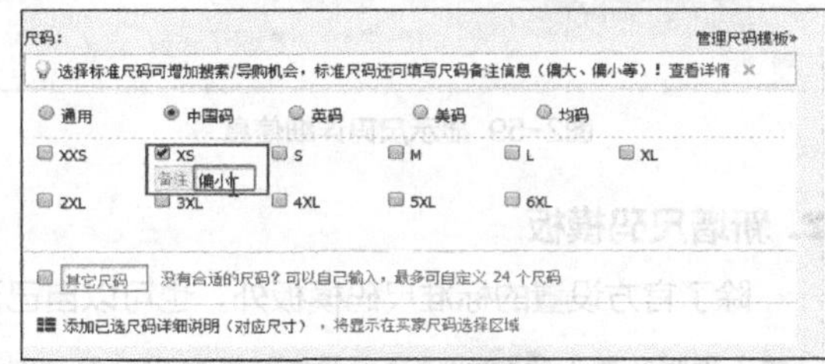

图2-54 备注

步骤 03 单击“添加已选尺码详细说明（对应尺寸）”按钮，如图2-55所示。

步骤 04 在打开的对话框中修改具体的参数，单击每行后的“×”按钮，将多余的尺寸删除，如图2-56所示。

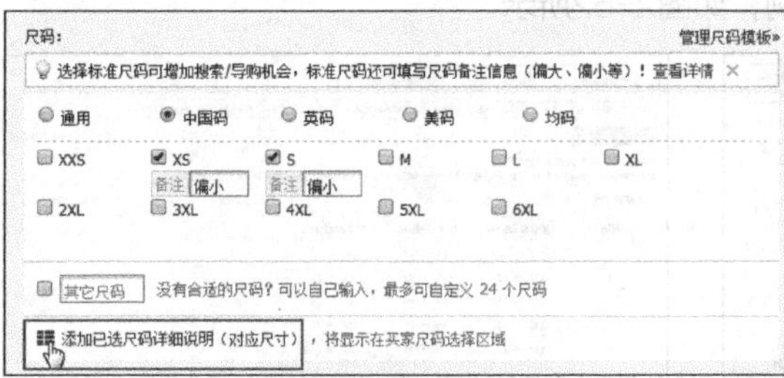

图2-55 单击按钮

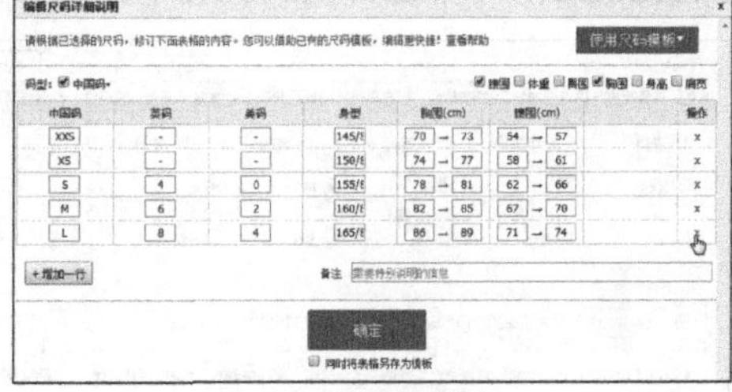

图2-56 修改参数

步骤 05 选中底部的“同时将表格另存为模板”复选框，输入模板名称，然后单击“确定”按钮，如图2-57所示。

步骤 06 选中“同时展示在宝贝详情区域”复选框，如图2-58所示。

图2-57 单击“确定”按钮

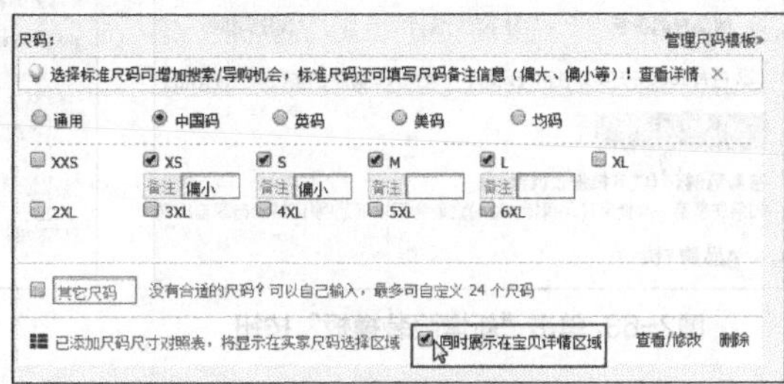

图2-58 选中复选框

步骤07 单击发布页面底部的“发布”按钮，进入到宝贝页面中，将光标放置在不同的尺码上，在展开的列表中显示了详细的信息，如图2-59所示。

步骤08 在下方的详情区域中也显示了尺码表格，如图2-60所示。

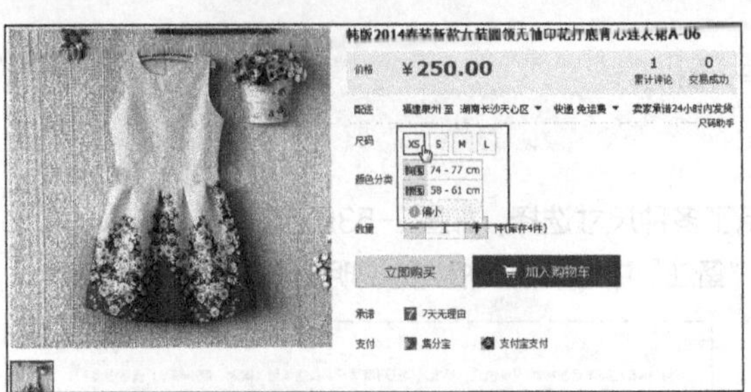

图2-59 显示尺码详细信息

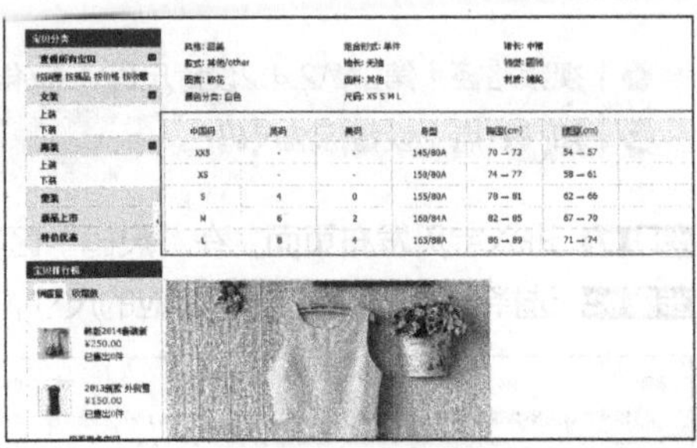

图2-60 尺码表格

2. 新增尺码模板

除了官方设置的标准尺码模板外，也可以自己设置尺码模板。

视频路径	第2章\2.4.2设置尺码\2.新增尺码模板.mp4
知 识 点	新增尺码模板

步骤01 在“尺码”区右侧单击“管理尺码模板”链接，如图2-61所示。

步骤02 打开新的页面，在顶部显示了“服装尺码模板”“鞋子尺码模板”及“文胸尺码模板”三类模板选项，每个选项下都有很多尺码参考范例，如图2-62所示。

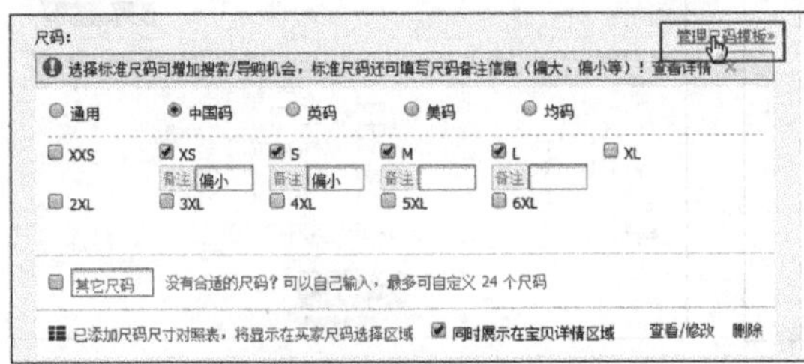

图2-61 单击“管理尺码模板”链接

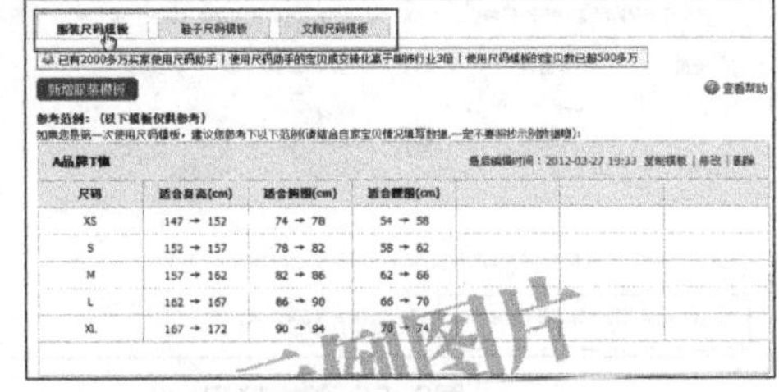

图2-62 模板选项

步骤03 单击“新增服装模板”按钮，如图2-63所示。

步骤04 在跳转的页面中输入模板名称，并设置美码、身高及体重，如图2-64所示。

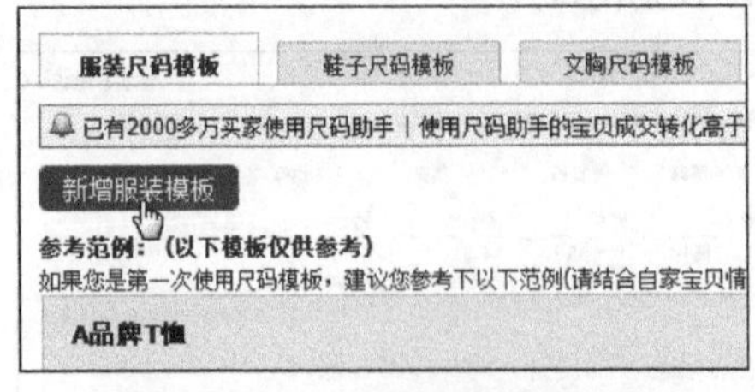

图2-63 单击“新增服装模板”按钮

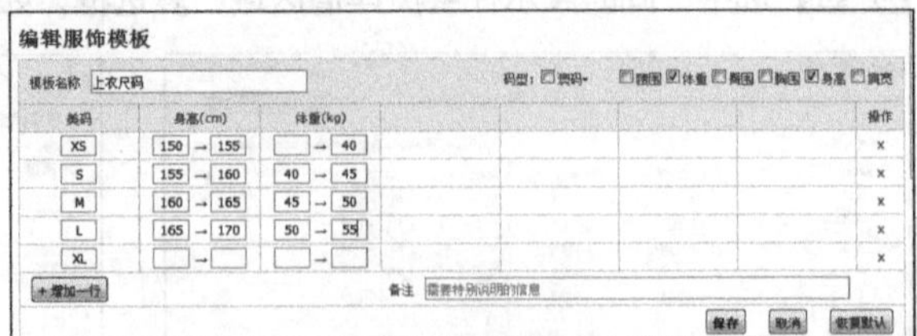

图2-64 编辑尺码

步骤 05 选中右上角的复选框，可新增相应的列表，在该列中可以输入适合参数，如图2-65所示。

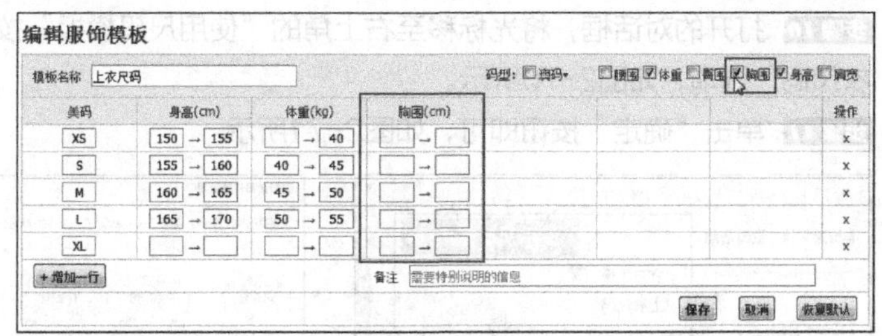

图2-65 新增列表

步骤 06 若行数不够，可单击“插入一行”按钮；若多出一行，则可单击该行后的“×”按钮，如图2-66所示。

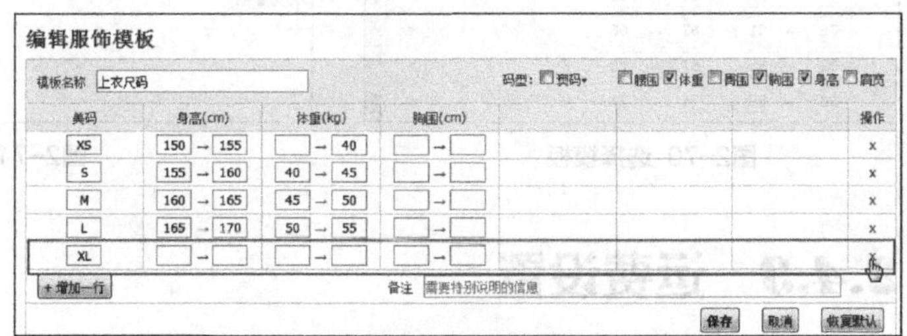

图2-66 单击按钮

步骤 07 设置完成后单击“保存”按钮，模板就创建完成了，单击右下角的“测试准确性”按钮，如图2-67所示。

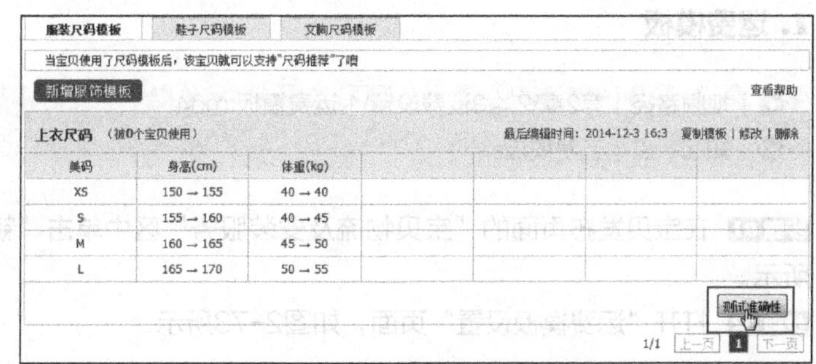

图2-67 单击“测试准确性”按钮

步骤 08 在身高和体重文本框中分别输入数值，然后单击“测试”按钮，在左下方会显示出合适的尺码，如图2-68所示。

步骤 09 回到宝贝发布页面，单击“添加已选尺码详细说明（对应尺寸）”按钮，如图2-69所示。

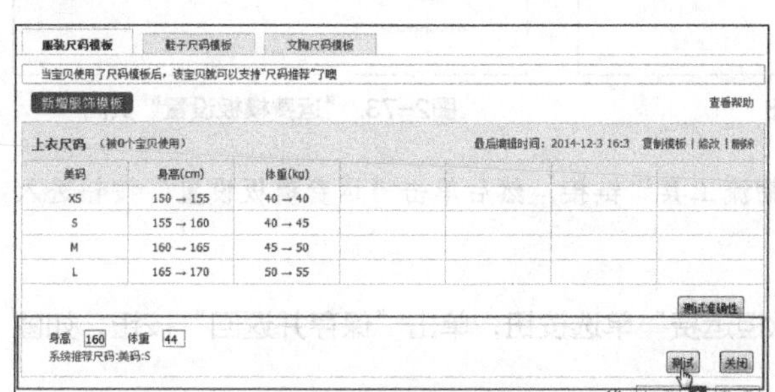

图2-68 测试准确性

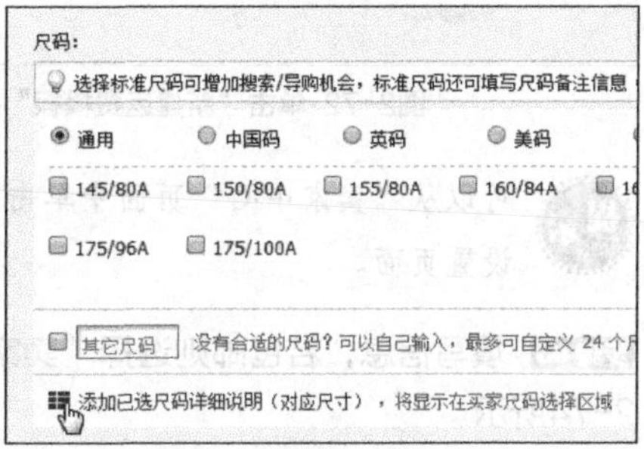

图2-69 单击按钮

步骤10 打开的对话框，将光标移至右上角的“使用尺码模板”按钮上，在展开的列表中选择“上衣尺码”选项，如图2-70所示。

步骤11 单击“确定”按钮即可，如图2-71所示。

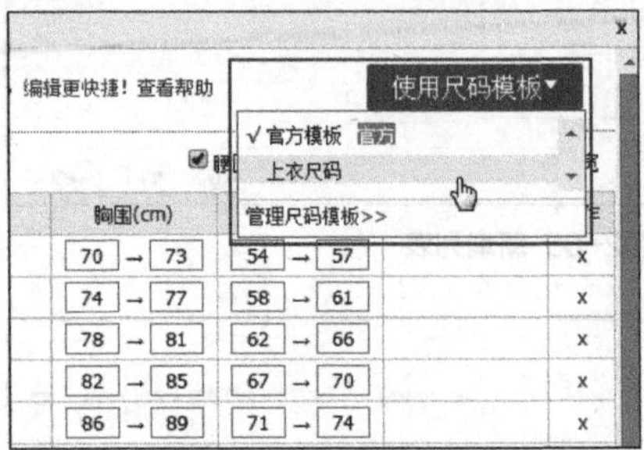

图2-70 选择模板

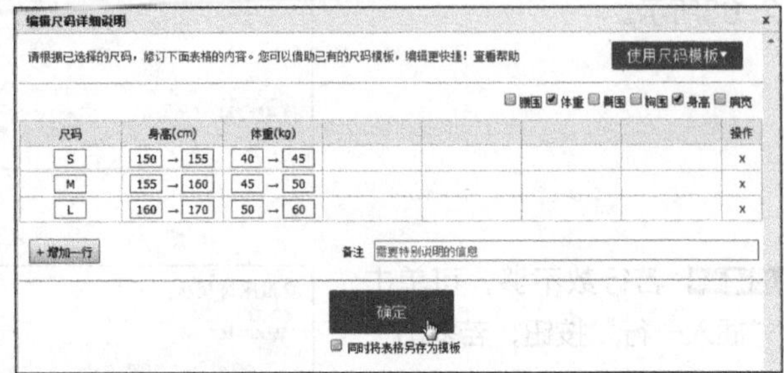

图2-71 单击“确定”按钮

2.4.3 运费设置

使用运费模板可以让消费者有更好的购物体验，运费设置是发布宝贝时必须填写的内容。

1. 运费模板

视频路径 | 第2章\2.4.3运费设置\1.运费模板.mp4
知 识 点 | 运费模板

步骤01 在宝贝发布页面的“宝贝物流及安装服务”区中单击“新建运费模板”按钮，如图2-72所示。

步骤02 打开“运费模板设置”页面，如图2-73所示。

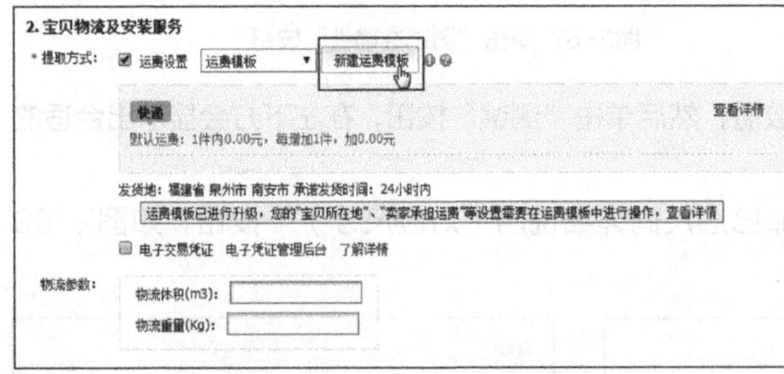

图2-72 单击“新建运费模板”按钮

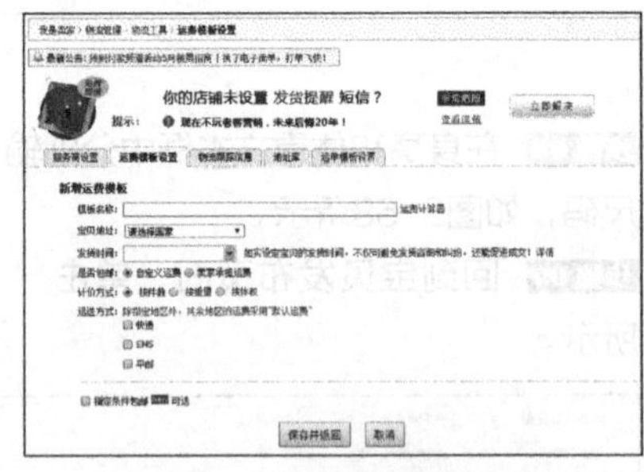

图2-73 “运费模板设置”页面

提示 可以从“卖家中心”页面中单击“物流工具”链接，然后单击“运费模板设置”按钮进入设置页面。

步骤03 填写信息，若包邮则选择“卖家承担运费”单选按钮，单击“保存并返回”按钮，如图2-74所示。

步骤04 回到宝贝发布页面，在“运费设置”中即选择了新增的模板，并在下方显示了该模板的详细信息，如图2-75所示。

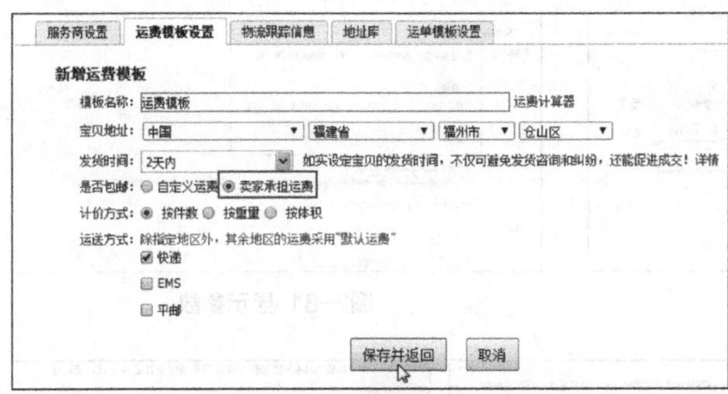

图2-74 单击“保存并返回”按钮

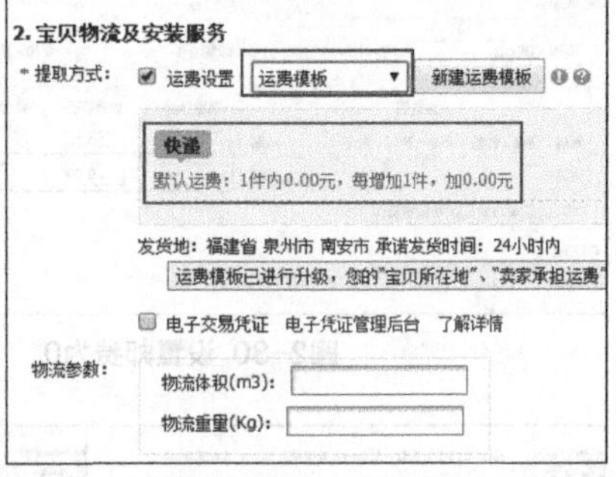

图2-75 显示模板信息

步骤 05 若不包邮则在“运费模板设置”页面选择“自定义运费”单选按钮，并在计价方式中选择一种，如图2-76所示。

步骤 06 在运送方式下选择一类，这里选择“快递”，设置默认运费。对于偏远地区可以单独设置邮费，单击“为指定地区城市设置运费”链接，如图2-77所示。

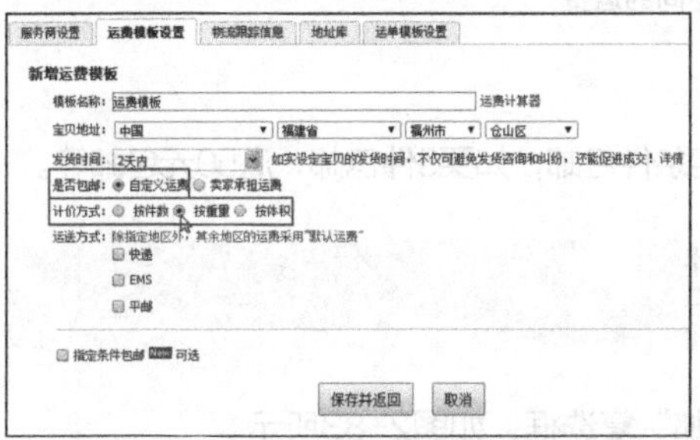

图2-76 选择“自定义运费”单选按钮

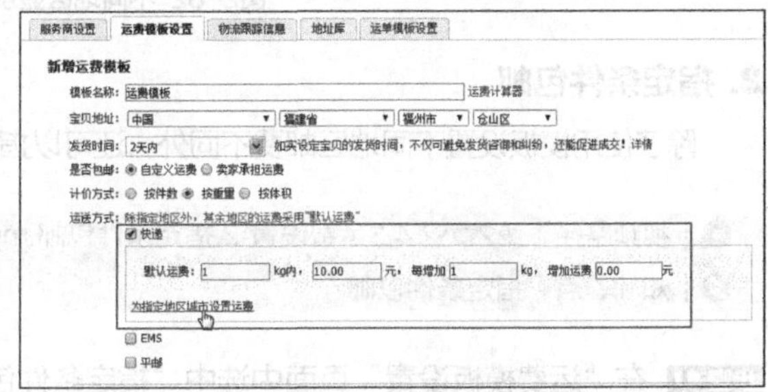

图2-77 单击链接

步骤 07 单击“编辑”按钮，如图2-78所示。

步骤 08 弹出对话框，选择区域或城市，选择后单击“确定”按钮，如图2-79所示。

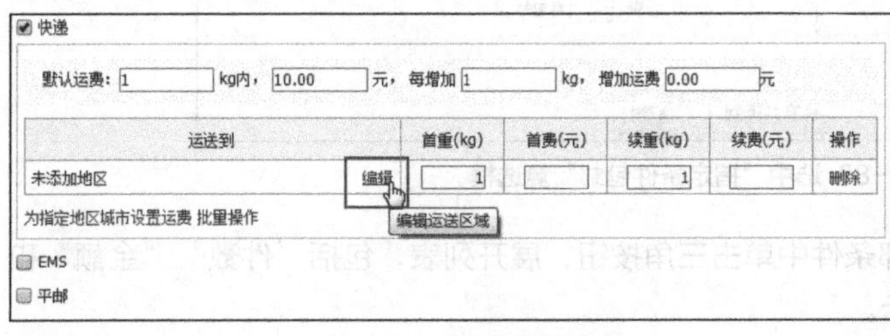

图2-78 单击“编辑”按钮

图2-79 单击“确定”按钮

步骤 09 填写相应重量与邮费。用同样的方法也可以设置同城或邻近城市包邮，如图2-80所示，添加地区， 并将首重与续重的邮费设置为0。

步骤 10 保存并返回，显示了选择的运费模板后，在下方设置相应的重量和体积等参数，如图2-81所示。

步骤 11 发布宝贝，选择不同的地区显示不同的运费，如图2-82所示。

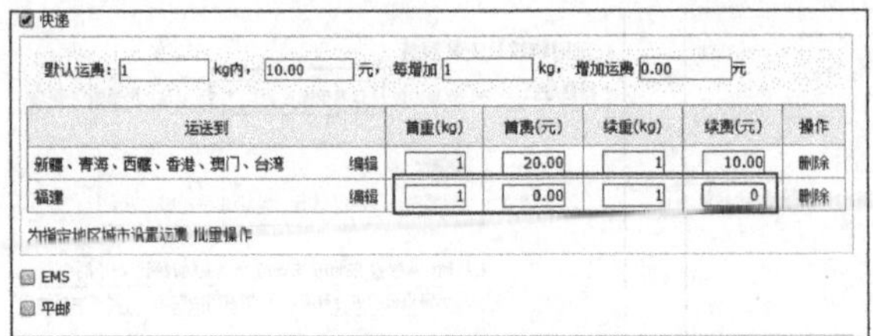

图2-80 设置邮费为0

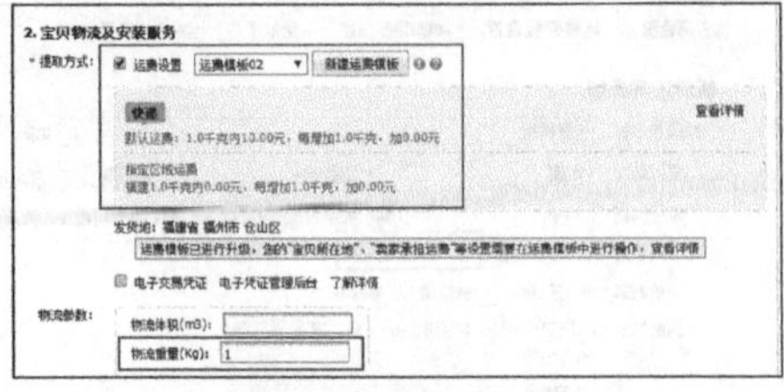

图2-81 显示参数

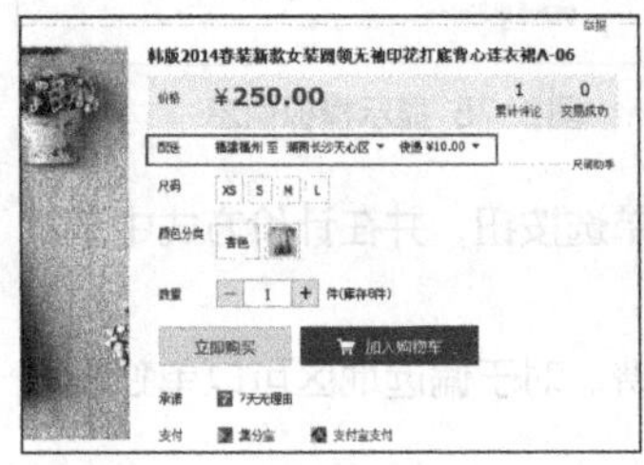
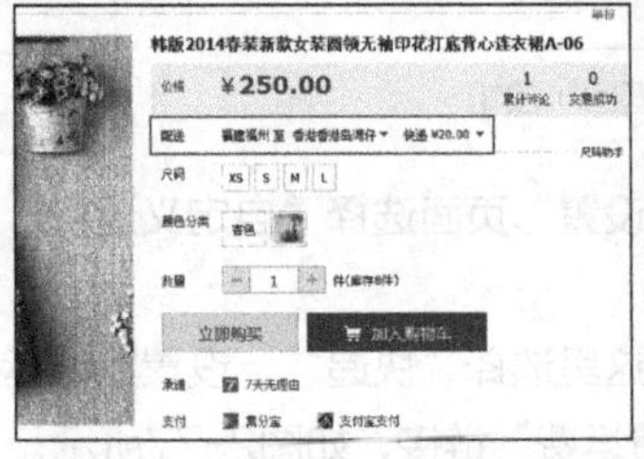

图2-82 不同地区显示不同的运费

2. 指定条件包邮

除了使用模板设置不同地区邮费不同外，还可以指定条件包邮，如买3件包邮，满50元包邮等。

视频路径 第2章\2.4.3运费设置\2.指定条件包邮.mp4

知 识 点 指定条件包邮

步骤01 在“运费模板设置”页面中选中“指定条件包邮”复选框，如图2-83所示。

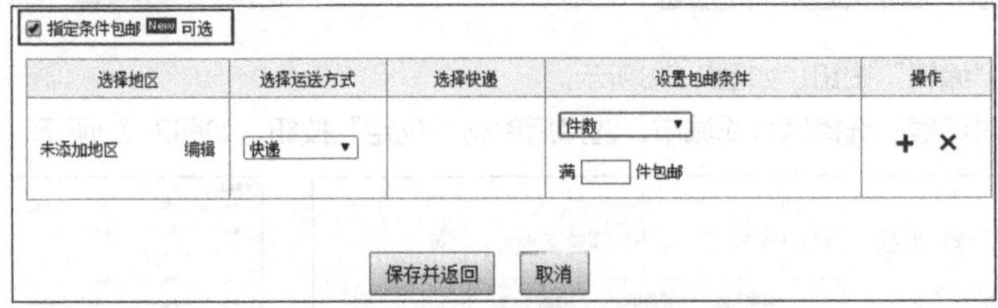

图2-83 选中“指定条件包邮”复选框

步骤02 选择地区，然后在设置包邮条件中单击三角按钮，展开列表，包括“件数”“金额”和“件数+金额”3种，如图2-84所示。

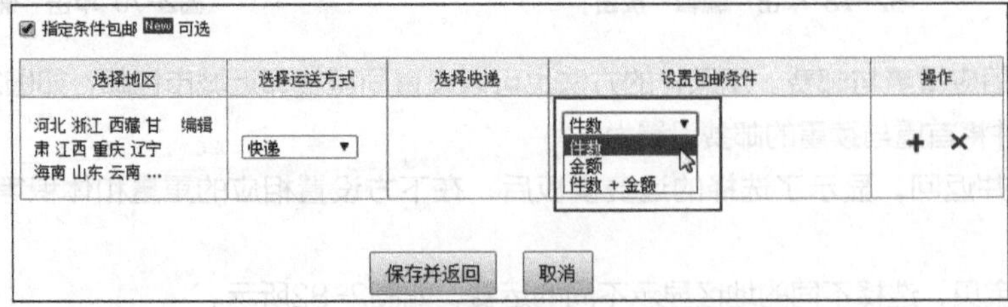

图2-84 包邮条件

步骤 03 选择一种条件后，设置相应的参数，如图2-85所示。

步骤 04 保存模板，在发布宝贝时应用该模板即可。

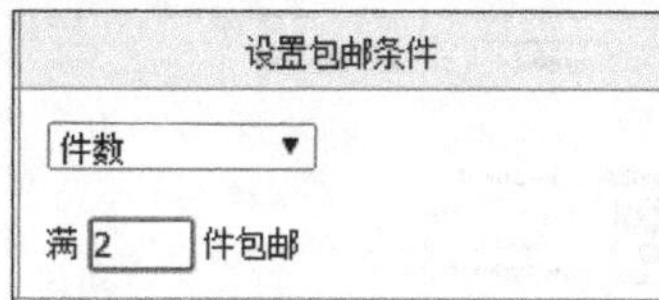

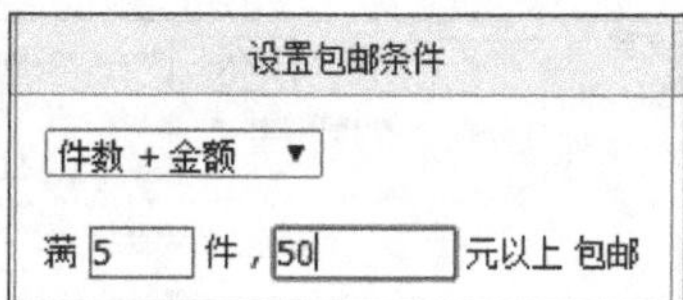

图2-85 设置相应的参数

3. 运费计算

若不知道设置多少运费，可以使用运费计算器计算运费。

视频路径 | 第2章\2.4.3运费设置\3.运费计算.mp4
知 识 点 | 运费计算

步骤 01 在“运费模板设置”页面中单击“运费计算器”链接，如图2-86所示。

步骤 02 设置起始地、目的地和重量等信息，单击“查看”按钮，如图2-87所示。

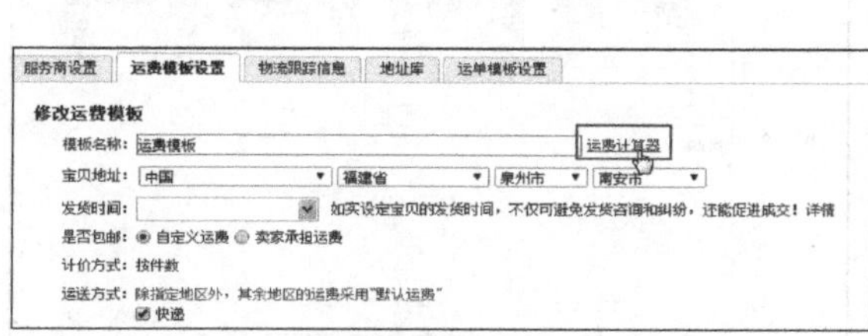

图2-86 单击链接

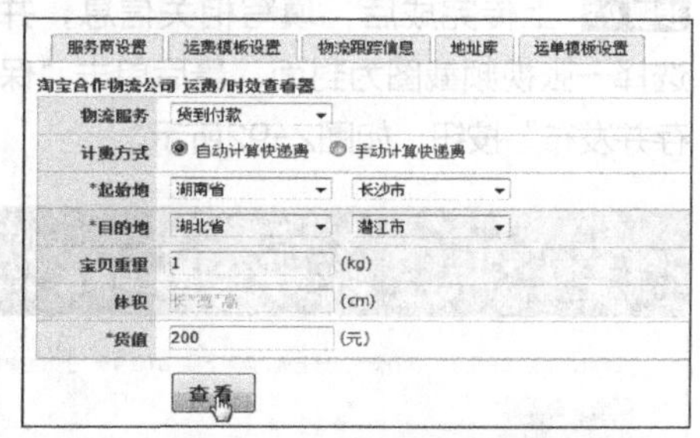

图2-87 单击“查看”按钮

步骤 03 在下方显示出3个快递的参考价，如图2-88所示。

查看

合作物流公司	快递费(元)	服务费（元）	cod运费总计(元)	时效
宅急送	10.0	4.00	14.00	
圆通速递	13.0	4.00	17.00	
顺丰速运	18.0	5.00	23.00	

温馨提醒：1.宝贝重量和体积只填写一个就可以，如果您不确定可以两个都填写。您查出来的价格可能有一元的误差，这个是计算服务费补正逻辑造成的。如果您查出来的价格高于您与物流公司的协议价格，您网上下单时仍然可以按照您的协议的物流价格来付费！**2.上述"时效"数据是根据物流公司过去一周的平均送货速度计算得出！**

图2-88 显示参考价

2.4.4 设置主图视频

使用主图视频可以快速让用户对宝贝作用和功效有所了解，提高宝贝购买转化率。

视频路径 | 第2章\2.4.4设置主图视频.mp4
知 识 点 | 设置主图视频

步骤 01 在发布宝贝页面的“宝贝图片”区中单击“视频中心”按钮，如图2-89所示。

步骤 02 在打开的界面中单击“上传视频”按钮，如图2-90所示。

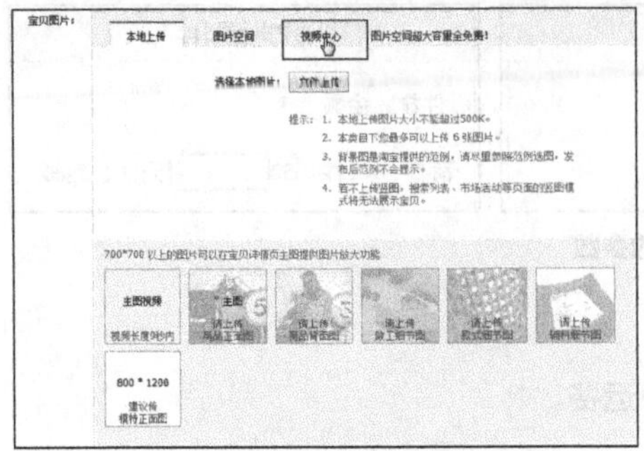

图2-89 单击“视频中心”按钮

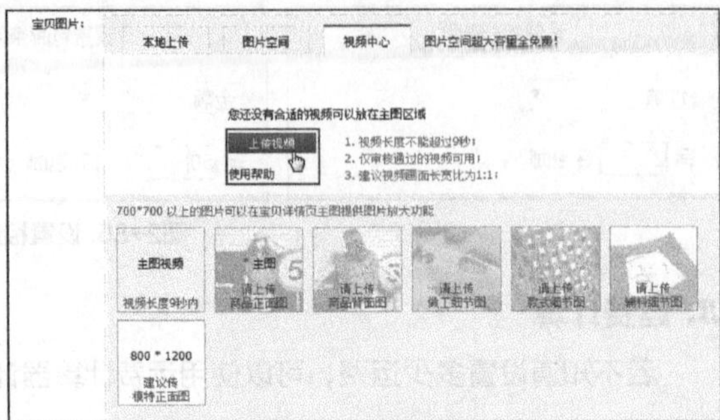

图2-90 单击“上传视频”按钮

步骤 03 进入“淘宝视频”页面，单击“选择文件”按钮，如图2-91所示。

步骤 04 在弹出的对话框中选择视频，单击“打开”按钮，等待视频上传。

步骤 05 上传完成后，填写相关信息，并选择一张视频截图为封面，最后单击“保存并发布”按钮，如图2-92所示。

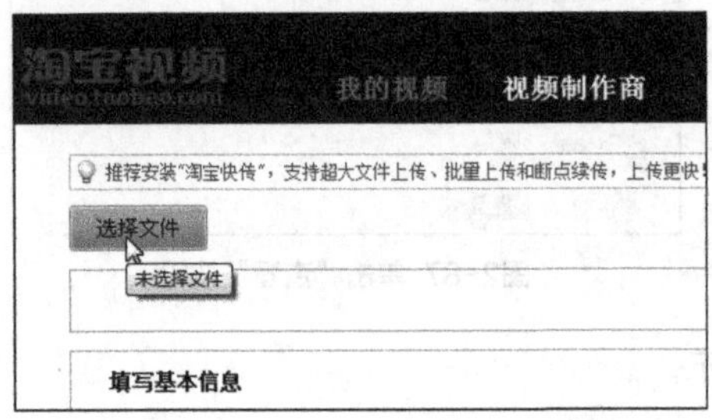

图2-91 单击“选择文件”按钮

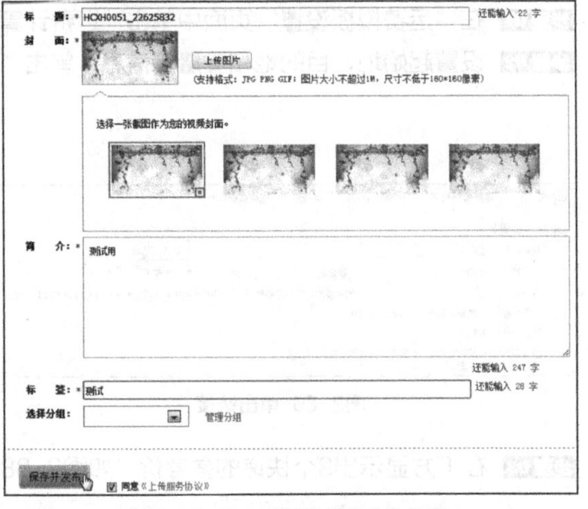

图2-92 单击“保存并发布”按钮

提示 上传视频不能大于2G，支持的格式包括：wmv、avi、mpg、mpeg、3gp、mov、mp4、flv、f4v、m4v、m2t、mts、rmvb、vob 和 mkv。

步骤 06 上传视频后需要等待审核，如图2-93所示。

图2-93 等待审核

步骤 07 单击“查看视频状态”链接，进入“我的视频”页面，当状态变成“发布成功”后，则视频发布并审核成功，如图2-94所示。

步骤 08 回到发布宝贝的页面，刷新页面，选择视频，如图2-95所示。

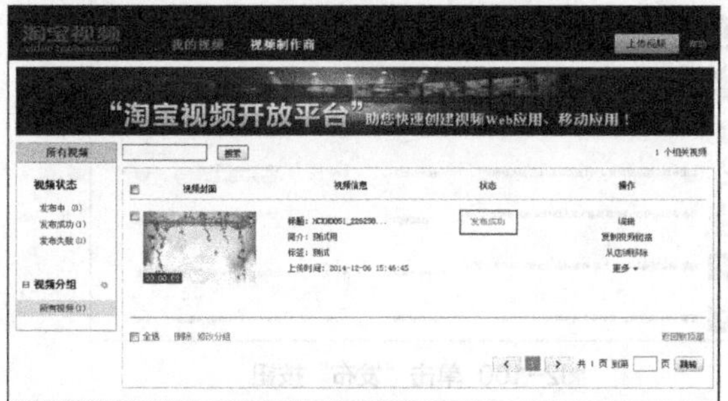

图2-94 发布成功

图2-95 选择视频

步骤 09 填写宝贝的其他信息后，单击“发布”按钮，发布商品。在宝贝页面中查看主图视频效果，如图2-96所示。

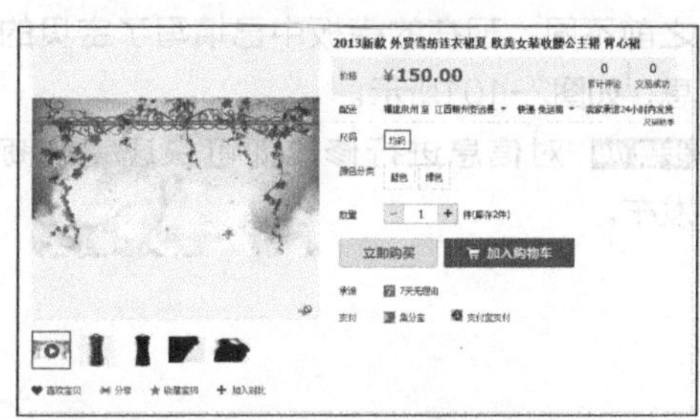

图2-96 查看主图视频效果

2.4.5 利用“宝贝模板”发布商品

利用“宝贝模板”发布商品可在原有模板的基础上进行修改。

视频路径 | 第2章\2.4.5利用“宝贝模板”发布商品.mp4
知 识 点 | 利用“宝贝模板”发布商品

步骤 01 进入“一口价”发布页面，单击下方的“利用宝贝模板发布”链接，如图2-97所示。

步骤 02 跳转页面，在关键字中输入需要搜索的模板关键字，如女装针织衫，单击“搜索”按钮，如图2-98所示。

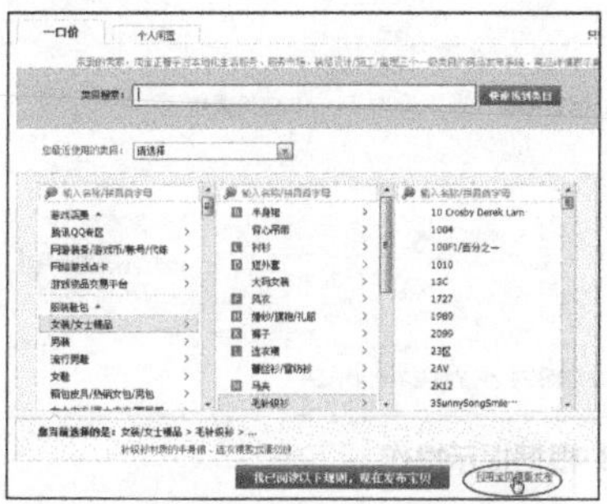

图2-97 单击“利用宝贝模板发布”链接

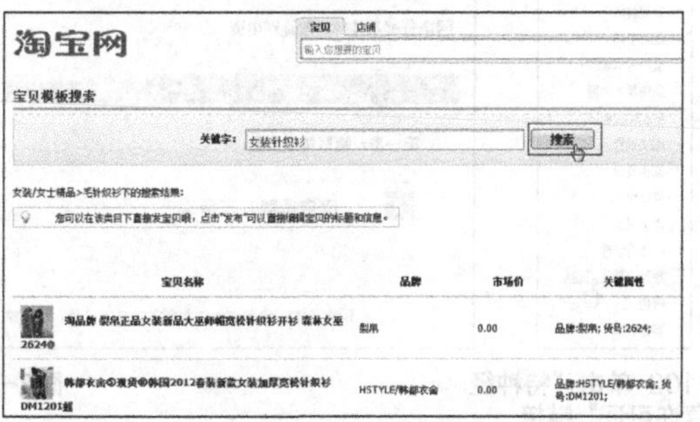

图2-98 单击“搜索”按钮

步骤 03 找到需要的模块，单击“标题”可预览模块效果，如图2-99所示。

步骤 04 预览后，返回上一个页面，在该模块后单击“发布”按钮，如图2-100所示。

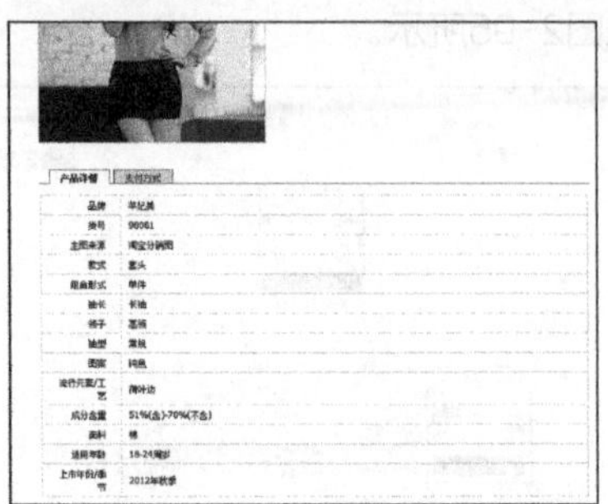

图2-99 预览模块效果

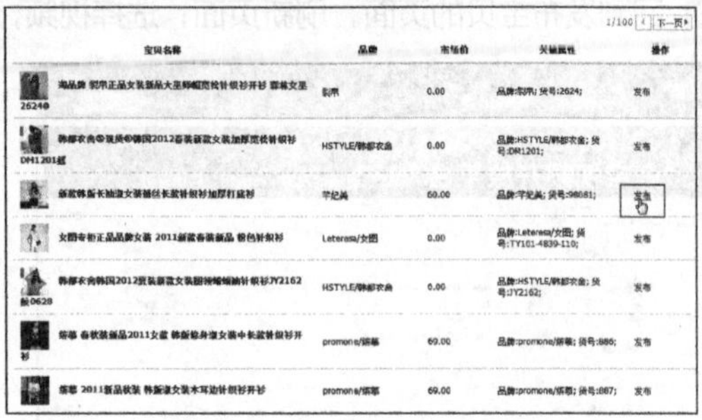

图2-100 单击“发布”按钮

步骤 05 打开“填写宝贝基本信息”页面，与之前不同，现在的模板中已填写了宝贝的信息，如图2-101所示。

步骤 06 对信息进行修改即可快速完成商品发布。

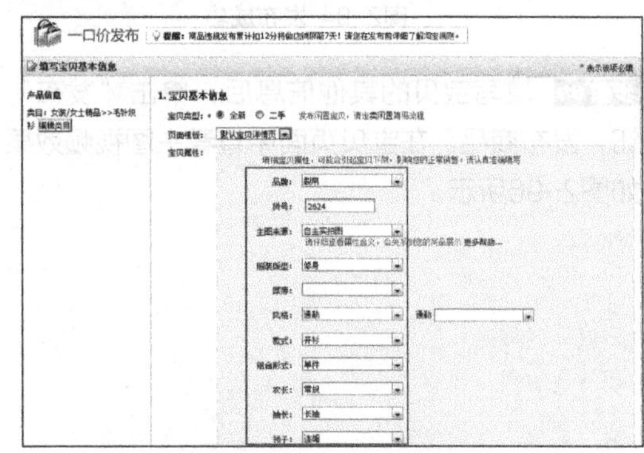

图2-101 已填写信息

2.5 特种经营许可证

在淘宝网中，计生用品类、书籍杂志报纸类、音乐影视明星音像类和酒类等类目的商品需要申请特殊资质才能出售。

步骤 01 在“卖家中心”页面左侧单击“特种经营许可证”链接，如图2-102所示。

步骤 02 在右侧根据提示操作来完成申请，如图2-103所示。

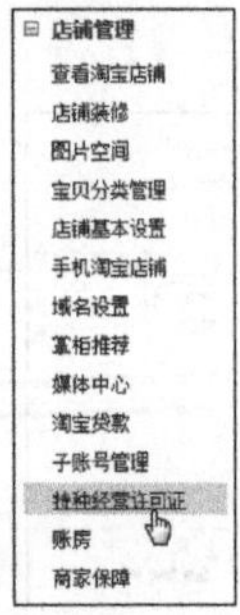

图2-102 单击“特种经营许可证”链接

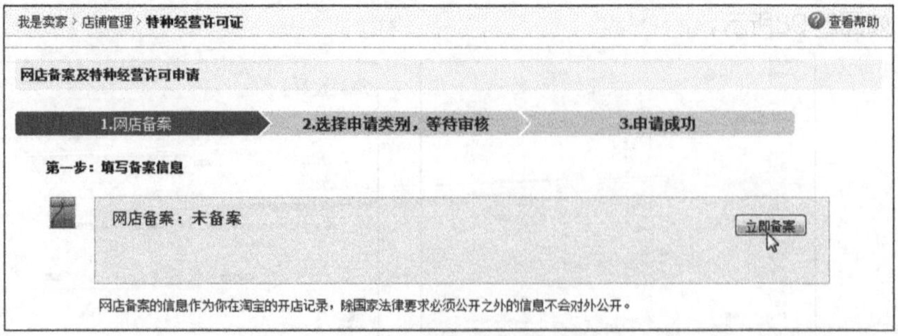

图2-103 根据提示操作

根据所售商品的不同递交不同的证书。

- 音像制品：音像制品经营许可证。
- 书籍：出版物经营许可证。
- 宠物活体：营业执照。
- 酒类：酒类流通备案登记表和酒类零售许可证。

2.6 缴纳消保保证金

当完成开店后即免费加入了基础消保，可以发布商品。但是，这时并非所有商品类目都支持全新发布，部分类目需要缴纳保证金后才能发布全新商品，具体需要缴纳保证金的类目请参考淘宝相关规则。

2.6.1 保证金金额计算

不同的类目缴纳保证金的标准不同，保证金一般情况下只交一次，以主营类目所需缴纳的金额为准。

视频路径：第2章\2.6.1保证金金额计算.mp4

知 识 点：保证金金额计算

步骤 01 在“卖家中心”页面单击“消费者保障服务”链接，如图2-104所示。

步骤 02 在跳转的页面中单击“保证金额度计算器”链接，如图2-105所示。

⊟ 客户服务
消费者保障服务
淘宝认证
退款管理
售后管理
举报管理
投诉管理
咨询回复
违规记录
维修进度
店铺过户

图2-104 单击“消费者保障服务”链接

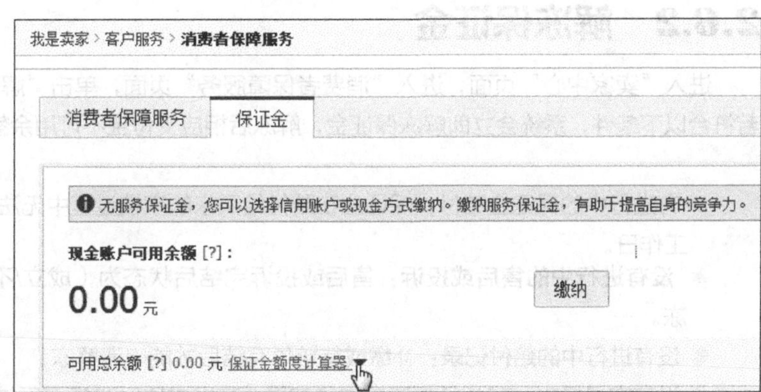

图2-105 单击“保证金额度计算器”链接

步骤 03 在“搜索一级类目”文本框中输入类目关键字，如书籍，在展开的列表中选择相关类目，如图2-106所示。

步骤 04 显示类目保证金标准，单击“缴纳”按钮，如图2-107所示。

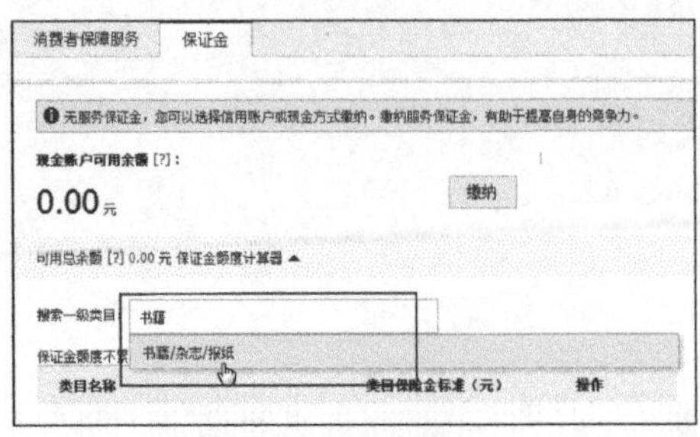

图2-106 选择相关类目

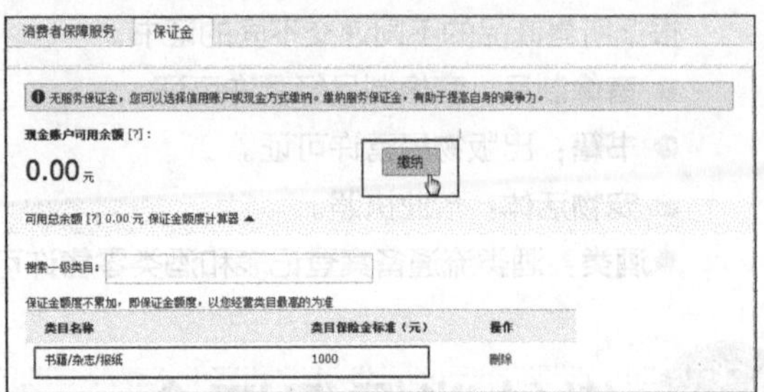

图2-107 单击“缴纳”按钮

当显示的金额标准为0时，则表示该类目不属于必须缴纳保证金的范畴，如图2-108所示。

步骤05 在缴费页面选择额度，输入支付密码，单击“确定”按钮即可，如图2-109所示。

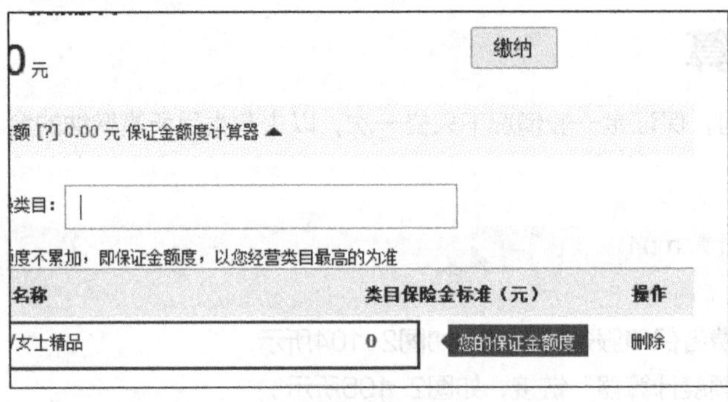

图2-108 金额标准为0

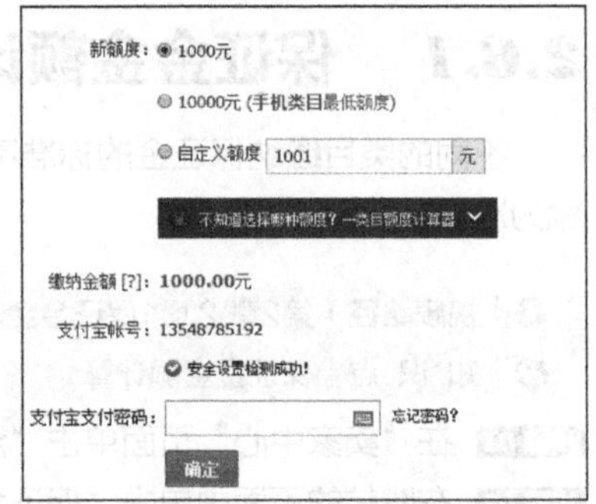

图2-109 缴费页面

2.6.2 解冻保证金

进入“卖家中心”页面，进入“消费者保障服务”页面，单击“解冻”按钮即可提交申请，若符合以下条件，系统会立即解冻保证金，解冻后相应支付宝不可用余额转为可用余额。

- **有进行中的保证金赔付：** 保证金在赔付给买家的审核过程中无法解冻，审核需等待3~5个工作日。
- **没有进行中的售后或投诉：** 售后或投诉完结后状态为（成立/不成立/撤销）才能申请解冻。
- **没有进行中的赔付记录：** 补缴或待赔付完结后才能申请解冻。
- **没有交易成功：** 在15天保障期内的交易，交易成功后的15天后才能申请解冻。
- **没有未完结的交易：** 交易状态需要为成功或关闭，才能申请解冻。
- **没有在消保保证金：** 在翻倍机制范围内，需满足翻倍机制条件后才能申请解冻。

如不符合解冻条件，则会提示不能解冻保证金的具体原因。需要按照提示将问题处理好以后，再申请解冻保证金。

第3章 完成第一笔订单

网店开张第一笔生意该怎么做，使用什么和买家交流，怎样修改宝贝价格都是新手卖家会遇到的问题，本章将学习如何完成第一笔订单。

3.1 千牛卖家工作台

千牛卖家工作台是开店必备的工具之一，有电脑版和手机版。千牛卖家版是在旺旺卖家版的基础上升级而来，包含卖家工作台、消息中心、阿里旺旺、量子恒道、订单管理和商品管理等主要功能。

3.1.1 下载与安装千牛

千牛是淘宝给卖家提供的一款工具，使用前必须先下载并安装。

视频路径：第3章\3.1.1下载与安装千牛.mp4

知 识 点：下载与安装千牛

步骤01 使用浏览器搜索千牛，进入官网，单击“卖家用户入口”按钮，如图3-1所示。

步骤02 在跳转的页面中单击右上角的“电脑版”按钮，然后单击“立即下载”按钮，如图3-2所示。

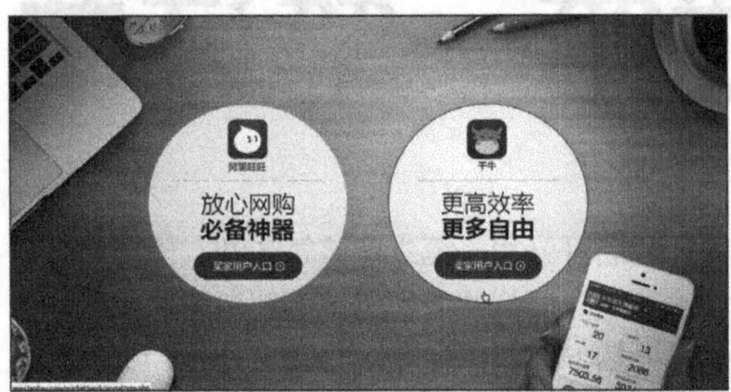

图3-1 单击“卖家用户入口”按钮

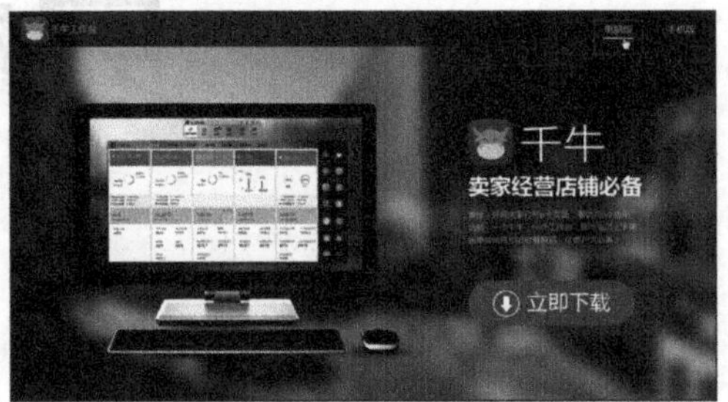

图3-2 单击“立即下载”按钮

步骤03 下载完成后，双击图标。在打开的对话框中单击“自定义安装”按钮，如图3-3所示。

步骤04 设置安装文件夹，单击“安装”按钮，如图3-4所示。

图3-3 单击“自定义安装”按钮

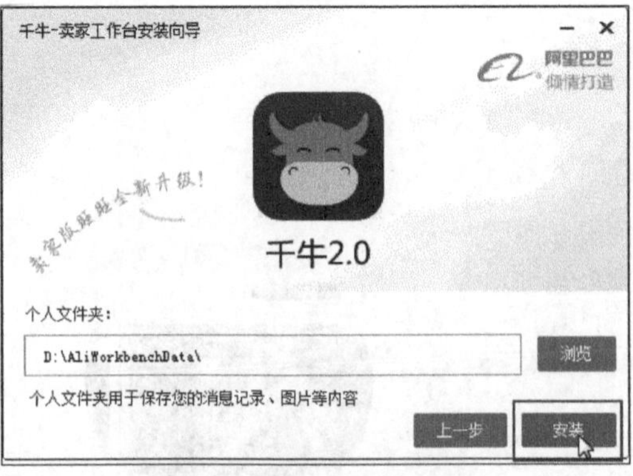

图3-4 单击“安装”按钮

步骤05 进入安装，等待安装完成，如图3-5所示。

步骤06 安装完成后，取消选中下方不需要的复选框，单击“完成”按钮，如图3-6所示。

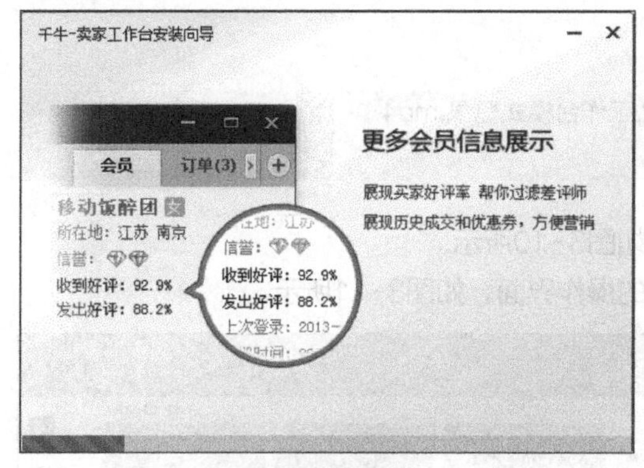

图3-5 等待安装

图3-6 单击“完成”按钮

3.1.2 工作台模式与旺旺模式

千牛工作台包括两种登录模式，即工作台模式和旺旺模式，这两种模式可以自由切换。

1. 旺旺模式登录

视频路径 | 第3章\3.1.2工作台模式与旺旺模式\1.旺旺模式登录.mp4
知 识 点 | 旺旺模式登录

步骤 01 双击桌面上“千牛工作台”的图标，或者在该图标上单击鼠标右键，执行“打开”命令，如图3-7所示，运行该软件。

步骤 02 在登录界面中默认选择的是“旺旺模式”，输入登录名与密码（即淘宝账号与密码），单击“登录”按钮，如图3-8所示。

步骤 03 登录成功，显示“旺旺模式”的操作界面，如图3-9所示。

图3-7 执行“打开”命令

图3-8 单击“登录”按钮

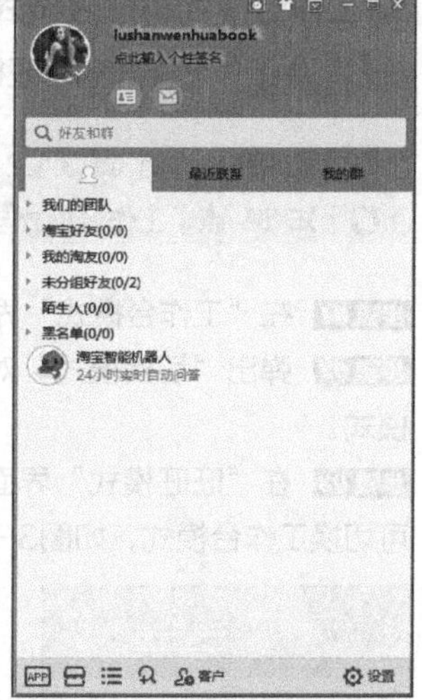

图3-9 “旺旺模式”操作界面

为确保账户安全，如果是在公用电脑上登录千牛工作台，建议不要选中“记住密码”和“自动登录”复选框，如果是在自己的私人电脑上登录旺旺，为了方便省事，则可以勾选这两项。

2. 工作台模式登录

◉ 视频路径 第3章\3.1.2工作台模式与旺旺模式\2.工作台模式登录.mp4
✎ 知 识 点 工作台模式登录

步骤 01 在登录界面中选择“工作台模式”选项，如图3-10所示。

步骤 02 单击“登录”按钮，进入“工作台模式”的操作界面，如图3-11所示。

图3-10 切换工作台模式

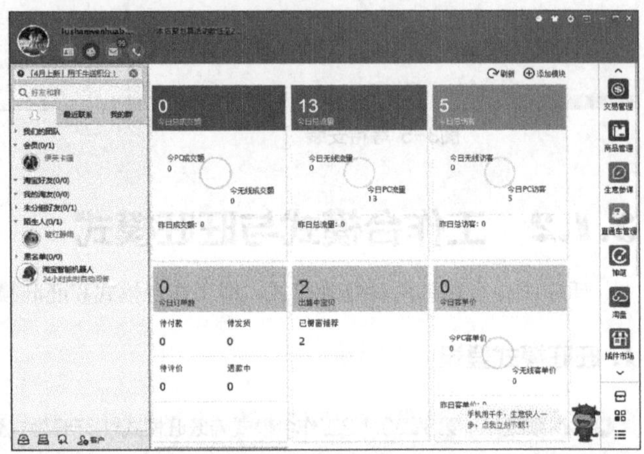

图3-11 “工作台模式”操作界面

3. 工作台模式与旺旺模式切换

千牛工作台模式和旺旺模式可以进行随意切换。

◉ 视频路径 第3章\3.1.2 工作台模式与旺旺模式\3.工作台模式与旺旺模式切换.mp4
✎ 知 识 点 工作台模式与旺旺模式切换

步骤 01 在“工作台模式”界面中，单击右上角的“切换至旺旺模式”按钮，如图3-12所示。

步骤 02 弹出“切换模式”对话框，如图3-13所示，单击“是”按钮即可切换工作台模式至旺旺模式。

步骤 03 在“旺旺模式”界面中，单击右上角的“切换至工作台模式”按钮，如图3-14所示，也可切换工作台模式，如图3-14所示。

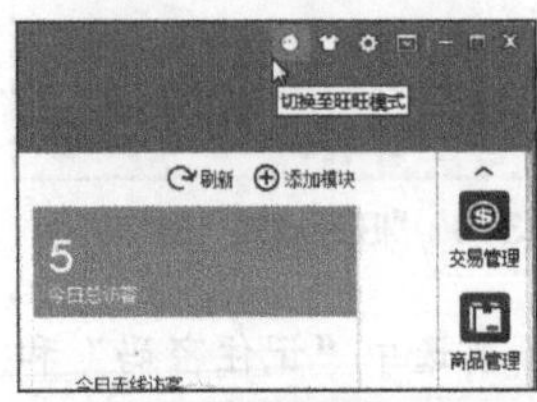

图3-12 单击“切换至旺旺模式”按钮

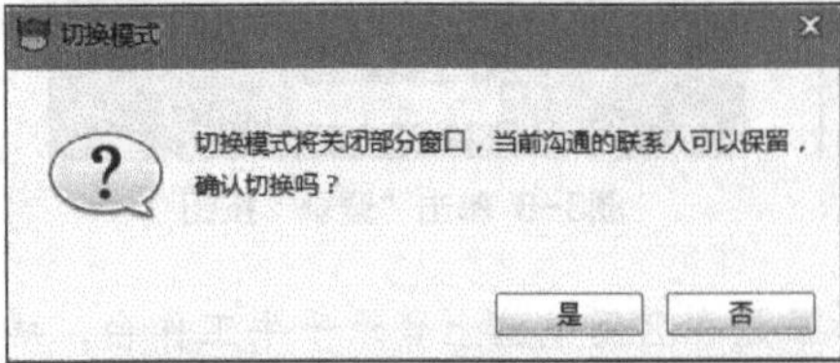

图3-13 “切换模式”对话框

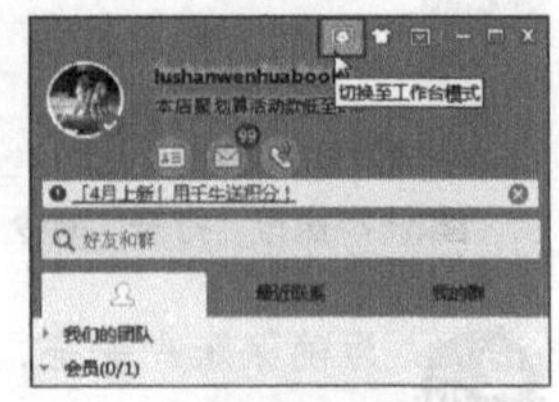

图3-14 单击“切换至工作台模式”按钮

登录后即可与买家进行实时交流了。

3.2 千牛常用设置

千牛除了能提供即时聊天功能外，还具备很多其他的妙用。

3.2.1 好友与分组

将前来咨询、请求售后或潜在买家添加为好友，并分组管理，是收集客户资源的一大手段。

1. 添加好友

视频路径：第3章\3.2.1好友与分组\1.添加好友.mp4

知 识 点：添加好友

步骤 01 在聊天窗口上方单击“加为我的好友”按钮，如图3-15所示。

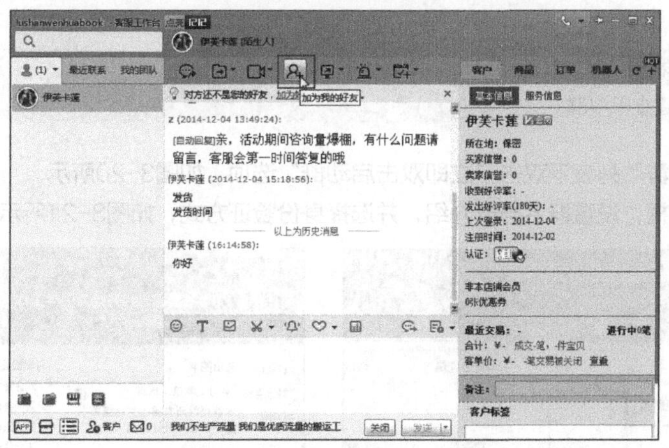

图3-15 单击“加为我的好友”按钮

步骤 02 打开对话框，设置显示名与分组，如图3-16所示，单击“完成”按钮。

步骤 03 若已知用户名，可直接在“查找好友/群”文本框中，输入用户名，单击下方的“查找”按钮，如图3-17所示。

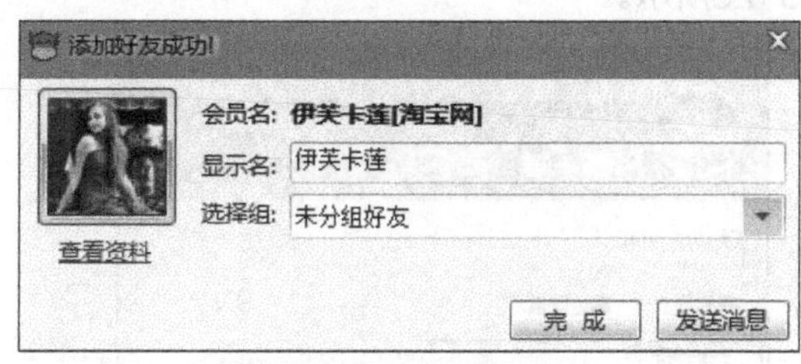

图3-16 设置显示名与分组

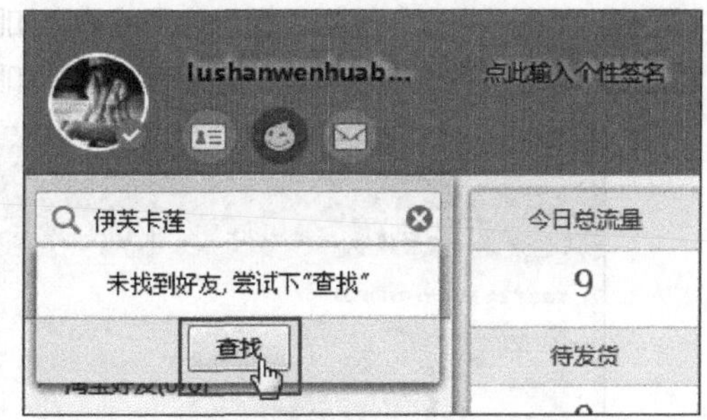

图3-17 单击“查找”按钮

步骤04 在查找到的用户列表中选择需要添加的用户，单击右侧的+按钮，如图3-18所示。

步骤05 添加成功后设置显示名和分组，单击“完成”按钮即可，如图3-19所示。

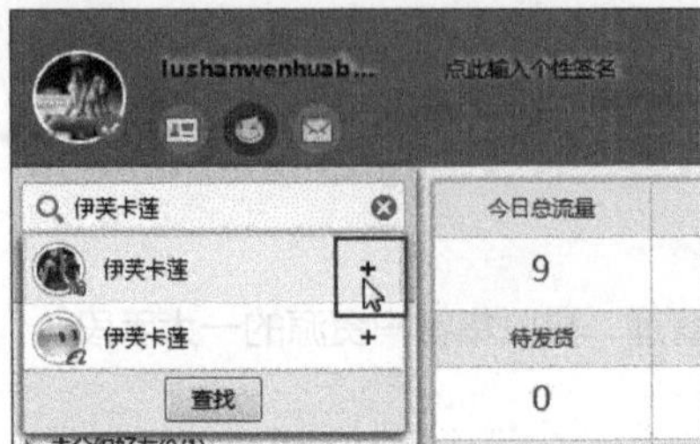

图3-18 单击按钮

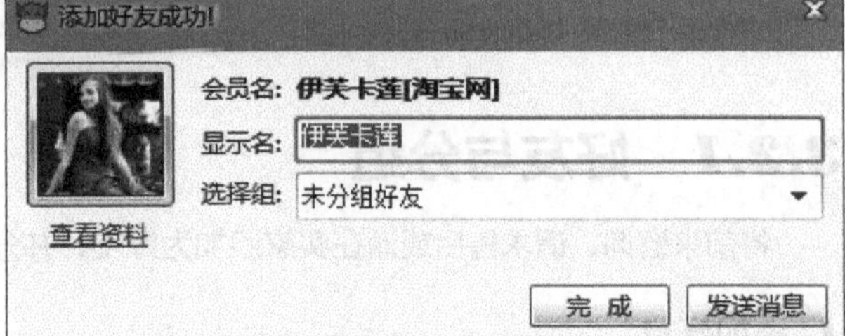

图3-19 设置显示名与分组

添加旺旺群和千牛群也是使用此方法。

2. 建立千牛群

视频路径 第3章\3.2.1好友与分组\2.建立千牛群.mp4

知 识 点 建立千牛群

步骤01 在“我的群”列表下双击“立即双击启动群”选项，如图3-20所示。

步骤02 弹出对话框，设置群名与群介绍，并选择身份验证方式，如图3-21所示。

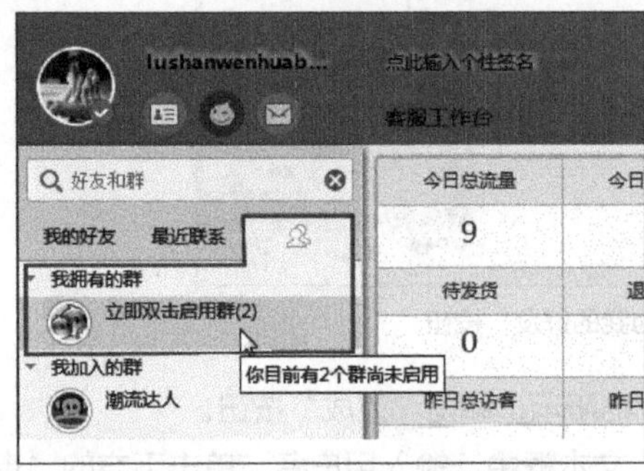

图3-20 双击“立即双击启动群”选项

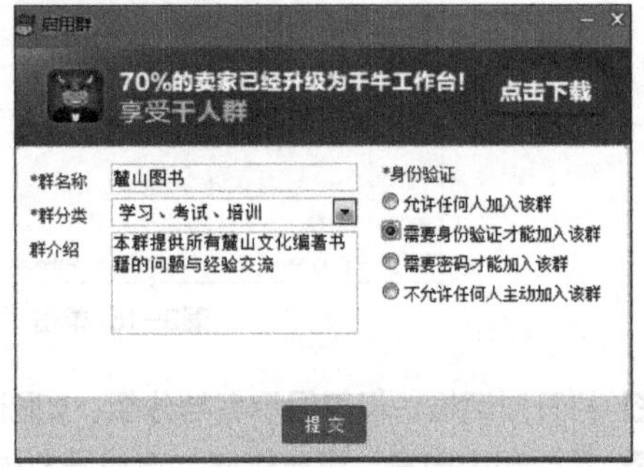

图3-21 设置群信息

步骤03 单击“提交”按钮，提示启用成功，如图3-22所示。

步骤04 此时群列表中即显示了我拥有的群，如图3-23所示。

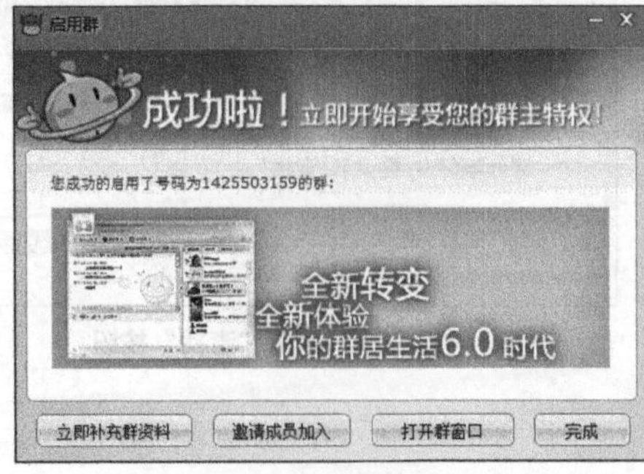

图3-22 启用成功

图3-23 我拥有的群

3. 好友分组

视频路径 | 第3章\3.2.1好友与分组\3.好友分组.mp4
知 识 点 | 好友分组

步骤01 在“我的好友”列表下，将光标放置在组上，单击鼠标右键，执行“添加组”命令，如图3-24所示。

步骤02 在新增的组中输入分组名，如图3-25所示。选择好友，直接将其拖入到该组中即可，如图3-26所示。

图3-24 执行“添加组”命令

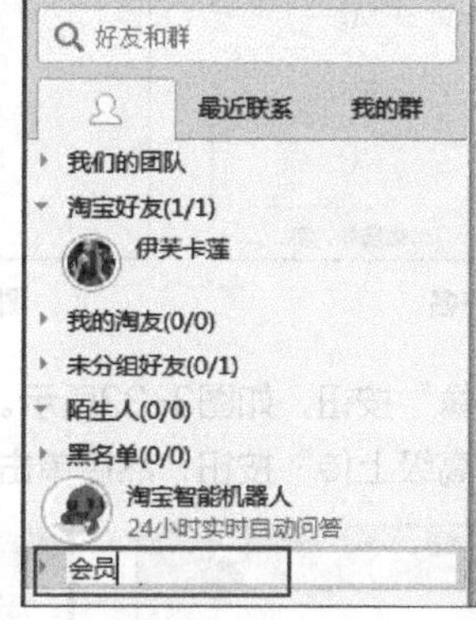

图3-25 输入分组名

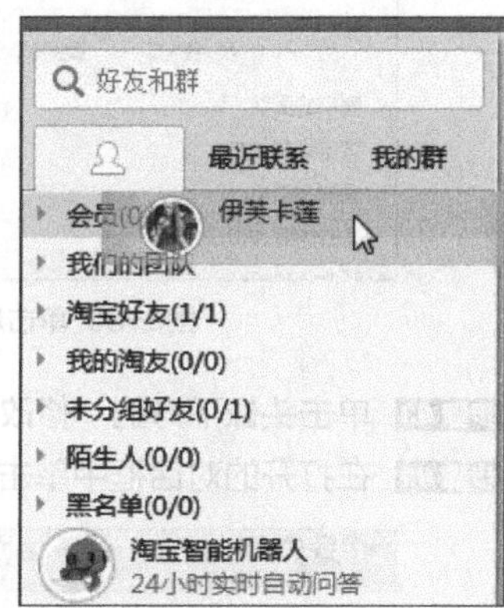

图3-26 移动

步骤03 在好友上单击鼠标右键，执行“移动好友”命令，如图3-27所示。

步骤04 在弹出的对话框中选择需要移动到的组，单击“确定”按钮，如图3-28所示。

步骤05 好友即移动到了相应的组中，如图3-29所示。

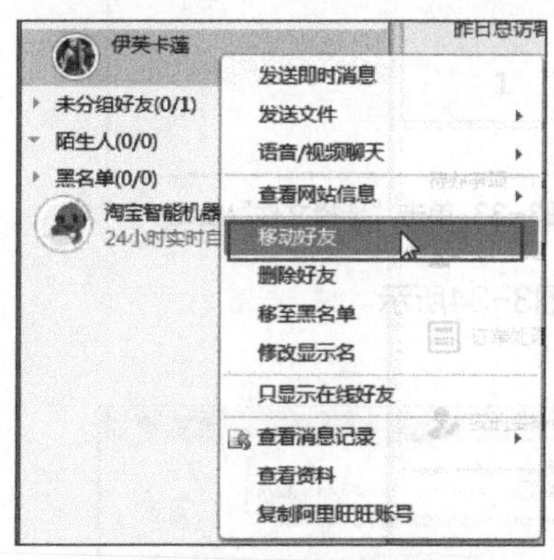

图3-27 执行“移动好友”命令

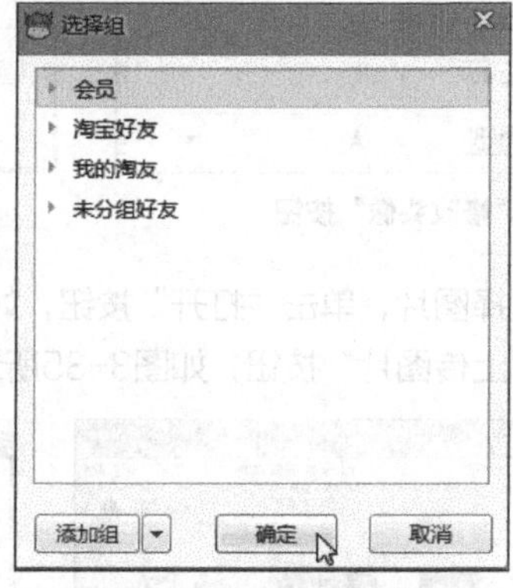

图3-28 单击“确定”按钮

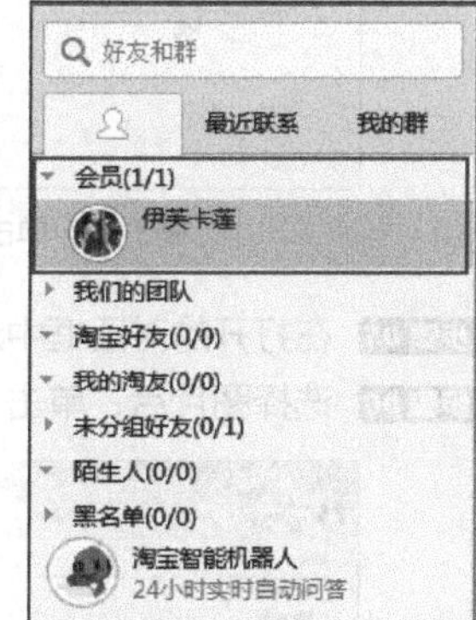

图3-29 移动到组中

3.2.2 常用设置

对千牛进行设置后能大大提高工作效率，下面介绍千牛的常用设置。

1. 编辑头像

与消费者进行交流时，个人头像是形象展示窗口之一。

◉ 视频路径	第3章\3.2.2常用设置\1.编辑头像.mp4
✎ 知 识 点	编辑头像

步骤01 以任何一种模式登录千牛后，单击界面顶端的用户名，如图3-30所示。

步骤02 打开“我的资料”对话框，如图3-31所示。

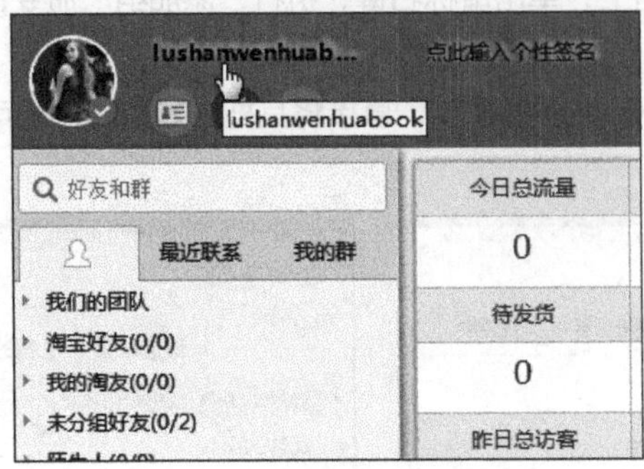

图3-30 单击用户名

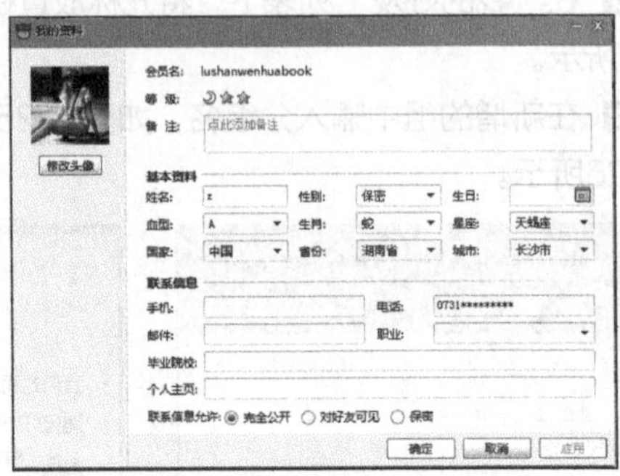

图3-31 “我的资料”对话框

步骤03 单击头像下方的“修改头像”按钮，如图3-32所示。

步骤04 在打开的对话框中单击“高级上传”按钮，然后单击“选择文件”按钮，如图3-33所示。

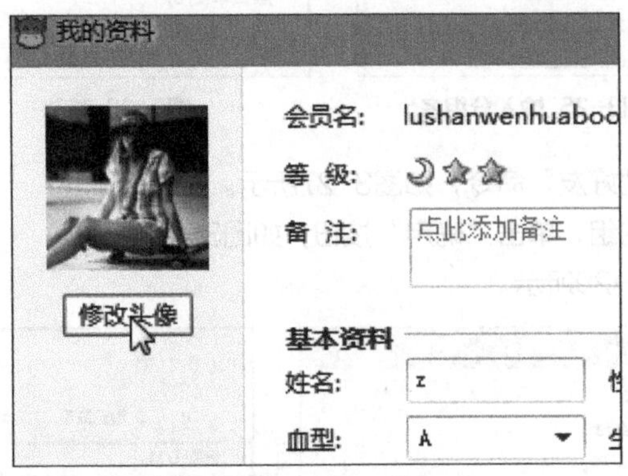

图3-32 单击“修改头像”按钮

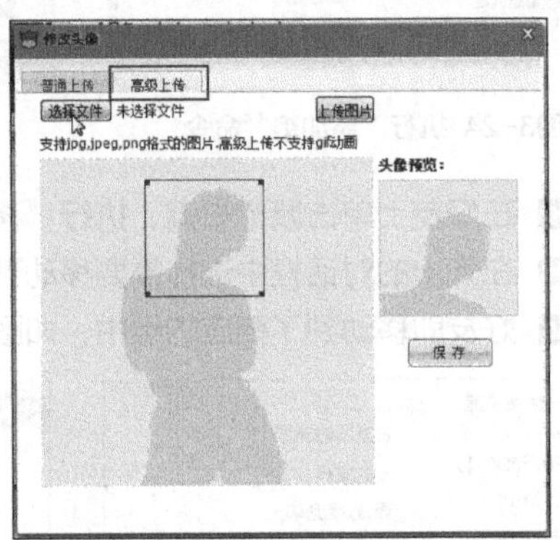

图3-33 单击“选择文件”按钮

步骤05 在打开的对话框中选择图片，单击“打开”按钮，如图3-34所示。

步骤06 选择图片后，单击“上传图片”按钮，如图3-35所示。

图3-34 单击“打开”按钮

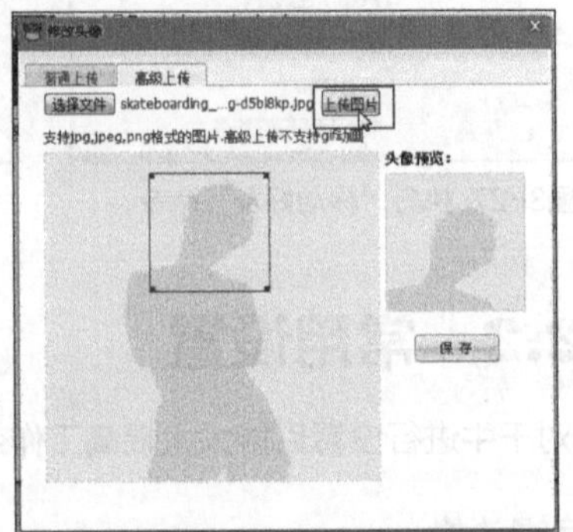

图3-35 单击“上传图片”按钮

步骤 07 拖动显示区域，单击“保存”按钮，如图3-36所示。

步骤 08 填写个人资料，单击“应用”按钮或“确定”按钮即可，如图3-37所示。

图3-36 单击“保存”按钮

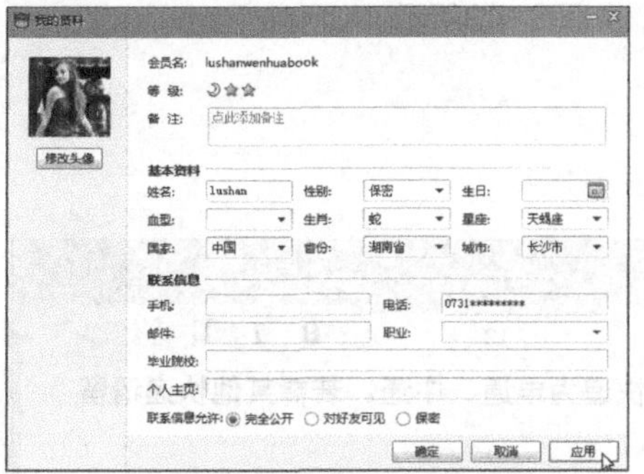

图3-37 单击“应用”按钮

2. 设置自动回复

启动自动回复功能可以在自己忙碌、无暇回复的情况下自动回复客户的问题。

视频路径 | 第3章\3.2.2常用设置\3.设置自动回复.mp4

知 识 点 | 设置自动回复

步骤 01 在千牛“旺旺模式”右下角或“工作台模式”右上角单击“系统设置”按钮，如图3-38所示。

步骤 02 打开“系统设置”对话框，如图3-39所示。

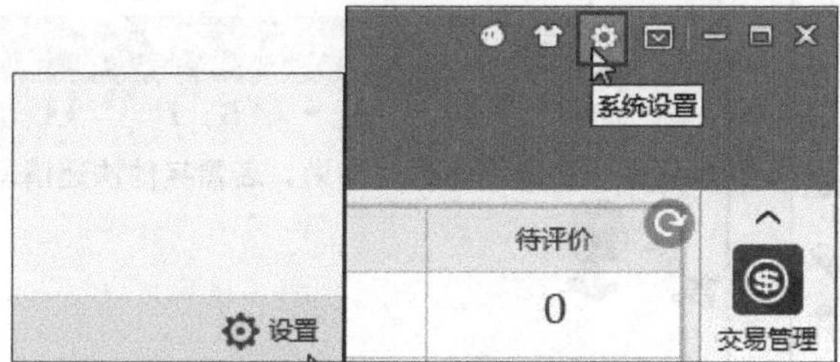

图3-38 单击“系统设置”按钮

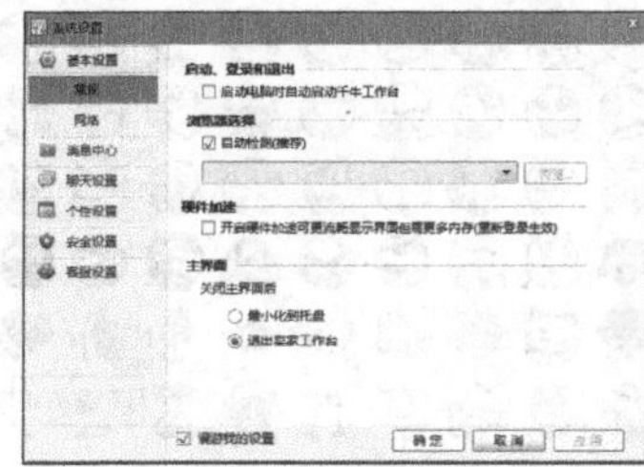

图3-39 “系统设置”对话框

步骤 03 在左侧选择“客服设置”选项，在展开的列表中选择“自动回复设置”选项，如图3-40所示。

步骤 04 在右侧单击“自动回复短语”选项卡，切换界面，单击“新增”按钮，如图3-41所示。

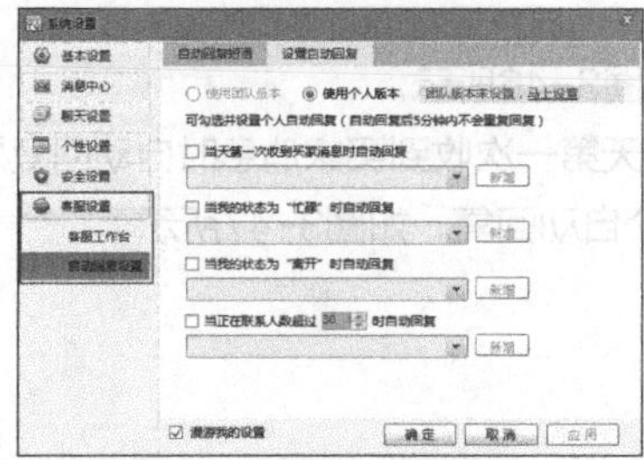

图3-40 选择“自动回复设置”选项

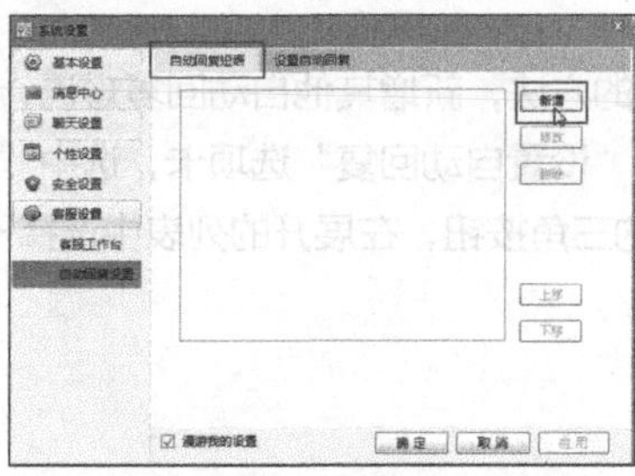

图3-41 单击“新增”按钮

步骤 05 在弹出的对话框中设置字体和字号，然后在下方文本框中输入内容，如图3-42所示。

步骤 06 选择需要重要标记的文字，单击“颜色”图标，在展开的颜色面板中即可选择需要的文字颜色，如图3-43所示。

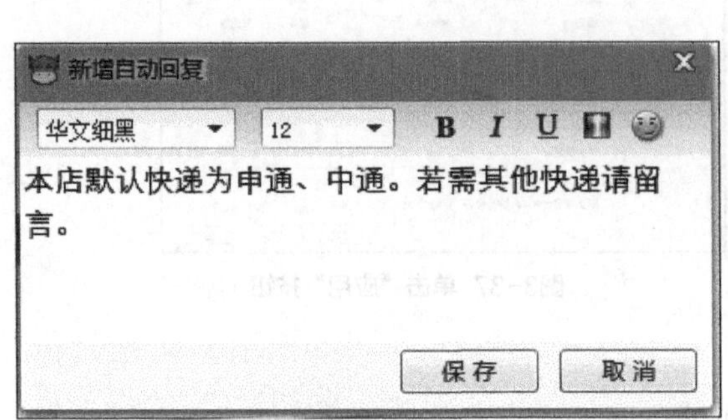

图3-42 输入内容

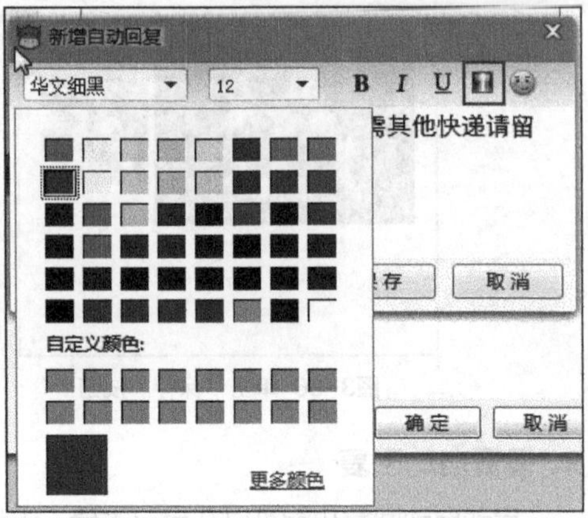

图3-43 选择文字颜色

步骤 07 单击“选择表情”图标可选择添加的表情，如图3-44所示。

步骤 08 单击“保存”按钮保存内容，如图3-45所示。

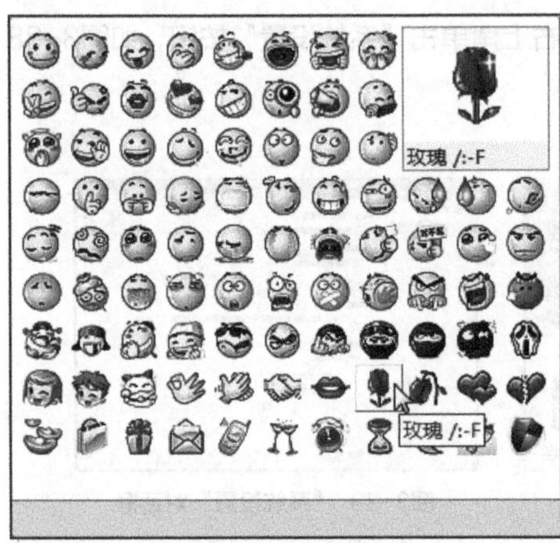

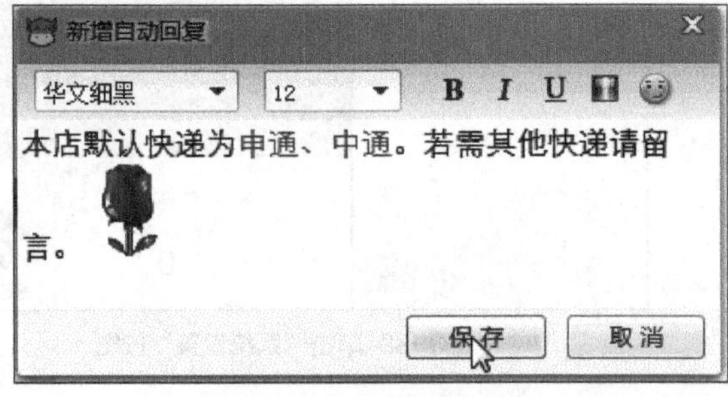

图3-44 添加表情

图3-45 单击“保存”按钮

在交流时添加动态表情，不仅能更贴切地表达心情，还能拉近彼此的距离。

步骤 09 用同样的方法，新增其他自动回复短语，如图3-46所示。

步骤 10 切换至“设置自动回复”选项卡，选中“当天第一次收到买家消息时自动回复”复选框，然后单击下方的三角按钮，在展开的列表中选择一个自动回复，如图3-47所示。

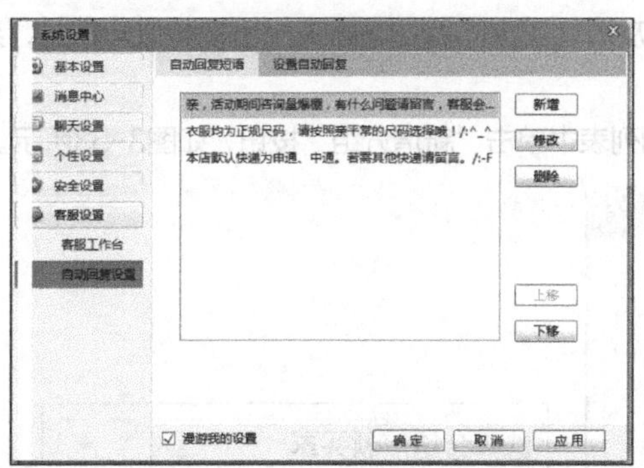

图3-46 新增其他自动回复短语

图3-47 选择自动回复

步骤 11 用同样的方法，设置其他自动回复，然后单击“应用”按钮，如图3-48所示。

步骤 12 当买家进行咨询，且满足设置的自动回复条件时，系统将自动进行回复，如图3-49所示。

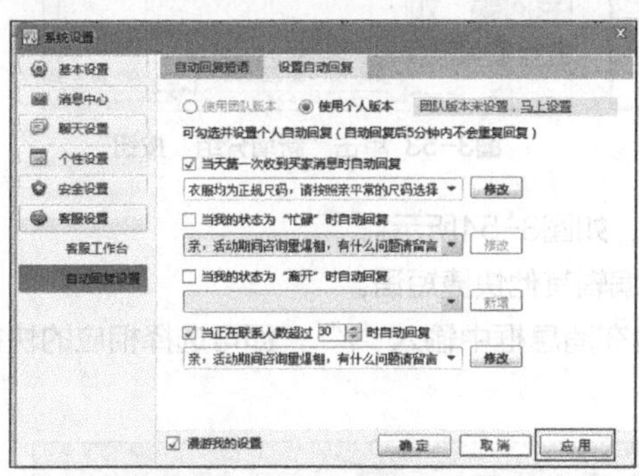

图3-48 单击“应用”按钮

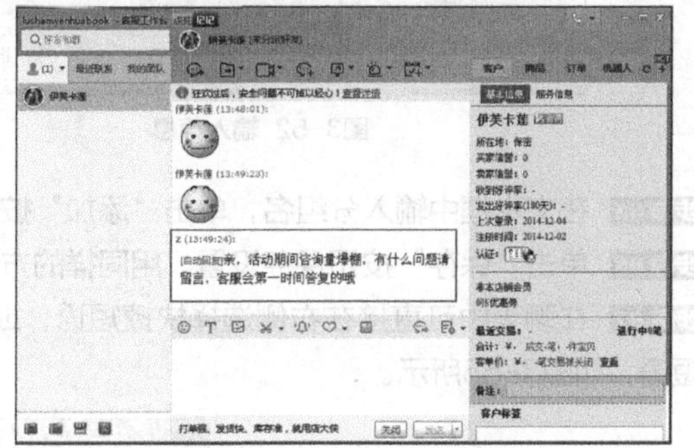

图3-49 系统自动进行回复

3. 设置快捷短语

将经常回复的内容进行编辑保存，在下次回复时，可以直接发送快捷短语回复而不需要重新打字编辑，有效地提高了工作效率。

视频路径：第3章\3.2.2常用设置\4.设置快捷短语.mp4

知 识 点：设置快捷短语

步骤 01 在聊天窗口中单击“快捷短语”图标，如图3-50所示。

步骤 02 右侧打开列表框，单击底部的“新建”按钮，如图3-51所示。

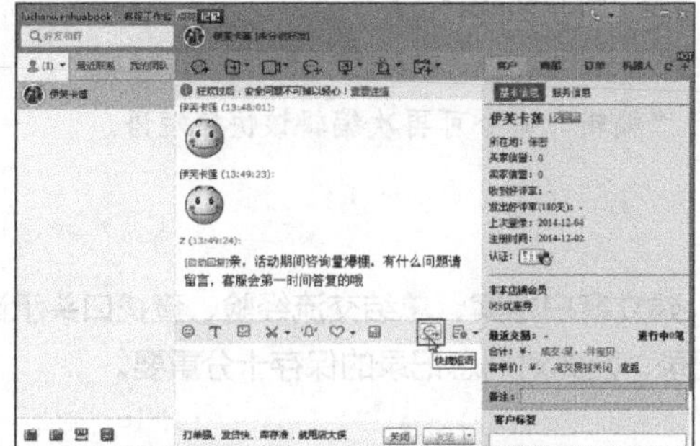

图3-50 单击“快捷短语”图标

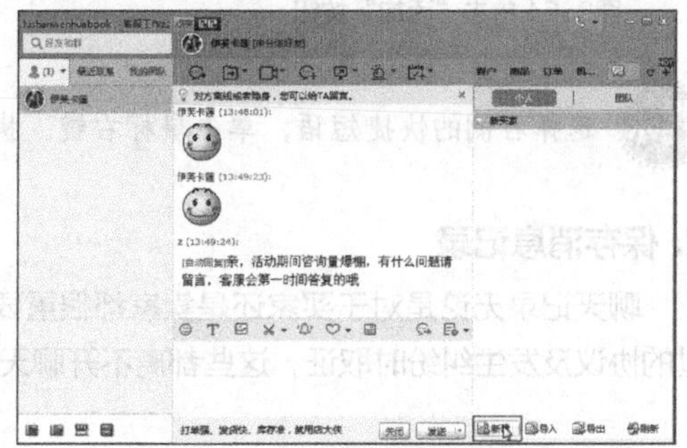

图3-51 单击“新建”按钮

步骤03 弹出对话框，输入快捷短语、快捷编码以及填写买家问题，当聊天中出现类似问题时，系统将进行智能短语推荐，如图3-52所示。

步骤04 单击“选择分组”后的三角按钮，在展开的列表中单击“新增分组”按钮，如图3-53所示。

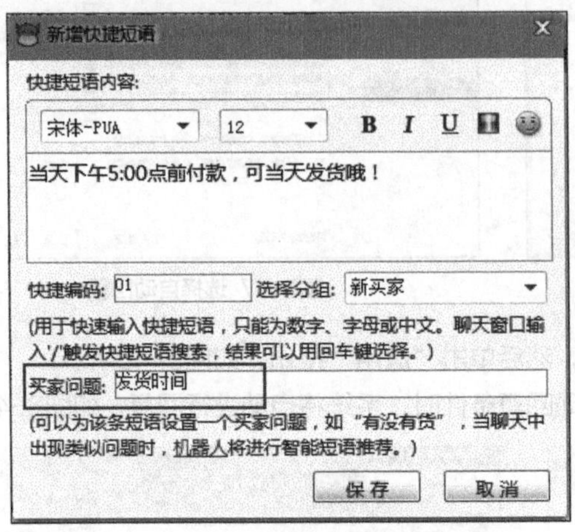

图3-52 输入信息

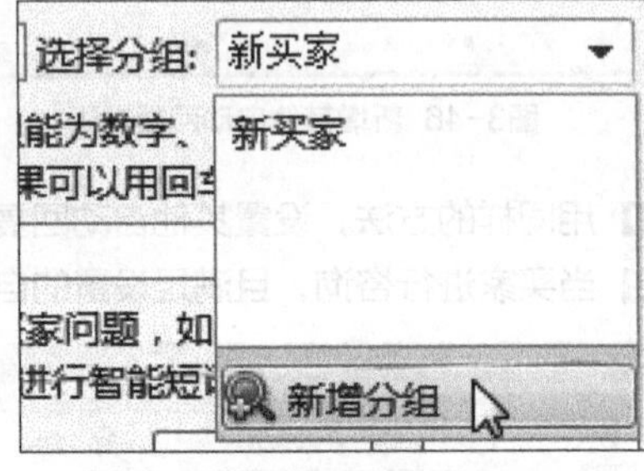

图3-53 单击“新增分组”按钮

步骤05 在文本框中输入分组名，单击“添加”按钮，如图3-54所示。

步骤06 单击“保存”按钮保存设置。用同样的方法编辑其他快捷短语。

步骤07 在聊天中可直接在右侧选择快捷短语，或者在消息框中输入“/”，即可选择相应的快捷短语，如图3-55所示。

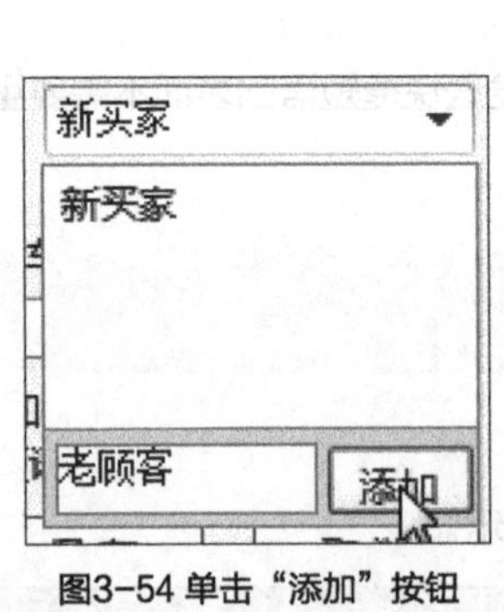

图3-54 单击“添加”按钮

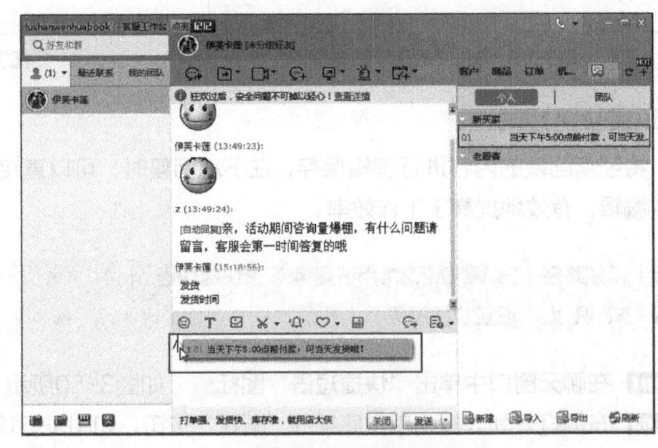

图3-55 输入“/”

 选择右侧的快捷短语，单击鼠标右键，执行“编辑”命令可再次编辑该快捷短语。

4. 保存消息记录

聊天记录无论是对于买家还是卖家都很重要，建立客户档案、总结交流经验、查找口头承诺过的协议及发生纠纷时取证，这些都离不开聊天记录，因此对消息记录的保存十分重要。

视频路径 | 第3章\3.2.2常用设置\5.保存消息记录.mp4

知 识 点 | 保存消息记录

步骤 01 登录千牛"旺旺模式"，在主界面的上方单击"功能菜单"图标，在展开的列表中选择"消息管理"选项，如图3-56所示。

步骤 02 打开"消息管理器"对话框，在左侧选择分组及分组下的联系人，在右侧则显示了该联系人的消息记录，如图3-57所示。

图3-56 选择"消息管理"选项

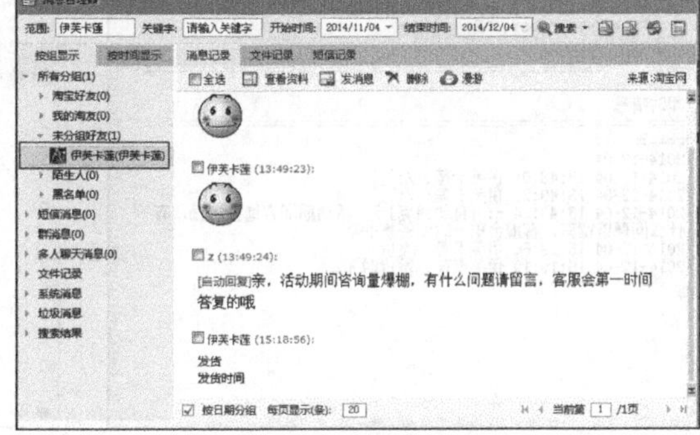

图3-57 显示消息记录

步骤 03 选中右侧的"全选"复选框全选消息记录，然后单击顶端的"导出消息记录"按钮，如图3-58所示。

步骤 04 弹出对话框，选择需要导出的消息类型，然后单击"确定"按钮，如图3-59所示。

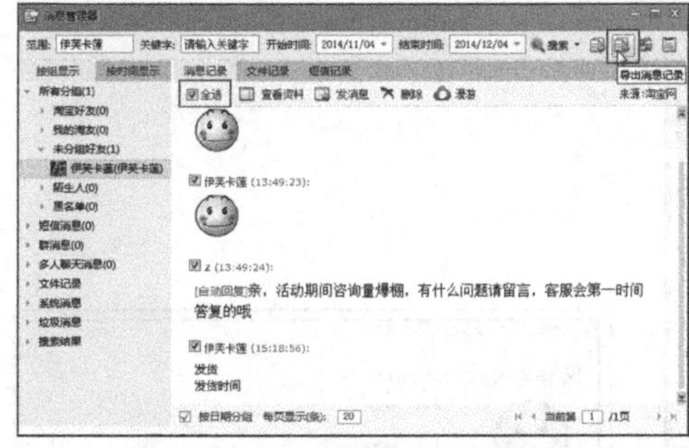

图3-58 单击"导出消息记录"按钮

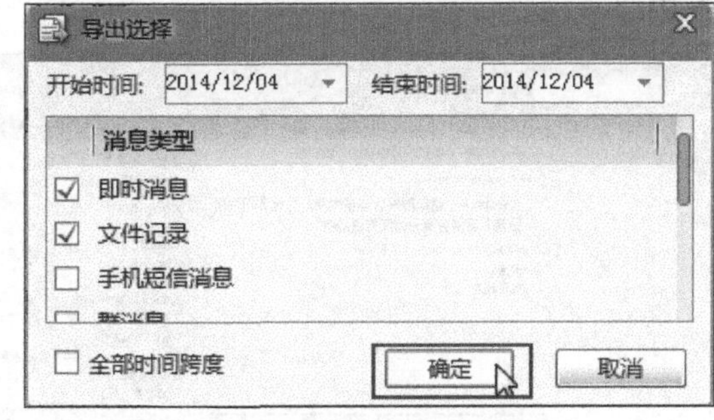

图3-59 单击"确定"按钮

步骤 05 在打开的对话框中设置保存位置、文件名及保存类型，如图3-60所示。

步骤 06 单击"保存"按钮，导出成功，弹出对话框，单击"确定"按钮，如图3-61所示。

图3-60 保存设置

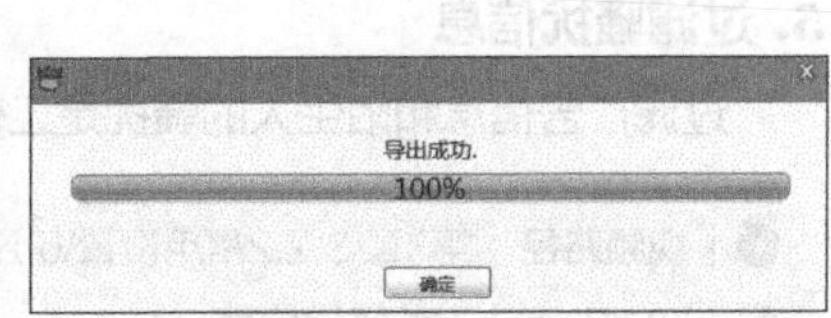

图3-61 导出成功

导出消息记录时需要选择合适的保存类型，这里一共两种类型，Txt File类型可以在导出后直接打开查看预览，但不支持导入。Wmd File类型可以重新导入到聊天记录中，但却不方便在电脑中直接查看。

步骤07 打开保存为Txt File类型的消息记录，查看消息，如图3-62所示。

步骤08 除了将消息记录导出保存外，还可以使用截图功能直接将消息记录保存为图片格式。在聊天窗口中单击“屏幕截图”按钮，如图3-63所示。

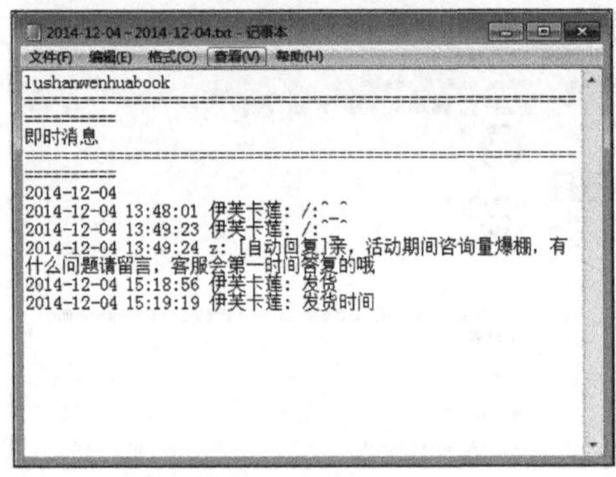

图3-62 打开txt文档

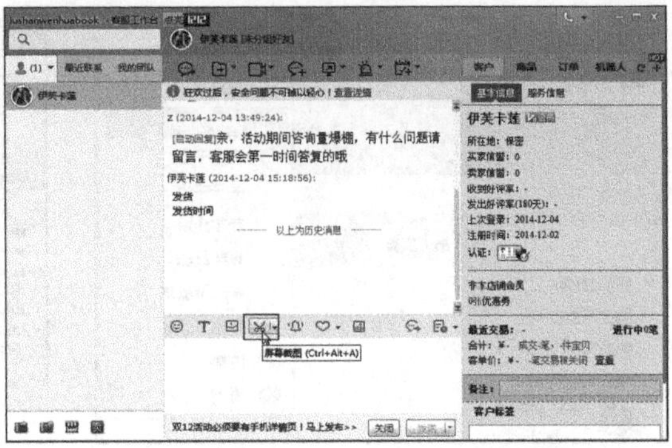

图3-63 单击“屏幕截图”按钮

步骤09 选择需要截取的区域，单击“完成”按钮，截图完成后保存在消息编辑区中，如图3-64所示。

步骤10 选择图片，单击鼠标右键，执行“图片另存为”命令，如图3-65所示，将图片保存到电脑中即可。

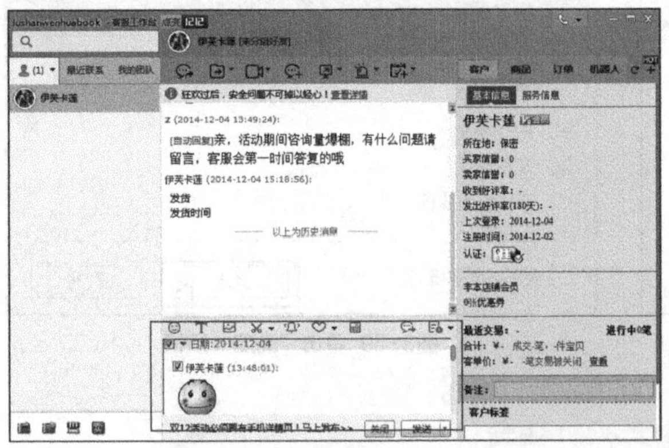

图3-64 截图

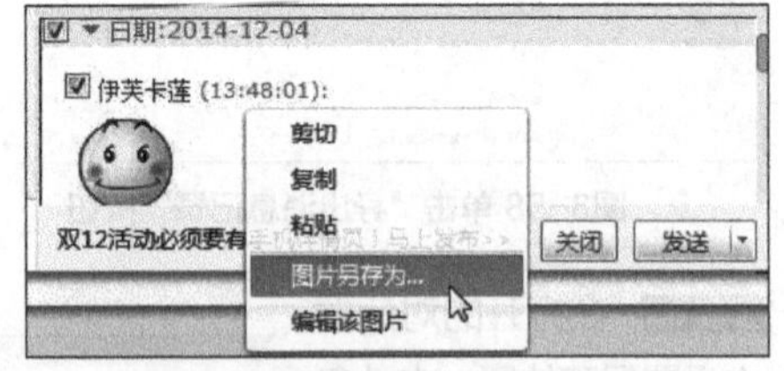

图3-65 执行“图片另存为”命令

5. 过滤骚扰信息

过滤广告信息和陌生人的骚扰是工作中非常实用的一步。

视频路径	第3章\3.2.2常用设置\6.过滤骚扰信息.mp4
知 识 点	过滤骚扰信息

步骤 01 在“系统设置”对话框中选择“防骚扰”选项，在右侧选中过滤骚扰信息下的两个复选框，然后单击“新增”按钮，如图3-66所示。

步骤 02 在打开的对话框中输入想过滤的关键字，如图3-67所示。

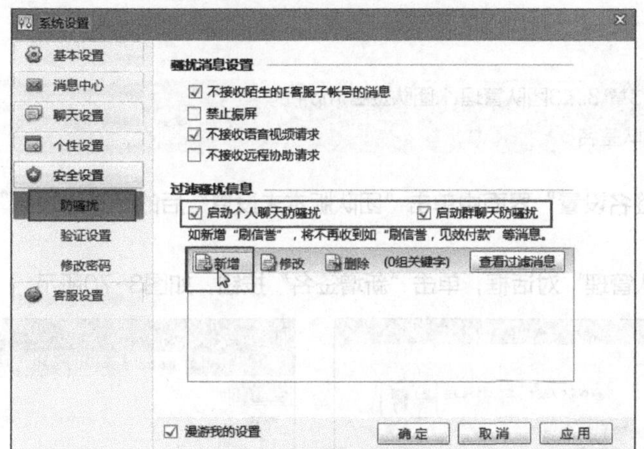

图3-66 单击“新增”按钮

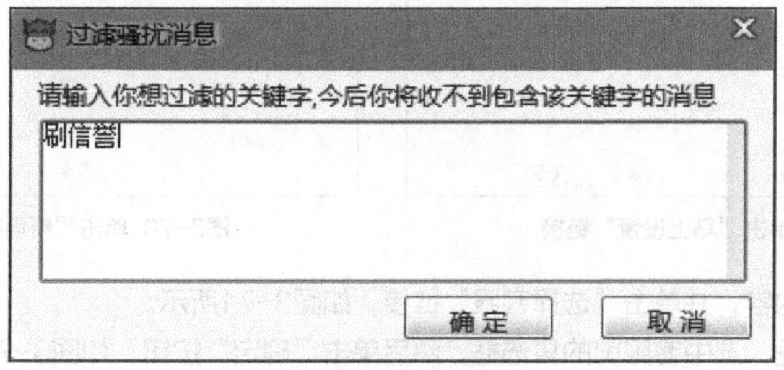

图3-67 输入关键字

步骤 03 单击“确定”按钮，即可在过滤列表中显示一组关键字，如图3-68所示。

步骤 04 用同样的方法可设置其他关键字，最后单击“应用”按钮即可。

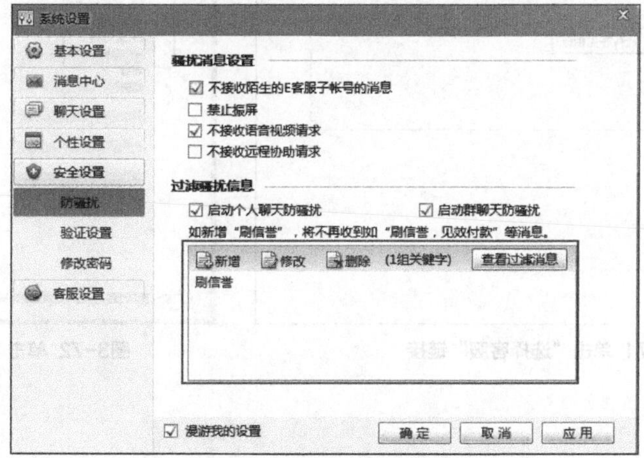

图3-68 显示过滤关键字

3.2.3 团队管理

团队是以多个客服组成的，团队内的成员可以共用签名、自动回复或快捷短语等。

1. 团队签名

视频路径：第3章\3.2.3团队管理\1.团队签名.mp4
知 识 点：团队签名

步骤01 在“个性签名设置”界面中单击“团队版本未设置”后的“马上设置”链接，如图3-69所示。

步骤02 打开“团队管理”对话框，单击“新增签名”按钮，如图3-70所示。

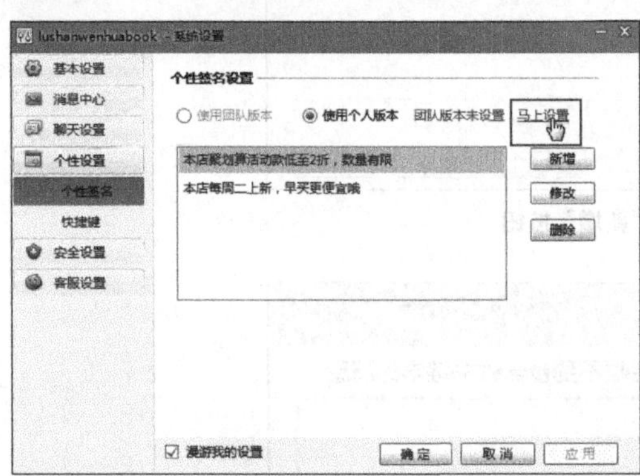

图3-69 单击“马上设置”链接

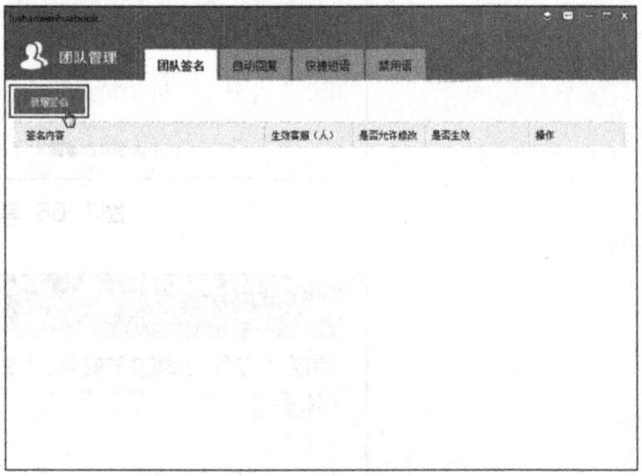

图3-70 单击“新增签名”按钮

步骤03 输入签名内容，并单击“选择客服”链接，如图3-71所示。

步骤04 打开对话框，选中客服前的复选框，然后单击“确定”按钮，如图3-72所示。

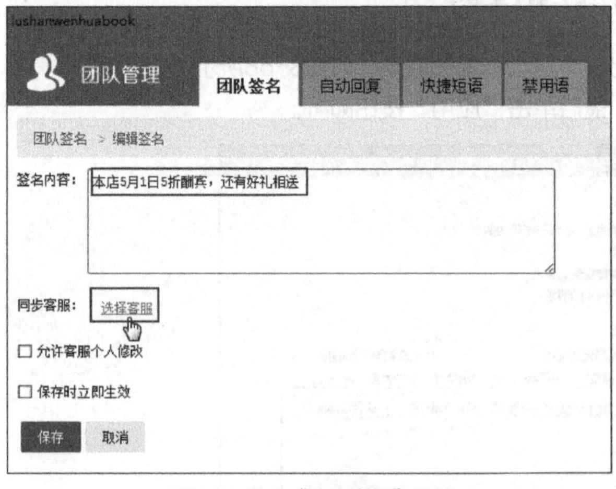

图3-71 单击“选择客服”链接

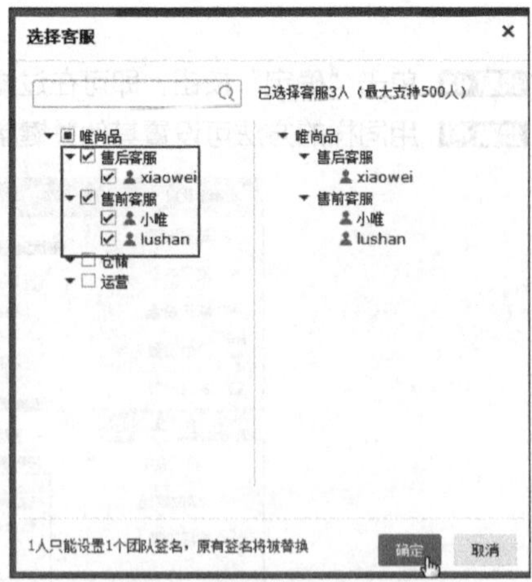

图3-72 单击“确定”按钮

选择客服，客服的签名会显示团队的签名，而取代自己的个人签名。

步骤 05 设置同步客服后选中“允许客服修改”或“保存时立即生效”复选框，单击“保存”按钮，如图3-73所示。

步骤 06 保存后还可对签名进行关闭、修改和删除等其他操作，如图3-74所示。

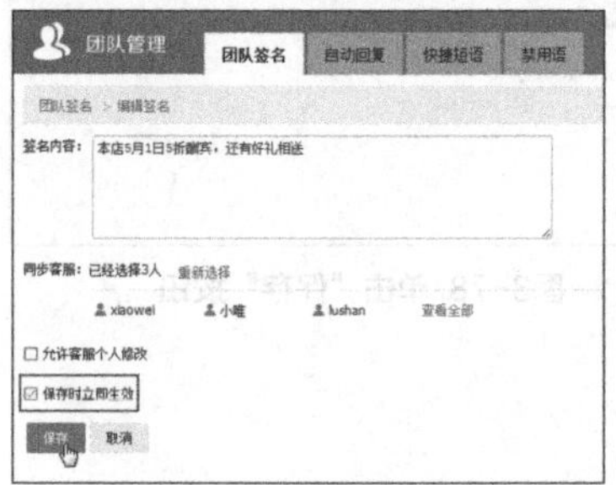

图3-73 单击“保存”按钮

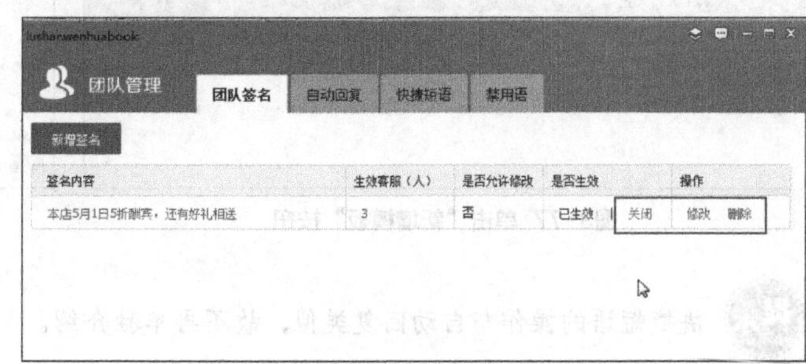

图3-74 其他操作

提示 选择“删除”后，弹出“提示”对话框，提示删除后，相关客服的前面将变回客服的个人签名，如图3-75所示。

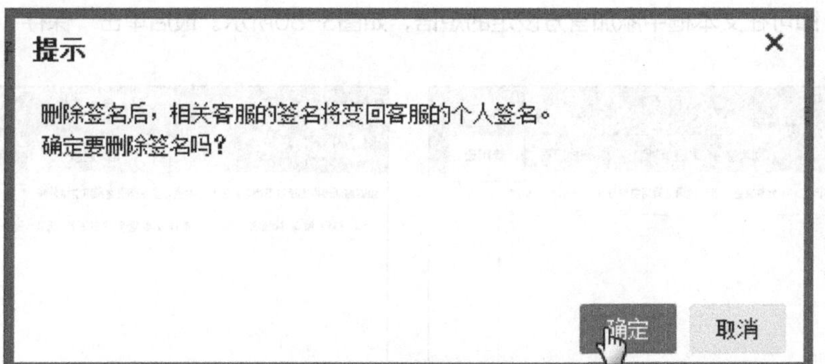

图3-75 “提示”对话框

步骤 07 还可以新增签名，新增签名后仅显示一个生效的签名，若多个签名选择了相同的客服，则只会在生效的签名中显示生效客服，如图3-76所示。

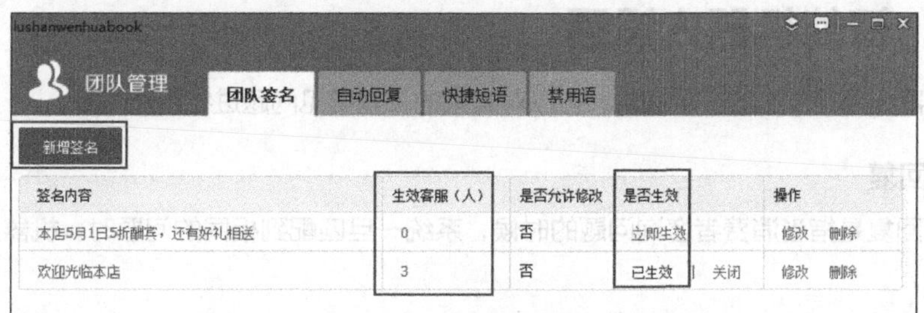

图3-76 显示生效客服

2. 自动回复

选择“自动回复”选项，单击“新增模板”按钮，如图3-77所示。填写模板信息，最后单击“保存”按钮即可，如图3-78所示。

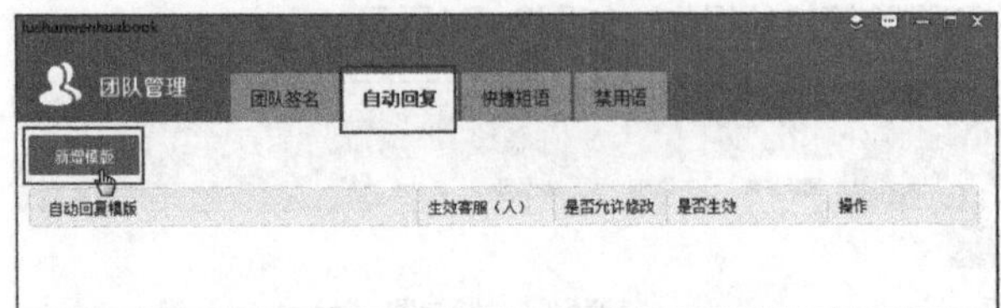

图3-77 单击“新增模板”按钮

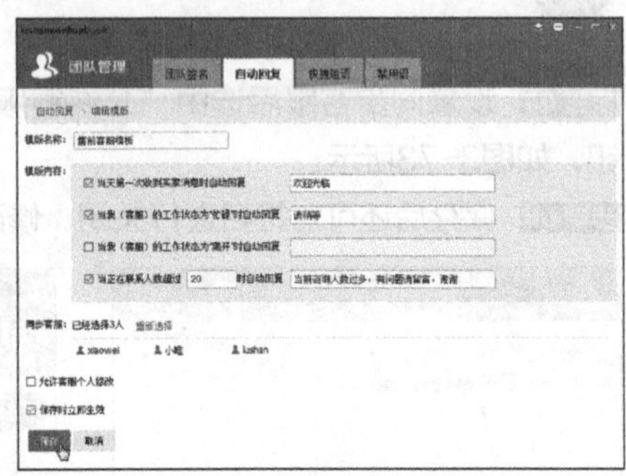

图3-78 单击“保存”按钮

快捷短语的操作与自动回复类似，故不再单独介绍。

3. 禁用语

设置禁用语是为了使客服文明服务，当客服话语中出现了设置的禁用语，则不允许发送。选择“禁用语”选项，切换界面，如图3-79所示。在下方文本框中输入短语，或单击“使用官方禁语”链接，即可在文本框中添加官方设定的短语，如图3-80所示。最后单击“保存”按钮即可。

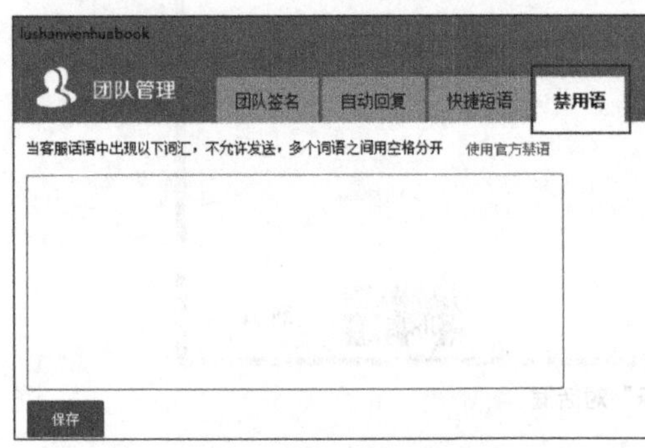

图3-79 选择“禁用语”选项

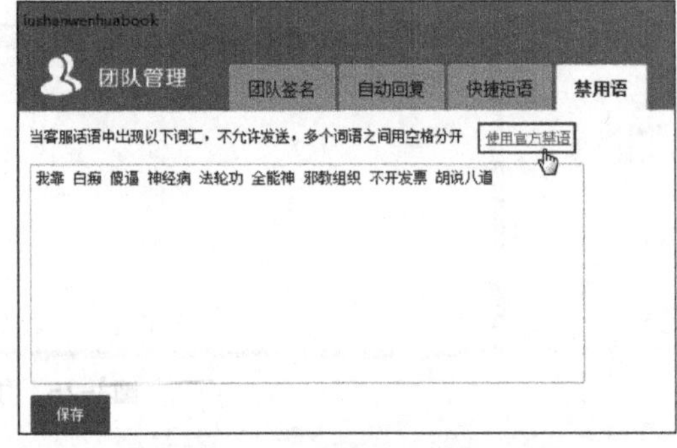

图3-80 单击“使用官方禁语”链接

3.2.4 智能机器人设置

智能机器人是千牛中的一款插件，可以对买家的一些常见问题进行智能回复。

1. 半自动回复

半自动回复是指当消费者咨询问题的时候，系统一旦匹配到相同的问题时，机器人就会自动的做出回复。

视频路径 第3章\3.2.4 智能机器人设置\1.半自动回复.mp4
知 识 点 半自动回复

步骤 01 在聊天窗口右侧上方中单击“机器人”按钮，如图3-81所示。

步骤 02 在打开的界面中单击“配置回复”按钮，如图3-82所示。

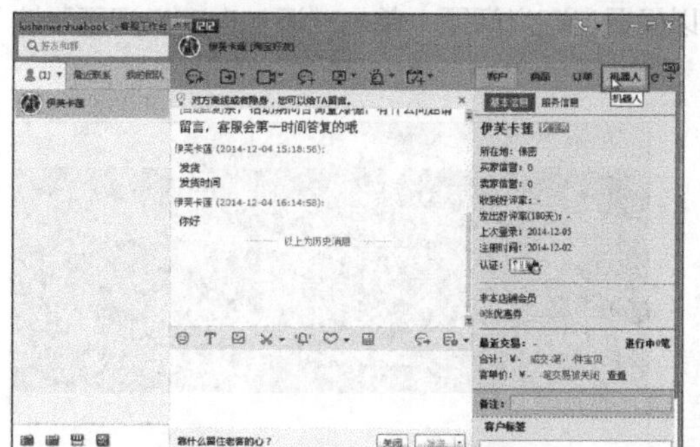

图3-81 单击“机器人”按钮

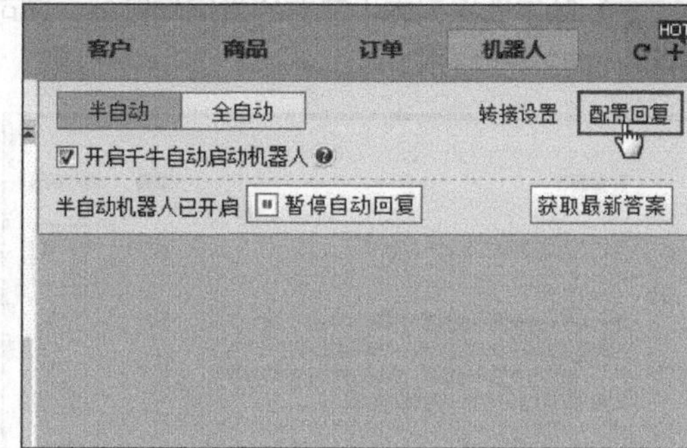

图3-82 单击“配置回复”按钮

步骤 03 打开“淘宝智能机器人配置”对话框，如图3-83所示。

步骤 04 在左侧栏中选择“可自动回复”选项，在右侧则显示了当前的自动回复的列表，如图3-84所示。

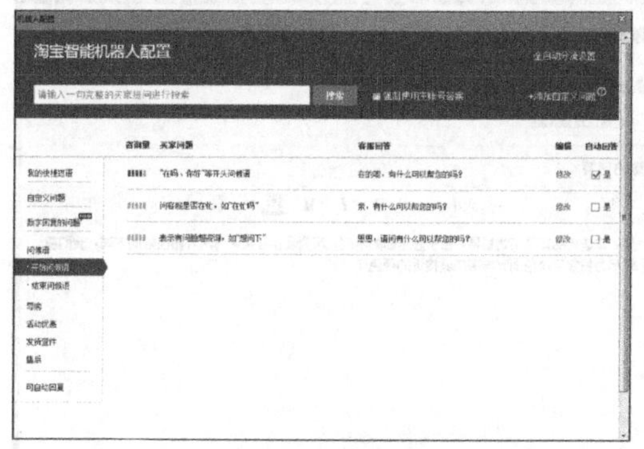

图3-83 “淘宝智能机器人配置”对话框

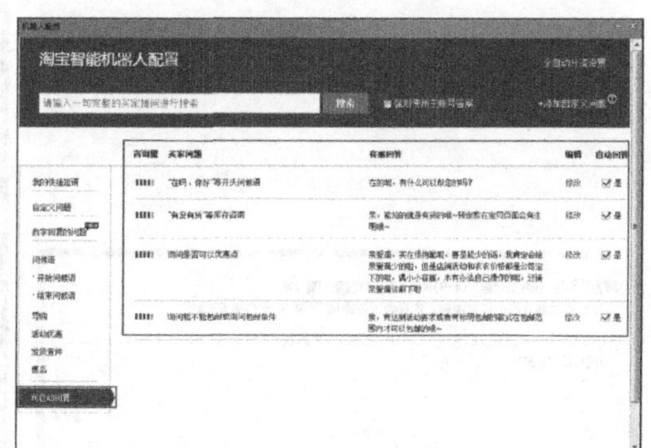

图3-84 可自动回复列表

步骤 05 选择左侧栏的任意选项，在右侧展开的列表中选择一个问题，单击“修改”按钮，如图3-85所示。

步骤 06 在打开的对话框中编辑回复的内容，如图3-86所示。

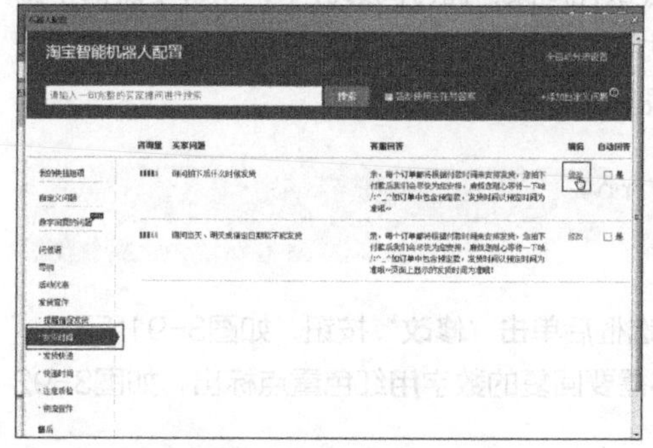

图3-85 单击“修改”按钮

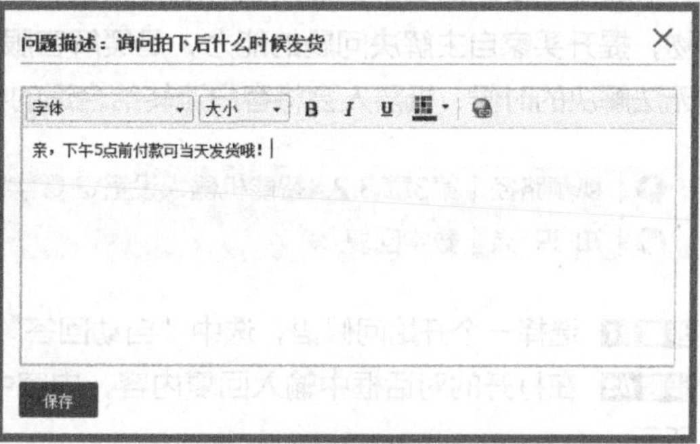

图3-86 编辑回复的内容

步骤07 单击“保存”按钮，选中该问题后的自动回复“是”复选框，如图3-87所示。即完成了该问题的自动回复设置。

步骤08 除了选择列表中已有的常用问题外，还可以设置自定义问题，单击“添加自定义问题”按钮，如图3-88所示。

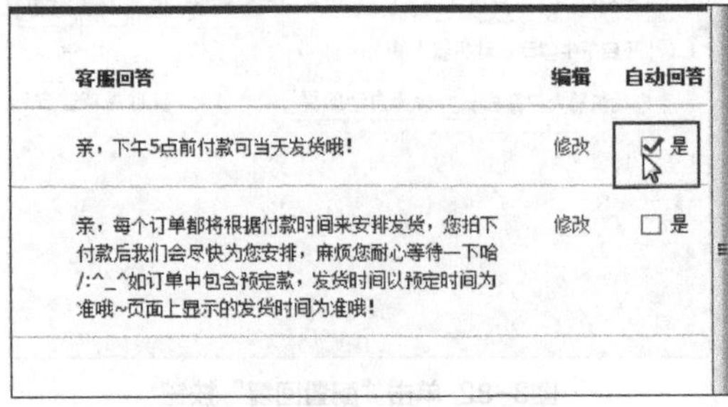

图3-87 选中“是”复选框

图3-88 单击“添加自定义问题”按钮

步骤09 在打开的对话框中输入问题，单击“检测问题并设置答案”按钮，如图3-89所示。

步骤10 在打开的对话框中设置回复的答案，如图3-90所示，单击“保存”按钮即可。

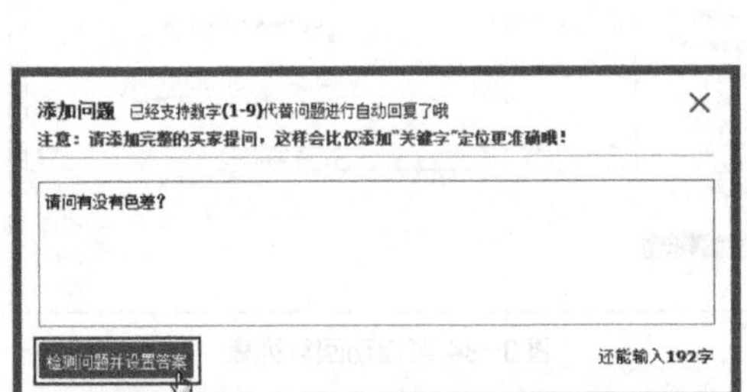

图3-89 单击“检测问题并设置答案”按钮

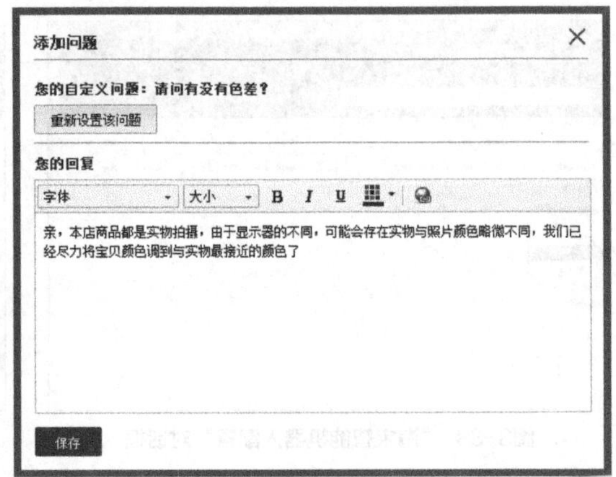

图3-90 设置回复

2. 数字回复

数字回复是指卖家设置问题导航，以数字的形式取代问题，通过回复数字，引导买家自主购物，提升买家自主解决问题的能力，是缓解客服压力和及时响应买家的最好方法。当然，在问题无法解决的时候，机器人会将客户流转给合适的客服，提升体验，不丢一单。

> 视频路径 | 第3章\3.2.4智能机器人设置\2.数字回复.mp4
> 知 识 点 | 数字回复

步骤01 选择一个开始问候语，选中“自动回答”复选框后单击“修改”按钮，如图3-91所示。

步骤02 在打开的对话框中输入回复内容，内容中将需要回复的数字用红色重点标出，如图3-92所示。

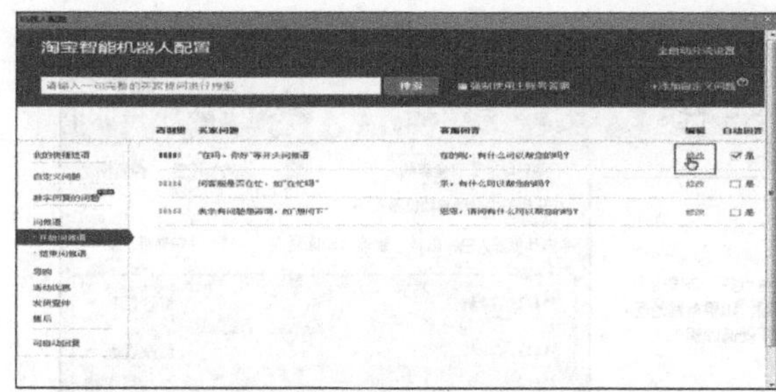

图3-91 单击“修改”按钮

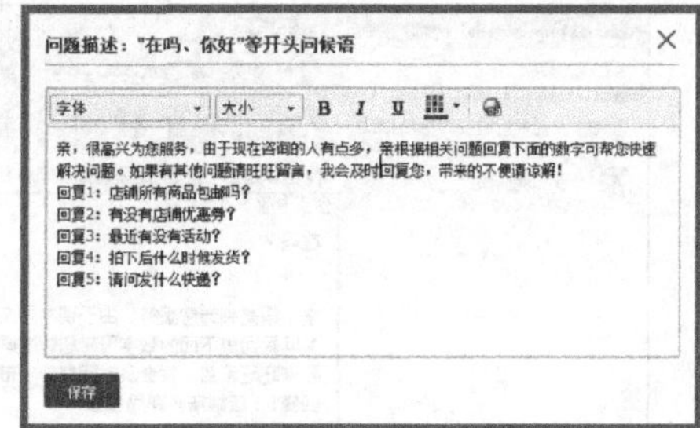

图3-92 输入回复内容

步骤03 单击“保存”按钮。单击“添加自定义问题”按钮，如图3-93所示。

步骤04 在打开的问题中输入数字1，然后单击“检测问题并设置答案”按钮，如图3-94所示。

图3-93 单击“添加自定义问题”按钮

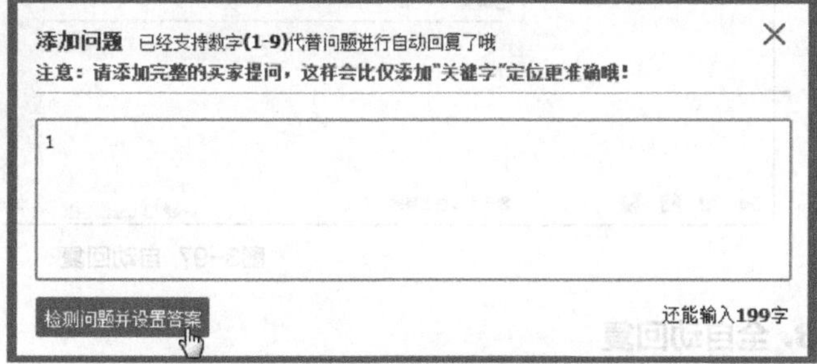

图3-94 单击“检测问题并设置答案”按钮

当设置的问题包含在通用问题中，则会提示可以在通用问题列表编辑回复。

步骤05 在打开的对话框中输入问题答案，如图3-95所示。

步骤06 单击“保存”按钮，并用同样的方法将其他问题及答案进行自定义设置，如图3-96所示。

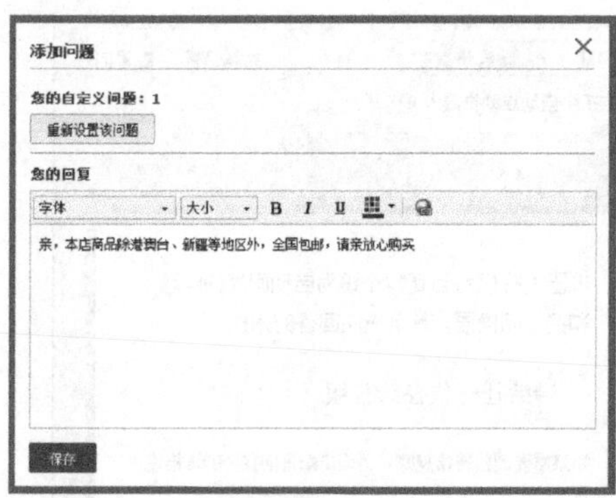

图3-95 输入答案

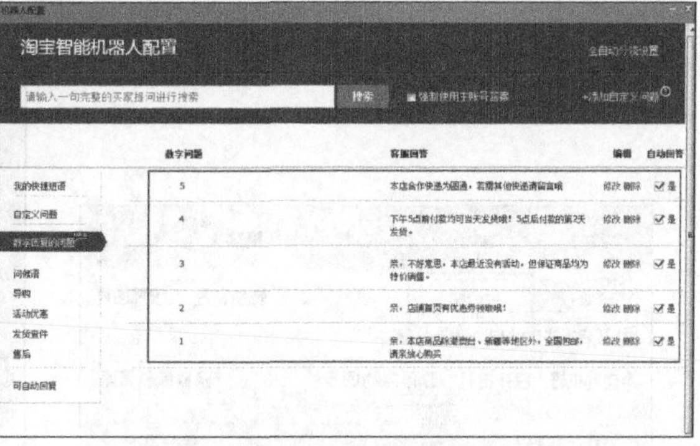

图3-96 设置其他问题与答案

步骤07 设置完成后，在买家咨询时输入数字，则机器人对问题进行自动回复，右侧为机器人回复的问题列表，如图3-97所示。

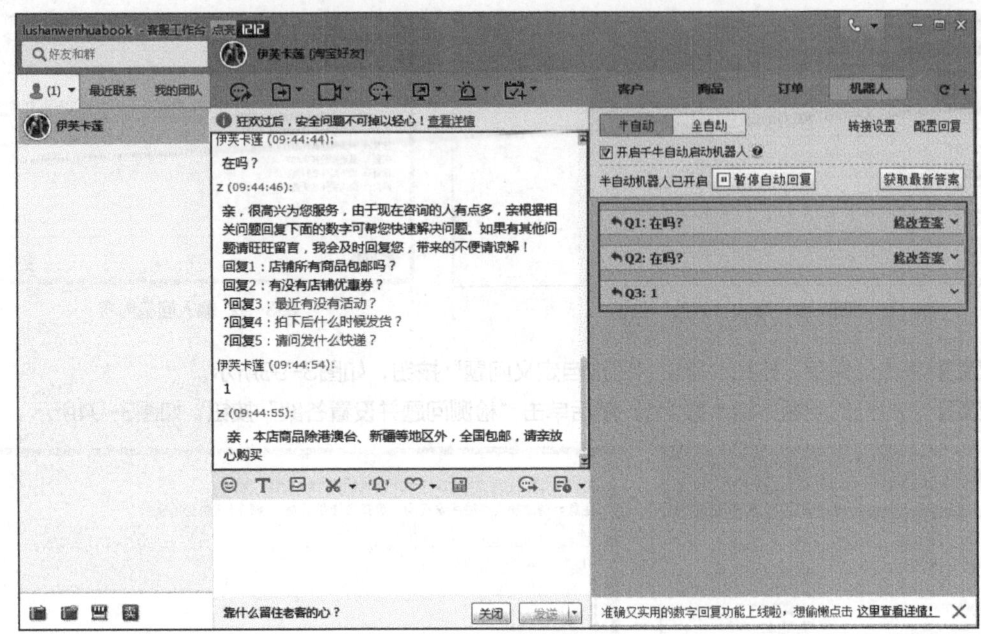
图3-97 自动回复

3. 全自动回复

全自动回复是指机器人会自动回复已经设置好的问题，若买家询问的问题不在设置的范围内，机器人再转给任意一位在线客服。

视频路径：第3章\3.2.4 智能机器人设置\3.全自动回复.mp4
知 识 点：全自动回复

步骤01 在聊天窗口中展开“机器人”界面，单击“全自动”按钮，如图3-98所示。

步骤02 在打开的对话框中单击“本账号开启全自动”按钮，如图3-99所示。

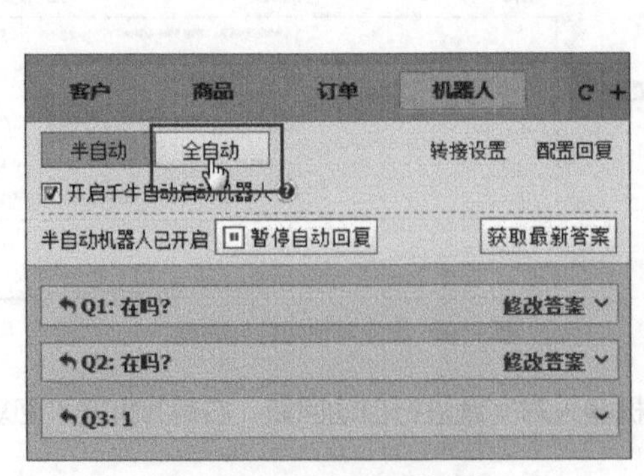

图3-98 单击“全自动”按钮

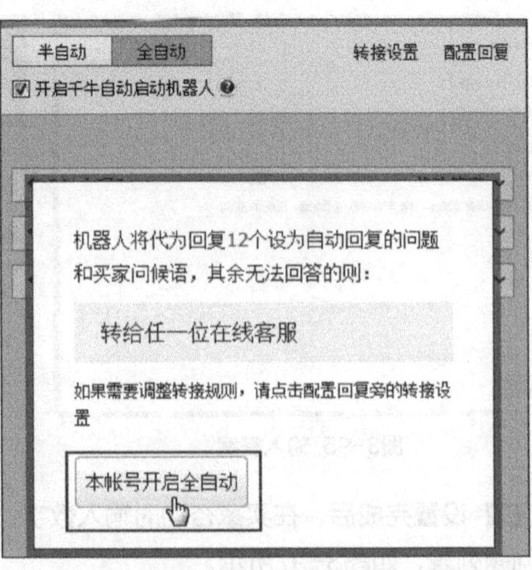

图3-99 单击“本账号开启全自动”按钮

步骤 03 开启后界面中显示“全自动机器人已开启”，如图3-100所示。

步骤 04 在“淘宝智能机器人配置”页面中单击“全自动分类设置”按钮，如图3-110所示。

图3-100 显示“全自动机器人已开启”　　图3-101 单击“全自动分类设置”按钮

4. 全自动分流

全自动分类是在全自动机器人开启的状态下，机器人无法回答的问题，会自动分流给其他在线的客服。

视频路径 | 第3章\3.2.4智能机器人设置\4.全自动分流.mp4

知 识 点 | 全自动分流

步骤 01 在打开的对话框中输入机器人无法回复时回答的内容，选择“转给任一在线账号”单选按钮，如图3-102所示。

步骤 02 单击“保存”按钮，保存后提示设置成功，如图3-103所示。

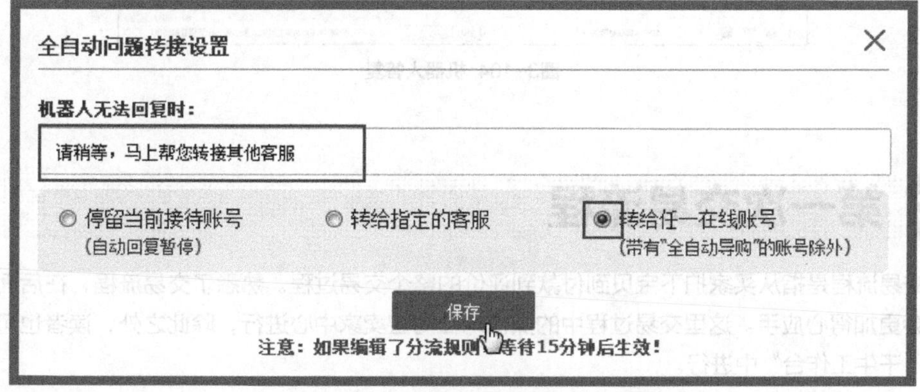

图3-102 选择“转给任一在线账号”单选按钮

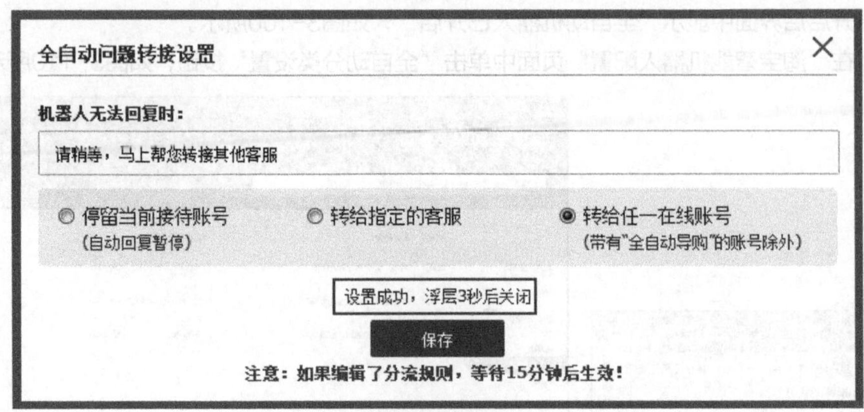

图3-103 提示设置成功

步骤03 设置完成后，当买家咨询其他问题时，机器人则会给出“转接客服”的答复，且右侧列表中无答案的问题会显示为红色，如图3-104所示。

步骤04 单击“新增答案”按钮也可为该问题设置自动回复答案。

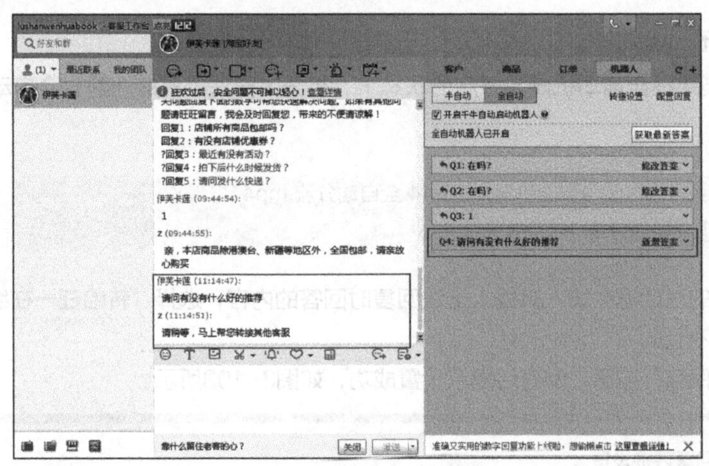

图3-104 机器人答复

3.3 第一次交易流程

交易流程是指从买家拍下宝贝到付款到评价的整个交易过程。熟悉了交易流程，在后面的交易中会更加得心应手。这里交易过程中的操作均在淘宝卖家中心进行，除此之外，读者也可以选择在“千牛工作台”中进行。

3.3.1 宝贝被拍下，与买家沟通

宝贝被拍下，但买家还没付款，这时就需要主动出击了，联系买家，询问地址和联系方式是否正确等，等待买家回复，从而抓住每个有意购买，又犹豫不决的顾客。

步骤01 进入“卖家中心”页面，在“交易管理”下单击“已卖出的宝贝”链接，如图3-105所示。

步骤02 进入“已卖出的宝贝”页面，如果买家旺旺在线，则单击“和我联系”的旺旺图标，与买家进行沟通，如图3-106所示。

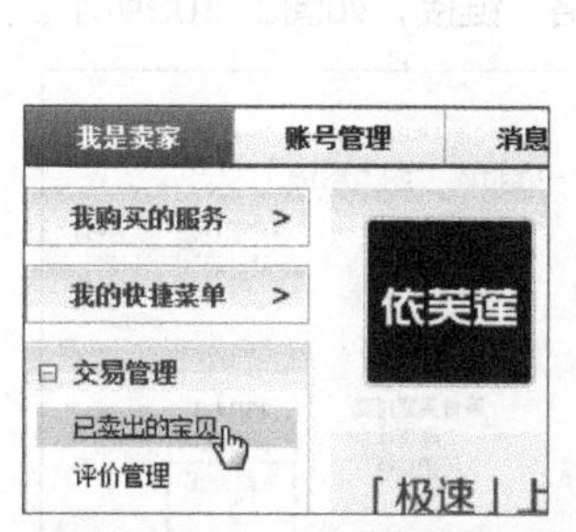

图3-105 单击“已卖出宝贝”链接

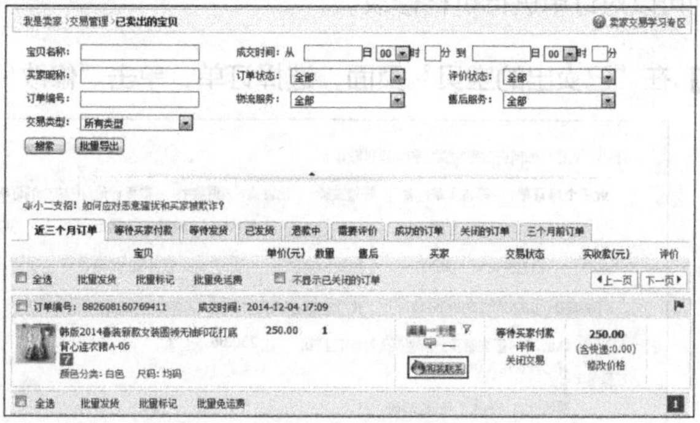

图3-106 单击“和我联系”旺旺图标

步骤03 如果买家旺旺不在线，则可以单击“详情”链接，如图3-107所示。

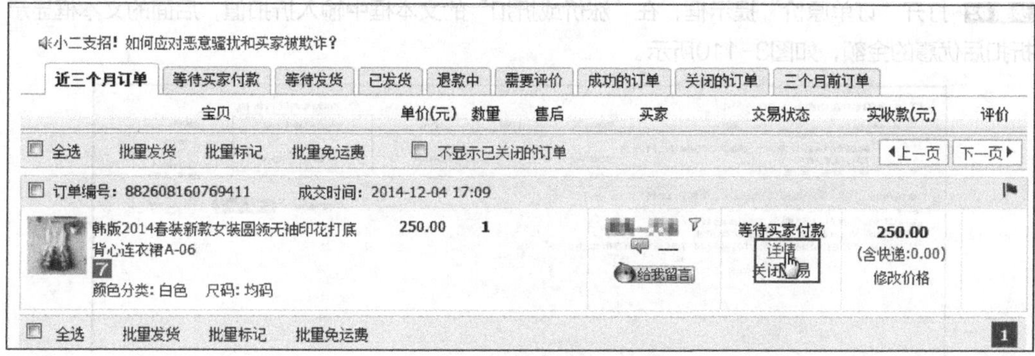

图3-107 单击“详情”链接

买家旺旺在线，旺旺图标亮起 和我联系；旺旺不在线则旺旺图标为灰色 给我留言。

步骤04 进入“交易详情”页面，单击“收货和物流信息”选项卡，查看买家的联系方式，如图3-108所示，然后可以通过短信进行沟通。

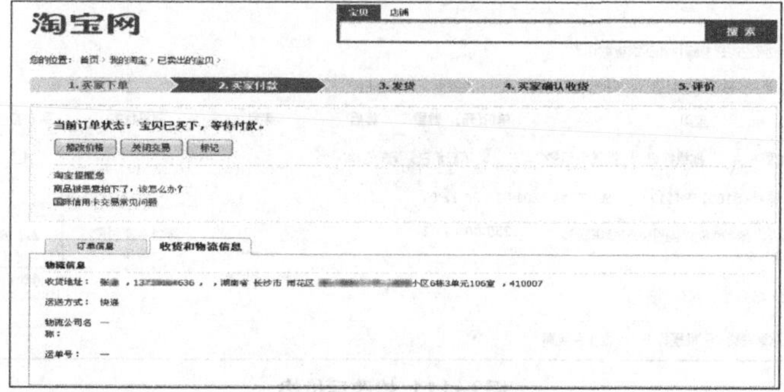

图3-108 收货和物流信息

3.3.2 修改成交价格

若买家购买数量多，或者属于回头客，当询问给予优惠，而自己觉得这个优惠在可接受范围内，则可以对订单进行价格修改。

步骤 01 在“已卖出的宝贝”页面，选择订单，单击“修改价格”链接，如图3-109所示。

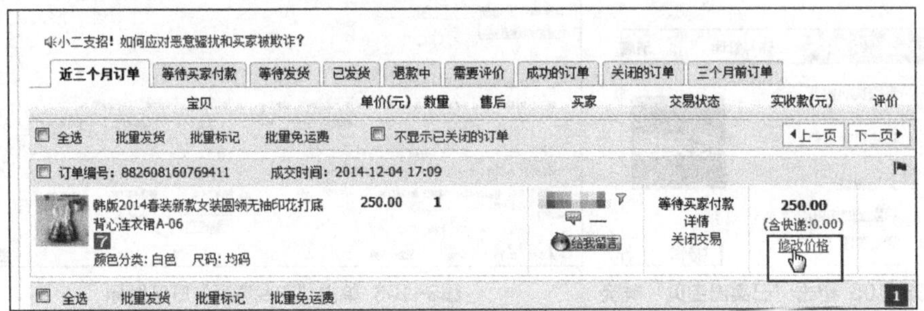

图3-109 单击“修改价格”链接

步骤 02 打开“订单原价”提示框，在“涨价或折扣”的文本框中输入折扣值，后面的文本框显示折扣后优惠的金额，如图3-110所示。

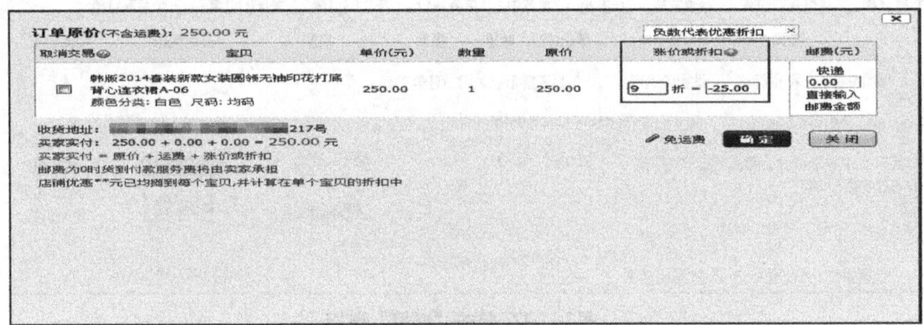

图3-110 设置折扣

提示 根据减免邮费或补邮费的情况，可以在“邮费”中修改邮费价格。

步骤 03 单击“确定”按钮，返回交易页面，页面显示修改后的价格，如图3-111所示。

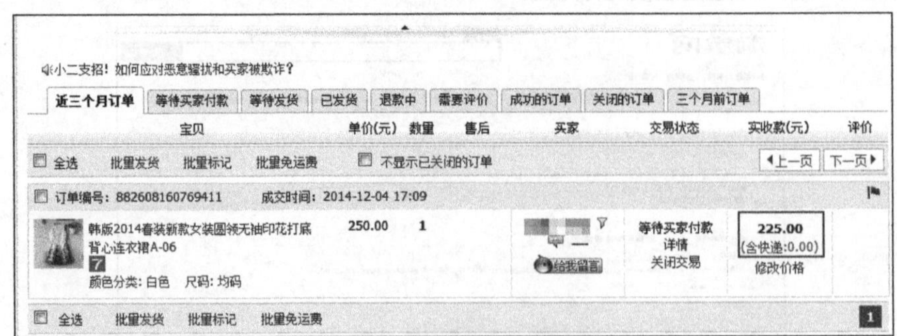

图3-111 修改后价格

修改订单价格并不是交易流程中的必要步骤，若不需要修改价格则可以直接跳到下一节。

3.3.3 促成付款，完成订单

若买家长时间没有付款，联系买家，以“赠品有限，先买先得”“当天付款当天即可发货”和“优惠仅此一天”等理由来促成买家付款。或者直接使用提醒功能提醒买家付款。

步骤01 在“已卖出的宝贝”页面，选择订单，单击“详情”链接，进入“交易详情”页面，单击“提醒买家付款”链接，如图3-112所示。

步骤02 系统向买家的旺旺发送提醒信息后，弹出对话框，单击“确定”按钮即可，如图3-113所示。

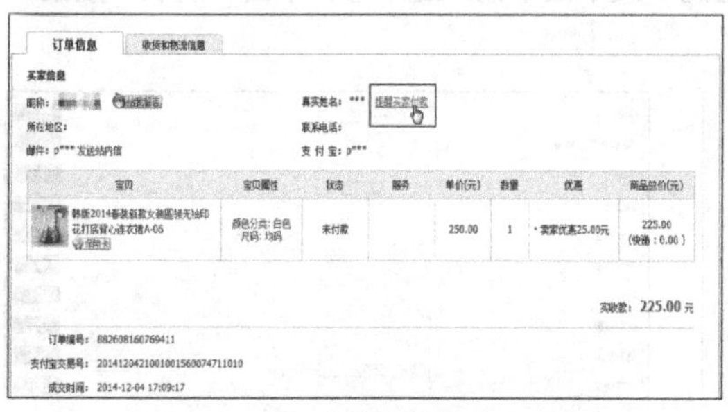

图3-112 单击“提醒买家付款”链接

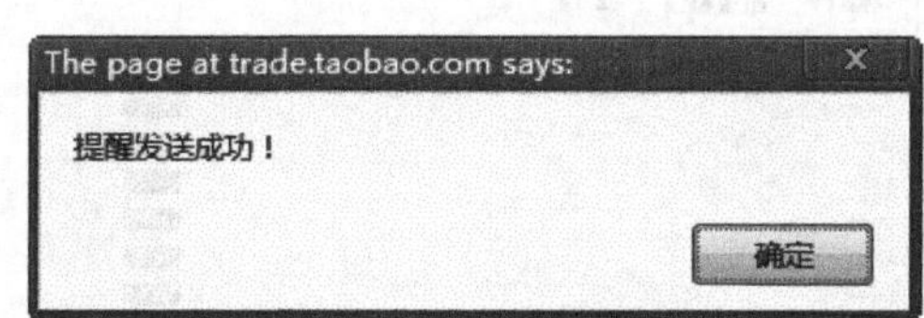

图3-113 提示对话框

3.3.4 买家付款后及时发货

买家没付款时切记不要急着发货，当订单的交易状态变成“买家已付款”时，就可以发货了。

步骤01 在“已卖出的宝贝”页面中选择订单，单击“发货”按钮，如图3-114所示。

图3-114 单击“发货”按钮

步骤02 进入“发货”页面，确认收货信息后，单击“请设置了再发货”链接，如图3-115所示。

步骤03 进入“地址库”页面，如图3-116所示，输入地址信息后单击“保存设置”按钮。

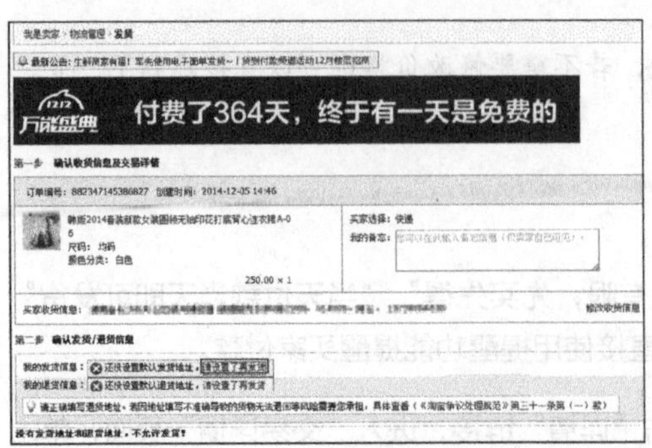
图3-115 单击“请设置了再发货”链接

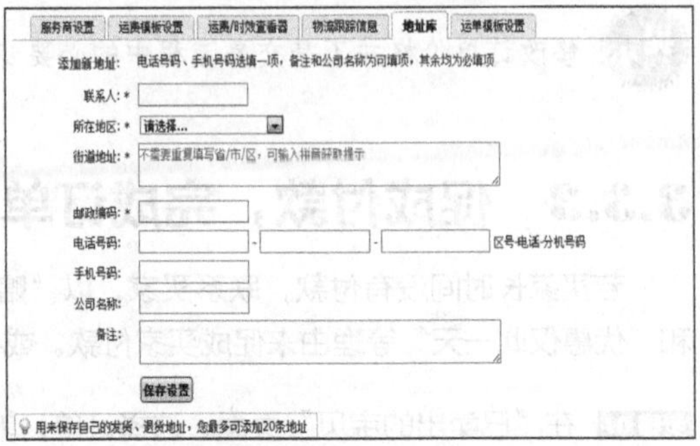

图3-116 “地址库”页面

步骤04 回到“发货”页面，刷新网页，单击“自己联系物流”选项卡，如图3-117所示。

步骤05 选择自己联系的物流公司，并在“运单号码”文本框中输入运单号，单击“确认”按钮，如图3-118所示。

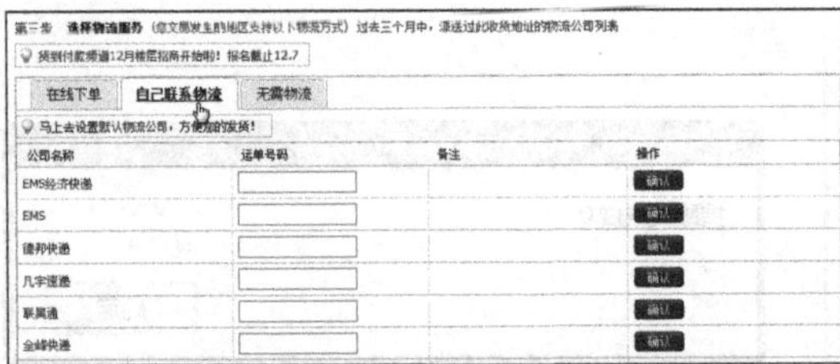
图3-117 单击“自己联系物流”选项卡

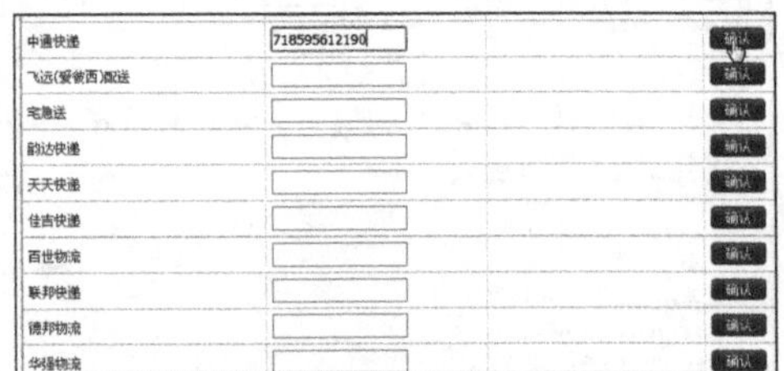
图3-118 填写快递单号

步骤06 跳转到新的网页中，提示操作成功，如图3-119所示。

步骤07 完成发货后，打开“已卖出的宝贝”页面，交易状态变为“卖家已发货”，如图3-120所示。

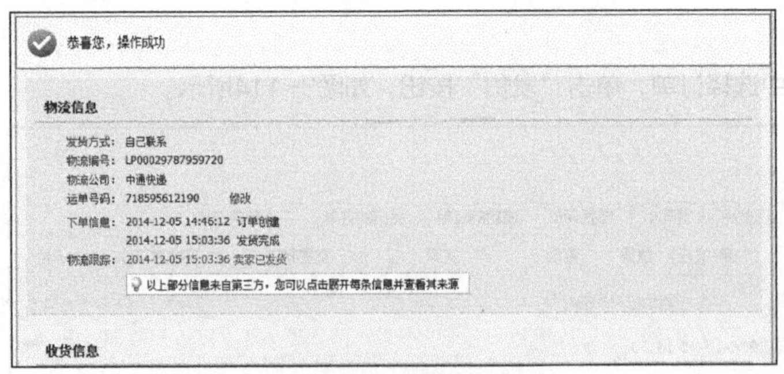
图3-119 操作成功

图3-120 完成发货

自己联系的快递需要将货物与快递单一起递交给快递公司或快递员，以便将货物发送出去，早日到达买家的手中。

3.3.5 手动或自动评价订单

当买家收到宝贝并确认收货后，就可以对订单进行评价了。

1. 手动评价订单

步骤 01 打开“已卖出宝贝”链接，选择需要评价的订单，单击“评价”链接，如图3-121所示。

步骤 02 在跳转的页面中，输入评价内容，选中“好评”复选框，单击“提交评论”按钮，如图3-122所示。

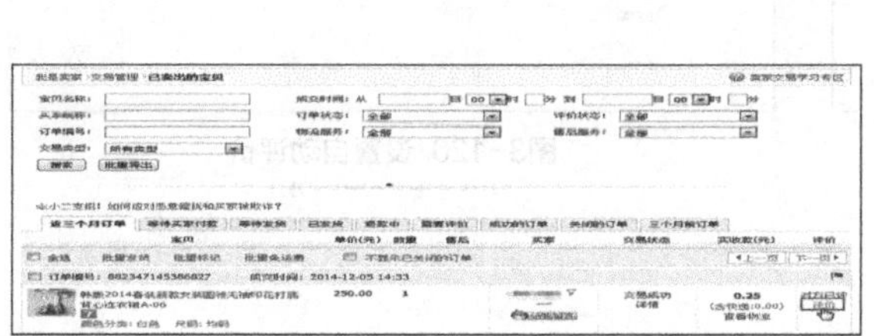

图3-121 单击“评价”链接

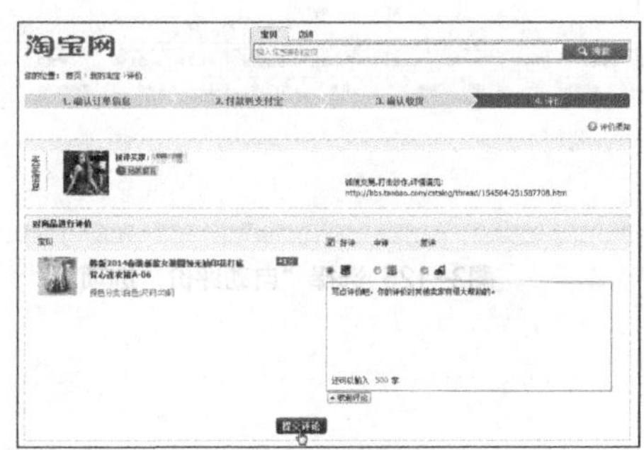

图3-122 评价

2. 千牛自动评价

生意繁忙时，可以订购千牛自动评价，对交易完成的订单自动评价。

步骤 01 登录千牛工作台，单击右侧的“交易管理”按钮，如图3-123所示。

步骤 02 打开对话框，单击“立即授权”按钮，如图3-124所示。

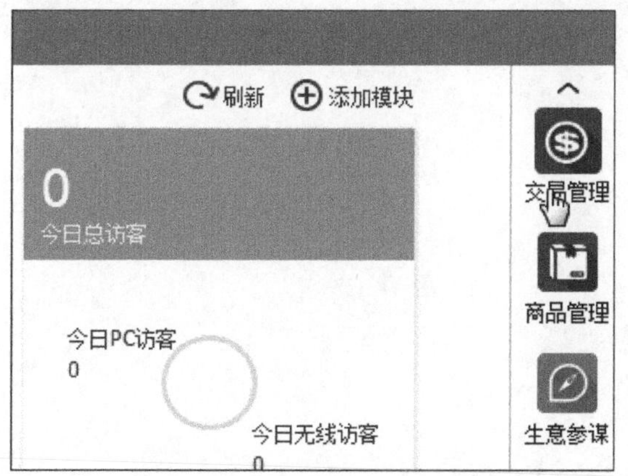

图3-123 单击“交易管理”按钮

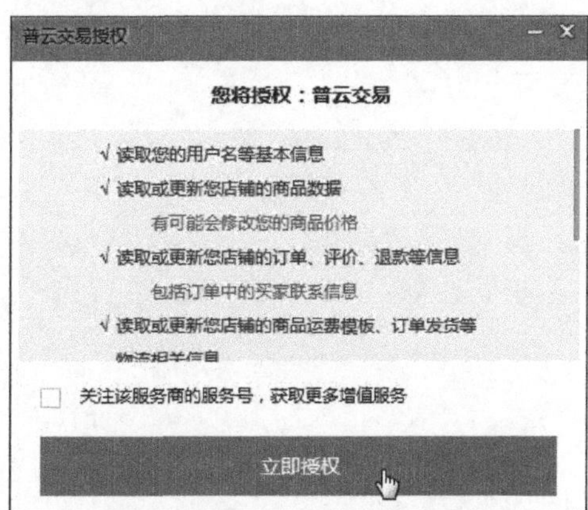

图3-124 单击“立即授权”按钮

步骤 03 打开对话框，在“评价管理”下拉菜单中选择“自动评价”选项，如图3-125所示。

步骤 04 在打开的界面中可以设置自动评价，如图3-126所示。

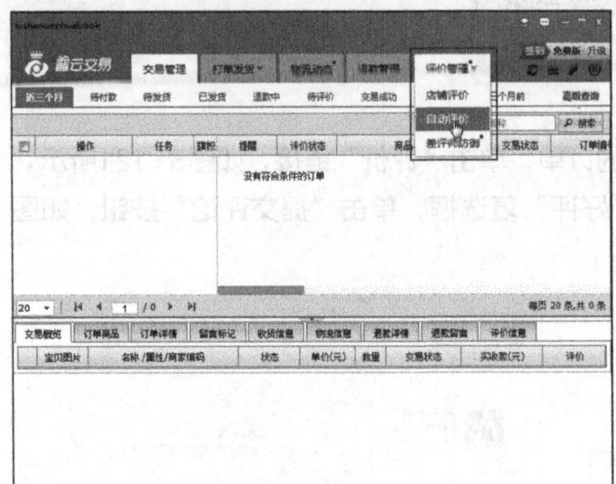

图3-125 选择“自动评价”选项

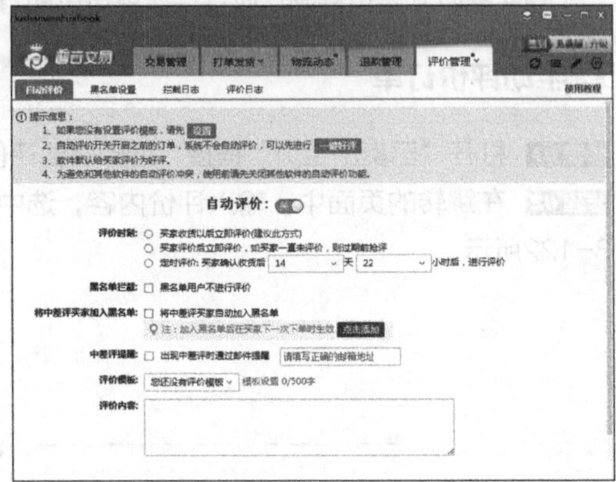

图3-126 设置自动评价

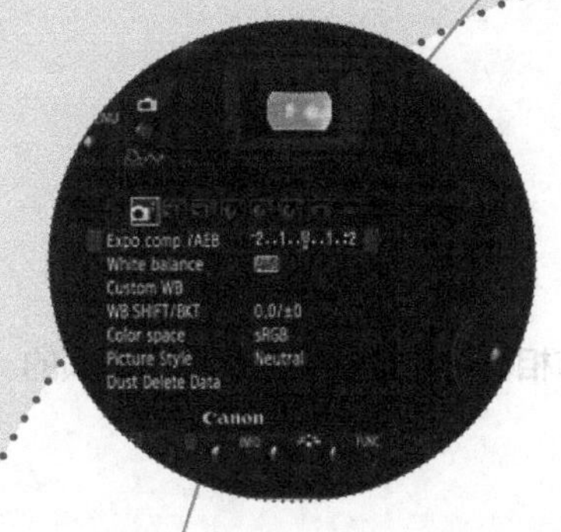

第4章 宝贝图的拍摄与美化

图片是商品的灵魂，一张漂亮的商品照片可以直接刺激到顾客的视觉感官，让他们产生了解的兴趣和购买的欲望，本章将介绍宝贝图的拍摄与美化。

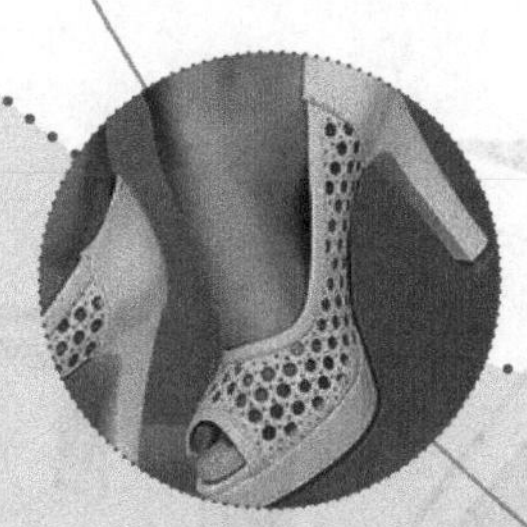

4.1 购买合适的相机与辅助器材

在拍摄商品时，怎样才能把商品的细节和特色展现出来，这是很多卖家都关心的问题。而要拍摄好商品，选择合适的相机与辅助器材是前提。

4.1.1 相机需具备的基本功能

1. 手动功能

拍摄淘宝商品图时，为了根据光线和拍摄需要自由调节相机的设置，手动功能是必须的。手动功能在相机上以“M”为标示，如图4-1所示。

2. 微距功能

微距是我们拍网店宝贝时经常用到的一个功能，它可以很清楚地展现产品的细节。该功能一般在相机上以一朵小花为标示，如图4-2所示。

图4-1 手动功能

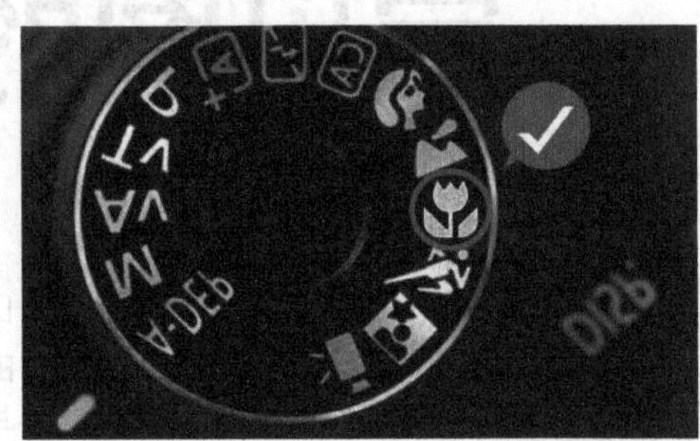

图4-2 微距功能

微距的主要作用如下

- **表达细质：**在展示商品局部细节特征的时候，可以使用微距功能，非常实用。
- **体现质感：**使用微距功能将商品的质感完美表现，特别是对于一些有纹理的商品。
- **虚化背景：**当注意力放在眼前的时候，视野远处就变得模糊和虚化了，相机也同样如此，可以加强商品表现力。

图4-3所示为使用微距功能拍摄的产品细节图

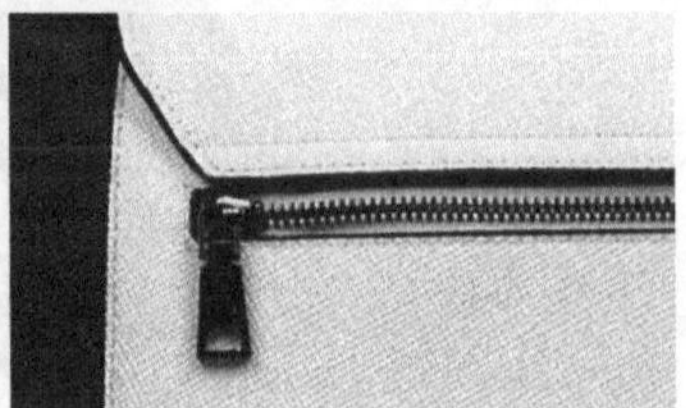

图4-3 使用微距功能拍摄的产品细节图

3. 手动白平衡

另外，相机最好还具有自定义白平衡功能，即手动白平衡功能，如图4-4所示。

图4-4 手动白平衡功能

4.1.2 拍摄所需的辅助器材

1. 三脚架

三脚架的主要作用就是能稳定照相机，保证影像的清晰度。微距拍摄就会使用到三脚架，图4-5所示为三角架图。

2. 灯光设备

灯光设备是室内拍摄的主要工具，主要用于在光线不足的情况下照亮场景，以便获得正确曝光的影像。节能灯、摄影灯以及外置闪光灯等都是常用的灯光设备，如图4-6所示。

图4-5 三角架　　图4-6 节能灯、摄影灯和外置闪光灯

3. 摄影棚

专业的柔光摄影棚是拍摄小件商品的首选地点，除了购买专业的摄影棚外还可以自制摄影棚，如图4-7所示。

4. 反光板或反光伞

反光板的最主要作用就是为主光照明不到的暗部提高亮度，再现暗部原有层次，调节和控制画面明暗反差，使亮暗过渡层次丰富细腻，立体感和质感能得到较好的体现。反光板和反光伞如图4-8所示。

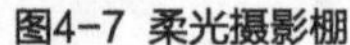

图4-7 柔光摄影棚

图4-8 反光板和反光伞

5. 背景纸或背景布

我们常使用的背景道具有各种颜色的背景纸和背景布，可以让商品有一个明快、干净的背景，如图4-9所示。

图4-9 背景纸和背景布

4.2 宝贝拍摄的要求与技巧

商品图拍摄不同于其他题材摄影，其要求与技巧也不同。

4.2.1 商品拍摄的特点与要求

商品拍摄不受时间和环境的限制，一天24小时都可以进行拍摄，拍摄的关键在于对商品合理的构图以及恰当的用光，将这些商品表现得静中有动，栩栩如生，通过图片给买家以真实的感受。

商品拍摄的特点如下。

- **对象静止：**商品拍摄区别于其他摄影的最大特点，是它所拍摄的对象都是静止的物体。
- **摆布拍摄：**摆布拍摄是区别于其他摄影的又一个显著特点，不需要匆忙地现场拍摄，可以根据拍摄者的意图进行摆布，慢慢地去完成。
- **还原真实：**不必要过于追求意境，失去物品的本来面貌。

商品拍摄的总体要求是将商品的形、质、色充分表现出来，而不夸张。

- **形：**指的是商品的形态、造型特征以及画面的构图形式。
- **质：**指的是商品的质地、质量和质感。商品拍摄对质的要求非常严格，体现质的影纹层次必须清晰、细腻、真实。尤其是细微处，以及高光和阴影部分，对质的表现要求更为严格。

- **色：**商品拍摄要注意色彩的统一。色与色之间应该是互相烘托的统一整体。在色彩的处理上要求简、精、纯，避免繁、杂、乱。

4.2.2 宝贝分类拍摄技巧

不同的宝贝有不同的拍摄技巧，下面介绍几种常见宝贝的拍摄技巧。

1. 服装拍摄技巧

服装的拍摄分为三类，即摆拍、挂拍与模特实拍。

- 摆拍：无论是男装还是女装，摆拍都是一种常见的拍摄展示方式。摆拍需要注意三点，首先，服装摆放时可以添加不同的配饰，如牛仔裤、小礼帽、鞋和包包等，让衣服看上去更吸引人。其次，衣服摆放时不要横平竖直地摆放在地上，可以选择倾斜一定的角度，或者给衣服捏造出一些自然的褶皱，这样能让图片看上去更有层次。最后，添加小花之类的装饰，点缀画面，如图4-10所示。

图4-10 摆拍

- **挂拍：**挂拍相比较平铺而言要难掌握一点，挂拍选择的背景墙最好为浅色，不仅百搭，也能很好地突出主体。通常挂拍都需要用到衣架，在选择时，可以选择与服装风格一致的衣架或者不太显眼的衣架。图4-11所示为挂拍图。

图4-11 挂拍

- **模特实拍：**这是较为理想的展示服装的方法之一。它可以通过模特的穿着展示服装的整体感观。服装的特点都能较清楚地展示。在拍摄时，加些生活用品或家具等做辅助背景，或者选择户外大背景拍摄也是很好的选择。模特实拍要求服装尽可能符合模特的身材，这样服装才能最完全、最准确地被演绎。图4-12所示为模特实拍图。

图4-12 模特实拍

2. 包类拍摄技巧

包类指的钱包、手提包、双肩包和背包等商品，这类商品需要根据材质的不同进行拍摄。

- **体现立体感：**在拍摄背包的时候，为了体现其立体感，需要在包里装一些填充物，让包包有型，从而让买家清楚地知道在实际使用中包包的模样。填充物可以是塑料袋或是废报纸，如图4-13所示。
- **体现材质：**皮包和皮鞋的材质一样，在拍摄时容易产生反光，因此照明的控制很关键，建议在拍摄过程中使用反光板，这样能使光线柔和许多。
- **体现美感：**拍摄钱包之类的包包时，一定要注意物品的摆放。要让小包包看起来很美观。可以在拍摄时，在钱包的背后放置透明的物体支撑钱包，使其落在皮夹后方的阴影不那么显眼。钱包靠着盒子，倾斜地站立，摆放很自然且不呆板。
- **体现细节：**牢固的缝制和结实的拉锁、五金能体现包包的品质，所以在拍摄的时候一定要表现出来。另外，包袋的内部结构也是买家所关心的细节，在拍摄时，将包包内部的填充物取出，放置一些生活用品，如纸巾、手机和钥匙等，如图4-14所示。

图4-13 体现立体感

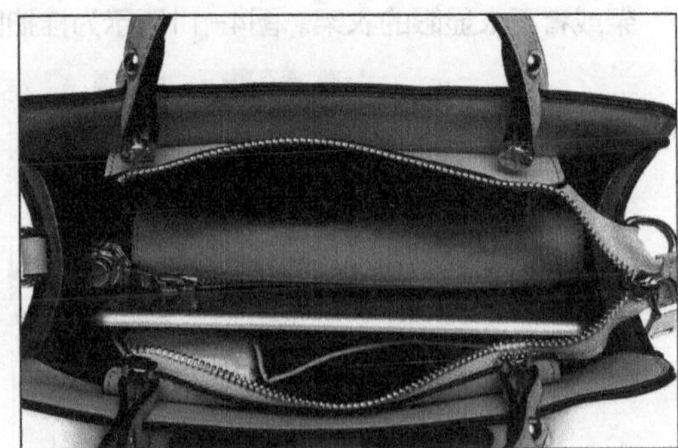

图4-14 体现细节

3. 首饰珠宝拍摄技巧

珠宝摄影是商业摄影中最困难的工作，因为珠宝首饰本身体积小，又容易产生反射问题，所以较难拍出理想的、高贵的珠宝首饰效果。

- 首饰体积通常较小，微距摄影是常用的技巧之一。
- 首饰拍摄注重构图，使其不会显得单一。可以通过缩小景深突出主体虚化背景，如果想要整个首饰都能看得清楚，可以将相机移至与首饰垂直的地方进行俯拍，将首饰的主体作为画面的主体。
- 首饰的物质特性基本有反光材质与透明材质两种，合理地表现这两种主要的材质会提高画面内容的质量，辅助用品可以利用：黑、白、灰卡纸、硫酸纸和反光纸等背景进行布光来得到自己想要的效果。不同的背景有不同的表现形式，黑色背景可以衬托物体的光亮美感，白色可以使画面简洁明快，展示物体细节，让消费者更清楚地了解商品。

4 . 鞋子拍摄技巧

一般鞋子的拍摄采取侧面拍摄，和斜侧面拍摄。模特穿着鞋子，两脚前后作出走动的姿势或者摆出很惬意的休息的姿势，这样方便看到鞋子空间的立体感，以及和腿部连贯形成自然、优美的曲线，给买家形成一个自我想象的画面，容易激发购买欲望。图4-15所示为鞋子拍摄图。

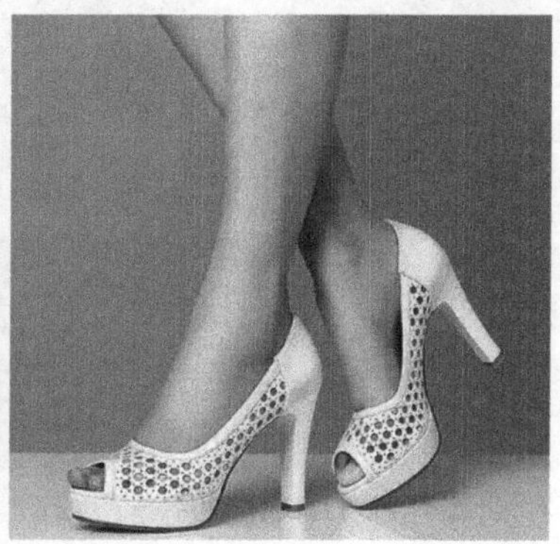

图4-15 鞋子拍摄

4.3 使用Photoshop处理宝贝图

照片拍摄后为获得更真实、更漂亮的宝贝效果，通常会使用Photoshop对图片进行处理，包括抠图去背景、处理图片亮度、校正偏色照片和处理照片污点等。

4.3.1 抠图去背景

1. 魔棒工具去除简单背景

使用魔棒工具能去除较为简单的背景，如纯色和相近色的背景。图4-16所示为本实例去除背景的前后对比。

◉ | 视频路径 | 第4章\4.3.1抠图去背景\1.魔棒工具去除简单背景.mp4

✎ | 知 识 点 | 魔棒工具去除简单背景

图4-16 去除背景的前后对比

步骤01 启动Photoshop软件，执行“文件”|“打开”命令，打开素材图片，如图4-17所示。

步骤02 按Ctrl+J组合键复制背景图层，在工具箱中使用魔棒工具，如图4-18所示。

图4-17 打开素材图片

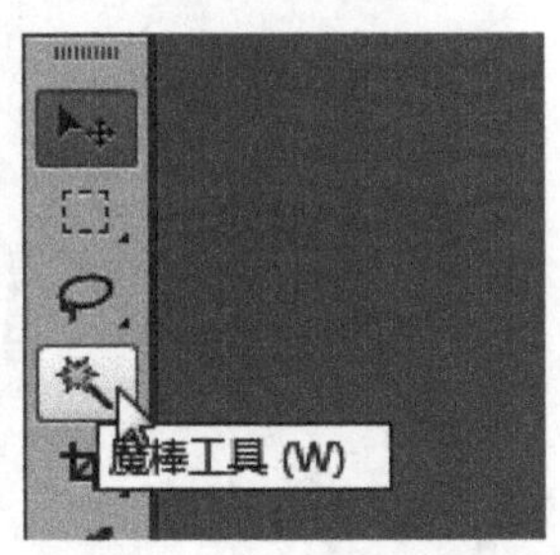

图4-18 使用魔棒工具

步骤03 在选项栏中设置容差值为30，如图4-19所示。

步骤04 在图片背景上单击，载入选区，如图4-20所示。

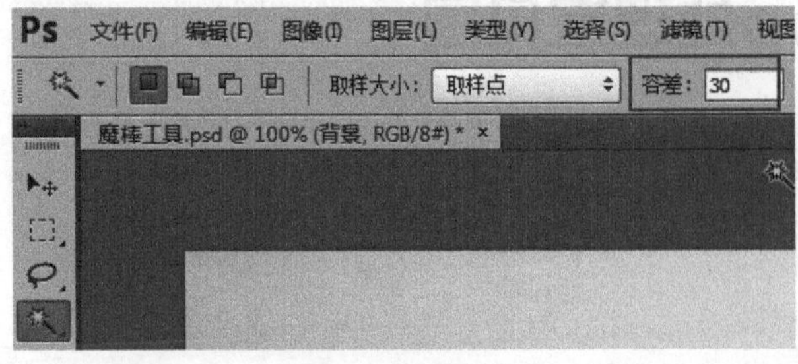

图4-19 设置容差

图4-20 载入选区

步骤05 按住Shift键加选，或者在选项栏中单击“添加到选区”按钮，如图4-21所示。

步骤06 在图像的背景上继续单击，将所有的背景载入选区，如图4-22所示。

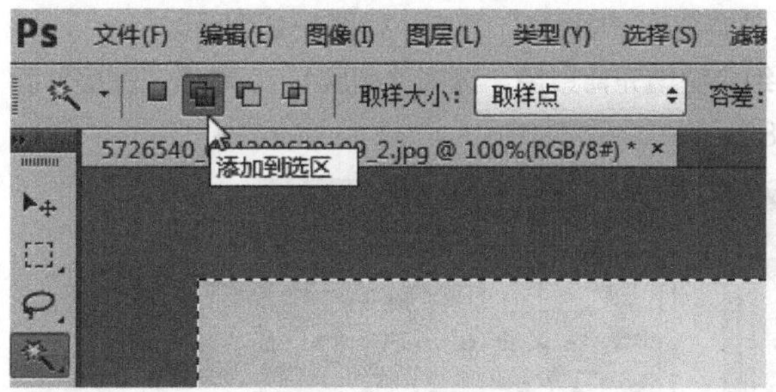

图4-21 单击“添加到选区”按钮

图4-22 载入背景

如果多选了选区，按住Alt键，或者单击选项栏中的“从选区减去”按钮，从选区减去多选的区域即可。

步骤07 按Ctrl+Shift+I组合键将选区反向，如图4-23所示。

步骤08 在图像上单击鼠标右键，执行“调整边缘”命令，如图4-24所示。

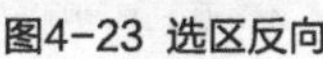

图4-23 选区反向

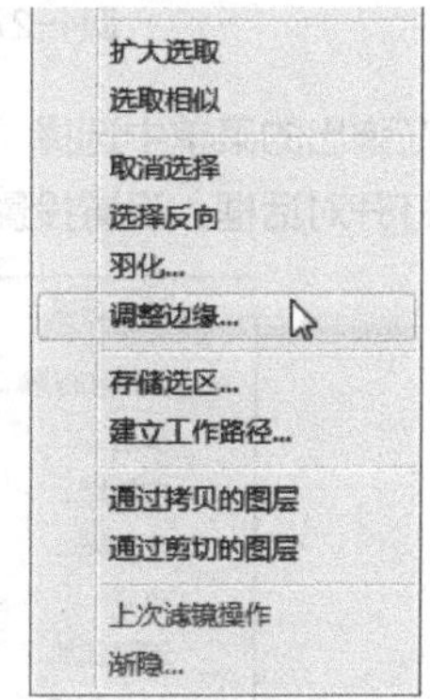

图4-24 执行“调整边缘”命令

步骤09 在弹出的“调整边缘”对话框中设置“平滑”参数，并设置输出到“新建图层”，如图4-25所示。

步骤10 单击“确定”按钮图像即被抠出，且保存到新建的图层中，如图4-26所示。

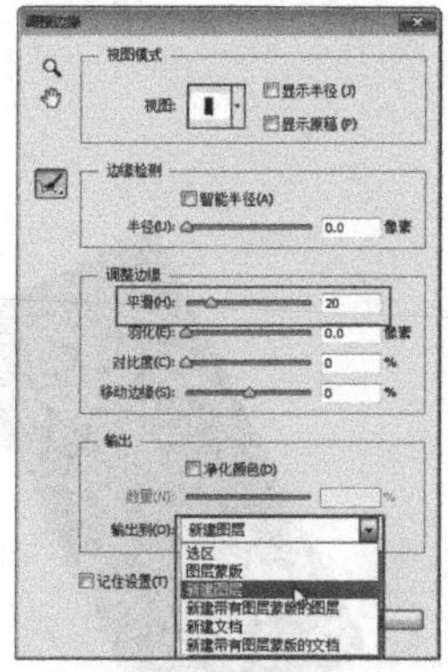

图4-25 调整边缘

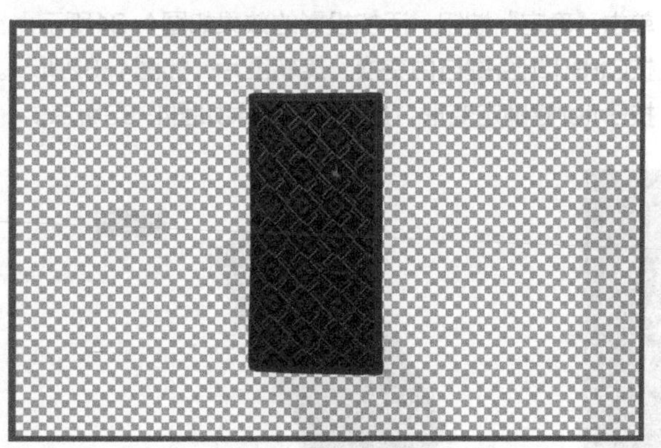

图4-26 抠出图像

步骤 11 在“图层”面板中新建“图层2”，并调整到“图层1”下方，如图4-27所示。

步骤 12 设置背景色为白色，按Ctrl+Delete组合键填充背景色。选择“图层1”，单击“图层”面板底部的“添加图层样式”按钮，如图4-28所示。

图4-27 新建图层

图4-28 单击“添加图层样式”按钮

步骤 13 在弹出的菜单中选择“投影”选项，如图4-29所示。

步骤 14 打开对话框，设置投影的各项参数，如图4-30所示。

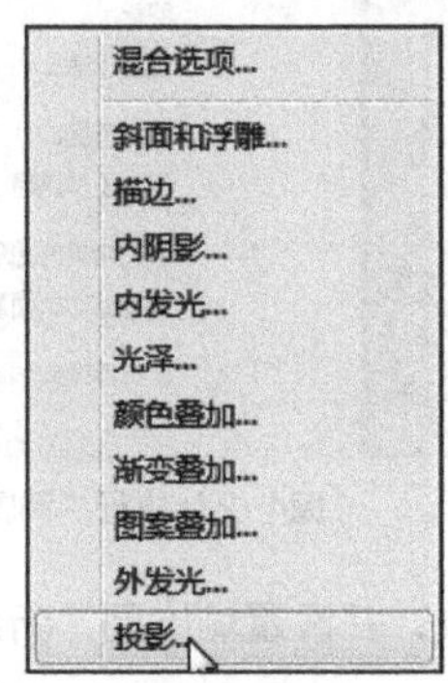

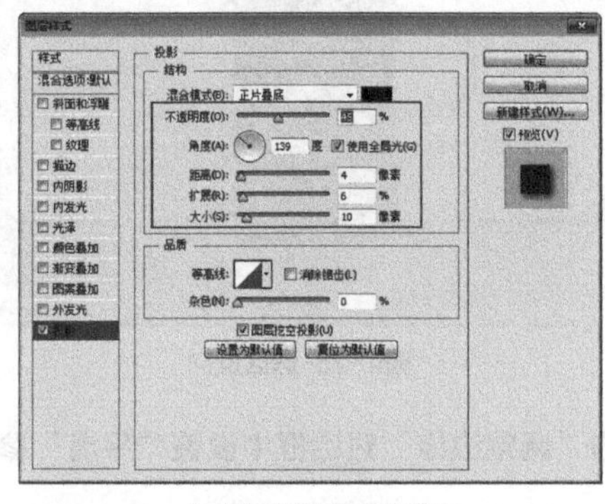

图4-29 选择“投影”选项

4-30 设置各项参数

步骤 15 单击“确定”按钮，添加投影的效果如图4-31所示。

步骤 16 按Ctrl+T组合键自由变换，旋转图片，如图4-32所示。

步骤 17 按Enter键确定变形，最终图像效果如图4-33所示。

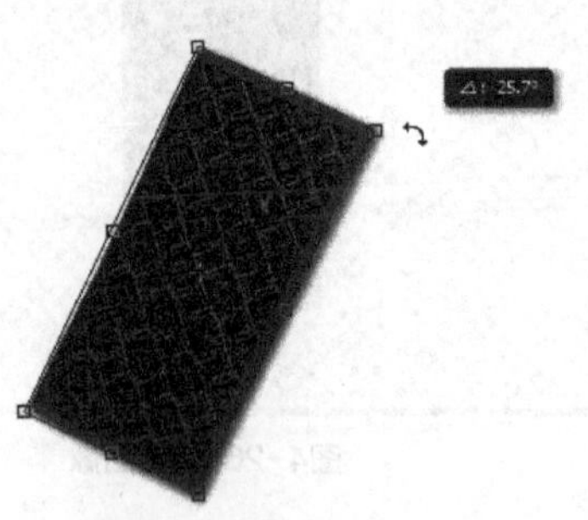

图4-31 投影效果

图4-32 旋转图片

图4-33 最终图像

2. 钢笔工具去除复杂背景

对于背景比较复杂，主体与背景颜色不分明的图像则需要使用钢笔工具进行抠取。图4-34所示为使用钢笔工具去除并替换背景的前后效果。

视频路径 | 第4章\4.3.1抠图去背景\2. 钢笔工具去除复杂背景.mp4

知 识 点 | 钢笔工具去除复杂背景

图4-34 去除并替换背景的前后效果

步骤01 启动Photoshop软件，执行“文件”|“打开”命令，打开素材图片，如图4-35所示。

步骤02 按Ctrl+J组合键复制背景图层，在工具箱中使用钢笔工具，如图4-36所示。

图4-35 打开素材图片

图4-36 使用钢笔工具

步骤03 在人物周围依次单击并拖动光标，创建路径，起点与终点结合即完成路径绘制，如图4-37所示。

步骤04 按Ctrl+Enter组合键将路径载入选区，如图4-38所示。

图4-37 创建路径

图4-38 载入选区

提示 Tips 创建路径时，按住Ctrl键可以移动锚点，按住Alt键并单击锚点可以将方向线收起。

提示 Tips 在绘制过程中，按住Ctrl键在路径以外的任意地方单击也可完成绘制

步骤05 使用矩形选框工具，在选区上单击鼠标右键，执行“调整边缘”命令，如图4-39所示。

步骤06 打开“调整边缘”对话框，设置平滑参数，并设置输出到“新的图层”，单击“确定”按钮，如图4-40所示。

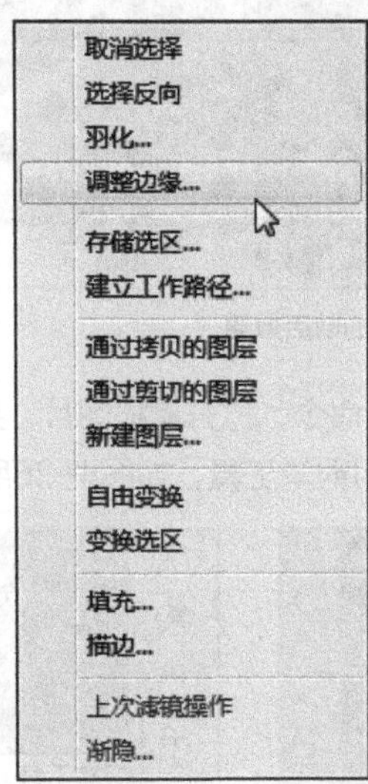

图4-39 执行“调整边缘”命令

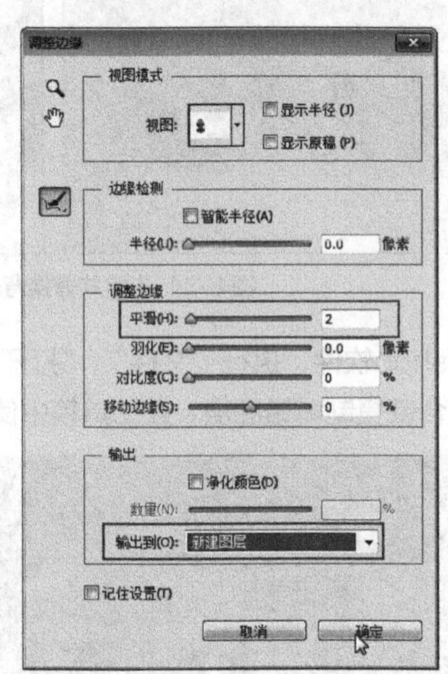

图4-40 单击“确定”按钮

步骤07 人物被抠出，如图4-41所示。此时的图像颜色偏暗，需要调亮。

步骤08 在“图层”面板下方单击“创建新的填充或调整图层”按钮，选择“亮度/对比度”选项，如图4-42所示。

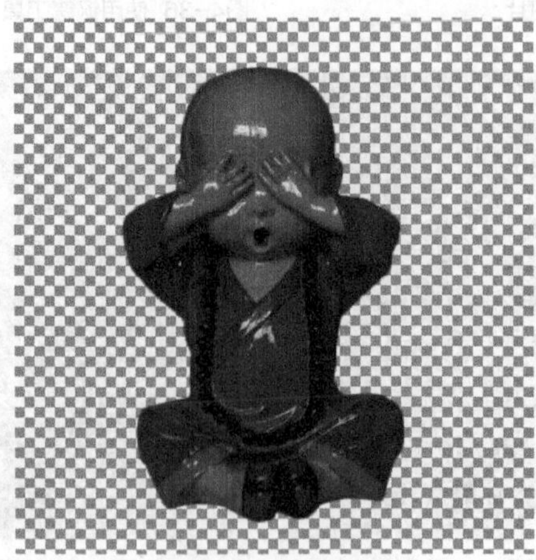

图4-41 抠出人物

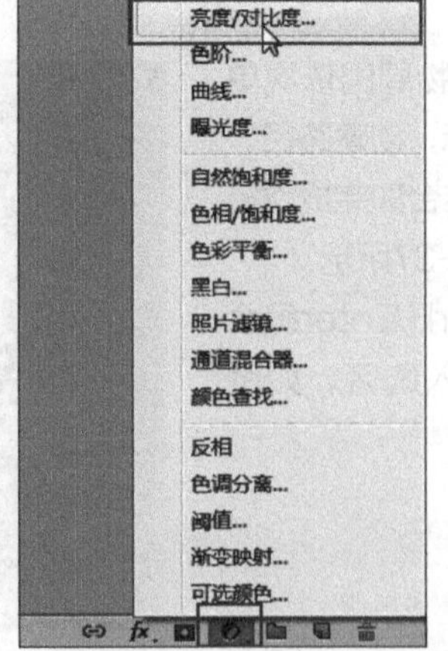

图4-42 选择“亮度/对比度”选项

步骤09 在打开的面板中调整参数，如图4-43所示。

步骤10 此时的图像如图4-44所示，由于受原背景的影响，人物头顶颜色偏黑，需要处理。

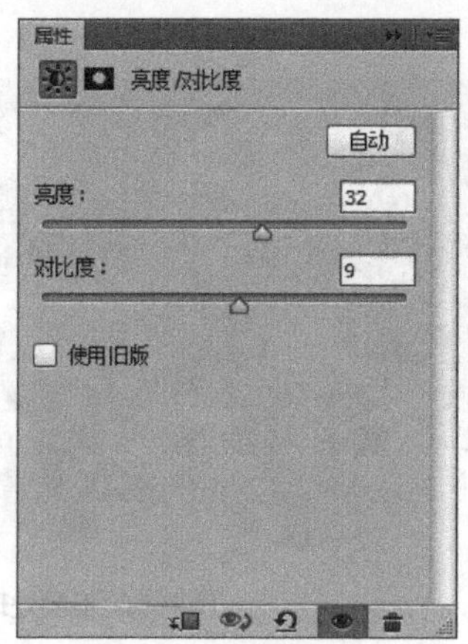

图4-43 调整参数

图4-44 图像效果

步骤11 在工具箱中长按污点修复画笔工具，在展开的工具组中使用修补工具，如图4-45所示。

步骤12 将人物头顶的区域选中并向下拖动到附近的图像上，如图4-46所示。

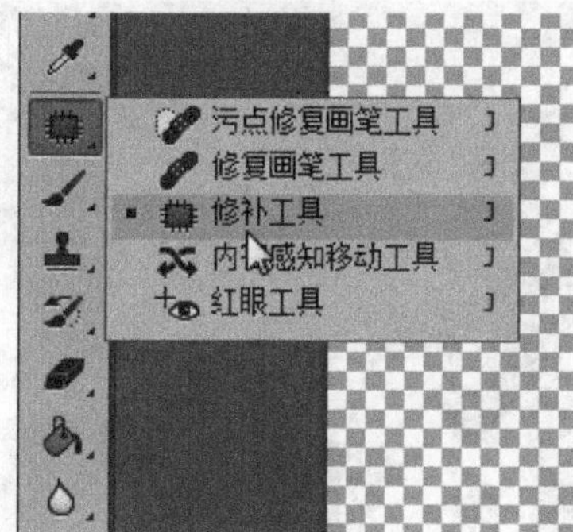

图4-45 选择修补工具

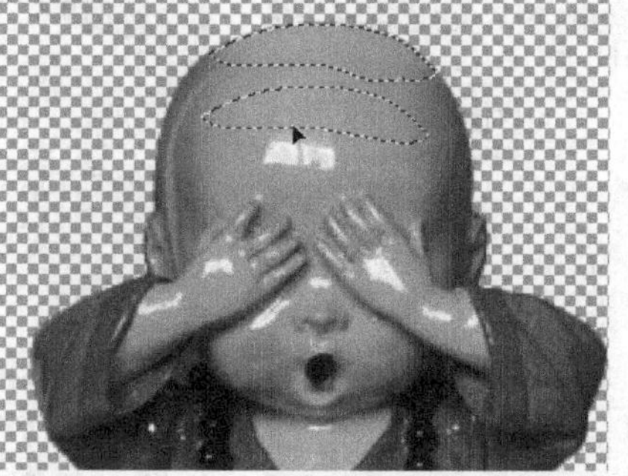

图4-46 选中区域并拖动

步骤13 图像进行识别并修补，如图4-47所示。

步骤14 用同样的方法抠取并调整其他人物，如图4-48所示。

图4-47 识别修补

图4-48 抠取并调整其他人物

步骤 15 按Ctrl+O组合键打开一张背景图，如图4-49所示。

步骤 16 使用移动工具将其移动到前一文档中，调整图层到最底层后，使用模糊工具，在背景上涂抹，对背景进行模糊处理，如图4-50所示。

图4-49 打开背景图

图4-50 模糊处理

步骤 17 新建图层，将其调整至背景图层上方，使用画笔工具在人物下方绘制阴影，在“图层”面板中降低不透明度，如图4-51所示。

步骤 18 图像效果如图4-52所示，完成背景替换。

图4-51 降低不透明度

图4-52 图像效果

3. 图层混合替换背景

某些情况下，使用图层之间的混合关系可以不用抠图就能替换背景，图4-53所示为前后效果。

视频路径：第4章\4.3.1抠图去背景\3.图层混合替换背景.mp4
知 识 点：图层混合替换背景

图4-53 替换背景前后效果

步骤 01 在Photoshop中打开“背景”素材图片，如图4-54所示。

步骤 02 按Ctrl+O组合键打开“鞋子”图片，并使用移动工具将“鞋子”拖入“背景”文档中，如图4-55所示。

图4-54 打开素材

图4-55 拖入鞋子

步骤 03 在“图层”面板中双击“鞋子”所在的图层，打开“图层样式”对话框，在“混合颜色带”的“本图层”下，按住Alt键拖动右侧的滑块，将其分为两个滑块，向左拖动左半边滑块，如图4-56所示。

步骤 04 拖动时观察图像变化，当拖动到合适的位置时，单击“确定”按钮，图像效果如图4-57所示。

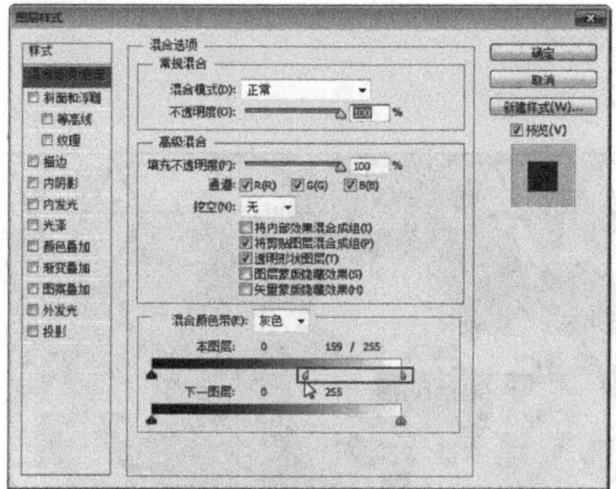

图4-56 向左拖动左半边滑块

图4-57 图像效果

步骤 05 观察图像，发现鞋子的内侧混合过度，显示出背景色，与原颜色不符，下面进行调整。新建图层，调整至“鞋子”所在图层下方，如图4-58所示。

步骤 06 使用画笔工具，设置为柔边，颜色为白色，在鞋子中间区域涂抹，涂抹后效果如图4-59所示。

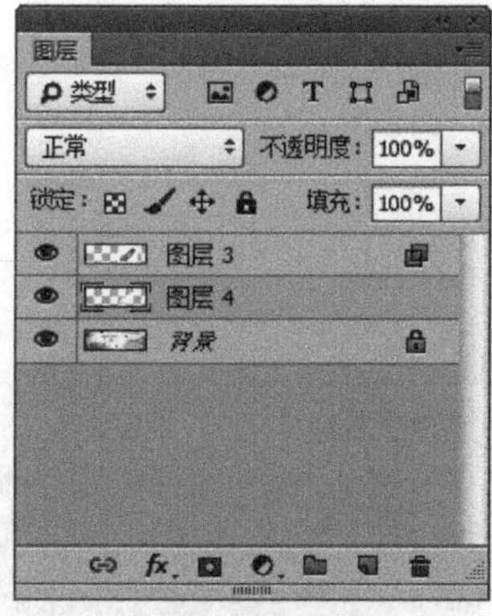

图4-58 新建图层

图4-59 涂抹效果

步骤07 复制鞋子图层，按Ctrl+T组合键调整位置、大小与角度，如图4-60所示。

步骤08 按Enter键确定调整，最后效果如图4-61所示。

图4-60 复制并调整

图4-61 组合效果

4. 调整边缘抠取毛发

当拍摄的模特和毛绒玩具等图像需要替换背景时，往往需要抠出毛发，下面介绍毛发的抠取方法，图4-62所示为效果对比。

> 视频路径 | 第4章\4.3.1抠图去背景\4. 调整边缘抠取毛发.mp4
> 知 识 点 | “调整边缘”抠取毛发

图4-62 抠取毛发的前后效果对比

步骤01 在Photoshop中打开素材图片，使用魔棒工具选择选区，如图4-63所示。

步骤02 在选项栏中单击“调整边缘”按钮，如图4-64所示。

图4-63 选择选区

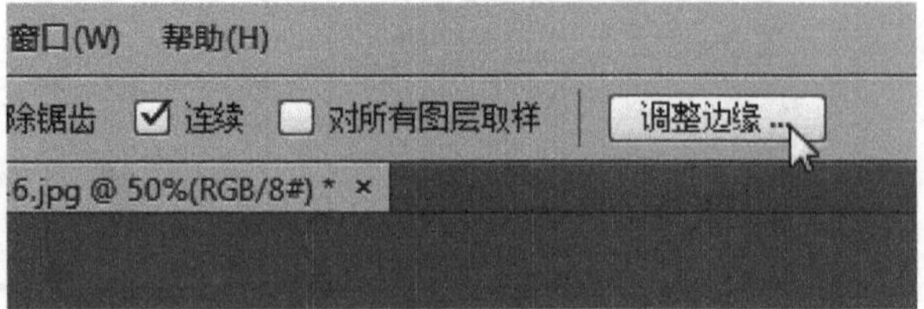

图4-64 单击“调整边缘”按钮

步骤03 弹出“调整边缘”对话框，此时人物头发如图4-65所示，头发周围的背景没有被去除。

步骤04 在选项栏中设置“调整半径工具”的大小，如图4-66所示。

图4-65 头发背景未去除

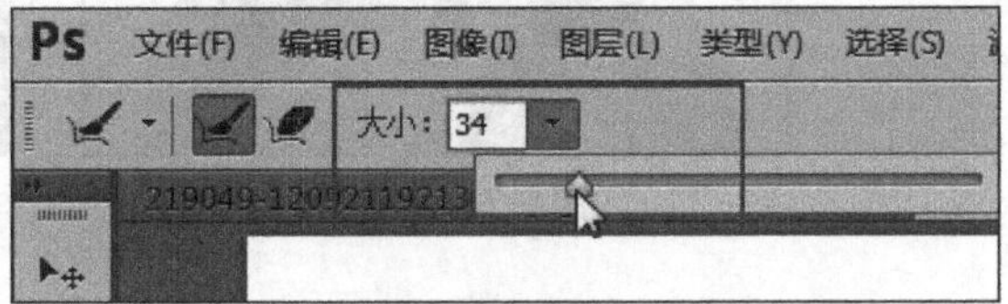

图4-66 设置大小

步骤05 在图像的头发周围涂抹，如图4-67所示。

步骤06 涂抹完成后，设置输出到“新建图层”，单击“确定”按钮，如图4-68所示。

图4-67 涂抹

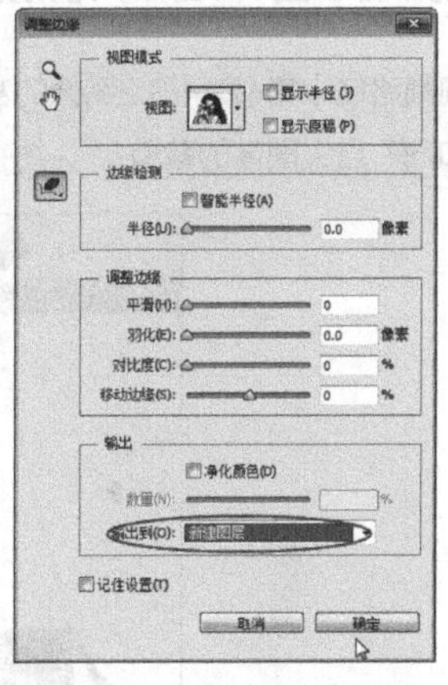

图4-68 单击“确定”按钮

当涂抹错误时，使用选项栏中的“涂抹调整工具”，如图4-69所示，在图像周围涂抹回来即可。

图4-69 选择“涂抹调整工具”

步骤07 头发被抠出，效果如图4-70所示。

步骤08 按Ctrl+O组合键打开一张背景图，将其拖入到人物下，最终效果如图4-71所示。

图4-70 抠出头发

图4-71 最终效果

4.3.2 图像的裁剪

拍摄时，为了画面的完整性，可能会将不需要的部分拍摄进画面，这时可使用裁剪工具裁剪出需要的部分。图4-72所示为裁剪前后的对比效果。

视频路径 | 第4章\4.3.2图像的裁剪.mp4

知 识 点 | 图像的裁剪

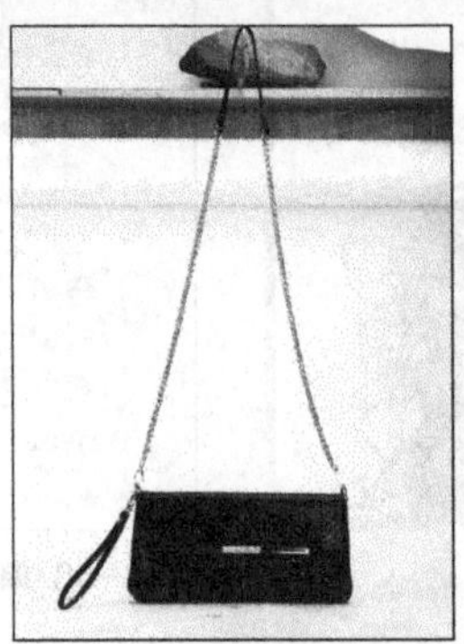

图4-72 裁剪前后的效果对比

步骤01 启动Photoshop软件，按Ctrl+O组合键打开素材图片，如图4-73所示。

步骤02 在工具箱中使用裁剪工具，如图4-74所示。

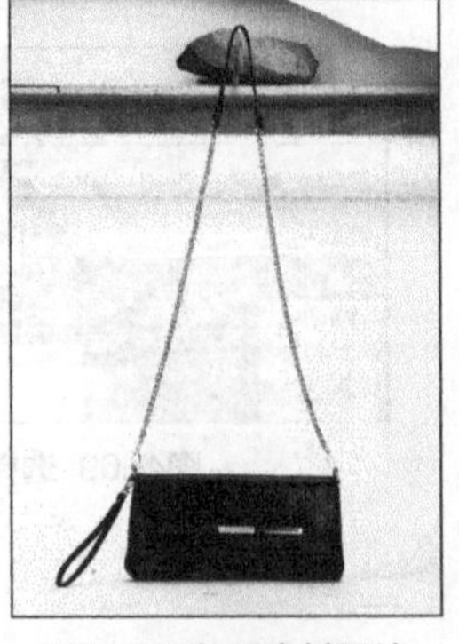

图4-73 打开素材图片

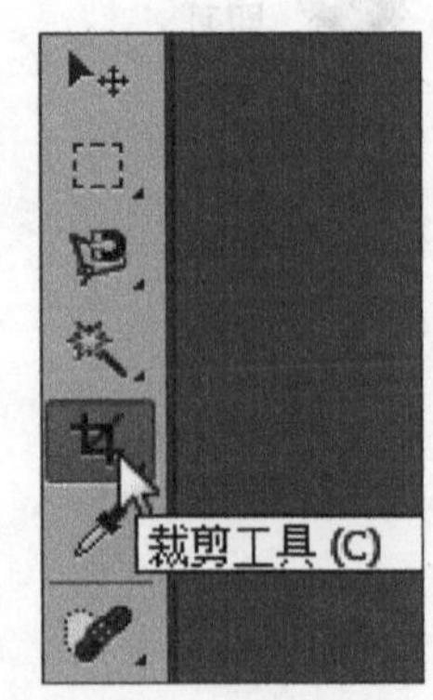

图4-74 使用裁剪工具

步骤 03 此时的图像周围显示出裁剪框，如图4-75所示。

步骤 04 将光标放置在上方中间的控制点上，向下拖动，如图4-76所示。

步骤 05 按Enter键确定裁剪，效果如图4-77所示。

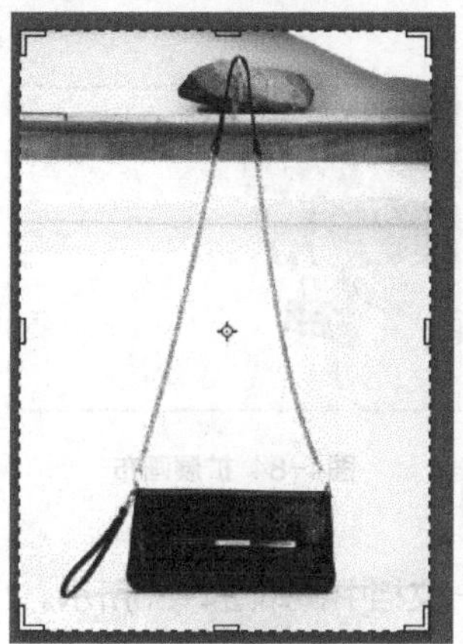

图4-75 显示裁剪框

图4-76 向下拖动

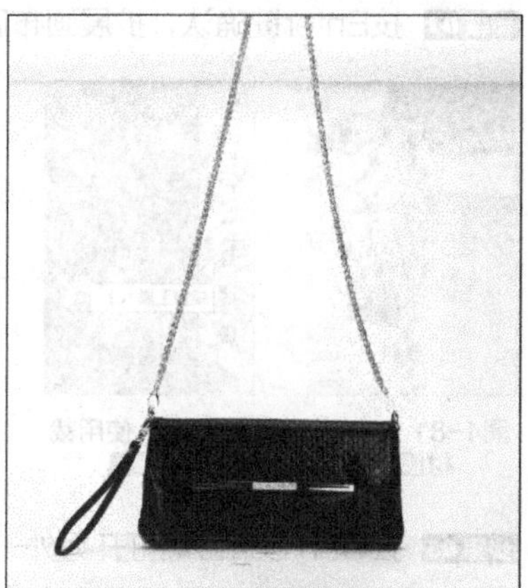

图4-77 裁剪效果

原始素材哪边需要裁剪掉就拖动哪边的控制点。

步骤 06 裁剪后发现背景并不是纯色，这时按Ctrl+M组合键打开“曲线”对话框，调整两个点，如图4-78所示。

步骤 07 单击“确定”按钮，最终效果如图4-79所示。

若不需要调整背景，则上面两步可以省略。

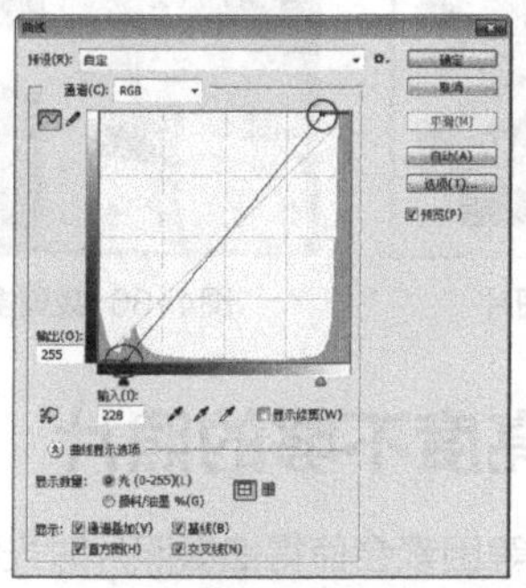

图4-78 调整曲线

图4-79 最终效果

4.3.3 图像的组合

在首页的促销区、宝贝展示区或详情页中经常会需要将多张图片组合在一起。下面介绍图像的组合方法，图4-80所示为图像组合效果。

视频路径：第4章\4.3.3图像的组合.mp4

知 识 点：图像的组合

图4-80 图像组合效果

步骤01 在Phptoshop中按Ctrl+O组合键打开一张素材图片，如图4-81所示。

步骤02 在工具箱中使用裁剪工具，如图4-82所示。

步骤03 在图像上单击，然后向右拖动扩展图像画布，如图4-83所示。

步骤04 按Enter键确认，扩展画布后图像如图4-84所示。

图4-81 打开素材图片

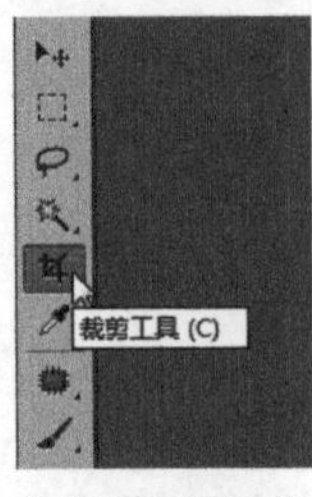

图4-82 使用裁剪工具

图4-83 向右拖动

图4-84 扩展画布

步骤05 按Ctrl+O组合键打开另外一张图片，使用移动工具移动到上一文档中，如图4-85所示。

步骤06 再次使用裁剪工具将多余的画布裁剪，如图4-86所示。

步骤07 按Enter键，最终的图像组合效果如图4-87所示。

图4-85 移入另一张图片

图4-86 裁剪多余的画布

图4-87 图像组合效果

4.3.4 处理亮度不够的照片

拍摄的天气和光线等因素会使得拍摄照片时光线不足，导致色彩暗淡主体不突出，不能很好地展示宝贝的效果，需要对它进行亮度的调整。

1. 使用“色阶”调整

在“色阶”中能很好地看出阴影、中间调和高光的分布，是对图像亮度调整的一个常用方法，图4-88所示为调整前后对比。

图4-88 调整前后对比

视频路径 | 第4章\4.3.4处理亮度不够的照片\1.使用“色阶”调整.mp4

知 识 点 | 使用“色阶”调整亮度

步骤 01 启动Photoshop 软件，按Ctrl+O组合键打开素材图片，如图4-89所示，图像偏暗。

步骤 02 按Ctrl+J组合键复制背景图层，如图4-90所示。

步骤 03 单击“图层”面板下方的“创建新的填充或调整图层”按钮，在展开的列表中选择“色阶”选项，如图4-91所示。

步骤 04 打开面板，调整如图4-92所示中的三个滑块。

图4-89 打开素材图片

图4-90 复制图层

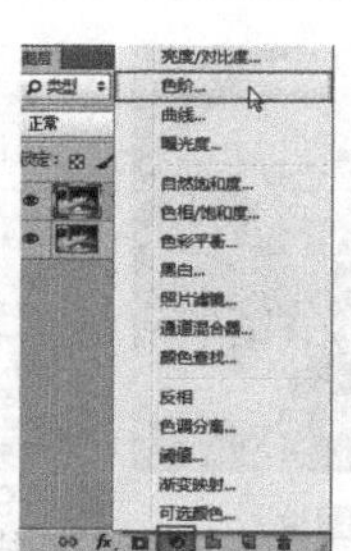

图4-91 选择“色阶”选项

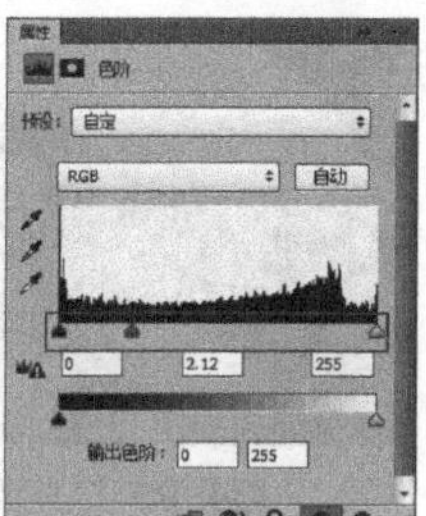

图4-92 调整滑块

步骤 05 调整滑块时预览效果，直到调整到合适的参数，最终效果如图4-93所示。

图4-93 最终效果

2. 使用“曲线”调整

“曲线”也是常用的调整亮度方法之一，下面介绍具体操作，图4-94所示为调整前后对比效果。

视频路径	第4章\4.3.4处理亮度不够的照片\2.使用“曲线”调整.mp4
知 识 点	使用“曲线”调整亮度

图4-94 调整前后对比

步骤01 启动Photoshop CC，按Ctrl+O组合键打开素材图片，如图4-95所示。

步骤02 按Ctrl+J组合键复制背景图，单击“图层”面板底部的“创建新的填充或调整图层”按钮 ，在弹出的快捷菜单中选择“曲线”选项，如图4-96所示。

步骤03 在打开的面板中调整曲线，如图4-97所示。

步骤04 调整后图像的效果如图4-98所示。

图4-95 打开素材图片

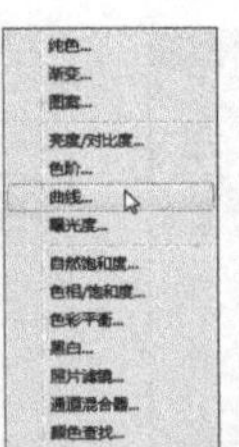

图4-96 选择“曲线”选项

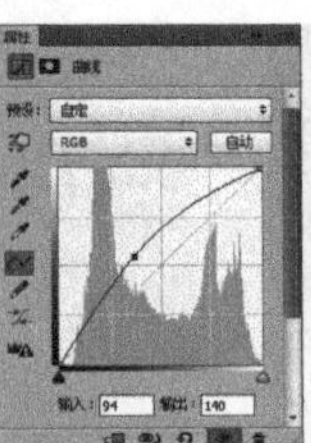

图4-97 调整曲线

图4-98 调整后图像效果

3. 使用“亮度/对比度”调整

对于整体呈灰度，颜色明暗不明显的图像，使用“亮度/对比度”调整是最好的方法。图4-99所示为调整前后对比效果。

视频路径：第4章\4.3.4处理亮度不够的照片\3.使用“亮度/对比度”调整.mp4

知 识 点：使用“亮度/对比度”调整亮度

图4-99 调整前后对比效果

步骤01 启动Photoshop 软件，按Ctrl+O组合键打开素材图片，如图4-100所示。

步骤02 按Ctrl+J组合键复制背景图，单击“图层”面板底部的“创建新的填充或调整图层”按钮 ，在弹出的快捷菜单中选择“亮度/对比度”选项，如图4-101所示。

图4-100 打开素材图片

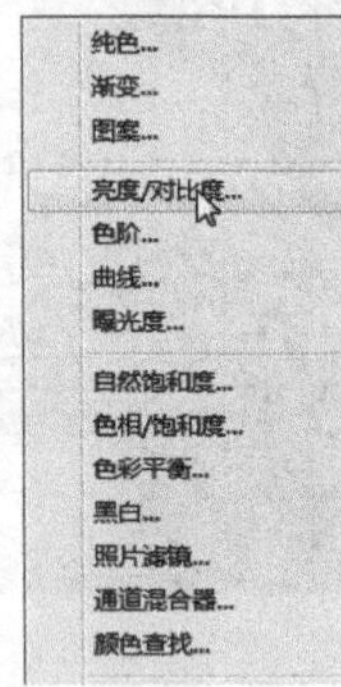

图4-101 选择“亮度/对比度”选项

步骤 03 在打开的面板中调整亮度和对比度的参数，如图4-102所示。

步骤 04 调整后图像的效果如图4-103所示。

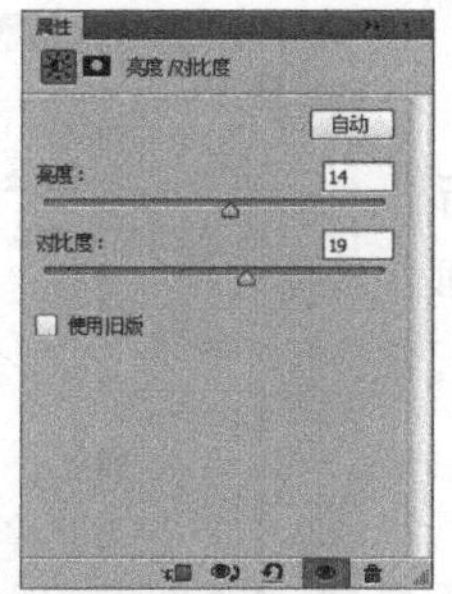

图4-102 调整参数

图4-103 调整图像效果

4.3.5 调整色彩暗淡的照片

由于拍摄的天气、光线及设备等因素的影响，拍摄出的图像可能会过于暗淡，与实际颜色不符，这就需要将其调整到更自然的颜色，图4-104所示为原图与调整后的对比效果。

视频路径 第4章\4.3.5调整色彩暗淡的照片.mp4

知 识 点 调整色彩暗淡的照片

步骤 01 启动Photoshop 软件，按Ctrl+O组合键打开素材图片，如图4-105所示，图像颜色暗淡。

步骤 02 按Ctrl+J组合键快速复制背景图层。执行“图像”|“自动色调”命令，如图4-106所示。

图4-104 原图与调整后的对比效果

图4-105 打开素材图片

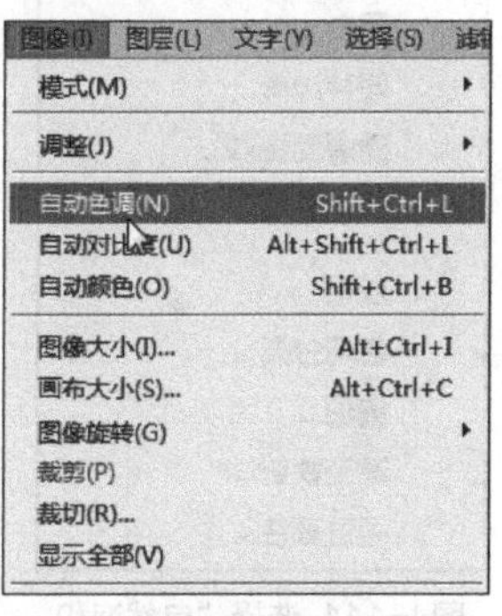

图4-106 执行“图像”|“自动色调”命令

步骤 03 调整后的图像效果如图4-107所示，图像颜色偏暗，需要将其调亮。

步骤 04 在“图层”面板下单击“创建新的填充或调整图层”按钮 ，在弹出的快捷菜单中选择“曲线”选项，如图4-108所示。

图4-107 调整后图像效果

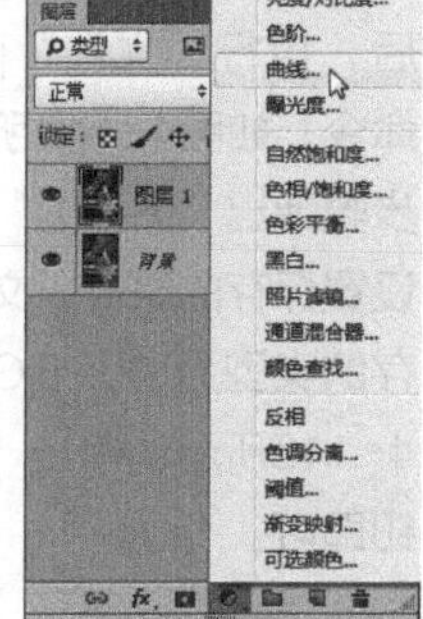

图4-108 选择“曲线”选项

步骤05 弹出“属性”面板，调整曲线，如图4-109所示。

步骤06 此时的图像效果如图4-110所示，图像颜色不够鲜艳，还需要调整饱和度。

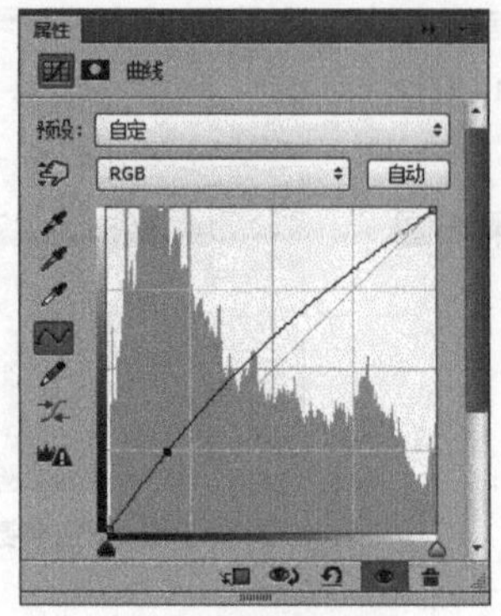

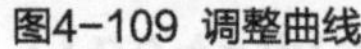

图4-109 调整曲线

图4-110 图像效果

提示 不同的图像需要根据需要调整相应的曲线参数。

步骤07 单击“创建新的填充或调整图层”按钮，在弹出的快捷菜单中选择“自然饱和度”选项，如图4-111所示。

步骤08 在弹出的面板中调整参数，在调整时预览图像效果，直至调到合适的参数为止，如图4-112所示。调整后的图像效果如图4-113所示。

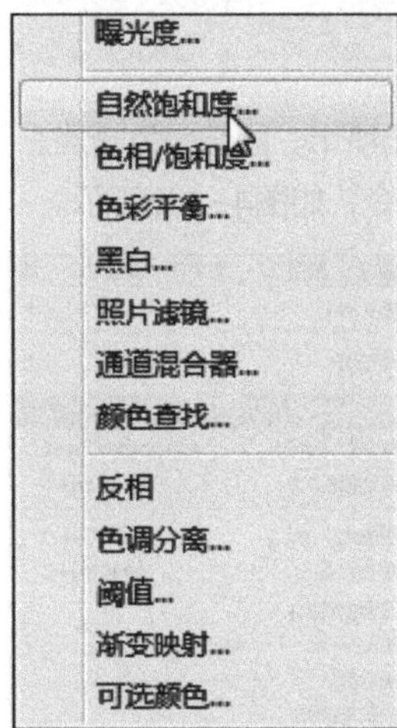

图4-111 选择“自然饱和度”选项

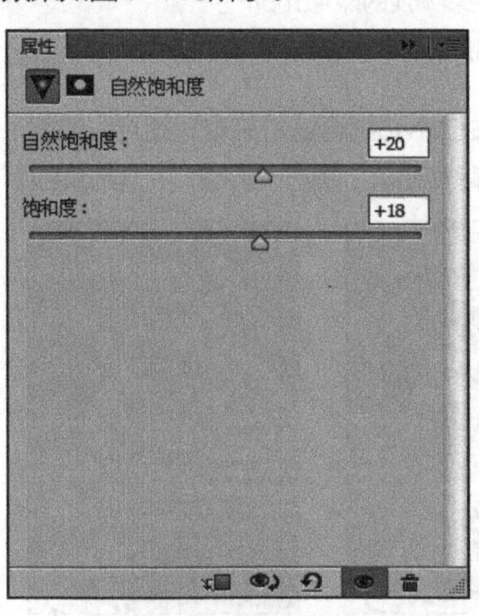

图4-112 调整参数

图4-113 调整后的图像效果

步骤09 调整到满意的效果后，执行“文件”|“存储”命令，如图4-114所示。

步骤弹出“另存为”对话框，设置保存的路径，文件名及保存的类型为“JPEG”，如图4-115所示，单击“保存”按钮即可。

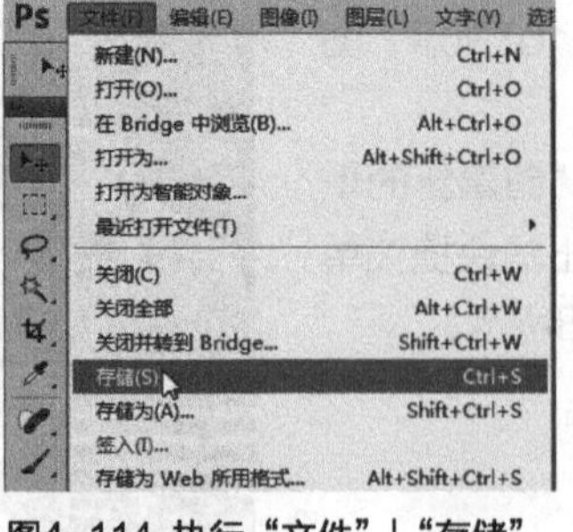

图4-114 执行“文件”|“存储”命令

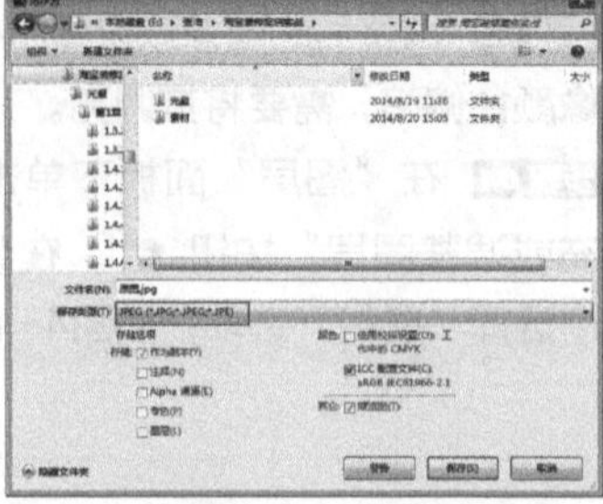

图4-115 另存为

4.3.6 校正偏色照片

受拍摄天气和环境等因素的影响，拍摄出的照片可能会出现偏色，偏色的照片不能很好地体现原宝贝的颜色，因此需要将其校正到正常颜色。

1. 使用“自动颜色”校正

“自动颜色”命令能自动校正偏色照片，图4-116所示为调整前后对比效果。

视频路径 | 第4章\4.3.6校正偏色照片\1.使用“自动颜色”校正.mp4
知 识 点 | 使用“自动颜色”校正偏色照片

步骤01 启动Photoshop CC，按Ctrl+O组合键打开素材图片，如图4-117所示，照片整体偏黄色。

步骤02 按Ctrl+J组合键复制背景图层，执行“图像”|“自动颜色”命令，如图4-118所示。

图4-116 调整前后对比效果

图4-117 打开素材图片

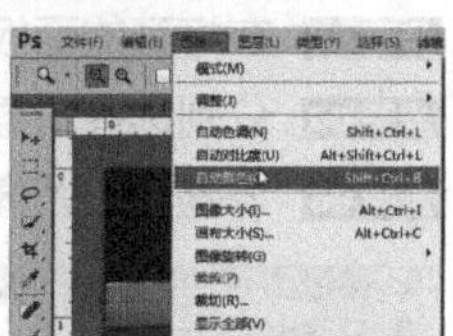

图4-118 执行“图像”|“自动颜色”命令

步骤03 此时照片校正到正常颜色，如图4-119所示。

图4-119 校正到正常颜色

2. 使用“曲线”校正

对于偏蓝、绿、红色的照片可以使用“曲线”校正，图4-120所示为校正前后对比效果。

视频路径 | 第4章\4.3.6校正偏色照片\2.使用“曲线”校正.mp4
知 识 点 | 使用“曲线”校正偏色照片

步骤01 启动Photoshop 软件，按Ctrl+O组合键打开素材图片，如图4-121所示。

步骤02 按Ctrl+J组合键复制背景图层。单击“创建新的填充或调整图层”按钮，在弹出的快捷菜单中选择“曲线”选项，如图4-122所示。

图4-120 校正前后对比

图4-121 打开素材图片

色阶...
曲线...
曝光度...
自然饱和度...
色相/饱和度...
色彩平衡...
黑白...
照片滤镜...
通道混合器...
颜色查找...
反相
色调分离...
阈值...
渐变映射...
可选颜色...

图4-122 选择“曲线”选项

步骤03 在打开的面板中选择“红”通道，并在下方调整曲线，如图4-123所示。

步骤04 分别选择“绿”通道和“蓝”通道，并在下方调整曲线，如图4-124所示

步骤05 调整后的图像效果如图4-125所示。

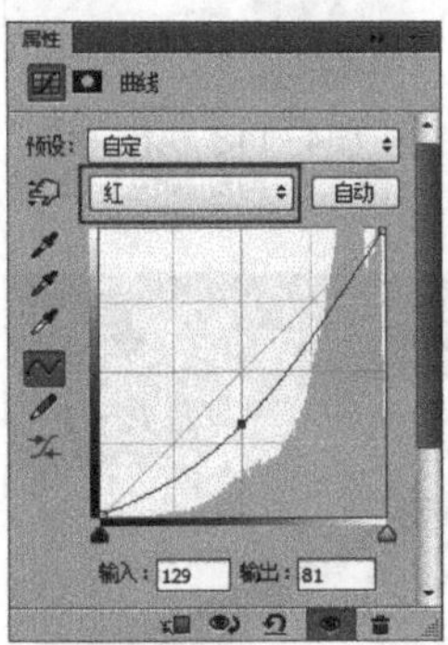

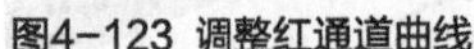

图4-123 调整红通道曲线

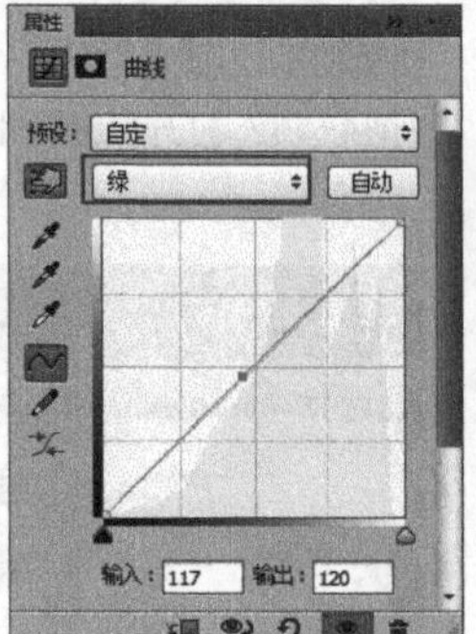

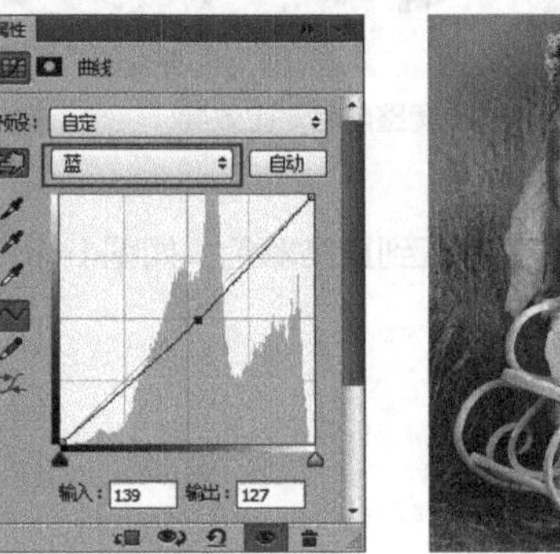

图4-124 调整绿通道和蓝通道曲线

图4-125 调整后的图像效果

3. 使用“色阶”校正

“色阶”校正与是根据RGB通道的分布来分析哪个通道需要校正，图4-126所示为校正前后对比效果。

视频路径｜第4章\4.3.6校正偏色照片\3.使用“色阶”校正.mp4

知 识 点｜使用“色阶”校正偏色照片

图4-126 校正前后对比效果

步骤01 启动Photoshop软件，按Ctrl+O组合键打开素材图片，如图4-127所示。图像偏蓝，需要校正颜色。

步骤02 按Ctrl+J组合键复制背景图层。执行“窗口”|“直方图”命令，如图4-128所示。

图4-127 打开素材图片

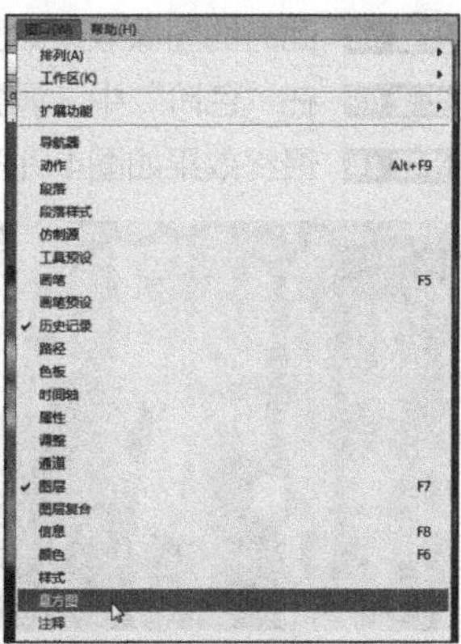

图4-128 执行“窗口”|“直方图”命令

步骤03 打开“直方图”面板，单击右上角的按钮，在弹出的列表中选择“全部通道视图”选项，如图4-129所示。

步骤04 选择“用原色显示通道”选项，如图4-130所示。

图4-129 选择“全部通道视图”选项

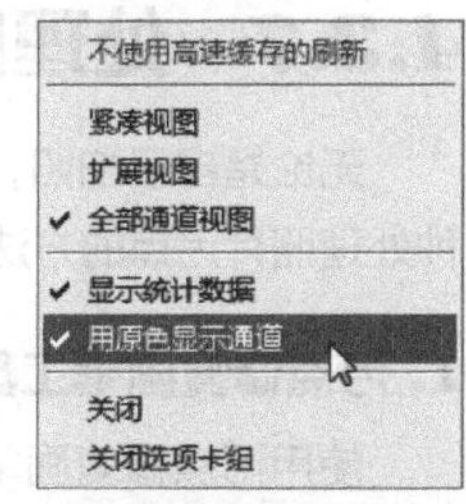

图4-130 选择“用原色显示通道”选项

步骤05 此时可以看到直方图中的蓝色通道峰值整体偏右，如图4-131所示。因此需要调整“蓝”通道。

步骤06 在“图层”面板中单击底部的“创建新的填充或调整图层”按钮，在弹出的快捷菜单中选择“色阶”选项，如图4-132所示。

步骤07 在打开的面板中选择“蓝”通道，并调整滑块，如图4-133所示。

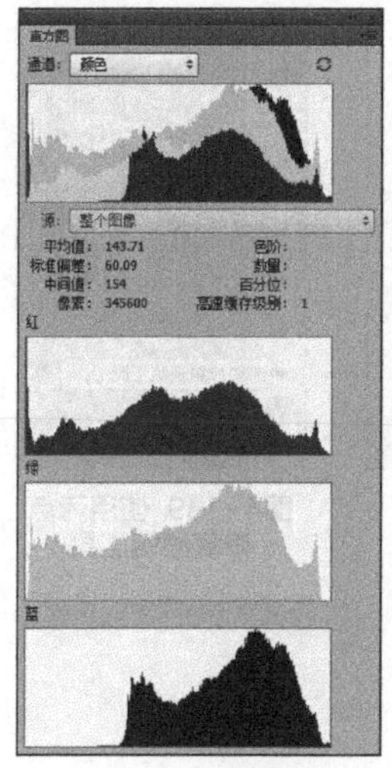

图4-131 直方图

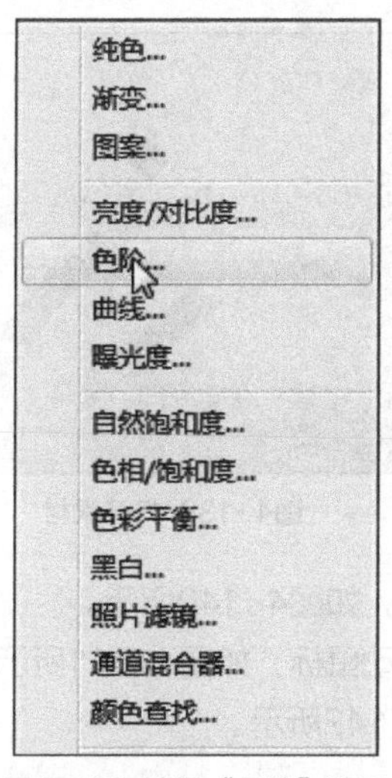

图4-132 选择“色阶”选项

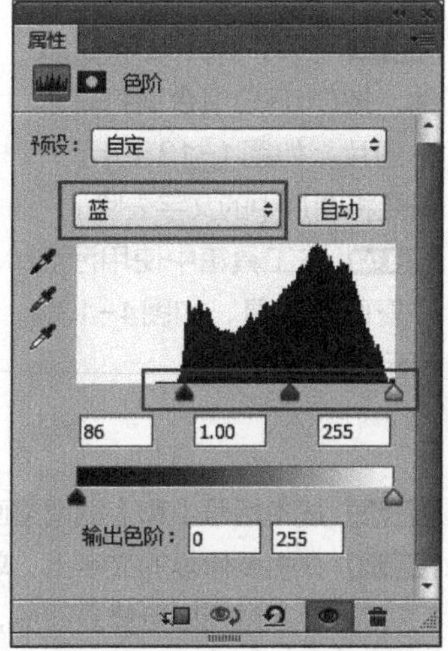

图4-133 调整“蓝”通道滑块

步骤 08 此时的图像效果如图4-134所示。图像颜色略偏暗，需要将其调亮。

步骤 09 在“色阶”中，调整“RGB”通道中间的滑块，如图4-135所示。

步骤 10 最终效果如图4-136所示。

图4-134 图像效果

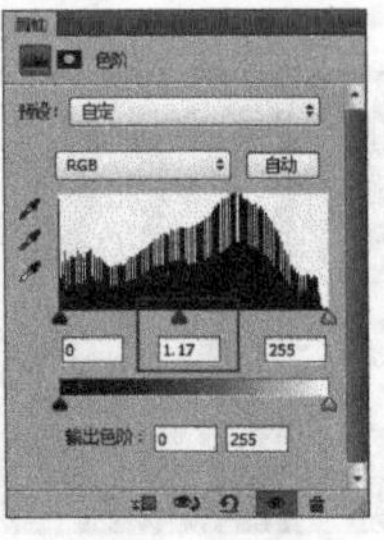

图4-135 调整滑块

图4-136 最终效果

4.3.7 处理照片的污点

无论是自己拍照，还是使用网络上的图片，都经常会遇到照片上有污点的情况，下面介绍几种处理照片污点的方法。

1. 污点修复画笔工具

使用污点修复画笔工具可以修复简单的污点，图4-137所示为修复前后对比效果。

图4-137 修复前后对比效果

视频路径 | 第4章\4.3.7处理照片的污点\1.污点修复画笔工具.mp4

知 识 点 | 污点修复画笔工具处理照片上的污点

步骤 01 启动Photoshop 软件，按Ctrl+O组合键打开素材图片，如图4-138所示，需要将图片中的文字去除。

步骤 02 在工具箱中使用污点修复画笔工具，如图4-139所示。

图4-138 打开素材

图4-139 使用污点修复画笔工具

步骤 03 按中括号【和】键调整画笔大小，如图4-140所示。

步骤 04 在需要修复的文字上，单击并拖动鼠标，如图4-141所示。

步骤 05 释放鼠标即可修复图像，如图4-142所示。

图4-140 调整画笔大小

图4-141 拖动鼠标

图4-142 修复图像

2. 仿制图章工具

仿制图章工具是最常用的修复图像的工具，图4-143所示为使用仿制图章工具修复的前后对比效果。

图4-143 修复的前后对比效果

视频路径：第4章\4.3.7处理照片的污点\2.仿制图章工具.mp4

知 识 点：仿制图章工具处理照片上的污点

步骤01 启动Photoshop软件，按Ctrl+O组合键打开素材图片，如图4-144所示，需要将图片中的文字去除。

步骤02 在工具箱中使用仿制图章工具，如图4-145所示。

图4-144 打开素材图片

图4-145 使用仿制图章工具

步骤03 按住Alt键在文字周围的图像上单击取样，如图4-146所示。

步骤04 取样后在文字上单击，如图4-147所示。

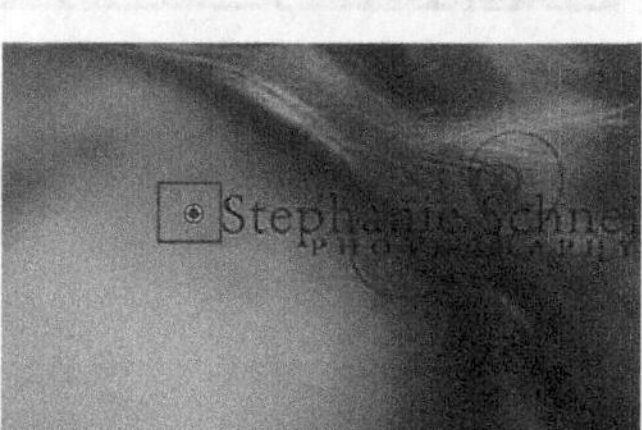

图4-146 调整画笔大小

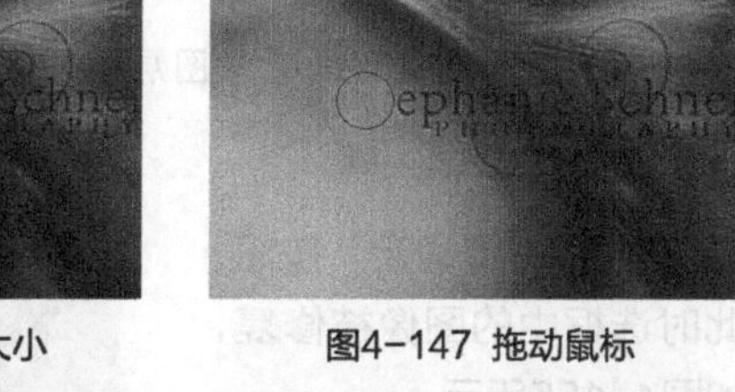

图4-147 拖动鼠标

步骤05 依次在周围取样并修复，将皮肤上的文字全部去除，如图4-148所示。

步骤06 用同样的方法，去除头发上的文字，如图4-149所示。

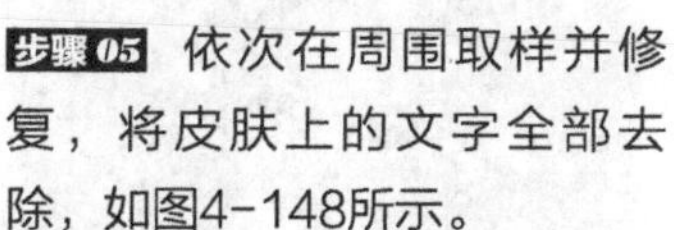

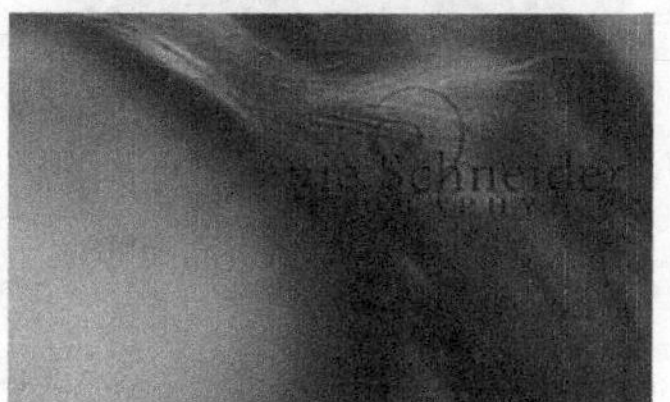

图4-148 调整画笔大小

图4-149 拖动鼠标

3. 内容识别填充

内容识别填充是很便捷的一种图像修复方法，程序会根据选择的区域周围的图像对选区进行识别填充。图4-150所示为修复的前后对比效果。

◉	视频路径	第4章\4.3.7处理照片的污点\3.内容识别填充.mp4
✎	知 识 点	内容识别填充处理照片上的污点

步骤01 在Photoshop中打开素材图片，如图4-151所示。

步骤02 在工具箱中使用矩形选框工具，如图4-152所示。

图4-150 修复的前后对比效果

图4-151 打开素材

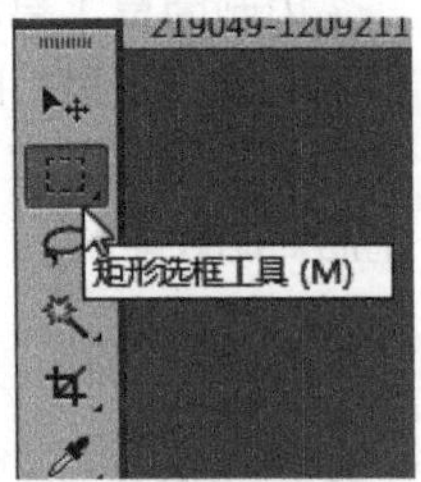

图4-152 使用矩形选框工具

步骤03 在图像上单击并拖动鼠标，框选出需要修复的区域，如图4-153所示。

步骤04 按Delete键，弹出“填充”对话框，此时的“使用”为“内容识别”，如图4-154所示。

图4-153 框选

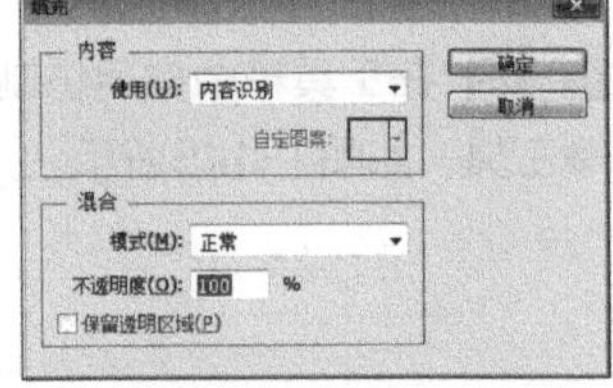

图4-154 内容识别

当当前图层不是背景图层时，按Delete键不会弹出“填充”对话框，需要按Shift+F5组合键调出。

步骤05 单击“确定”按钮，此时选框中的图像被修复，如图4-155所示。

步骤06 按Ctrl+D组合键取消选区，最终效果如图4-156所示。

图4-155 图像被修复

图4-156 最终效果

4.4 使用美图秀秀处理宝贝图

美图秀秀不同于Photoshop，它相对而言更简单易学，比较适合没有基础的初学者。

4.4.1 调整尺寸

使用相机拍照时为追求高质量的效果，通常会采用较大的分辨率拍摄，而大分辨率图像的内存也大，在网络上的加载速度较慢。通常情况下网店装修中不需要这么大尺寸图像，因此可以调整尺寸后再使用。

视频路径：第4章\4.4.1调整尺寸.mp4

知 识 点：调整尺寸

步骤 01 启动美图秀秀，单击“美化图片”按钮，如图4-157所示。

步骤 02 在打开的对话框中单击“打开一张图片”按钮，如图4-158所示。

图4-157 打开图片

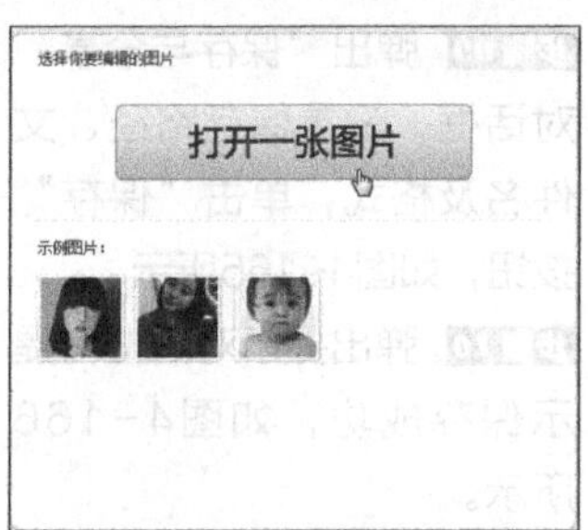

图4-158 单击“打开一张图片”按钮

步骤 03 在打开的对话框中选择图片，单击“打开”按钮，如图4-159所示。

步骤 04 弹出对话框，单击“是”按钮，如图4-160所示。

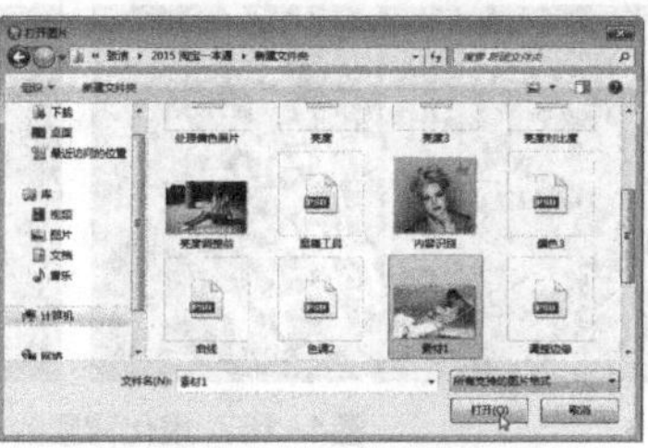

图4-159 选择图片

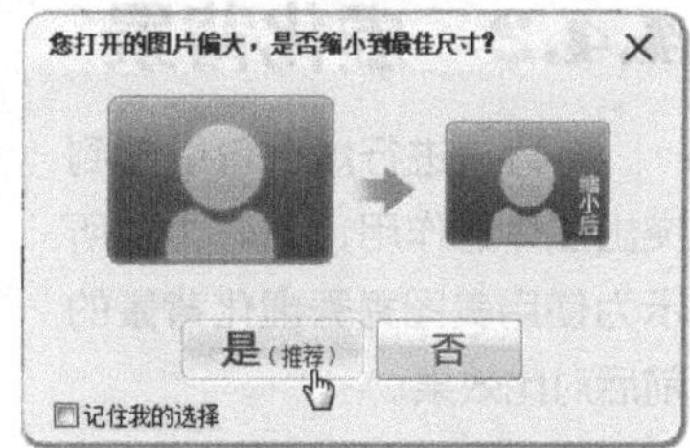

图4-160 单击“是”按钮

步骤 05 单击“1:1原大”按钮，如图4-161所示。

步骤 06 显示大小发现图片尺寸仍然过大，单击右上角的“尺寸”按钮，如图4-162所示。

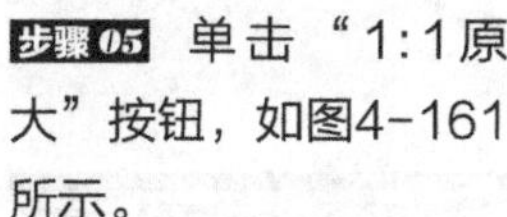

图4-161 单击“1:1原大”按钮

图4-162 单击“尺寸”按钮

步骤07 打开“尺寸”对话框，在常用尺寸推荐下可以选择需要的尺寸，或者直接输入尺寸数值，单击“应用”按钮，如图4-163所示。

步骤08 单击界面右上角的“保存与分享”按钮，如图4-164所示。

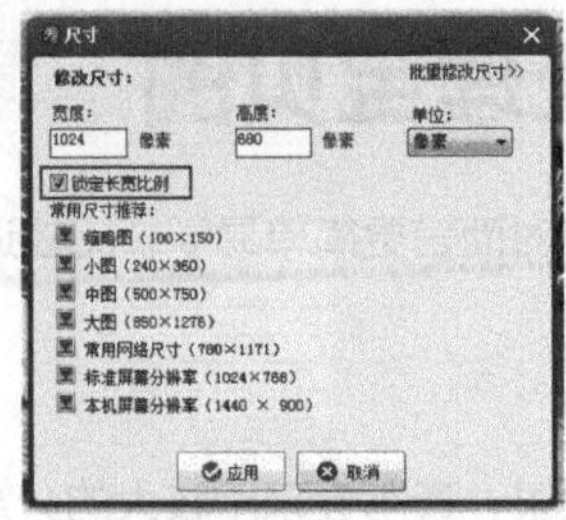

图4-163 修改尺寸

图4-164 单击“保存与分享”按钮

记住一定要选中“锁定长宽比例”复选框，否则调整尺寸后图像可能会变形。

步骤09 弹出“保存与分享”对话框，设置保存路径、文件名及格式，单击“保存”按钮，如图4-165所示。

步骤10 弹出提示对话框，提示保存成功，如图4-166所示。

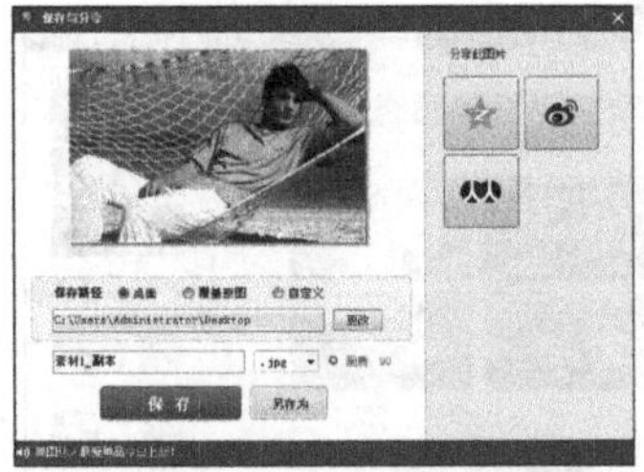

图4-165 单击“保存”按钮

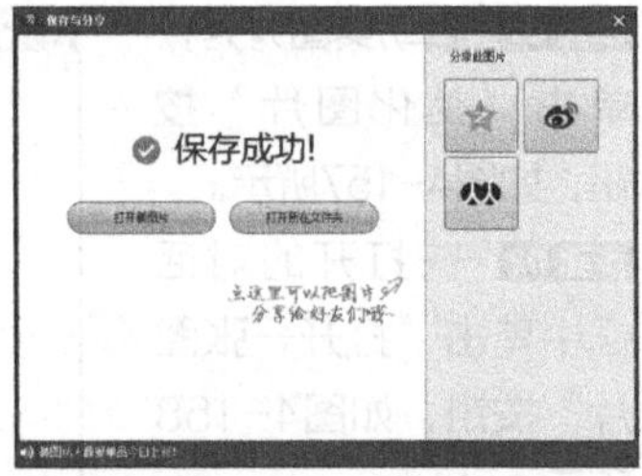

图4-166 保存成功

4.4.2 虚化背景

将背景进行虚化可以起到突出主体的作用，图4-167所示为使用美图秀秀虚化背景的前后对比效果。

图4-167 虚化背景的前后对比效果

视频路径 | 第4章\4.4.2虚化背景.mp4

知 识 点 | 虚化背景

步骤01 在美图秀秀中打开素材图片，单击左侧的“背景虚化”按钮，如图4-168所示。

步骤02 打开对话框，左上角有一个简易的教程，如图4-169所示。

图4-168 单击“背景虚化”按钮

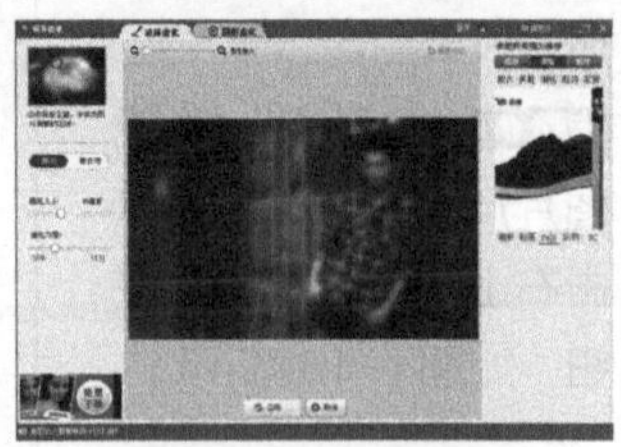

图4-169 打开对话框

步骤 03 调整画笔大小，然后在不需要虚化的人物身上涂抹，如图4-170所示。

步骤 04 若涂抹到背景上，单击“橡皮擦”按钮，调整橡皮擦大小后在图像上涂抹回来，如图4-171所示。

图4-170 涂抹

图4-171 单击“橡皮擦”按钮

步骤 05 单击图像下方的“应用”按钮，如图4-172所示。

步骤 06 虚化后的效果如图4-173所示。保存图像即可。

图4-172 单击“应用”按钮

图4-173 虚化后效果

若需要制作一种景深效果，即远处的虚化较为重，近处的虚化较轻，可以对图像进行多次“背景虚化”处理，图4-174所示为多次虚化的效果。

图4-174 多次虚化的效果

4.4.3 脸部马赛克

由于模特的肖像权是受法律保护的，所以很多情况下，我们需要将模特脸部进行马赛克处理，图4-175所示为处理前后的效果对比。

视频路径｜第4章\4.4.3脸部马赛克.mp4

知 识 点｜脸部马赛克

图4-175 处理前后的效果对比

步骤01 在美图秀秀中打开一张素材图，单击左侧的“局部马赛克”按钮，如图4-176所示。

步骤02 在弹出的对话框中调整画笔大小及力度，然后在人物脸部涂抹，如图4-177所示。

图4-176 单击左侧的“局部马赛克”按钮

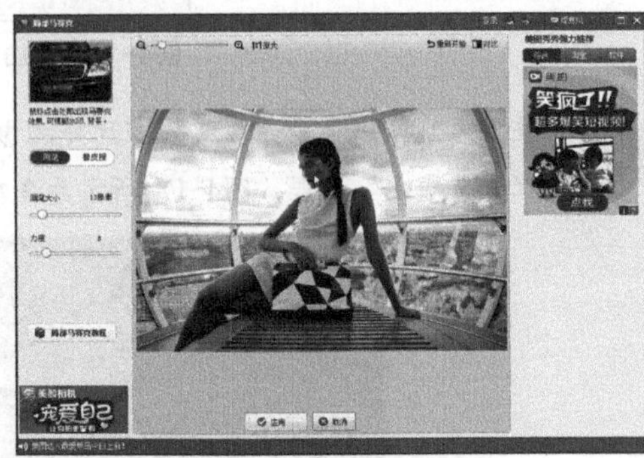

图4-177 在脸部涂抹

步骤03 单击“应用”按钮，马赛克的效果如图4-178所示。最后保存图像即可。

图4-178 马赛克的效果

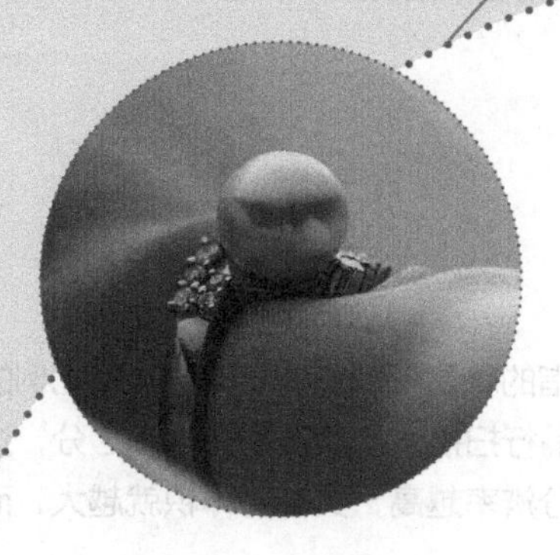

第5章 淘宝视频的拍摄与剪辑

在淘宝主图、首页和详情页面中添加视频，以影音动态呈现宝贝，可以在短时间内有效提升买家对商品的认知和了解，促进买家做出购买决定。

5.1 视频拍摄基础知识

在讲解视频拍摄前，需要了解包括视频基本术语、拍摄流程和相机菜单设置等基础知识。

5.1.1 视频基本术语

了解视频的基本术语是学习视频拍摄的前提。

1. 分辨率

我们常听到的720P、1080i、1080P、2K和4K主要指的就是分辨率，是图像长宽比例的一种描述（其中“P”指的是逐行扫描、相对的“i”指的是隔行扫描）。分辨率有大小之分，这种差别会产生不用的观影感受，在编码和采样一致的时候，分辨率越高，文件的体积就越大，而画面的解析度就更高，给人的视觉感受会更好。

2. 帧速率

帧速率比较好理解，是指每秒所显示的图像有多少帧。理论上，捕捉动态视频内容时，帧速率越高，图像越清晰，但占用的空间也越大。实际上人眼在观看12格每秒以上的时候已经非常流畅，目前国内广电领域广泛使用的是25fps，电影则使用的24fps，帧数率高低对视频的影响取决于我们在播放时使用了多少的帧速率，例如，我们用高速功能拍摄了一段96fps的视频，再以24帧每秒的帧数率播放，那么它的播放速度就放慢了4倍，场景中的所有动作就会变慢，也就是常说的升格；相反的，如果拍摄了8fps的视频再以24fps播放时，视频就是快放的效果。这就是帧速率对我们创作的影响。

3. 画幅

画幅是决定拍摄视野的一个重要因素。在胶片时代，画幅的区别体现在单张胶片的尺寸大小上，到了数码时代，画幅差异则体现在相机内部的图像传感器的尺寸上。

在单反系统上，由于镜身分离，感光元件尺寸上的差异对应同一支镜头会导致最终成像范围的改变，故而基于不同规格的传感器产生了全画幅与半画幅（APS-C）的区分。也就是说，在相机镜头与焦距相同的情况下，在同一位置，同一角度拍摄的视频，全画幅比APS-C收入的视野更大，如图5-1所示。而APS-H是介于全画幅与APS-C之间的折中标准。

图5-1 画幅

5.1.2 拍摄流程

不同的视频拍摄流程不同，下面介绍淘宝商品的拍摄流程。

1. 了解商品特点

淘宝视频的拍摄需要对商品有一定的认识与了解，包括商品的特点，商品的使用方法等，只有了解了商品后才能选择合适的模特、环境和时间，以及根据商品的大小和材质确定拍摄的器材及拍摄布光等。

2. 道具、模特与场景的准备

- **道具：**视频拍摄的道具有很多，但道具的使用还要根据商品来选择，如需要为产品进行解说的则要选择录音设备；对于室内拍摄的商品则需要选择相应的摄影灯等。
- **模特：**不同的商品需要选择不同的模特，部分商品甚至不需要模特。
- **场景：**一般而言，拍摄的场景分为室内棚拍场景和室外场景。室内场景需要考虑灯光、背景与布局等，室外拍摄则需要选择一个合适的地点，避免在人物杂乱的环境中拍摄。无论是哪种场景，一款商品都需要拍摄多组视频，便于多方位展示商品，以及后期的挑选与剪辑。

3. 后期合成

拍摄视频后，经常会需要将多余的部分删减，将多场景组合，以及添加字幕、音频、转场和特效等，常用的视频剪辑软件有会声会影和Premiere等。由于会声会影对于新手而言，更易掌握，且功能强大，本书主要讲解会声会影的后期合成。

5.1.3 设置相机菜单

在拍摄前，对相机菜单进行设置，才能拍摄更好的视频，减少后期工作。

1. 时间码

时间码是管理短片记录时间的功能，将时间信息添加到短片数据中。通过活用时间码能够在编辑多台相机拍摄的多个短片数据时同步短片，提高编辑工作的效率。时间码的记录方式有两种可选，“记录时运行”只在短片拍摄期间计时，“自由运行”不论是否正在拍摄，时间码都计时。图5-2所示为时间码的设置。

2. 短片记录尺寸设置

短片记录尺寸一般包括全高清（分辨率1920×1080、30/25/24帧/秒）、高清（分辨率1280×720、60/50帧/秒）和标清（分辨率640×480、30/25帧/秒）3种画质。可以根据用途分别使用高画质、高分辨率的全高清画质或数据容量小、使用便捷的标清画质等。图5-3所示为短片记录尺寸的设置。

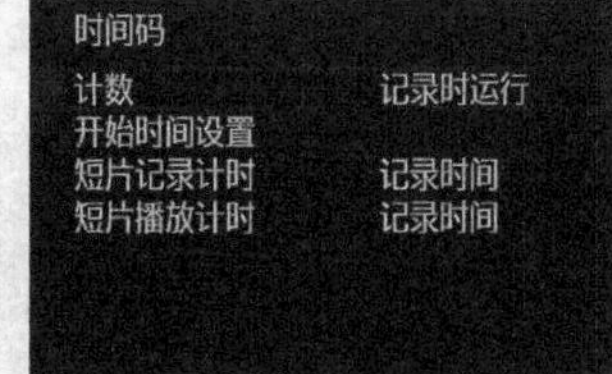

图5-2 时间码的设置

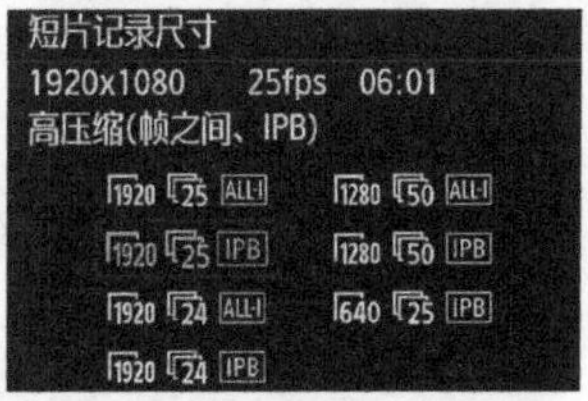

图5-3 短片记录尺寸的设置

5.2 视频拍摄操作

下面介绍视频拍摄中的常用操作，如选择风格、设置白平衡、光圈、景深、曝光和焦距等。

5.2.1 选择风格

风格包括多种，如图5-4所示。根据不同的环境和对象来选择不同的风格。

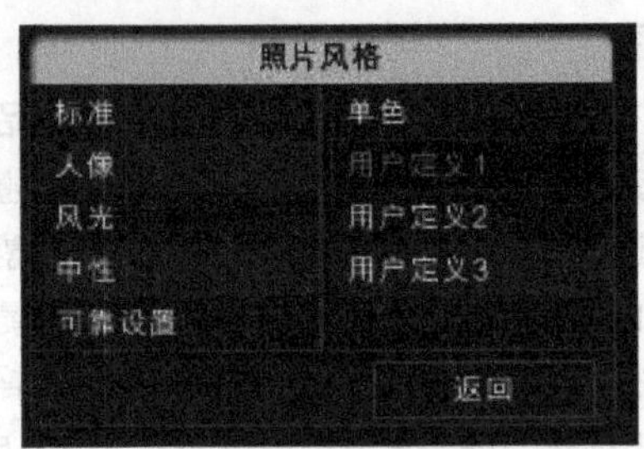

图5-4 风格

- **标准：**标准风格是适用于大多数场景的通用风格。
- **人像：**拍摄人像时选择该风格能体现皮肤的质感。
- **风光：**用于拍摄风景，能突出体现颜色及清晰度。
- **中性：**用于拍摄自然、柔和的画面，适合明暗对比强烈的场景。
- **可靠设置：**适合需要还原本身色调的对象。
- **单色：**实现单色的效果，如黑白色。

5.2.2 设置白平衡

我们会发现这样的现象，在夜晚的室内拍摄时，画面偏橘黄色；在黎明时分拍摄时，画面偏蓝色。这是由于光线导致的画面偏色现象，通常为了避免这种偏色，会需要设置相机的白平衡，只要保证白色的物体在画面中呈现出准确的、没有偏色的白，那么画面中所有的其他颜色就也会得到准确的还原。

现在的大部分相机至少会提供5种以上的白平衡模式，例如：自动、日光、阴影、多云、白炽灯、白色荧光灯和闪光灯等，如图5-5所示。通过特定的按钮或者菜单项，调节白平衡设置，来与当前实际的光线条件相匹配。

图5-5 白平衡模式

● **自动白平衡：**显示图标为“AWB”。通常为数码相机的默认设置，相机中有一个结构复杂的矩形图，它可决定画面中的白平衡基准点，以此来达到白平衡调节，这种自动白平衡的准确率是非常高的。但是，就如同其他所有自动设置一样，自动白平衡也有它自己的局限性。只有在一个相对有限的色温范围之内，它才能够正常工作。

● **日光：**太阳图标。它适用于在与正午日光色温类似的光线下拍摄。

● **阴影：**小房子图标。阴影处的色温是最高的，阴影白平衡针对阴影处的冷色进行补偿，用这一白平衡拍摄的照片看起来色调会非常暖。

● **多云：**云朵图标。或称室内白平衡、阴天白平衡，适合把昏暗处的光线调置原色状态。阴天的设置能够让偏冷的光线稍微暖一些。

● **白炽灯：**灯泡图标。也称为“钨光”或者“室内光”。适用于在室内标准的钨丝灯下拍摄。用这种设置拍摄，照片上的色彩还原与我们在拍摄现场的视觉观察效果非常接近。

● **白色荧光灯：**发光灯管图标。荧光灯模式适于在一些办公室或商场里进行拍摄，这些地方的照明光源多为荧光灯。

● **闪光灯：**闪电图标。闪光灯白平衡是为了补偿闪光灯光线的微冷效果而设计的，在这种模式下，用闪光灯拍摄的照片改变了画面偏冷、人物皮肤苍白的问题。

● **手动白平衡：**最后一个图标是黑色的圆加上两个三角，这就是手动白平衡。在光源较为复杂的条件下拍摄，为了确保更加准确地还原色彩，就要在拍摄现场光源下进行手动白平衡调整。

现在几乎所有相机都有手动白平衡功能了。手动白平衡一般是利用白纸放在光源下，再用相机测量白纸，以确定白色平衡。

步骤 01 首先选择一张白纸，如图5-6所示。

步骤 02 将白纸放在光源下，用相机拍摄一张完整的白纸图片，如图5-7所示。

图5-6 选择白纸

图5-7 拍摄白纸在光源下的照片

步骤 03 按菜单键进入“白平衡”|“手动预设”|“选择影像”菜单，如图5-8所示。

步骤 04 选中拍摄好的白纸样本，如图5-9所示。确定之后就会有准确的白平衡了。

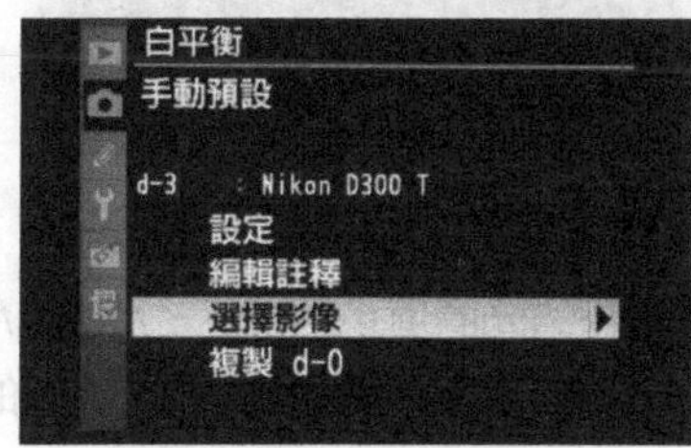

图5-8 进入菜单

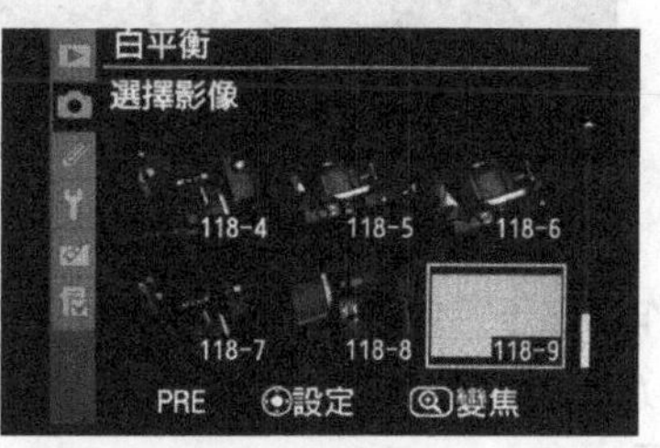

图5-9 选择样本

5.2.3 光圈、景深与曝光

摄影是用光的艺术。光的控制，包括了3个最基本的参数，光圈、快门与ISO。

1. 景深的作用

当镜头对准拍摄主体时，被摄体与其前后的景物有一段清晰的范围，这个范围就叫做景深。景深不会一下子突然由锐利变成模糊，而是逐渐趋向模糊的。

● **表现主体的层次感：**景深的变化能带来强烈的视觉效果，景深的深浅所带来的视觉感受会使得画面更具有空间深度感，也就是所谓层次感。如我们常见以下的拍摄手法：在同一条平行线上，物体有规律且远近不同的排列着，所呈现的大小也有所不同，给人产生的视觉大小也是不同的。

● **突出拍摄主体：**拍摄人像和商品等视频时，常使用小景深来构图，令主体更加突出。通过模糊、朦胧、虚幻的前景或背景来烘托或反衬清晰的主体，不仅会使画面显得简洁、明快、干净，而且小景深中局部的虚，还可以给人以丰富的想象余地，使画面更加含蓄。

2. 决定景深的因素

● **光圈大小：**光圈越大景深越小，光圈越小景深越大。

● **拍摄距离远近：**主体越近，景深越小，主体越远，景深越大。

● **镜头焦距长短：**镜头焦距越长景深越小，反之景深越大。

3. 光圈

光圈是一个用来控制光线透过镜头，进入机身内感光面的光量的装置，它通常是在镜头内，如图5-10所示。

图5-10 光圈

光圈的作用在于控制镜头的进光量。一般来说完整的光圈值系列如下：*f*1.0，*f*1.4，*f*2.0，*f*2.8，*f*4.0，*f*5.6，*f*8.0，*f*11，*f*16，*f*22，*f*32，*f*44，*f*64。图5-11所示为不同数值的光圈和它孔径大小的关系。

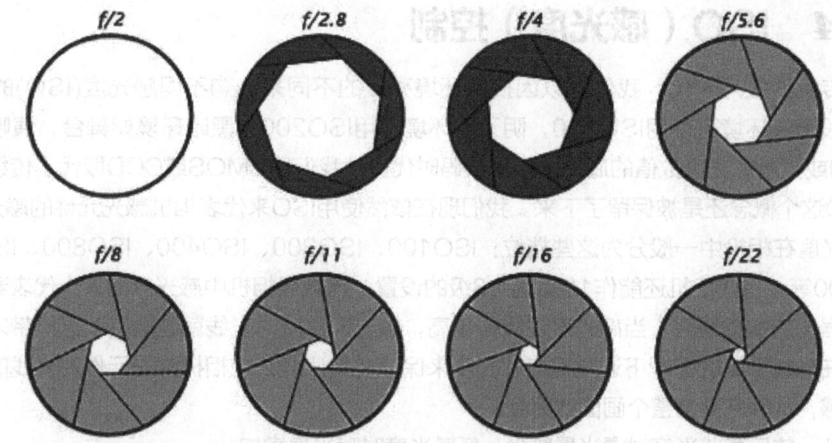

图5-11 不同数值的光圈和它的孔径大小

在快门不变的情况下，f后面的数值越小，光圈越大，进光量越多，画面比较亮；值越大，光圈越小，进光量越少，画面比较暗。另外，光圈是决定景深大小最重要的因素，光圈大（光圈值小），景深小，光圈小（光圈值大），景深大。

4. 快门与曝光

快门是照相机用来控制感光片有效曝光时间的设置，是照相机的一个重要组成部分。快门速度单位是“秒”。常见的快门速度有：1、1/2、1/4、1/8、1/15、1/30、1/60、1/125、1/250、1/500、1/1000和1/2000等。

快门也有控制进光量的作用。光圈通过调节孔径大小控制进光量，而快门则通过调节开关开启的时间长短来控制。

快门不仅作用于控制通光量的多少，还能使照片表现出不同的效果。快门速度越快，越能抓拍瞬间，表现瞬间美；快门速度越慢，越能捕捉过程，表现过程美。

光圈和快门的组合就形成了曝光量。在相机模式拨盘上标有A档和S档，如图5-12所示。

图5-12 A档和S档

- **A档：**也就是光圈优先档，在光圈优先的情况下，可以通过改变光圈的大小来控制景深，相机在保证曝光量的前提下自动为其配备合适的快门速度。
- **S挡：**S挡为快门优先，在手动定义快门的情况下通过相机测光而获取光圈值。

5.2.4 ISO（感光度）控制

在传统的胶片时代，我们可以因拍摄环境亮度的不同来选购不同感光度(ISO)的底片，例如，一般晴天环境可使用ISO100，阴天的环境可用ISO200；黑暗环境如舞台，演唱会等可用ISO400或更高感光度数值的底片。到了数码时代虽然我们用CMOS或CCD取代了传统的胶片，但是ISO这个概念还是被保留了下来。我们现在依然使用ISO来代表相机感光元件的感光速率。

感光度在相机中一般分为这些档位：ISO100、ISO200、ISO400、ISO800、ISO1600和ISO3600等，有些相机还能作1/2或者1/3级的设置。在数码相机中感光度的大小代表着感光元件对光线强弱的敏感程度，当感光度设置得越高，感光元件就对光线就越敏感。这样带来的好处就是可以在光线不足的情况下通过提高感光度来保证快门速度，使相机感光元件对光线的强弱变得更加敏感，从而来提高整个画面的亮度。

另外，使用高感光度时曝光量减少，低感光度时曝光量增加。

图5-13所示为低感光度拍摄的示例，将感光度设低，收缩光圈以低速快门拍摄的示例。汽车头灯和尾灯发出的光形成具有流动感的线状。

图5-13 低感光度拍摄

当采用高感光度时，有时会发现图像上有实际没有的斑点出现，这些斑点就是噪点。

5.2.5 焦距控制

焦距是指镜头光学后主点到焦点的距离，是镜头的重要性能指标。镜头焦距的长短决定着拍摄的成像大小，视角大小，景深大小和画面的透视强弱。当拍摄距离对象与距离不变的情况下，镜头焦距越小，所取景范围越大；镜头焦距越大，能拍摄越远的物体，取景范围越小，如图5-14所示。

在一枚镜头上各种各样的参数以及镜头上的两条黑色调节环，如图5-15所示。18mmn~105mm表示镜头的变焦范围，长焦数值除以广角数值就是该镜头的变焦倍率了。例如这支焦距为18mm~105mm的镜头，将长焦数字÷广角数字即：105÷18≈5.8，所以该镜头的变焦倍率为5.8倍；镜头上3.5~5.6表示该镜头在广角端与长焦端的最大光圈。镜头上较粗的调节环是变焦环，通过旋转镜头的变焦环可以实现焦距的改变，这个必须手动完成，在变焦的同时，镜头可能会伸长或缩短。镜头上较细的是对焦环，作用是让图像清晰并使焦点落在感光元件上，这个可手动，也可自动完成，自动对焦简称AF。

图5-14 长焦距与短焦距的拍摄效果

图5-15 镜头

5.2.6 镜头的运动

镜头的运动是用来模拟人的视觉感官的。可以分成纵向运动的推镜头、拉镜头和跟镜头，横向运动的摇镜头和移镜头。

1. 推镜头

摄像机向被摄主体方向推进，或者变动镜头焦距使画面框架由远而近向被摄主体不断接近，用这种方式拍摄的运动画面，称为推镜头。推镜头在一个画面中由整体介绍到局部细节，可以将观众的注意力引导到所要重点表现的部位。

2. 拉镜头

摄像机逐渐远离被摄主体，或变动镜头焦距使画面框架由近至远与主体拉开距离，用这种方法拍摄的电视画面叫拉镜头。拉镜头形成视觉后移效果，使被摄主体由大变小，周围环境由小变大。

3. 跟镜头

跟镜头又称跟摄，是摄影机始终跟随着运动的被摄对象进行拍摄的摄影方法。

● 跟镜头能够连续而详尽地表现运动中的被摄主体，它既能突出主体，又能交待主体运动方向、速度、体态及其与环境的关系。

● 跟镜头跟随被摄对象一起运动，形成一种运动的主体不变、静止的背景变化的造型效果，有利于通过人物引出环境。

- 从人物背后跟随拍摄的跟镜头，由于观众与被摄人物视点的统一，可以表现出一种主观性镜头。
- 跟镜头用对人物、事件和场面的跟随记录的表现方式，体现出真实，纪实性。

4. 摇镜头

摇镜头是指在拍摄一个镜头时，摄影机的机位不作位移，只有机身作上下、左右的旋转等运动的拍摄方法。

一个完整的摇镜头包括：起幅、摇动和落幅三个相互贯连的部分。摇镜头的整个运动过程，迫使观众不断调整自己的视觉注意力。

5. 移镜头

拍摄时机位发生变化，边移边拍摄的方法称为移镜头。摄像机的运动，直接调动了观众生活中运动的视觉感受，使观众产生一种身临其境之感。

6. 固定镜头

固定镜头是在拍摄一个镜头的过程中，摄影机机位、镜头光轴和焦距都固定不变，而被摄对象可以是静态的，也可以是动态的。画面中人物可以任意移动、入画出画。固定画面视点稳定，符合人们日常生活注视详观的视觉体验。

5.3 视频拍摄技巧

视频拍摄需要注意光线、角度、景别和构图等，下面介绍这些拍摄视频的技巧操作。

5.3.1 光线的运用

视频拍摄中运用的光线有自然光和人工光源两种，人工光源可以根据需要进行调整。

1. 光质

光质是指拍摄所用光线的软硬性质。可分为硬质光和软质光。

- **硬质光：** 硬质光即强烈的直射光，如晴天的阳光，人工灯中的聚光灯和回光灯的灯光等。硬质光照射下的被摄体表面的物理特性表现为：受光面、背光面及投影非常鲜明，明暗反差较大，对比效果明显，有助于表现受光面的细节及质感，造成有力度、鲜活等视角艺术效果。
- **软质光：** 软质光是一种漫散射性质的光，没有明确的方向性，在被照物上不留明显的阴影。如大雾中的阳光和泛光灯光源等。软质光的特点是光线柔和，强度均匀，光比较小，形成的影像反差小，主体感和质感较弱。

2. 光位

光位是指拍摄中光线的投射方向，分为顺光、逆光、侧光、侧逆光和顶光。

图5-16 顺光拍摄

● **顺光：**顺光也叫做“正面光”，指光线的投射方向和摄像机的拍摄方向相同的光线。顺光时，被摄体受到均匀照明，对象的阴影被对象自身遮挡住，影调比较柔和。能很好地体现拍摄对象表面的质地，以及较好地表现色彩。缺点是当光线强度过大时可能会造成拍摄对象的层次与立体感缺失。图5-16所示为顺光拍摄的效果。

● **逆光：**逆光是指光线的投射方向与摄影机拍摄方向相反的光线。逆光拍摄的手法能锐利鲜明地展现物体的轮廓。如图5-17所示，逆光在商品拍摄中不仅能体现商品轮廓，还能体现其通透感。

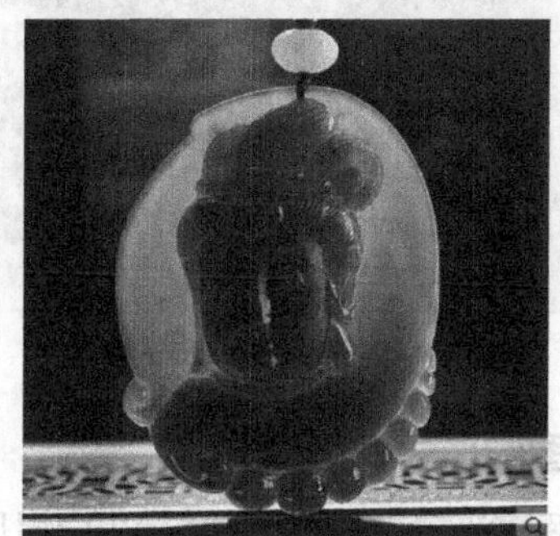

图5-17 逆光拍摄

● **侧光：**侧光是指光源从被摄体的左侧或右侧射来的光线。这种光线能产生明显的强烈对比。影子修长而富有表现力，表面结构十分明显，每一个细小的隆起处都产生明显的影子。明暗反差鲜明清晰，景物层次丰富，如图5-18所示。

● **侧逆光：**来自照相机的斜前方（左前方或者右前方），与镜头光轴构成大约120°~150°夹角的照明光线叫做侧逆光。

● **顶光：**即来自顶部的光线，与景物、摄像机成9°左右的垂直角度，如图5-19所示。

图5-18 侧光拍摄

图5-19 顶光拍摄

5.3.2 摄影构图

构图是摄影的基本技巧之一。同样的事物，不同的角度就有不同的构图。

1. 构图法则

● **突出主体：**视频拍摄中必须有一个主体，将图片的兴趣中心点引到主体上，给人以最大程度的视觉吸引力，以陪衬体突出主体，如图5-20所示。

● **画面简洁：**选用简单的背景，避免对主体注意力的分散。如果遇到杂乱的背景，可以采取放大光圈的办法，让后面的背景模糊不清，以突出主体，如图5-21所示。或者选择适宜的角度进行拍摄，避开杂乱的背景，可以使拍摄主体突出。

图5-20 突出主体

图5-21 画面简洁

2. 构图的形式

构图的形式有很多，下面简单介绍几种构图。

● **九宫格构图：**也叫井字构图，是一种黄金分割法。将摄影主体放在位于画面大约三分之一处，让人觉得画面和谐、充满美感。“黄金分割法”又称“三分法则”，“三分法则”就是将整个画面在横、竖方向各用两条直线分割成等份的三部分，将拍摄的主体放置在任意一条直线或直线的交点上，比较符合人类的视觉习惯。拍摄时可直接调出相机的“井”字辅助线，“井”字的四个交叉点就是主体的最佳位置，被称为黄金点，如图5-22所示。任何一条直线，被称为黄金分割线，图5-23所示的树就在黄金分割线上。

图5-22 黄金点

图5-23 黄金分割线

● **对角线构图**：把主体安排在对角线上，能有效利用画面对角线的长度，同时也能使陪体与主体发生直接关系。富于动感，显得活泼，容易产生线条的汇聚趋势，吸引人的视线，达到突出主体的效果，如图5-24所示。

● **垂直式构图**：能充分显示景物的高大和深度。常用于表现万木争荣的森林参天大树、险峻的山石、飞泻的瀑布、摩天大楼，以及竖直线形组成的其他画面。

● **曲线式构图**：画面上的景物呈S形曲线的构图形式，具有延长、变化的特点，使人看上去有韵律感，产生优美、雅致、协调的感觉。当需要采用曲线形式表现被摄体时，应首先想到使用S形构图。

● **对称式构图**：所谓对称式构图，是指所摄内容，在画面正中垂线两侧或正中水平线上下，对等或大致对等，如图5-25所示。

图5-24 对角线构图

图5-25 对称式构图

5.3.3 景别与角度

1. 构图的形式

景别主要是指摄影机同被摄对象间的距离的远近，可使画面上的形象有大小变化。景别的划分没有严格的界限，一般分为远景、全景、中景、近景和特写。

● **远景**：远景是指摄影机从远距离拍摄事物，镜头离拍摄对象比较远，画面开阔。图5-26所示为拍摄薰衣草精油视频而选取的薰衣草收割的远景镜头。

● **全景**：全景镜头是表现物体的全貌，或人物全身，这种镜头在淘宝视频中应用很多，用于表现商品的整体造型，图5-27所示为化妆品的全景镜头。

● **中景**：画框下边卡在膝盖左右部位或场景局部的画面称为中景画面。中景在视频拍摄中占的比重较大，它将对象的大概外形展示出来，又在一定程度上显示了细节，是突出主体的常见镜头。图5-28所示为服装拍摄的中景镜头。

图5-26 远景镜头

图5-27 全景镜头

图5-28 中景镜头

● 近景：拍到人物胸部以上，或物体的局部称为近景。近景能很好地表现对象特征和细节等。图5-29所示为拍摄的面膜产品的一组近景镜头。

● **特写：**特写用于表现对象的细节，这在淘宝视频拍摄中是必用的镜头。细节的表现能体现商品的材质和质量等，如图5-30所示。

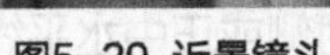

图5-29 近景镜头

图5-30 特写镜头

景别的划分是相对而言，不是绝对的。同样一个取景范围，它属于哪一类景别，这就要看对什么而言。如一个窗户的全貌，对于一栋房子来说，它是局部；但对窗户本身来说，它是全景。

2. 角度

在拍摄商品视频时，从多个角度拍摄更能体现商品的全貌，给买家全面的展示。

● **正面拍摄：**正面拍摄给买家第一印象，若是需要模特的商品，如服装和首饰等还需要在正面以多造型进行拍摄展示。

● **侧面拍摄：**侧面拍摄包括正侧面和斜侧面。斜侧面不仅能表现商品的侧面效果，也能给画面一种延伸感、立体感，因此斜侧面的拍摄要多于侧面拍摄。

● **背面拍摄：**一般为表现商品的全貌，背面拍摄也不可少，如服装、鞋子和包包等。

5.4 视频剪辑

视频拍摄后还需要进行剪辑，选取需要的视频片段，添加声音与文字等操作。

5.4.1 认识会声会影的工作界面

会声会影X8的编辑界面由步骤面板、菜单栏、预览窗口、导览面板、工具栏、项目时间轴、素材库、素材库面板、选项面板组成，如图5-31所示。

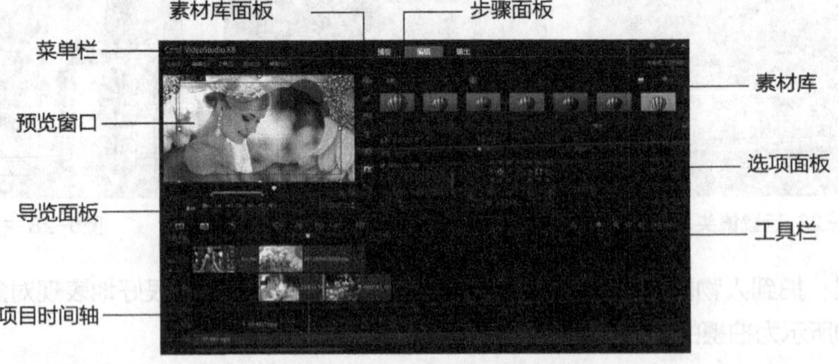

图5-31 会声会影X8操作界面

1. 步骤面板

会声会影软件将影片制作过程简化为三个简单步骤，如图5-32所示。单击步骤面板中的按钮，可在步骤之间进行切换。

步骤面板中各步骤的功能如下。

- **捕获：**媒体素材可以直接在“捕获”步骤中录制或导入到计算机的硬盘驱动器中。该步骤允许捕获和导入视频、照片和音频素材。
- **编辑：**“编辑”步骤和“时间轴”是会声会影的核心，可以通过它们排列、编辑及修整视频素材并为其添加效果。
- **输出：**“输出”步骤可以将完成的影片导出到磁盘或DVD中。

2. 菜单栏

菜单栏提供的各种菜单命令，用于自定义会声会影文件的打开和保存影片项目，编辑与设置等，如图5-33所示。

图5-32 步骤面板

图5-33 菜单栏

3. 预览窗口和导览面板

预览窗口和导览面板如图5-34所示，用于预览和编辑项目所用的素材。使用导览控制可以移动所选素材或项目。使用修整标记和擦洗器可以编辑素材。

图5-34 预览窗口和导览面板

4. 工具栏

通过工具栏，用户可以方便快捷地访问编辑按钮，如图5-35所示。还可以在“项目时间轴”上放大和缩小项目视图，以及启动不同工具以进行有效的编辑。

图5-35 工具栏

工具栏上各个部分的名称和功能如下。

- **故事板视图**：按时间顺序显示媒体缩略图。
- **时间轴视图**：可以在不同的轨中对素材执行精确到帧的编辑操作。

● **撤消**：撤销上次的操作。

● **重复**：重复上次撤销的操作。

● **录制/捕获选项**：显示“录制/捕获选项”面板，可在同一位置执行捕获视频、导入文件、录制画外音和抓拍快照等所有操作。

● **混音器**：启动“环绕混音”和多音轨的“音频时间轴”，自定义音频设置。

● **自动音乐**：添加背景音乐，智能收尾。

● **运动跟踪**：瞄准并跟踪屏幕上移动的物体，然后将其连接到如文本和图形等元素。

● **字幕编辑器**：可使添加文本与视频中的音频同步。

● **缩放控件**：通过使用缩放滑动条和按钮可以调整“项目时间轴”的视图。

● **将项目调到时间轴窗口大小**：将项目视图调到适合于整个“时间轴”跨度。

● **项目区间** 0:00:03 18：显示项目区间。

5. 选项面板

选项面板会随程序的模式和正在执行的步骤或轨道发生变化。选项面板可能包含一个或两个选项卡，每个选项卡中的控制和选项都不同，具体取决于所选素材。覆叠素材选项面板如图5-36所示。

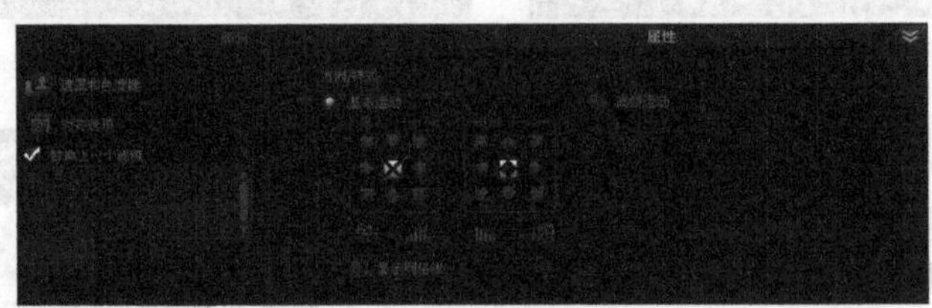

图5-36 覆叠素材选项面板

6. 项目时间轴

时间轴视图为影片项目中的元素提供最全面的显示，如图5-37所示。它按视频、覆叠、标题、声音和音乐将项目分成不同的轨，可以粗略浏览不同素材的内容。时间轴模式的素材可以是视频文件、静态图像、声音文件或者转场效果，也可以是彩色背景或标题。

图5-37 时间轴视图

时间轴视图中各部分的功能如下。

● **显示全部可视化轨道**：显示项目中的所有轨道。

● **轨道管理器**：可以管理“项目时间轴”中可见的轨道。

● **所选范围**：显示代表项目的修整或所选部分的色彩栏。

● **添加/删除章节或提示**：可以在影片中设置章节或提示点。

● **启用/禁用连续编辑**：当用户插入素材时锁定或解除锁定任何移动的轨。

● **自动滚动时间轴**：预览的素材超出当前视图时，启用或禁用"项目时间轴"的滚动。

● **滚动控制**：可以通过使用左和右按钮或拖动"滚动栏"在项目中移动。

● **时间轴标尺**：通过以"时:分:秒:帧"的形式显示项目的时间码增量，帮助用户确定素材和项目长度。

● **视频轨**：包含视频、照片、色彩素材和转场。

● **覆叠轨**：包含覆叠素材，可以是视频、照片、图形或色彩素材。

● **标题轨**：包含标题素材。

● **声音轨**：包含画外音素材。

● **音乐轨**：包含音频文件中的音乐素材。

除此之外，会声会影还有两种编辑模式，故事板视图和混音器视图。

单击时间轴视图左侧的"故事板视图"按钮，如图5-38所示。故事板中的每个缩略图都代表一张照片、一个视频素材或一个转场。缩略图是按其在项目中的位置显示的，可以拖动缩略图重新进行排列。每个素材的区间都显示在缩略图的底部。此外，也可以在素材之间插入转场以及在"预览窗口"修整所选的素材。

图5-38 单击"故事板视图"按钮

单击"混音器"按钮，进入"混音器视图"，如图5-39所示。通过混音面板可以实时地调整项目中音频轨的音量，和音频轨中特定的音量，以及设置音频素材的深入浅出特效。

图5-39 单击"混音器"按钮

5.4.2 会声会影基本操作

会声会影是一款简单易学的视频编辑软件。

1. 项目文件的基本操作

所谓项目，就是进行视频编辑等加工工作的文件。它可以保存视频文件素材、图片素材、声音素材、背景音乐以及字幕和特效等使用参数信息。

□ 新建项目文件

在启动会声会影软件时，系统会自动新建一个未命名的新的项目文件，让用户开始制作视频作品。在视频编辑的过程中，用户也可以随时新建项目文件，方法有以下两种。

- 执行“文件”|“新建项目”菜单命令。
- 按Ctrl+N组合键。

□ 打开项目文件

用户需要使用已经保存的项目文件时，可以将其打开，然后再进行相应的编辑。会声会影项目文件的格式为(.VSP)，双击项目文件即可将其打开，或者在会声会影的菜单下进行操作也可打开项目文件。

步骤01 启动会声会影，执行“文件”|“打开项目”命令，或按Ctrl+O组合键，如图5-40所示。

步骤02 在弹出的“打开”对话框中，选择需要打开的项目文件，如图5-41所示。

步骤03 单击“打开”按钮，即可打开选择的项目文件，在预览窗口中进行预览。

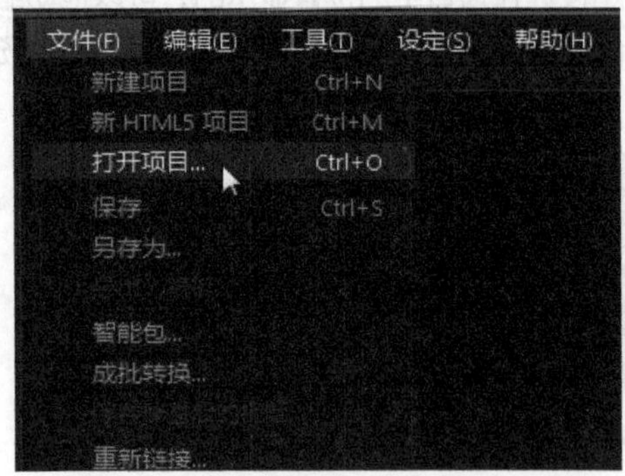

图5-40 执行“文件”|“打开项目”命令

图5-41 选择项目文件

最近编辑和保存的项目文件会显示在“文件”菜单的最近打开文件列表中，单击该列表中项目文件，即可快速在当前工作区将其打开。

□ 保存项目文件

在制作影片的过程中，要注意随时保存劳动成果。保存后的项目还可以重新打开。修改其中的某些部分，然后对修改过的各个元素进行渲染便可生成新的影片。

视频路径 | 第5章\5.4.2会声会影基本操作\保存项目文件.mp4
知 识 点 | 保存项目文件

步骤01 在会声会影软件的编辑界面中，执行“文件”|“保存”命令或执行“文件”|“另存为”命令，如图5-42所示。

步骤02 弹出“另存为”对话框，在其中设置文件的保存路径及文件名称，单击“保存”按钮，如图5-43所示，即可保存项目文件。

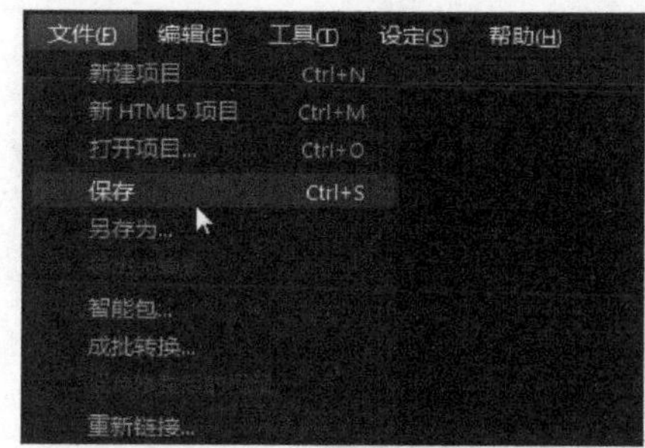

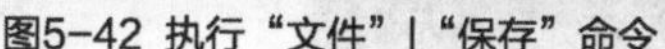

图5-42 执行“文件”|“保存”命令

图5-43 单击“保存”按钮

2. 插入素材到时间轴

视频路径 ┆ 第5章\5.4.2会声会影基本操作 2.\插入素材到时间轴mp4

知 识 点 ┆ 插入素材到时间轴

步骤01 选择素材库中的素材，拖动到时间轴的任意轨道上，释放鼠标即可，如图5-44所示。

步骤02 选择素材库中的素材，单击鼠标右键，执行“插入到”命令，在选项列表中选择需要插入的轨道，也可添加素材，如图5-45所示。

图5-44 添加素材

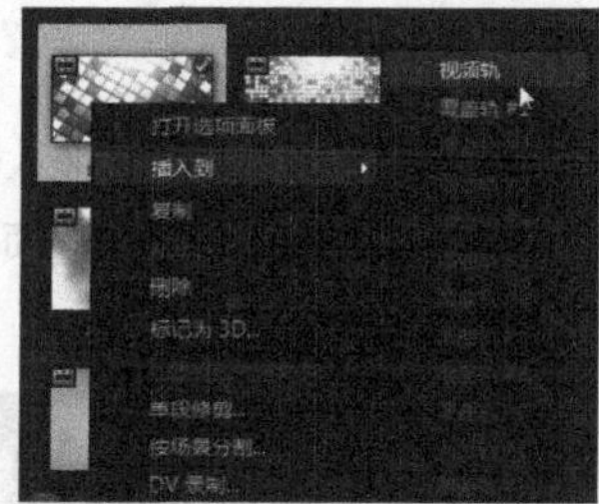

图5-45 执行“插入到”命令

步骤03 在时间轴中单击鼠标右键，在打开的快捷菜单中选择相应的命令，如图5-46所示，也可插入素材。

步骤04 弹出对话框，选择素材，单击“打开”按钮即可，如图5-47所示。

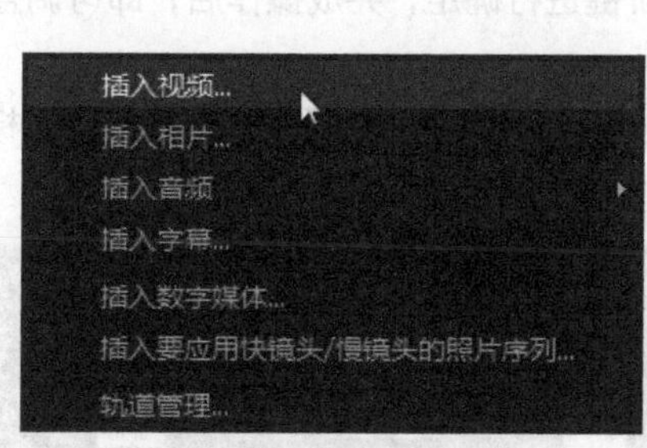

图5-46 单击鼠标右键

图5-47 对话框

步骤05 第三种方法是执行“文件”|“将媒体文件插入到”命令，在弹出的列表中选择相应的命令，如图5-48所示。

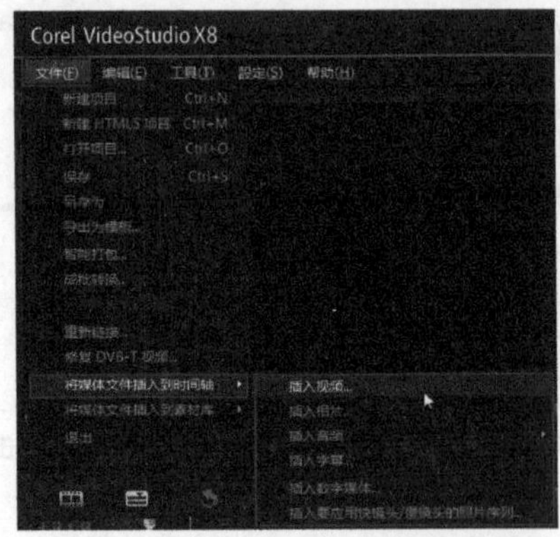

图5-48 执行“文件”|“将媒体文件插入到”命令

3. 调整视频区间

区间是指照片和视频等素材播放的时间。调整视频素材的区间可以改变视频的播放时间，从而控制整个视频的效果。

视频路径 第5章\5.4.2会声会影基本操作\ 3.调整视频区间.mp4
知 识 点 调整视频区间

步骤01 在文件夹中选择视频素材，拖入到视频轨中，如图5-49所示。

步骤02 单击“选项”按钮，打开“选项”面板，将光标移置在“视频区间”数值框上，单击进入编辑状态，如图5-50所示。

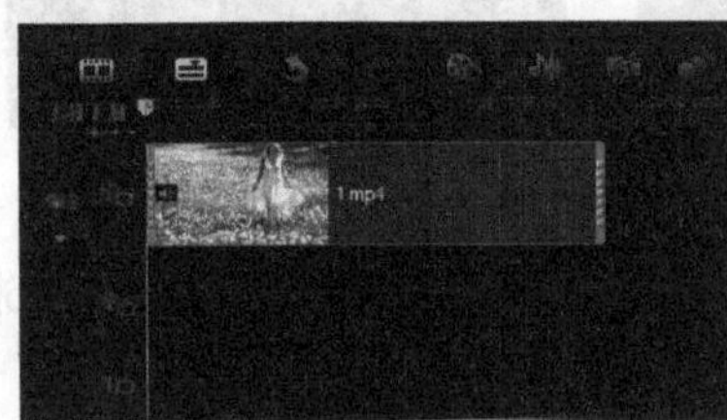

图5-49 添加素材

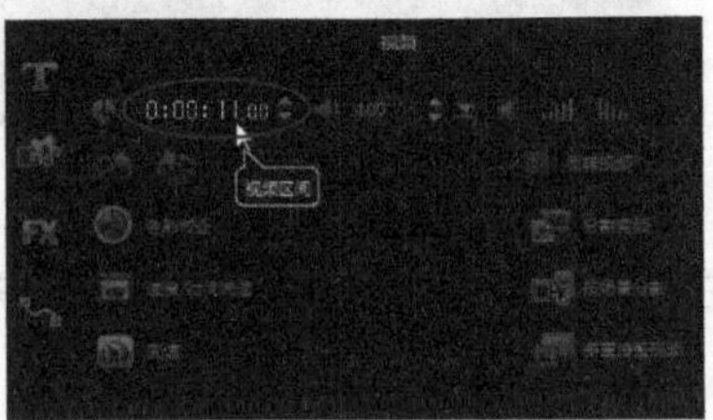

图5-50 单击视频区间

步骤03 输入数值为00：00：03：00，按Enter键进行确定，完成操作后，即可调整视频素材区间，如图5-51所示。

步骤04 或者直接在视频的左端或右端拖动，也可以调整区间，如图5-52所示，光标周围的数字表示区间参数。

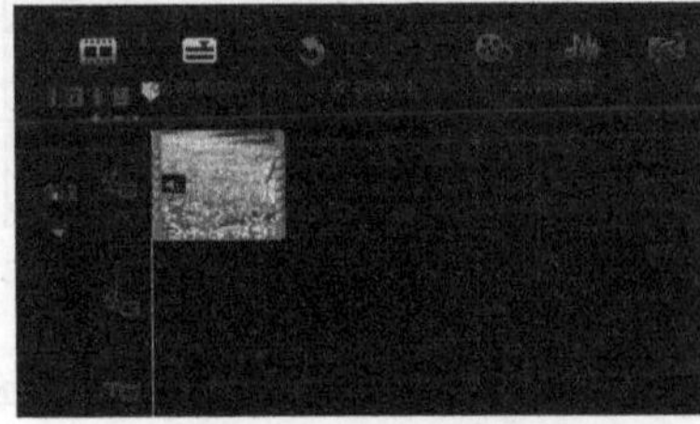

图5-51 调整视频区间

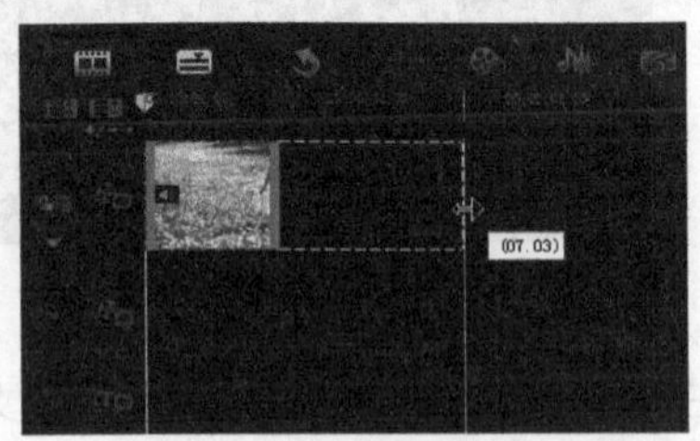

图5-52 拖动调整区间

照片素材可以随意调整区间长度，而视频素材由于视频本身有一个时间，因此不能拖长区间，但可以通过调慢其速度来加长视频长度。

步骤 05 单击“导览”面板中的“播放”按钮，即可预览调整区间后的视频效果，如图5-53所示。

图5-53 预览效果

5.4.3 视频分割与组合

将拍摄好的视频进行裁剪，将不需要的部分删除，然后将多段不同的视频进行组合，形成最终视频。

视频路径：第5章\5.4.3视频分割与组合.mp4
知 识 点：视频分割与组合

步骤 01 在会声会影软件的视频轨中添加几个视频，如图5-54所示。

步骤 02 选择第1个段视频，拖动时间轴或“导览”面板上的滑轨，如图5-55所示。

图5-54 添加视频

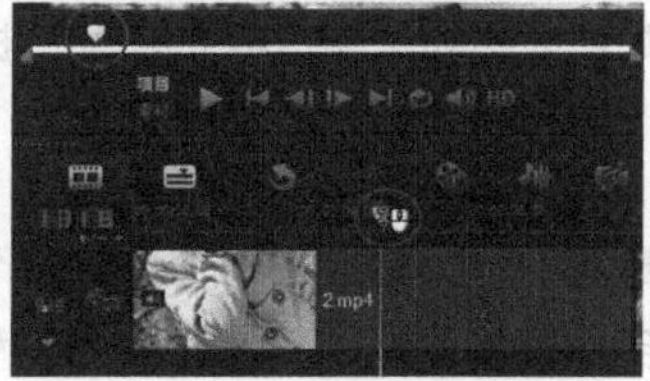

图5-55 拖动滑轨

步骤 03 在预览窗口中预览，到需要剪辑的位置，单“导览”面板中的“根据滑轨位置分割素材”按钮，如图5-56所示。

步骤 04 剪辑完成后，视频分割为两段，通过时间轴可以看到分割后的效果，

步骤 05 用同样的方法，继续分割视频，分割后的视频如图5-57所示。

图5-56 单击按钮

图5-57 分割后的视频

步骤 06 选中需要删除的视频，按Delete键删除。在时间轴中选中其他视频，将其分别剪辑。

步骤 07 还可以选择视频，拖动到前或后的位置上，如图5-58所示。释放鼠标即可调整位置，如图5-59所示。

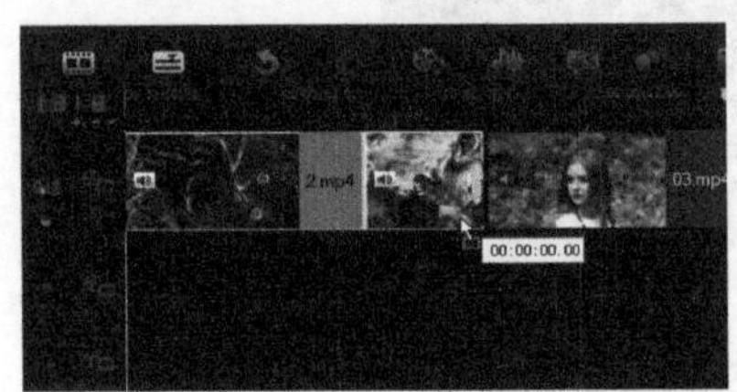

图5-58 拖动位置

图5-59 调整位置

步骤 08 单击“导览”面板中的“播放”按钮，预览剪辑完并重新组合的视频，如图5-60所示。

图5-60 预览效果

5.4.4 为视频添加转场与特效

添加转场与特效是视频编辑中的重要一步。下面进行分别介绍。

1. 添加转场

场是指场景，在会声会影中每个素材为不同的场，转场则是场与场之间的过渡方式，会声会影中提供了很多种转场效果。在项目中添加转场效果能让素材与素材之间的过渡更自然。

视频路径 | 第5章\5.4.4为视频添加转场与特效\1.添加转场.mp4
知 识 点 | 添加转场

步骤 01 启动会声会影软件，执行“设置”|“参数选择”命令，如图5-61所示。

步骤 02 弹出对话框，选择“编辑”选项，在图像重新采样选项下选择“保持宽高比（无字母框）”选项，如图5-62所示。

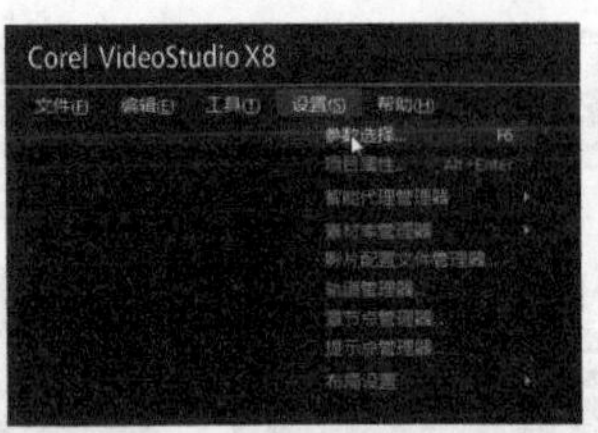

图5-61 执行“设置”|“参数选择”命令

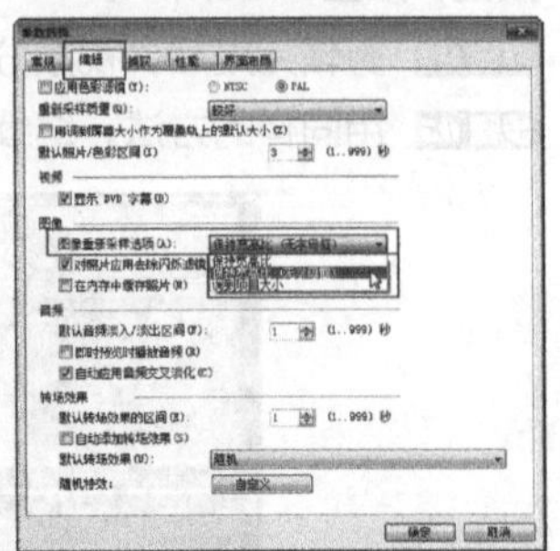

图5-62 选择“保持宽高比（无字母框）”选项

步骤03 添加素材图像到时间轴中，如图5-63所示。

步骤04 单击素材库中“转场”按钮AB，切换至“转场”素材库，如图5-64所示。

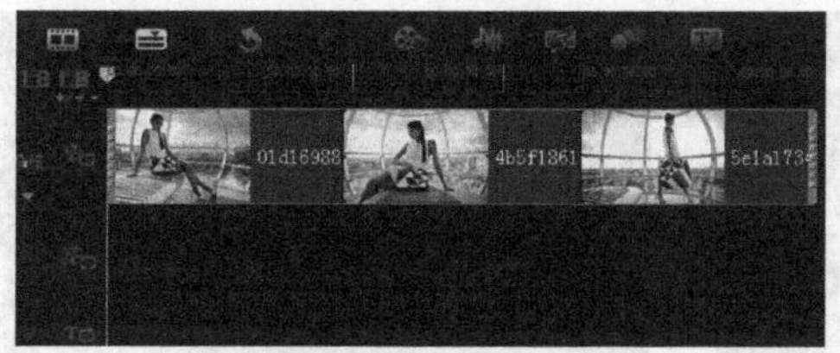

图5-63 添加素材

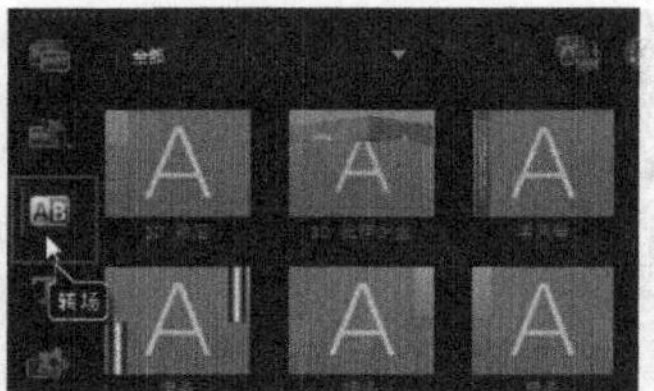

图5-64 单击“转场”按钮

步骤05 单击画廊倒三角按钮，在弹出的菜单中选择“全部”选项，如图5-65所示。

步骤06 切换至“全部”素材库，选择一种转场效果，拖动到素材1与素材2之间的位置上，如图5-66所示。

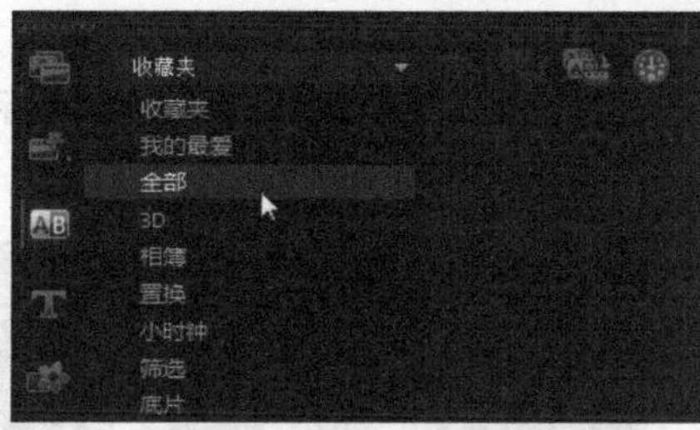

图5-65 选择“全部”选项

图5-66 拖动转场到素材之间

两个素材之间只能添加一个转场

步骤07 用同样的方法，在其他素材之间添加转场，如图5-67所示。

步骤08 双击一个转场，在弹出的面板中可以设置转场的时间、边框、色彩、柔化边缘和方向，如图5-68所示。

步骤09 设置完成后，单击“导览”面板上的“播放”按钮，预览转场效果，如图5-69所示。

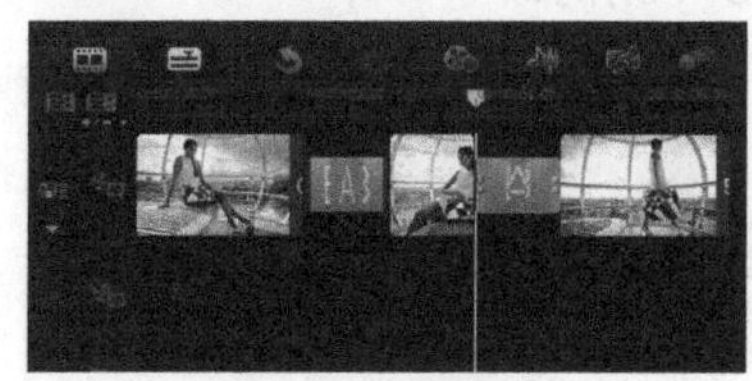

图5-67 添加转场

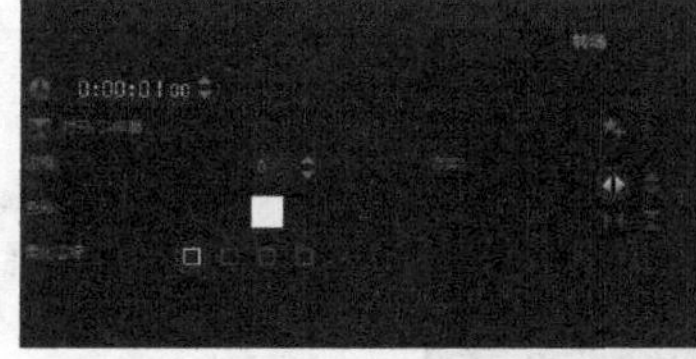

图5-68 设置转场

图5-69 预览转场效果

2. 添加特效

在素材上添加滤镜，可以制作出特别的效果。

视频路径 | 第5章\5.4.4为视频添加转场与特效\ 2.添加特效.mp4

知 识 点 | 添加特效

步骤 01 进入会声会影软件的编辑界面，添加图像素材到视频轨道上，如图5-70所示。

步骤 02 在素材库面板上单击“滤镜”按钮FX，切换至“滤镜”素材库，如图5-71所示。

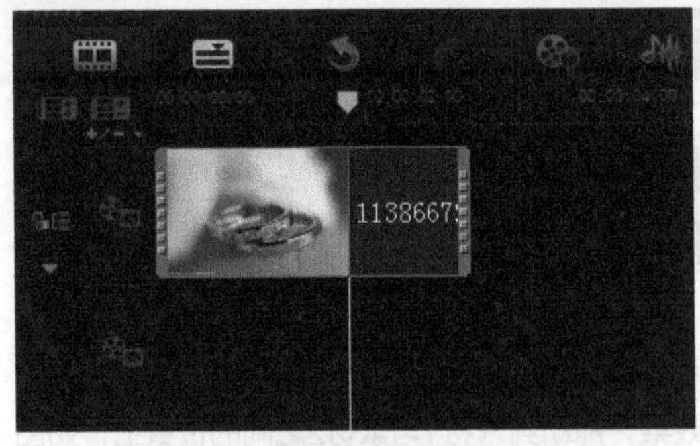

图5-70 添加素材

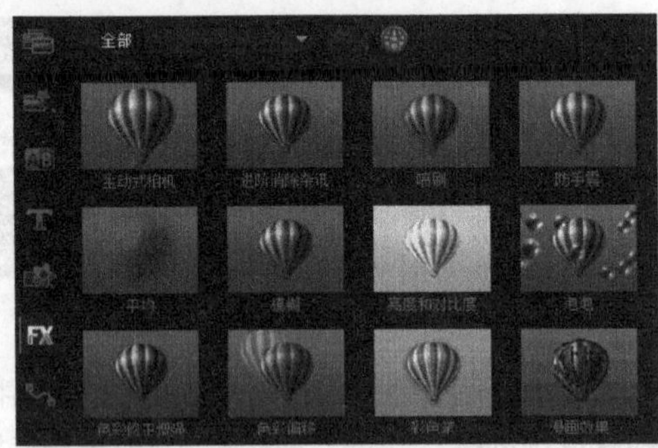

图5-71 单击“滤镜”按钮

步骤 03 在素材库中选择“镜头闪光”滤镜，将它拖到视频轨的素材上，如图5-72所示。

步骤 04 选择视频素材，单击“选项”按钮，打开“选项”面板。单击滤镜预设样式图标右侧的三角按钮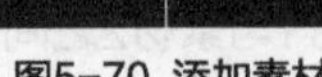，从下拉列表中选择最后一个预设效果，如图5-73所示。

图5-72 选择“镜头闪光”滤镜

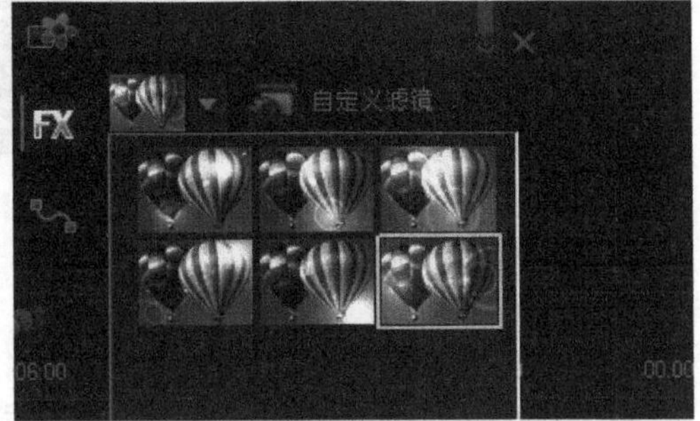

图5-73 选择预设效果

步骤 05 单击“自定义滤镜”按钮，如图5-74所示。

步骤 06 在打开的对话框中调整中心控制点，并设置参数，如图5-75所示。

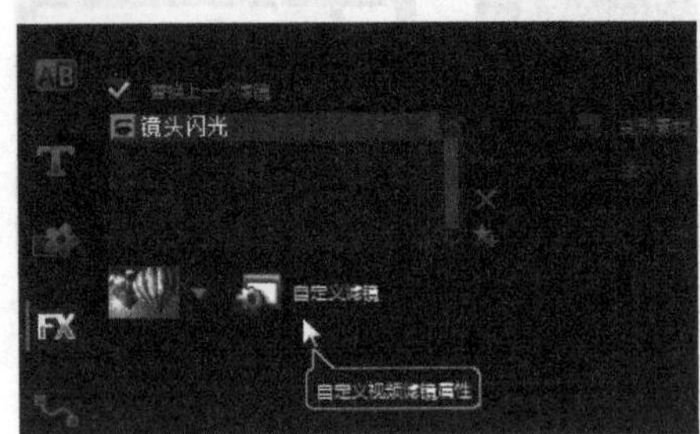

图5-74 单击“自定义滤镜”按钮

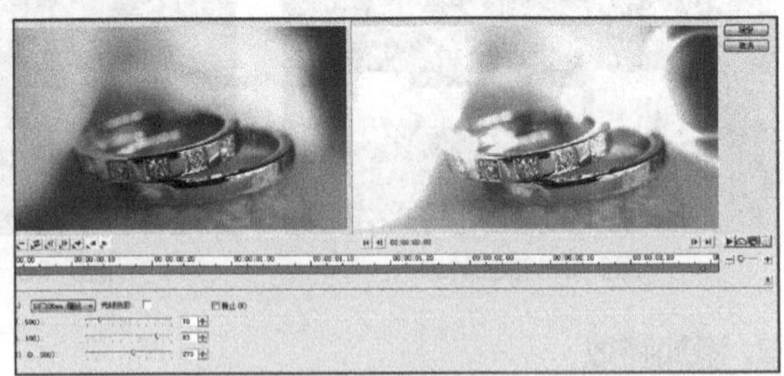

图5-75 设置参数

步骤 07 拖动滑块，单击“添加关键帧”按钮，如图5-76所示，添加关键帧。

步骤 08 设置该关键帧的相关参数，如图5-77所示。

图5-76 单击“添加关键帧”按钮

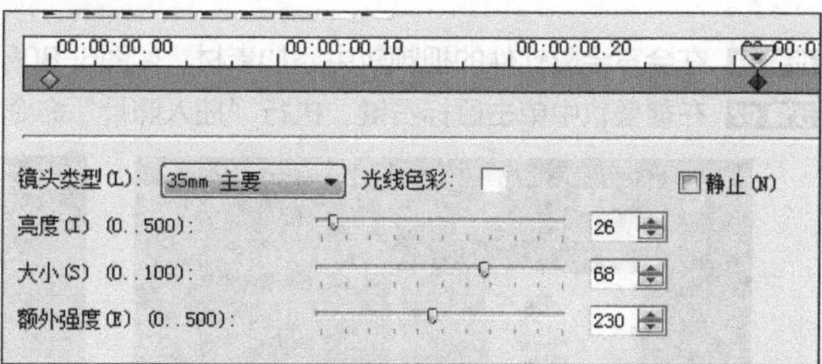

图5-77 设置参数

步骤 09 单击最后一个关键帧，设置参数，如图5-78所示。单击“确定”按钮关闭对话框。

步骤 10 在“导览”面板中单击“播放”按钮，预览应用滤镜后的影片效果，如图5-79所示。

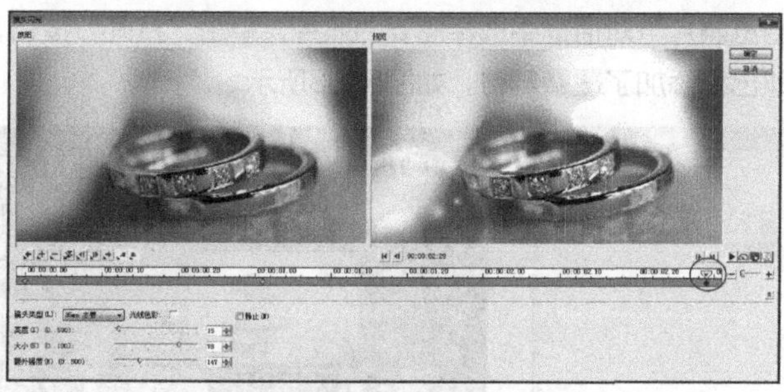

图5-78 设置最后一个关键帧的参数

图5-79 预览效果

5.4.5 覆叠混合与运动

无论视频、图像、标题还是色彩素材都可以作为会声会影的覆叠素材。

1. 覆叠的添加与调整

覆叠素材的添加与调整是覆叠合成的最基本操作。

视频路径 | 第5章\5.4.5覆叠混合与运动\1.覆叠素材的添加与调整.mp4

知 识 点 | 覆叠素材的添加与调整

步骤 01 在会声会影软件的视频轨中添加素材，如图5-80所示。

步骤 02 在覆叠轨中单击鼠标右键，执行“插入照片”命令，如图5-81所示。

图5-80 添加素材

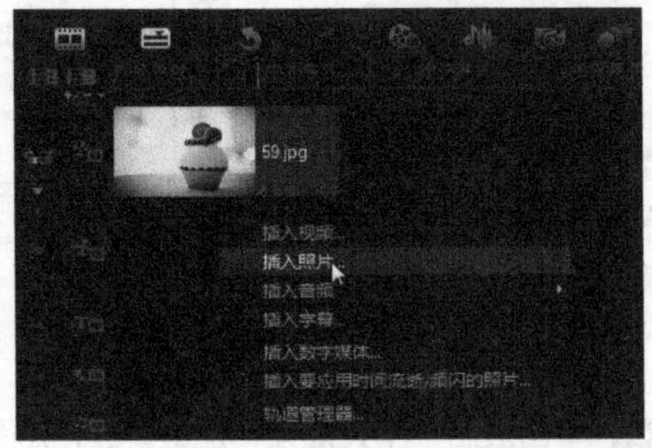

图5-81 执行“插入照片”命令

步骤 03 在弹出的“浏览照片”对话框中选择需要的照片，单击“打开”按钮，如图5-82所示。

步骤 04 在覆叠轨中即已经添加了覆叠素材，如图5-83所示。

图5-82 添加覆叠素材

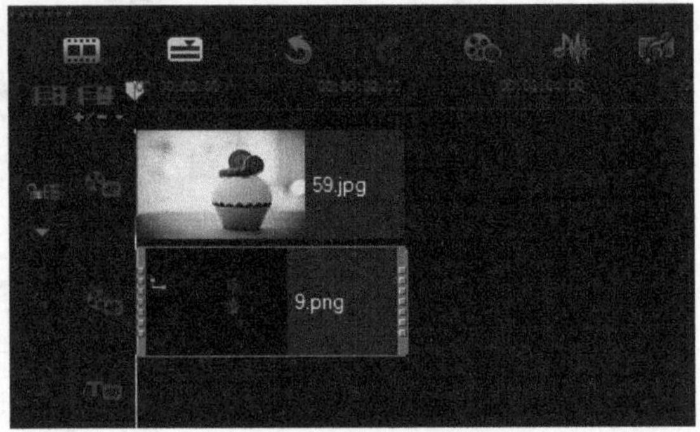

图5-83 拖动素材位置

步骤 05 在预览窗口中预览添加覆叠素材效果，此时的覆叠素材边框显示了覆叠轨道的名称，如图5-84所示。

步骤 06 在预览窗口中，将光标放置在定界框四角的黄色节点上，此时光标变成斜双向箭头，如图5-85所示。

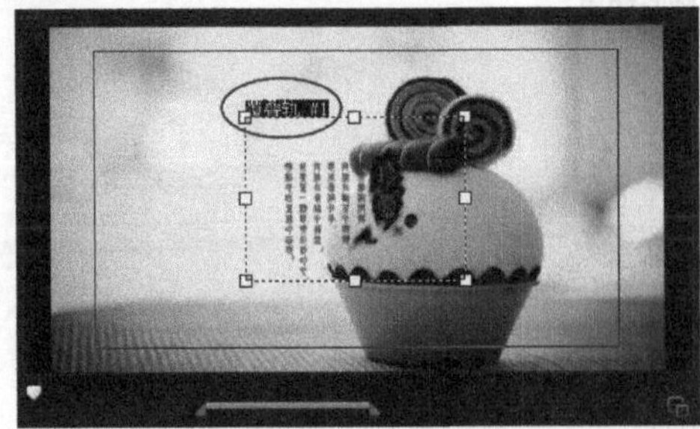

图5-84 预览覆叠效果

图5-85 放置在黄色节点上

步骤 07 拖动鼠标可以等比例调整素材的大小，如图5-86所示。

步骤 08 将光标放置在定界框四周的黄色节点上，拖动鼠标可单独调整素材的宽度或高度，如图5-87所示。

图5-86 等比例缩放

图5-87 调整高度

步骤 09 调整素材到合适的大小后，将光标放置在素材上，此时鼠标层✥显示，拖动鼠标即可移动素材的位置，如图5-88所示。

步骤 10 移动到合适的位置后效果如图5-89所示。

图5-88 移动位置

图5-89 效果

2. 覆叠素材变形

覆叠素材变形多用于将覆叠素材融合在背景边框中的操作。

视频路径：第5章\5.4.5覆叠混合与运动\2.覆叠素材变形.mp4

知 识 点：覆叠素材变形

步骤 01 在视频轨中添加素材，并将其调整到屏幕大小，如图5-90所示。

图5-90 在视频轨中添加素材

步骤 02 在覆叠轨上单击鼠标右键，执行“插入照片”命令，添加素材图像，如图5-91所示。

步骤 03 选择覆叠素材，在预览窗口中将光标放置在覆叠素材黄色调节点上，调整素材到合适的大小，如图5-92所示。

图5-91 在覆叠轨中添加素材

图5-92 调整素材的大小

步骤 04 将光标放置在素材右上角的绿色调节点上，此时鼠标呈 ↖ 状，拖动鼠标，如图5-93所示，释放鼠标即可调节右上角的节点。

步骤 05 将光标放置在素材右下角的绿色调节点上，拖动鼠标调节右下角的节点，如图5-94所示。

图5-93 拖到右上角的节点

图5-94 调整右下角的节点

步骤 06 用同样的方法调整另外两个节点的位置，如图5-95所示。

步骤 07 在预览窗口中预览调整覆叠素材的形状效果，如图5-96所示。

图5-95 调整另外两个节点

图5-96 预览效果

3. 基本运动

基本运动通过设置进入与退出的方向来完成。

视频路径 第5章\5.4.5覆叠混合与运动\3.基本运动.mp4

知 识 点 基本运动

步骤 01 在视频轨和覆叠轨中分别添加素材，如图5-97所示。

步骤 02 在预览窗口中调整覆叠素材的大小及位置，如图5-98所示。

图5-97 分别添加素材

图5-98 调整大小及位置

步骤 03 选择覆叠轨中的素材，展开“选项”面板，在“进入”选项组中单击“从左边进入”按钮，如图5-99所示。

步骤 04 在“退出”选项组中单击“从右边退出”按钮，如图5-100所示。

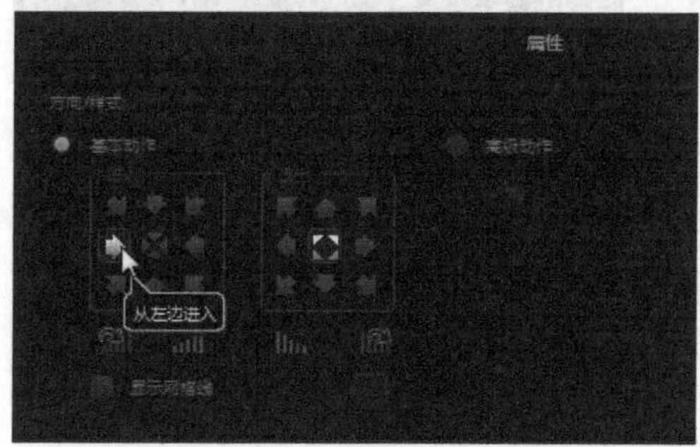

图5-99 单击“从左边进入”按钮

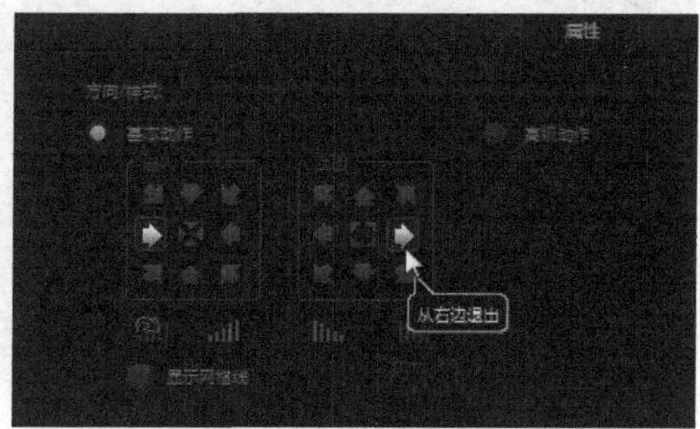

图5-100 单击“从右边退出”按钮

步骤 05 在预览窗口中预览设置运动的效果，如图5-101所示。

图5-101 预览效果

提示 Tips

在“导览”面板中蓝色的“暂停区间”表示动作停留的时间，可以通过调整暂停区间来设置停留的时间与停留的位置，如图5-102所示。

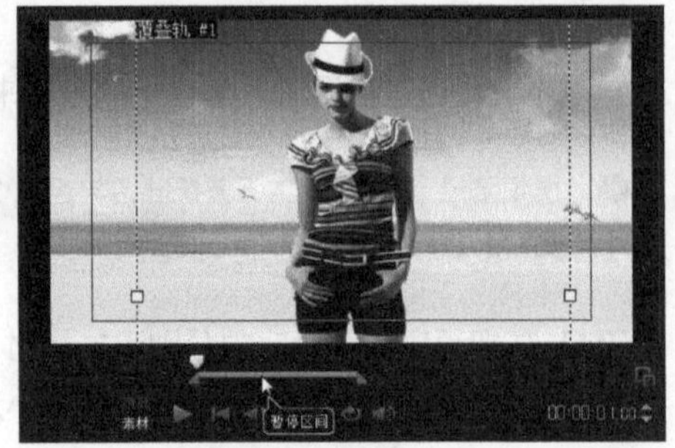

图5-102 暂停区间

4. 淡入淡出动画

除了对覆叠素材的方向进行设置外，还可以对样式进行设置，包括了区间旋转动画及淡入淡出动画效果。为覆盖轨道上的素材应用淡入、淡出动画效果后，可以使素材效果更自然。

视频路径 | 第5章\5.4.5覆叠混合与运动\4.淡入淡出动画.mp4
知 识 点 | 淡入淡出动画效果

步骤 01 进入会声会影软件的编辑界面，在视频轨和覆叠轨上分别添加素材。在预览窗口中调整素材的大小及位置，如图5-103所示。

步骤 02 展开“选项”面板，单击“淡入动画效果”按钮，如图5-104所示。

图5-103 添加并调整素材

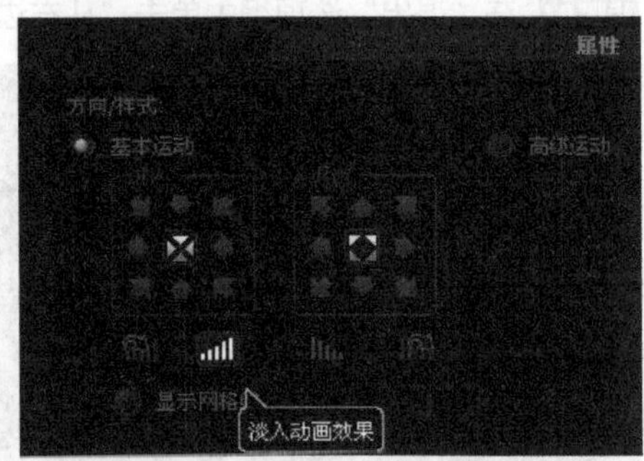

图5-104 单击“淡入动画效果”按钮

步骤 03 单击“淡出动画效果”按钮，如图5-105所示。

步骤 04 在“导览”面板上的单击“播放”按钮，查看应用淡入淡出的效果，如图5-106所示。

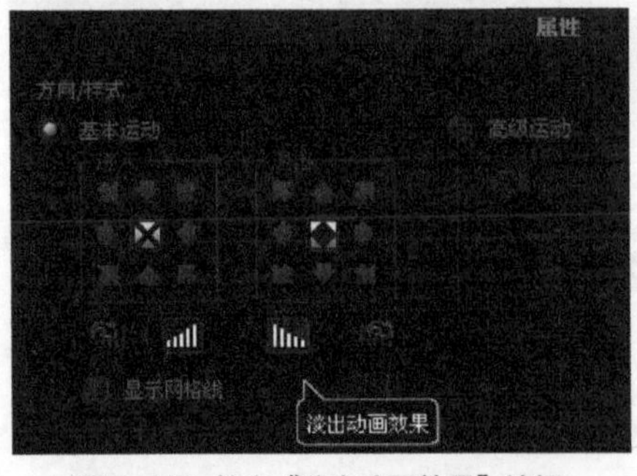

图5-105 单击“淡出动画效果”按钮

图5-106 查看效果按钮

5. 高级运动

高级运动是指运动非固定路径，可以自行调整。

视频路径 | 第5章\5.4.5覆叠混合与运动\5.高级运动.mp4
知 识 点 | 高级运动

步骤01 在视频轨和覆叠轨中分别添加素材，如图5-107所示。

步骤02 在预览窗口中调整大小，效果如图5-108所示。

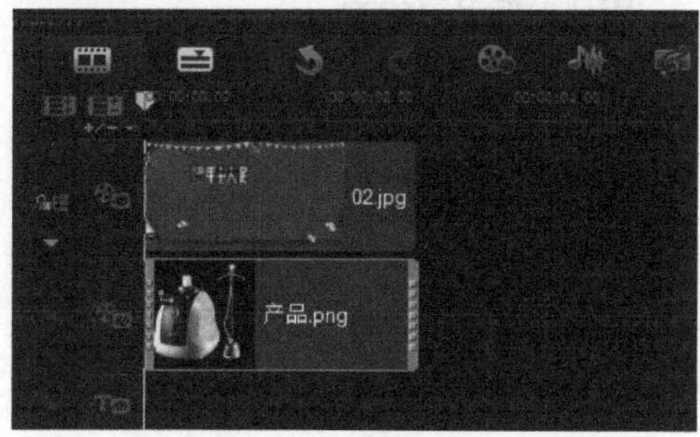

图5-107 添加素材

图5-108 调整大小

步骤03 在素材库中单击“路径”按钮，选择一个路径，如图5-109所示。将其拖到覆叠轨的素材上。

步骤04 在预览窗口中预览添加路径的效果，如图5-110所示。

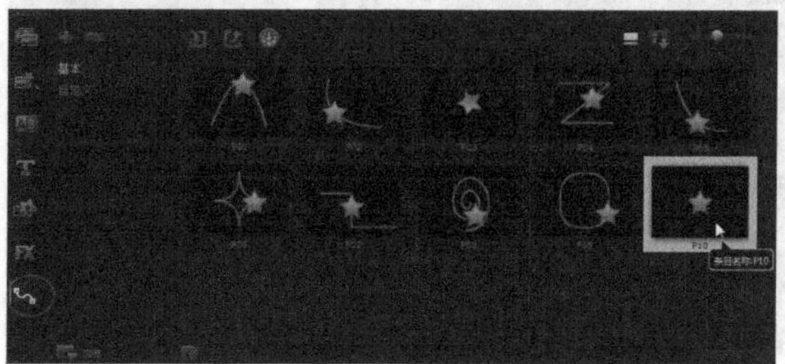

图5-109 选择路径

图5-110 预览效果

步骤05 展开“选项”面板，单击“自定义动作”按钮，如图5-111所示。

步骤06 在弹出的对话框中可以调整动作。选择第3个关键帧，在上方预览窗口中调整素材大小，如图5-112所示。

图5-111 单击“自定义动作”按钮

图5-112 调整素材

步骤07 在关键帧上单击鼠标右键，执行“复制”命令，如图5-113所示。

步骤08 在最后一个关键帧上单击鼠标右键，执行“粘贴”命令，如图5-114所示。

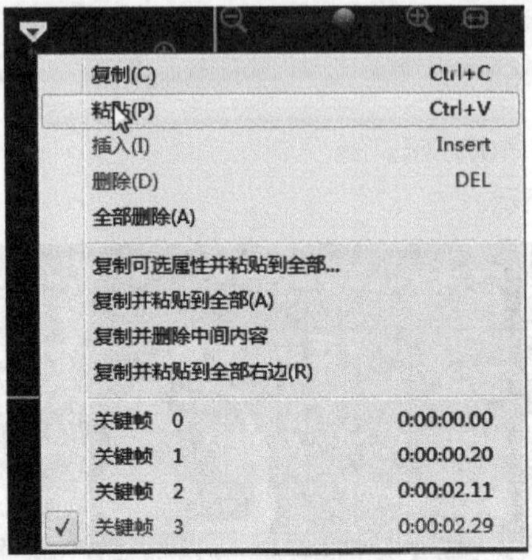

图5-113 执行“复制”命令

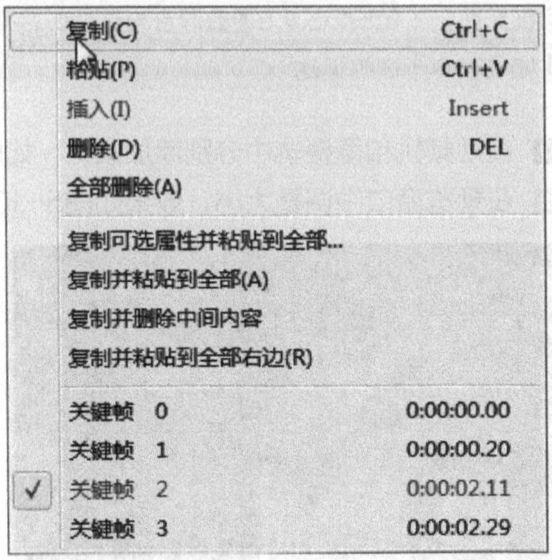

图5-114 执行“粘贴”命令

步骤09 同样，还可以调整其他参数，也可以添加或删除关键帧。设置完成后单击“确定”按钮，如图5-115所示。

步骤10 在预览窗口中预览效果，如图5-116所示。

图5-115 单击“确定”按钮

图5-116 预览效果

6. 不透明度

在会声会影中可以将覆叠对象的不透明度降低，从而显示出部分背景，使覆叠素材与背景完美融合。

视频路径	第5章\5.4.5覆叠混合与运动\6.不透明度.mp4
知 识 点	不透明度

步骤01 在会声会影软件的视频轨和覆叠轨中分别添加素材，如图5-117所示。

步骤02 分别将素材调整至屏幕大小，如图5-118所示。

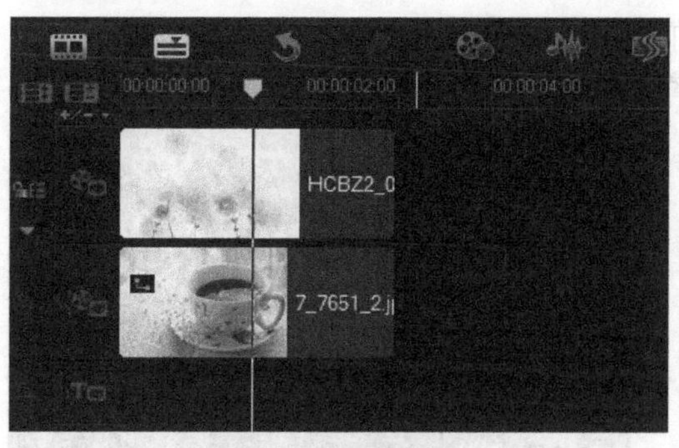

图5-117 添加素材

图5-118 调整素材到屏幕大小

步骤03 选择覆叠轨中的素材，展开“选项”面板，单击“遮罩和色度键”按钮，如图5-119所示。

步骤04 弹出相应的面板，单击透明度后的按钮，拖到滑块，或直接在文本框中输入透明度参数为30，如图5-120所示。

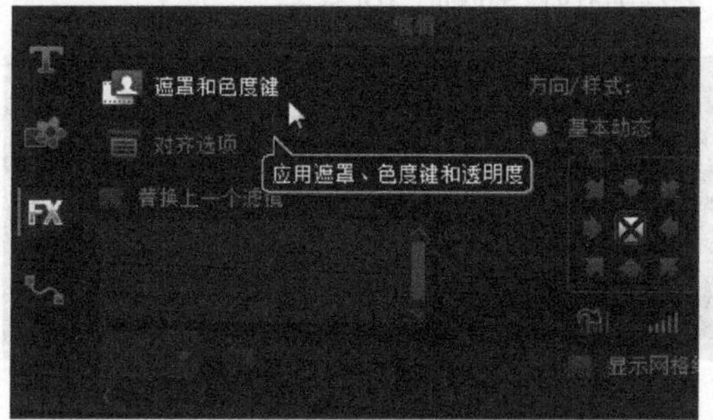

图5-119 单击“遮罩和色度键”按钮

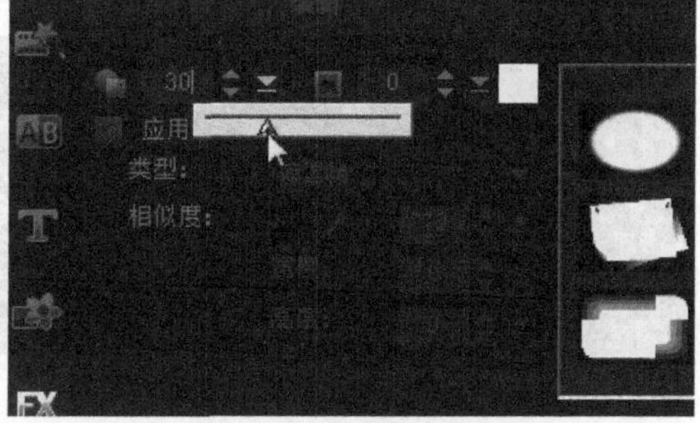

图5-120 设置透明度参数

步骤05 在预览窗口中预览遮罩透明度的最终效果，如图5-121所示。

图5-121 查看最终效果

7. 色度键抠图

色度键也就是人们常说的抠像功能，可以使用蓝屏、绿屏或者其他颜色来进行抠像，实现与背景的完美重合。

视频路径	第5章\5.4.5覆叠混合与运动\7.色度键抠图.mp4
知 识 点	色度键抠图

步骤 01 进入会声会影软件的编辑界面，在视频轨和覆叠轨上分别添加素材，如图5-122所示。

步骤 02 双击覆叠素材，在属性面板上单击“遮罩和色度键”按钮，如图5-123所示。

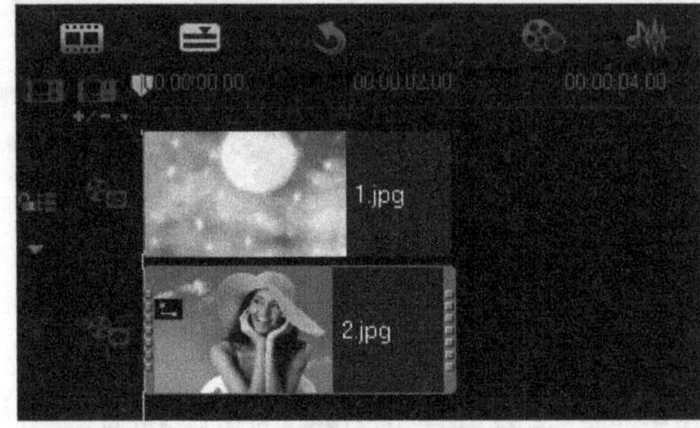

图5-122 添加素材

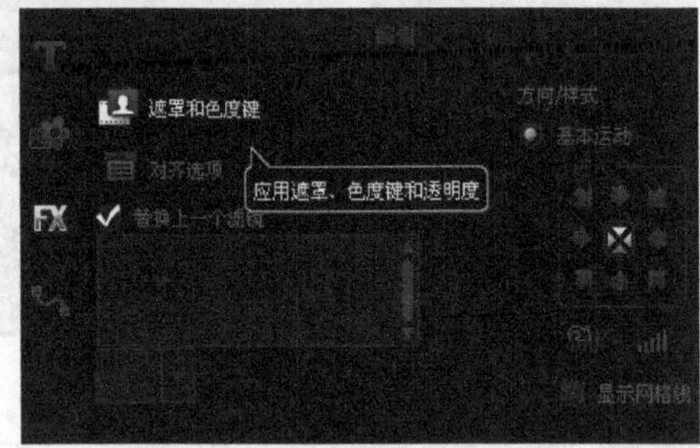

图5-123 单击“遮罩和色度键”按钮

步骤 03 在弹出的列表中选中“应用覆叠选项”复选框，如图5-124所示。

步骤 04 设置“类型”为色度键，设置“相似度”数值为100，如图5-125所示。

图5-124 选中“应用覆叠选项”复选框

图5-125 设置

步骤 05 调整覆叠素材的大小和位置，如图5-126所示。

步骤 06 单击“导览”面板上的“播放”按钮，查看应用覆叠轨道的效果。

图5-126 调整大小与位置

可以单击“相似度”右侧的吸管工具，在右侧的缩略图或在预览窗口中吸取颜色。

8. 遮罩效果

遮罩可以使素材局部透空，会声会影中的遮罩素材是黑白图片，其原理是遮罩图片的白色部分显现背景素材，黑色部分则不显示素材，而灰色部分则为半透明显示。

视频路径 | 第5章\5.4.5覆叠混合与运动\8.遮罩效果.mp4

知 识 点 | 遮罩效果

步骤 01 在视频轨和覆叠轨中分别添加素材，如图5-127所示。

步骤 02 选择覆叠轨中的素材，在预览窗口中调整大小，如图5-128所示。

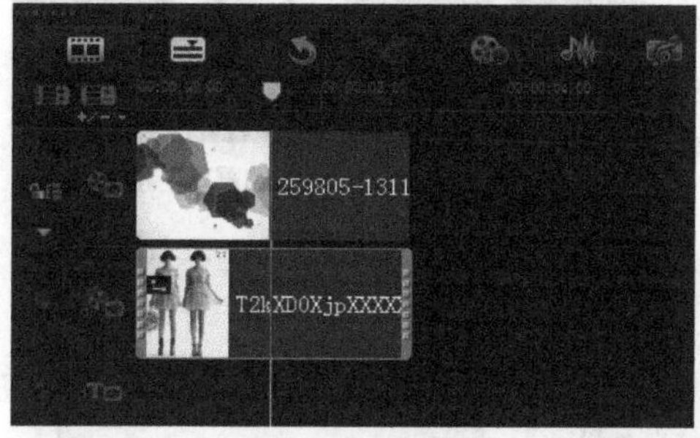

图5-127 添加素材

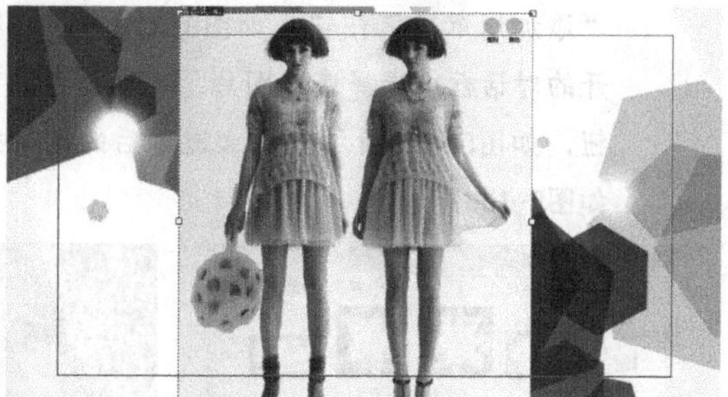

图5-128 调整大小

步骤 03 展开“选项”面板，单击“遮罩和色度键”按钮，如图5-129所示。

步骤 04 在展开的界面中选中“应用覆叠选项”复选框，如图5-130所示。

图5-129 单击“遮罩和色度键”按钮

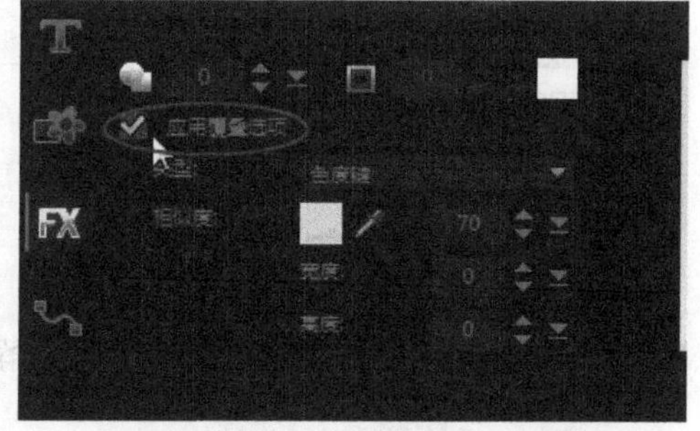

图5-130 选中“应用覆叠选项”复选框

步骤 05 单击类型右侧的三角按钮，在展开的列表中选择“遮罩帧”选项，如图5-131所示。

步骤 06 在右侧遮罩项中选择一个遮罩，如图5-132所示。

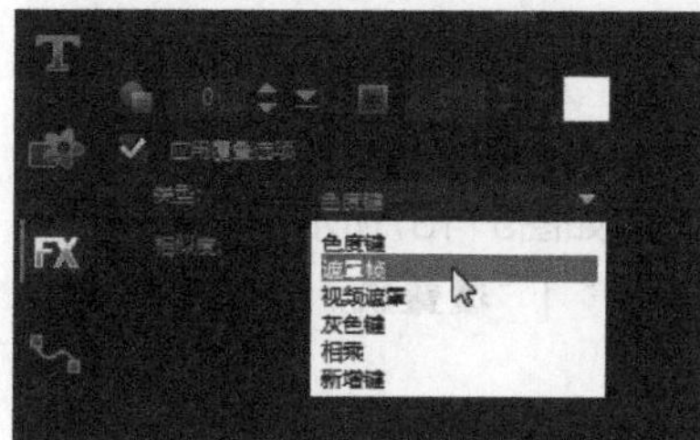

图5-131 选择“遮罩帧”选项

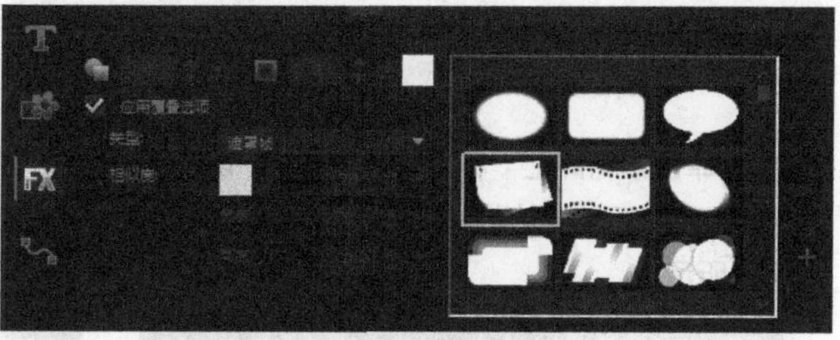

图5-132 选择一个遮罩

步骤 07 此时的图像效果如图5-133所示。

图5-133 图像效果图像效果

提示 Tips

除了程序中自带的遮罩外，还可以将外部遮罩添加进遮罩列表中，并应用到图像上。单击“添加遮罩项”按钮，如图5-134所示。在打开的对话框中选择遮罩图片，单击“打开”按钮，如图5-135所示。添加遮罩后的图像效果如图5-136所示。

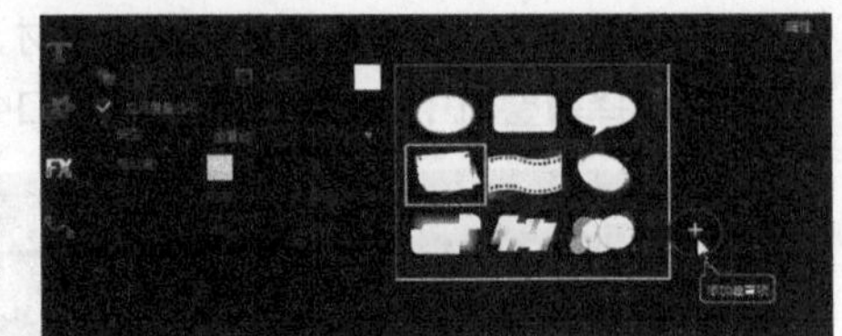

图5-134 单击“添加遮罩项”按钮

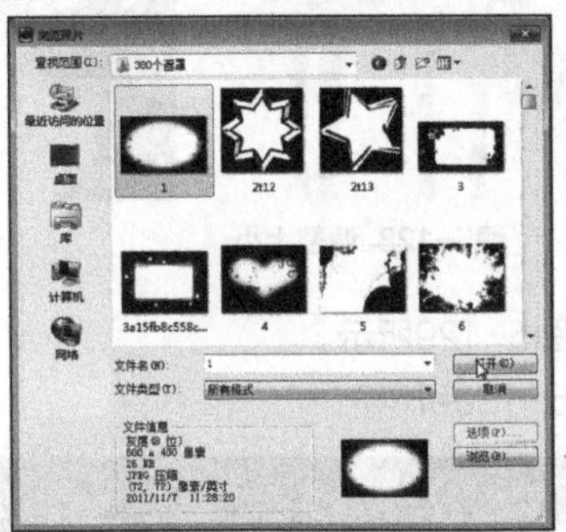

图5-135 单击“打开”按钮

图5-136 图像效果

5.4.6 添加字幕与配音

在制作视频后，添加字幕与配音能起到解释说明的作用

1. 添加字幕模板

会声会影X8素材库中提供了丰富的预设字幕，可以直接添加到标题轨道上，然后修改其文本内容即可。

视频路径 | 第5章\5.4.6添加字幕与配音\1.添加字幕模板.mp4
知 识 点 | 添加字幕模板

步骤01 单击素材库上“标题”按钮，切换至“标题”素材库，如图5-137所示。

步骤02 选择所需要的标题样式，单击鼠标右键，执行“插入到”|“覆叠轨#1”命令，如图5-138所示。

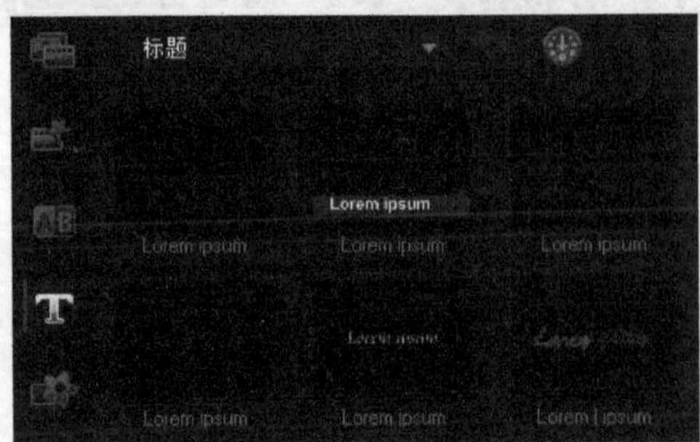

图5-137 单击“标题”按钮

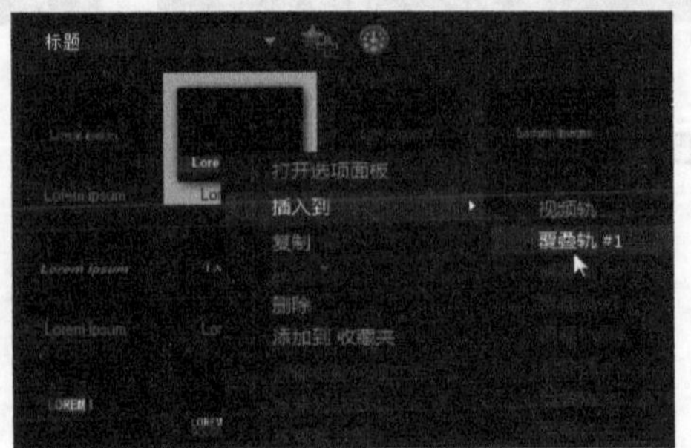

图5-138 执行“插入到”|“覆叠轨#1”命令

步骤 03 标题即会插入到覆叠轨，如图5-139所示。

步骤 04 单击“导览”面板中的“播放”按钮，预览添加模板的效果，如图5-140所示。

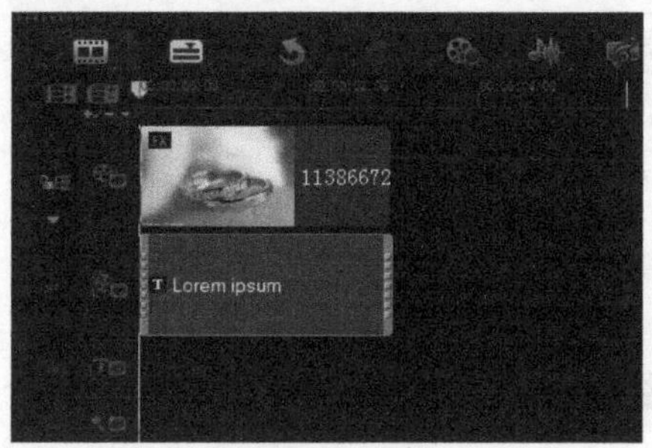

图5-139 插入标题

图5-140 预览效果

步骤 05 在时间轴中双击标题，然后在预览窗口中双击文字，修改字幕，如图5-141所示。

步骤 06 在文字外单击。在“编辑”面板中设置字体、大小和颜色，然后单击“自定义文字背景的属性”按钮，如图5-142所示。

图5-141 修改字幕

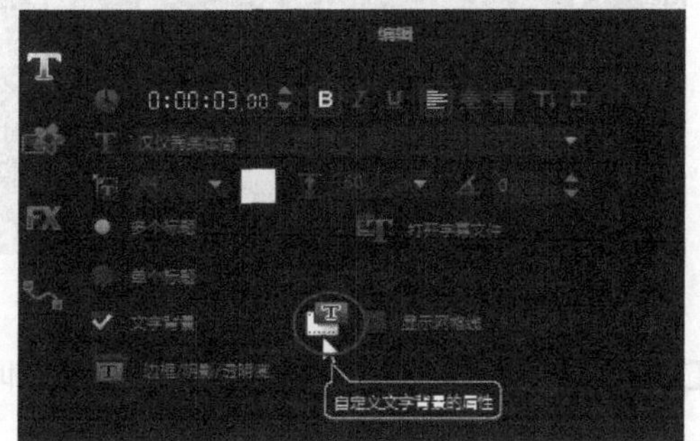

图5-142 单击“自定义文字背景的属性”按钮

步骤 07 在打开的对话框中单击“单色”后的色块，在展开的颜色列表中选择颜色，如图5-143所示。

步骤 08 单击“确定”按钮关闭对话框。继续在“选项”面板中单击“边框/阴影/透明度”按钮，如图5-144所示。

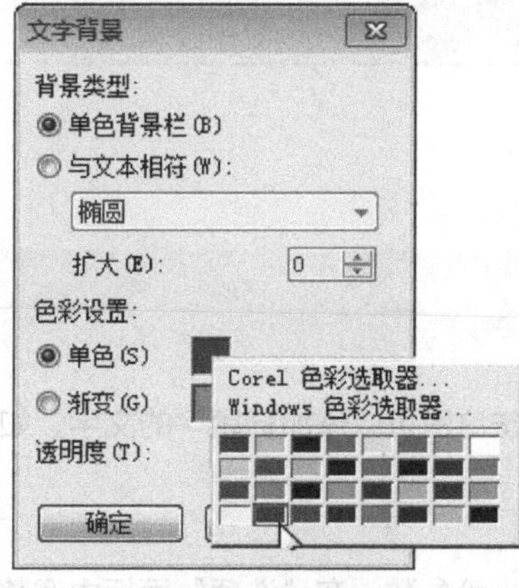

图5-143 选择颜色

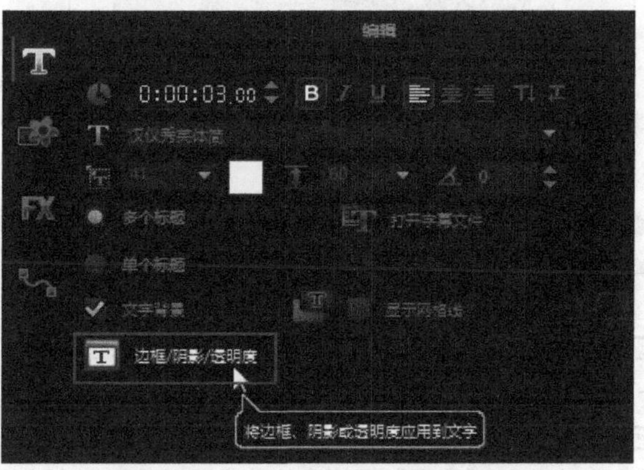

图5-144 单击“边框/阴影/透明度”按钮

步骤 09 打开对话框，选择“阴影”选项，然后单击“无阴影”按钮，如图5-145所示。

步骤 10 单击“确定”按钮关闭对话框，在预览窗口中调整位置，如图5-146所示。

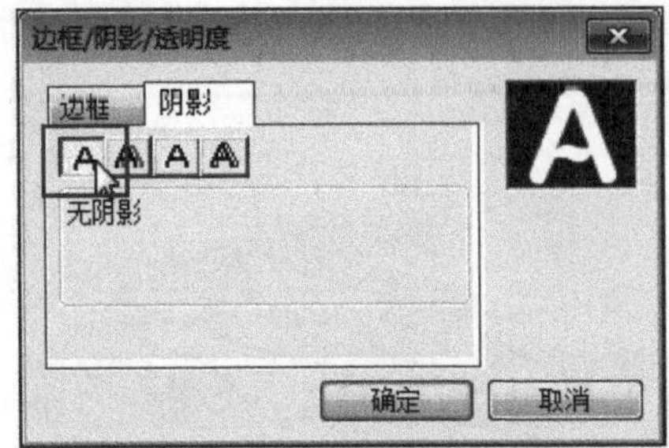

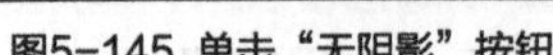
图5-145 单击“无阴影”按钮

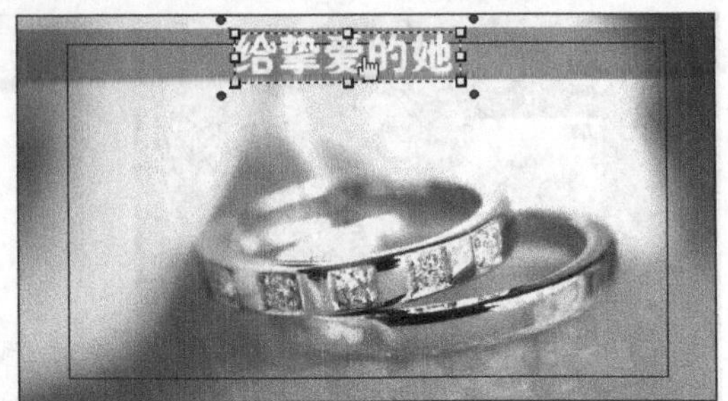

图5-146 调整位置

步骤 11 在“选项”面板中单击“属性”选项卡，如图5-147所示。

步骤 12 在“导览”面板中调整暂停区间，如图5-148所示。

图5-147 单击“属性”选项卡

图5-148 调整暂停区间

步骤 13 单击“导览”面板中的“播放”按钮，即可预览文字，如图5-149所示。

图5-149 预览文字

2. 输入字幕

视频路径 | 第5章\5.4.6添加字幕与配音\2.输入字幕.mp4

知 识 点 | 输入字幕

步骤 01 单击“标题”按钮，此时的预览窗口中显示了“双击这里可以添加标题”的文字，如图5-150所示。

步骤 02 在预览窗口中双击鼠标，输入文字，如图5-151所示。

步骤 03 在右侧“选项”面板中修改文字的字体、颜色和大小等参数，在“选项”面板中调整位置，效果如图5-152所示。

图5-150 单击“标题”按钮

图5-151 输入文字

图5-152 效果

3. 删除原有音频

拍摄的视频中自带的声音通常会有杂音，可以将原声删除并添加新的配音。

视频路径	第5章\5.4.6添加字幕与配音\3.删除原有音频.mp4
知 识 点	删除原有音频

步骤 01 进入会声会影软件的编辑界面，在视频轨中添加视频素材，若视频带有声音，则会显示如图5-153所示的声音图标。

步骤 02 选中视频文件，单击鼠标右键，执行“静音”命令，如图5-154所示。

步骤 03 此时视频上的声音图标改变，如图5-155所示。

步骤 04 单击“播放”按钮，试听删除视频的音频后的效果。

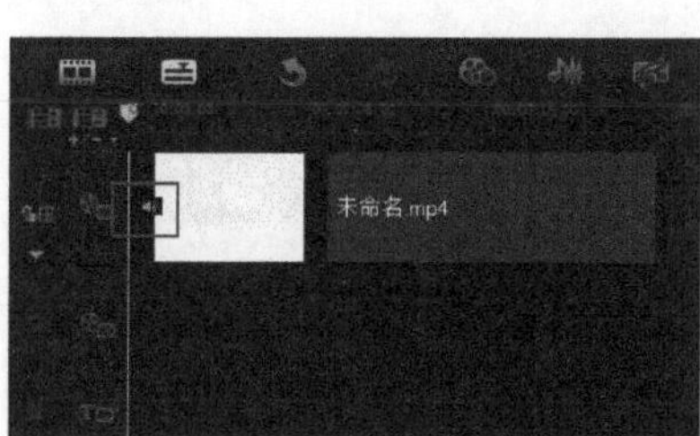

图5-153 显示声音图标

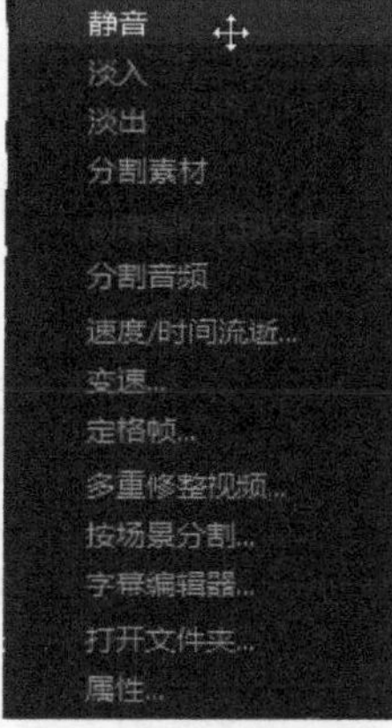

图5-154 执行“静音”命令

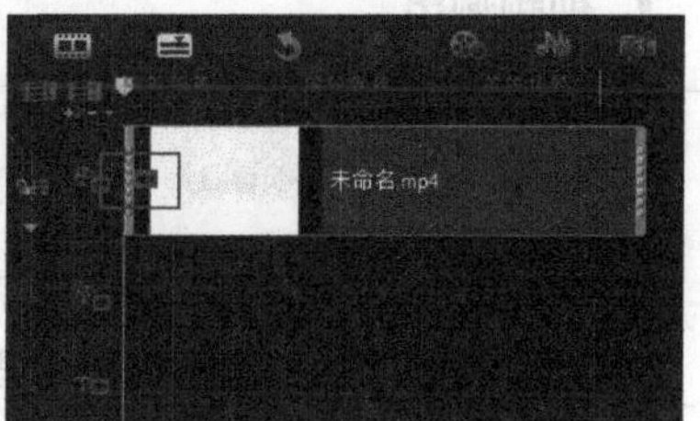

图5-155 图标改变

4. 添加与调节音频

录制配音或选择一段背景音乐后，可以将其添加到视频中。

视频路径 第5章\5.4.6添加字幕与配音\4.添加与调节音频.mp4
知 识 点 添加与调节音频

步骤 01 将音频素材拖入到音乐轨上，如图5-156所示。

步骤 02 拖动音频素材的区间，与视频区间一致，如图5-157所示。

图5-156 添加音频素材

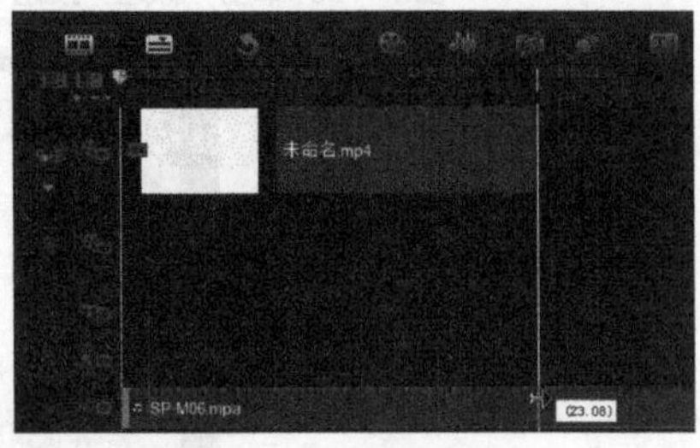

图5-157 调整区间

步骤 03 在“选项”面板中单击“淡入”和“淡出”按钮，如图5-158所示。

步骤 04 单击“混音器”按钮，在混音器界面调整音频的淡入点与淡出点，如图5-159所示。

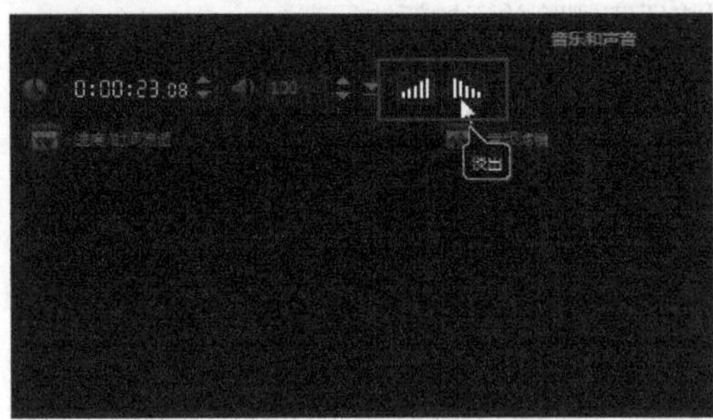

图5-158 单击按钮

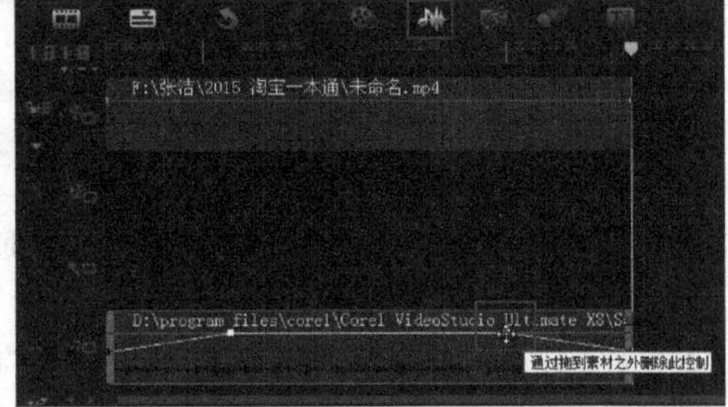

图5-159 调整淡入淡出点

5.4.7 视频输出

视频输出是视频编辑的最后一步，下面介绍视频输出的操作。

1. 视频输出

视频路径 第5章\5.4.7 视频输出\1.视频输出.mp4
知 识 点 视频输出

步骤 01 进入会声会影软件的编辑界面，打开项目文件。单击“共享”按钮，如图5-160所示。

步骤 02 切换到输出步骤面板，如图5-161所示。

图5-160 单击“共享”按钮

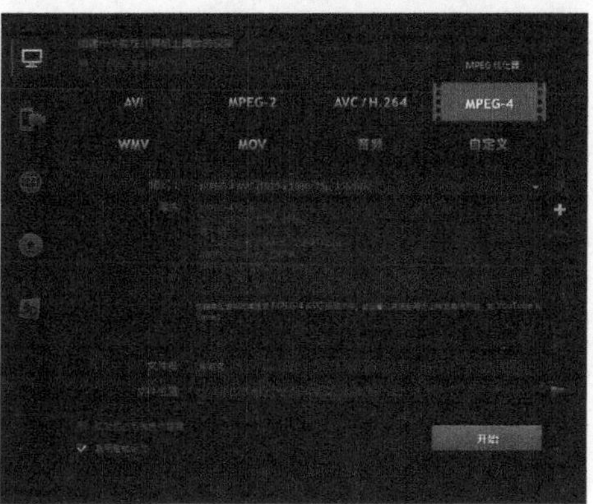

图5-161 输出步骤面板

步骤03 单击“自定义”按钮，如图5-162所示。

步骤04 在“格式”下拉列表中选择文件格式，并设置文件名及文件存储路径，如图5-163所示。

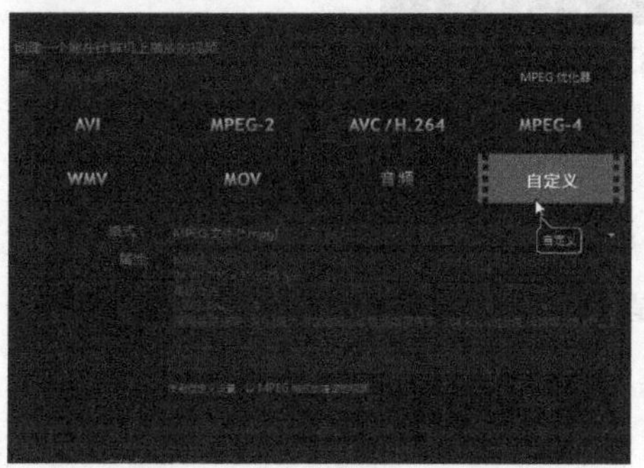

图5-162 单击“自定义”按钮

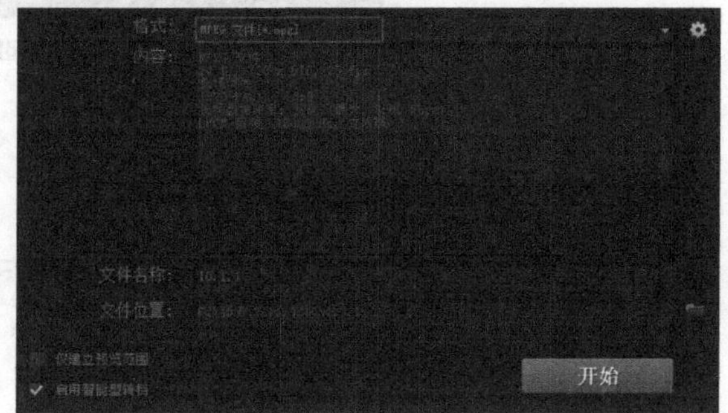

图5-163 设置

步骤05 单击“开始”按钮，显示渲染文件进度，渲染完成后弹出提示对话框，单击“确定”按钮，如图5-164所示。

步骤06 单击步骤面板上的“编辑”步骤，输出完成的影片自动保存到素材库中，如图5-165所示。

图5-164 单击“确定”按钮

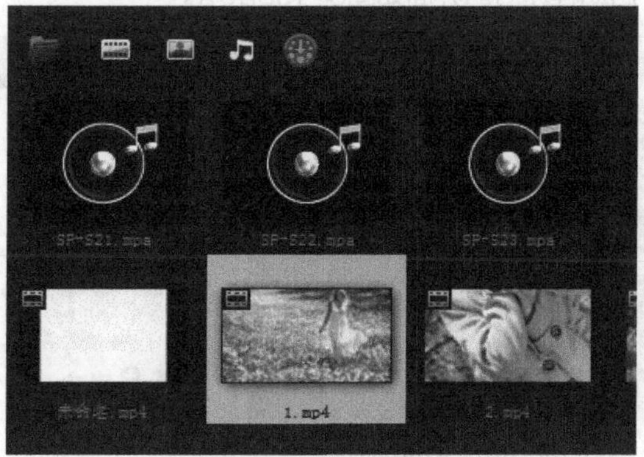

图5-165 保存到素材库

2. 导出视频中的音频

若需要单独导出视频中的声音，则可以在“共享”面板中选择“音频”选项，设置文件名与文件位置，单击“起始”按钮，如图5-166所示。

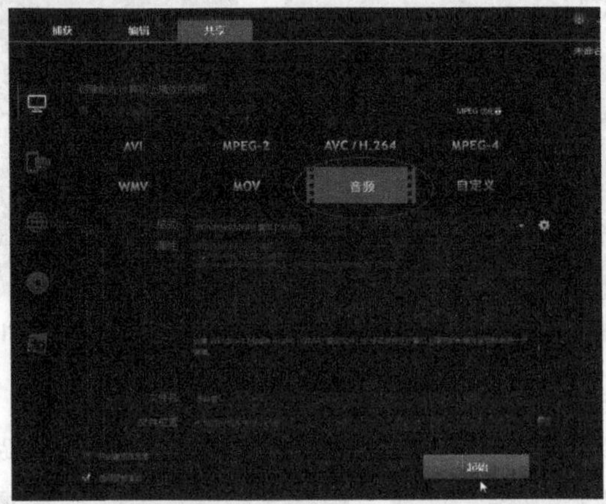

图5-166 单击“起始”按钮

5.4.8 模块快速制作影片

会声会影软件之所以易学易用，最重要一点在于提供了各种预设模板，使非专业用户也可以轻松制作出精彩的视频作品。

1. 影音快手

视频路径 | 第5章\5.4.8模块快速制作影片\1.影音快手.mp4

知 识 点 | 影音快手

步骤01 在会声会影软件的编辑界面中执行“工具”|“影音快手”命令，或直接在桌面双击“影音快手”图标，如图5-167所示。

步骤02 启动程序后的界面如图5-168所示。

图5-167 双击图标

图5-168 启动界面

步骤 03 在右侧选择范本，如图5-169所示。

步骤 04 在左侧的预览窗口下单击“播放”按钮预览范本效果，如图5-170所示。

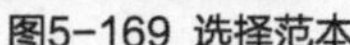

图5-169 选择范本

图5-170 预览范本

步骤 05 选择合适的模板后，切换至“添加媒体”步骤，如图5-171所示。

步骤 06 在右侧单击“添加媒体”按钮，如图5-172所示。

图5-171 单击“添加媒体”步骤

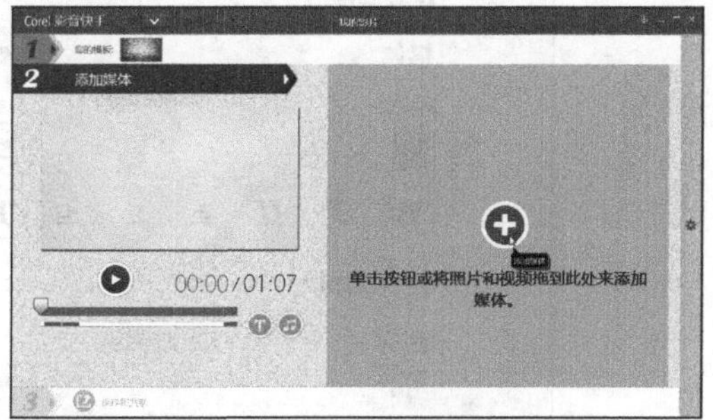

图5-172 单击“添加媒体”按钮

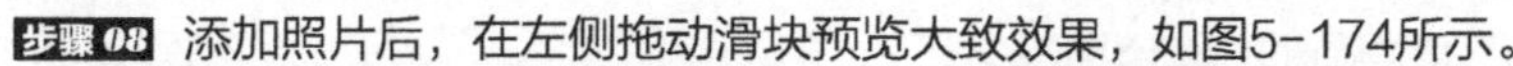

步骤 07 在打开的对话框中，按住Ctrl键，选择多张照片，单击“打开”按钮，如图5-173所示。

步骤 08 添加照片后，在左侧拖动滑块预览大致效果，如图5-174所示。

图5-173 单击“打开”按钮

图5-174 预览大致效果

步骤 09 将滑块拖至紫色条区域，单击“编辑标题”按钮，如图5-175所示。

步骤 10 在上方预览窗口中修改文字内容，完成修改后在文字外单击。在另一处文字上双击，修改内容，然后拖动文字四周的节点调节大小与角度，如图5-176所示。

图5-175 单击“编辑标题”按钮

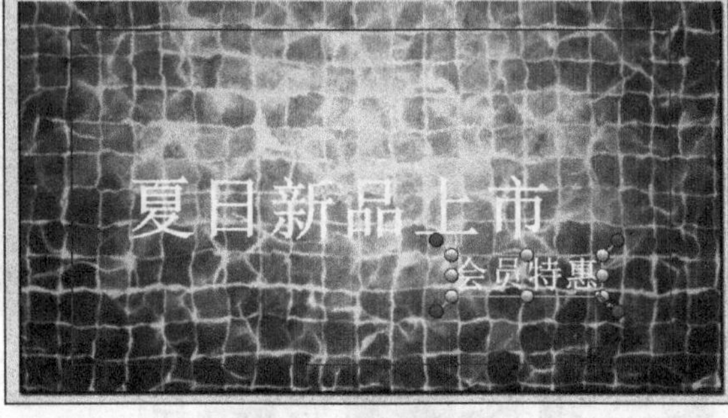

图5-176 修改文字

步骤 11 在右侧修改文字的字体和颜色等参数，如图5-177所示。用同样的方法修改其他文字。

步骤 12 在文字下方调整音乐，如图5-178所示。

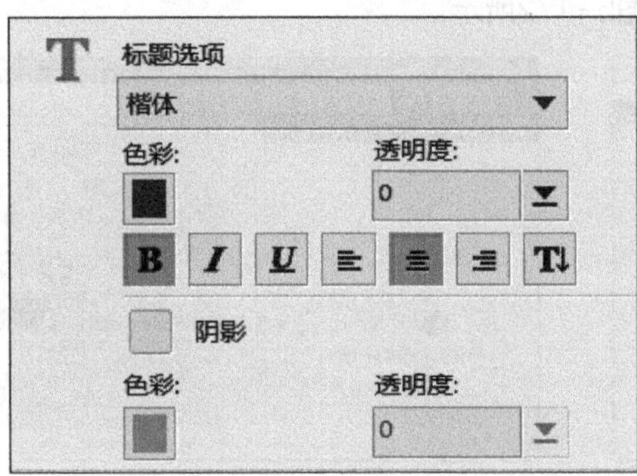

图5-177 修改文字参数

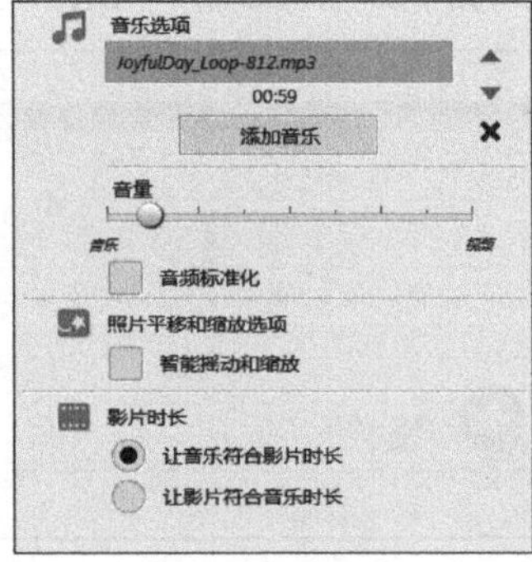

图5-178 调整音乐

步骤 13 切换至“保存和共享”步骤，选择格式，设置名称与位置，单击“保存影片”按钮，如图5-179所示。

步骤 14 影片进行渲染，渲染同时播放影片，如图5-180所示。

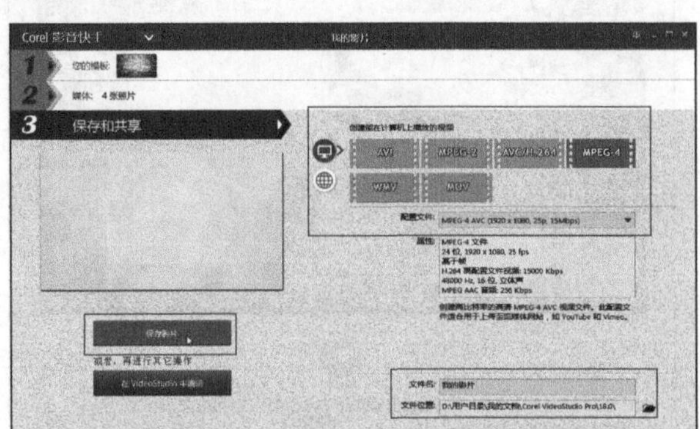

图5-179 单击“保存影片”按钮

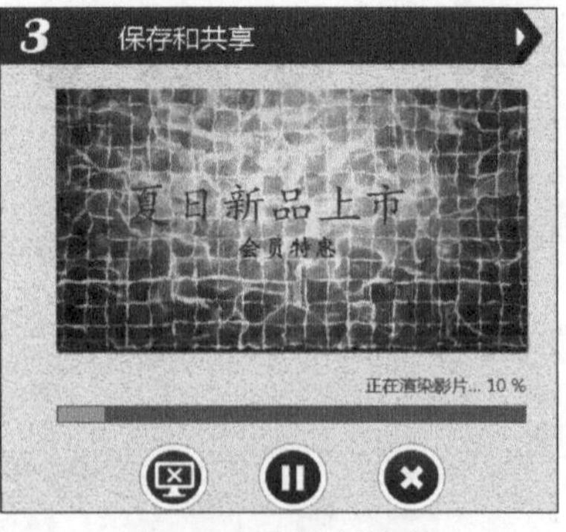

图5-180 渲染并播放

步骤 15 完成后弹出提示对话框，单击“确定”按钮，如图5-181所示。

步骤 16 此时保存的是输出的影片，若需要保存项目文件，便于下次修改，则可单击“在VideoStudio中编辑”按钮，如图5-182所示。

图5-181 单击“确定”按钮

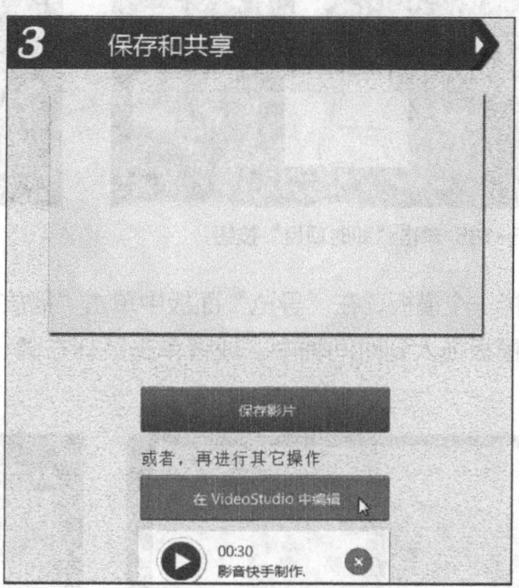

图5-182 单击按钮

步骤 17 打开会声会影，此时的时间轴中按编辑的内容排列素材，也可对素材进行重新编辑修改，如图5-183所示。

步骤 18 执行“文件”|“另存为”命令，如图5-184所示。保存项目文件。

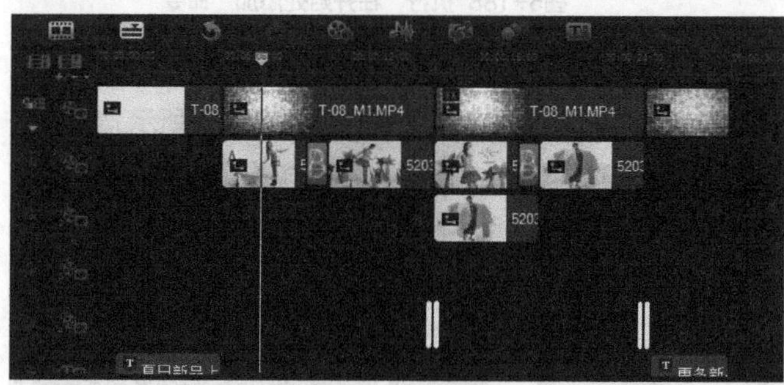

图5-183 时间轴

图5-184 执行命令

2. 即时项目

视频路径：第5章\5.4.8模块快速制作影片\2. 即时项目.mp4

知 识 点：即时项目

步骤 01 进入会声会影，在素材库中单击“即时项目”按钮，如图5-185所示。

步骤 02 在“即时项目”素材库中选择一类模板，如图5-186所示。

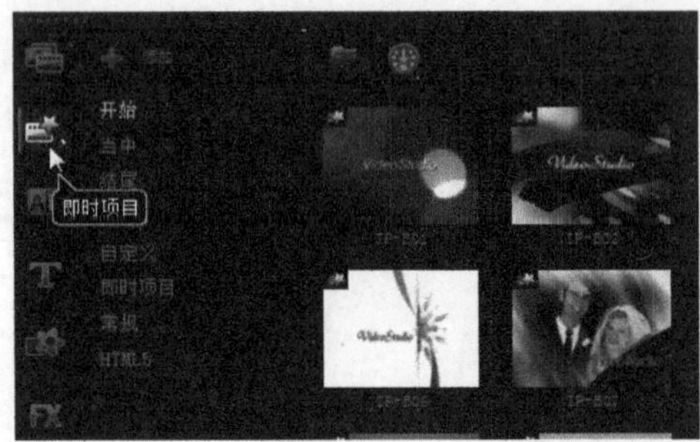

图5-185 单击“即时项目”按钮

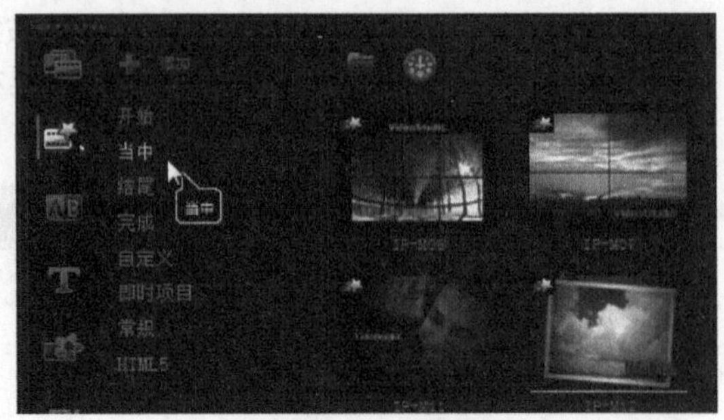

图5-186 选择类别

步骤 03 选择一个模板，在“导览”面板中单击“播放”按钮播放模板，如图5-187所示。

步骤 04 将模板拖入到时间轴中。或者单击鼠标右键，执行“在开始处添加”命令，如图5-188所示。

图5-187 播放模板

图5-188 执行“在开始处添加”命令

步骤 05 此时时间轴中即添加了模板，如图5-189所示。

步骤 06 选择照片1，单击鼠标右键，执行“替换素材”|“照片”命令，如图5-190所示。

图5-189 时间轴

图5-190 执行命令

步骤 07 在弹出的对话框中选择素材，单击“打开”按钮，如图5-191所示。

步骤 08 用同样的方法替换其他照片素材，如图5-192所示。

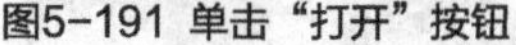
图5-191 单击“打开”按钮

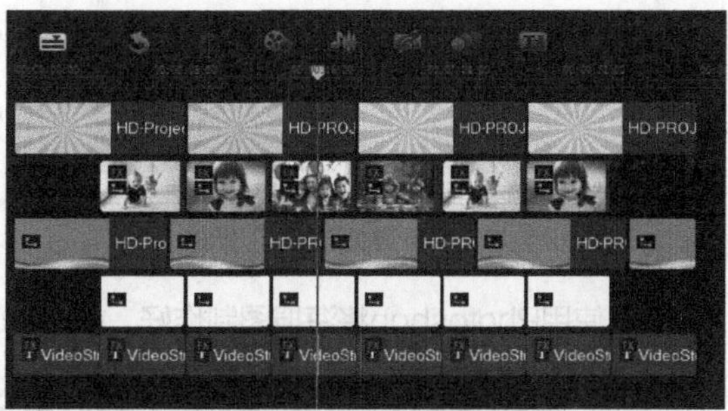
图5-192 替换其他素材

步骤 09 同理，可以对其他照片、视频或音频素材进行替换。选择标题素材，然后在预览窗口中双击，修改文字，如图5-193所示。

步骤 10 用同样的方法可以修改其他标题。在导览面板中单击“播放”按钮，在预览窗口中预览效果，如图5-194所示。

图5-193 修改文字

图5-194 预览效果

5.5 视频的应用

在应用视频前需要将制作好的视频上传到“淘宝视频”页面，具体的上传操作在前面章节中已经介绍过，并介绍了主图视频的应用，下面开始介绍视频在首页及详情页的应用。

5.5.1 首页视频的应用

首页的视频一般添加在海报中，需要使用代码使用。

视频路径 | 第5章\5.5.1首页视频的应用.mp4
知 识 点 | 首页视频的应用

步骤 01 进入“淘宝视频”页面（http://ugc.taobao.com/），在视频列表中选择一个视频，单击

"复制视频链接"链接，如图5-195所示。

步骤02 弹出对话框，单击"FLASH代码"后的"复制"按钮，如图5-196所示。

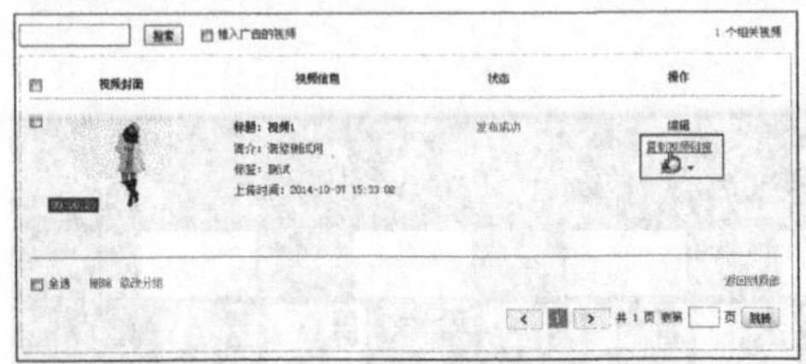

图5-195 单击"复制视频链接"链接

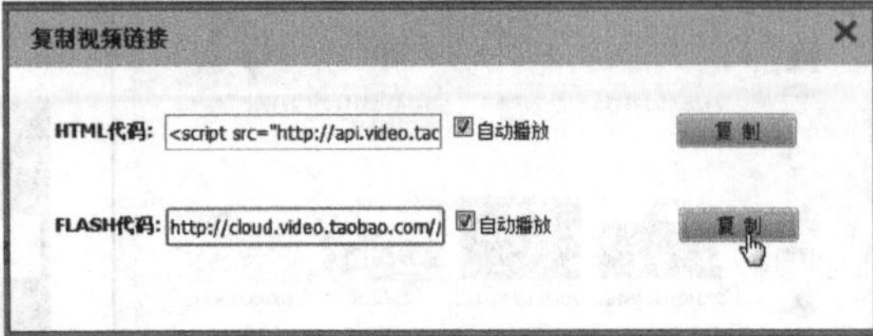

图5-196 单击"复制"按钮

步骤03 使用Photoshop将海报图制作好，如图5-197所示。

图5-197 海报图

步骤04 进入装修后台，在自定义内容区的"编辑源代码"模式中粘贴代码，如图5-198所示。

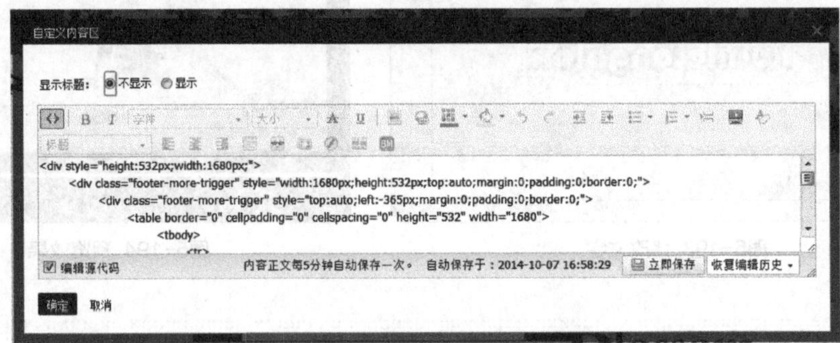

图5-198 粘贴代码

具体的代码见本书配套光盘，对于不同尺寸的背景图及视频需要对尺寸进行相应修改。

步骤05 单击"确定"按钮后，发布装修即可，最终效果如图5-199所示。

图5-199 最终效果

5.5.2 详情页视频的应用

在宝贝描述中添加视频可以宣传店铺、制作产品的动态操作过程，展示产品的特色，如耐压和不褪色等。由于在详情页中添加淘宝视频需要订购，下面介绍如何将优酷视频添加到详情页中。

视频路径 第5章\5.5.2详情页视频的应用.mp4
知 识 点 详情页视频的应用

步骤01 将视频上传至优酷网，单击视频下方的分享区右侧的三角按钮，如图5-200所示。

步骤02 在展开的列表中，单击“html代码”右侧的“复制”按钮，复制html代码，如图5-201所示。

图5-200 单击三角按钮

图5-201 单击“复制”按钮

步骤03 发布宝贝时，在宝贝描述中单击“详情导航”按钮，然后单击“新增模块”链接，如图5-202所示。

步骤04 在跳转的页面中输入标题，粘贴代码，然后单击“新增并立即使用”按钮，如图5-203所示。

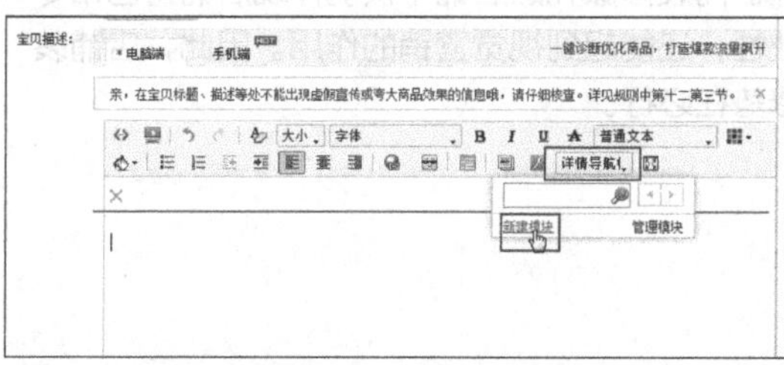

图5-202 单击“新增模板”链接

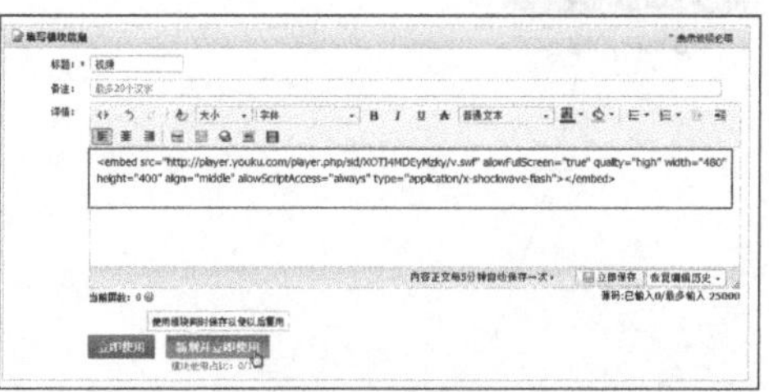

图5-203 单击“新增并立即使用”按钮

步骤05 回到发布页面，宝贝描述中即插入视频，如图5-204所示。发布宝贝即可。

图5-204 插入视频

第6章 淘宝店铺装修

没有装修的店铺不仅毫无美感，且在很大程度上拉低了店铺及商品的档次，不能给人以信任感，也不会有人光顾这样一间没有任何装修的店铺。而装修漂亮的店铺不仅能体现店铺特色和专业性，还能起到视觉营销的作用。因此，店铺装修势在必行。

6.1 淘宝旺铺

淘宝旺铺是淘宝网开辟的一项增值服务和功能，是一种更加个性、豪华的店铺界面，使顾客的购物体验更好，更容易产生购买欲望。

6.1.1 旺铺种类

目前，旺铺有两个版本：即旺铺基础版和旺铺专业版，如图6-1所示。

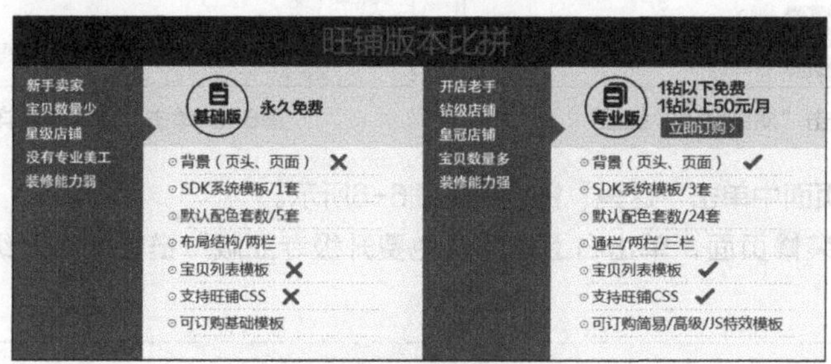

图6-1 旺铺版本

- **旺铺基础版：**无需订购，所有用户都可以免费使用。
- **旺铺专业版**：旺铺基础版可以升级为专业版，订购费用为50元/月，一钻以下会员可以免费使用旺铺专业版。

6.1.2 免费使用旺铺专业版

由于淘宝网对新手卖家的扶持，1钻以下的店铺可以免费使用旺铺专业版。

视频路径 | 第6章\6.1.2免费使用旺铺专业版.mp4
知 识 点 | 免费使用旺铺专业版

步骤 01 登录淘宝网，在“卖家中心”列表下单击“卖家服务市场”链接，如图6-2所示。

步骤 02 在跳转的页面中单击“旺铺服务”链接，如图6-3所示。

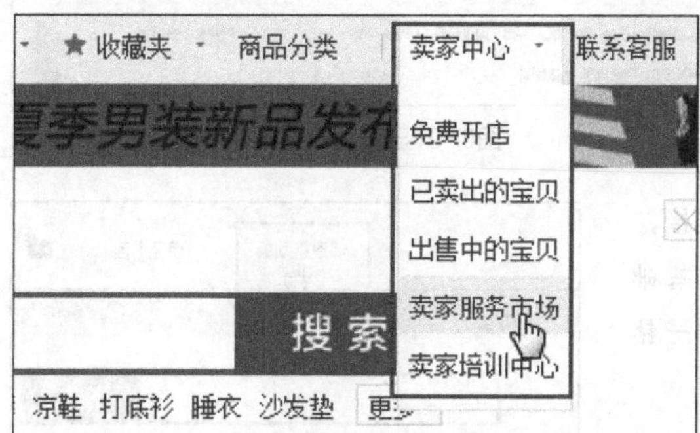

图6-2 单击“卖家服务市场”链接

图6-3 单击“旺铺服务”链接

步骤 03 单击“淘宝旺铺”链接，如图6-4所示。

步骤 04 出现服务订购页面，此时发现无法订购，单击“点此查看详情”链接，如图6-5所示。

图6-4 单击“淘宝旺铺”链接

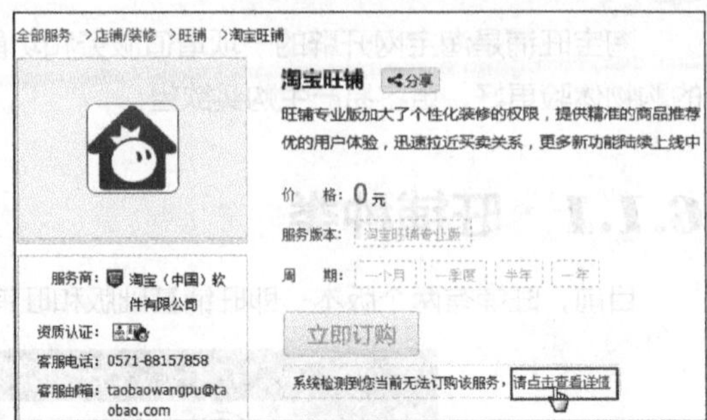

图6-5 单击“点此查看详情”链接

步骤 05 在跳转的页面中单击“这里”链接，如图6-6所示。

步骤 06 进入店铺装修页面，单击右上角的“免费升级专业版”链接即可升级店铺，如图6-7所示。

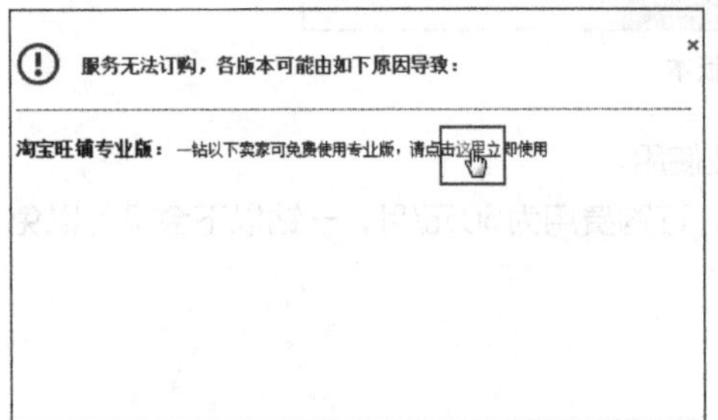

图6-6 单击“这里”链接

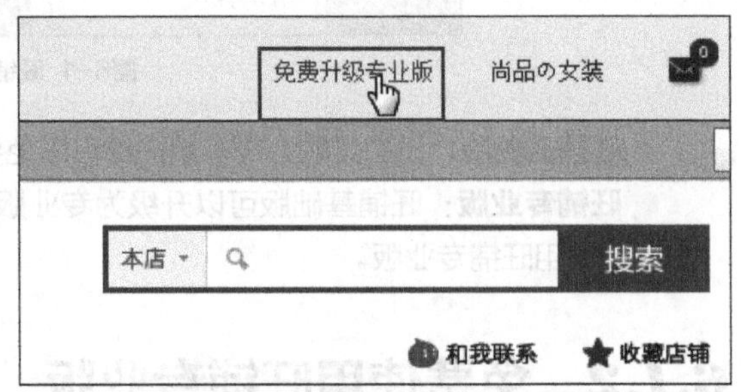

图6-7 单击“免费升级专业版”链接

步骤 07 升级后，单击页面右上角的店铺名称，如图6-8所示。

步骤 08 进入我的店铺首页，在页面最下方显示了店铺的旺铺版本，如图6-9所示。

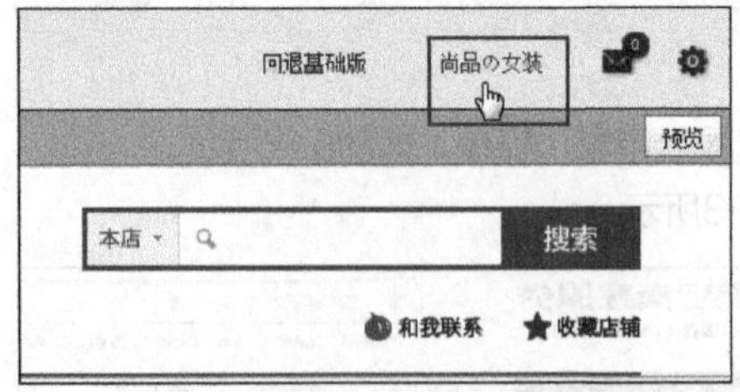

图6-8 单击店铺名称

图6-9 显示旺铺版本

在店铺装修页面单击“回退基础版”链接，如图6-10所示，可将店铺回退到旺铺基础版。变成旺铺基础版后，只要店铺还在一钻以下，则还可以重新使用旺铺专业版。

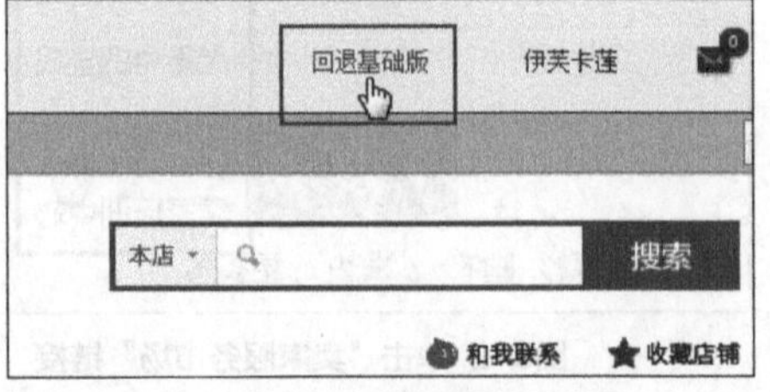

图6-10 单击“回退基础版”链接

6.2 淘宝图片空间的使用

淘宝图片空间是用于存储和管理宝贝详情页和店铺装修图片的地方。

6.2.1 图片的上传与查看

在店铺装修前，通常需要将使用到的宝贝图片和装修图片上传到图片空间中。

视频路径 | 第6章\6.2.1图片的上传与查看.mp4

知 识 点 | 图片的上传与查看

步骤 01 进入“卖家中心”页面，单击左侧的“图片空间”链接，如图6-11所示。

步骤 02 进入图片空间，默认打开的是“图片管理”界面，如图6-12所示。

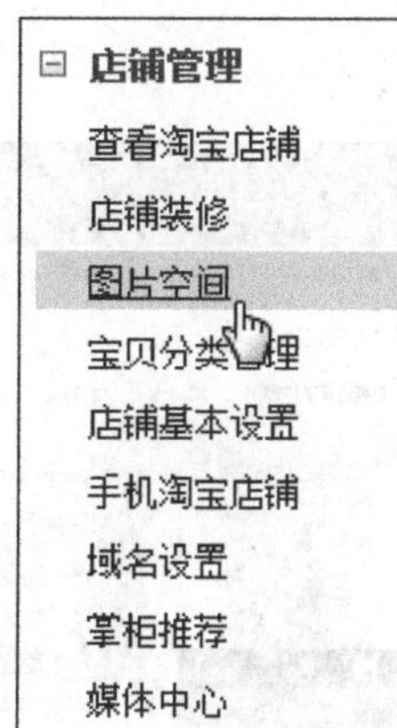

图6-11 单击“图片空间”链接

图6-12 “图片管理”界面

步骤 03 单击“上传图片”按钮，如图6-13所示。

步骤 04 在打开的对话框中单击“点击上传”按钮，如图6-14所示。

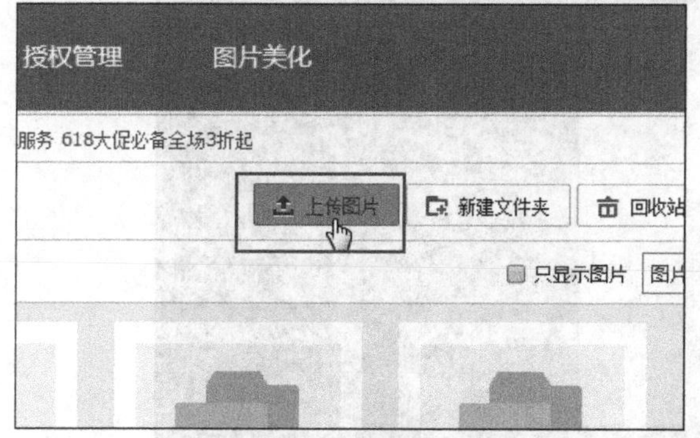

图6-13 单击“上传图片”按钮

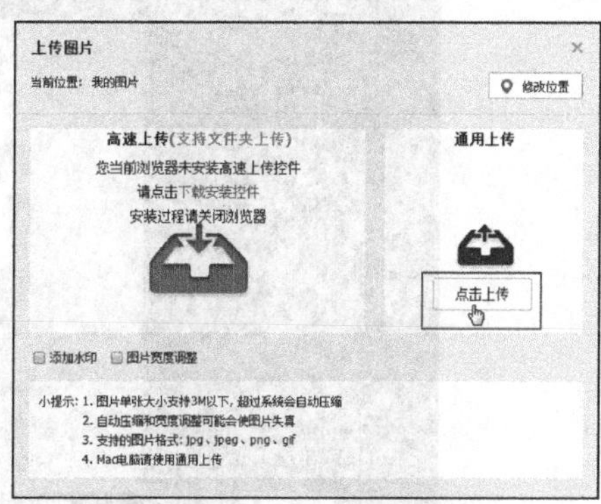

图6-14 单击“点击上传”按钮

步骤05 在打开的对话框中选择需要上传的图片，单击“打开”按钮，如图6-15所示。

步骤06 等待文件上传，如图6-16所示。

图6-15 单击“打开”按钮

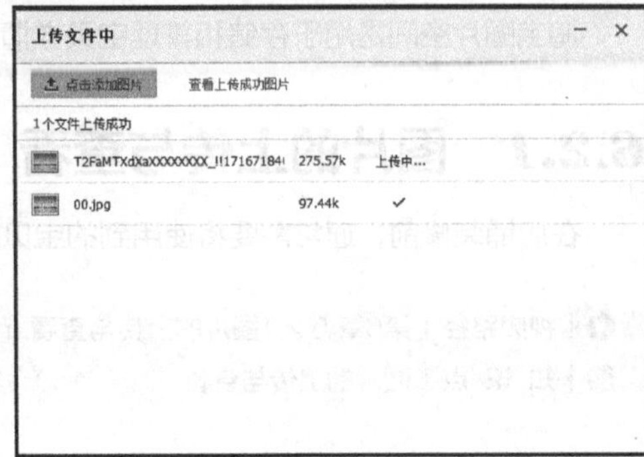

图6-16 等待上传

步骤07 上传完成后右下角显示提示，如图6-17所示。

步骤08 在图片空间中即显示了上传的图片，双击图片，如图6-18所示。

图6-17 显示提示

图6-18 双击图片

步骤09 打开对话框，可查看图片及图片的属性和尺寸等相关信息，如图6-19所示。

图6-19 查看

6.2.2 图片管理

图片的管理可以方便日后的工作，包括设置图片显示方式、搜索图片、新建或删除文件夹等

1. 图片显示方式

对图片以不同的显示方式排列，便于查看。

视频路径：第6章\6.2.2 图片管理\1.图片显示方式.mp4
知 识 点：图片显示方式

步骤01 选中“只显示图片”复选框，在图片空间中则只显示图片而不显示文件夹，如图6-20所示。

步骤02 在排序的下拉列表中可以选择图片排列的方式，如时间、大小和名称等，如图6-21所示。在每种排序方式后标记了上下箭头，向下的箭头表示顺序排列，向上的箭头表示倒序排列。

图6-20 只显示图片

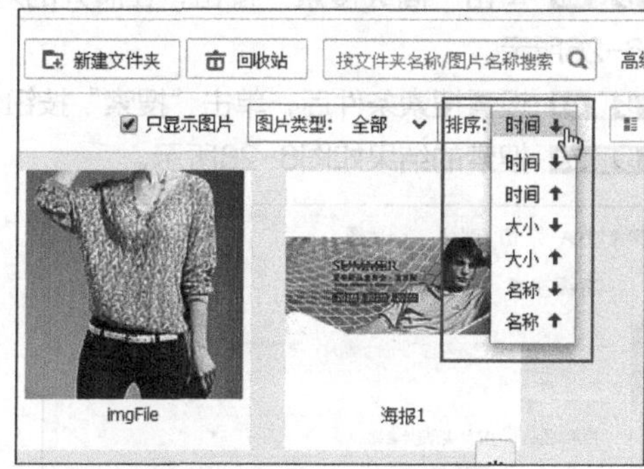

图6-21 排序

步骤03 单击“列表模式”按钮，图片以列表的形式显示，如图6-22所示。

步骤04 单击“大图”模式按钮，图片以缩略图的方式显示，如图6-23所示。

图6-22 列表显示

图6-23 缩略图显示

2. 搜索图片

当图片空间的图片过多时，为了方便查找，可以使用搜索功能搜索图片。

视频路径：第6章\6.2.2 图片管理\2. 搜索图片.mp4
知 识 点：搜索图片

步骤 01 在搜索文本框中输入图片名称，单击“搜索”按钮，如图6-24所示。

步骤 02 搜索结果如图6-25所示。

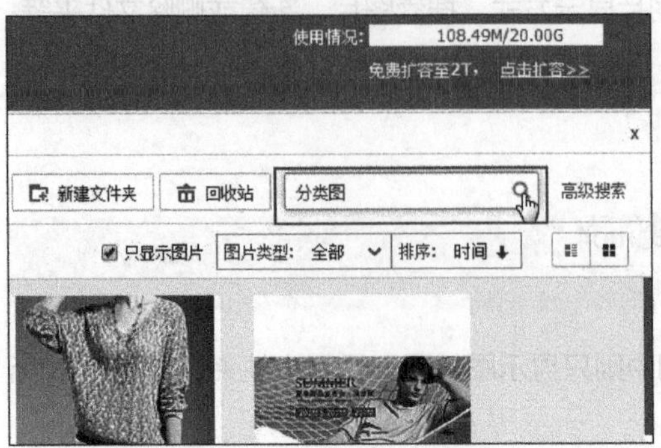

图6-24 单击“搜索”按钮

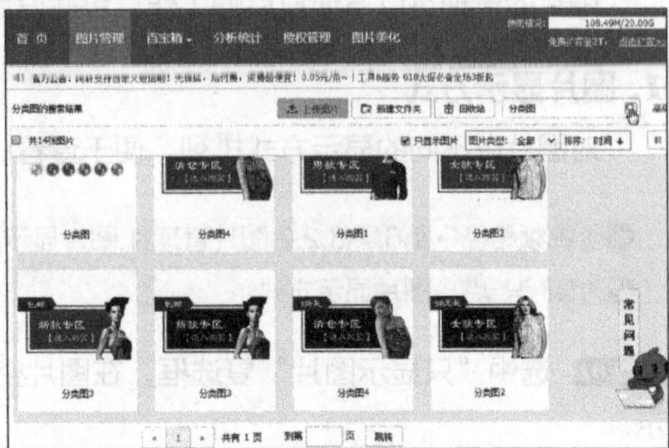

图6-25 搜索结果

步骤 03 单击“高级搜索”按钮，在展开的对话框中设置搜索的类型、关键字和上传日期，如图6-26所示。

步骤 04 设置搜索条件后，单击“搜索”按钮，如图6-27所示。

步骤 05 搜索的结果如图6-28所示。

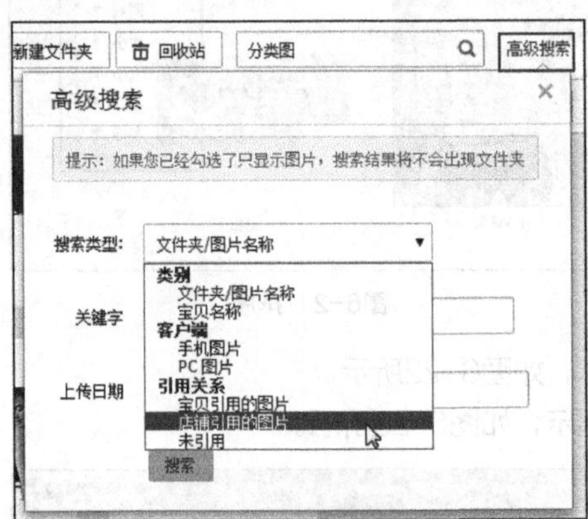

图6-26 高级搜索

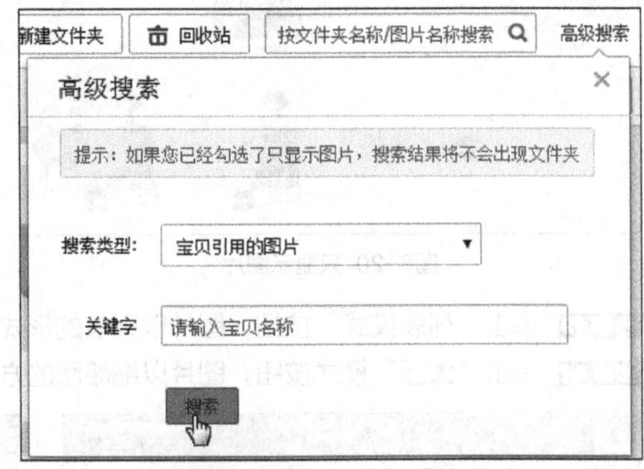

图6-27 单击“搜索”按钮

图6-28 搜索结果

3. 文件夹的新建与删除

新建文件夹可以方便整理不同的图片。

视频路径	第6章\6.2.2 图片管理\3. 文件夹的新建与删除.mp4
知 识 点	文件夹的新建与删除

步骤 01 单击“新建文件夹”按钮，如图6-29所示。

步骤 02 打开对话框，输入文件夹名称，单击“确定”按钮，如图6-30所示。

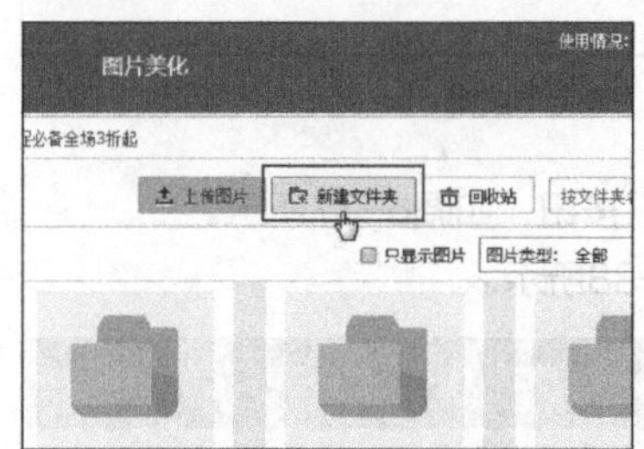

图6-29 单击“新建文件夹”按钮

图6-30 单击“确定”按钮

步骤 03 左侧的图片目录下即显示了新建的文件夹，如图6-31所示。

步骤 04 在其他分类下选择宝贝图，单击鼠标右键，执行“移动”命令，如图6-32所示。

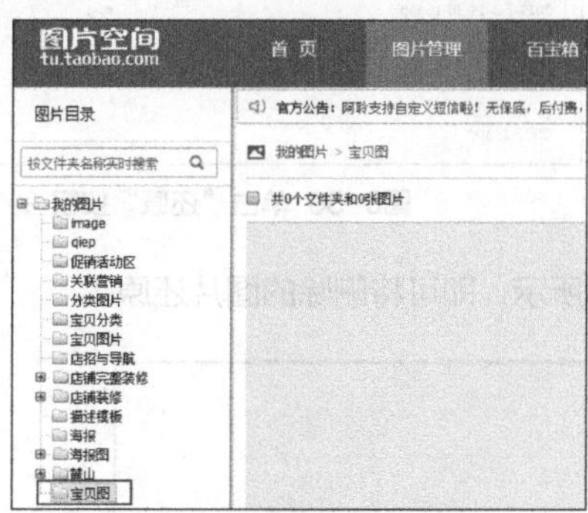

图6-31 显示新建文件夹

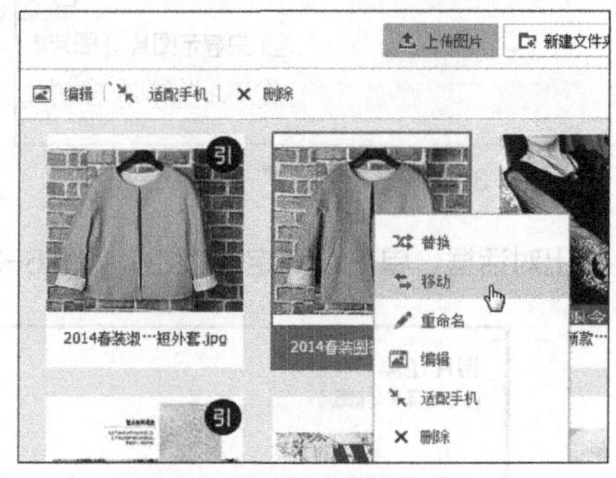

图6-32 执行“移动”命令

步骤 05 在打开的对话框中选择目标文件夹，如图6-33所示。

步骤 06 单击“确定”按钮，即可移动图片到目标文件夹中，如图6-34所示。

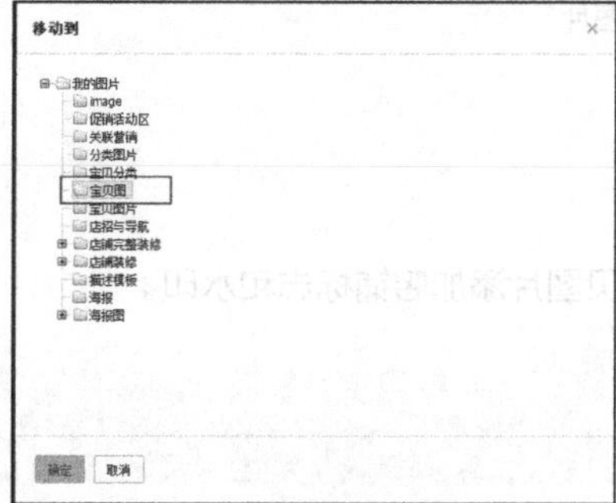

图6-33 选择目标文件夹

图6-34 移动到文件夹

步骤07 若不需要该文件夹，则在文件夹上单击鼠标右键，执行"删除"命令，如图6-35所示。

步骤08 弹出对话框，单击"确定"按钮，如图6-36所示，即可删除该文件夹。

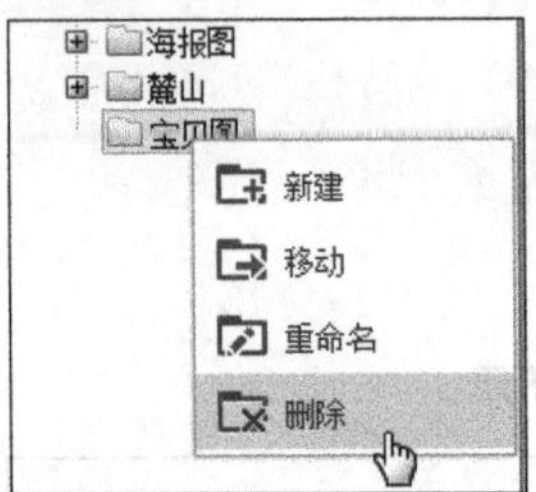

图6-35 执行"删除"命令

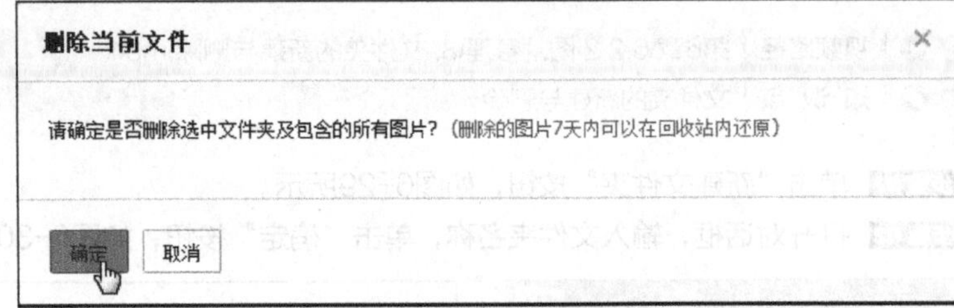

图6-36 单击"确定"按钮

步骤09 删除后，7天内可以在"回收站"找回。单击"回收站"按钮，如图6-37所示。

步骤10 在跳转的页面中选择图片，单击"还原"按钮，如图6-38所示。

图6-37 单击"回收站"按钮

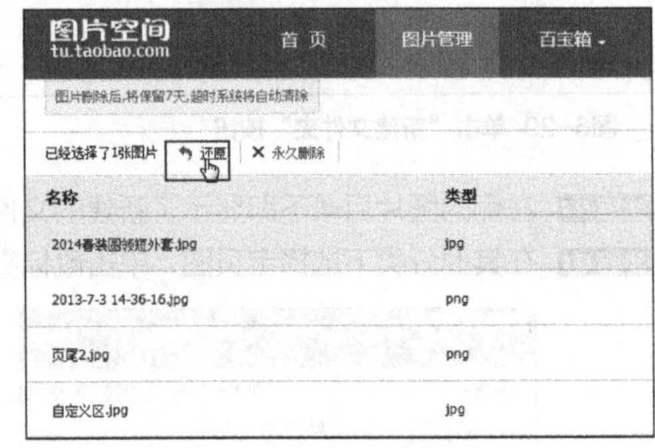

图6-38 单击"还原"按钮

步骤11 弹出对话框，单击"确定"按钮，如图6-39所示，即可将删除的图片还原。

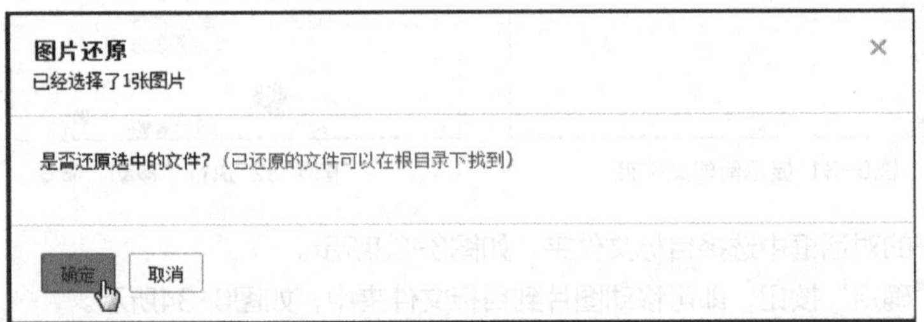

图6-39 还原图片

6.2.3 为图片批量添加水印

在图片空间中的"图片水印"功能，能批量为宝贝图片添加店铺标志和水印。

视频路径 | 第6章\6.2.3为图片批量添加水印.mp4

知 识 点 | 为图片批量添加水印

步骤 01 在“百宝箱”列表中选择“设置水印”选项，如图6-40所示。

步骤 02 打开“水印参数设置”网页，如图6-41所示。

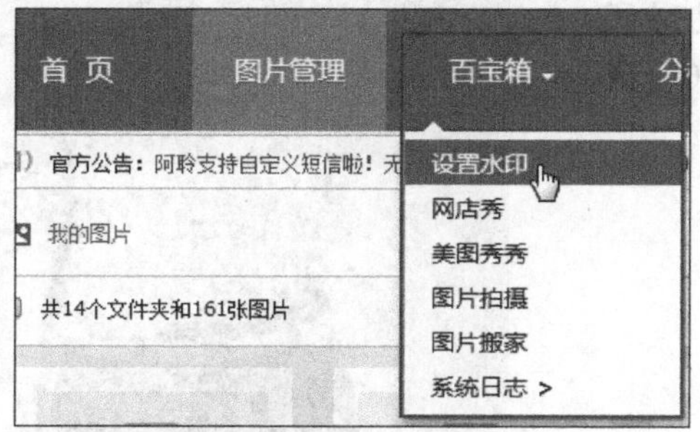

图6-40 选择“设置水印”选项

图6-41 打开网页

步骤 03 单击“添加图片水印”选项卡，切换界面，如图6-42所示。

步骤 04 单击“上传”按钮，选择提前做好的水印或标志，单击“保存”按钮，如图6-43所示。

图6-42 单击“添加图片水印”选项卡

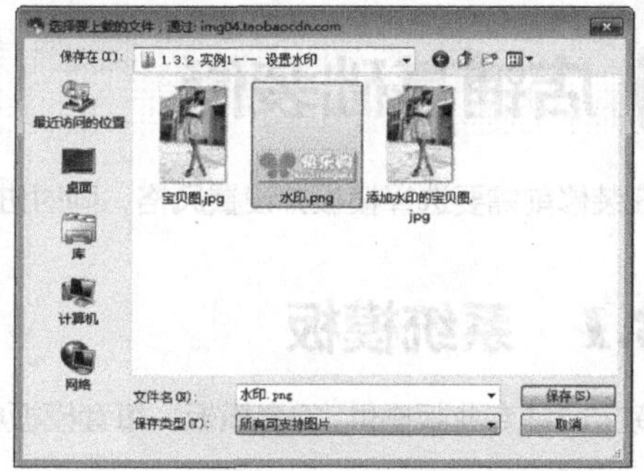

图6-43 设置

步骤 05 设置透明度，基准点及位置，如图6-44所示，单击“保存”按钮即可保存水印及水印的位置。

步骤 06 在图片管理页面中单击“上传图片”按钮，在弹出的对话框中选中“添加水印”复选框，如图6-45所示。

图6-44 设置水印

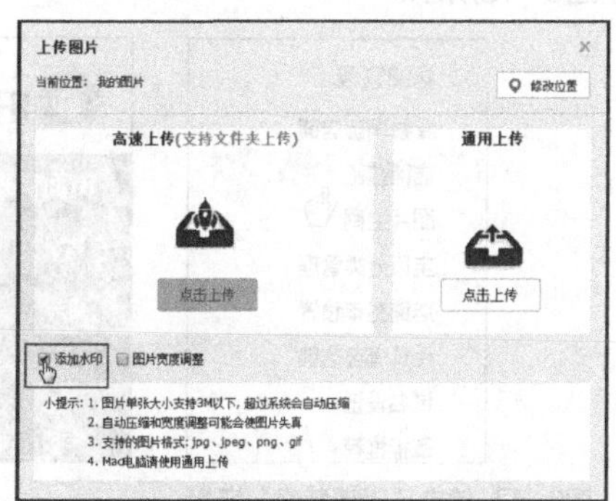

图6-45 选中“添加水印”复选框

步骤07 单击“点击上传”按钮，在弹出的对话框中选择多张图片，单击“打开”按钮。

步骤08 图片上传后即可为上传的图片自动添加水印。选择一张图片，双击打开，预览效果如图6-46所示。

图6-46 预览效果

6.3 店铺基础装修

在装修前需要选择模板并设置风格，同时进行首页布局等基本操作。

6.3.1 系统模板

淘宝旺铺专业版提供了3套模板，每套模板中的风格会不同。

视频路径 第6章\6.3.1系统模板.mp4
知 识 点 系统模板

步骤01 进入“卖家中心”页面，单击左侧的“店铺装修”链接，如图6-47所示。

步骤02 进入店铺装修后台，将光标放置在“装修”按钮上，在展开的列表中选择“模板管理”选项，如图6-48所示。

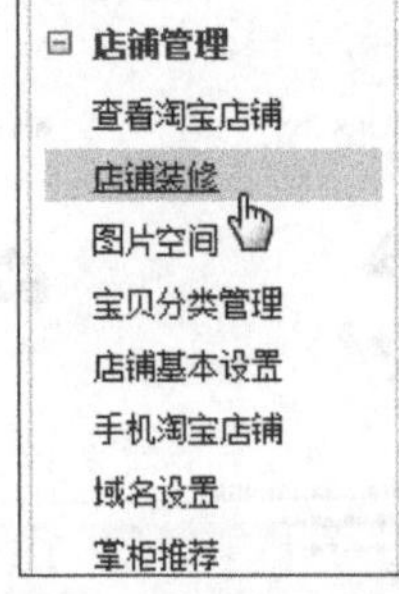

图6-47 单击“店铺装修”链接

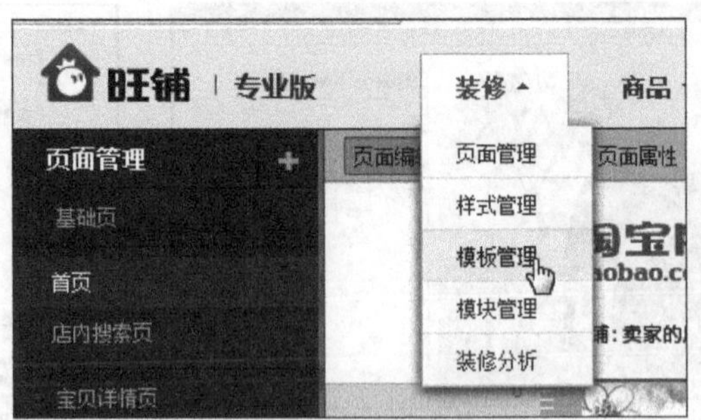

图6-48 选择“模板管理”选项

步骤03 在左侧选择“系统模板”选项，如图6-49所示。

步骤04 右侧显示了三个系统模板，如图6-50所示。

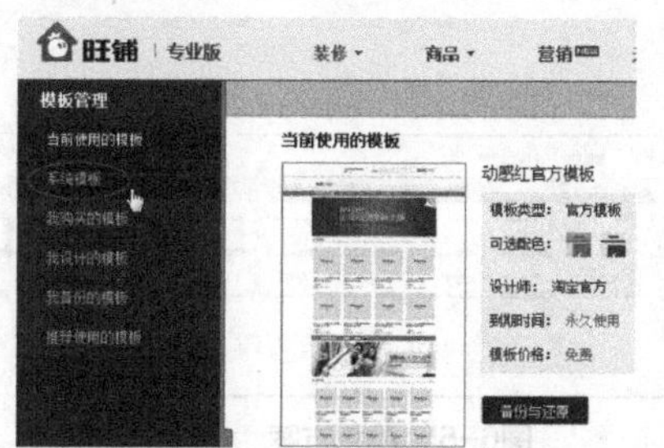

图6-49 选择“系统模板”选项

图6-50 系统模板

步骤05 选择第一个模板，单击弹出“模板详情”对话框，单击“应用”按钮，如图6-51所示。

步骤06 弹出“应用模板”对话框，单击“直接应用”按钮，如图6-52所示。

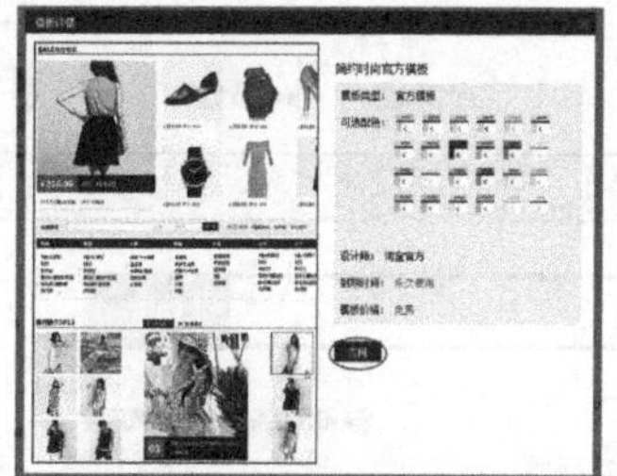

图6-51 单击“应用”按钮

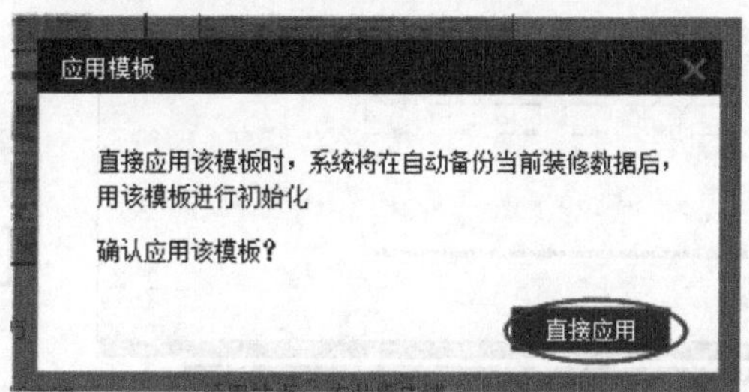

图6-52 单击“直接应用”按钮

步骤07 操作成功后，店铺模板即发生改变，如图6-53所示。

图6-53 店铺模板改变

6.3.2 配色风格

淘宝网为卖家的店铺内置了多种界面风格，方便不同行业、不同风格的店铺选择。

视频路径：第6章\6.3.2配色风格.mp4

知 识 点：配色风格

步骤01 在装修的下拉列表中选择“样式管理”选项，如图6-54所示。

步骤02 进入“选择配色”界面，这里提供了24种方案，如图6-55所示。

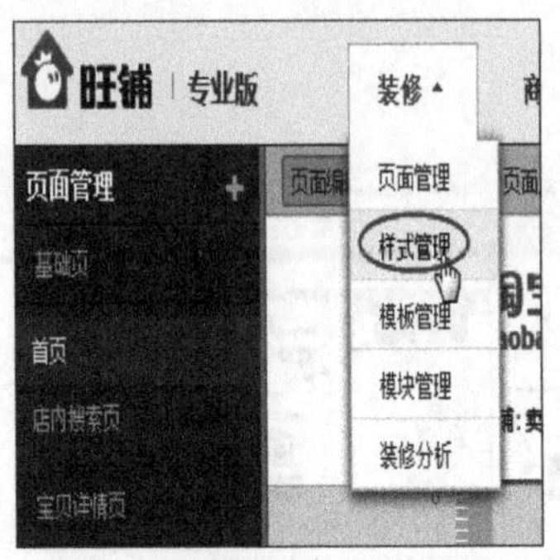

图6-54 选择“样式管理”选项

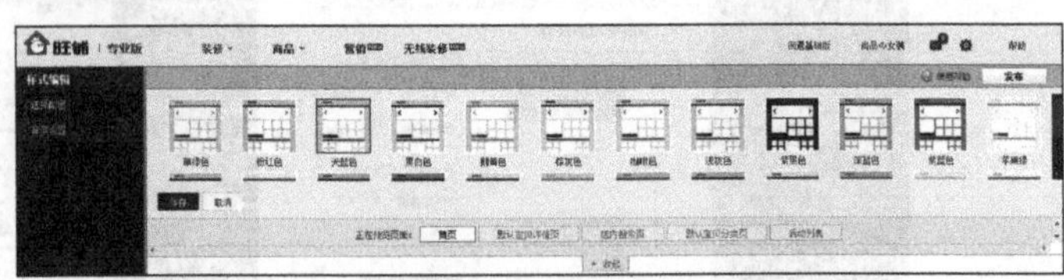

图6-55 配色方案

步骤03 选择一种需要的配色，在下方可以预览应用在店铺中的效果，如图6-56所示。

步骤04 单击“保存”按钮，然后回到“页面管理”页面，单击右上角的“发布”按钮，如图6-57所示，即可改变店铺的配色风格。

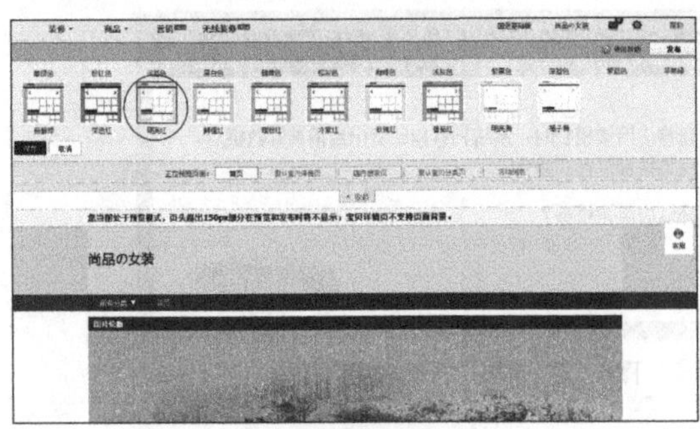

图6-56 应用配色效果

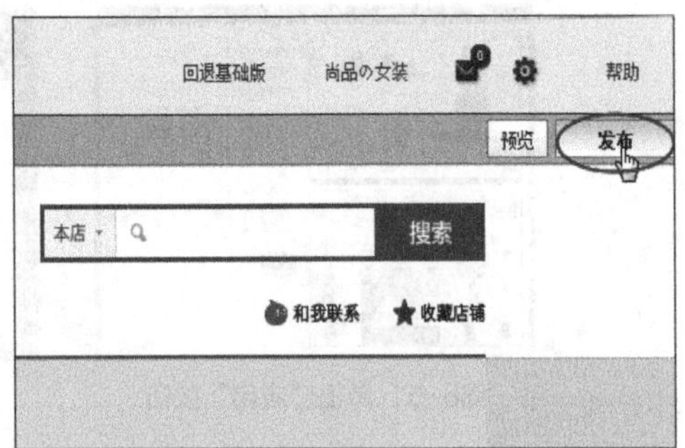

图6-57 单击“发布”按钮

6.3.3 布局管理

淘宝店铺的页面包含多种元素，如店招、宝贝分类和店铺交流区等，其布局是可以进行编辑与设置的。

视频路径 | 第6章\6.3.3布局管理.mp4
知 识 点 | 布局管理

步骤01 进入“店铺装修”页面，可以看到店铺的布局，如图6-58所示。

步骤02 单击顶端的“布局管理”按钮，如图6-59所示。

图6-58 “店铺装修”页面

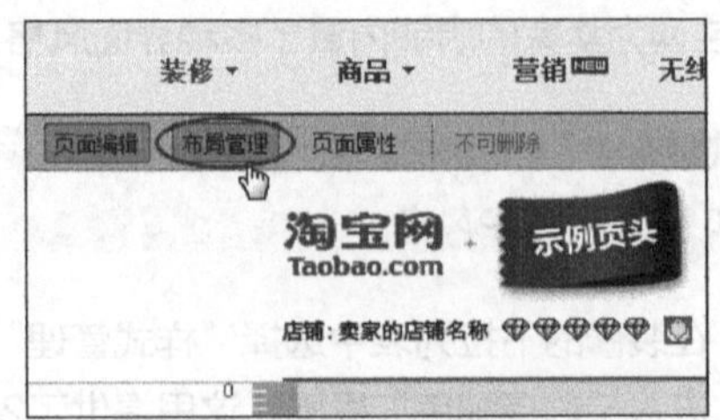

图6-59 单击“布局管理”按钮

步骤 03 进入“布局管理”界面，选择栏目模块，上下拖动可以改变模块显示位置；单击模块右侧的“×”按钮可以删除当前选择的栏目，如图6-60所示。

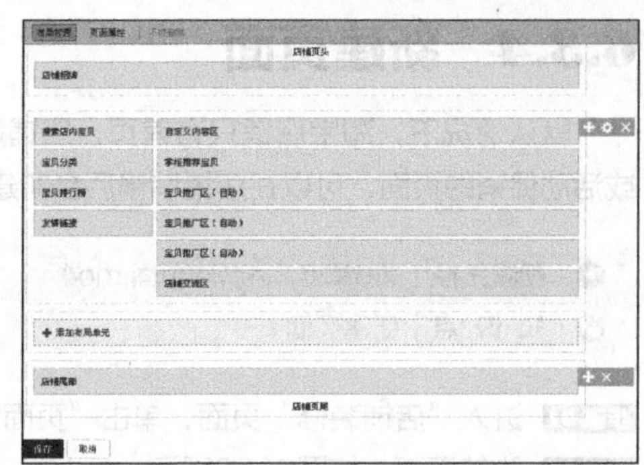

图6-60 “布局管理”界面

步骤 04 单击“添加布局单元”链接，弹出“布局管理”对话框，如图6-61所示，根据需要像素选择添加单元。

步骤 05 即可添加单元，在其右侧单击“+”按钮，如图6-62所示。

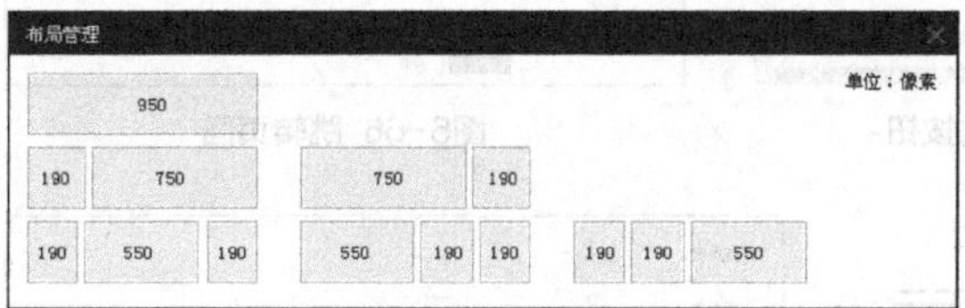

图6-61 添加布局

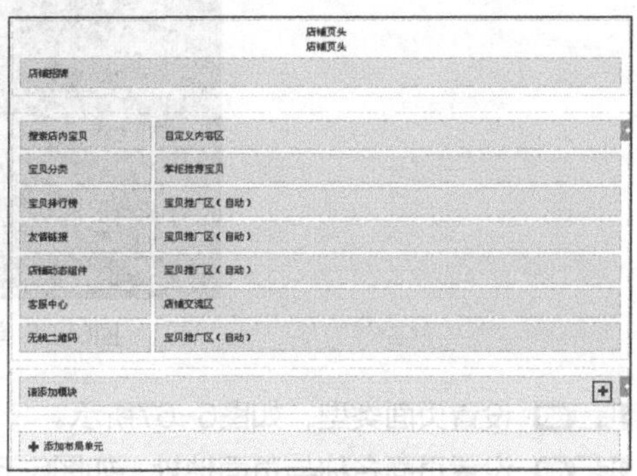

图6-62 单击“+”按钮

步骤 06 弹出“模块管理”对话框，选择需要添加的模块，单击右侧的“添加”按钮，如图6-63所示。

步骤 07 单击按钮后，即可在店铺中添加该模块，如图6-64所示。

步骤 08 单击“保存”按钮后，可预览店铺中添加该模块后的效果。

图6-63 单击“添加”按钮

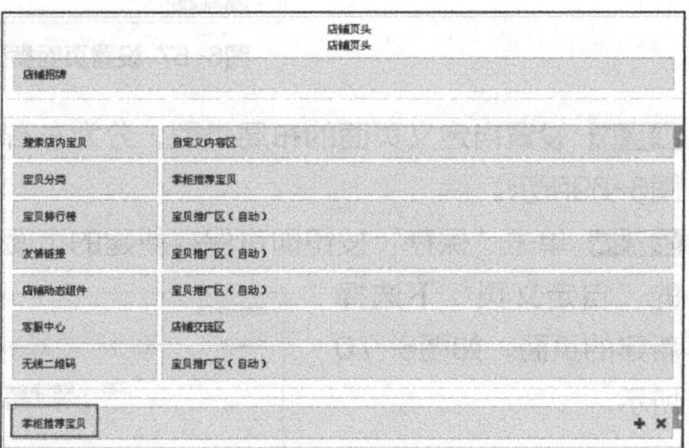

图6-64 添加模块

在选择左侧模块、右侧模块或店铺招牌模块时，单击右侧的“+”按钮，弹出的模块管理中的模块各不相同。

6.3.4 新建页面

默认情况下，淘宝店铺只有首页、店铺搜索页和宝贝详情页3种页面。若需要新建品牌介绍或活动促销的页面，可以在店铺装修后台新建。

视频路径	第6章\6.3.4新建页面.mp4
知 识 点	新建页面

步骤01 进入“店铺装修”页面，单击“页面管理”右侧的“+”按钮，如图6-65所示。

步骤02 跳转页面，如图6-66所示。

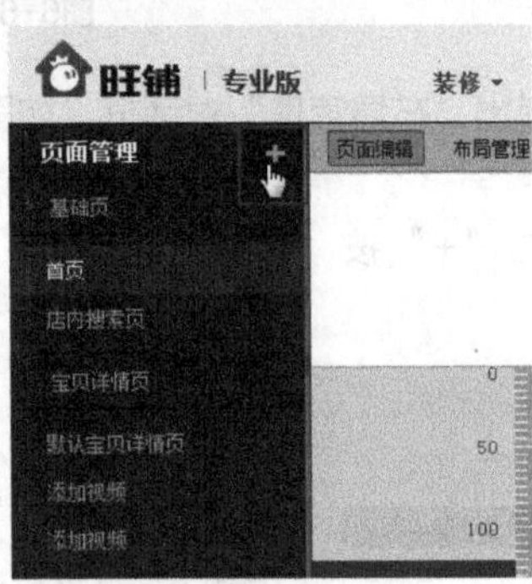

图6-65 单击按钮

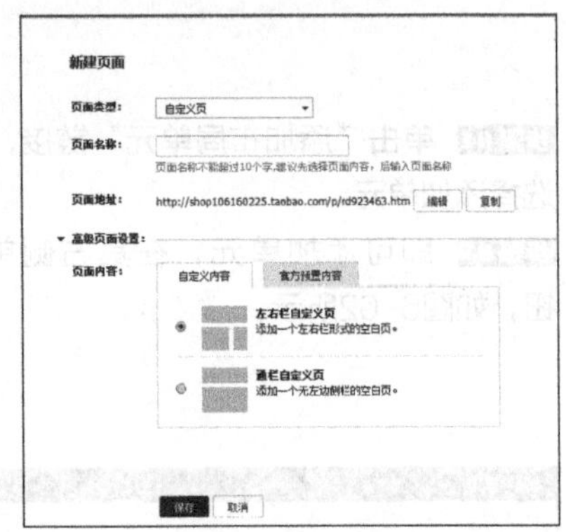

图6-66 跳转页面

步骤03 设置页面类型，如图6-67所示。

步骤04 设置页面名称与页面地址，如图6-68所示。

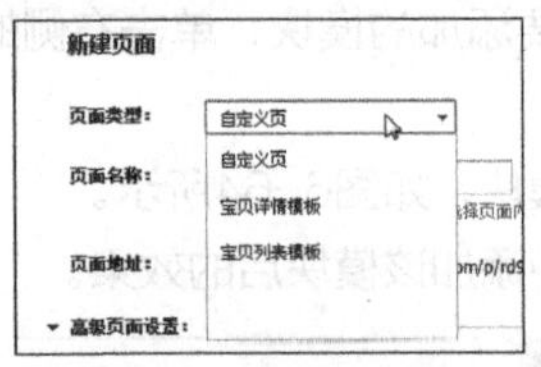

图6-67 设置页面类型

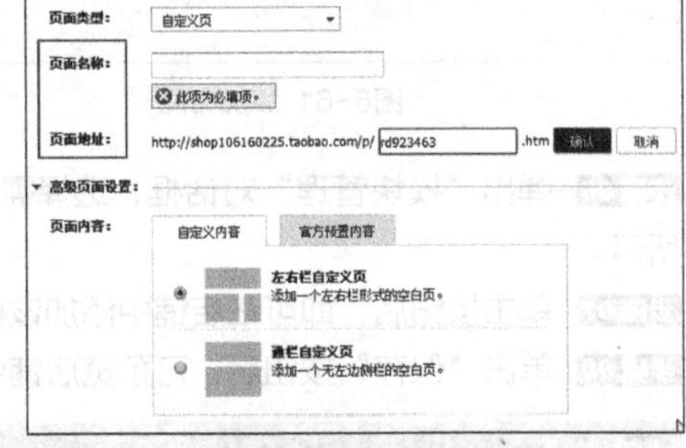

图6-68 设置名称与地址

步骤05 设置自定义页面的布局类型，分为左右栏和通栏，如图6-69所示。

步骤06 单击“保存”按钮即可保存新建的页面。在页面管理的“自定义页”下选择新建的页面，如图6-70所示。

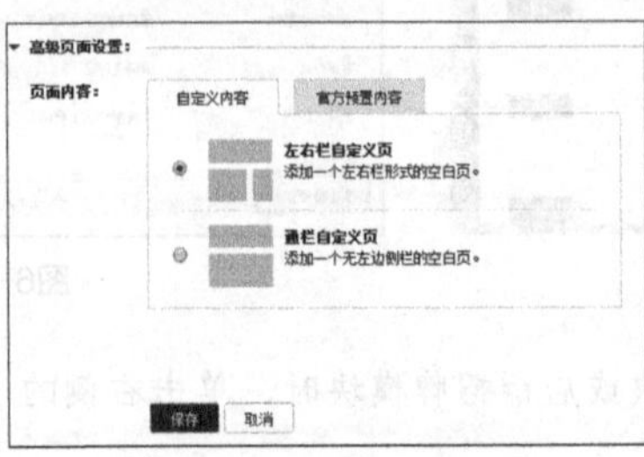

图6-69 设置布局类型

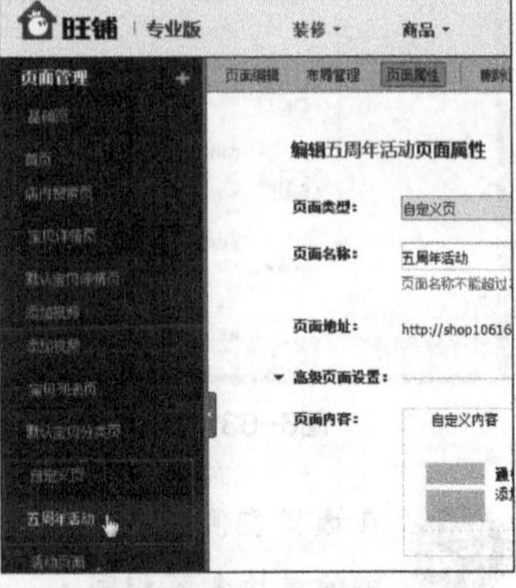

图6-70 选择新建的页面

步骤 07 可对页面再次设置，其中经常会用到是否将其设置为首页，如图6-71所示。

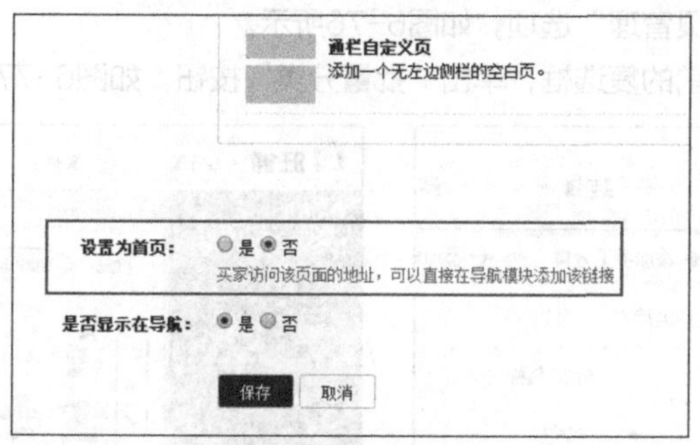

图6-71 是否设置为首页

6.3.5 宝贝分类管理

宝贝分类就是对店铺里所要出售的宝贝进行分类管理。将所有的宝贝都分配到正确的分类中，能使整个店面条理更清晰、简洁，以方便买家搜索浏览。

视频路径 | 第6章\6.3.5宝贝分类管理.mp4
知 识 点 | 宝贝分类管理

步骤 01 进入店铺装修后台，选择“商品”下的“分类管理”选项，如图6-72所示。

步骤 02 在打开的网页中，单击“添加手工分类”按钮，如图6-73所示。

图6-72 选择“分类管理”选项

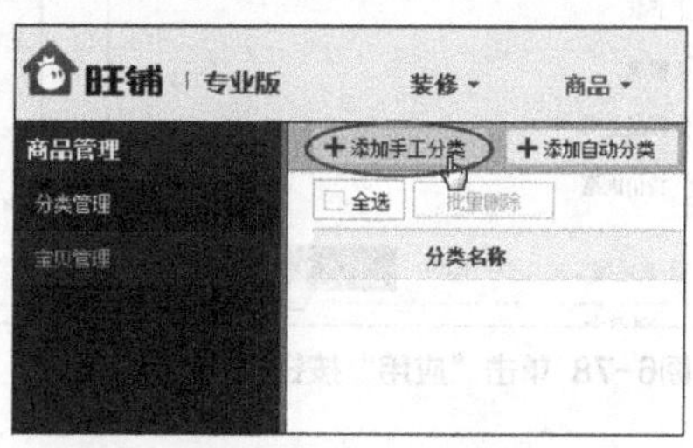

图6-73 单击“添加手工分类”按钮

步骤 03 新增分类后输入分类名称，如图6-74所示。

步骤 04 单击“添加子分类”按钮即可新增子分类，如图6-75所示。

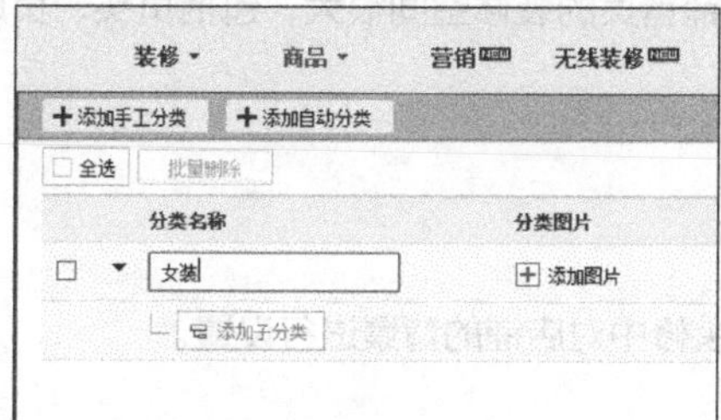

图6-74 新增分类

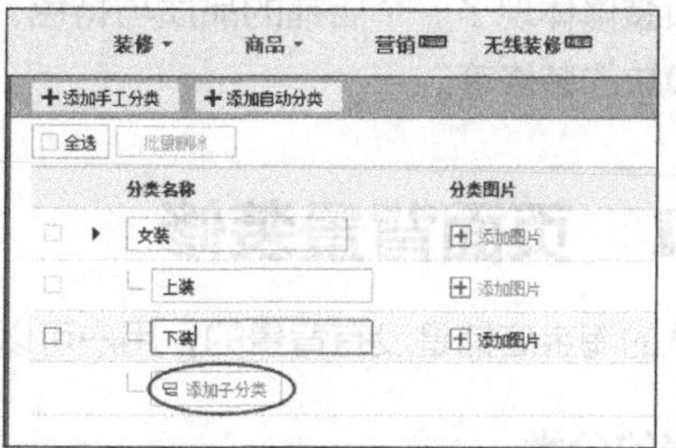

图6-75 新增子分类

步骤 05 添加所有分类后，单击右侧的“保存更改”按钮，保存分类设置。

步骤 06 在左侧选择“宝贝管理”选项，如图6-76所示。

步骤 07 选中未分类宝贝前的复选框，单击“批量分类”按钮，如图6-77所示。

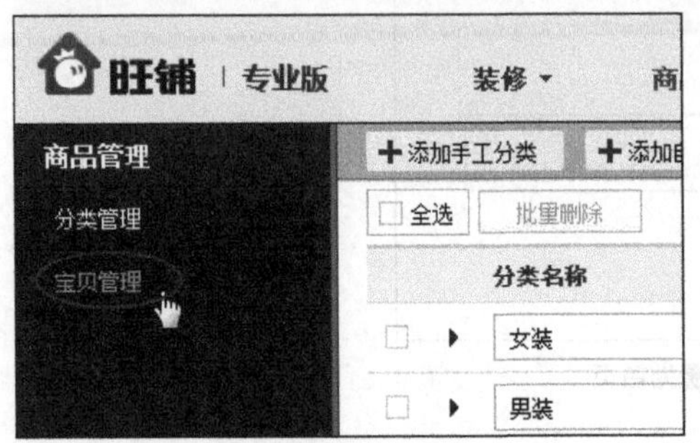

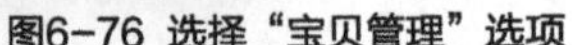
图6-76 选择“宝贝管理”选项

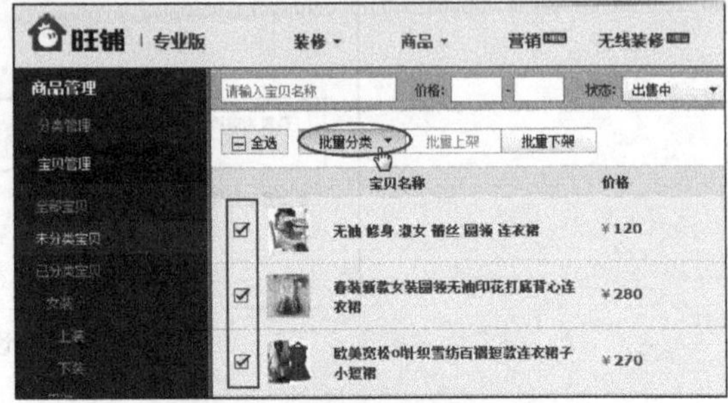

图6-77 单击“批量分类”按钮

步骤 08 在打开的列表中选中分类，并单击“应用”按钮，如图6-78所示，即可完成批量分类。

步骤 09 分类后的宝贝在所属分类下显示了分类。另外，单击单个宝贝右侧的“添加分类”按钮可单独设置分类，如图6-79所示。

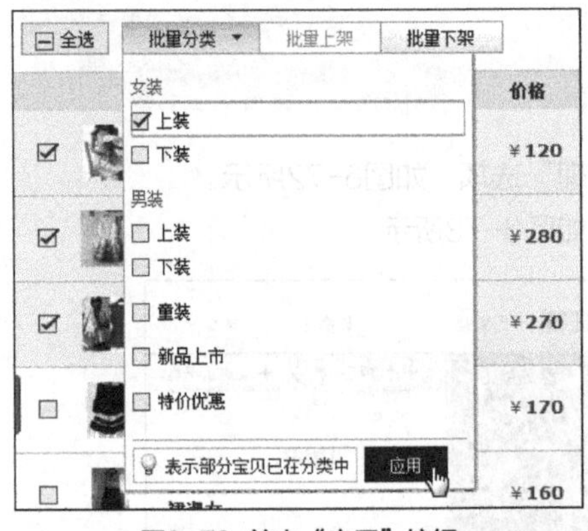

图6-78 单击“应用”按钮

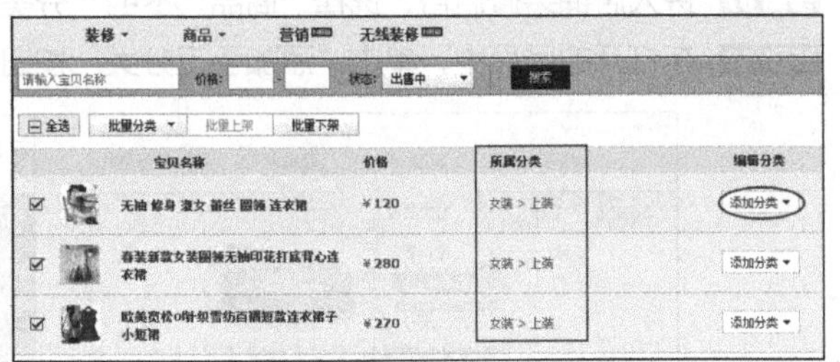

图6-79 单击“添加分类”按钮

6.4 店铺首页装修

首页装修体现了一个店铺的品质与特色。店铺首页的装修空间很大，包括页头、页尾、背景及中间模块的装修等。

6.4.1 页面背景装修

默认的淘宝店铺是没有背景的，用户可以在装修中对店铺的背景进行设置。

1. 背景的分类

首页的背景分为纵向平铺背景、全平铺背景和全屏固定背景三种。

- **纵向平铺背景：** 即整个店铺的页面背景是由一小块背景竖向平铺而成。纵向平铺背景常用于设置花边和阴影，如图6-80所示。
- **全平铺背景：** 全平铺背景即通过对一张图片进行横向和纵向平铺而生成衔接自然的背景图。全平铺背景常用于花纹、砖墙和布料等各种纹理效果，图6-81所示为全平铺背景。
- **全屏固定背景：** 全屏固定背景通常是一张照片或在背景中添加几列文字，如店铺优惠信息和二维码等，全屏展示在网页中，在页面下拉时背景不会移动，此种背景的实现需要借助代码。全屏固定背景的制作技巧在于不能使用过大的背景图，以免影响网页加载与运行的速度。图6-82所示为全屏固定背景。

图6-80 纵向平铺背景

图6-81 全平铺背景

图6-82 全屏固定背景

2. 平铺式背景的装修

在不确定网页高度的情况下，使用背景平铺是最常见的一种方法。下面介绍如何将背景平铺装修。

视频路径 | 第6章\6.4.1页面背景装修\2. 平铺式背景的装修.mp4
知 识 点 | 平铺式背景的装修

步骤 01 在网上下载或使用Photoshop制作好背景图，如图6-83所示。

步骤 02 在店铺装修页面中选择“装修”下拉列表中的“样式管理”选项，如图6-84所示。

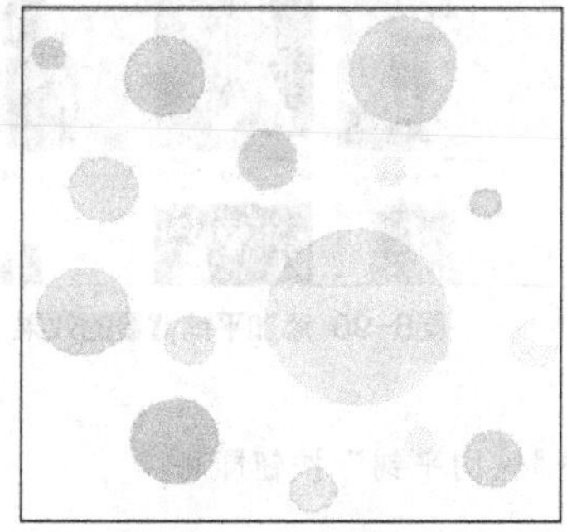

图6-83 背景图

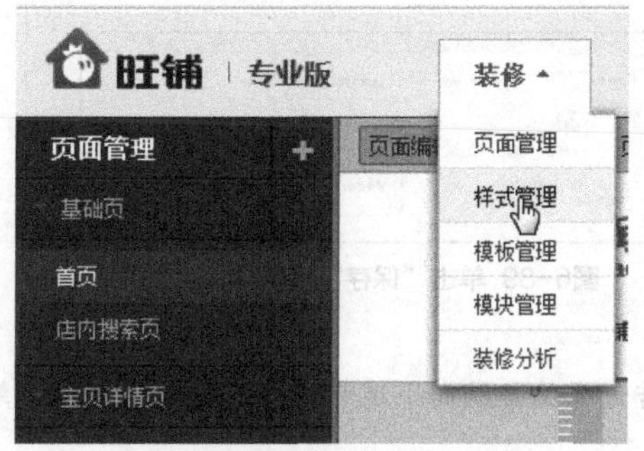

图6-84 选择“样式管理”选项

步骤 03 选择左侧栏目中的“背景设置”选项，如图6-85所示。

步骤 04 在跳转的页面中单击“页面设置”按钮，如图6-86所示。

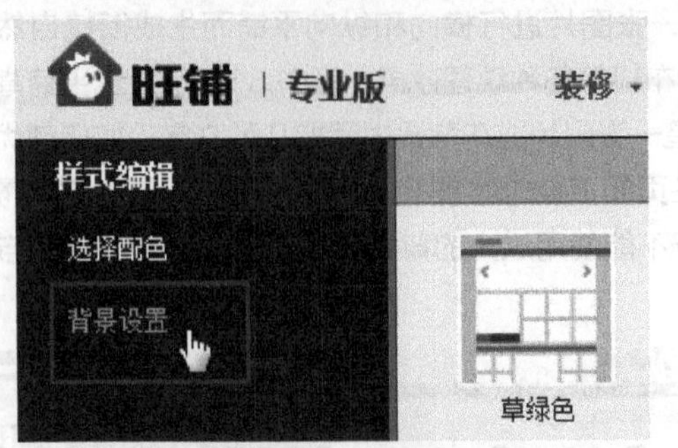

图6-85 选择“背景设置”选项

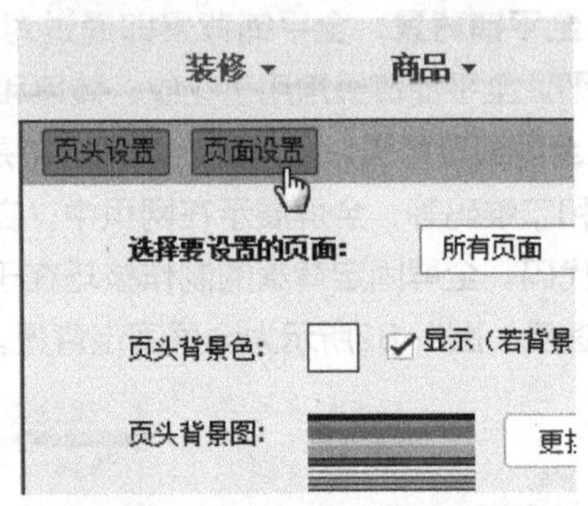

图6-86 单击“页面设置”按钮

步骤 05 单击“更换图片”按钮，如图6-87所示。

步骤 06 弹出对话框，选择图片后单击“打开”按钮，如图6-88所示。

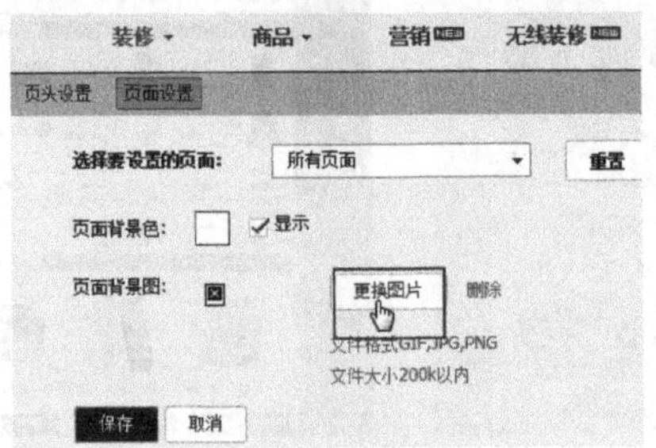

图6-87 单击“更换图片”按钮

图6-88 单击“打开”按钮

步骤 07 在背景显示中单击“平铺”按钮，在背景对齐中单击“居中”按钮，最后单击“保存”按钮，如图6-89所示。

步骤 08 回到“页面管理”页面，单击“预览”按钮预览添加平铺背景的效果，如图6-90所示。

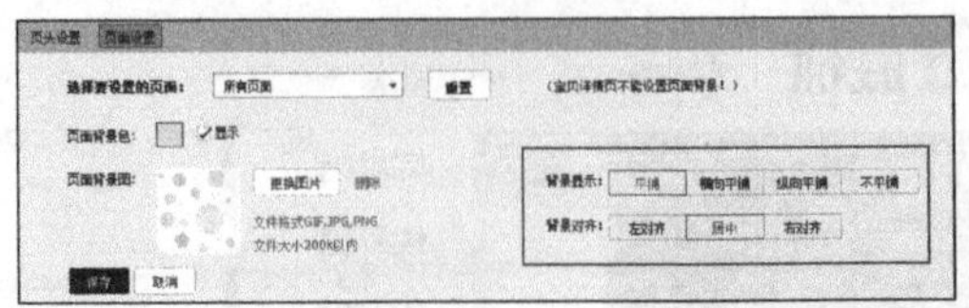

图6-89 单击“保存”按钮

图6-90 添加平铺背景的效果

若选择的是纵向平铺背景，则在背景显示中单击"纵向平铺”按钮即可。

3. 固定背景的装修

全屏固定背景是指背景为全屏图，当滚动页面时，背景为固定状态，不会跟随滚动而改变。

视频路径 | 第6章\6.4.1页面背景装修\3. 固定背景的装修.mp4

知 识 点 | 全屏固定背景装修

步骤01 选择一张已经准备好的全屏背景图，将其上传到图片空间，如图6-91所示。

步骤02 在“店铺装修”页面中单击导航上的“编辑”按钮，如图6-92所示。

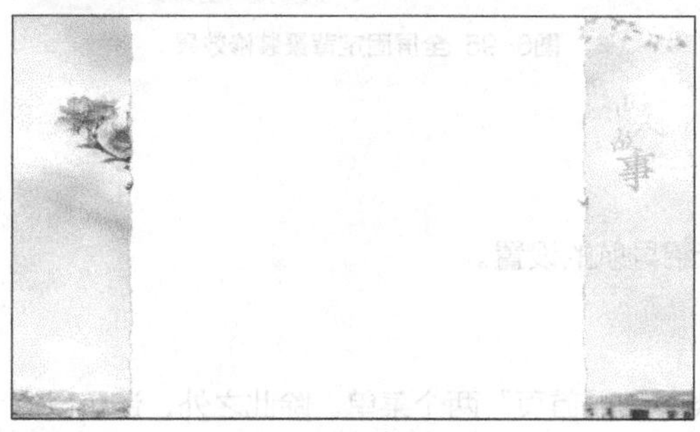

图6-91 全屏背景图

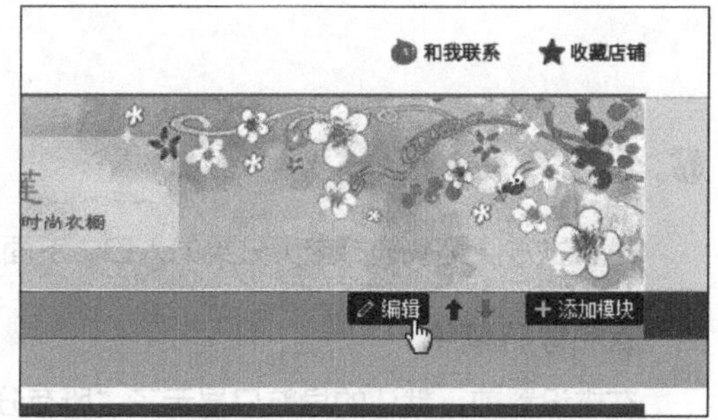

图6-92 单击“编辑”按钮

在制作全屏固定背景图时需将中间宽950px的区域删除，一方面可以减少图片的内存，加快加载速度。另一方面，中间区域过于复杂会影响宝贝的展示。

步骤03 在打开的“导航”对话框中单击“显示设置”按钮，进入显示设置界面，在下方输入代码，如图6-93所示。

步骤04 打开图片空间，选择图片，单击“复制链接”按钮，如图6-94所示。

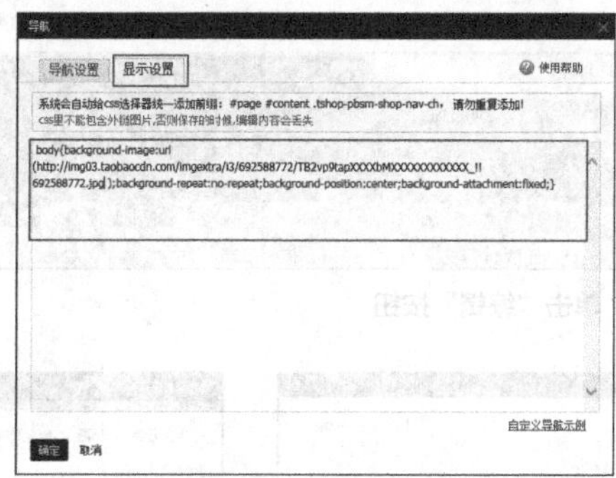

图6-93 输入代码

图6-94 单击“复制链接”按钮

全屏固定背景代码如下。

```
body{background-image:url( );background-repeat:no-repeat;background-position:center;background-attachment:fixed;}
```

步骤05 在url（ ）括号中按Ctrl+V组合键粘贴背景图片的地址，单击“确定”按钮，预览全屏固定背景装修效果，如图6-95所示。

图6-95 全屏固定背景装修效果

6.4.2 导航设置

导航是方便买家选择宝贝分类的入口，下面介绍导航的设置。

1. 添加导航菜单

在未设置前，默认的导航只显示了“所有分类”和“首页”两个菜单。除此之外，还可以添加其他分类、页面或链接。

视频路径：第6章\6.4.2导航设置\1.添加导航菜单.mp4
知 识 点：添加导航菜单

步骤01 在装修后台，选中导航模块，在右上角单击“编辑”按钮，如图6-96所示。

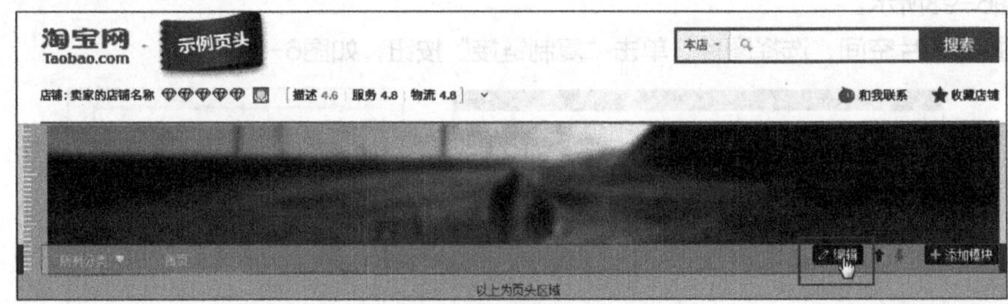

图6-96 单击“编辑”按钮

步骤02 弹出对话框，单击“添加”按钮，如图6-97所示。

步骤03 在打开的对话框中选中分类前的复选框，如图6-98所示。

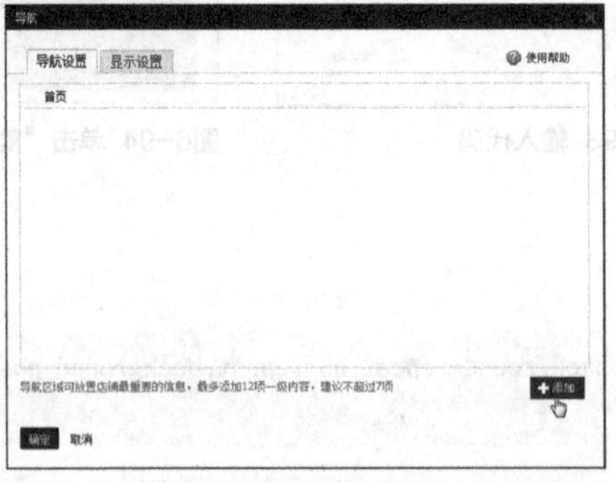

图6-97 单击“添加”按钮

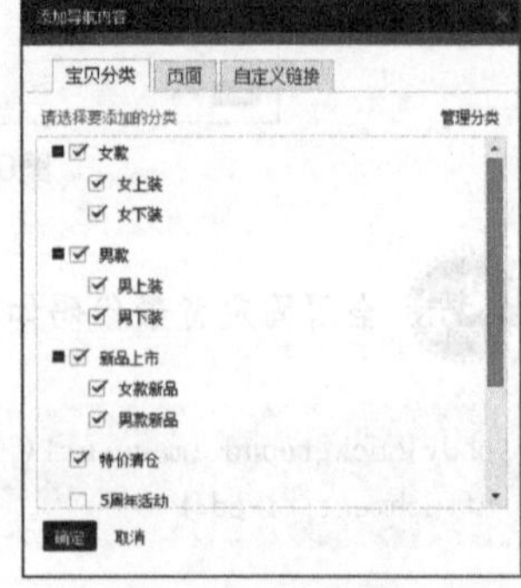

图6-98 选中复选框

步骤 04 选择“页面”选项，在下方选中相应页面的复选框，如图6-99所示。

步骤 05 选择“自定义链接”选项，单击“添加链接”按钮，如图6-100所示。

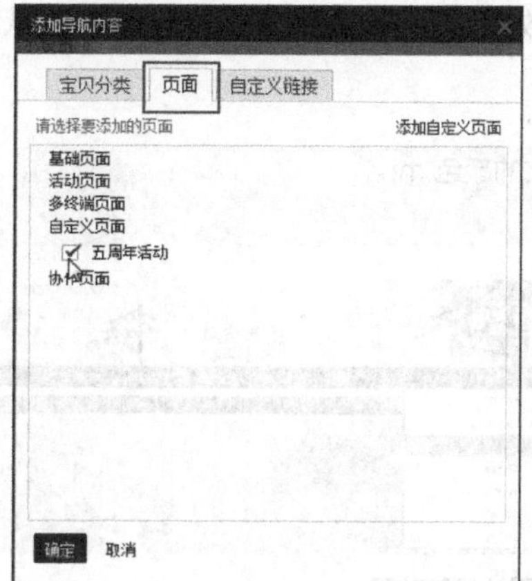

图6-99 选中复选框

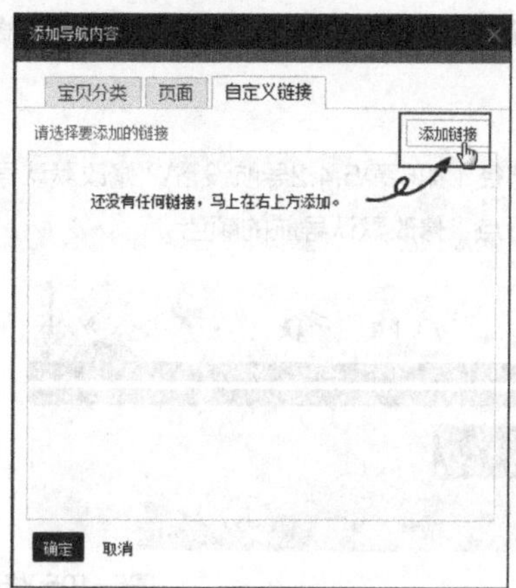

图6-100 单击“添加链接”按钮

步骤 06 输入链接名称与地址，单击“保存”按钮，如图6-101所示。

步骤 07 添加链接后，单击“确定”按钮，如图6-102所示。

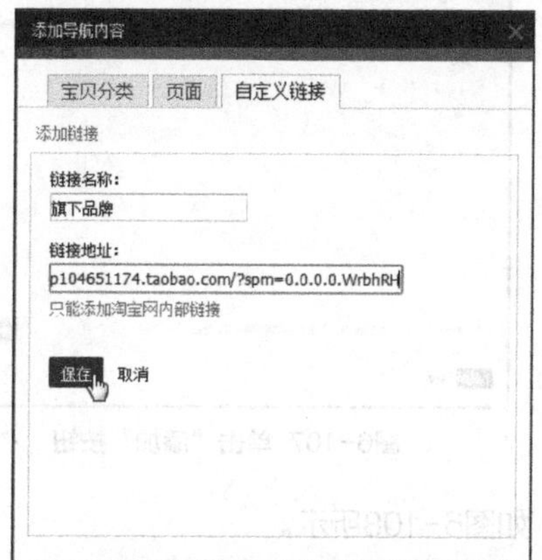

图6-101 单击“保存”按钮

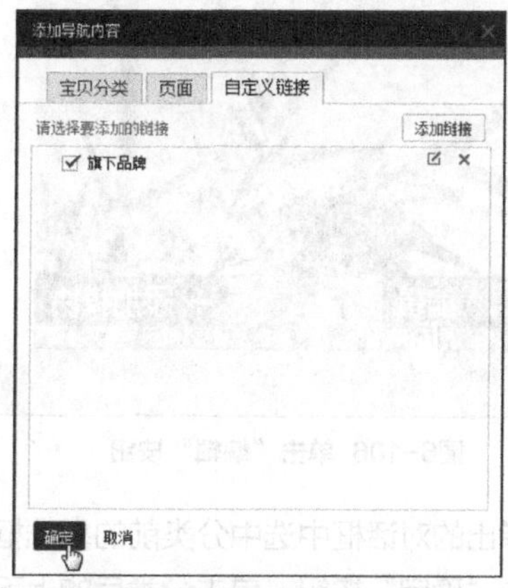

图6-102 单击“确定”按钮

步骤 08 添加显示的菜单后，可以通过单击↑或↓箭头调整顺序，如图6-103所示。

步骤 09 单击“确定”按钮后，导航栏显示了添加的菜单，如图6-104所示。

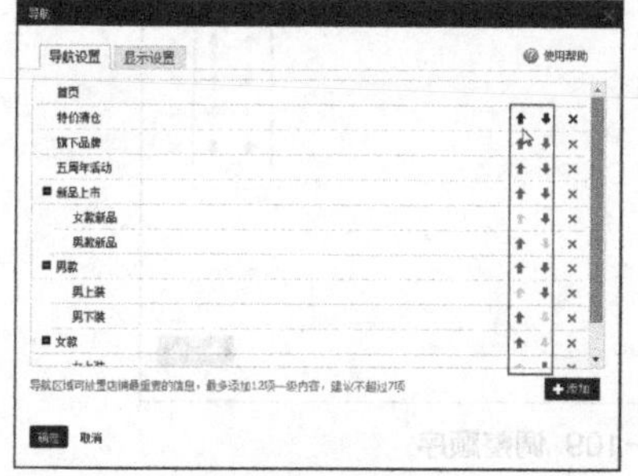

图6-103 调整顺序

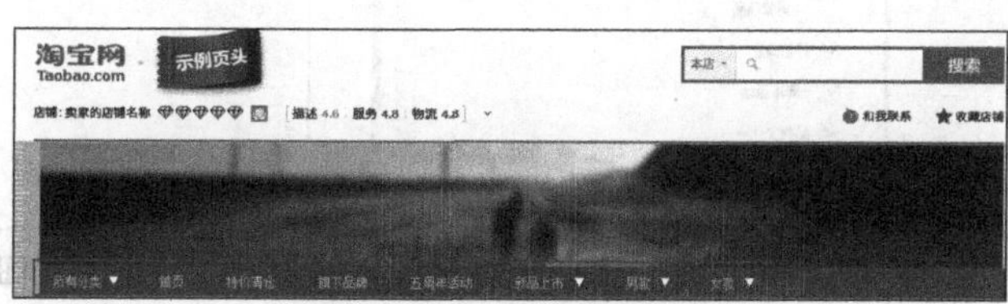

图6-104 显示了添加的菜单

2. 修改默认导航的颜色

选择不同的模板样式，其导航颜色不同，但系统提供的模板样式有限，因此需要使用代码来修改导航的颜色。下面以实例的形式介绍如何修改默认导航，图6-105所示为修改默认导航的前后效果。

视频路径 | 第6章\6.4.2导航设置\2.修改默认导航的颜色.mp4

知 识 点 | 修改默认导航的颜色

图6-105 修改默认导航效果

步骤01 进入装修后台，在店招模块右侧单击“编辑”按钮，如图6-106所示。

步骤02 单击右下角的“添加”按钮，如图6-107所示。

图6-106 单击“编辑”按钮

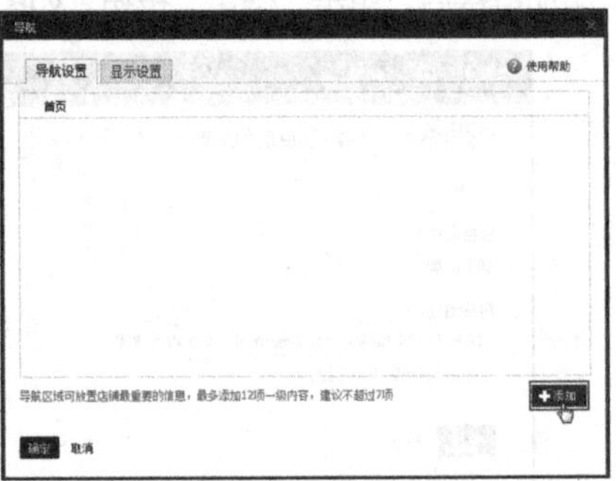

图6-107 单击“添加”按钮

步骤03 在弹出的对话框中选中分类前的复选框，如图6-108所示。

步骤04 单击“确定”按钮，单击分类后的上下箭头调整顺序，如图6-109所示。

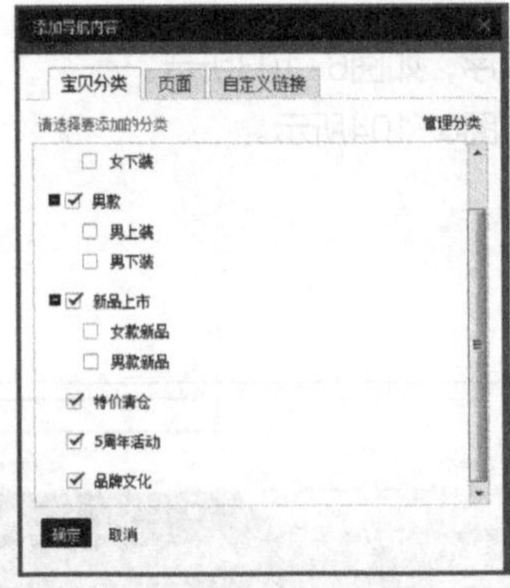

图6-108 选中复选框

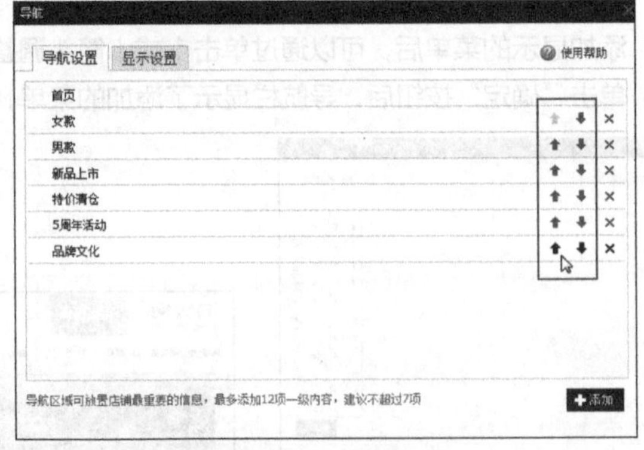

图6-109 调整顺序

步骤05 单击“显示设置”按钮，在下方的文本框中输入代码，如图6-110所示。

步骤06 单击“确定”按钮，预览修改默认导航的效果，如图6-111所示。

图6-110 输入代码

图6-111 修改默认导航的效果

若需要恢复到默认的导航，只需将代码删除即可。下面为导航的相关代码。

```
body{background-image:url( );background-repeat:no-repeat;background-position:center;background-attachment:fixed;}
```

导航条整个分类区域的背景色代码	
.skin-box-bd .menu-list{background: black;}	注释：颜色代码可以用英文单词表示也可以用十六进制表示，如黑色的代码：black或者#000000。还可以使用图片表示，代码为：url(图片链接)
导航条背景色代码	
.skin-box-bd{ background: black;}	注释：修补导航右侧的缺口
静态背景（如“首页”和“店铺动态”等）颜色代码	
.skin-box-bd .menu-list .link{background: black;}	
“所有分类”类目的背景色代码	
.all-cats .link{background: black;}	注释：“所有分类“在系统默认导航条的最左边一栏
二级分类的背景颜色代码	
.popup-content{background: gray;}	注释：二级分类即单击“所有分类”类目后，展开的下拉菜单
三级分类的背景颜色代码	
.popup-content .cats-tree .snd-pop-inner{ background: black;}	
“所有分类”类目右侧的分割线颜色代码	
.all-cats .link{border-color: gray;}	
“首页”等其他类目右侧的分割线颜色代码	
.menu-list .menu{border-color: gray;}	
“所有分类”类目的文字颜色代码	
.all-cats .link .title{color: white;}	
“首页”等其他类目的文字颜色代码	
.menu-list .menu .title{color: white;}	
二级分类下的文字颜色代码	

（续表）

.popup-content .cat-name{color: gray;}	
三级分类下的文字颜色代码	
.popup-content .cats-tree .snd-pop-inner .cat-name {color: gray;}	
鼠标滑过“所有分类”类目变换颜色代码	
.all-cats-hover .link{background:blue;}	
鼠标滑过“首页”等其他导航类目变换颜色代码	
.menu-list .menu-hover .link{background:blue;}	
鼠标滑过二级分类变换背景颜色代码	
.popup-content .cats-tree .cat-hd-hover{background:blue;}	
鼠标滑过三级分类变换背景颜色代码	
.popup-content .cats-tree .snd-cat-hd-hover{background:blue;}	
鼠标滑过“所有分类”类目，文字的变换颜色代码	
.all-cats-hover .link .title{color:red;}	
鼠标滑过“首页”等其他类目，文字的变换颜色代码	
.menu-list .menu-hover .title{color:red;}	
鼠标滑过二级分类，文字的变换颜色代码	
.popup-content .cat-hd-hover .cat-name{ color:red;}	
鼠标滑块三级分类，文字的变换颜色代码	
.popup-content .cats-tree .snd-cat-hd-hover .cat-name{ color:red;}	
背景透明导航代码	
.skin-box-bd{background:none;}.menu-list{background:none;}.link{background:none;}.menu{background:none;}.all-cats{background:none;}	
添加底纹代码	
.menu-list .menu{border-radius:12px;overflow:hidden;}	
一级分类宽度代码	
.menu-list .menu{background:#颜色;margin:0;padding:0px 增加的宽度px;}	
“所有分类”右侧的箭头图标	
.all-cats .link .popup-icon{background:url(图片链接);}	注释：图片链接中需要填写链接地址，若不填写则原有的箭头图标不显示
二级分类右侧图标代码	
.popup-content .cats-tree .fst-cat-icon{background:url(图片链接);}	
三级分类前添加小白点	
.popup-content .cats-tree .snd-cat-icon{display:block;height:3px;width:3px;}	
下拉菜单半透明	
.popup-content{filter: alpha(opacity=50);opacity: 0.5;}	

6.4.3 店招装修

默认的店招模块是950像素×120像素大小，下面通过实例介绍如何将制作好的店招装修到店铺中。

1. 默认店招装修

视频路径 | 第6章\6.4.3店招装修\1.默认店招装修.mp4
知 识 点 | 默认店招装修

步骤 01 进入装修后台，选择“店招”模块，单击“编辑”按钮，如图6-112所示。

步骤 02 在弹出的对话框中取消选中“是否显示店铺名称”后的复选框，单击“选择文件”按钮，如图6-113所示。

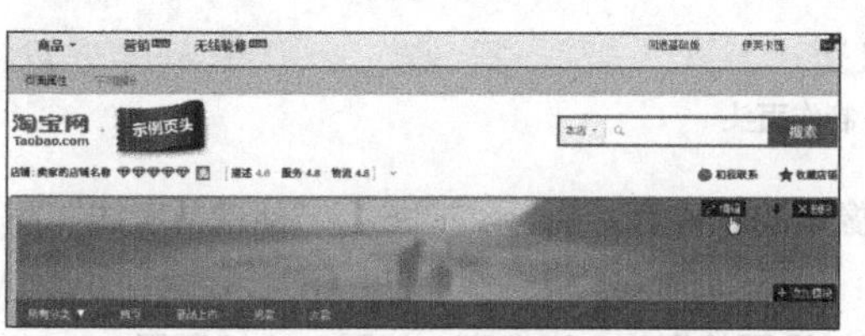

图6-112 单击“编辑”按钮

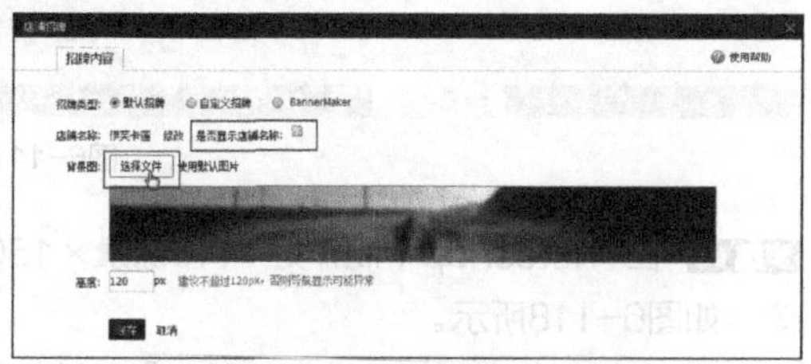

图6-113 单击“选择文件”按钮

步骤 03 在展开的面板中选择店招图片的位置，然后选择图片，如图6-114所示。

步骤 04 单击“保存”按钮，如图6-115所示。

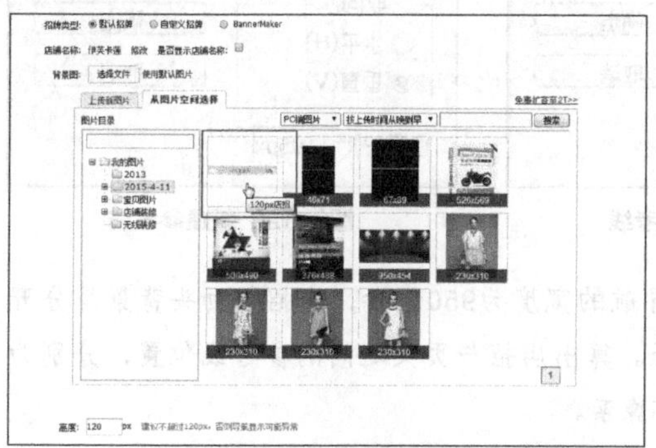

图6-114 选择图片

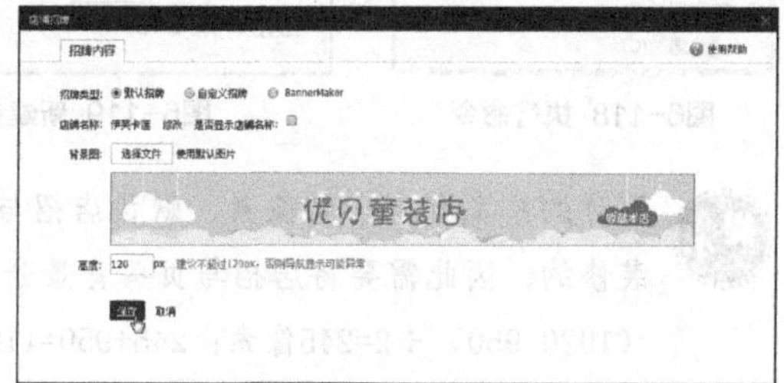

图6-115 单击“保存”按钮

步骤 05 单击“预览”按钮，预览店招装修的效果，如图6-116所示。

图6-116 店招装修的效果

2. 自定义店招+导航+页头背景

使用Photoshop制作店铺的页头，包括店招、导航与页头背景，如图6-117所示。高度为150像素，宽度自定，建议设置为全屏大小，即1440像素、1680像素或1920像素。

视频路径 第6章\6.4.3店招装修\2.自定义店招+导航+页头背景.mp4

知 识 点 自定义店招+导航+页头背景

图6-117 制作页头

步骤01 在Photoshop中制作好1440像素×150像素的图片后，执行“视图”|“新建参考线”命令，如图6-118所示。

步骤02 在打开的对话框中选择“垂直”单选按钮，设置位置为245像素，如图6-119所示。

步骤03 单击“确定”按钮新建参考线。用同样的方法，新建另一条参考线，如图6-120所示。

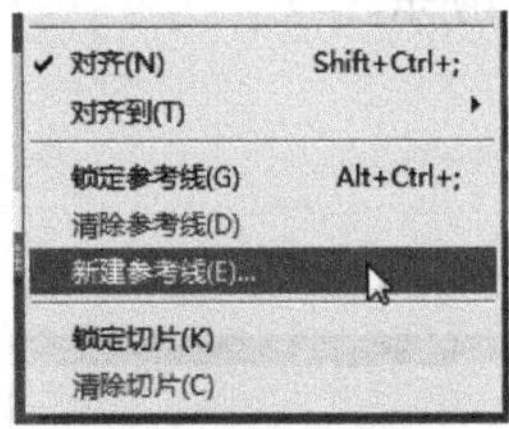

图6-118 执行命令

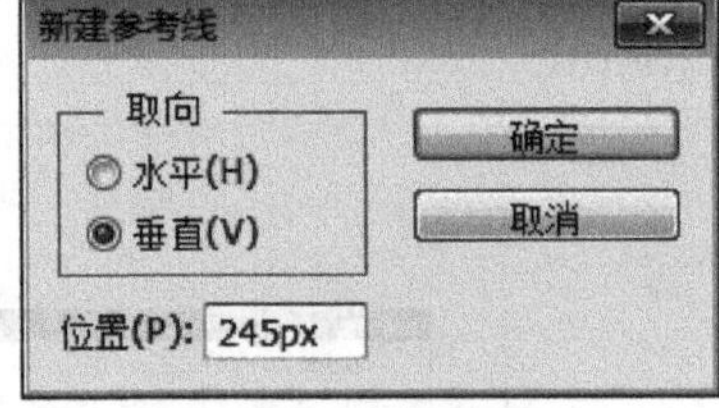

图6-119 新建参考线

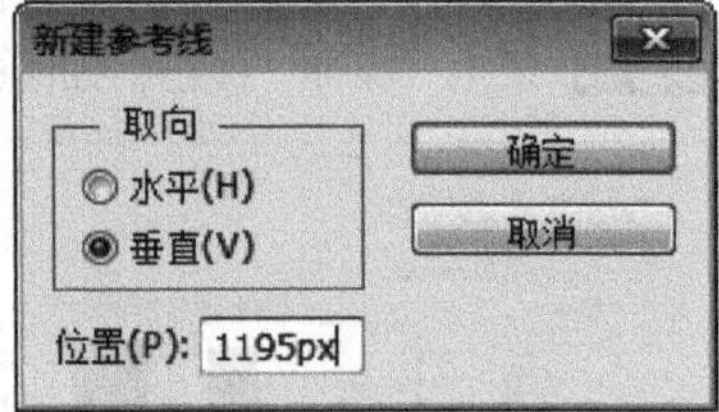

图6-120 新建参考线

提示 图片的总宽度为1440像素，默认店招与导航的宽度为950像素，店招与页头背景是分开装修的，因此需要将店招与页头背景分开。算出店招与页头之间的参考线位置，分别为（1920-950）÷2=245像素；245+950=1195像素。

步骤04 建立参考线后如图6-121所示。

图6-121 建立参考线

步骤05 使用选框工具，将中间的店招与导航区域选中，并按Delete键删除，如图6-122所示。

图6-122 删除选区内容

步骤06 按Ctrl+D组合键取消选区，将图片另存为“页头背景”。

步骤07 按Ctrl+Alt+Z组合键后退几步，使用裁剪工具将裁剪区域调整到店招与导航上，如图6-123所示。

图6-123 裁剪区域

步骤08 按Enter键确定裁剪，如图6-124所示。另存为“店招与导航”。

图6-124 确定裁剪

步骤09 将两张图片均上传到图片空间。

步骤10 打开Dreamweaver，选择“HTML”选项，如图6-125所示。

步骤11 单击“拆分”按钮，进入“拆分”视图，如图6-126所示。

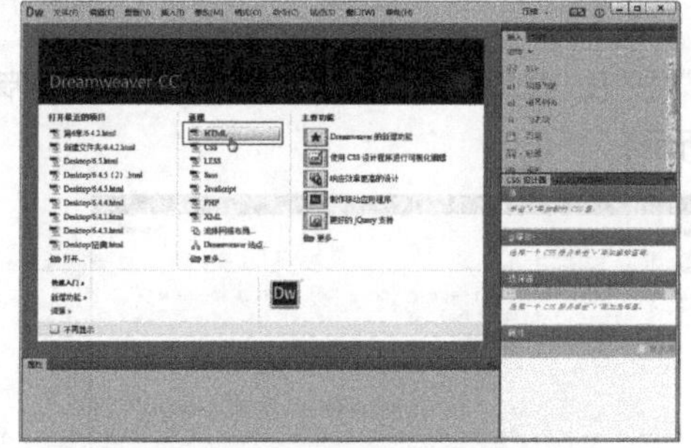

图6-125 选择“HTML”选项

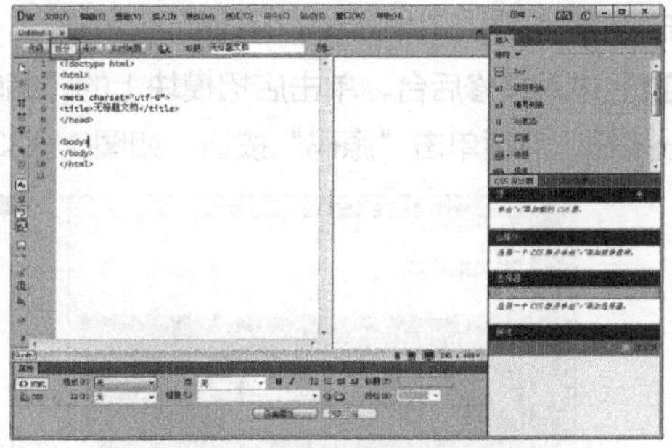

图6-126 “拆分”视图

步骤12 在右侧设计窗口中单击，执行“插入”|“图像”|“图像”命令，如图6-127所示。

步骤13 弹出对话框，在“文件名”后粘贴“店招与导航”的图片地址，如图6-128所示。

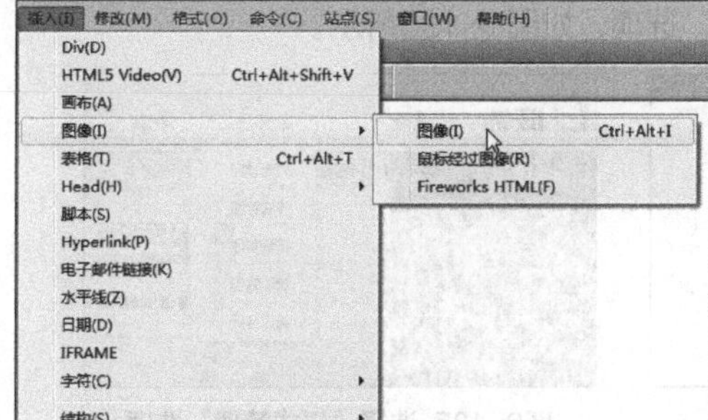

图6-127 执行命令

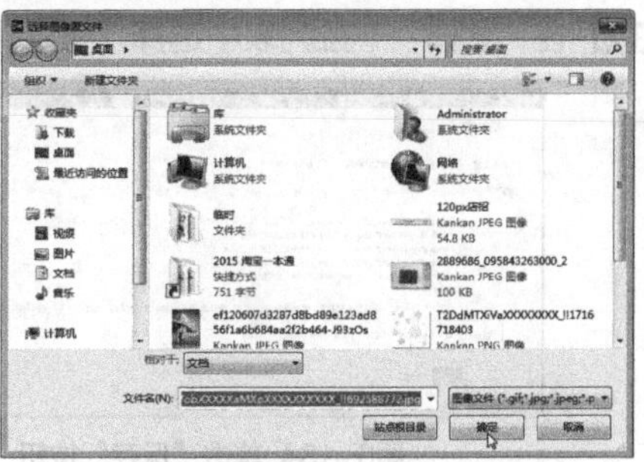

图6-128 单击“确定”按钮

步骤 14 单击“确定”按钮，插入图片，如图6-129所示。

步骤 15 在“属性”面板中选择矩形热点工具，在图像上创建热点，并设置链接，如图6-130所示。

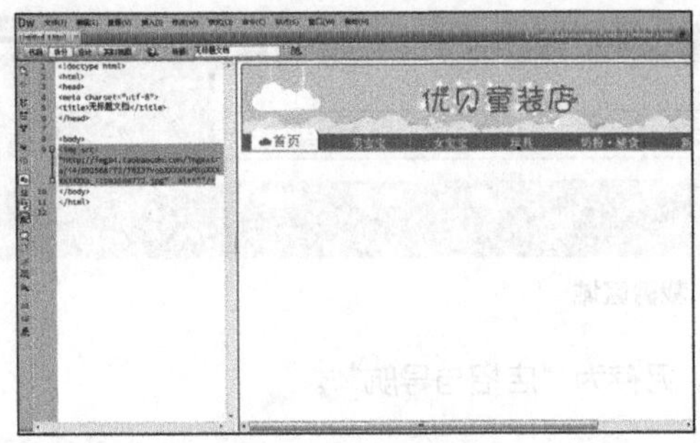

图6-129 插入图片

图6-130 创建热点并设置链接

步骤 16 用同样的方法，创建其他热点与链接，如图6-131所示。

图6-131 创建其他热点与链接

步骤 17 在代码区域中选择<body>与</body>之间的代码，按Ctrl+C组合键复制，如图6-132所示。

步骤 18 进入装修后台，单击店招模块上的“编辑”按钮，在打开的对话框中选择“自定义招牌”单选按钮，然后单击“源码”按钮，如图6-133所示。

图6-132 选择代码

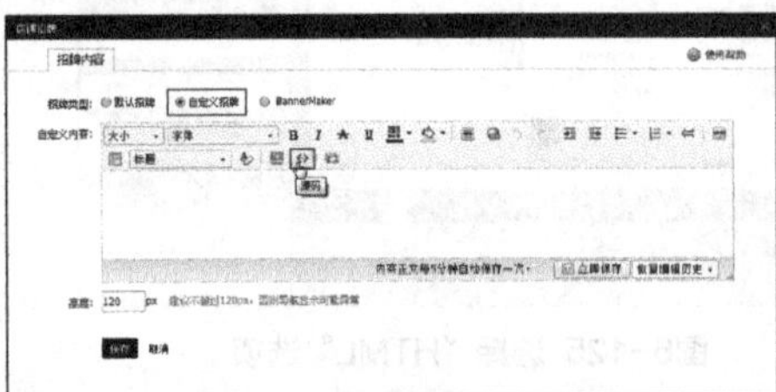

图6-133 单击“源码”按钮

步骤 19 粘贴代码，设置高度为150像素，单击“保存”按钮，如图6-134所示。

步骤 20 在“装修”下拉列表中选择“样式管理”选项，如图6-135所示。

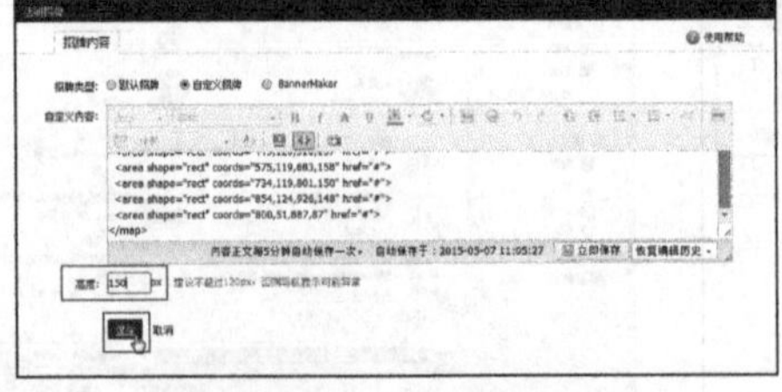

图6-134 单击“保存”按钮

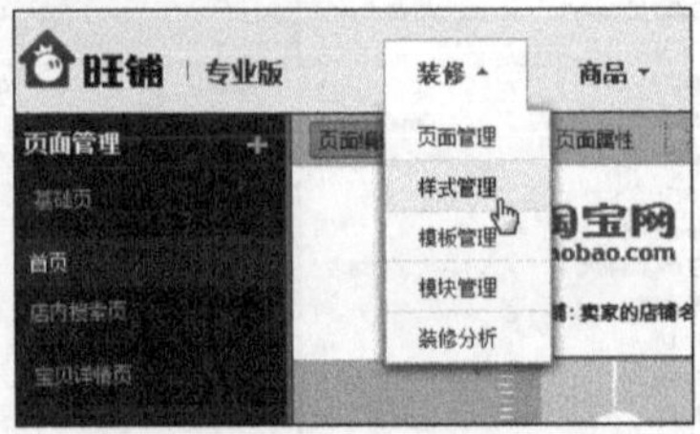

图6-135 选择“样式管理”选项

步骤21 在左侧选择“背景设置”选项，然后单击“更换图片”按钮，如图6-136所示。

步骤22 在打开的对话框中选择“页头背景”，单击“打开”按钮，如图6-137所示。

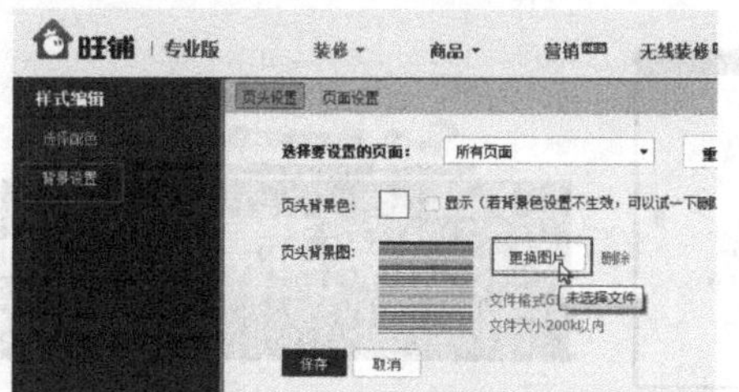

图6-136 单击“更换图片”按钮

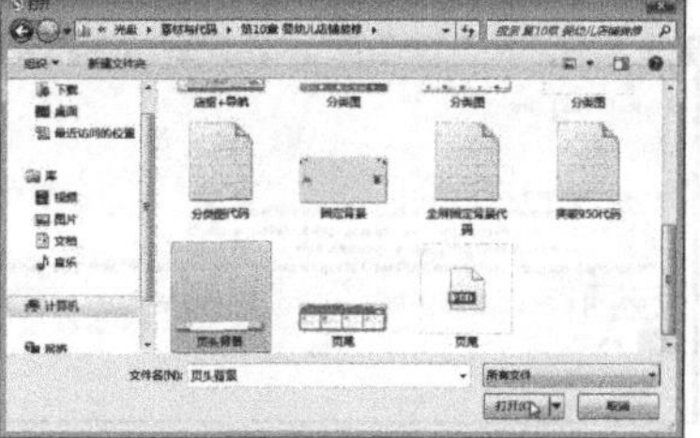

图6-137 单击“打开”按钮

步骤23 在右侧单击“不平铺”按钮和“居中”按钮，如图6-138所示。

步骤24 单击“保存”按钮。回到管理页面，单击“预览”按钮，预览效果，如图6-139所示。

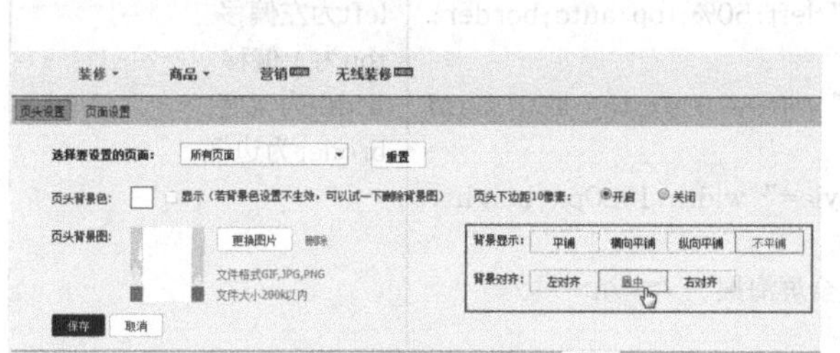

图6-138 单击按钮

图6-139 预览效果

6.4.4 全屏海报

在店铺模块中可以添加图片作为海报，但是该海报仅限于950宽度，下面介绍全屏海报的制作方法。

视频路径 | 第6章\6.4.4 全屏海报.mp4

知 识 点 | 全屏海报

步骤01 提前制作或准备好宽度为1920像素的海报图，如图6-140所示。

步骤02 进入淘宝装修后台，新增一个“自定义内容区”模块，单击模块右上角的⬆按钮，如图6-141所示，将模块移至导航下方。

图6-140 海报图

图6-141 单击按钮

步骤 03 单击模块上的“编辑”按钮，进入“源码”编辑模式，粘贴代码，如图6-142所示。

步骤 04 单击“确定”按钮。单击“预览”按钮或“发布”按钮查看装修效果，如图6-143所示。

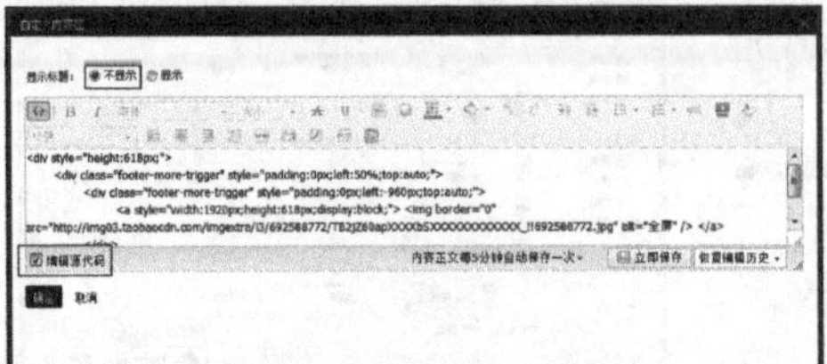

图6-142 粘贴代码

图6-143 查看装修效果

全屏海报代码	注释
<div style=” height:459px;” > <div class=” footer-more-trigger” style=” left:50%;top:auto;border:none;padding:0;” > <div class=” footer-more-trigger” style=” left:-960px;top:auto;border:none;padding:0;” > <a href=” 链接网址” target=” _blank” style=” width:1920px;height:459px;display:block;” > <img src=” 图片地址” border=” 0” alt=” 全屏海报” /></a> </div> </div> </div>	height为图片高度 left为左偏移 top为上偏移 width为宽度 broder为边框

6.4.5 宝贝横向分类

宝贝分类同导航一样重要，通常情况下，宝贝分类在页面的中间，方便客户选择。

> 视频路径 ｜ 第6章\6.4.5 宝贝横向分类.mp4
> 知 识 点 ｜ 宝贝横向分类

步骤 01 选择任意模块，单击“添加模块”按钮，在打开的对话框中单击“宝贝分类（横向）”后的“添加”按钮，如图6-144所示。

步骤 02 添加的模块效果如图6-145所示。

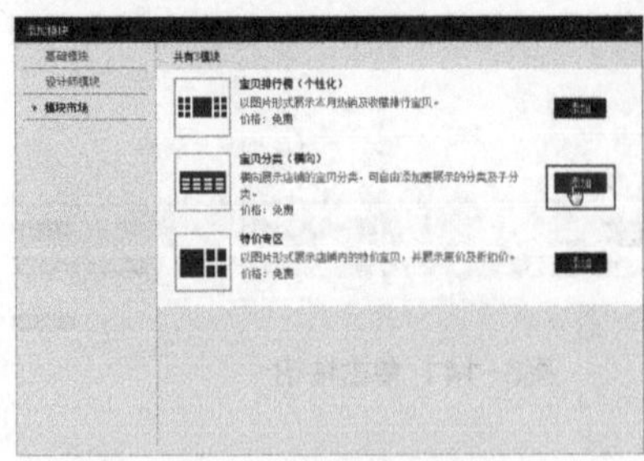

图6-144 单击“添加”按钮

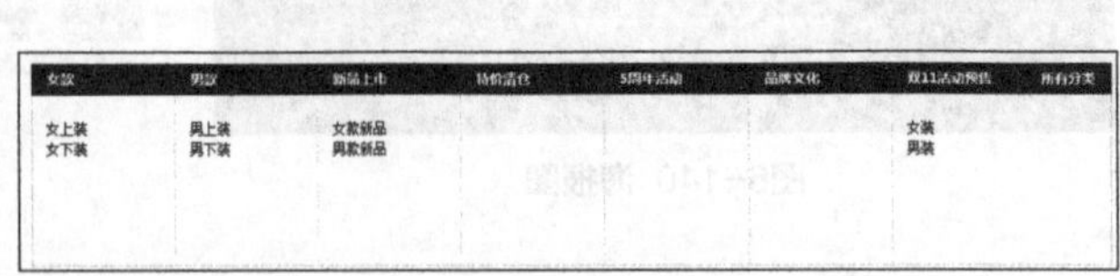

图6-145 模块效果

步骤 03 选择模块，单击右上角的“编辑”按钮，在打开的对话框中单击“分类选择”按钮，如图6-146所示。

步骤 04 在打开的对话框中可以选择添加的分类，如图6-147所示，单击“保存”按钮即可。

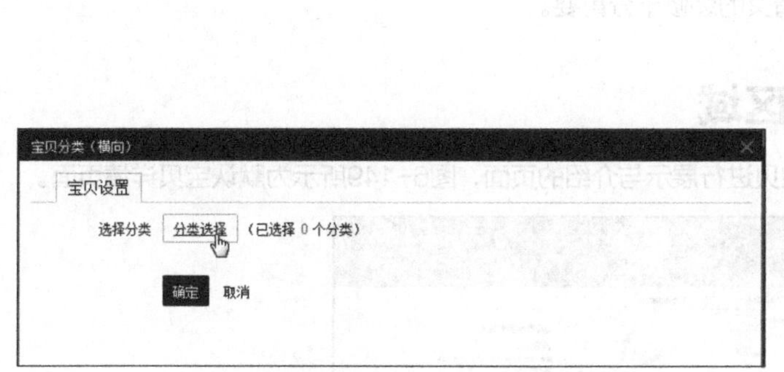

图6-146 单击“分类选择”按钮

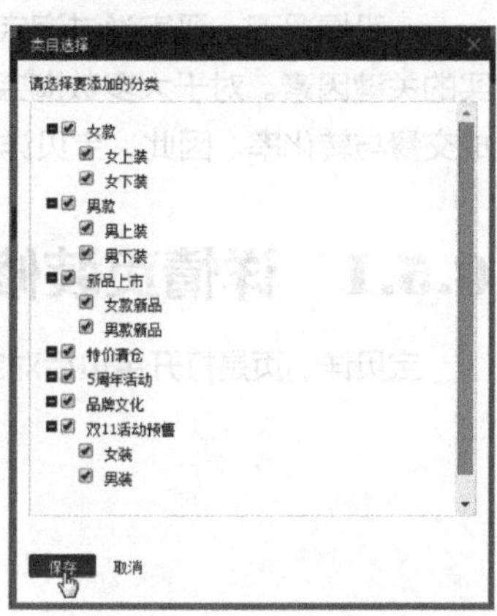

图6-147 选择添加的分类

6.4.6 店铺页尾

很多卖家在装修时忽略了页尾的部分。店铺的页尾是店铺的最后一屏，这个部分没有预置的模块，但是可以添加自定义内容区，因此其灵活性还是很大的。

页尾的作用不可小觑，在页尾中包含了很强大的信息量，包括店铺声明和公告之类的信息，在方便买家的同时体现店铺的全方位服务。店铺页尾设计多使用简短的文字加上代表性的图标来传达相关信息，图6-148所示为一款比较有代表性的页尾设计。

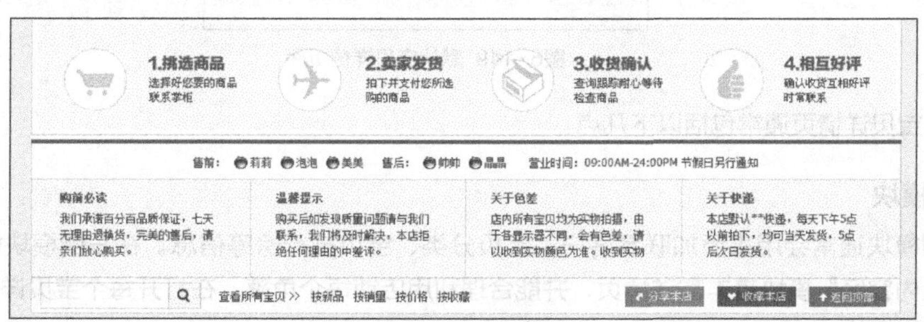

图6-148 页尾设计

通过以上几个方案可以总结得出，一般的页尾包含了以下几点。

- **店铺底部导航：** 可以便于选择。
- **返回顶部按钮：** 在页面过长的情况下，加上返回顶部链接可以方便用户快速跳转到顶部。
- **收藏、分享店铺：** 在页尾添加收藏、分享店铺的链接能方便买家收藏，留住客户。
- **旺旺客服：** 便于买家联系客服，更多地解决顾客问题。
- **温馨提示：** 如发货须知、买家必读、购物流程和默认快递等信息可以帮助顾客快速解决购物过程中的问题，减少买家对于常见问题的咨询量。

6.5 详情页装修

一般情况下，买家通过淘宝点击宝贝后进入的就是宝贝的详情页，详情页是决定买家是否购买的关键因素。对于大多数淘宝卖家来说，宝贝详情页是其命脉所在，有好的详情，才会有好的成交量与转化率。因此，宝贝详情页的装修十分重要。

6.5.1 详情页装修区域

宝贝详情页是打开宝贝后对宝贝进行展示与介绍的页面，图6-149所示为默认宝贝详情页面。

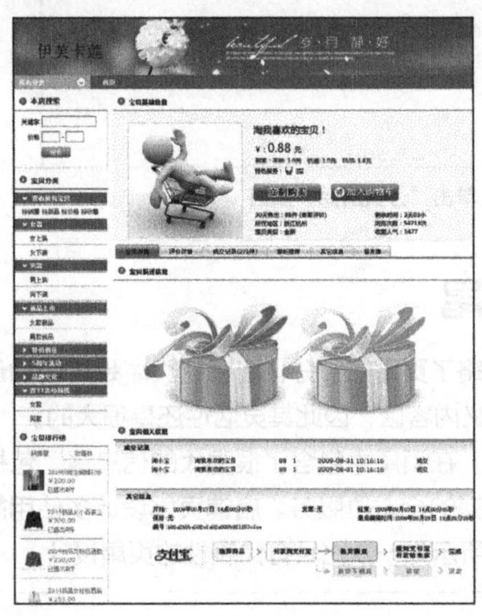

图6-149 默认宝贝详情页面

一个宝贝详情页通常包括以下几点。

1. 左侧模块

左侧模块通常会用来添加联系客户，宝贝分类、宝贝排行榜等信息。在左侧模块中可添加“自定义内容区”模块来丰富详情页，并能合理利用店铺每个角落。在打开每个宝贝详情页左侧模块都是相同的。

2. 右侧模块

宝贝详情页的页面右侧模块为主要展示区，用来展示宝贝，宽度为750像素，高度自定。右侧固有的“宝贝描述信息”和“宝贝相关信息”模块都不可删除也不可编辑，可以在右侧模块中添加“自定义内容区”模块。打开不同的宝贝，其详情页的右侧模块区域均不同。

□ 宝贝描述信息

宝贝描述信息的内容是在发布每款宝贝时填写的内容，如图6-150所示。手机店铺的宝贝描述需要另外发布，如图6-151所示。

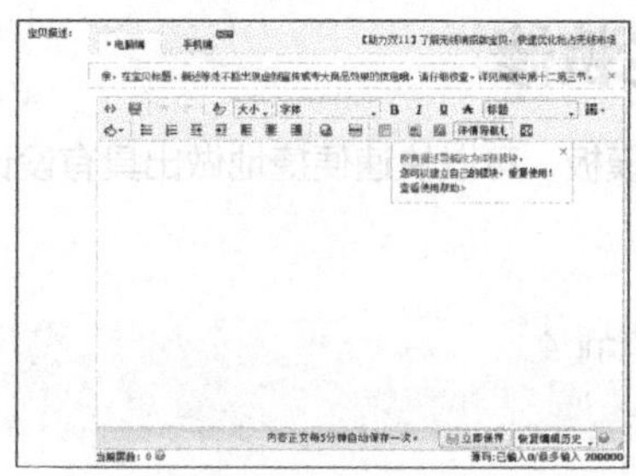

图6-150 宝贝描述区

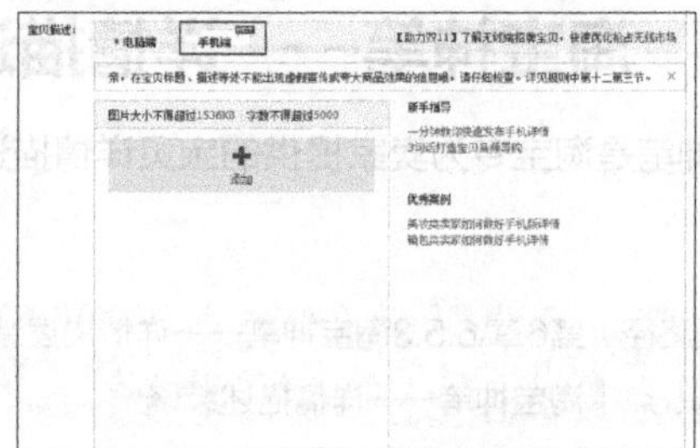

图6-151 手机端宝贝描述

当然，对出售中的宝贝也可修改宝贝描述信息。在“出售中的宝贝”中单击宝贝后的“编辑宝贝”按钮，如图6-152所示，单击即可跳转到修改页面。

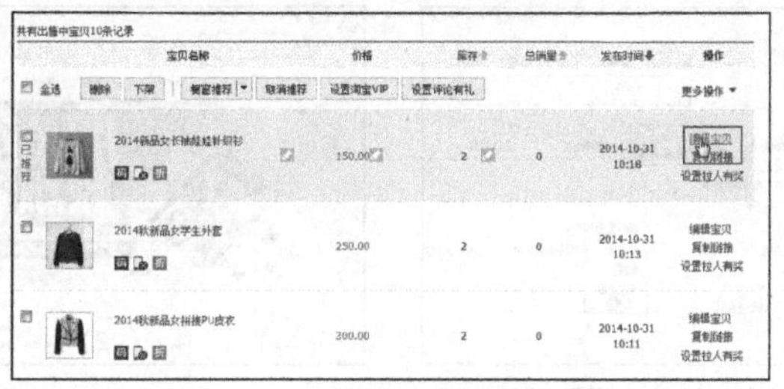

图6-152 单击“编辑宝贝”按钮

□ 宝贝相关信息

宝贝相关信息用来显示宝贝的成交记录，该模块不可删除且不可更改。

6.5.2 猜你喜欢

“猜你喜欢”模块可以根据顾客的浏览、搜索、下单和喜好，为顾客推荐他们可能会喜欢、有可能会购买的商品。

步骤01 在装修后台的任意模块上单击“添加模块”按钮，在打开的对话框中选择“旺铺猜你喜欢”，单击“添加”按钮，如图6-153所示。

步骤02 添加的模块如图6-154所示。

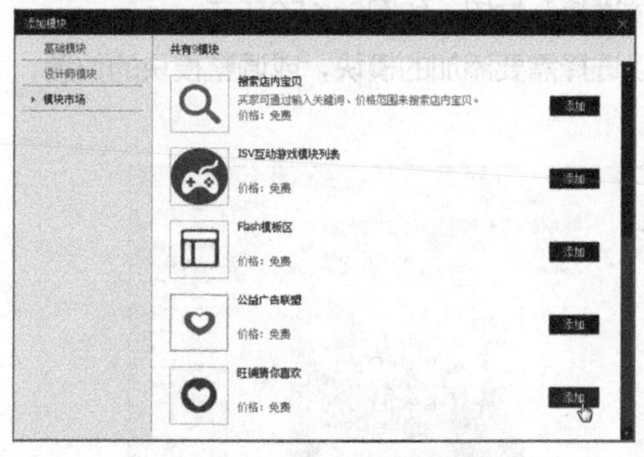

图6-153 单击“添加”按钮

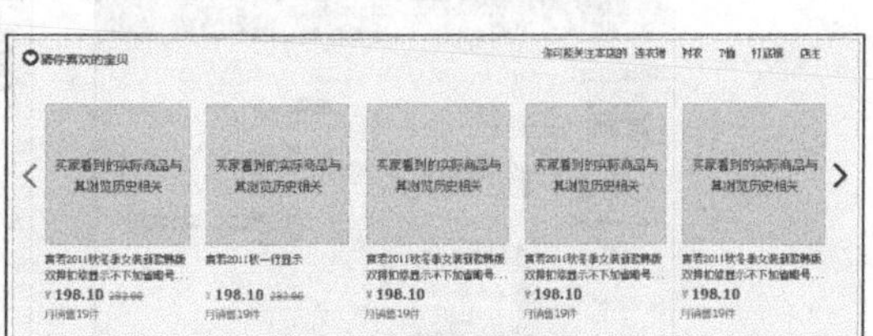

图6-154 添加的模板

6.5.3 淘宝神笔——详情描述装修

淘宝神笔是淘宝专为卖家提供的宝贝详情描述模板，可以快速便捷地做出具有设计美感的详情描述。

视频路径 | 第6章\6.5.3淘宝神笔——详情描述装修.mp4
知 识 点 | 淘宝神笔——详情描述装修

步骤01 进入“卖家中心”页面，选择“卖家地图”选项，然后单击“神笔产品”链接，如图6-155所示。

步骤02 打开“淘宝神笔”页面，如图6-156所示。

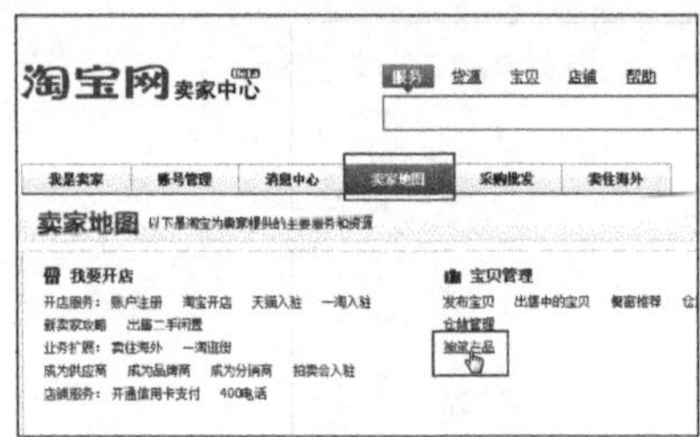

图6-155 单击“神笔产品”链接

图6-156 打开页面

步骤03 选择上方的“模板市场”选项，并在下方选择一个模板，如图6-157所示。

步骤04 在跳转的页面中单击“立即使用”按钮，如图6-158所示。

图6-157 选择模板

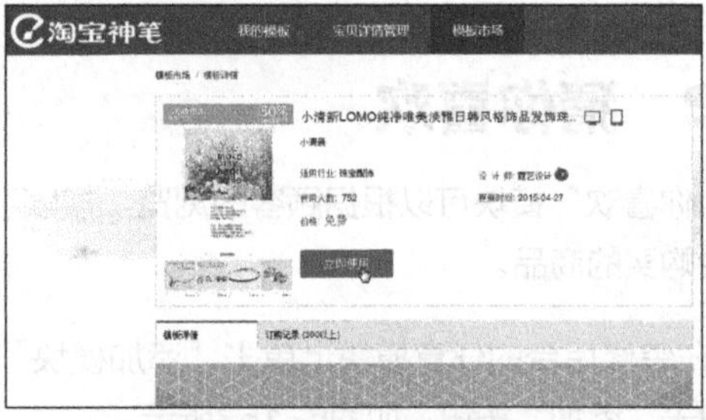

图6-158 单击“立即使用”按钮

步骤05 选择宝贝前的单选按钮，然后单击“编辑电脑详情”按钮，如图6-159所示。

步骤06 打开编辑界面，在右侧的“模块管理”中可以选择需要添加的模块，或调整模块的位置，如图6-160所示。

图6-159 单击“编辑电脑详情”按钮

图6-160 模块管理

步骤07 选择中间的详情，在图片上单击，然后单击左侧的“改换图片”按钮可更换图片，如图6-161所示。

步骤08 单击文字部分，在左侧可以修改文字内容、字体、大小和颜色等，如图6-162所示。

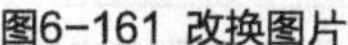

图6-161 改换图片

图6-162 修改文字内容

步骤09 编辑完成后，单击右上角的“预览”按钮可预览效果，如图6-163所示。

步骤10 单击“同步详情”按钮，如图6-164所示。

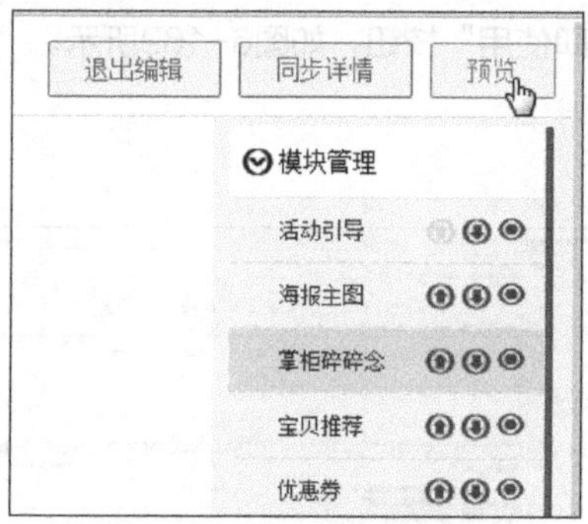

图6-163 单击“预览”按钮

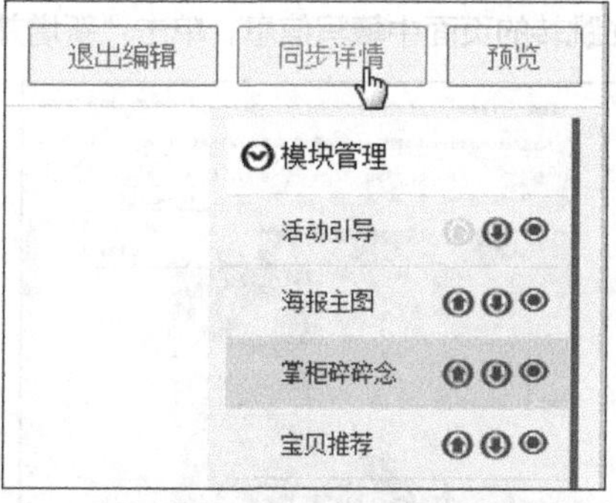

图6-164 单击“同步详情”按钮

步骤11 在打开的对话框中选中复选框，然后单击“确定同步”按钮即可同步宝贝详情，如图6-165所示。

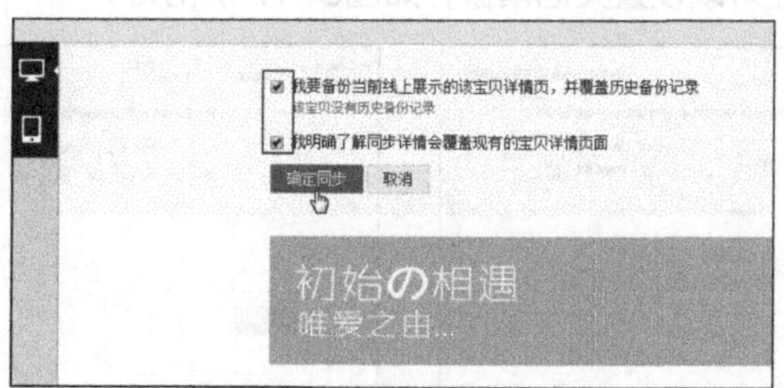

图6-165 单击“确定同步”按钮

6.5.4 详情页快速直达导航

在详情页设置快速导航可以方便买家快速找到想要的信息。

视频路径 | 第6章\6.5.4详情页快速直达导航.mp4

知 识 点 | 详情页快速直达导航

步骤 01 打开一个宝贝页面，在右侧显示了“该宝贝还未设置详情导航”，如图6-166所示。

步骤 02 单击“立即设置详情导航”按钮，如图6-167所示。

图6-166 右侧显示

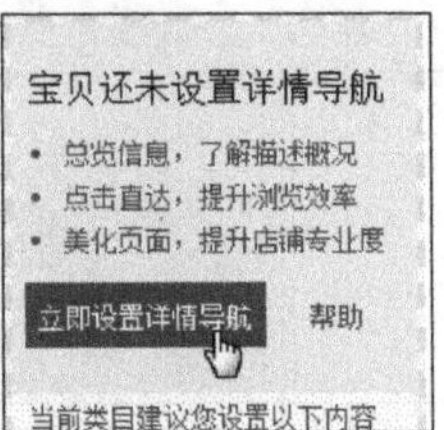

图6-167 单击按钮

步骤 03 进入宝贝编辑界面，在宝贝描述下单击“详情导航”按钮，在展开的列表中单击“新建模块”按钮，如图6-168所示。

步骤 04 在跳转的页面中填写信息，单击“新增并立即使用”按钮，如图6-169所示。

图6-168 单击“新建模块”按钮

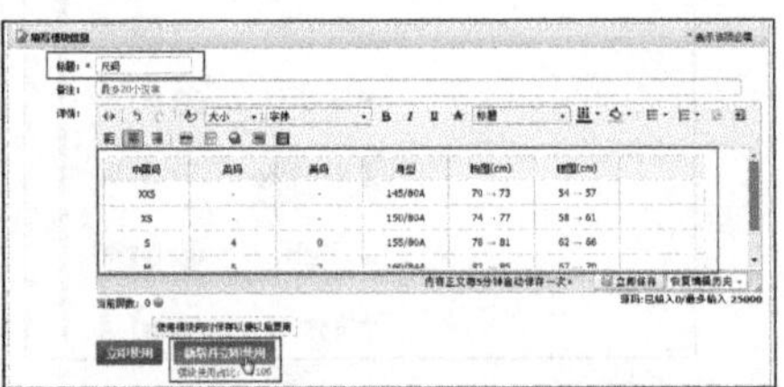

图6-169 单击“新增并立即使用”按钮

步骤 05 此时，在宝贝描述中即新增了设置的模板，如图6-170所示。

步骤 06 用同样的方法，还可以设置其他模板，如图6-171所示。

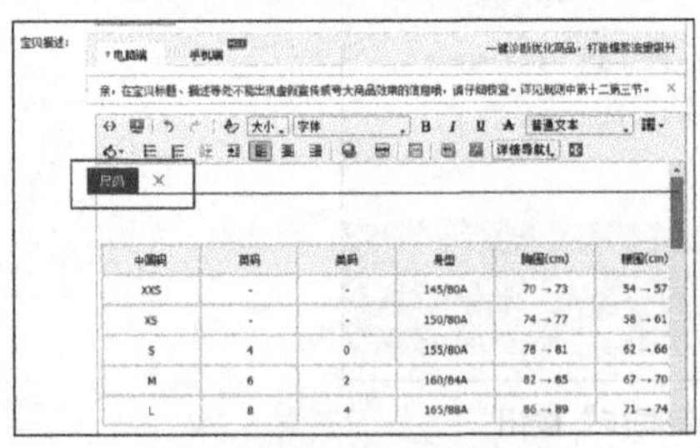

图6-170 新增了设置的模板

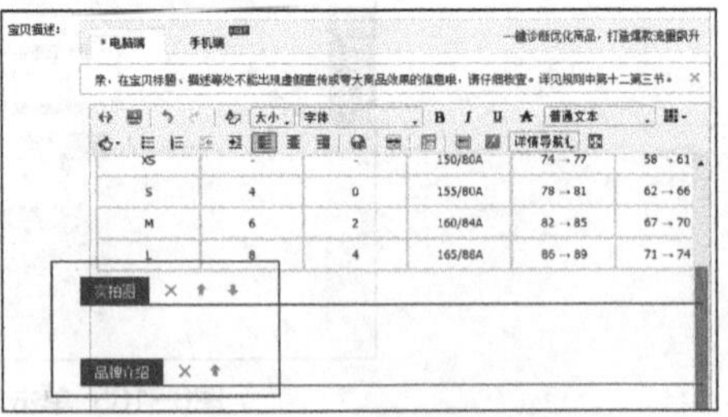

图6-171 设置其他模板

步骤 07 保存设置，进入宝贝页面，右侧显示了“快速直达”的导航，如图6-172所示。

步骤 08 对于新增的模板，也可以使用到其他宝贝上，在宝贝描述中，将光标定位到相应的位置，选择“详情导航”下的一个任意选项，如图6-173所示。即可在原内容前添加导航菜单。

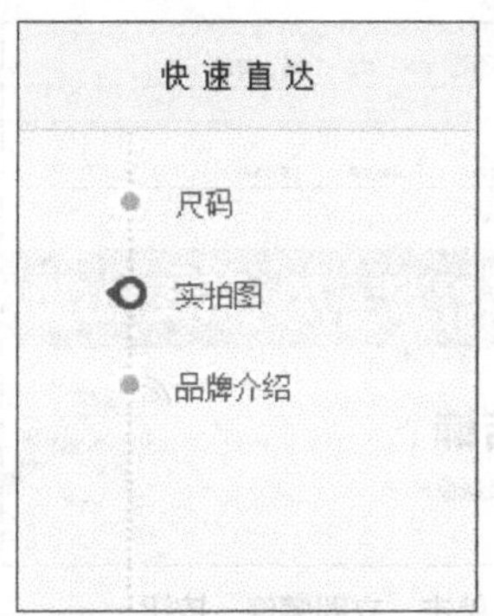

图6-172 显示导航

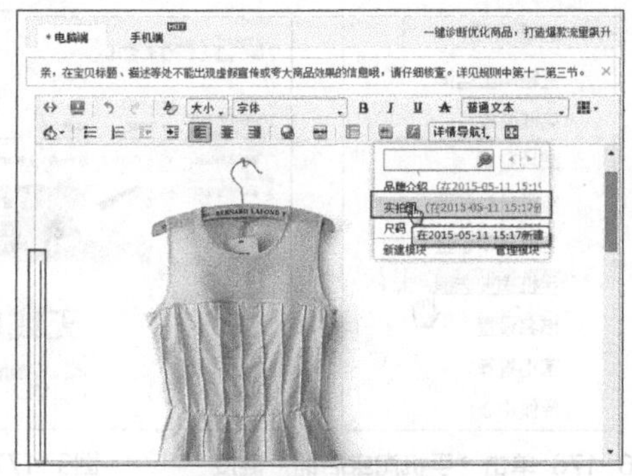

图6-173 选择选项

步骤 09 另外，还可以对已建的模板进行修改，单击“管理模板”链接，如图6-174所示。

步骤 10 进入页面，在该页面中可以对已有的模板进行编辑和删除等修改，也可以新建模板，如图6-175所示。

图6-174 单击“管理模板”链接

图6-175 模板管理

6.6 手机店铺装修

前面讲的装修都是pc端（即电脑）店铺的装修，而这些页面用手机打开时，会出现排版错乱或因图片尺寸不对而压缩等现象。因此，针对手机用户，还需要装修手机店铺。

6.6.1 手机店铺首页

手机店铺的装修后台需要使用谷歌浏览器打开。

1. 进入装修后台

视频路径 | 第6章\6.6.1手机店铺首页\1. 进入装修后台.mp4
知 识 点 | 进入装修后台

步骤 01 进入“卖家中心”页面，单击“手机淘宝店铺”链接，如图6-176所示。

步骤 02 单击“无线店铺”下方的“立即装修”按钮，如图6-177所示。

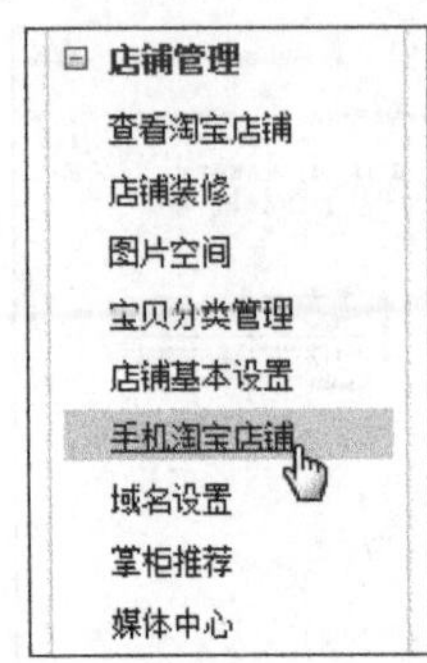

图6-176 单击“手机淘宝店铺”链接

图6-177 单击“立即装修”按钮

步骤03 跳转页面，在“手机淘宝店铺首页”后单击“去装修”链接，如图6-178所示。

步骤04 进入“手机淘宝店铺首页”装修页面，如图6-179所示。

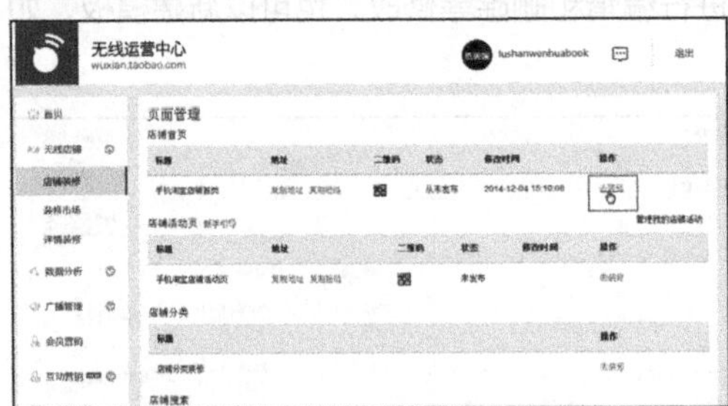

图6-178 单击“去装修”链接

图6-179 手机淘宝店铺首页

2. 店标装修

若在店铺基本设置页面上传了店标，则手机店铺中会显示店标。下面介绍修改店标。

视频路径	第6章\6.6.1手机店铺首页\2. 店标装修.mp4
知 识 点	店标装修

步骤01 在“无线装修”页面单击手机上方的页头区域，如图6-180所示。

步骤02 在右侧出现的编辑区域中单击“修改店铺标志”链接，如图6-181所示。

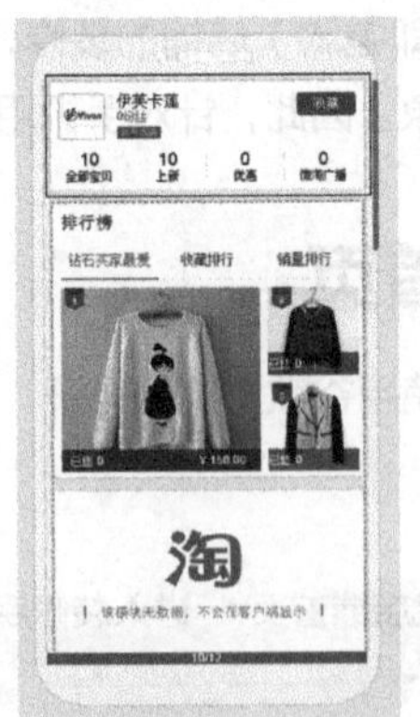

图6-180 单击页头

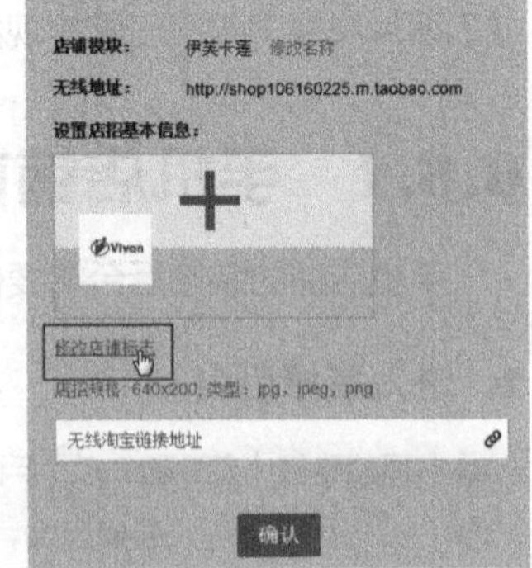

图6-181 单击“修改店铺标志”链接

步骤03 在跳转的页面中单击“上传图标”按钮，如图6-182所示。

步骤04 在打开的对话框中选择店标，然后单击“打开”按钮即修改了店标，如图6-183所示。

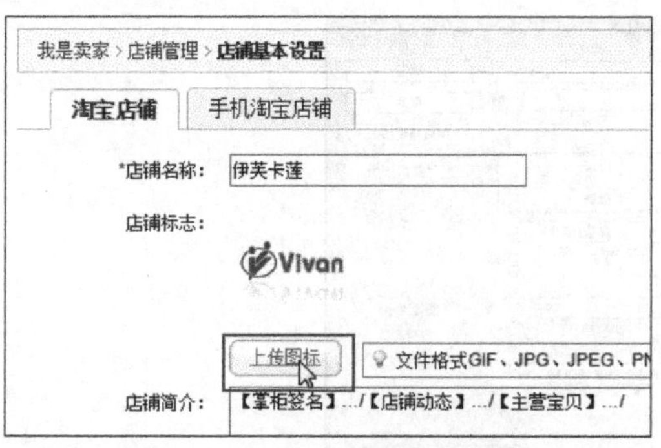

图6-182 单击“上传图标”按钮

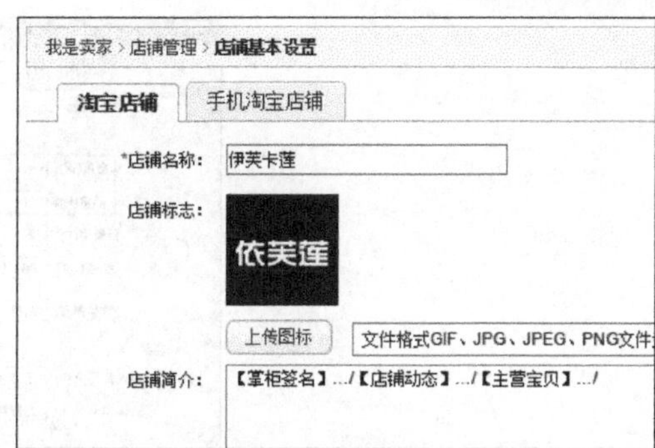

图6-183 修改店标

步骤05 单击该页底部的“保存”按钮保存修改，如图6-184所示。

步骤06 单击浏览器上方的“后退”图标，如图6-185所示。

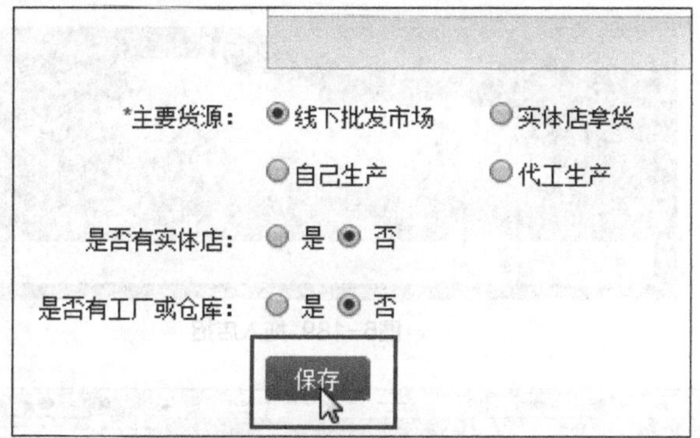

图6-184 单击“保存”按钮

图6-185 单击图标

步骤07 回到“无线装修”页面，此时的店铺中店标即已经修改，如图6-186所示。

图6-186 修改店标

3. 店招装修

默认手机店铺是没有店招的，装修店铺需要先制作好店招图片。无线店铺的店招大小为640像素×200像素。

视频路径 | 第6章\6.6.1手机店铺首页\3. 店招装修.mp4

知 识 点 | 店招装修

步骤01 启动Photoshop软件，新建空白文档，设置文档尺寸为640像素×200像素，如图6-187所示。

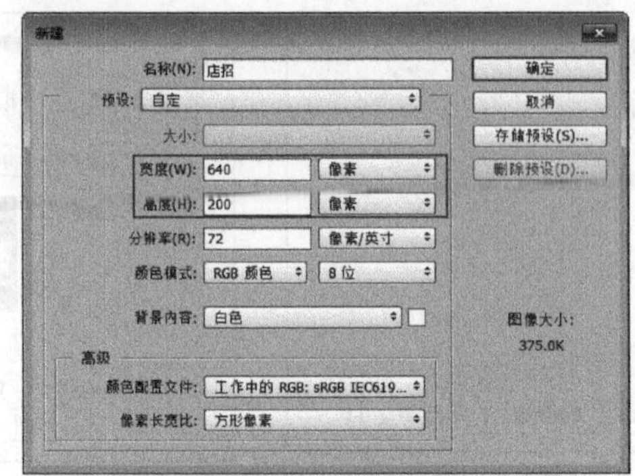

图6-187 新建文档

步骤02 单击“确定”按钮。按Ctrl+O组合键打开一张素材图片，如图6-188所示。

步骤03 将其拖入到“店招”文档中，并按Ctrl+T组合键调整图片大小，如图6-189所示。

图6-188 打开素材

图6-189 拖入店招

步骤04 使用自定形状工具，在选项栏中设置填充颜色为白色，描边颜色为10%灰，单击形状后的三角按钮，在展开的类别中选择“云彩1”，如图6-190所示。

图6-190 选择形状

步骤05 在画布中单击并拖动光标，绘制一个云朵形状，如图6-191所示。

步骤06 用同样的方法，使用自定形状工具，选择“云彩2”及“五彩屑纸”绘制其他的图形，如图6-192所示。

图6-191 绘制云朵

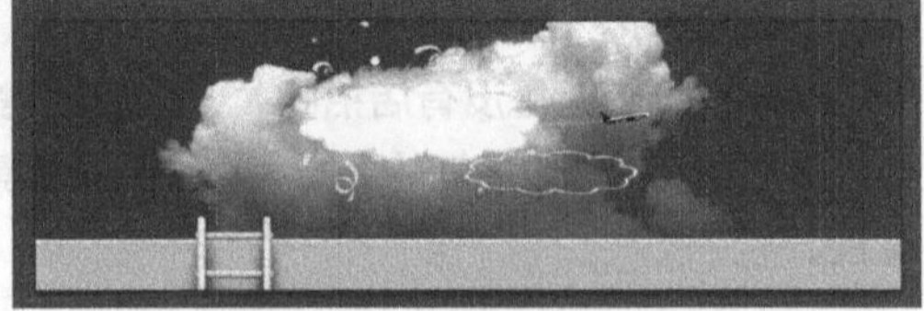
图6-192 绘制其他图形

步骤07 使用横排文字工具依次输入文本，完成制作，完成效果如图6-193所示。

步骤08 将图片保存为jpeg格式，并上传到图片空间。

步骤09 进入“无线装修”页面，选择页头，在右侧的编辑区域中单击“添加”图标，如图6-194所示。

图6-193 完成效果

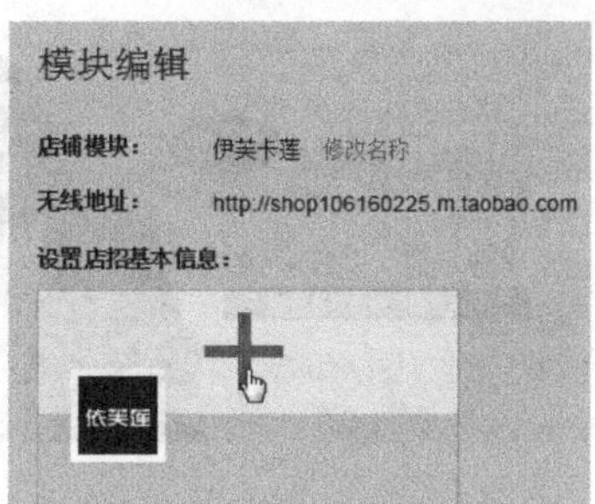

图6-194 单击图标

步骤10 在打开的对话框中选择图片，单击“上传”按钮上传图片，如图6-195所示。

步骤11 单击“确认”按钮，即完成了店招的装修，如图6-196所示。

图6-195 上传图片

图6-196 完成店招装修

4. 图文模块装修

图文模块可以制作多种效果。

视频路径 | 第6章\6.6.1手机店铺首页\4. 图文模块装修.mp4
知 识 点 | 图文模块装修

步骤01 使用Photoshop制作优惠券图片，尺寸为248像素×146像素，如图6-197所示。保存为jpeg格式并上传到图片空间。

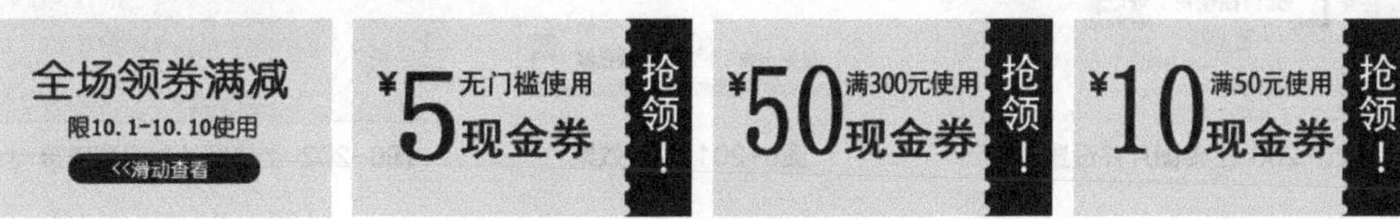

图6-197 制作优惠券图片

步骤02 制作海报图片，尺寸为608像素×304像素，如图6-198所示。

图6-198 制作海报图

步骤 03 制作分类图，尺寸为296像素×160像素，如图6-199所示。

图6-199 制作分类图

步骤 04 进入“无线装修”页面，将“图文类”模块下的“多图”模块拖入手机中，并调整到最上方。

步骤 05 在右侧上传图片，并设置图片的链接，如图6-200所示。

步骤 06 单击“确认”按钮，左侧的手机显示效果如图6-201所示。

步骤 07 将“焦点图”模块拖入右侧的手机中，上传图片并设置链接，如图6-202所示。

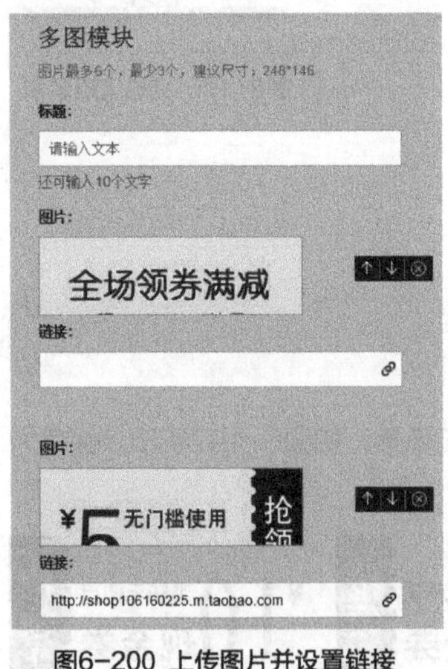

图6-200 上传图片并设置链接

图6-201 确认效果

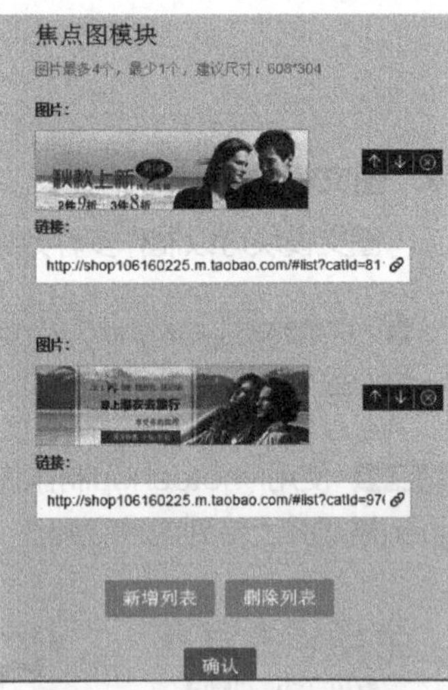

图6-202 上传图片并设置链接

步骤 08 单击“确认”按钮后的显示效果如图6-203所示。

步骤 09 将“双列图片”模块拖入到手机中，上传图片并设置链接，如图6-204所示。

步骤 10 用同样的方法，再次拖入一个“双列图片”模块，上传图片并设置链接。

步骤 11 单击“确认”按钮后的显示效果如图6-205所示。

图6-203 显示效果

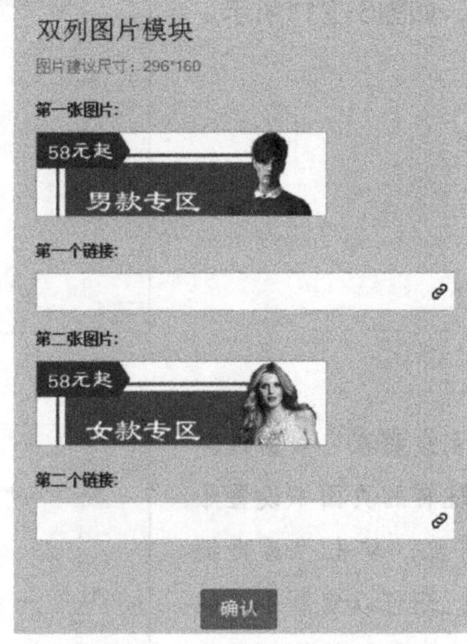

图6-204 上传图片并设置链接

图6-205 显示效果

步骤 12 选择“文本”模块，将其添加到手机中，在右侧输入文本内容，如图6-206所示。

步骤 13 选择“标题”模块添加到手机中，输入文字内容并设置链接，如图6-207所示。

步骤 14 单击“确认“按钮后的效果如图6-208所示。

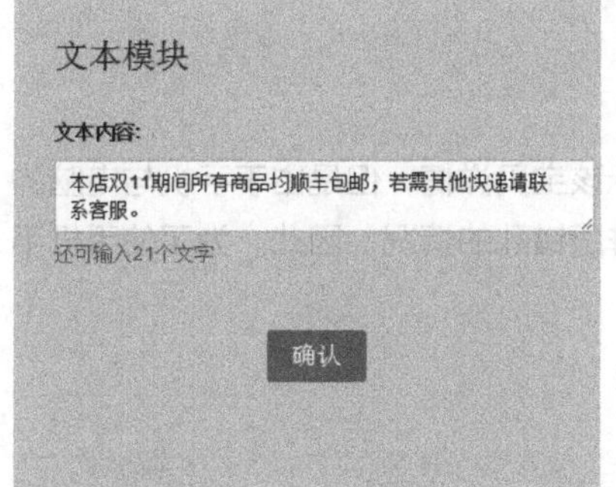

图6-206 输入文本内容

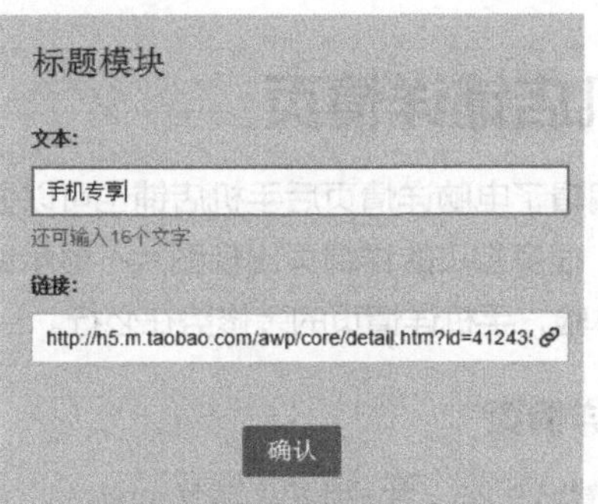

图6-207 标题模块

图6-208 显示效果

步骤 15 单击“发布”下的“立即发布”按钮，如图6-209所示。

步骤 16 在打开的对话框中选择链接，单击鼠标右键，执行“转到…”命令，如图6-210所示。

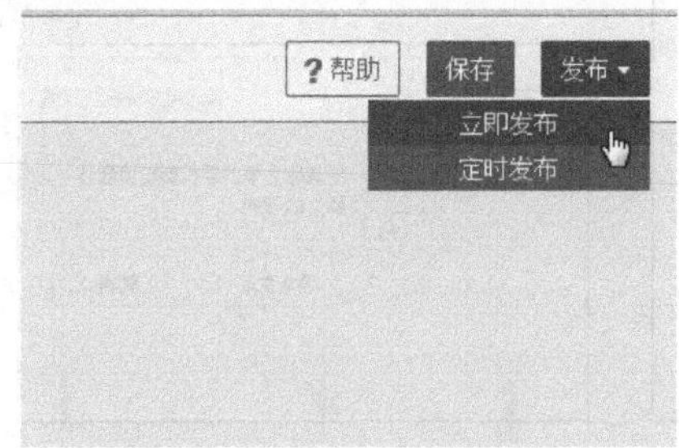

图6-209 单击“立即发布”按钮

图6-210 执行“转到…”命令

步骤17 打开手机店铺预览页面，如图6-211所示。

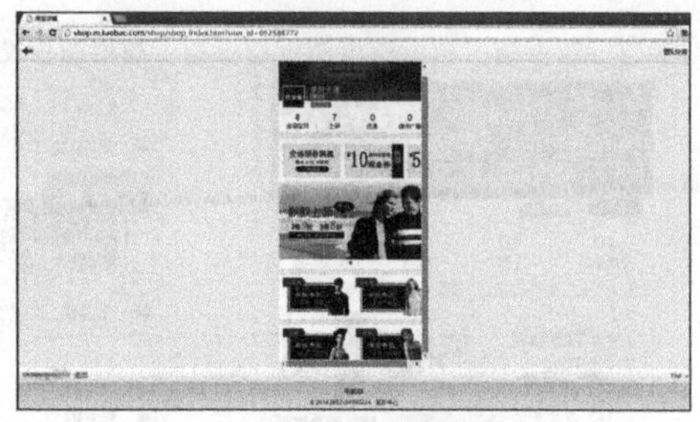
图6-211 打开预览页面

除此之外，还可以在“无线商家”页面选择“用户设置”选项，在跳转的页面中设置账号简介和店标标准等信息，单击“首页链接”后的“复制”按钮，还可以复制手机店铺的链接，如图6-212所示。复制地址后在浏览器中打开即可。

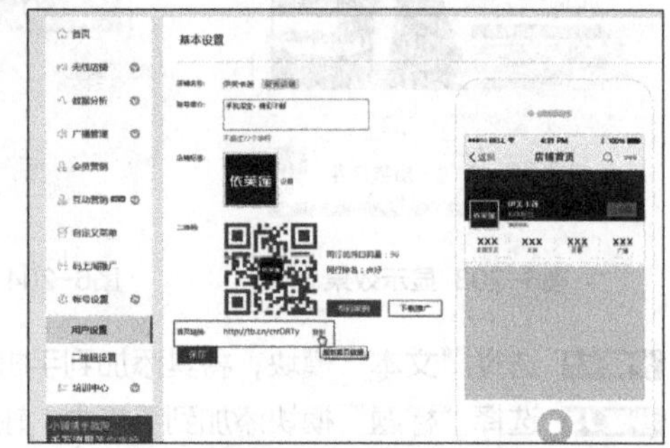
图6-212 用户设置

6.6.2 手机店铺详情页

有很多人认为编辑了电脑详情页后手机店铺也可以显示该宝贝详情，但是由于手机与电脑的图片尺寸要求不同，很多宝贝的详情页出现图片不显示或排版错乱的情况。因此，为了使手机用户获得更好的购物体验，手机详情页的装修势在必行。

1. 自动生成手机详情页

视频路径 | 第6章\6.6.2自动生成手机详情页.mp4

知 识 点 | 自动生成手机详情页

步骤01 在发布宝贝填写宝贝描述时，单击“手机端”下方的“导入电脑端宝贝详情”按钮，如图6-213所示。

步骤02 在弹出的对话框中单击“确认生成”按钮，如图6-214所示。

图6-213 单击“导入电脑端宝贝详情”按钮

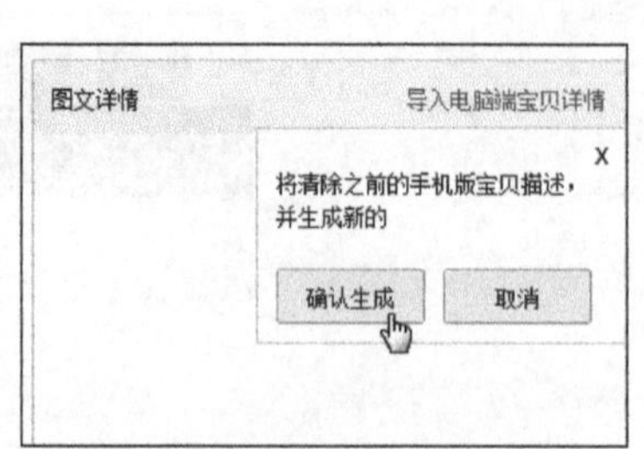

图6-214 单击“确认生成”按钮

步骤 03 手机端的详情页就自动生成了，如图6-215所示。

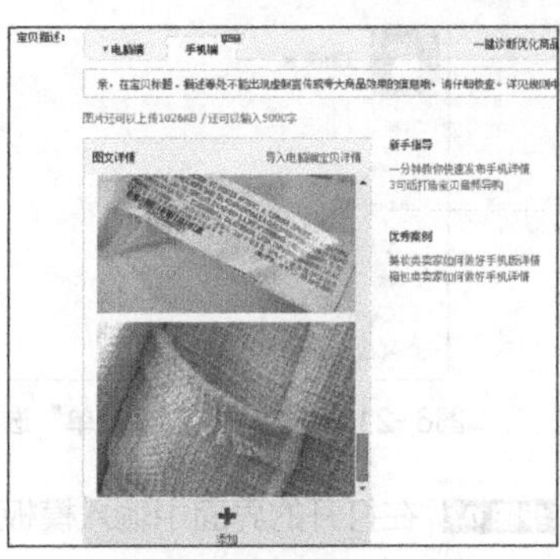

图6-215 自动生成的手机详情页

2. 移动神笔

前面讲到使用神笔生成宝贝详情描述页面，手机店铺的详情页也可以使用神笔生成。在“无线商家”页面选择左侧的“详情装修”选项，如图6-216所示。在右侧选择一个模块，跳转页面，在模板名称右侧有手机图标，表示支持手机店铺，单击“立即使用”按钮，如图6-217所示。

图6-216 选择“详情装修”选项

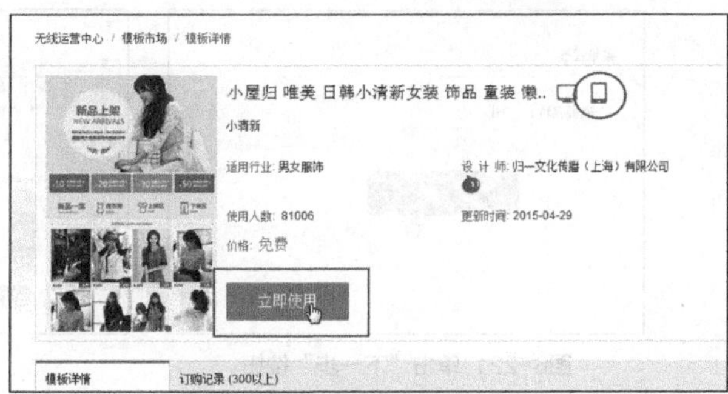

图6-217 单击“立即使用”按钮

在跳转的页面中选中宝贝，并单击“编辑手机详情”按钮，如图6-218所示，进入编辑页面编辑即可。

图6-218 单击“编辑手机详情”按钮

6.6.3 自定义菜单

手机淘宝店铺的菜单在手机界面的最下方，菜单的内容可以自己选择设定。

视频路径 | 第6章\6.6.3自定义菜单.mp4

知 识 点 | 自定义菜单

步骤 01 在“无线商家”页面选择“自定义菜单”选项，如图6-219所示。

步骤 02 单击“创建模板”按钮，如图6-220所示。

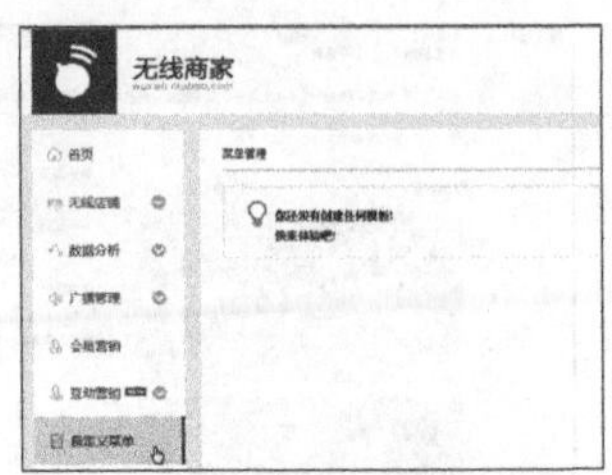

图6-219 选择“自定义菜单”选项

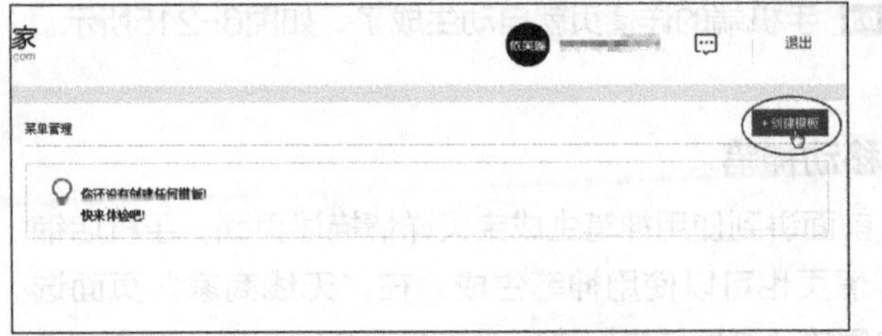

图6-220 单击“创建模板”按钮

步骤03 在打开的界面中输入模板名称，单击“下一步”按钮，如图6-221所示。

步骤04 选中分类前的复选框，右侧显示了效果，如图6-222所示。

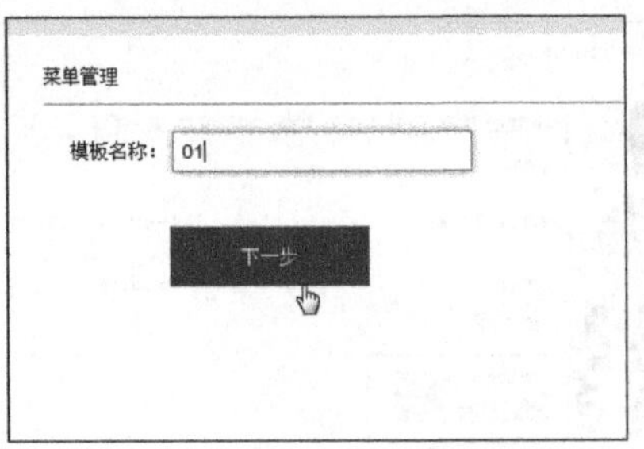

图6-221 单击“下一步”按钮

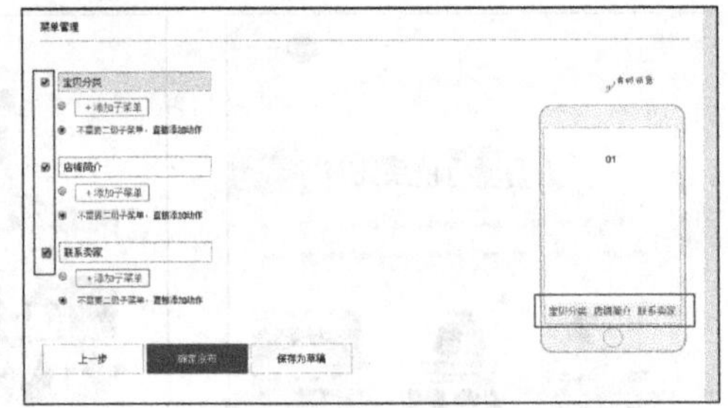

图6-222 选中复选框

步骤05 在“宝贝分类”下单击“添加子菜单”按钮，如图6-223所示。

步骤06 输入子菜单名称，并选择分类，如图6-224所示。

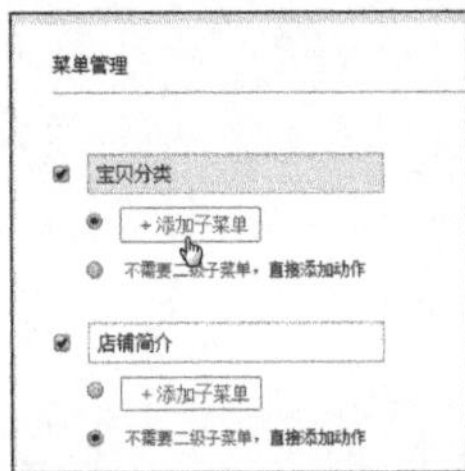

图6-223 单击“添加子菜单”按钮

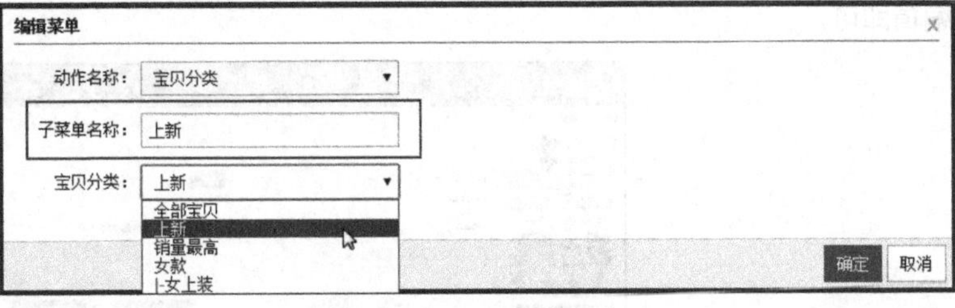

图6-224 选择分类

步骤07 用同样的方法添加其他子菜单，如图6-225所示。

步骤08 在右侧手机界面中显示了子菜单的效果，如图6-226所示。

步骤09 设置完成后，单击“确定发布”按钮，如图6-227所示。

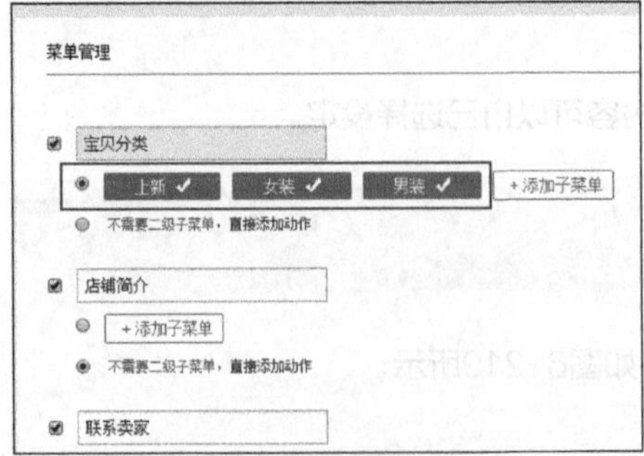

图6-225 添加其他子菜单

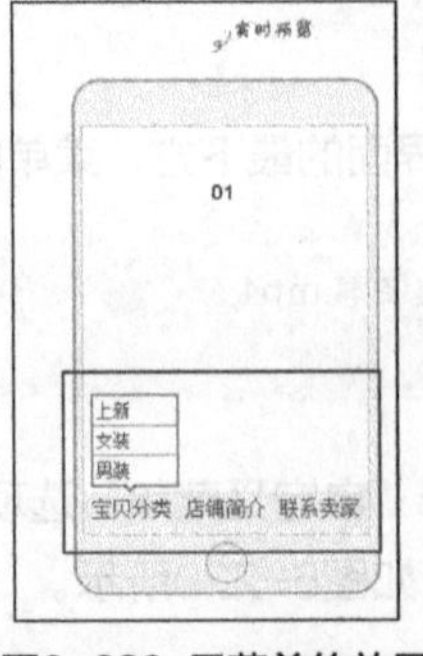

图6-226 子菜单的效果

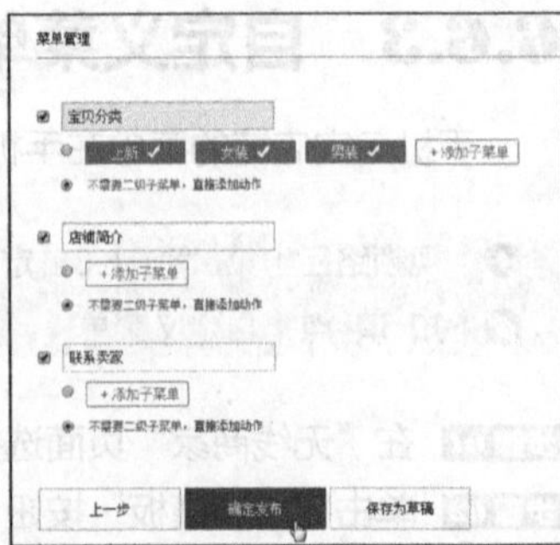

图6-227 单击“确定发布”按钮

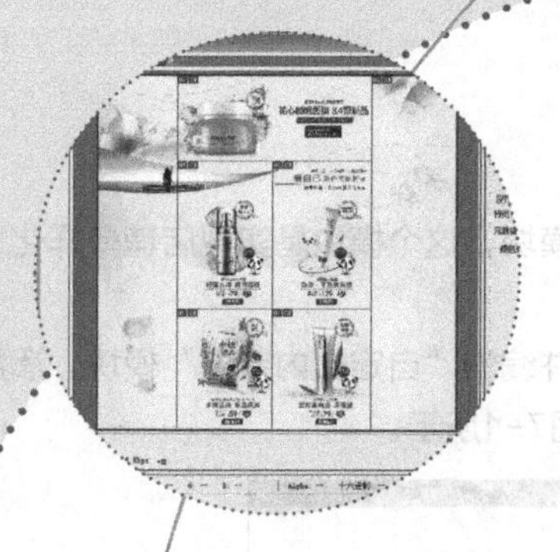

第7章 淘宝动态页面装修

我们在装修店铺时发现，用系统模板制作的效果有限，如全屏轮播图、收缩分类、悬浮广告、倒计时、鼠标点击翻转和切换等这些效果不能直接使用模板生成，它需要使用代码。涉及代码的装修听起来很高深，其实并不难。这就是本章要讲的淘宝动态页面装修，淘宝动态页面能第一时间吸引买家眼球，吸引人点击，给人趣味性的购物体验。

7.1 淘宝动态页面基础

也许有些人觉得“代码”遥不可及，也与装修关系不大。下面就来介绍与代码息息相关的装修知识。

7.1.1 淘宝源代码装修

相信装修过淘宝店铺的人都使用过“自定义内容区”模块，这个模块是实现店铺多样化、特色化的关键，因为它是可以使用代码装修的。

在店铺装修后台，添加“自定义内容区”模块，选择并编辑“自定义内容区”模块，添加图片后在对话框中显示的是图片的效果，这是正常模式，如图7-1所示。

图7-1 正常模式

选中下方的“编辑源代码”复选框，进入“源代码模式”后，可以看到图片的显示效果为一串代码，如图7-2所示。也就是说实际后台中，代码才是最原始也是最初的组成部分。不仅如此，我们看到的网页上的所有一切都是代码组成的。

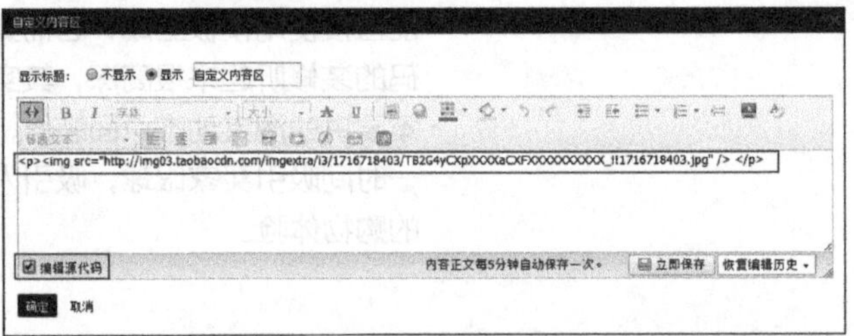

图7-2 源代码模式

7.1.2 切片与代码

我们知道，在自定义内容区中添加一张图片后，只能为图片添加一个链接，也就是单击图片任何位置，都只会跳转到一个页面中。那如何才能单击图中相应的宝贝，即可跳转至相应的页面呢，这就需要将整张图片切开，并为图中的不同宝贝区域添加不同的链接。也可以使用热点区域设置链接，热点的知识在后面会讲到。

视频路径 | 第7章\7.1.2切片与代码.mp4

知 识 点 | 切片与代码

步骤01 启动Photoshop软件，在中间空白区域双击，在弹出的对话框中选择图片，打开图片，如图7-3所示。

步骤02 按Ctrl+R组合键打开标尺，从标尺上拖出几条参考线，用参考线将宝贝分隔开，如图7-4所示。

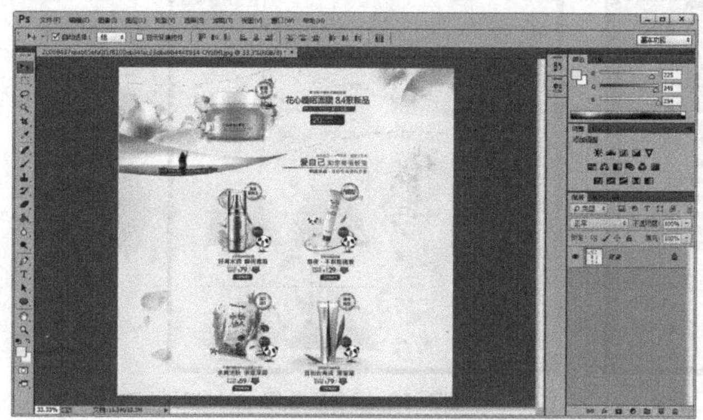

图7-3 打开图片　　图7-4 拖出参考线

步骤03 在工具箱中按住裁剪工具图标，在展开的工具组中选择切片工具，如图7-5所示。

步骤04 在选项栏中单击“基础参考线的切片”按钮，如图7-6所示。

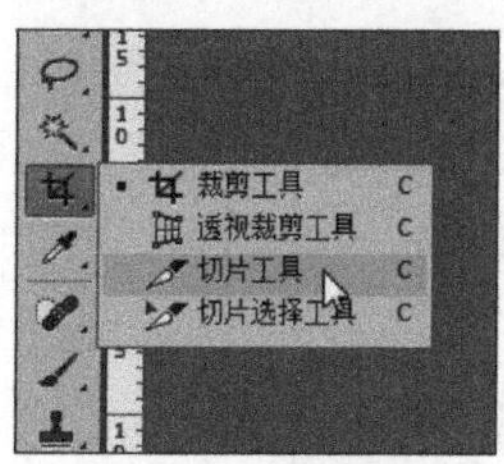

图7-5 选择切片工具

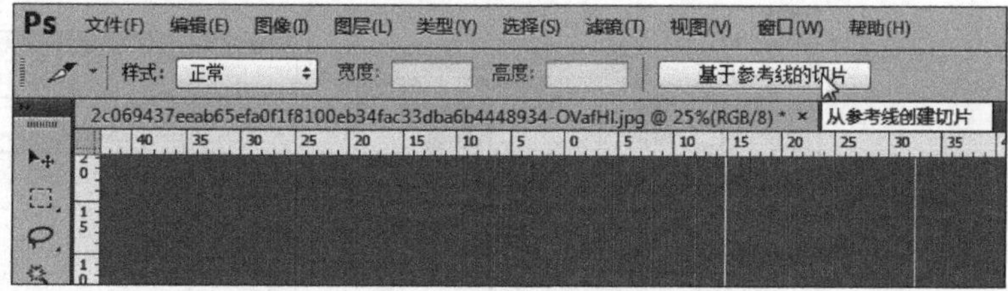

图7-6 单击“基础参考线的切片”按钮

用鼠标右键单击裁剪工具图标，也可以打开工具组。

步骤05 此时图像被切为多个小块，如图7-7所示。

步骤06 在工具箱中按住切片工具图标，在工具组中选择切片选择工具，如图7-8所示。

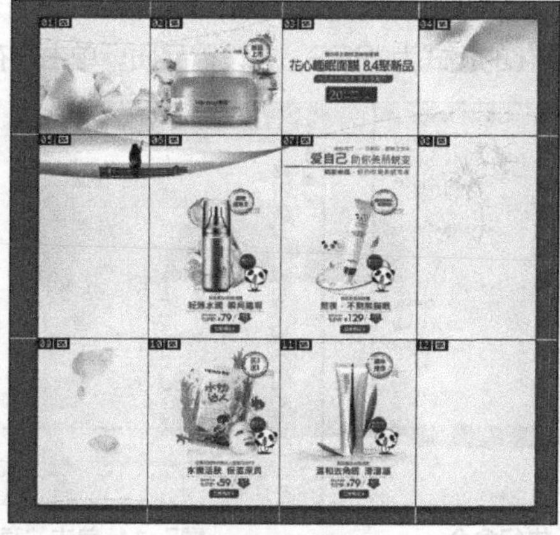

图7-7 图像

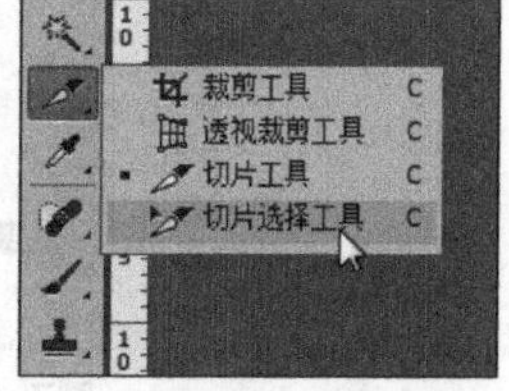

图7-8 选择切片选择工具

步骤07 按住Shift键，选择不需要切开的两个切片，单击鼠标右键，执行“组合切片”命令，如图7-9所示。

步骤08 用同样的方法，组合其他切片，按Ctrl+；组合键隐藏参考线，组合后如图7-10所示。

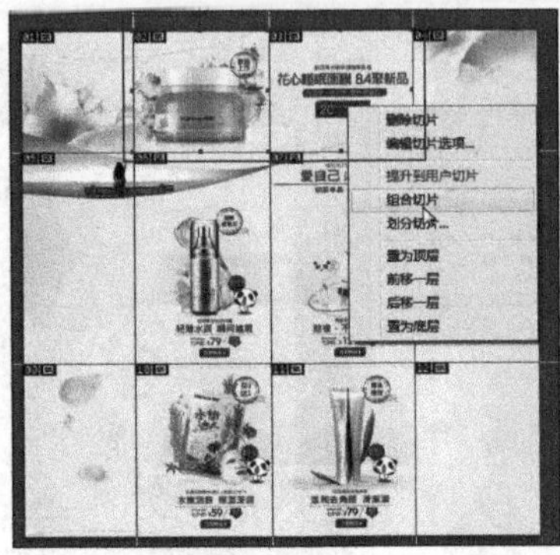

图7-9 执行“组合切片”命令

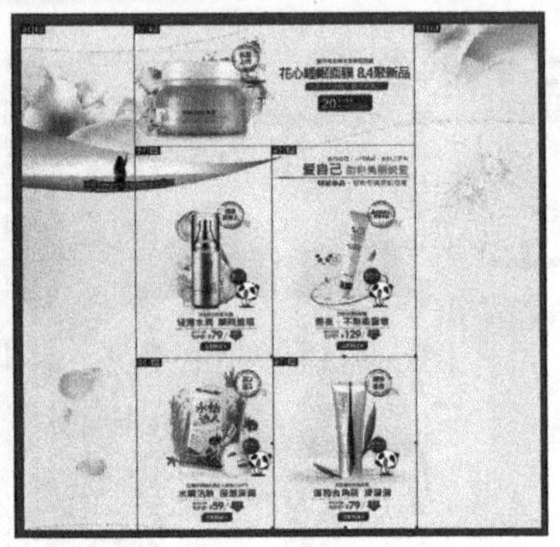

图7-10 组合后效果

步骤09 选择切片，单击鼠标右键，执行“编辑切片选项”命令，如图7-11所示。

步骤10 在弹出的对话框中修改名称，并将宝贝的链接粘贴到URL文本框中，如图7-12所示，单击“确定”按钮。

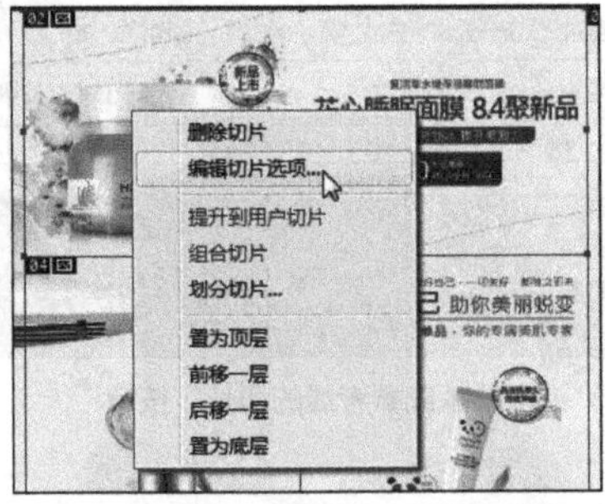

图7-11 执行“编辑切片选项”命令

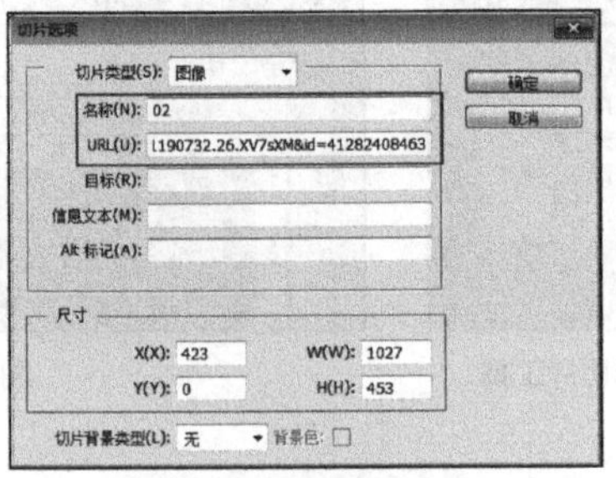

图7-12 粘贴

步骤11 用同样的方法，修改所有切片的名称，并修改宝贝所在切片的URL。

步骤12 执行“文件”|“存储为Web所用格式”命令，如图7-13所示。

步骤13 弹出对话框，选择优化的格式为JPEG，并设置品质，单击“存储”按钮，如图7-14所示。

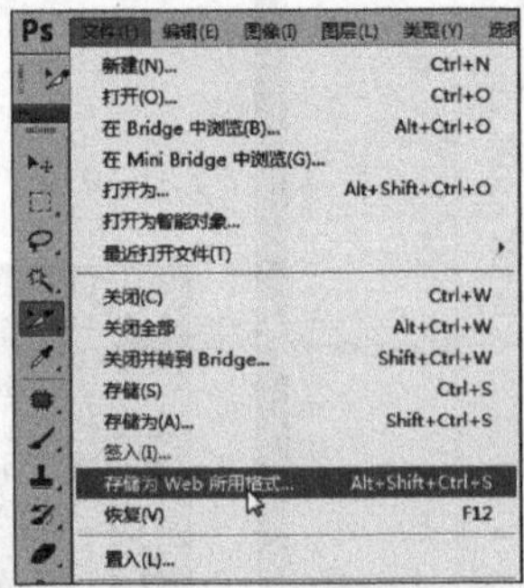

图7-13 执行命令

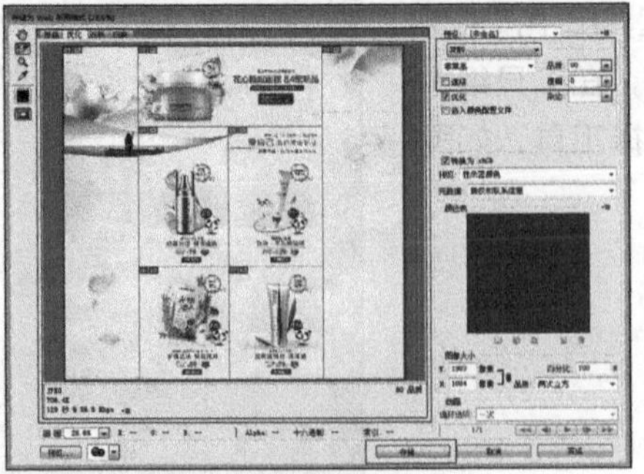

图7-14 单击“存储”按钮

步骤14 弹出对话框，设置存储的位置和名称，并选择格式为“HTML和图像”，如图7-15所示。

步骤15 单击“保存”按钮，保存后将images文件夹中的所有图片上传到图片空间。

步骤16 选择“切片与代码.html”文件，单击鼠标右键，执行“打开方式”|“Adobe Dreamweaver CC”命令，如图7-16所示。

图7-15 选择格式

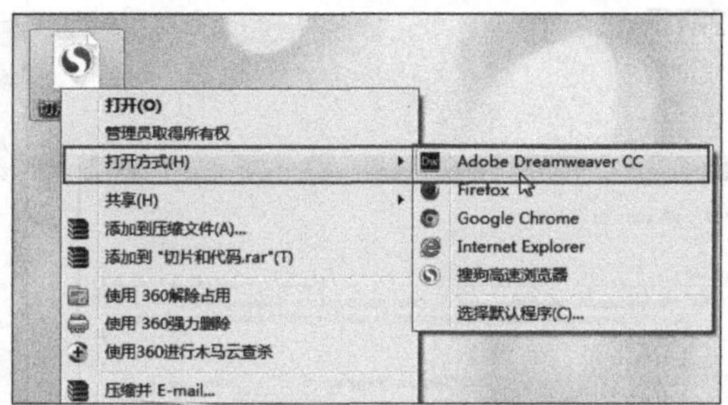

图7-16 执行命令

步骤17 使用Dreamweaver打开后如图7-17所示。

步骤18 在图片空间中选择图片，单击下方的“复制链接”按钮，如图7-18所示。

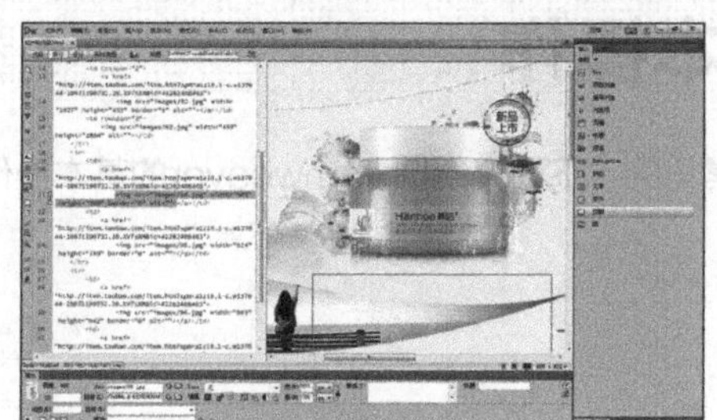

图7-17 打开

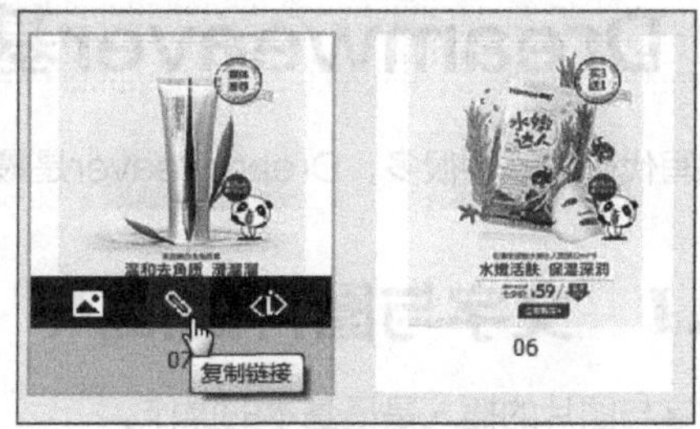

图7-18 单击按钮

步骤19 在Dreamweaver中选择对应的图片，在“属性”面板中选择Src后的内容，按Ctrl+V组合键粘贴链接，如图7-19所示。

步骤20 用同样的方法，将所有图片的Src替换成网络地址（即图片空间的链接地址）。

步骤21 在代码区域中选择<body>与</body>之间的代码，单击鼠标右键，执行“拷贝”命令，如图7-20所示。

图7-19 粘贴地址

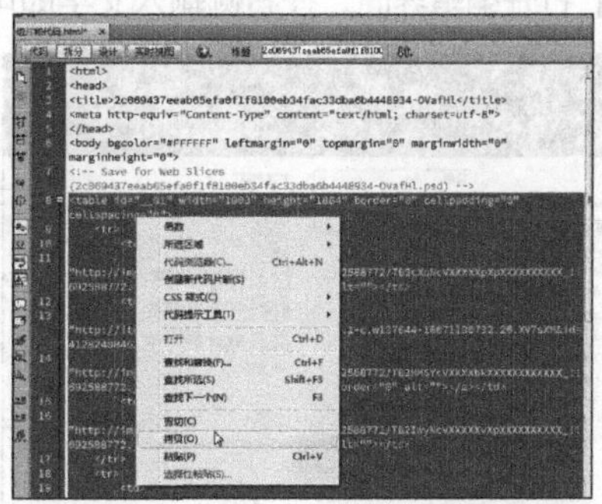

图7-20 执行“拷贝”命令

步骤22 进入装修后台，新增“自定义内容区”模块，单击模块右上角的“编辑”按钮，打开对话框，选中“编辑源代码”复选框，然后粘贴代码，如图7-21所示。

步骤23 单击“确定”按钮关闭对话框，单击装修页面右上角的“预览”按钮，进入预览页面，单击不同的宝贝，测试是否跳转到相应的宝贝页面，如图7-22所示。

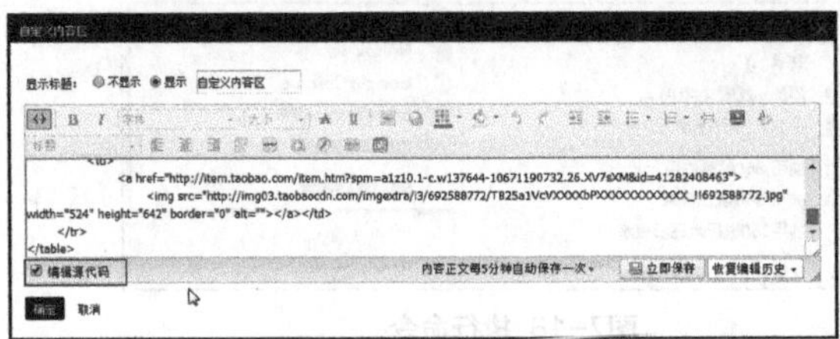

图7-21 粘贴代码

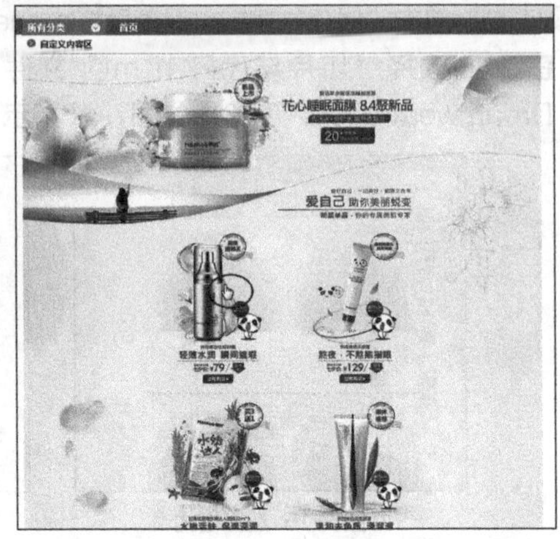

图7-22 预览

7.2 Dreamweaver基本操作

编写代码的软件很多，Dreamweaver是最常见的，下面介绍Dreamweaver的基本操作。

7.2.1 文字与图片的插入

文字与图片的插入是最基本的操作。

1. 文字的插入

视频路径 第7章\7.2.1文字与图片的插入\1. 文字的插入.mp4

知 识 点 文字的插入

步骤01 启动Dreamweaver软件，在新建栏下选择“HTML”选项，如图7-23所示。

步骤02 打开编辑界面，在右侧输入文字即可，如图7-24所示。

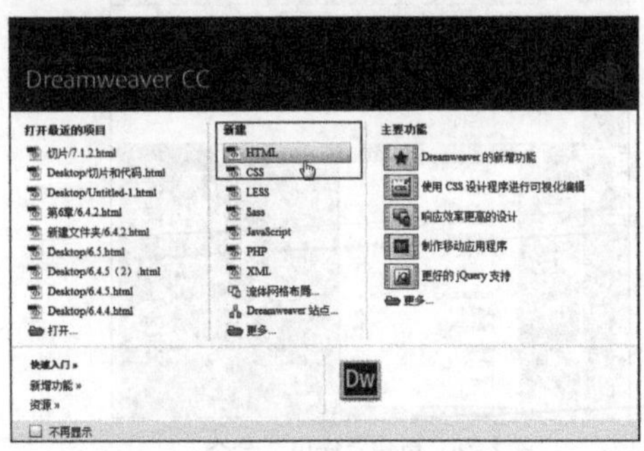

图7-23 选择“HTML”选项

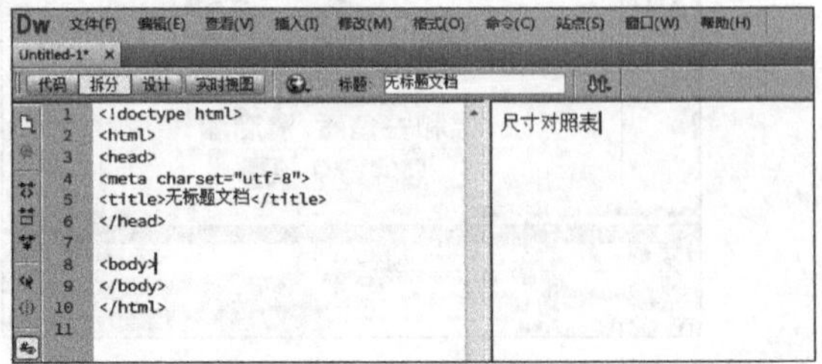

图7-24 输入文字

步骤03 选中文字，在“属性”面板中单击“CSS”按钮，即可修改字体、大小和颜色等属性，如图7-25所示。

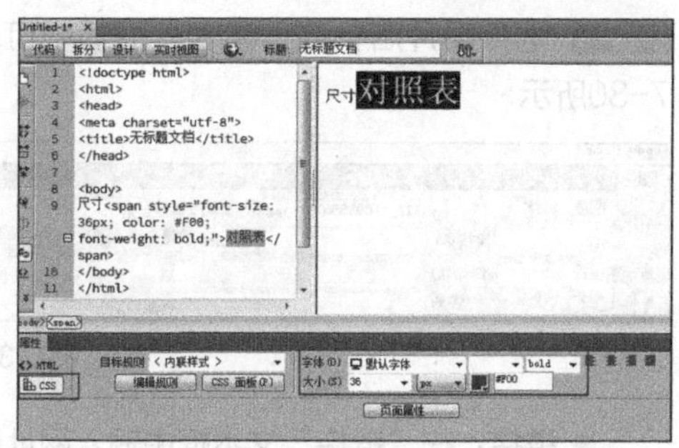

图7-25 修改属性

2. 图片的插入

视频路径：第7章\7.2.1文字与图片的插入\2.图片的插入.mp4

知 识 点：图片的插入

步骤01 新建HTML文档，单击“设计”按钮，进入“设计”视图，如图7-26所示。

步骤02 执行“插入”|“图像”|“图像”命令，如图7-27所示。

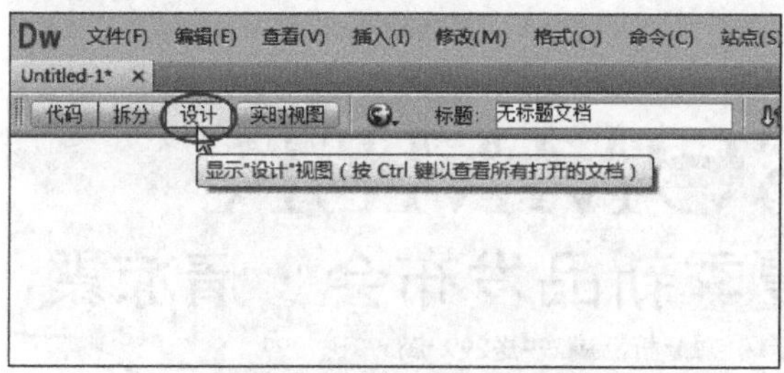

图7-26 单击“设计”按钮

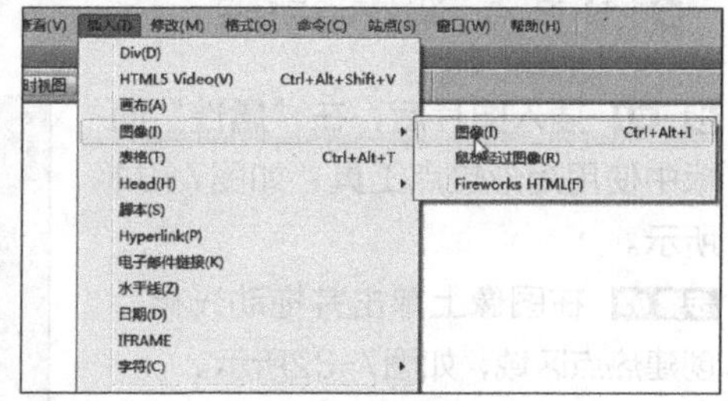

图7-27 执行命令

步骤03 在弹出的对话框中选择图片，单击“确定”按钮，即可插入计算机中的图片。

步骤04 或者，在对话框的文件名中粘贴淘宝图片空间的图片链接地址，如图7-28所示。

步骤05 单击“确定”按钮则可以插入网络地址的图片，如图7-29所示。

图7-28 粘贴地址

图7-29 插入图片

若图片不显示，将文档保存后重新打开即可。

步骤 06 选择图片后，在“属性”面板中可以设置参数，包括最常设置的链接和目标等，如图7-30所示。

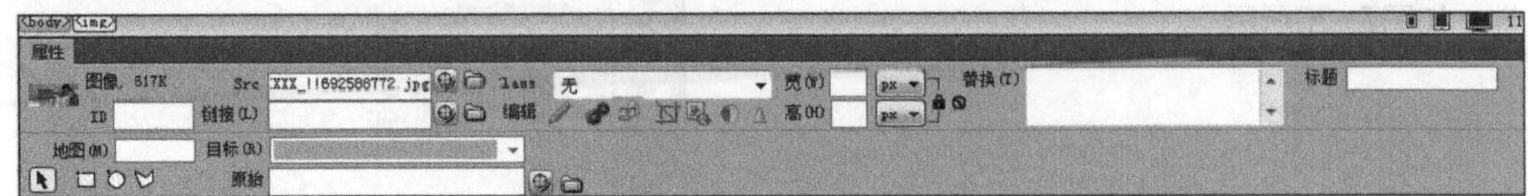

图7-30 “属性”面板

- **链接**：在“链接”文本框中输入网址则可以设置单击图片后跳转的网址。
- **目标**：在“目标”的下拉列表中包括了6个选项，最常用的为“_bank”，即在新窗口中打开这个链接。

7.2.2 设置热点与链接

对于需要将图中小块区域设置链接的情况，切片会过于复杂，可以使用热点设置。

视频路径 | 第7章\7.2.2设置热点与链接.mp4

知 识 点 | 设置热点与链接

步骤 01 插入图片后，在“属性”面板中使用矩形热点工具，如图7-31所示。

步骤 02 在图像上单击并拖动光标，创建热点区域，如图7-32所示。

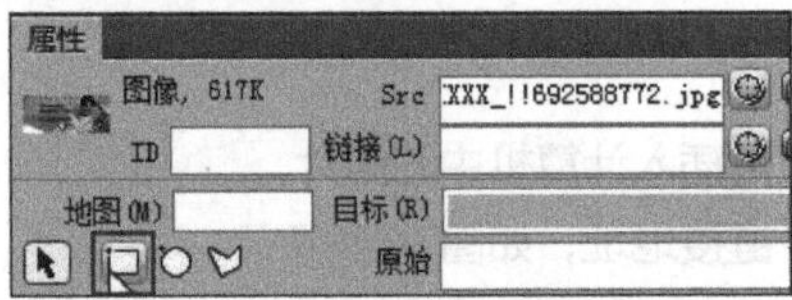

图7-31 使用矩形热点工具

图7-32 创建热点区域

除了矩形热点工具，还有圆形热点工具和多边形热点工具，可以根据需要创建热点的区域形状来选择不同的热点工具。

步骤 03 弹出对话框，单击“确定”按钮，如图7-33所示。

步骤 04 用同样的方法，创建其他热点。在“属性”面板中使用指针热点工具，如图7-34所示。

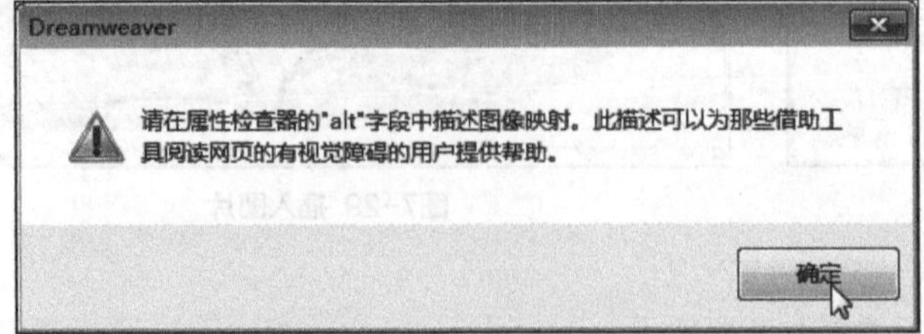

图7-33 单击“确定”按钮

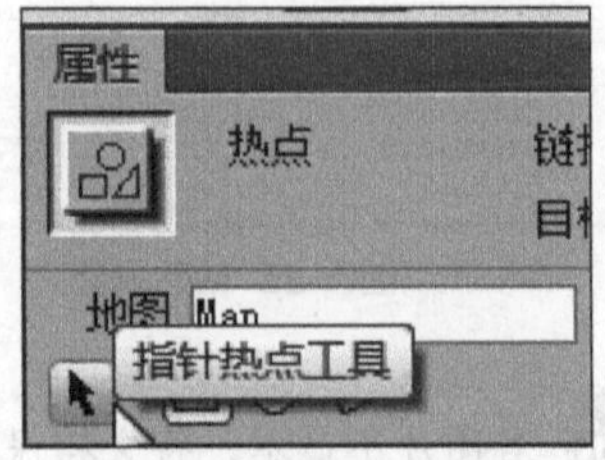

图7-34 使用指针热点工具

步骤 05 调整热点的位置与大小，如图7-35所示。

步骤 06 选择一个热点，在“属性”面板中设置链接与目标，如图7-36所示。

图7-35 调整热点位置与大小

图7-36 设置属性

目标为new表示单击热点后在新的页面中打开链接。

步骤 07 单击“代码”按钮，进入代码视图，选择<body>与</body>之间的代码，单击鼠标右键，执行“拷贝”命令，如图7-37所示。

步骤 08 进入装修页面后，将代码粘贴到“自定义内容区”的源代码中，单击“确定”按钮，如图7-38所示。

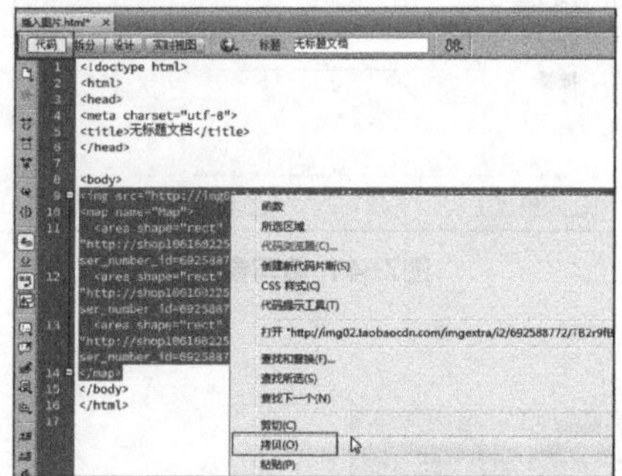

图7-37 执行“拷贝”命令

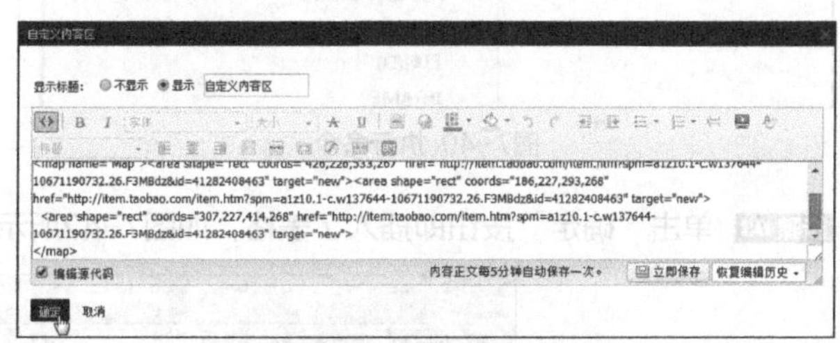

图7-38 单击“确定”按钮

步骤 09 单击页面右上角的“预览”按钮，预览装修效果，并测试链接是否可用，如图7-39所示。

图7-39 预览装修效果

7.2.3 表格的嵌套

表格的嵌套是使用表格排版的关键。

1. 插入表格

表格由行、列和单元格三部分组成。一张表格横向称为行，纵向称为列。行列交汇部分就称为单元格，单元格是输入信息的地方。

视频路径 第7章\7.2.3表格的嵌套\1.插入表格.mp4

知 识 点 插入表格

步骤01 新建HTML文档，执行“插入”|“表格”命令，如图7-40所示。

步骤02 在打开的对话框中填写行数、列和宽度等参数，如图7-41所示。

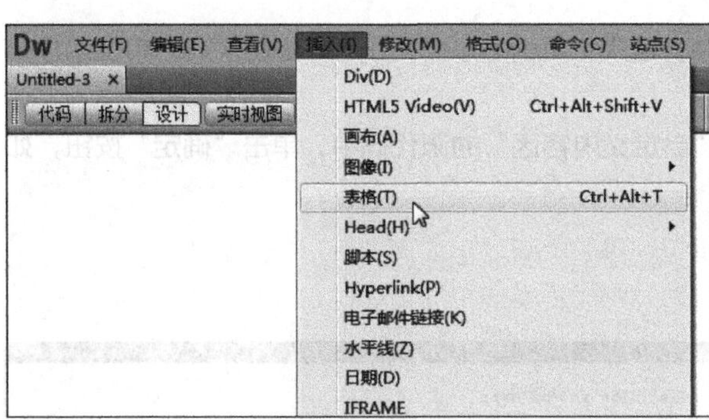

图7-40 执行命令

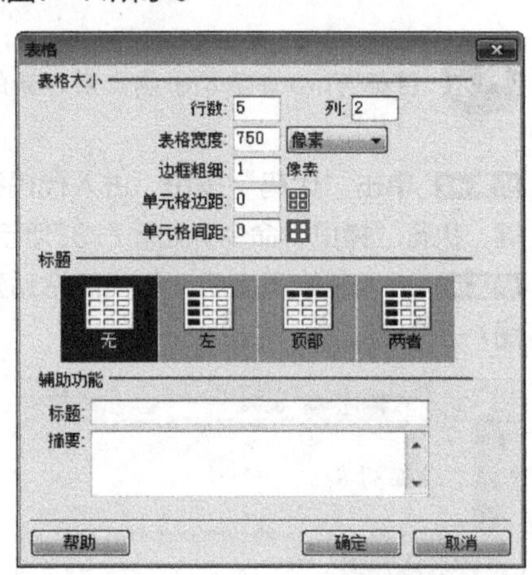

图7-41 填写参数

步骤03 单击“确定”按钮即插入了表格，如图7-42所示。

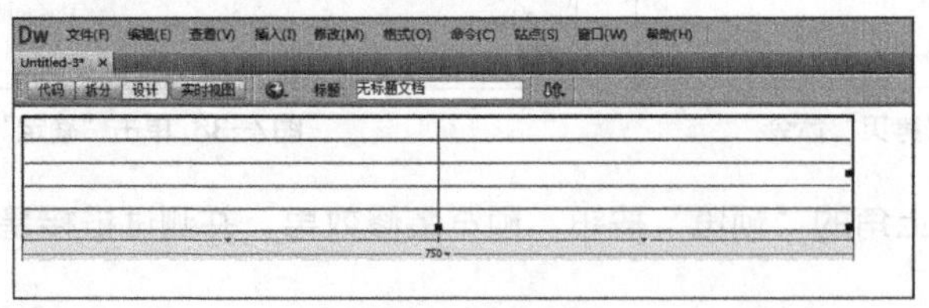

图7-42 插入表格

2. 选择与编辑表格

拖动光标，可以选择多个相连的单元格。按Ctrl键依次单击表格中的单元格，可以选中不相连的单元格。

表格的编辑一般都可以通过右键菜单设置。选中一个或多个单元格，单击鼠标右键，执行“表格”命令，在子菜单中包含了合并和拆分等多种编辑选项，如图7-43所示。当需要修改表格的行、列和边距等属性时，可以单击表格下的三角按钮，选中表格，在“属性”面板中直接修改，如图7-44所示。

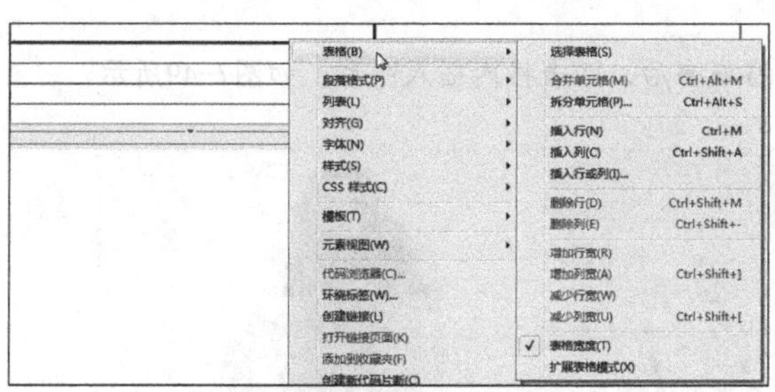

图7-43 执行“表格”命令

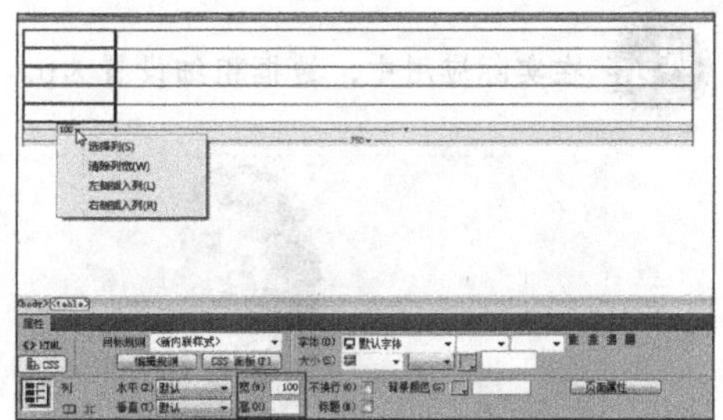

图7-44 修改“属性”面板

3. 表格嵌套

表格嵌套是指在单元格内再次插入表格。

视频路径：第7章\7.2.3表格的嵌套\3.表格嵌套.mp4

知 识 点：表格嵌套

步骤 01 在文档中插入一个1行2列的表格，如图7-45所示。

步骤 02 将光标定位在第2列，如图7-46所示。

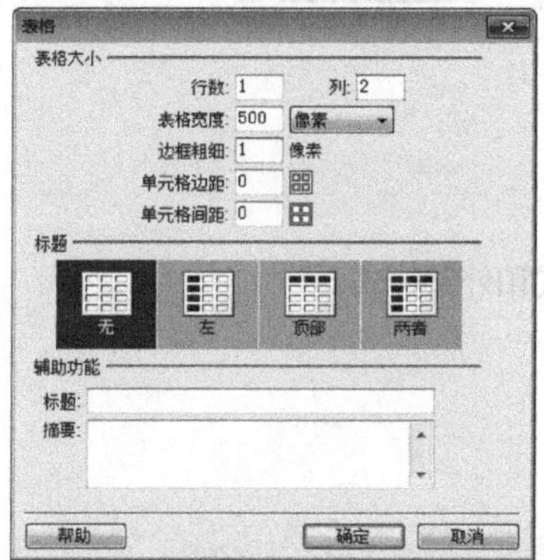

图7-45 表格

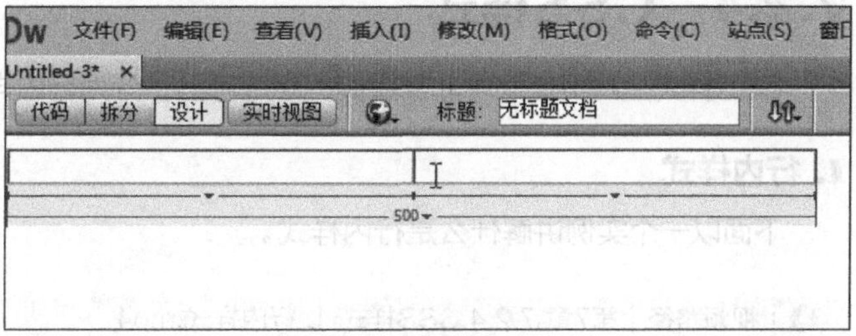

图7-46 定位光标

步骤 03 再次插入一个2行1列的表格，如图7-47所示。

步骤 04 此时嵌套的表格效果如图7-48所示。

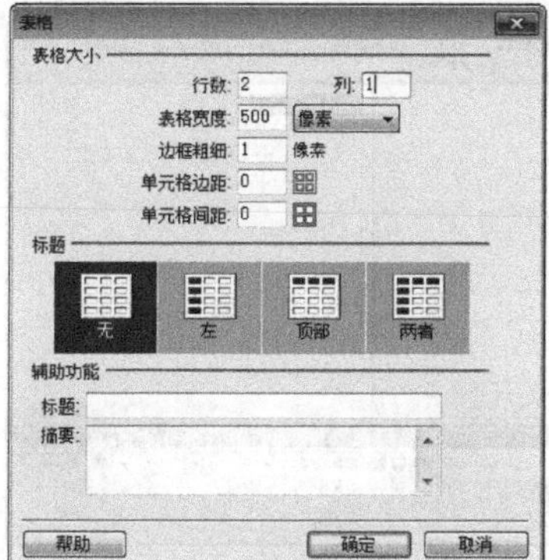

图7-47 再次插入表格

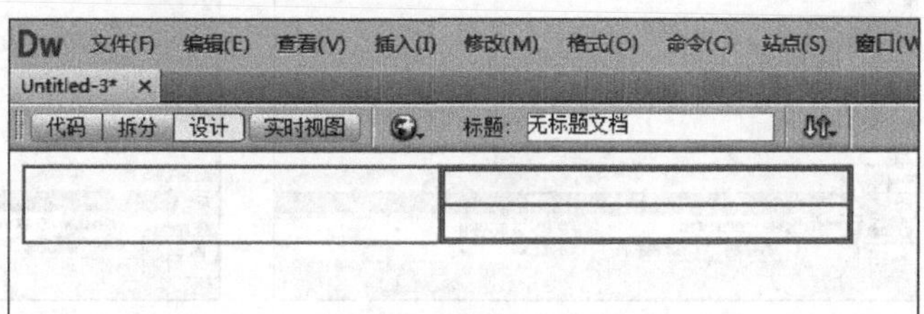

图7-48 嵌套表格

提示 Tips 在实际应用中，边框粗细设置为0。表格嵌套后，在表格内插入图片，如图7-49所示。

图7-49 实际应用

7.2.4 CSS样式

CSS样式是网页代码中非常重要的组成部分，分为行内样式和外部样式。

1. 行内样式

下面以一个实例讲解什么是行内样式。

视频路径	第7章\7.2.4 CSS样式\1. 行内样式.mp4
知 识 点	行内样式

步骤01 将光标定位在右侧的文字中，然后在状态栏中单击<p>标签，如图7-50所示。

步骤02 选中标签后，单击“属性”面板中的“CSS”按钮，如图7-51所示。

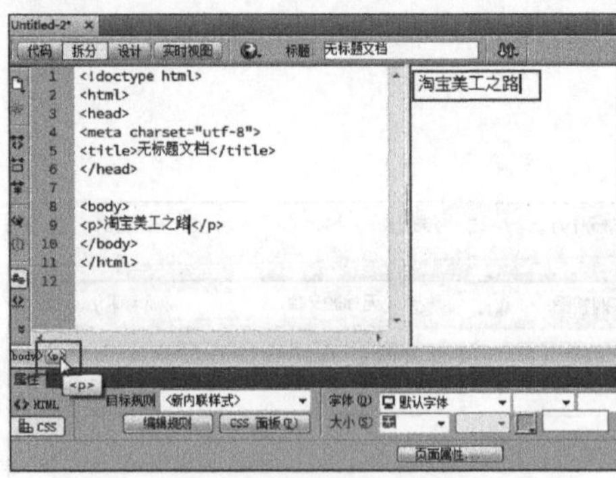

图7-50 单击<p>标签

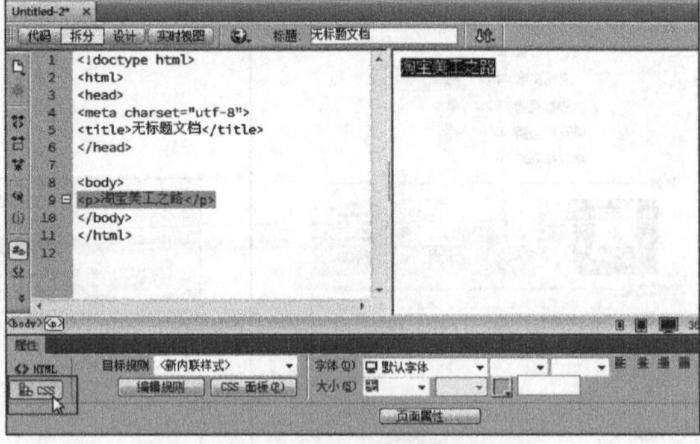

图7-51 单击“CSS”按钮

步骤 03 在“属性”面板中设置字体、大小、颜色、对齐和粗细等参数，如图7-52所示。

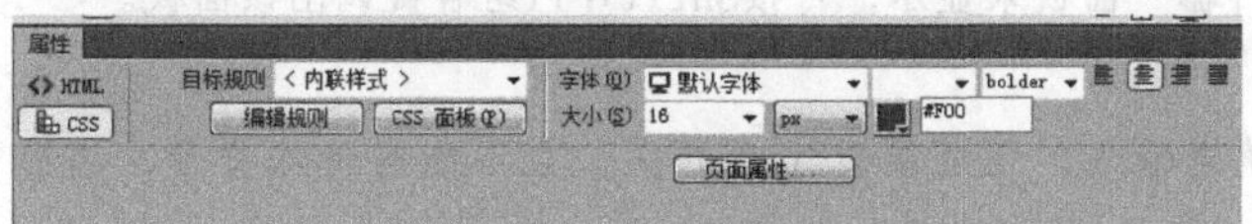

图7-52 设置属性

步骤 04 设置完成后，查看代码，如图7-53所示，红框标出的为新增的代码，这些代码就是样式。

```
<!doctype html>
<html>
<head>
<meta charset="utf-8">
<title>无标题文档</title>
</head>

<body>
<p style="font-size: 16px; color: #F00; font-weight: bolder; text-align: center;">
淘宝美工之路</p>
</body>
</html>
```

图7-53 样式

由于这些样式与<p>标签在同一行内，所以称之为行内样式，也可以叫它<p>标签的样式属性。另外，单击“属性”面板中的“CSS面板”按钮，在展开的面板中可以设置更多样式。

2. 外部样式

视频路径 | 第7章\7.2.4 CSS样式\2. 外部样式.mp4

知 识 点 | 外部样式

步骤 01 在Dreamweaver右侧的“CSS设计器”面板中，单击“源”右侧的“+”按钮，在展开的列表中选择“在页面中定义”选项，如图7-54所示。

步骤 02 选择“全局”选项，然后单击“选择器”右侧的“+”按钮，如图7-55所示。

步骤 03 在添加选择器后输入名称，这里输入“.style01”，如图7-56所示。

步骤 04 添加样式后，可以在“属性”中对样式进行设置，如图7-57所示。

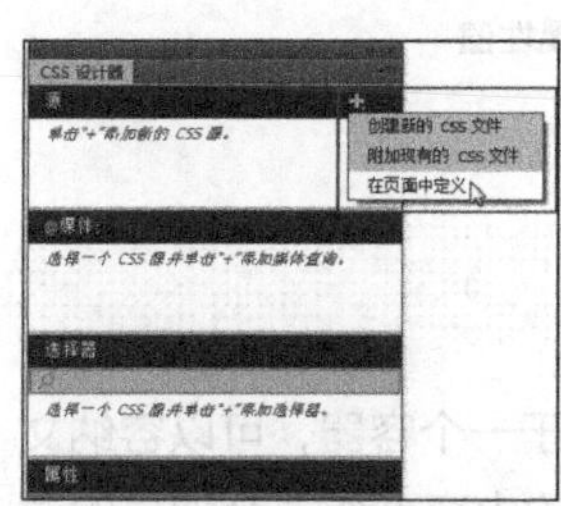

图7-54 选择“在页面中定义”选项

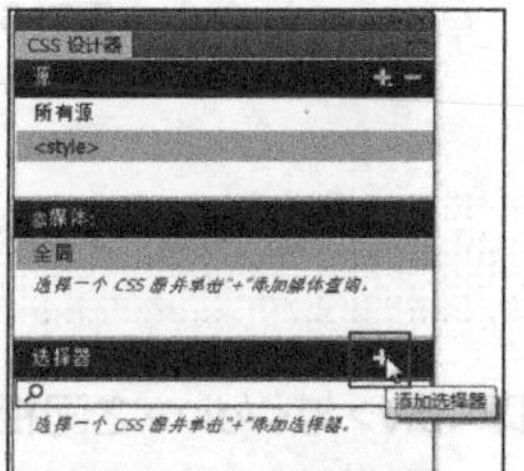

图7-55 单击按钮

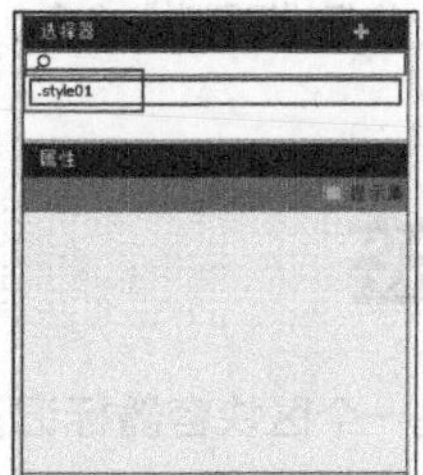

图7-56 输入名称

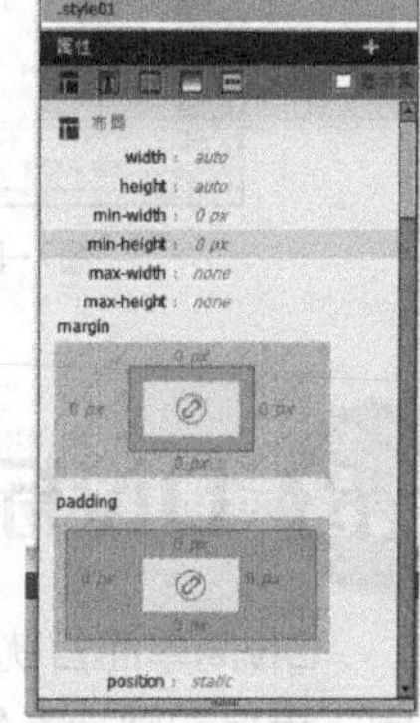

图7-57 设置样式

若“CSS设计器”面板未显示，可按Shfit+F11组合键调出该面板。

名称可以随意输入，但需要以字母开头，且不能有特殊符号，名称前需要添加英文的“.”号。

步骤05 在“属性”中单击“文本”按钮，设置样式，此时的代码如图7-58所示。

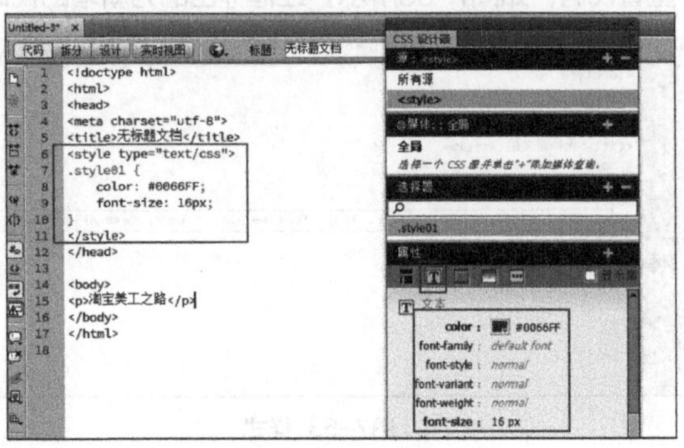

图7-58 修改样式

从上面的代码看出，新增的样式和<p>标签不在同一行内，这就叫做外部样式。

建好样式后，当需要在标签上添加样式时，只需要调用该样式即可。

步骤06 选中<p>标签，单击鼠标右键，执行“设置类”命令，在展开的列表中选择需要调用的类，如图7-59所示。

步骤07 代码中<p>标签内多了一个属性值，如图7-60所示。<p>标签就是通过这段代码设置该标签的外部样式。

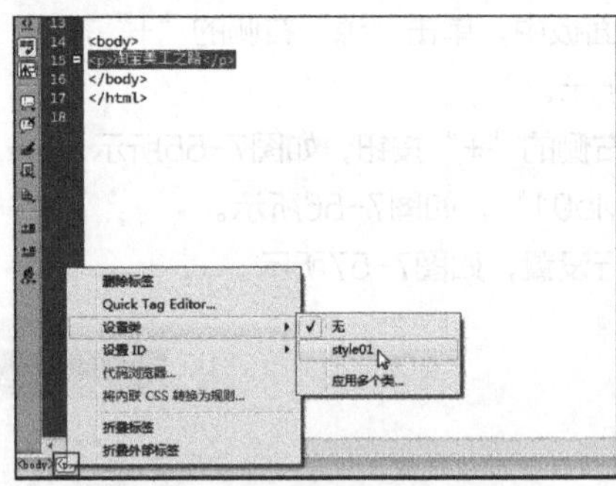

图7-59 执行“设置类”命令

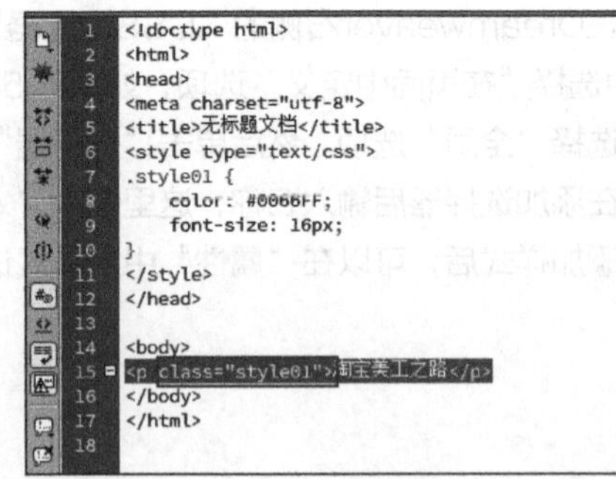

图7-60 属性值

7.3 Div标签

Div简单而言就是一个区块容器标记，即<div>与</div>之间相当于一个容器，可以容纳文字、表格和图片等各种HTML元素。因此，可以把<div>与</div>中的内容看作一个独立的对象，用于CSS的控制。

7.3.1 认识Div标签

下面以简单的操作帮助大家认识Div标签。

1. 插入Div标签

视频路径 | 第7章\7.3.1认识Div标签\1.插入Div标签.mp4
知 识 点 | 插入Div标签

步骤 01 在Dreamweaver中新建文档，在右侧“插入”面板中选择“Div”选项，如图7-61所示。

步骤 02 弹出对话框，单击“确定”按钮，如图7-62所示。

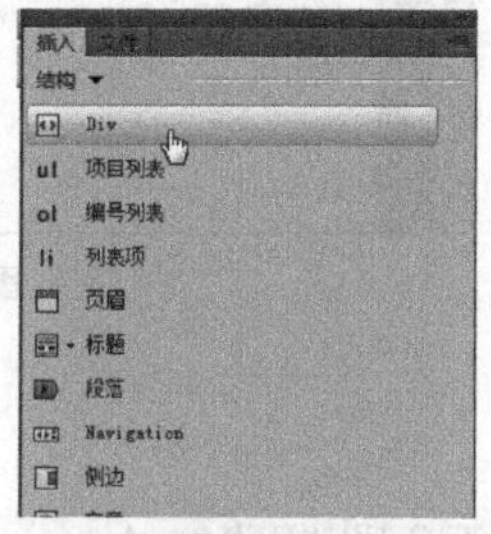

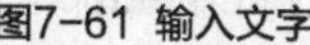

图7-61 输入文字

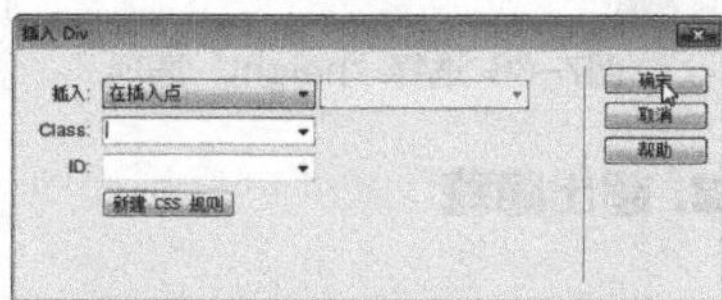

图7-62 修改为<div>标签

步骤 03 此时即插入了一个Div标签，如图7-63所示。

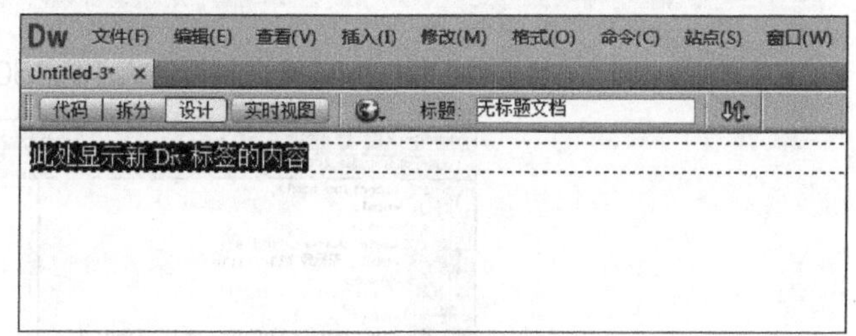

图7-63 输入文字

步骤 04 将标签内的文字删除，重新输入文字，并将软件界面调小，此时会发现，框的大小不是固定不变的，而是随着内容和编辑器的大小而改变的，如图7-64所示。

步骤 05 单击“拆分”按钮，在左侧代码中，将光标定位在<div后，按空格键，在提示内容中选择“style”选项，如图7-65所示。

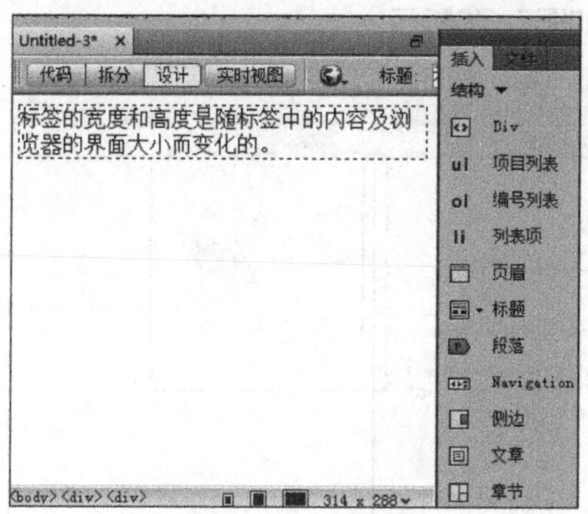

图7-64 调小界面

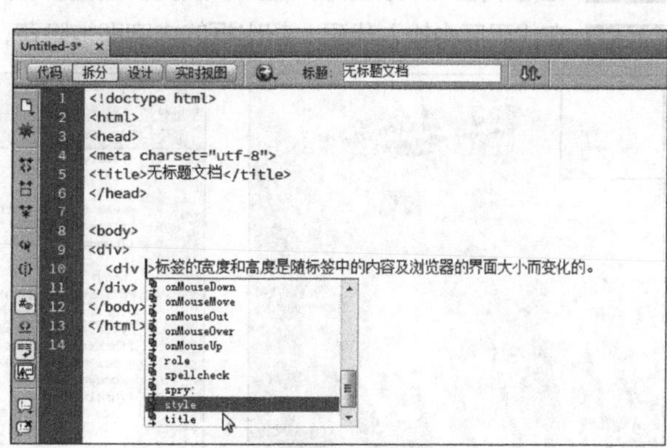

图7-65 选择“style”选项

步骤 06 双击并在提示内容中选择“height”选项，如图7-66所示。

步骤 07 输入高度值，以；结束，继续空格，设置宽度width，此时框的大小固定了，如图7-67所示。

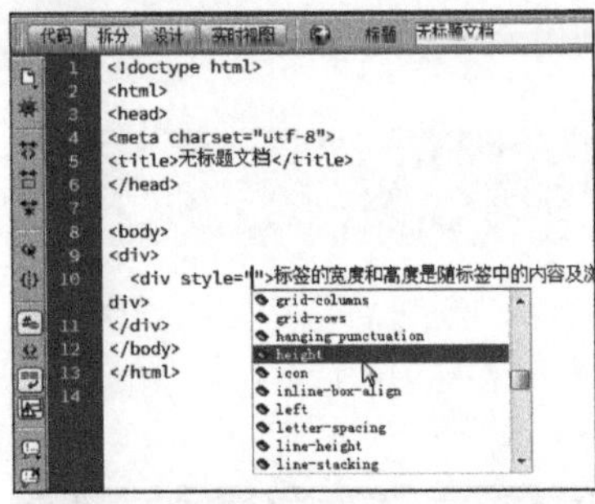

图7-66 选择“height”选项

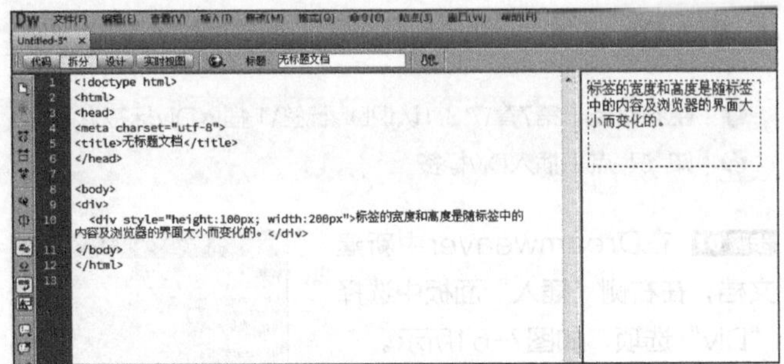

图7-67 框大小固定

2. 超出隐藏

视频路径 | 第7章\7.3.1认识Div标签\2.超出隐藏.mp4
知 识 点 | 超出隐藏

步骤 01 在Dreamweaver中插入Div标签，并设置大小为150像素×150像素，如图7-68所示。

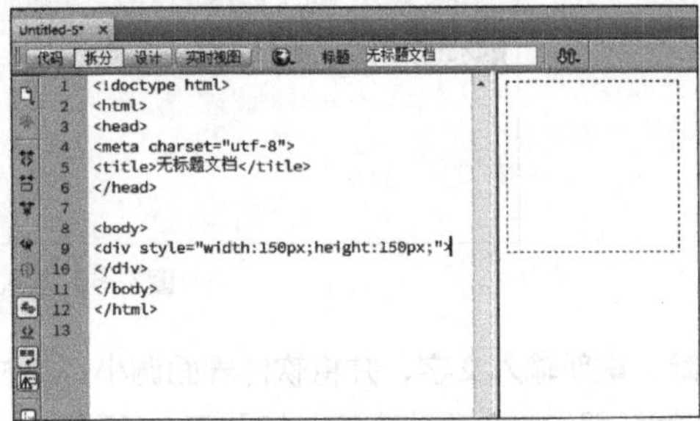

图7-68 建立框

步骤 02 在框中插入一张图片，框大小没变，当显示的内容超出了框外，如图7-69所示。

步骤 03 在代码区中输入代码，超出框的内容即被隐藏，如图7-70所示。

图7-69 显示内容超出框外

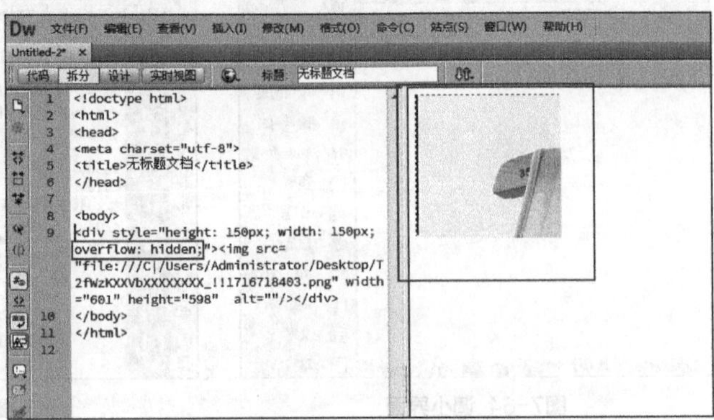

图7-70 超出框的内容被隐藏

选择Div标签后将显示出一个蓝色的框，没有选择时为虚线的框。

overflow是超出的意思，样式值hidden是隐藏的意思，与hidden相反的样式值是visible，即“可见”，默认情况下为可见。

7.3.2 盒子模型

建立Div标签后，会有一个框，这个框是可以添加内外边框的，添加边框后盒子的大小是多大呢？这就是我们要讲的盒子模型。

盒子里面的内容到盒子的边框之间的距离为填充（padiing），盒子本身有边框（border），而盒子的边框外和其他盒子之间，还有一个边界（margin），如图7-71所示。在计算盒子大小时，需要将所有的大小算进去，这就是盒子模型。盒子模型的宽度=左、右边界+左、右边框+左、右填充+内容宽7个值的和；盒子模型的高度=上、下边界+上、下边框+上、下填充+内容高。

在“CSS设计器”面板的属性栏可以这些参数，如图7-72所示。

图7-71 盒子模型

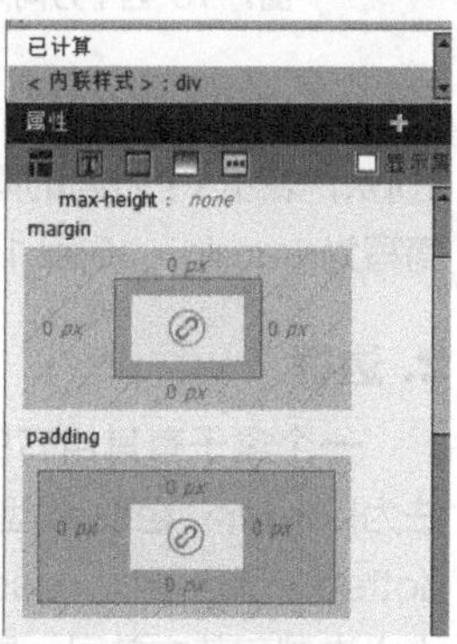

图7-72 “CSS设计器”面板的属性栏

1. 边界

在Dreamweaver中建立两个框，并为两个框设置不同的背景色，便于查看，如图7-73所示。此时两个框连在一起，若想将它们分开，则需要为框添加边界，在代码中为第1个框添加10像素的下边界，如图7-74所示。

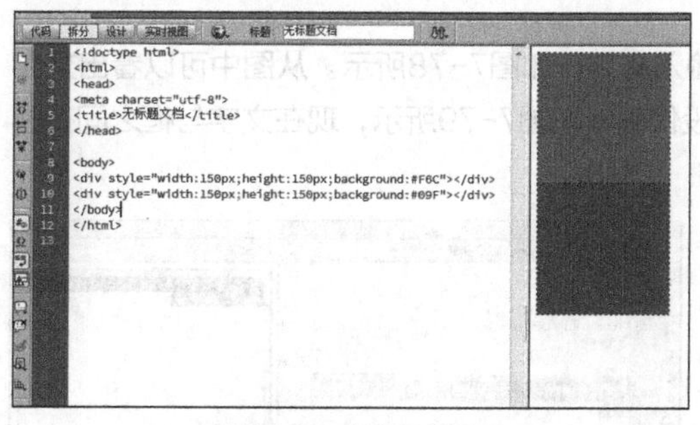

图7-73 建立两个框

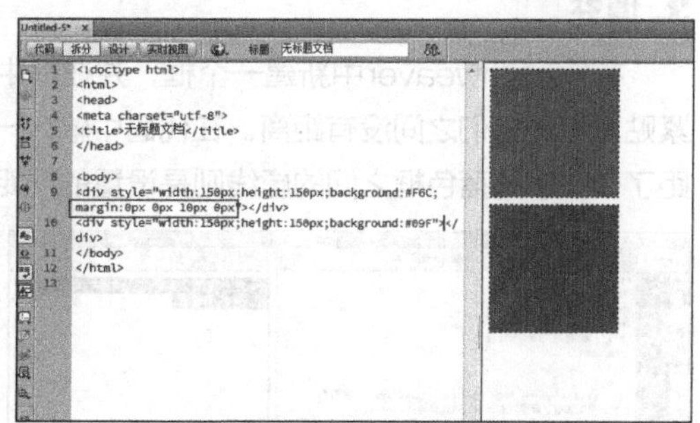

图7-74 框添加10像素的下边界

代码中margin就是边界，表示这个框和其他框的间距，它有4个值，分别代表上、右、下、左（顺时针）4个方向的间距，值之间用空格隔开。如margin：10px 20px 5px 25px；表示上、右、下、左4个方向的边界间距为10像素、20像素、5像素、25像素，如图7-75所示。

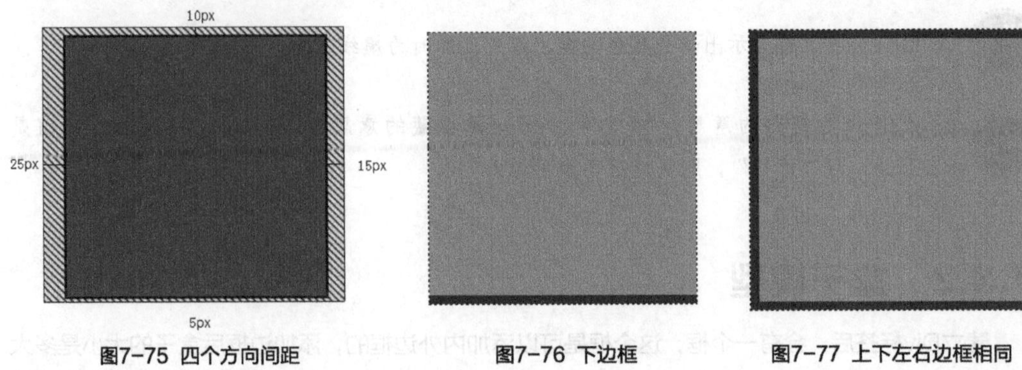

图7-75 四个方向间距　　图7-76 下边框　　图7-77 上下左右边框相同

margin的值有两种简写方法，一种是当框4个方向的间距都相同时，可以简写为margin：15px；表示4个方向的间距均为15像素。第二种是当框的上下间距相同，左右间距相同，可将其简写为margin：15px 10px；表示框的上下间距为15像素，左右间距为10像素。

2. 边框

一个盒子有其自有的边框，我们可以设置边框的粗细、线型和颜色等样式。代码的表示方法为border：粗细 线型 颜色；其中粗细用像素表示，如5px。线型有3种值：solid表示实线，dotted表示点画线，dashed表示虚线。颜色的表示在第1章介绍过，方法有3种，分别为RGB、十六进制和英文单词，具体的写法请参照第1章。

同样，边框有上、右、下、左4个值，分别写作border-top、border-right、border-bottom和border-left。在代码中具体的写法为border-bottom：10px solid red；表示设置下边框，粗细为10像素，线型为实线，颜色为红色，如图7-76所示。

而当其上下左右边框都相同时，则写作border：10px solid red；如图7-77所示。

3. 填充

在Dreamweaver中新建一个框，并在框中输入文字，如图7-78所示。从图中可以看出文字紧贴着框，它们之间没有距离。在代码中输入一段代码，如图7-79所示，现在文字与框之间有间距了，文字与蓝色框之间的虚线则是设置的间距。

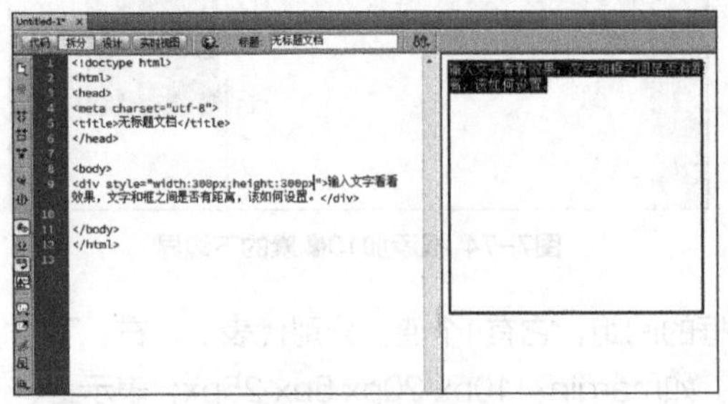

图7-78 输入文字

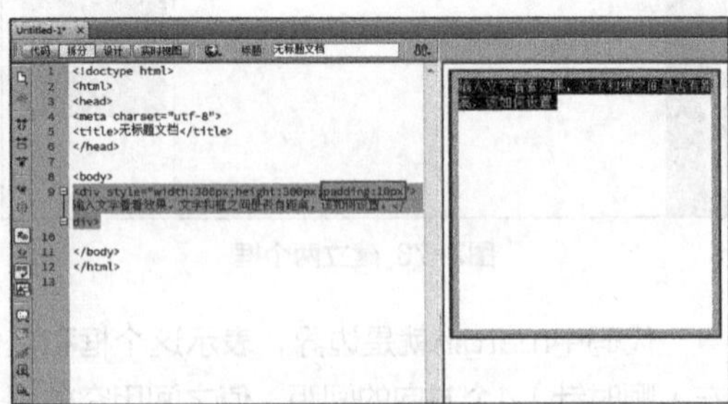

图7-79 输入代码

这个间距就是框的填充，指框中的内容与边框之间的距离。代码中的padding表示的就是填充。与边界和边框相同，padding也有4个值，简写方法与边界写法相同。

7.3.3 颜色与图片背景

一个框可以设置其背景为纯色或图片。

1. 纯色背景

视频路径 | 第7章\7.3.3颜色与图片背景\1. 纯色背景.mp4

知 识 点 | 纯色背景

步骤 01 插入Div后，在代码下方选择“div”，如图7-80所示。

步骤 02 在“CSS设计器”面板中选择“<内联样式>: div”，然后在下方的属性栏中单击“背景”按钮，如图7-81所示。

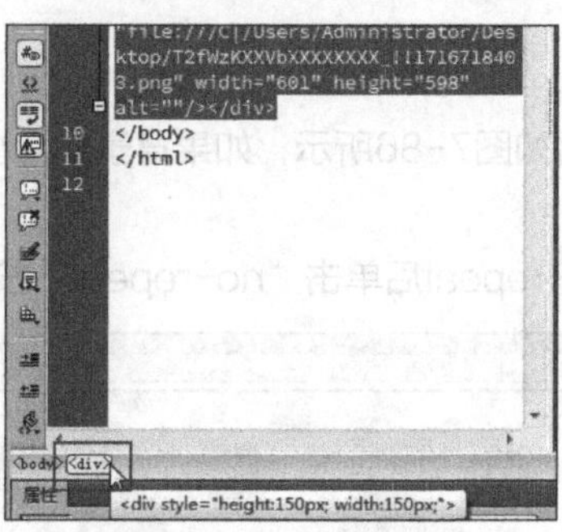

图7-80 选择“div”

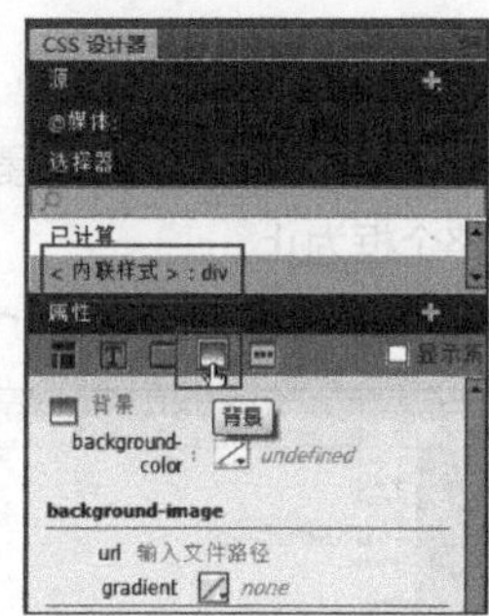

图7-81 单击“背景”按钮

步骤 03 在background-color后单击，在展开的颜色拾取器中选择一种颜色，如图7-82所示。

步骤 04 选择颜色后，框的背景发生改变，代码也相应改变，如图7-83所示。

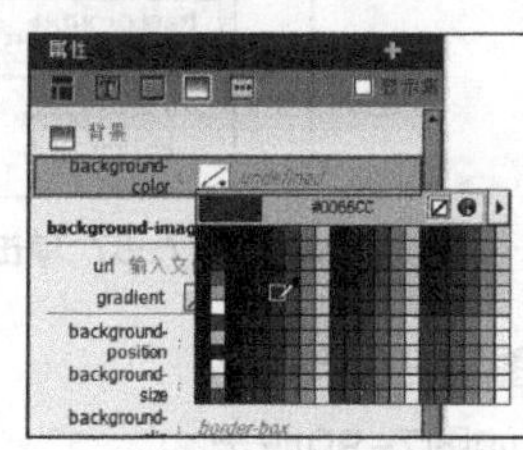

图7-82 选择颜色

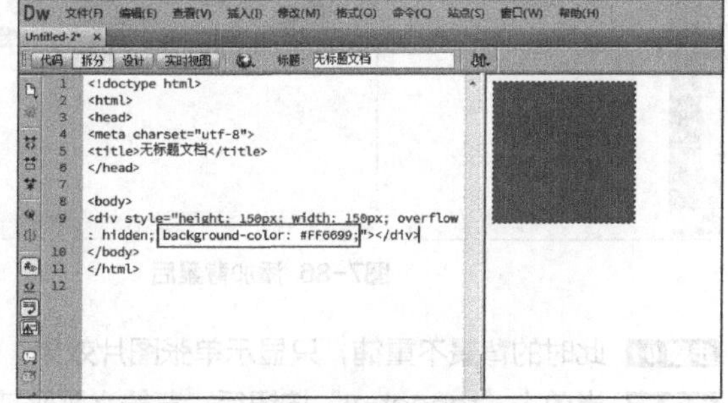

图7-83 框背景改变

添加颜色背景后，单击垃圾桶图标可删除该属性，如图7-84所示。

图7-84 单击图标

2. 图片背景

视频路径 | 第7章\7.3.3颜色与图片背景\2. 图片背景.mp4

知 识 点 | 图片背景

步骤 01 在background-image下方的url后粘贴图片地址，如图7-85所示。

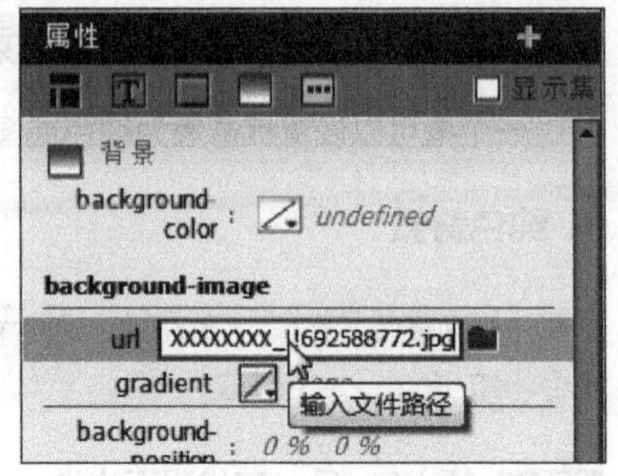

图7-85 粘贴图片地址

步骤 02 为标签添加背景后如图7-86所示，如果背景图片小于框，背景默认进行平铺，直至填满整个框为止。

步骤 03 单击background-repeat后单击“no-repeat”按钮，如图7-87所示。

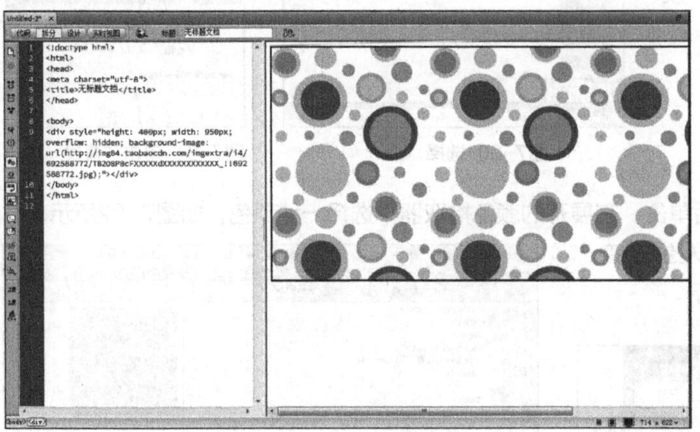

图7-86 添加背景后

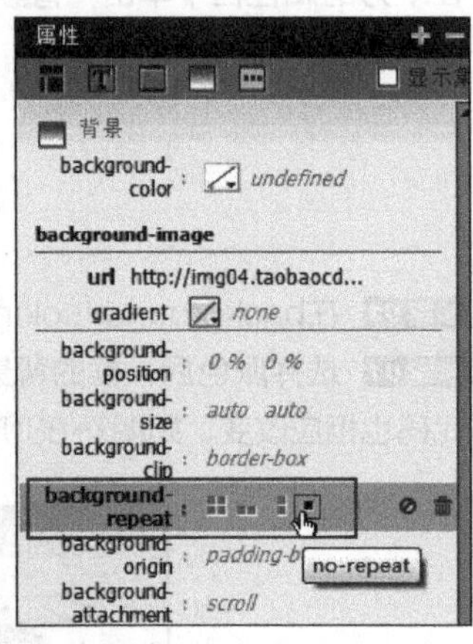

图7-87 单击“no-repeat”按钮

步骤 04 此时的背景不重铺，只显示单张图片效果，如图7-88所示。

步骤 05 当单击“repeat-x”按钮后，背景水平平铺，如图7-89所示。

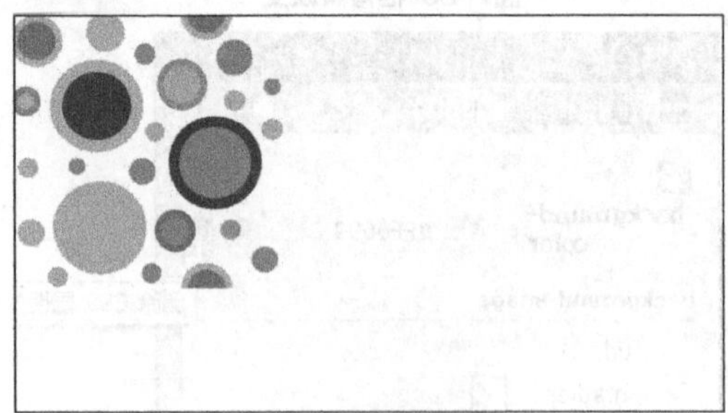

图7-88 背景显示

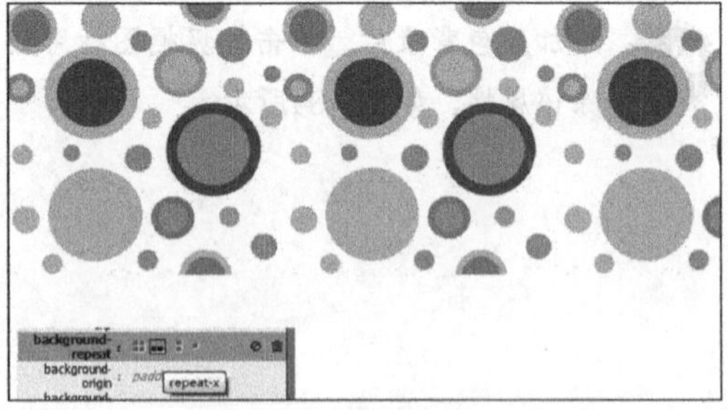

图7-89 背景水平平铺

步骤 06 单击“repeat-y”按钮后，背景垂直平铺，如图7-90所示。

在background-repeat后的第一个按钮就是repeat（平铺），也就是水平和垂直方向同时平铺，如图7-91所示，不选择时也默认重铺。

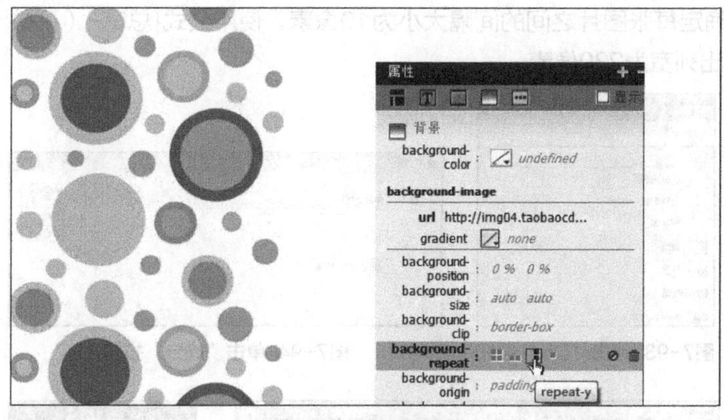

图7-90 景垂直平铺

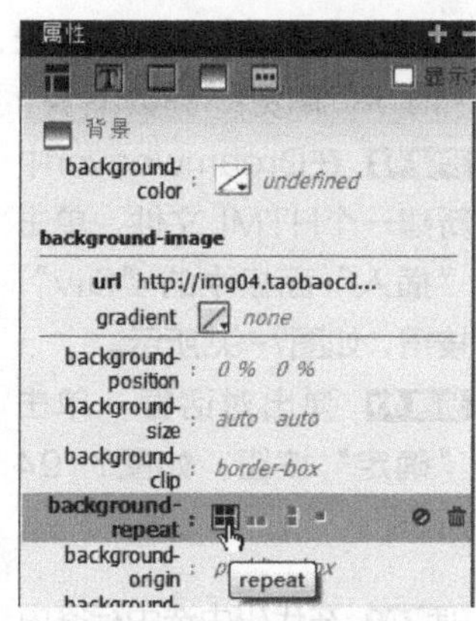

图7-91 平铺

7.4 布局与定位

布局与定位是使用代码实现排版必学的知识。

7.4.1 浮动布局

在了解了框与盒子模型的知识后，就可以学习如何将设定了宽高的框组合排列，从而实现布局。浮动布局是布局的方法之一，本节将进行具体介绍。

在淘宝中的商品展示多数是属于简单的N列布局，如图7-92所示，这类布局的特点是简单、整齐。

图7-92 N列布局

下面介绍如何在Dreamweaver中制作。在制作前，确定图是放置在哪个模块中的，以便计算实际的大小。以常用的宽度为950像素的模块为例，制作一个一行四列，高度为300像素的商品展示图。

视频路径 | 第7章\7.4.1浮动布局.mp4
知 识 点 | 浮动布局

步骤01 当总宽度为950像素，确定每张图片之间的间隔大小为10像素，使用公式{总宽-（列数-1）×间隙宽}÷列数}计算，得出列宽为230像素。

步骤02 在Dreamweaver中新建一个HTML文件，单击“插入”面板中的“Div”按钮，如图7-93所示。

步骤03 弹出对话框，单击“确定”按钮，如图7-94所示。

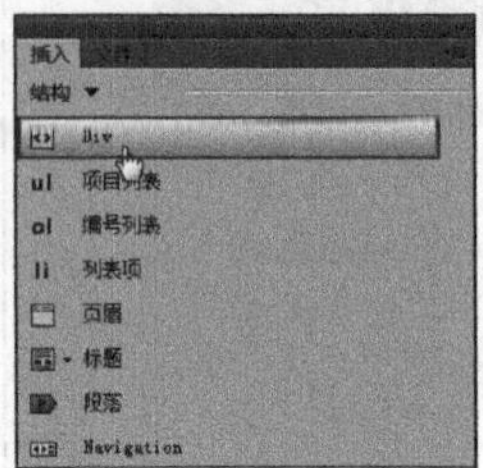

图7-93 单击“Div”按钮

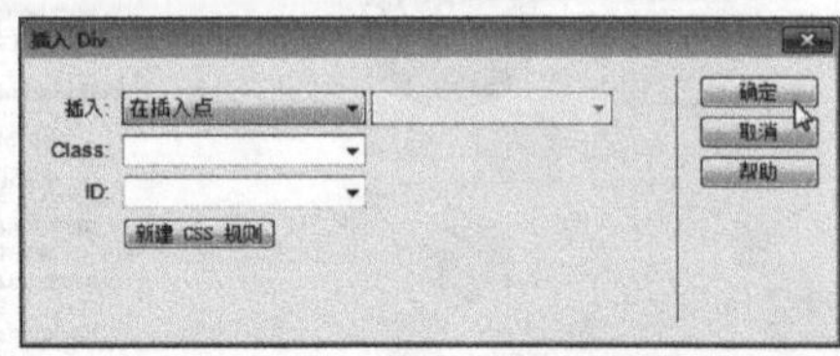

图7-94 单击“确定”按钮

步骤04 在代码中选中标签内的文字，如图7-95所示，按Delete键删除。

步骤05 在“选择器”中选择“<内联样式>：div”，然后在“属性”中设置width、height及margin-ringht参数，如图7-96所示。

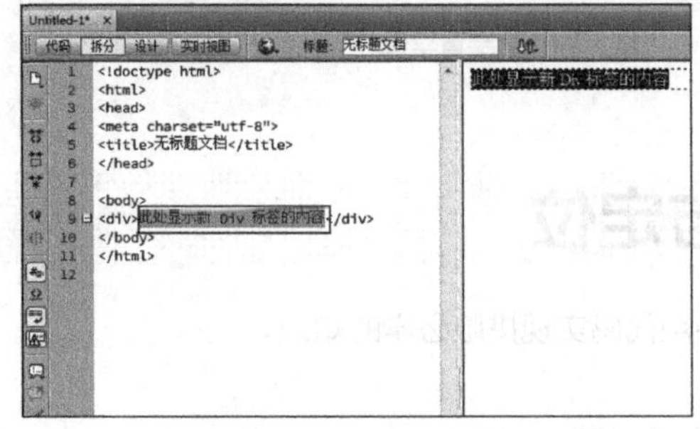

图7-95 选中标签内的文字

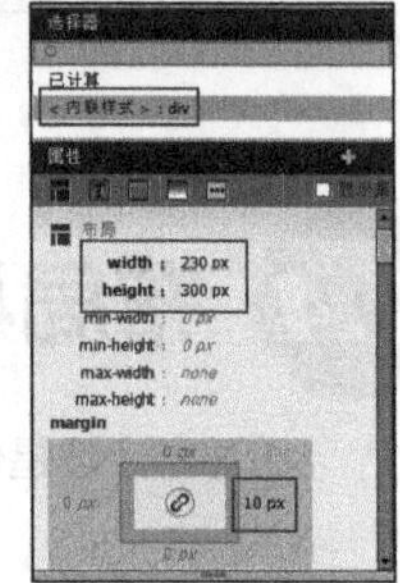

图7-96 设置参数

步骤06 选择Div标签的所有内容，将其复制，依次换行后粘贴，粘贴3次，并将最后一个标签内的右边界代码（margin-right:10px）删除，如图7-97所示。

步骤07 从右侧的设计窗口中可以看到此时的框是垂直排列的，并没有达到我们需要水平排列的目的。这是因为Div做的框默认以block（块）的显示方式存在，它会占用整行的宽度，这时就需要为这些框加上浮动样式。在“CSS设计器”面板中单击float后的“Left”按钮，如图7-98所示。

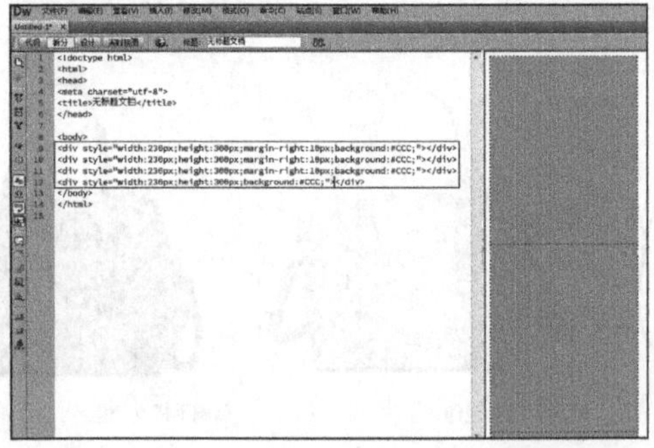

图7-97 代码

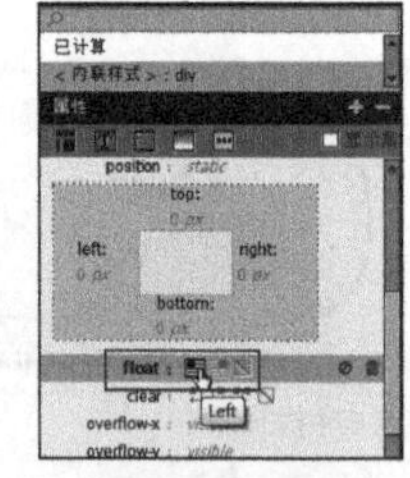

图7-98 单击“Left”按钮

由于最后一个框右侧不需要间隙，因此将右边界代码删除。

float表示浮动，它的值有3种，left（左）、ringt（右）、none（无）。当float的值为none时，它的显示方式就是block，会占用一整行的空间；当值为left和right时，框会向左或向右漂浮在页面中，不再占用整行的空间。

步骤 08 在代码中为4个框均设置float样式，如图7-99所示，此时它们会按顺序向左浮动。

步骤 09 切换至设计视图，此时4个框已经水平排列，如图7-100所示。

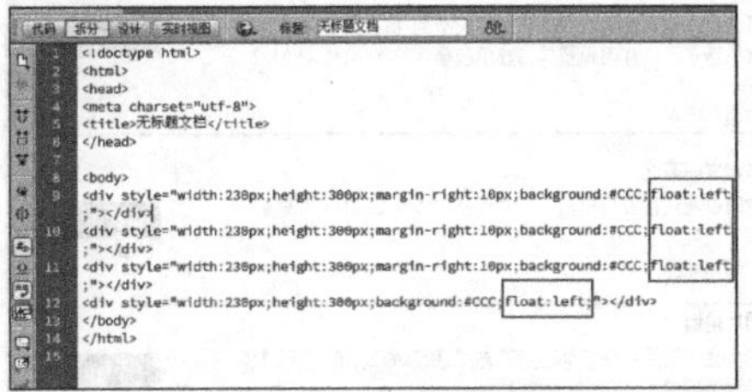

图7-99 添加float样式

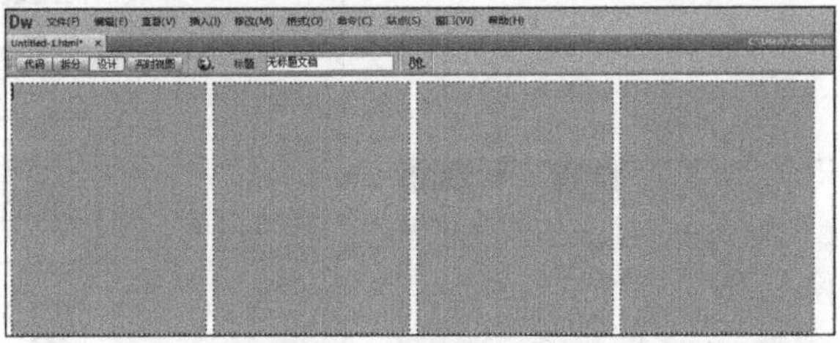

图7-100 4个框水平排列

步骤 10 在框中添加图片。将图片制作完成后上传到淘宝空间，在淘宝空间中选择图片，单击“复制代码”按钮复制代码，如图7-101所示。

步骤 11 在Dreamweaver中的代码窗口中，将光标定位在<div>与</div>之间，粘贴代码，如图7-102所示。

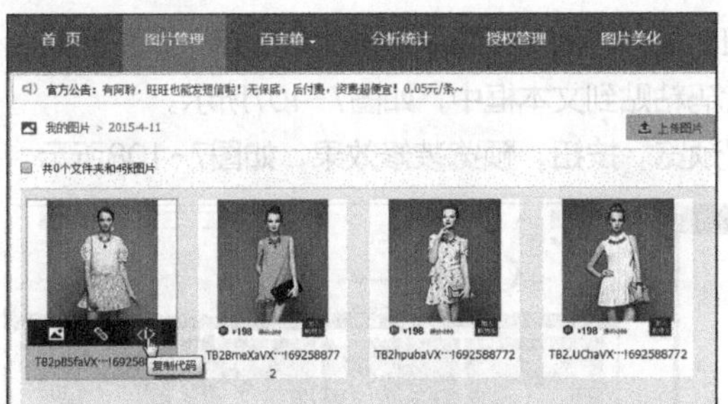

图7-101 单击“复制代码”按钮

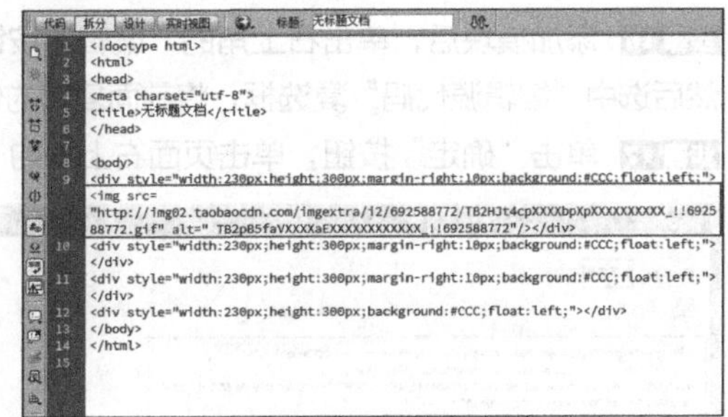

图7-102 粘贴代码

步骤 12 用同样的方法，依次复制粘贴代码到Dreamweaver中。然后分别选择图片，在“属性”面板中设置链接，如图7-103所示。

步骤 13 链接全部设置好后，在代码视图中将<body>与</body>之间的代码选中，按Ctrl+C组合键复制，如图7-104所示。

图7-103 设置链接

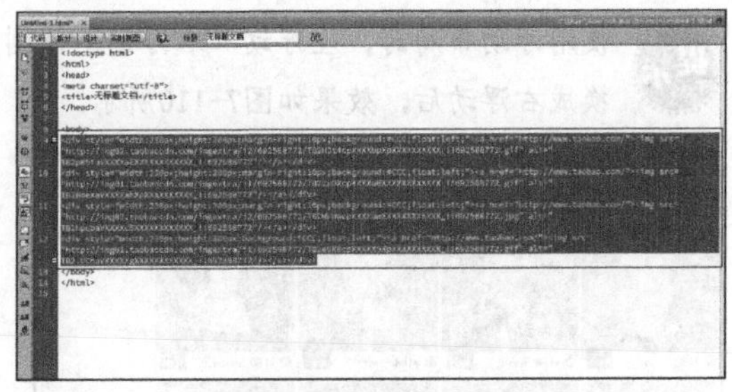

图7-104 选中代码

步骤 14 进入淘宝装修后台，选择任意模块，在右下角单击“添加模块”按钮，如图7-105所示。

步骤 15 在打开的对话框中选择“自定义内容区”模块，单击右侧的“添加”按钮，如图7-106所示。

图7-105 单击“添加模块”按钮

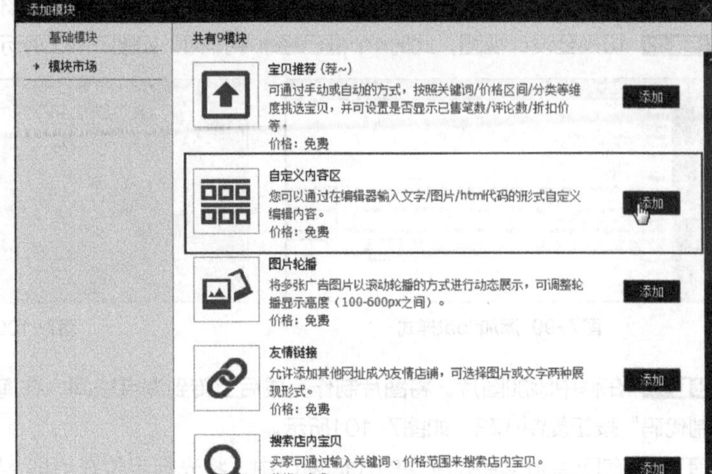

图7-106 单击“添加”按钮

步骤 16 添加模块后，单击右上角的“编辑”按钮，在打开的对话框中选择“不显示”单选按钮，然后选中“编辑源代码”复选框，将前面复制的代码粘贴到文本框中，如图7-107所示。

步骤 17 单击“确定”按钮，单击页面右上角的“预览”按钮，预览装修效果，如图7-108所示。

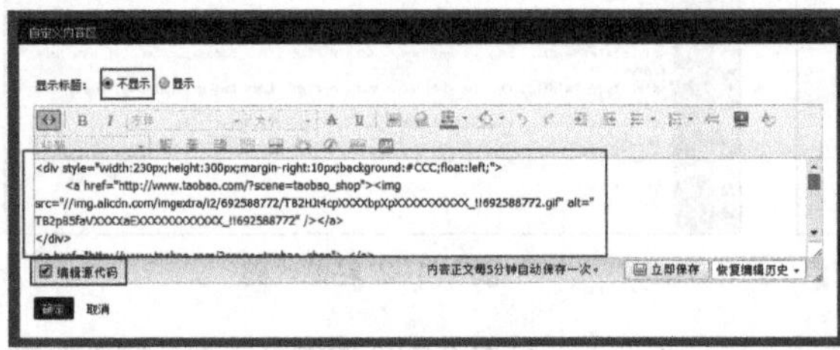

图7-107 粘贴代码

图7-108 预览效果

浮动布局有一个特点，就是当右侧空间不足时，它会自动换行，继续进行浮动，这样就实现了N行N列的布局了，如图7-109所示。

使用浮动布局时，左浮动和右浮动的差别在与浮动的方向上，当在代码中将左浮动全部替换成右浮动后，效果如图7-110所示。

图7-109 N行N列的布局

图7-110 替换成右浮动效果

7.4.2 嵌套布局

N列布局十分简单，当我们需要更复杂一点的布局时则需要用到嵌套布局。图7-111所示的布局使用直接浮动无法实现。从图中分析得出，可以将整个大框架拆分成3个浮动的框，然后在第1个框架的基础上，将其拆分为2个小框。

下面介绍如何具体操作。

视频路径｜第7章\7.4.2嵌套布局.mp4

知 识 点｜嵌套布局

步骤01 在Dreamwe-aver中建立三个水平排列的浮动框，如图7-112所示。

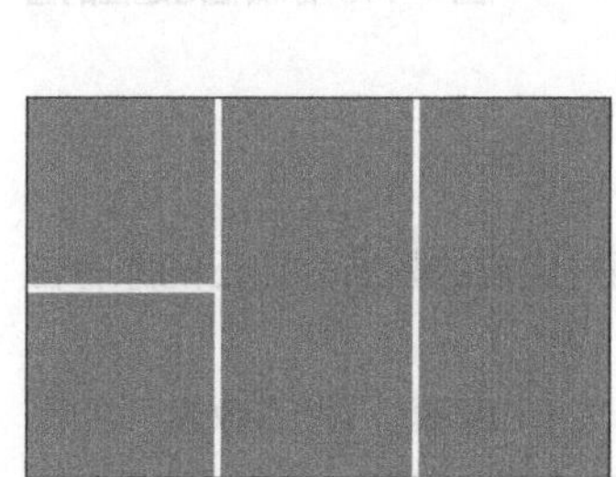

图7-111 布局

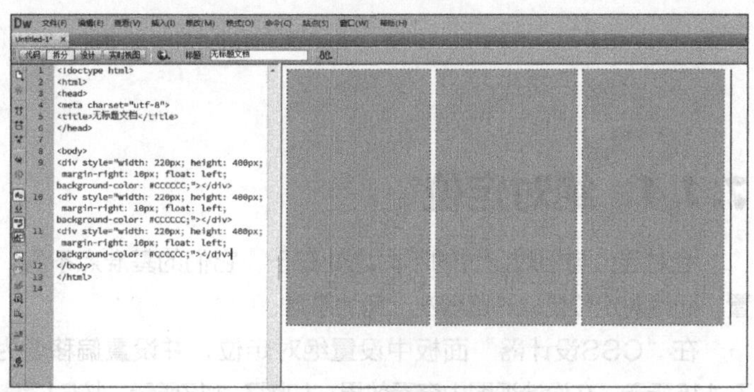

图7-112 建立水平排列框

步骤02 在代码中选择第1个Div标签，在中间再插入两个Div标签，如图7-113所示。

步骤03 在设计视图中查看框的布局效果，如图7-114所示。

步骤04 同理可以设计出很多复杂的布局，前提是算好尺寸大小。

图7-113 再插入两个Div标签

图7-114 查看布局

提示：插入的框高度参数=（总宽-10px）÷2，即195像素。其中10像素为中间的间距。

7.4.3 相对定位

相对定位是一个非常容易掌握的概念。如果对一个元素进行相对定位，通过设置垂直或水平位置，可以让这个元素相对于它的原始位置进行移动。

可以在“CSS设计器”面板中添加相对定位的值，如图7-115所示。从图中可以看出相对定位有4个值：top、right、bottom、left。

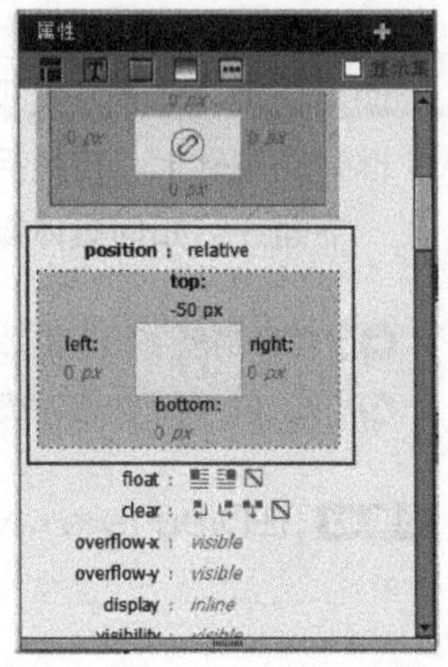

图7-115 添加相对定位的值

7.4.4 绝对定位

绝对定位与相对定位的不同之处在于，它们的基准点不同。相对定位的基准为自己的原有位置，而绝对定位是以浏览器左上角为基准。

在“CSS设计器”面板中设置绝对定位，并设置偏移值为：左50像素，顶50像素，如图7-116所示。在设计视图中查看效果，如图7-117所示。按F12键在浏览器中查看，也会发现框以浏览器的左上角为基准，向下向右移动了10像素。由此得知，绝对定位的基准为浏览器的左上角。

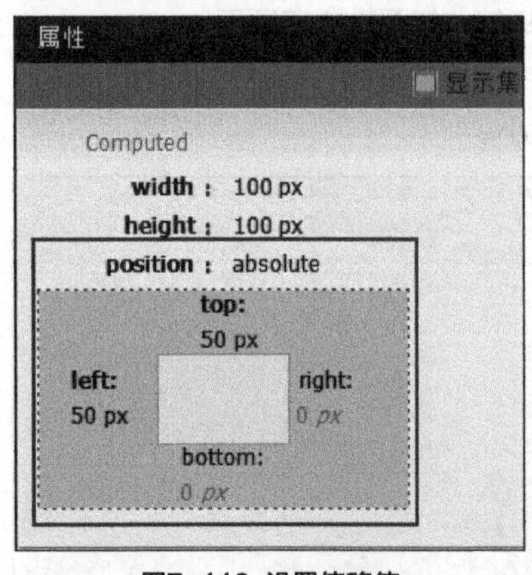

图7-116 设置偏移值

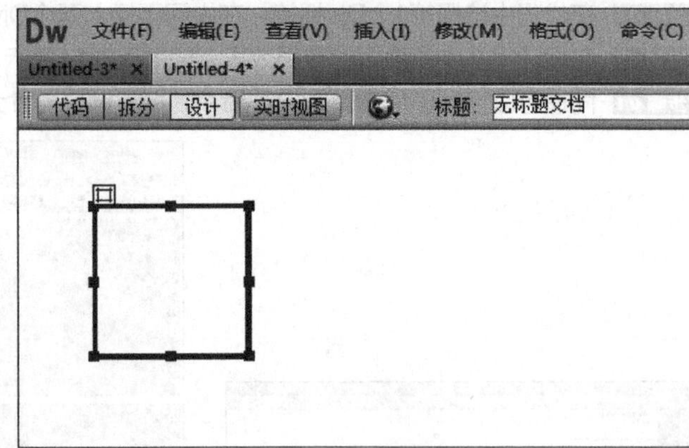

图7-117 设计效果

使用绝对定位后嵌套的布局也会发生改变。

1. 为框添加绝对定位后将脱离其原来的位置

在Dreamweaver中插入两个嵌套的框，如图7-118所示。为中间的小框添加绝对定位，偏移值为顶部350像素，左边350像素，如图7-119所示。此时在设计窗口中可以看到嵌套的小框脱离了大框，因为它是以浏览器左上角为基准的。

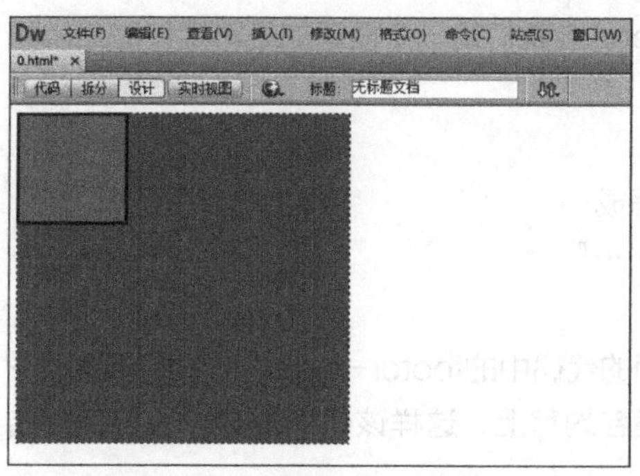
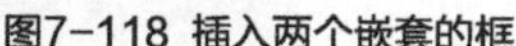

图7-118 插入两个嵌套的框

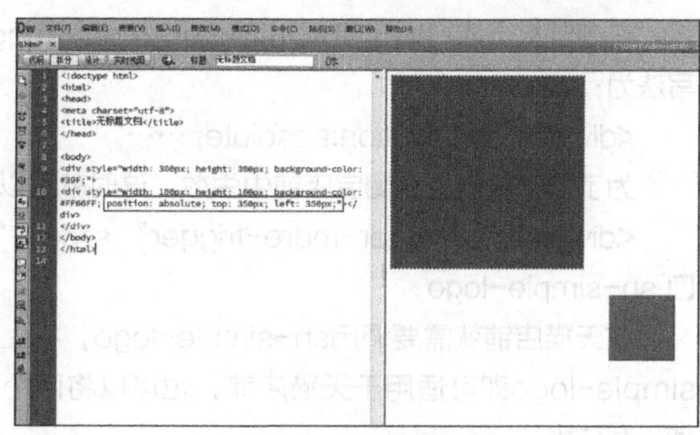

图7-119 小框绝对定位

2. 当上级框添加绝对或相对定位后，下级框以上级框的位置为基准点

在代码中为外框添加绝对定位，此时的效果如图7-120所示。当外框向下、向右偏移50像素后，加上其本身的大小300像素，按道理小框偏移300像素应该与外框相交才对。而此时小框在外框的右下角，由此可以得知，当上级框添加相对定位后，下级框的绝对定位将以上级框的左上角为基准进行偏移。

也可以试试将大框的绝对定位改为相对定位或绝对定位，此时下级框的绝对定位仍然以上级框的左上角为基准进行偏移。

当多个绝对定位的框相重叠时需要考虑到一个问题，框的叠加顺序是怎样的？在前面的实例中会发现，后加到代码中的框会叠加在前面的小框上。但是，需要改变这个叠加顺序有什么好的方法吗？有，在框的代码中添加一个样式来改变即可。在“CSS设计器”中设置z-index（堆积顺序）的值即可，如图7-121所示。设置后数值大的框会叠加在数值小的框上面。

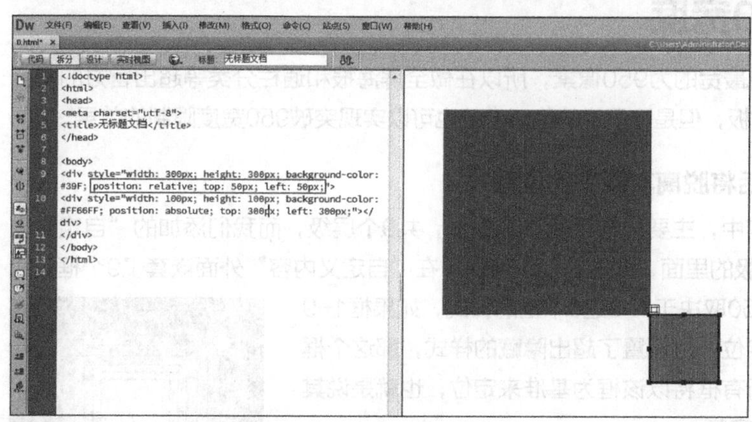

图7-120 外框添加绝对定位

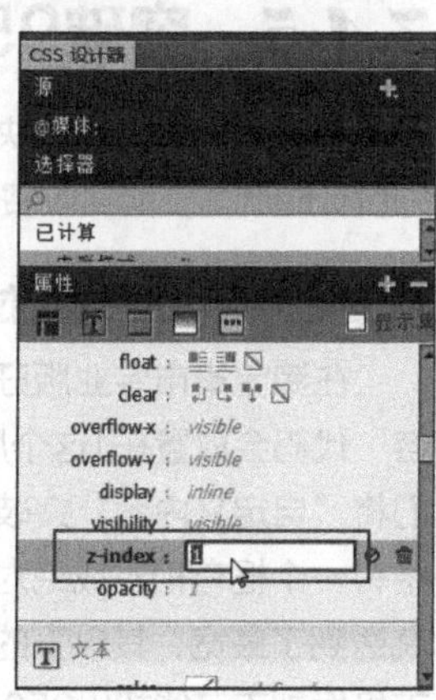

图7-121 设置z-index

3. 使用淘宝样式突破限制

绝对定位是最灵活的布局方法，但是在淘宝装修中使用绝对定位的样式（position:absolute）会被官方屏蔽，不允许使用。那为什么很多淘宝店铺中仍然可以进行绝对定位的布局呢？这是因为他们借用了淘宝的样式，将代码修改后实现的。

□ footer-more-trigger

在淘宝集市店可以直接调用.footer-more-trigger。当我们给一个框添加绝对定位时正常的写法为：

<div style=“position:absolute; ……”

为了使绝对定位在淘宝店铺中生效，这时就可以写成：

<div class=“footer-more-trigger” style=“……”

□ sn-simple-logo

在天猫店铺就需要调用sn-simple-logo，将上面的代码中的footer-more-trigger改为sn-simple-logo即可适用于天猫店铺，也可以将两个类名均写上，这样该代码就可以兼容两种店铺。写法为：

<div class=“footer-more-trigger sn-simple-logo” style=“……”

在调用上面的类名后还需要将不用的样式覆盖，避免影响我们自己的样式，具体的操作如下。

（1）在使用了绝对定位的框上，删除position:absolute;。

（2）为这个框添加调用的淘宝样式class=“footer-more-trigger sn-simple-logo”。

（3）在这个框的行内样式中，覆盖那些由于借用淘宝官方样式而被附加上的样式style=“margin:0;padding:0;border:0;left:***px;top:***px;width:***px;height:***px;”.

（4）将style中***参数根据框的大小和定位修改为具体的值。

在详情页中不可以使用这里调用样式的方法。

7.4.5 突破950宽度

淘宝集市店铺的模块中最宽的为950像素，所以在做全屏海报和通栏分类等超出官方的宽度的设计时就需要购买收费模板，但是这里讲的绝对定位也可以实现突破950宽度限制的效果。

1. 在框中添加绝对定位后将脱离其原来的位置

在淘宝集市专业版旺铺中，主要内容区为嵌套的框，共9个层级，而我们添加的“自定义内容”代码会放置在1这个层级的里面，如图7-122所示。在“自定义内容”外面嵌套了9个框。我们将“自定义内容”突破950取决于1~9这9个框的样式，如果框1~9中有一个框有相对或绝对定位，且设置了超出隐藏的样式，那这个框就达到了最宽，其以下的所有框将以该框为基准来定位，也就是说其下级框都不可能超出950的宽度。

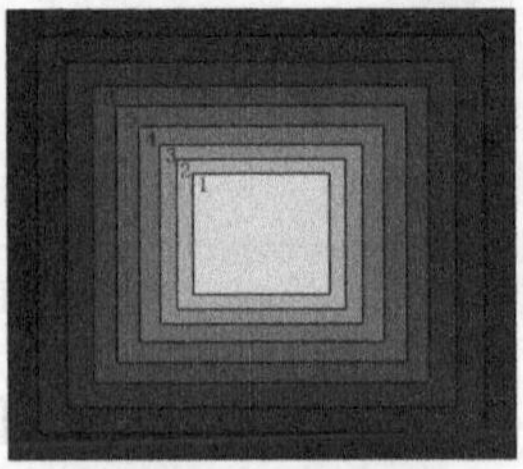

而框1~9中，框7具有相对定位的样式，并设置了框为100%和超出隐藏的样式。也就是浏览器有多大，它就有多宽。

图7-122 9个层级

所以“自定义内容区”模块中的代码使用绝对定位的时候，是以框7为基准进行定位的。由于框7的宽度是100%屏幕宽，所以我们可以实现突破950宽度的要求。

淘宝专业版旺铺的不同官方模板中，首页的结构都可以突破950宽度，但自定义页面中框2就具有相对定位的样式，并设置了超出隐藏，且宽度为950像素，所以无法在自定义内容突破950宽度。

2. 突破950实现全屏海报

知道了突破950宽度的原理后就可以实现自定义的海报的全屏效果了。为了方便实时查看，本实例的代码在淘宝装修后台的“自定义内容区”模块中编写。

视频路径 | 第7章\7.4.5突破950宽度\2.突破950实现全屏海报.mp4
知 识 点 | 突破950实现全屏海报

步骤 01 准备一张制作好的海报图，宽度为1920像素，将图片上传到图片空间，如图7-123所示。

步骤 02 进入店铺装修后台，添加一个“自定义内容区”模块，进入“编辑”界面，单击“插入图片空间图片”按钮，在展开的界面中选择海报图，如图7-124所示。

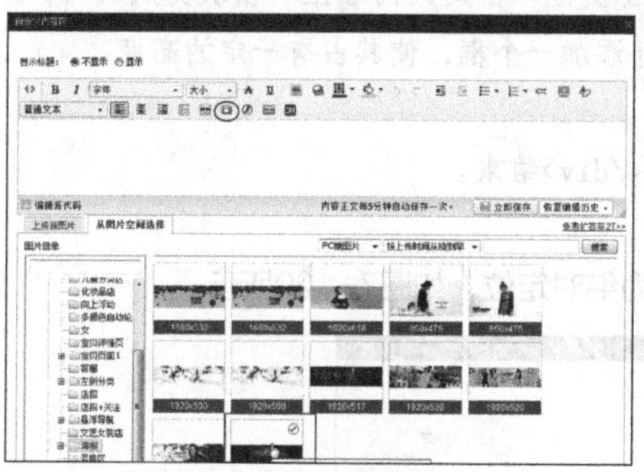

图7-123 上传图片

图7-124 选择海报图

步骤 03 单击下方的“插入”按钮，然后单击“确定”按钮，如图7-125所示。

步骤 04 预览插入海报图的效果，如图7-126所示，只显示950像素宽度内容。

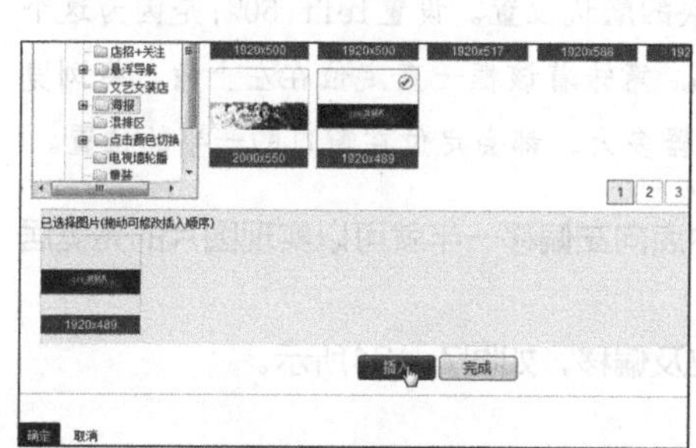

图7-125 单击按钮

图7-126 预览效果

步骤 05 再次进入“自定义内容区”的“编辑”界面，选中“编辑源代码”复选框，进入源码编辑模式，如图7-127所示。

图7-127 选中“编辑源代码”复选框

步骤 06 在图片外添加一个框，将图片套起来，并为了使其他模块正常显示，设置框的高度与图片的高度相同，如图7-128所示。

图7-128 在图片外添加框

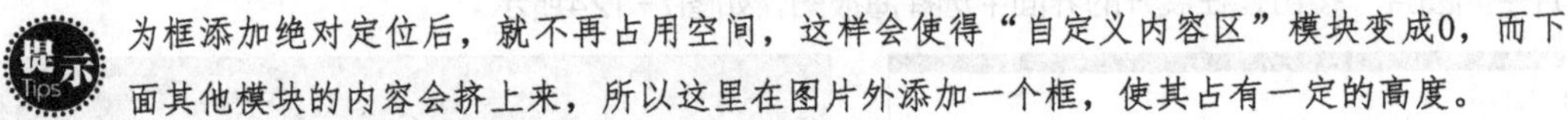

提示：为框添加绝对定位后，就不再占用空间，这样会使得“自定义内容区”模块变成0，而下面其他模块的内容会挤上来，所以这里在图片外添加一个框，使其占有一定的高度。

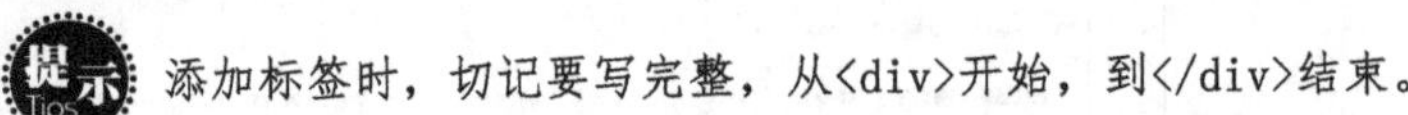

提示：添加标签时，切记要写完整，从<div>开始，到</div>结束。

步骤 07 对内容进行绝对定位，在外框里加个框，设置为绝对定位，如图7-129所示。

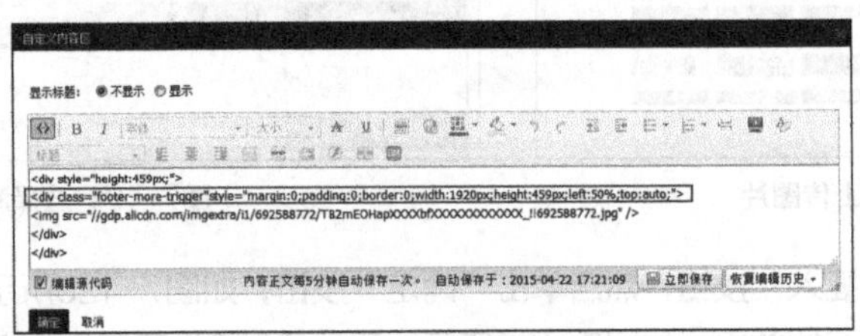

图7-129 在外框里加个框

提示：设置top:auto;是让这个框在垂直位置上保持模块的默认位置。设置left:50%;是因为这个框是以框7为基准进行定位的，框7的宽度为100%，意味着该框一直定位在左上角，将浏览器缩小后会出现异常。设置left:50%则无论浏览器多大，都会定位在窗口的一半的位置。

步骤 08 预览效果如图7-130所示。发现只要将图片的中点向左偏移一半就可以实现图片的完美居中了。

步骤 09 在图片外再套一个框作为内框，并设置绝对定位及偏移，如图7-131所示。

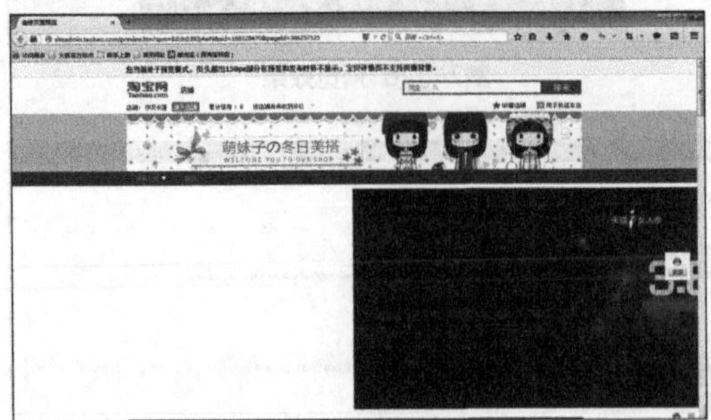

图7-130 预览效果

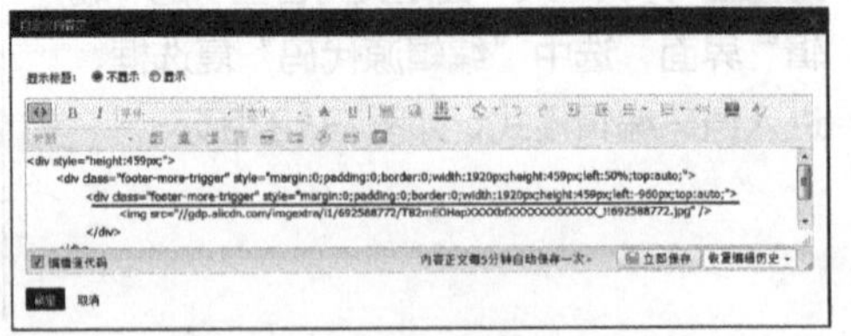

图7-131 在图片外再套一个框

步骤10 再次预览效果，突破950后，海报就实现了全屏的效果，如图7-132所示。

图7-132 全屏海报效果

本实例完整的代码如下。

```
<div style=" height:459px;" >
        <div class=" footer-more-trigger"  style=" margin:0;padding:0;border:0;width:1920px
;height:459px;left:50%;top:auto;" >

        <div class=" footer-more-trigger"  style=" margin:0;padding:0;border:0;width:1920px
;height:459px;left:-960px;top:auto;" >

 <img src=" 图片地址" >

        </div>
        </div>
</div>
```

由上面的实例得到，突破950的核心在于在原代码外套3个框，最外框只设置高度，中间的框用绝对定位并设置left为50%，里面的框要设置left为-（内容框的一半）。知道了这个原理后，可以实现其他任何内容突破950的要求。

7.5 CSS实现店铺动态效果

我们在模板市场中看到的点击切换效果和轮播图效果等都是使用CSS实现的。

7.5.1 鼠标响应事件

我们经常在别人的店铺中看到将光标放到宝贝上，宝贝切换为反面展示，或切换到其他颜色的宝贝图。这个效果就是使用hover实现的。

hover效果是当光标移动到一个匹配的元素上面时，会触发指定的第一个函数。当光标移出这个元素时，会触发指定的第二个函数。举个例子，图7-133所示为一个活动促销区的混排图，当光标移至其中一个图上时，就会激活这个图所在框的hover状态，改变这个框的背景图片，如图7-134所示，即实现翻转效果。

图7-133 活动促销区的混排图

图7-134 改变背景

下面使用hover实现宝贝颜色切换的效果。

视频路径 | 第7章\7.5.1鼠标响应事件.mp4

知 识 点 | 鼠标响应事件

步骤01 在Dreamweaver中新建一个HTML文档，在CSS设计器中单击“添加CSS源”按钮，在展开的列表中选择“在页面中定义”选项，如图7-135所示。

步骤02 添加源后选中“全局”，并单击“添加选择器”按钮，如图7-136所示。

步骤03 输入名称，在名称前添加“.” 如图7-137所示。

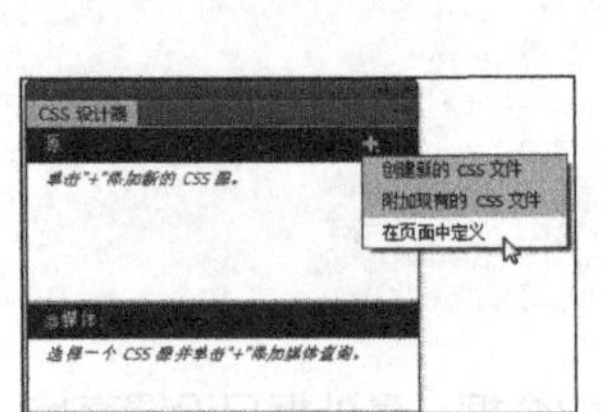

图7-135 选择“在页面中定义”选项

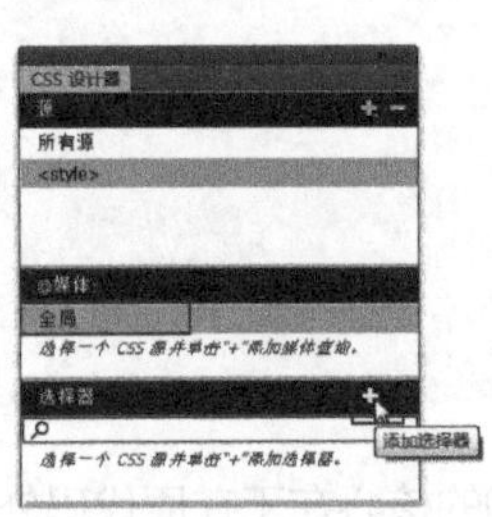

图7-136 单击“添加选择器”按钮

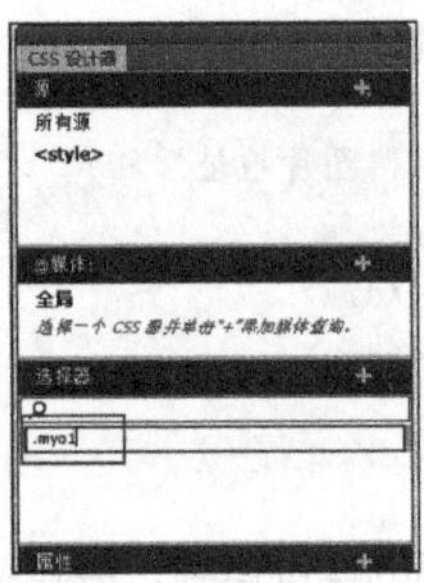

图7-137 输入名称

步骤04 在下面的“属性”中的width和height后双击，输入宽高值，如图7-138所示。

步骤05 在下方的background-image下的url中粘贴背景图片的网络地址，如图7-139所示。

步骤06 进入代码视图，在<body>与</body>之间单击，在“插入”面板中单击“Div”按钮，如图7-140所示。

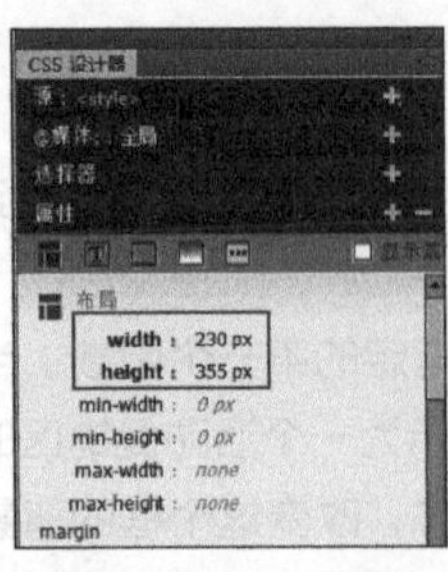

图7-138 输入宽高值

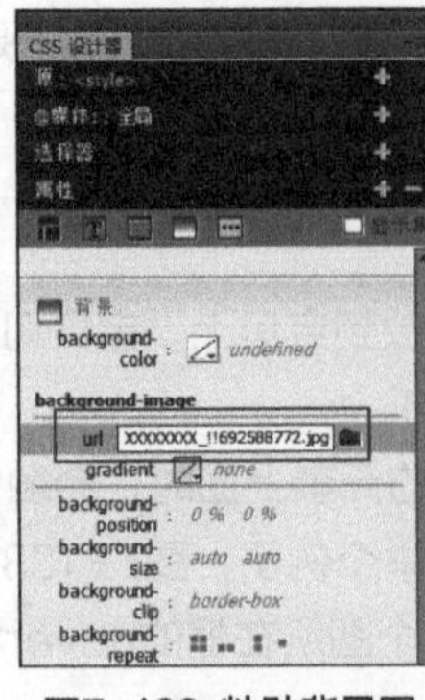

图7-139 粘贴背景图片地址

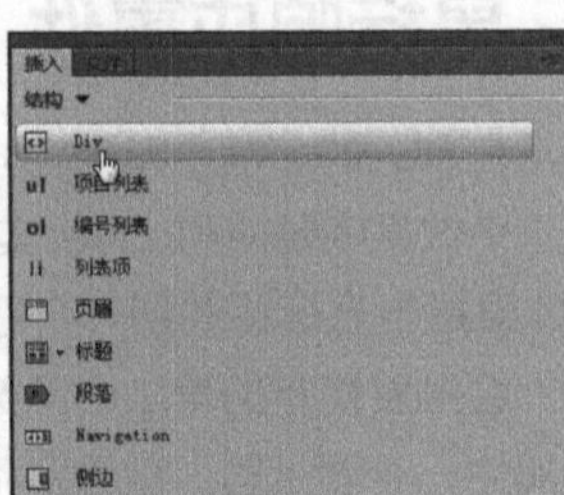

图7-140 单击“Div”按钮

步骤 07 在打开的对话框中选择Class为my01，如图7-141所示，单击“确定”按钮。

步骤 08 在代码视图中选中文字，如图7-142所示，按Delete键删除。

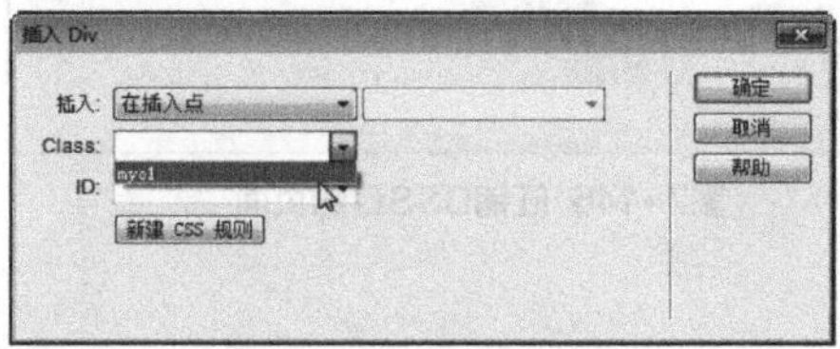

图7-141 选择Class

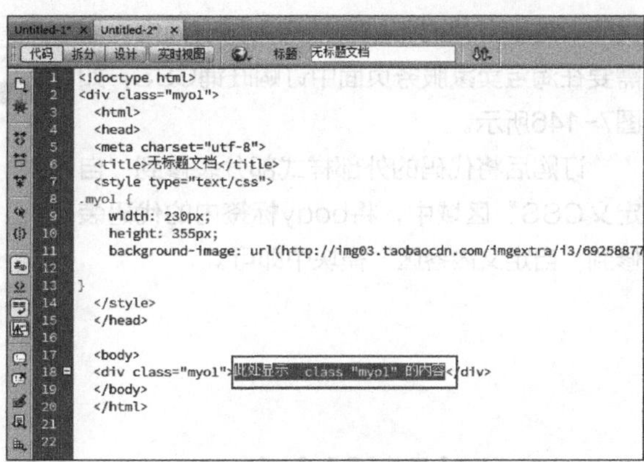

图7-142 选中文字

步骤 09 插入<a>标签并设置样式，如图7-143所示。

步骤 10 添加hover的样式，并定义背景图案，如图7-144所示。

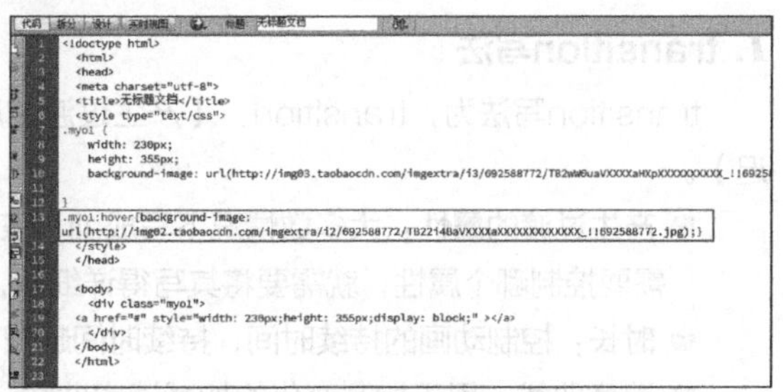

图7-143 插入<a>标签　　图7-144 添加hover样式

步骤 11 保存后按F12键在浏览器中测试效果，如图7-145所示。

默认状态

hover状态

图7-145 测试效果

下面就是将代码装修到店铺中了，由于hover效果的代码由两部分组成，一部分是body标签中的代码，可以直接装修到店铺的“自定义内容区”模块中，另一部分是style标签中的外部样式代码，这部分代码不能直接应用到店铺中，而需要在淘宝卖家服务页面中订购旺铺CSS，如图7-146所示。

订购后将代码的外部样式部分装修到“自定义CSS”区域中，将body标签内的代码装修到“自定义内容区”模块中即可。

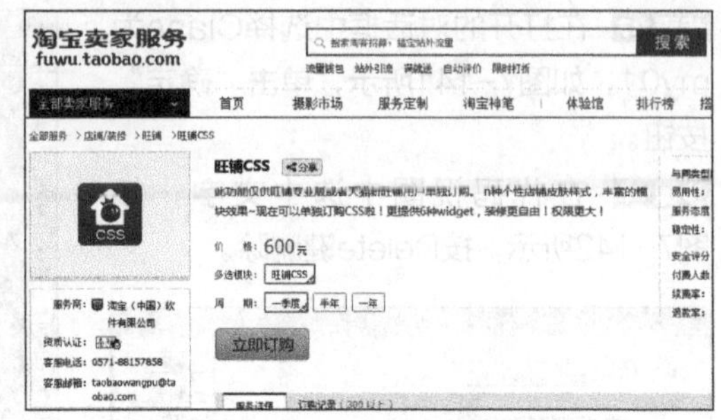

图7-146 旺铺CSS订购页面

7.5.2 动画的过渡

动画的过渡是通过transition实现的。它能让那些变化CSS值的中间产生过渡，从而实现逐渐移动的动画。

1. transition写法

transition写法为，transition：【产生过渡的属性】、【时长】、【速度曲线】、【效果延迟】。

- **产生过渡的属性：** 大多数情况下写成all，表示所有变化的属性都会产生过渡的动画。如果需要控制哪个属性，就需要将其写得详细些，如宽、高、边框和颜色等。
- **时长：** 控制动画的持续时间，持续时间越长，动画速度越慢。写法为：5s。
- **速度曲线：** 用于控制变化的加减速率曲线，包括ease（逐渐变慢）、linear（匀速）、ease-in（加速）、ease-out（减速）和ease-in-out（加速然后减速）。
- **效果延迟：** 定义过渡效果何时开始。

2. 实例——用transition实现动画过渡

下面以实例讲解用transition实现动画过渡。

视频路径 | 第7章\7.5.2动画的过渡.mp4
知 识 点 | 动画的过渡

步骤01 在Dreamweaver中新建HTML文档，在“插入”面板中选择“Div”选项，如图7-147所示。

步骤02 弹出对话框，在Class中输入一个自定义的类名，如图7-148所示。

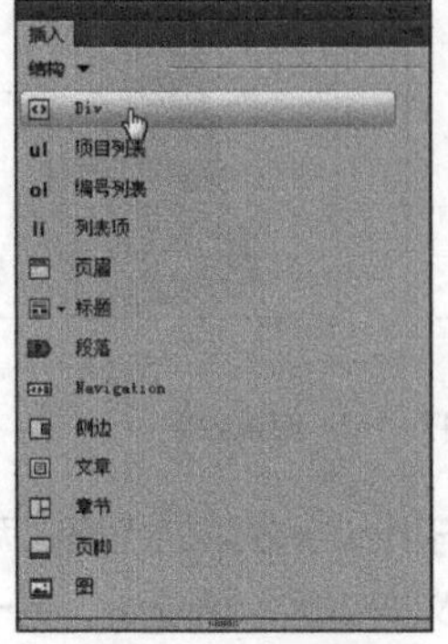

图7-147 选择“Div”选项

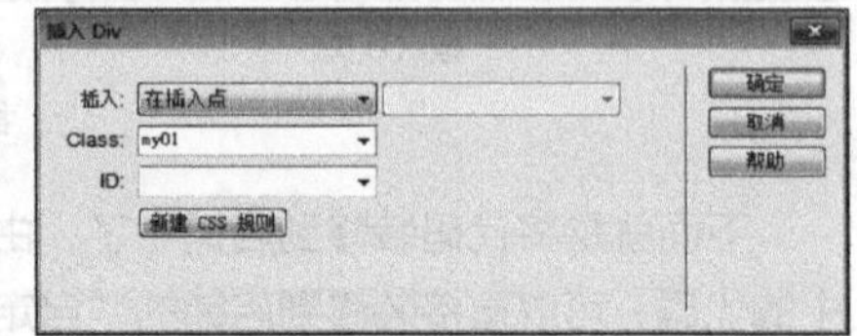

图7-148 输入自定义的类名

步骤03 在大框内添加<a>标签，并设置标签样式，如图7-149所示。

步骤04 对自定义的类my01设置样式，在“CSS设计器”面板中添加CSS源，然后添加新的选择器“.my01”，如图7-150所示。

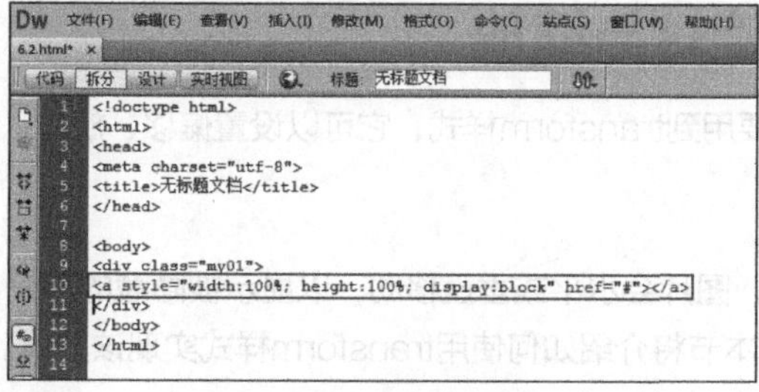

图7-149 设置标签样式

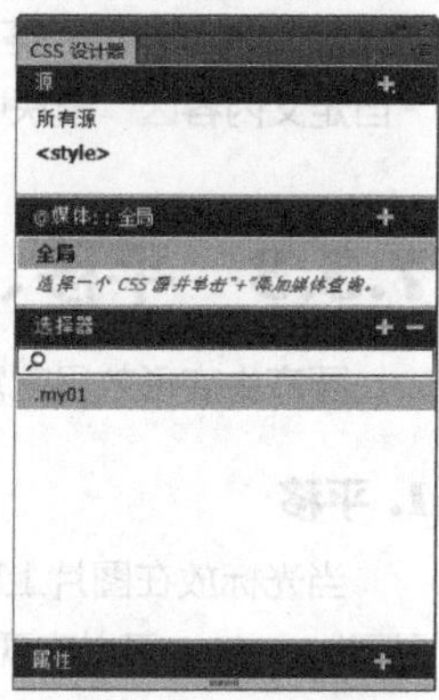

图7-150 添加新的选择器

步骤05 在下方的“属性”栏中设置宽、高及背景图等参数，代码如图7-151所示。

步骤06 实现hover的效果，在代码中设置背景的位置发生移动，如图7-152所示。

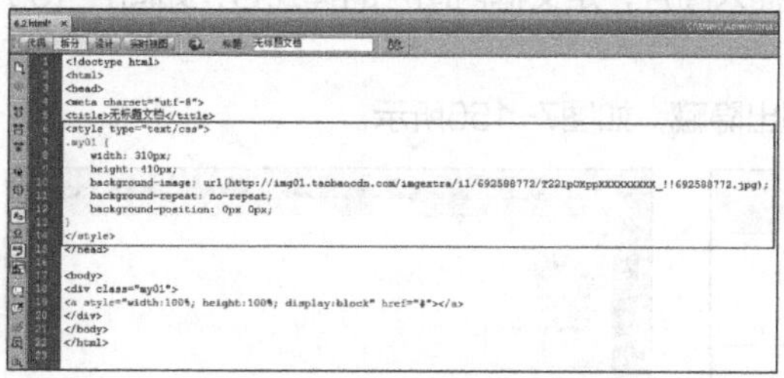

图7-151 设置参数后的代码

图7-152 设置背景移动

由于背景图大于框的尺寸大小，因此默认情况下只会显示左侧的部分，当设置hover效果后，背景图随光标而移动。

步骤07 设置动画的过渡效果。在my01的样式中加入transition，如图7-153所示。

步骤08 保存后按F12键在浏览器中查看过渡效果，如图7-154所示。

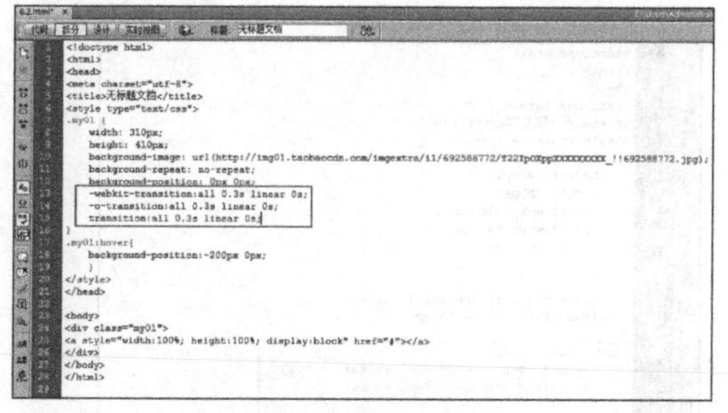

图7-153 设置动画的过渡

图7-154 过渡效果

代码中的第15行代码表示所有变化的属性产生过渡，时长为0.3s，速度为匀速，效果延时为0。第13行与第14行代码可以删除，在大多数代码中均可正常显示。但是为了使代码在谷歌和欧朋浏览器中能正常工作，故而复制两行代码并添加前缀-webkit和-o。

步骤 09 将<style>标签内的样式装修到“自定义CSS”区域中，将<body>标签内的代码装修到“自定义内容区”模块中即可。

7.5.3 平移、旋转与缩放

要产生变形效果就需要用到transform样式，它可以设置偏移、旋转、缩放和扭曲变形。

1. 平移

当光标放在图片上时，图片会水平或垂直移动，以显示被隐藏的部分。前面讲到，平移的效果用transition可以实现，本节将介绍如何使用transform样式实现该效果。

> 视频路径：第7章\7.5.3平移、旋转与缩放\1. 平移.mp4
> 知 识 点：平移

步骤 01 在Dreamweaver中建立框架，并在框内插入图片，定义框内图片的样式名，如图7-155所示。

步骤 02 设置框的样式，为框设置高度、宽度和超出隐藏，如图7-156所示。

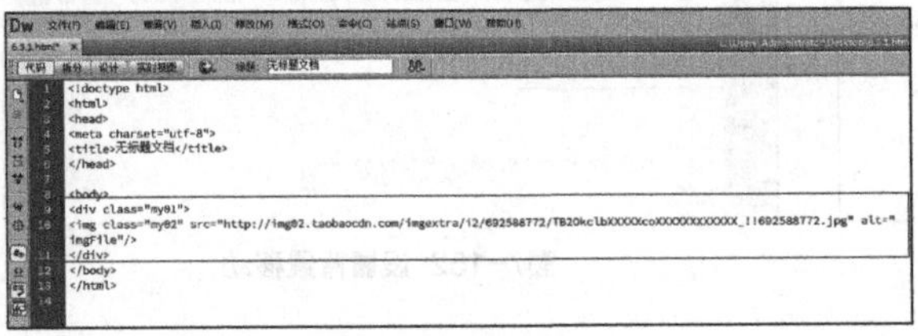

图7-155 建立框架

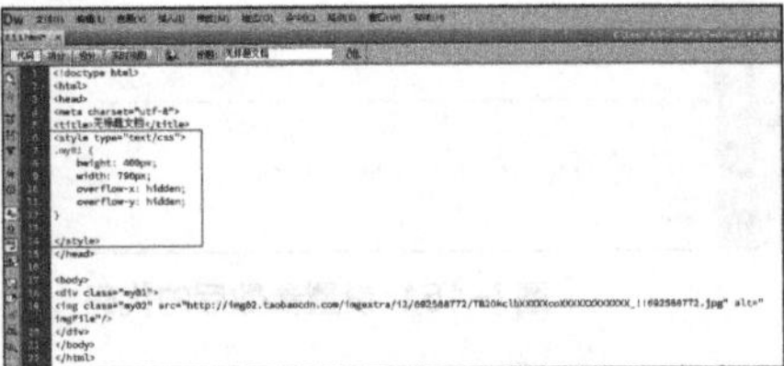

图7-156 设置框的样式

步骤 03 设置图片的样式，为图片添加transition样式，实现逐渐移动的效果，如图7-157所示。

步骤 04 为图片添加hover效果。添加transform:translate（0px，-400px）代码，如图7-158所示。

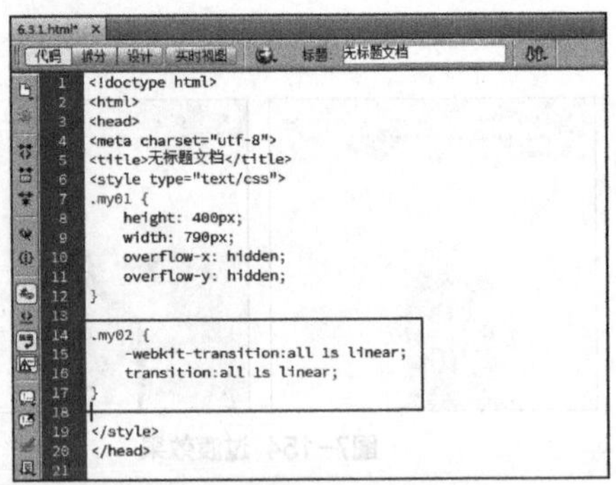

图7-157 添加transition样式

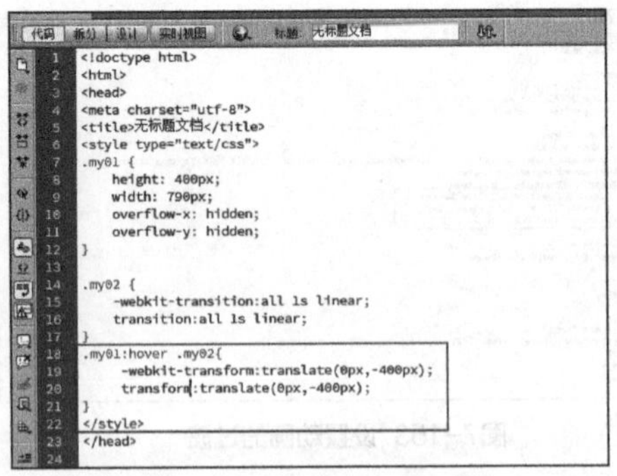

图7-158 添加hover效果

添加transform样式后，在IE9浏览器中正常显示需要添加-ms-前缀；在谷歌浏览器中正常显示需要添加-webkit-前缀；在火狐浏览器中正常显示需要添加-moz-前缀。

步骤05 保存并在浏览器中预览效果，如图7-159所示。

步骤06 和前面的实例一样，将<style>标签内的样式装修到“自定义CSS”区域中，将<body>标签内的代码装修到“自定义内容区”模块中即可。

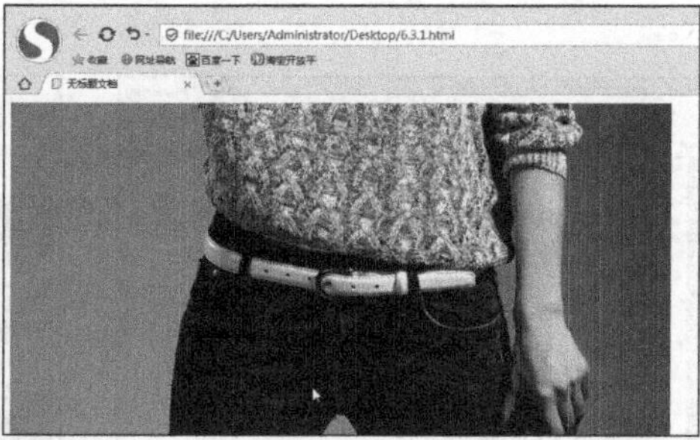

图7-159 预览效果

2. 旋转

表示旋转的代码为transfrom：rotate（旋转度数），如图7-160所示。代码中表示旋转60度，旋转效果如图7-161所示。deg为度数的意思，当旋转度数为正数时，顺时针旋转；当旋转度数为负数时，则会逆时针旋转。

图7-160 代码

图7-161 旋转效果

3. 缩放

表示缩放的代码为transfrom：scale（水平缩放倍数，垂直缩放倍数），如图7-162所示，缩放效果如图7-163所示。当等比例缩放时，即水平与垂直方向的缩放倍数相同，可以缩写，如scale（2），表示等比例缩放2倍。

图7-162 缩放的代码

图7-163 缩放效果

4. 扭曲

表示扭曲的代码为transfrom：skew（水平扭曲度数，垂直扭曲度数），如transfrom：skew（60deg，0deg），表示向水平方向扭曲60°，如图7-164所示。扭曲效果如图7-165所示。

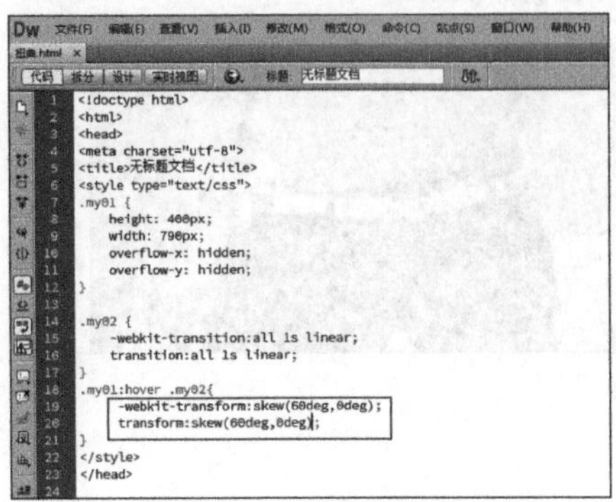

图7-164 扭曲代码

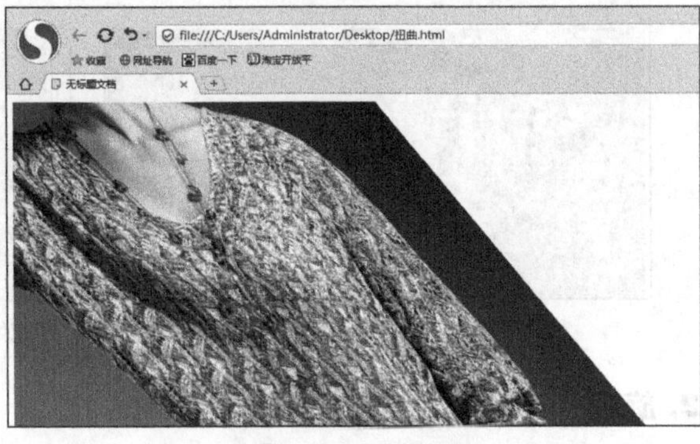

图7-165 扭曲效果

如果需要同时应用多个transfrom效果，以空格作为间隔即可。如应用水平平移5像素，并缩放1.5倍，则写成transform:translate（5px，0px）scale（1.5）。

5. 变形中心

默认情况下对象变形的中心点为元素的中心，若需要改变这个中心点，则需要使用到transform-origin。写法为transform-origin：水平位置 垂直位置。水平位置的值包括四种，即left（左）、center（中间）、right（右）及%（百分比）；垂直位置的值也包括四种，即top（顶）、center（中间）、bottom（底）及%（百分比）。如图7-166所示，表示变形中心在水平位置30%处。

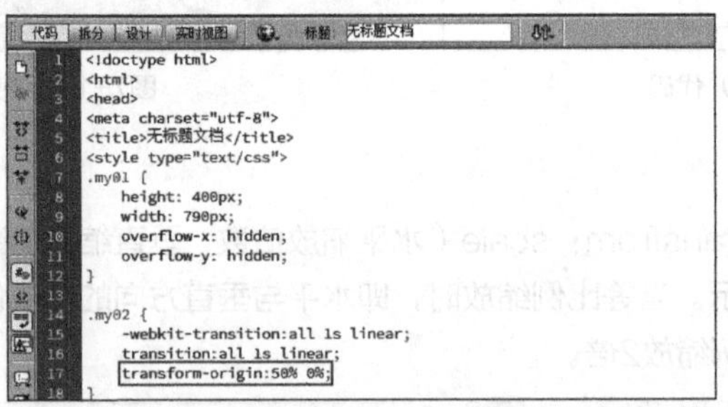

图7-166 变形中心代码

7.6 调用淘宝widget特效

在浏览器地址栏中输入http://open.taobao.com，进入淘宝开放平台，单击“文档中心”按钮，如图7-167所示。在左侧单击“查询手册”，在展开的列表中选择“Widget规范”选项，如图7-168所示。

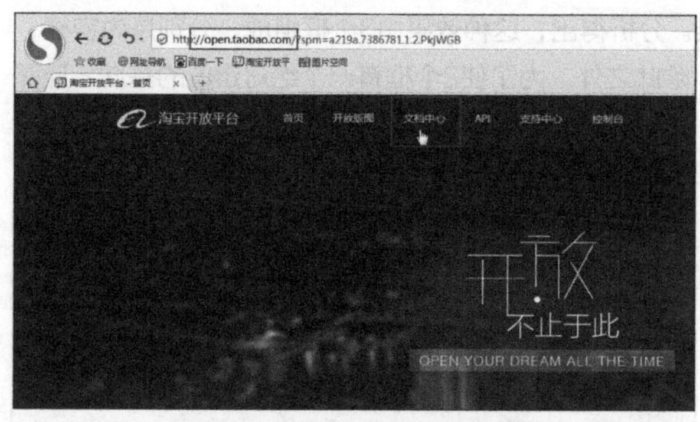
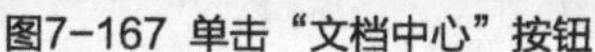

图7-167 单击“文档中心”按钮

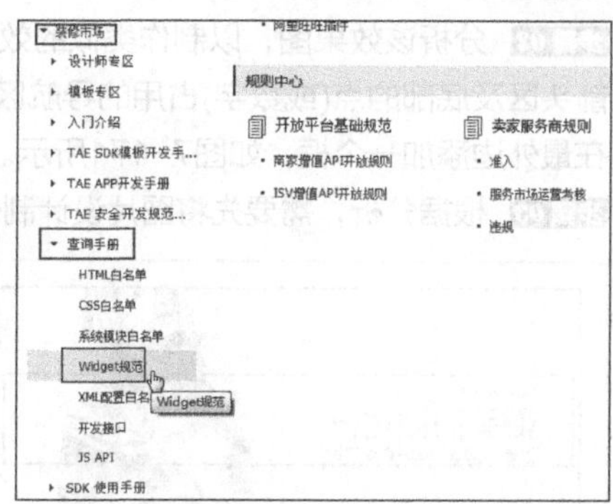

图7-168 选择“Widget规范”选项

在右侧的界面中显示了Widget规范以及调用方法，如图7-169所示。

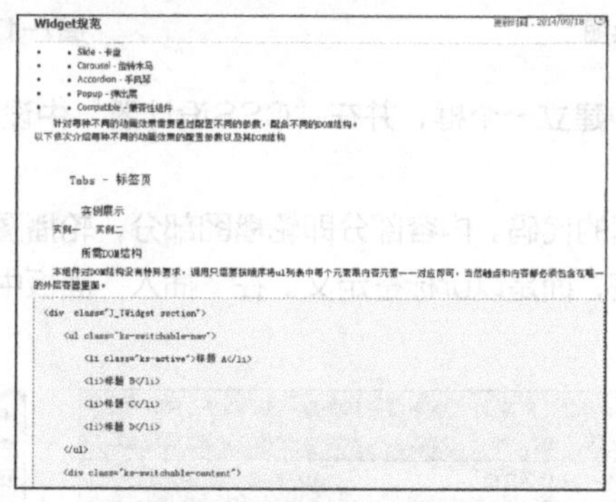

图7-169 Widget规范以及调用方法

7.6.1 标签页、卡盘和旋转木马

标签页tabs、卡盘slide和旋转木马carousel外观都很类似，它们都有一个导航区域和一个内容区域。

下面以旋转木马为例（即我们常见的轮播）介绍其制作过程。

视频路径 | 第7章\7.6.1标签页、卡盘、旋转木马.mp4

知 识 点 | 标签页、卡盘与旋转木马

步骤 01 在淘宝装修市场或其他淘宝店铺中找到一种旋转木马的效果，如图7-170所示。

图7-170 旋转木马效果

步骤02 分析该效果图，以制作类似的效果。分析得出，这种效果由3个框组成，分别是内容框，箭头区及底部的点(或数字)占用的导航区。除此之外，为了使3个框有一个绝对定位的基准，还需在最外边添加一个框，如图7-171所示。

步骤03 根据分析，需要先将图片设计制作好并上传到图片空间，如图7-172所示。

图7-171 分析效果图

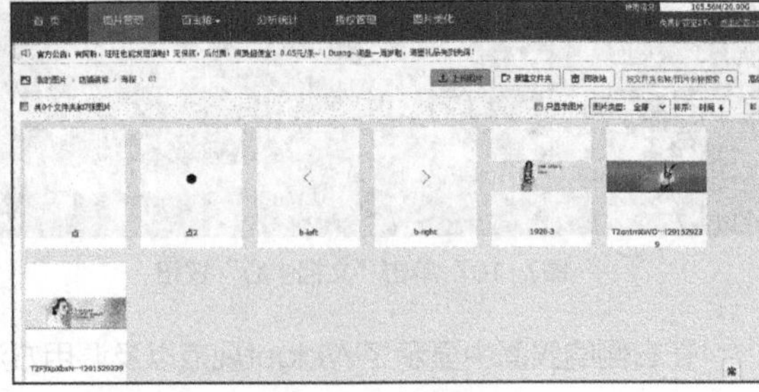

图7-172 上传图片

步骤04 在Dreamweaver中建立一个框，并在“CSS设计器”中设置宽高和相对定位，代码如图7-173所示。

步骤05 在大框中写入内容框的代码。内容部分即轮播图部分，轮播图是由几张排列的图片组成，因此这里不需要使用Div标签，而是以ur标签定义。在“插入”面板中单击“项目列表”按钮，如图7-174所示。

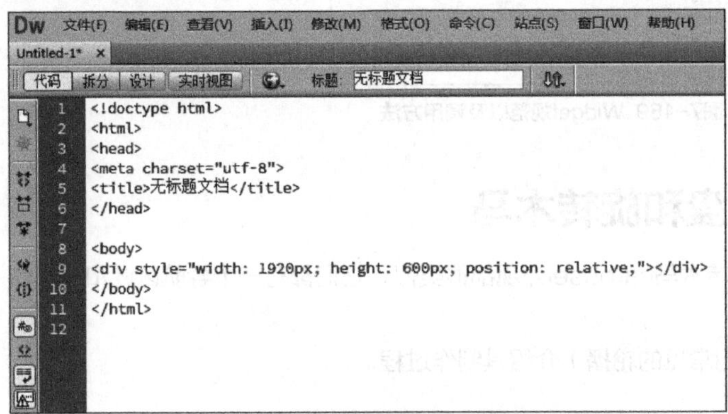

图7-173 建立框

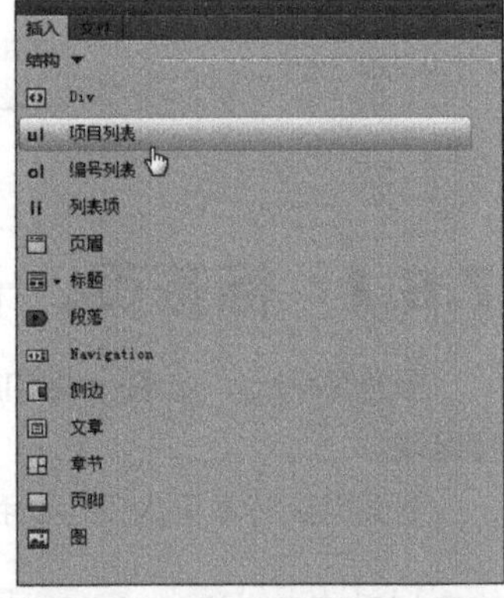

图7-174 单击“项目列表”按钮

步骤06 设置标签的宽高及其他样式，并在中间插入3个列表项，代码如图7-175所示。

步骤07 写入箭头框的代码。插入一个Div标签，并在“CSS设计器”中设置宽高和定位等样式，代码如图7-176所示。

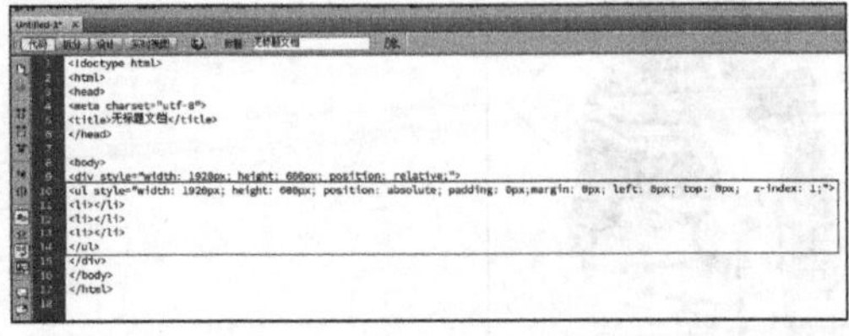

图7-175 插入3个列表项

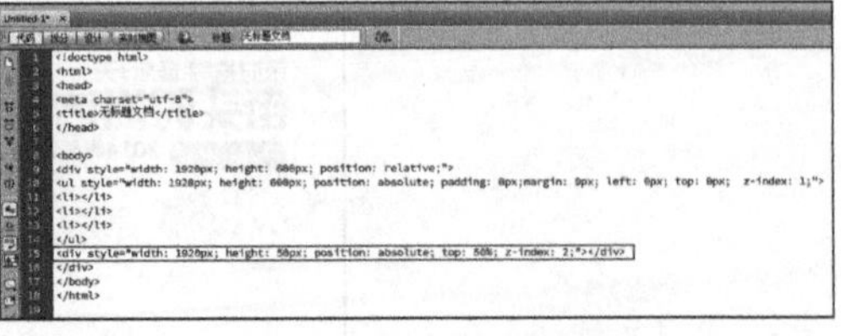

图7-176 写入箭头框的代码

步骤 08 为了插入左右两个箭头的图片链接，在代码中加入<a>标签，并分别设置定位，如图7-177所示。

步骤 09 写入底部导航框的代码。底部导航框中的内容也是列表排列的图片，插入项目列表，并设置样式，代码如图7-178所示。

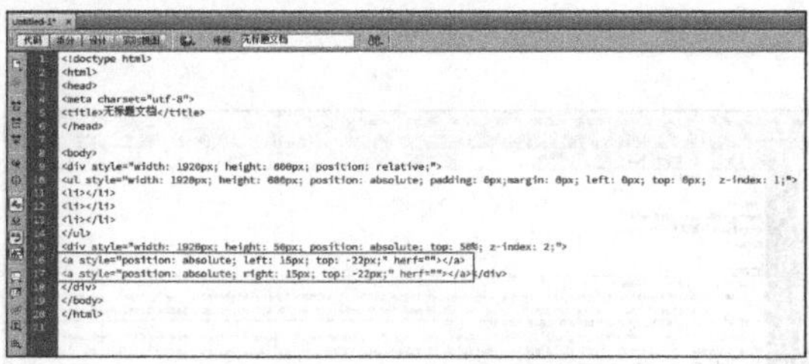

图7-177 写入箭头框的代码

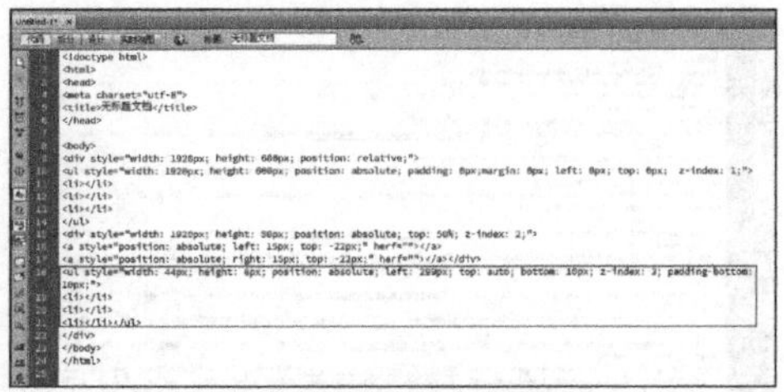

图7-178 写入底部导航框的代码

两个箭头的定位一个是左15像素，一个是右15像素，使之分别位于图片的两端。

步骤 10 布局框架设定后，在布局中插入图片。在图片空间中复制图片的代码，粘贴到代码中相应的位置，如图7-179所示。

步骤 11 为所有的框添加样式名，并为导航区的列表设置宽、高及位置样式，如图7-180所示。

图7-179 插入图片

图7-180 添加样式名

类可以随意命名，但注意以字母开头，并尽量避免使用特殊字符。

步骤 12 设置动画效果。添加代码如图7-181所示。

步骤 13 借用淘宝的footer-more-trigger替换绝对定位的代码，如图7-182所示。

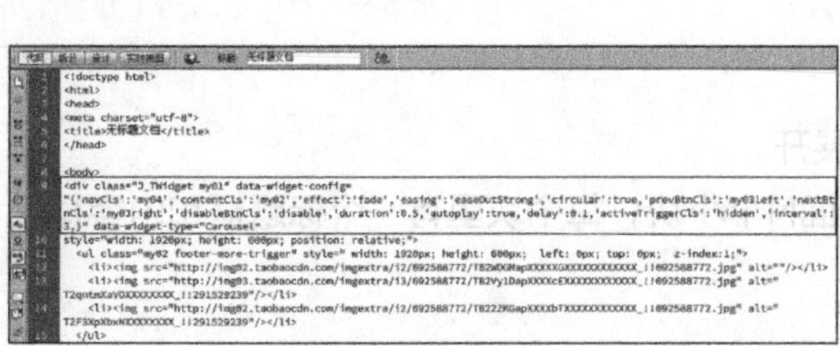

图7-181 添加代码

图7-182 借用样式

步骤14 借用样式后需要添加覆盖由于借用而被附加上的样式代码。将margin:0; padding:0; padding:0;添加到样式中，如图7-183所示。

步骤15 由于这里的轮播图宽度为1920像素，超过了自定义内容区的950像素，因此需要添加突破950像素的代码，如图7-184所示。

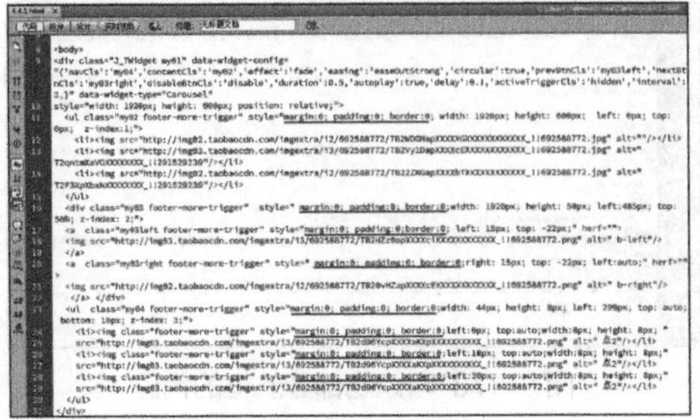

图7-183 添加样式

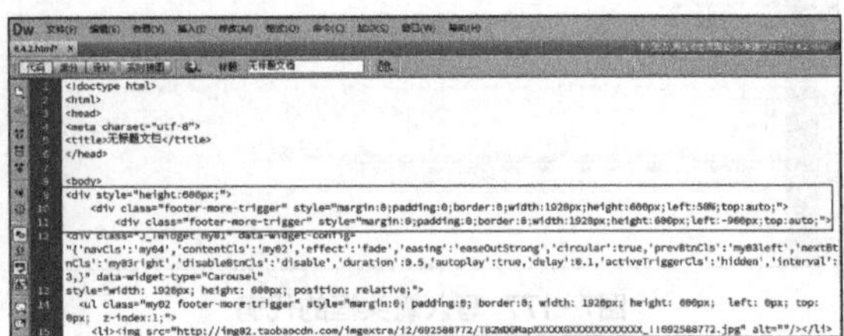

图7-184 添加突破950的代码

若制作的海报宽度没有超过950像素，则此步骤可以省略。

步骤16 将<body>与</body>之间的代码复制到装修后台的“自定义内容区”模块中，然后发布或预览效果，此时发现箭头与导航的位置不对。回到代码中，修改箭头与导航区的left值，再预览效果，如图7-185所示。

图7-185 预览效果

7.6.2 手风琴

手风琴就是单击不同的按钮时，相关内容会展开。

手风琴的结构很简单，它是由一个大框，里面N个小块，每个块里有一个标题框和内容框。下面根据这个结构来制作实例。

视频路径 | 第7章\7.6.2手风琴.mp4

知 识 点 | 手风琴

步骤01 使用Photoshop制作好图片并上传到图片空间，如图7-186所示。

图7-186 上传图片

步骤02 新建一个大框，定义样式名为my01，并在大框中添加6个小框，分别放置3个标题和3个内容，如图7-187所示。

步骤03 为了使默认情况下只打开第1个内容，在另外2个内容框的样式中添加隐藏代码display:none，如图7-188所示。

图7-187 建立框架

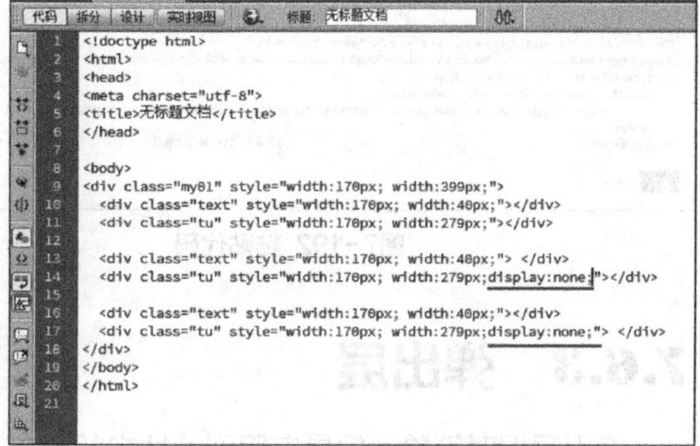

图7-188 添加隐藏代码

为使框中显示3个标题1个内容，则框的高度为3个标题1个内容的高度相加。

步骤04 在框中插入对应的标题与内容图片，如图7-189所示。

步骤05 为手风琴添加widget配置，并设置手风琴的参数，如图7-190所示。

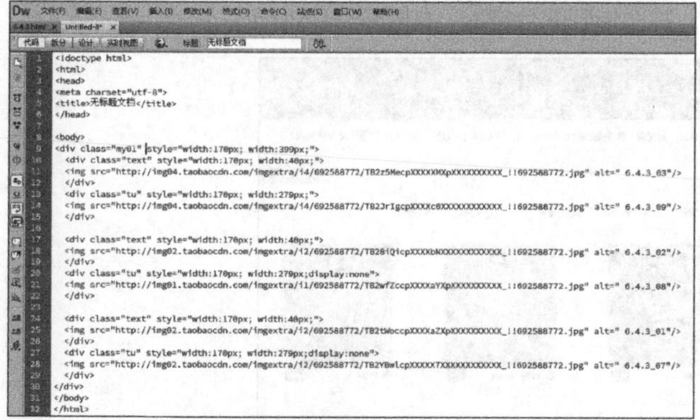

图7-189 插入图片

图7-190 设置手风琴的参数

手风琴的具体参数配置及介绍如图7-191所示。

配置参数	参数可选值	作用说明
triggerCls	自定义值	主列表的class值
panelCls	自定义值	列表所对应的内容列表的class值
triggerType	mouse/click（默认值：click）	触发方式—— mouse：鼠标经过触发 click：鼠标点击触发
multiple	true/false（默认值：false）	是否同时支持多面板展开
hasTriggers	true/false（默认值：true）	是否设置触发点

图7-191 参数配置及介绍

步骤06 将<body>与</body>之间的代码复制粘贴到装修后台的“自定义内容区”模块中，如图7-192所示。

步骤07 单击“确定”按钮，然后发布或预览手风琴效果，如图7-193所示。

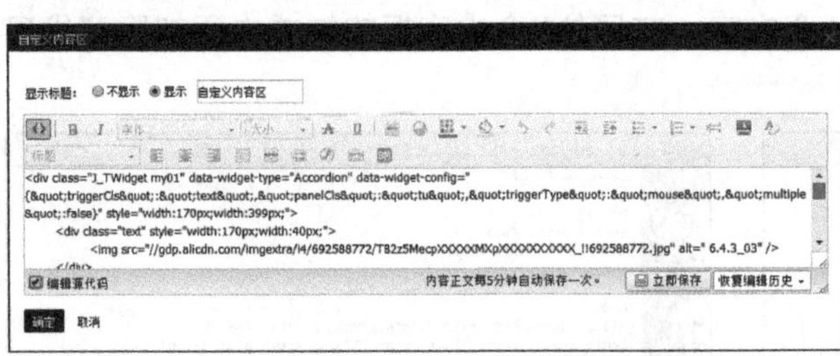

图7-192 粘贴代码

图7-193 手风琴效果

7.6.3 弹出层

弹出层相对简单，但是应用到的地方却很多，如自定义的分类，带导航的海报图都是最常见的弹出层效果。

1. 实例——弹出层制作光标移至宝贝变大的效果

视频路径	第7章\7.6.3弹出层.mp4
知 识 点	弹出层

步骤01 使用Photoshop制作宝贝图片，并上传到图片空间，如图7-194所示。

图7-194 上传图片

步骤 02 在Dreamweaver中添加两个框，第1个框为小图，第2个图为大图，设置不同的宽高，并设置样式名与超出隐藏，如图7-195所示。

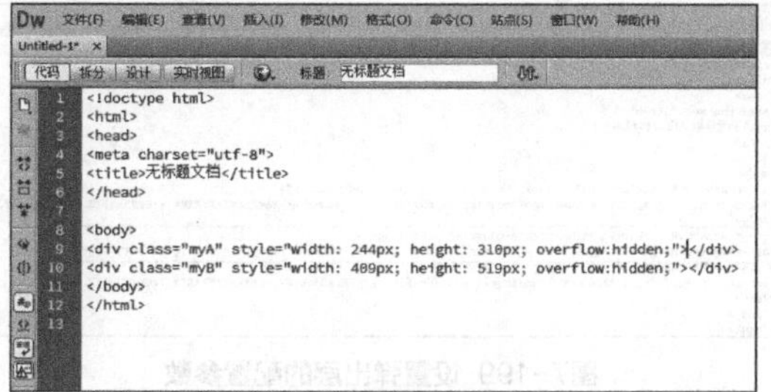

图7-195 建立框架

提示 进入图片空间，双击打开图片，在右侧显示了该图的不同尺寸大小，如图7-196所示。

步骤 03 在图片空间中直接复制图片代码，粘贴到两个框中。然后在图片空间单击“中”后面的“复制”链接，复制中号图片的尺寸，如图7-197所示。

图7-196 图片放入不同尺寸大小

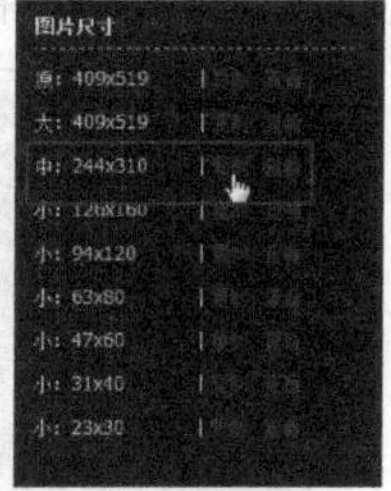

图7-197 单击“复制”链接

提示 这里使用的是同一张图片，当然对尺寸大小有要求的用户可以自己制作不同尺寸的图片。

步骤 04 将第1个框中图片链接删除，然后粘贴代码，如图7-198所示。

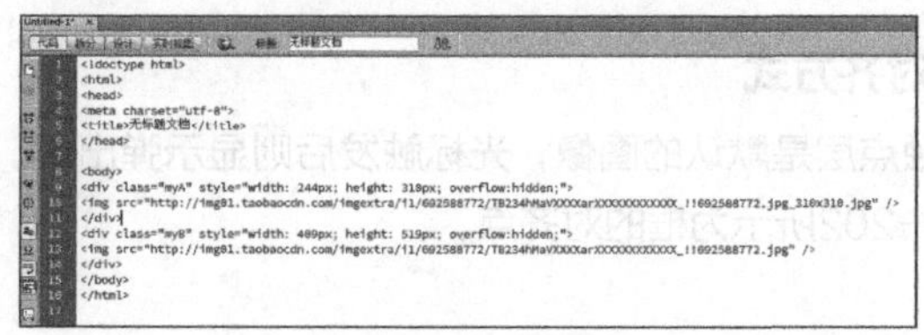

图7-198 粘贴代码

步骤 05 设定第2个框为弹出层，为该框添加widget样式，并设置弹出层的配置参数，如图7-199所示。

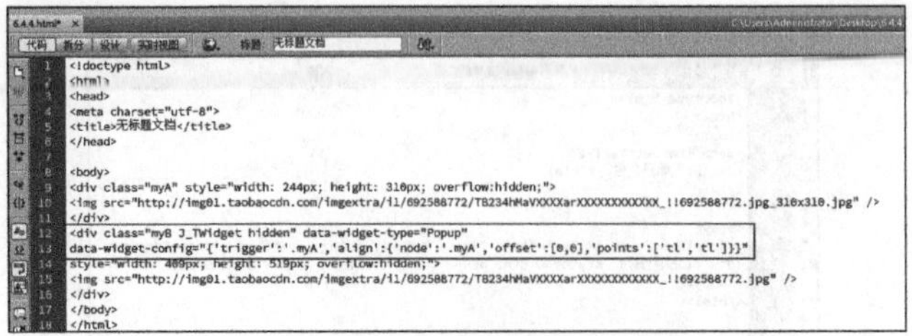

```
<!doctype html>
<html>
<head>
<meta charset="utf-8">
<title>无标题文档</title>
</head>

<body>
<div class="myA" style="width: 244px; height: 310px; overflow:hidden;">
<img src="http://img01.taobaocdn.com/imgextra/i1/692588772/TB234hMaVXXXXarXXXXXXXXXXXX_!!692588772.jpg_310x310.jpg" />
</div>
<div class="myB J_TWidget hidden" data-widget-type="Popup"
data-widget-config="{'trigger':'.myA','align':{'node':'.myA','offset':[0,0],'points':['tl','tl']}}"
style="width: 409px; height: 519px; overflow:hidden;">
<img src="http://img01.taobaocdn.com/imgextra/i1/692588772/TB234hMaVXXXXarXXXXXXXXXXXX_!!692588772.jpg" />
</div>
</body>
</html>
```

图7-199 设置弹出层的配置参数

弹出层的具体参数及介绍如图7-200所示。

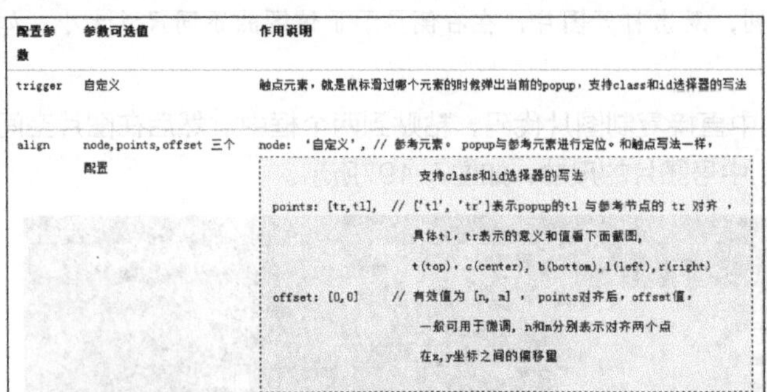

配置参数	参数可选值	作用说明
trigger	自定义	触点元素，就是鼠标滑过哪个元素的时候弹出当前的popup，支持class和id选择器的写法
align	node,points,offset 三个配置	node: '自定义', // 参考元素。popup与参考元素进行定位。和触点写法一样， 支持class和id选择器的写法 points: [tr,tl], // ['tl', 'tr']表示popup的tl 与参考节点的 tr 对齐， 具体tl，tr表示的意义和值看下面截图， t(top)，c(center), b(bottom),l(left),r(right) offset: [0,0] // 有效值为 [n, m]， points对齐后，offset值， 一般可用于微调，n和m分别表示对齐两个点 在x,y坐标之间的偏移量

图7-200 具体参数及介绍

步骤 06 将代码复制粘贴到自定义模块中，测试或发布弹出层效果，如图7-201所示。

图7-201 弹出效果

2. 弹出层与触点层的对齐方式

从上个实例得知，触点层是默认的图像，光标触发后则显示弹出层。两个图层的对齐是通过框上的点来决定的。图7-202所示为框的对齐点。

代码中'points':['tl','tl']中间中括号内即为对齐的两个点，第1个tl为触发层的点，第2个tl为弹出层的点。

为了方便观察和理解，如图7-203所示，建立两个框，蓝色的框为触发层，绿色的框为弹出层。观察3个图，发通过触发层与弹出层的相交点得出代码：1. 'points':['tr','tl']；2. 'points':['cc','tl']；3. 'points':['bc','bl']。

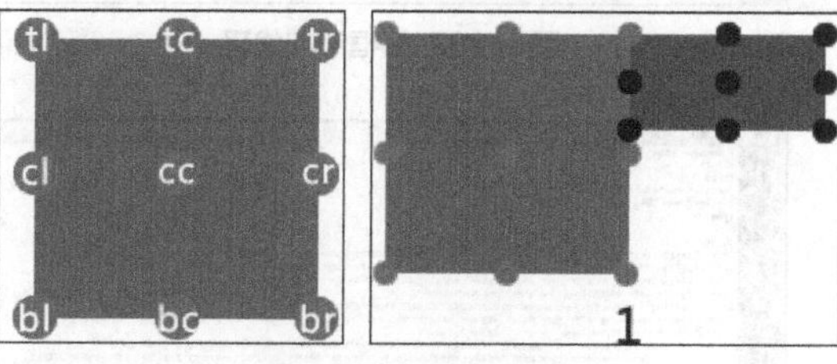

图7-202 框的对齐点

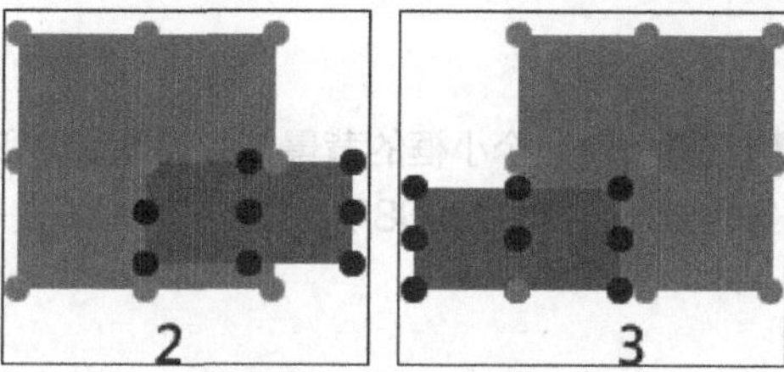

图7-203 3个不同的定位

7.6.4 倒计时

倒计时在活动即将开始与结束中经常用到，如图7-204所示。从图中分析得出，在大框中有4个小框，分别控制天，时，分，秒4个变化的时间。

图7-204 倒计时

步骤01 在Dreamweaver中建立一个大框，设置框的样式名称、宽、高、定位及背景图片，如图7-205所示。

步骤02 在框内插入4个框，分别控制天、时、分、秒，分别为框添加样式名，如图7-206所示。

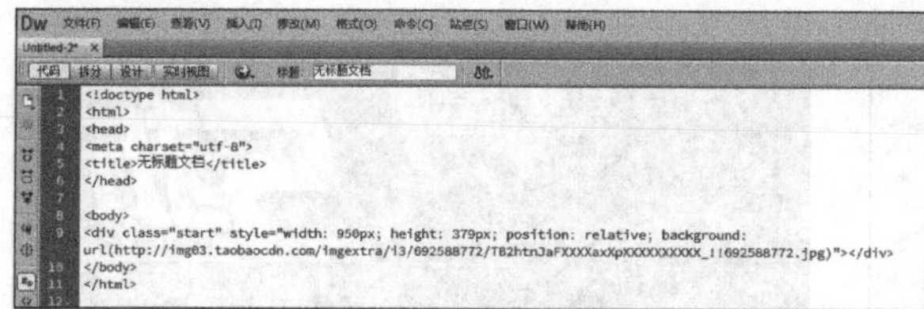

```
<!doctype html>
<html>
<head>
<meta charset="utf-8">
<title>无标题文档</title>
</head>

<body>
<div class="start" style="width: 950px; height: 379px; position: relative; background:
url(http://img03.taobaocdn.com/imgextra/i3/692588772/TB2htnJaFXXXXaxXpXXXXXXXXXX_!!692588772.jpg)"></div>
</body>
</html>
```

图7-205 建立框

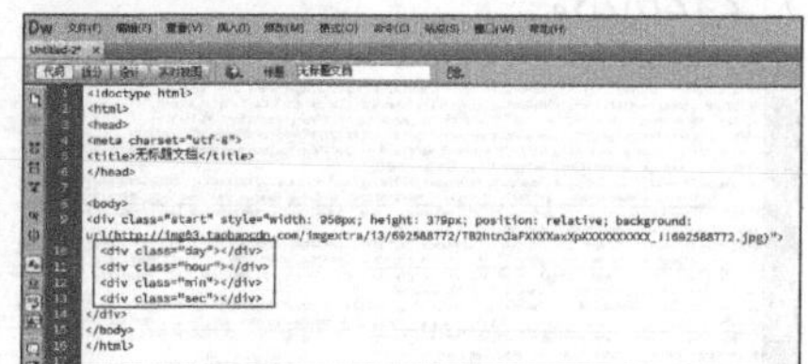

```
<!doctype html>
<html>
<head>
<meta charset="utf-8">
<title>无标题文档</title>
</head>

<body>
<div class="start" style="width: 950px; height: 379px; position: relative; background:
url(http://img03.taobaocdn.com/imgextra/i3/692588772/TB2htnJaFXXXXaxXpXXXXXXXXXX_!!692588772.jpg)">
  <div class="day"></div>
  <div class="hour"></div>
  <div class="min"></div>
  <div class="sec"></div>
</div>
</body>
</html>
```

图7-206 插入小框

步骤03 为框添加绝对定位，设置宽高参数，位置参数，添加背景图片，并在框中输入文本，天为30，时为24，分为60，秒为60，如图7-207所示。

图7-207 为框添加代码

步骤04 添加4个小框的背景，并设置字体和字号的样式，如图7-208所示。

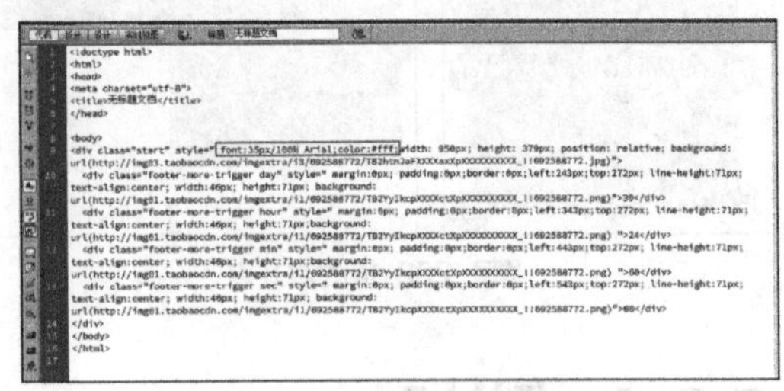

图7-208 设置字体和字号的样式

text-slign让框中的文字水平居中，line-height的值和height的高度相同，使文字能垂直居中显示。

步骤05 下面添加倒计时的代码，并配置参数，如图7-209所示。

步骤06 至此，Dreamweaver中的工作完成，复制代码到装修后台的“自定义内容区”中，预览或发布效果，如图7-210所示。

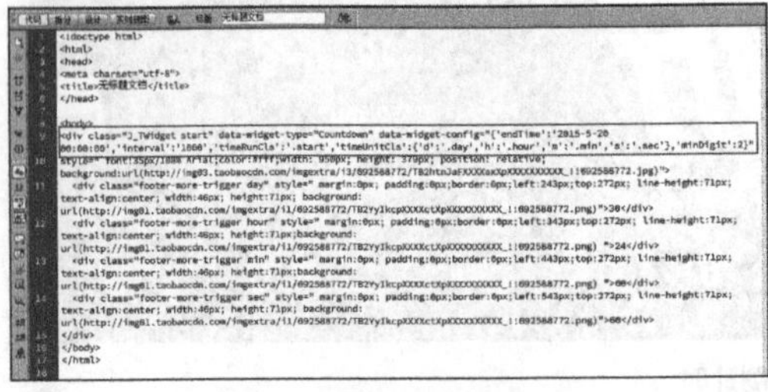

图7-209 配置倒计时参数

图7-210 预览效果

步骤07 发布后的效果没有天、时、分、秒的单位，有两种解决方法，一种是在背景图中添加天、时、分、秒的单位，另外一种是插入框，在框中输入文字，代码如图7-211所示。效果如图7-212所示。

图7-211 代码

图7-212 效果

第8章

获取淘宝常见链接代码

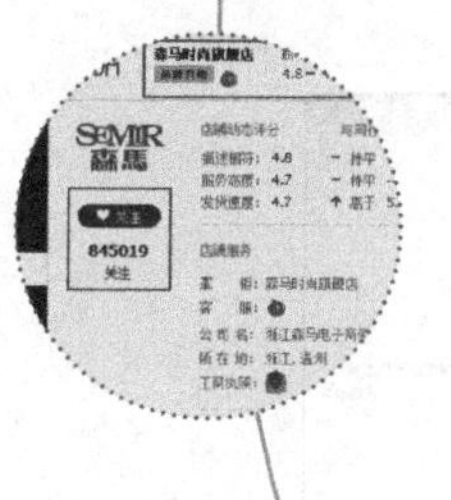

本章将介绍如何获取淘宝店铺中常见的链接的代码，ID及二维码等，以便在其他代码中使用。

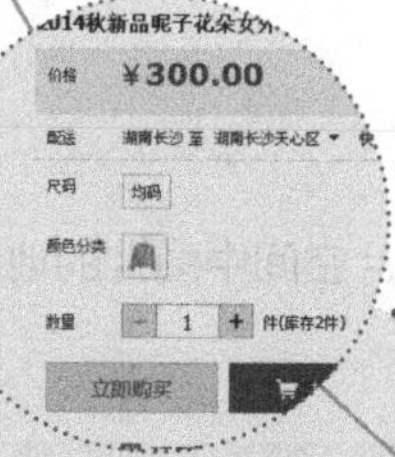

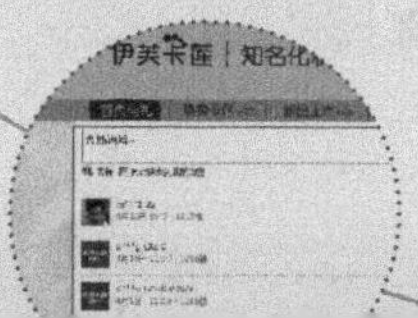

8.1 链接的获取

在编写代码时会用到各种链接，下面介绍链接的获取。

8.1.1 宝贝链接

宝贝的链接是最常用的链接，在“卖家中心”页面单击“出售中的宝贝”链接，展开宝贝列表，单击宝贝后的“复制链接”按钮，如图8-1所示，即可复制该宝贝链接。

图8-1 单击“复制链接”按钮

或者，打开宝贝页面，在浏览器的地址栏中即为该宝贝的链接，如图8-2所示。按Ctrl+A组合键，按Ctrl+C组合键复制后即可使用。

图8-2 地址栏为宝贝链接

8.1.2 图片链接

在店铺装修中经常会用到图片链接。指的是淘宝图片空间中图片的地址，淘宝不支持其他存储空间。

视频路径 | 第8章\8.1.2图片链接.mp4
知 识 点 | 图片链接

步骤 01 进入图片空间，选择一个图片，单击下方中间的“复制链接”按钮，如图8-3所示，即可复制图片链接。

步骤 02 或者打开图片，单击“复制链接”文字也可复制，如图8-4所示。

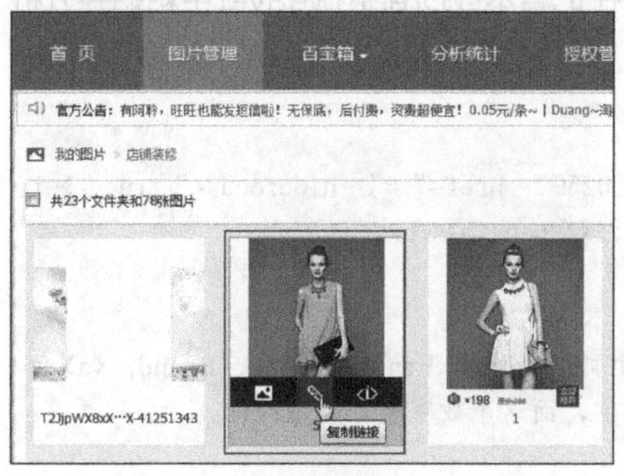

图8-3 单击“复制链接”按钮

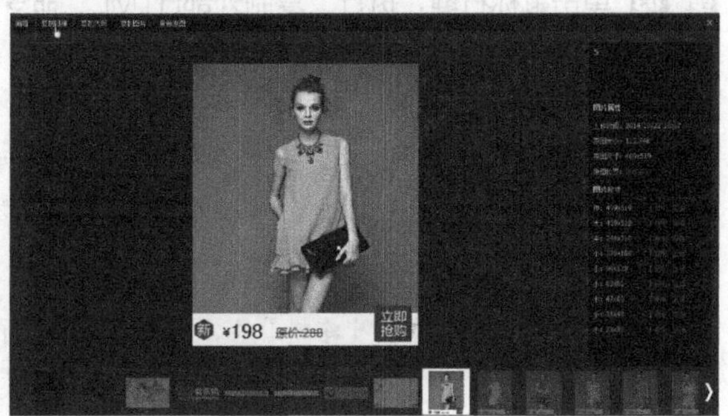

图8-4 单击“复制链接”文字

8.1.3 “关注”代码

关注功能只有天猫店铺才有。进入天猫店铺首页，将光标移至左上角的店铺名称周围区域，在展开的面板中即可看到“关注”按钮，如图8-5所示。单击“关注”按钮后就可关注该店铺。但是，默认情况下这个“关注”按钮是隐藏的，如果我们需要将关注功能添加到店铺其他位置，则需要获取到“关注”代码。

下面介绍如何获取“关注”代码。对于不想了解获取代码过程的读者可以直接跳过步骤讲解，查看最后获取的代码，套用代码即可。

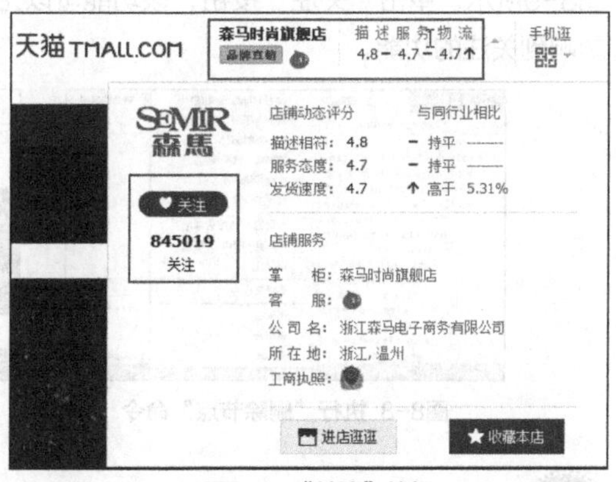

图8-5 “关注”按钮

步骤 01 使用火狐浏览器打开一个天猫店铺，按F12键打开“开发者工具”，如图8-6所示。

步骤 02 单击“从页面中选择一个元素”按钮，单击“关注”按钮，在下方的代码中即标记出“关注”的代码，如图8-7所示。

图8-6 打开“开发者工具”

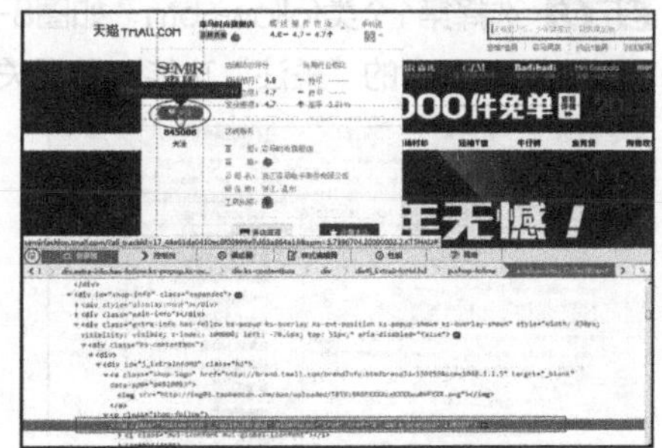

图8-7 “关注”的代码

在“关注”按钮上单击鼠标右键，执行“审查元素”命令，也可找到“关注”的代码。

步骤03 单击鼠标右键，执行“复制外部HTML”命令，在记事本或Dreamweaver中粘贴并分析代码，分析代码。

代码

```
<a class=" follow-btn j_CollectBrand" data-brandid=" 130259" href=" #" hidefocus=" true" ><i class=" mui-iconfont mui-global-iconfont" > </i><span>关注</span><b></b></a>
```

分析

从代码中得知3点：<a>标签中添加了<i>标签；<a>标签有两个类，follow-btn和j_CollectBrand；<a>标签后添加了data-brandid的属性。data-brandid的值为一串数字，而这串数字就是店铺的ID。

步骤04 分析代码后需要对代码进行精简，将不需要的代码删除。首先，删除<i>标签来查看关注功能是否受到影响。选择<i>标签，单击鼠标右键，执行“删除节点”命令，如图8-8所示。

步骤05 将<i>标签删除后，再次查看关注，此时可以看到“关注”上的心形图标没有了，如图8-9所示。单击“关注”按钮，该功能可以正常使用。由此得知，<i>标签是可以删除的，不会影响到关注的功能。

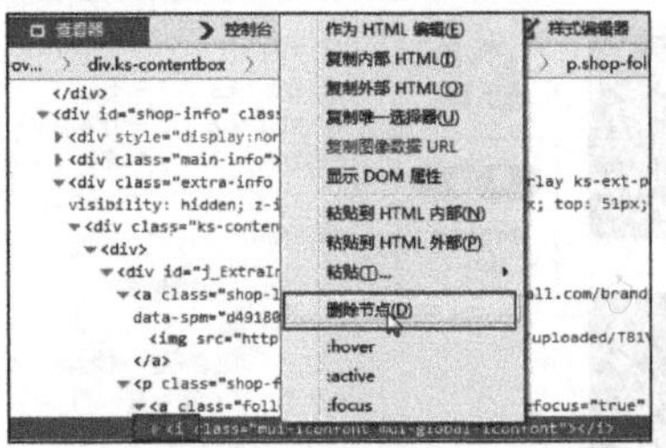
图8-8 执行“删除节点”命令

图8-9 心形图标消失

这里的代码删除操作只是临时的操作，并不会影响店铺。

步骤06 查看<a>标签的class里加的两个类follow-btn和j_CollectBrand是否可以删除。在标签上单击鼠标右键，执行“作为HTML编辑”命令，如图8-10所示。

步骤07 选择第1个类follow-btn，如图8-11所示，按Delete键删除，在文本框外单击鼠标左键。再次测试页面中的“关注”功能，发现关注功能没受任何影响，仍然可用。

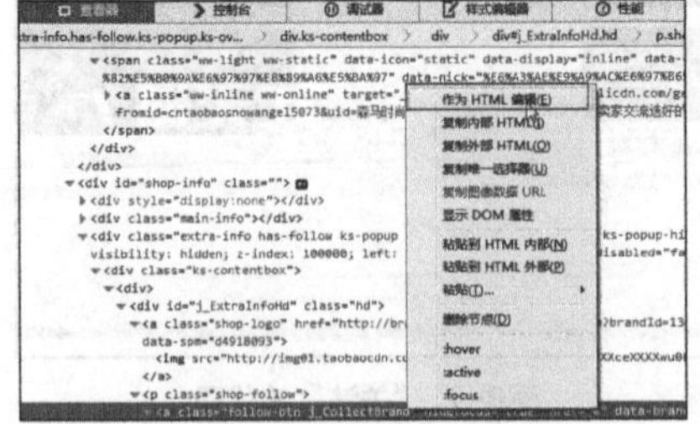
图8-10 执行“作为HTML编辑”命令

图8-11 选择follow-btn

对于单个标签，可以使用“删除节点”的命令删除，而对于标签内的类则不能直接使用该命令删除，否则会将<a>标签全部删除。

步骤08 再次打开“HTML编辑”文本框，按Ctrl+Z组合键返回，并将j_CollectBrand选中删除。测试页面发现“关注”功能不可用。

步骤09 由此得到了最终的关注代码，如图8-12所示。

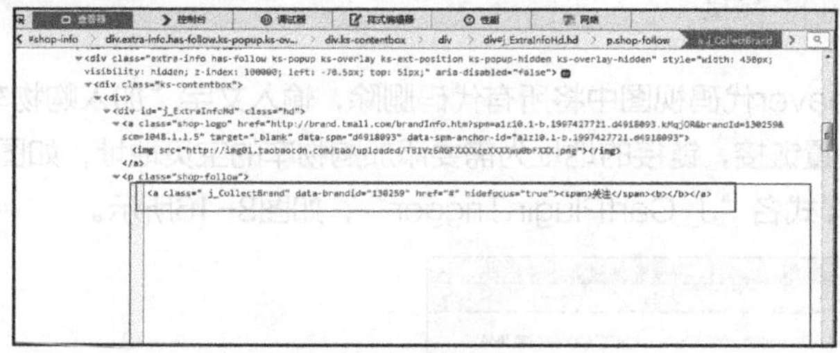

图8-12 最终的关注代码

在使用到“关注”代码时，需要将data-brandid后的值换成店铺的ID。最终的代码如下。

```
<a class=" j_CollectBrand" data-brandid="店铺ID" href="#" hidefocus="true"><span>关注</span><b></b></a>
```

8.1.4 “收藏”链接

店铺与宝贝的“收藏”链接都是经常用到的链接。获取方法也很简单。

视频路径 第8章\8.1.4 “收藏”链接.mp4
知 识 点 “收藏”链接

步骤01 打开一个店铺，在页面右上角的“收藏店铺”上单击鼠标右键，执行“复制链接地址”命令，如图8-13所示，即可获取该店铺的收藏链接。

步骤02 获取宝贝的收藏链接也是如此，打开一个宝贝，在主图下方的“收藏宝贝”上单击鼠标右键，执行“复制链接地址”命令，如图8-14所示。

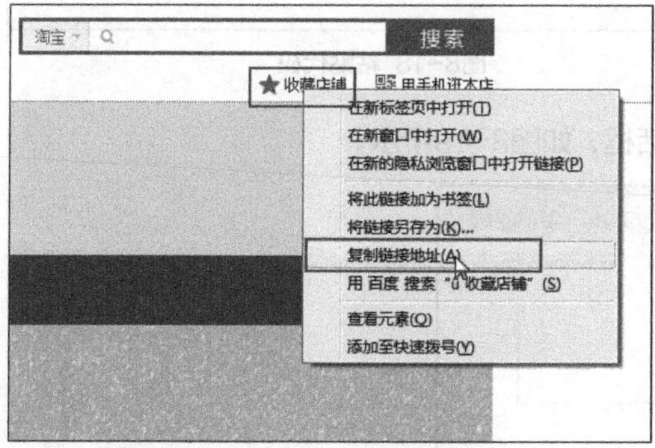

图8-13 执行“复制链接地址”命令

图8-14 执行“复制链接地址”命令

8.1.5 “购物车”链接

“将商品加入购物车”的链接无法使用前面所讲的方法获取。那如何为商品添加“购物车”链接呢?

视频路径 | 第8章\8.1.5“购物车”链接.mp4

知 识 点 | “购物车”链接

步骤01 在Dreamweaver代码视图中将所有代码删除，输入文字“加入购物车”，并选中文字，在“属性”面板中设置链接，链接的地址为需要添加购物车的宝贝地址，如图8-15所示。

步骤02 为链接添加样式名“J_CartPluginTrigger”，如图8-16所示。

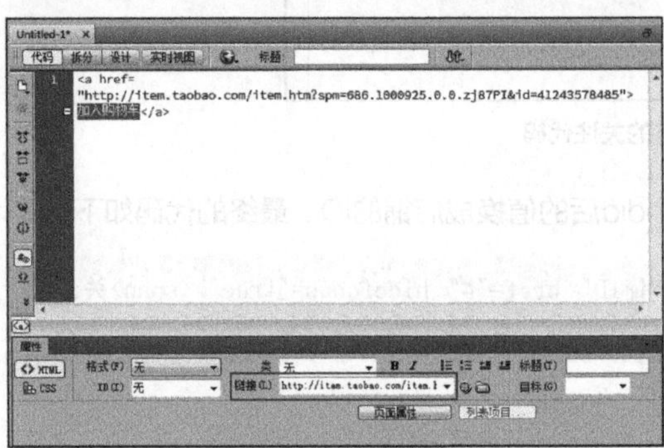

图8-15 设置链接

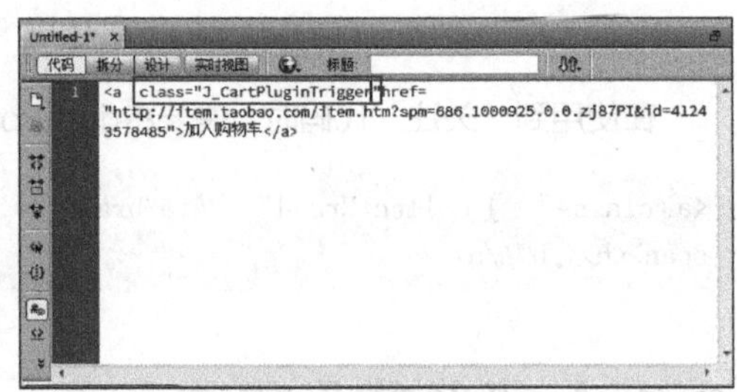

图8-16 添加样式名

步骤03 添加后可修改文字的样式或将文字修改为图片，这里将文字换成图片，如图8-17所示。

步骤04 复制代码。在店铺装修页面中，将代码粘贴到自定义内容区的源码模式中，如图8-18所示。

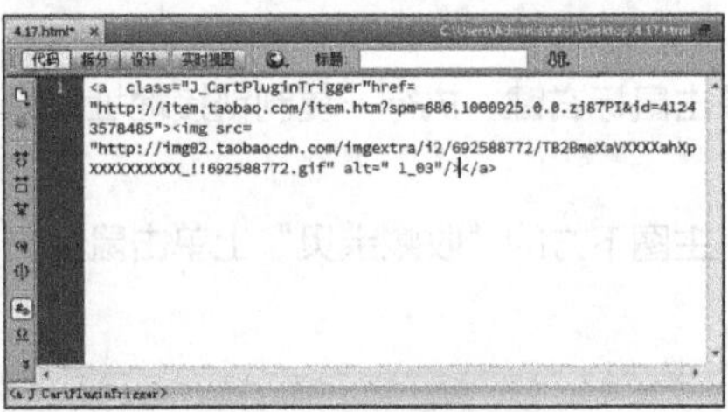

图8-17 将文字换成图片

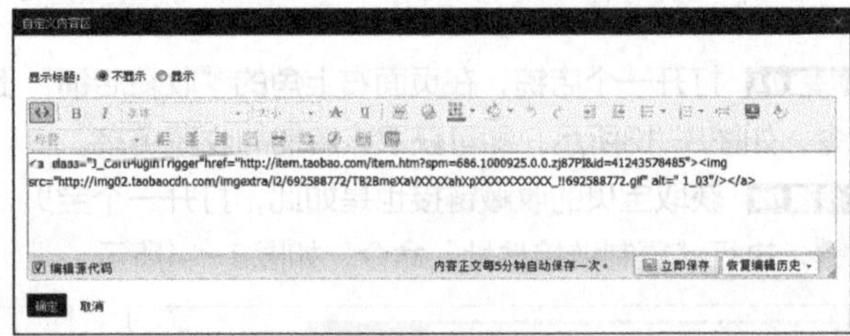

图8-18 粘贴代码

步骤05 确定后预览效果，在图片上单击，弹出对话框，如图8-19所示。

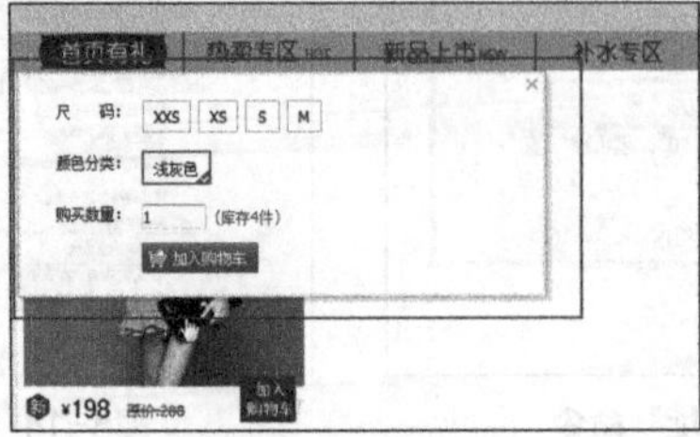

图8-19 预览效果

8.1.6 “分享”链接

“分享”功能是单击“分享”按钮后，页面弹出一个分享对话框，在对话框中可以将店铺和宝贝等分享到淘宝动态、新浪微博和搜狐网等网站中。下面介绍“分享”链接的获取。

视频路径：第8章\8.1.6“分享”链接.mp4
知 识 点：“分享”链接

步骤01 在浏览器的地址栏中输入sns.taobao.com，进入淘宝sns组件平台，如图8-20所示。

步骤02 单击“组件中心”按钮，切换页面，如图8-21所示。

图8-20 进入淘宝sns组件平台

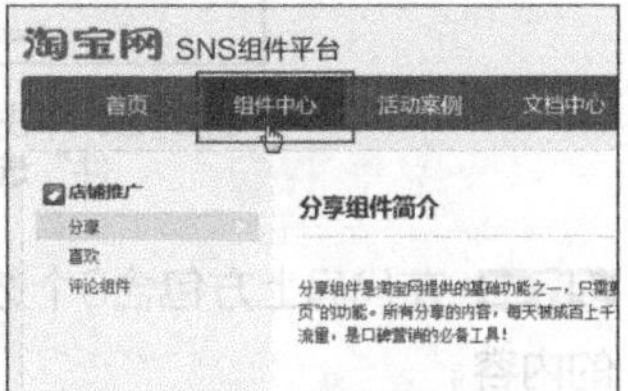

图8-21 单击“组件中心”按钮

步骤03 在页面下方选择一种外观，在右侧有相应的效果预览，选择外观后单击“复制代码”按钮，如图8-22所示。

步骤04 从右侧的配置项中可以得知，我们复制的代码中还有多个必填选项需要填写，如图8-23所示。

图8-22 单击“复制代码”按钮

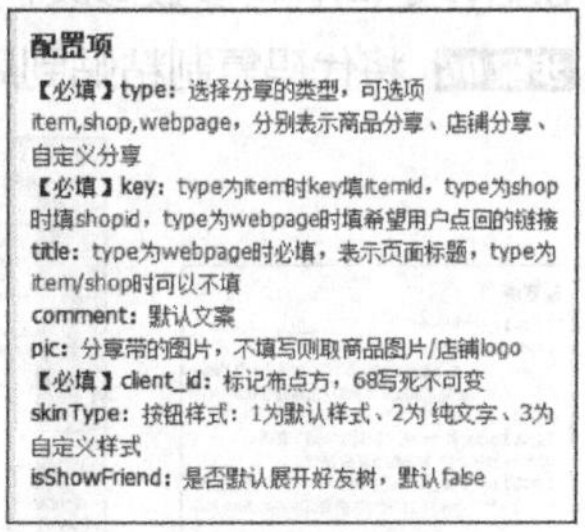

配置项
【必填】type：选择分享的类型，可选项item,shop,webpage，分别表示商品分享、店铺分享、自定义分享
【必填】key：type为item时key填itemid，type为shop时填shopid，type为webpage时填希望用户点回的链接
title：type为webpage时必填，表示页面标题，type为item/shop时可以不填
comment：默认文案
pic：分享带的图片，不填写则取商品图片/店铺logo
【必填】client_id：标记布点方，68写死不可变
skinType：按钮样式：1为默认样式、2为纯文字、3为自定义样式
isShowFriend：是否默认展开好友树，默认false

图8-23 配置项

步骤05 将复制的代码粘贴到Dreamweaver中，填写这些参数完成代码。将代码装修到店铺中即可。

分享商品时type填写item，key填写宝贝的ID；分享店铺时type填写shop，key填写店铺的ID；分享活动时type填写webpage，key填写页面地址。

8.1.7 “评论”链接

“评论”链接相当于制作一个留言板，买家评论后即会显示评论内容。

视频路径：第8章\8.1.7“评论”链接.mp4
知 识 点：“评论”链接

步骤01 在淘宝sns组件平台“组件中心”页面，选择“评论组件”选项，如图8-24所示。

步骤02 跳转页面，在页面下方显示了“外观预览”和代码，如图8-25所示。

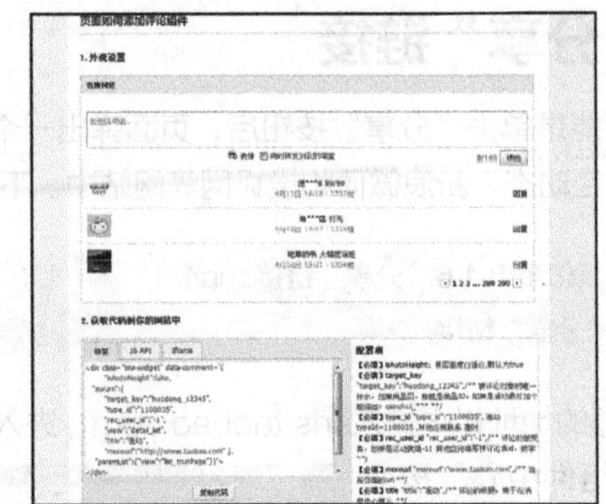

图8-24 单击“评论组件”选项

图8-25 显示了“外观预览”和代码

步骤03 在代码上方包含3个选项，即“标签”“JS API”和“Iframe”，我们只需要“标签”中的内容。

步骤04 同样，右侧的配置项中显示了需要填写的内容，如图8-26所示。

步骤05 单击“复制代码”按钮将代码复制，并粘贴到Dreamweaver代码视图的<body>与</body>之间，将参数修改，如图8-27所示。

步骤06 将代码复制粘贴到店铺自定义内容区中，发布查看效果，如图8-28所示。

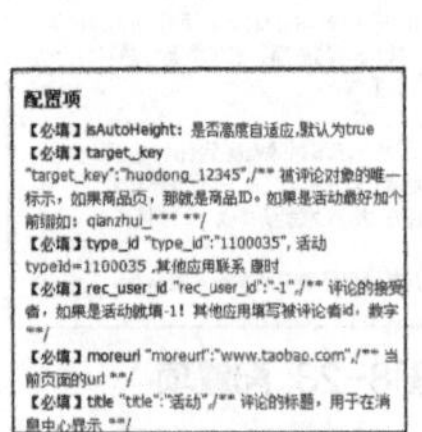

图8-26 配置项

图8-27 复制并粘贴代码

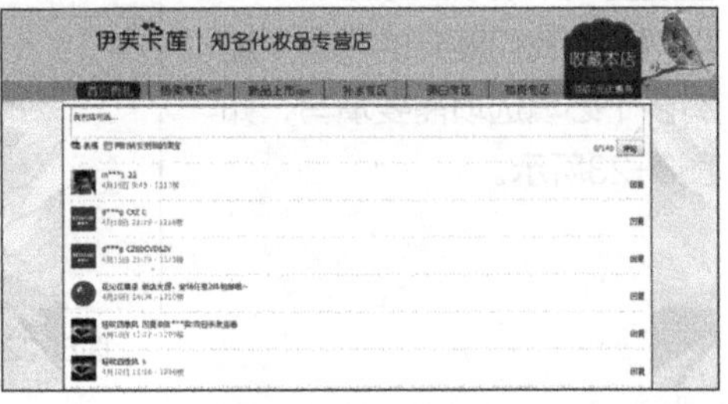

图8-28 查看效果

从发布的效果看出默认评论区的宽度和高度都是自动的，这就还需要我们控制它的宽高。在评论组件外面套一个框，将框的大小设置为我们需要的大小，然后为这个框添加超出overflow: auto。即如果框中内容超出框的大小，则浏览器会显示滚动条以便查看其余的内容。代码及效果如图8-29所示。

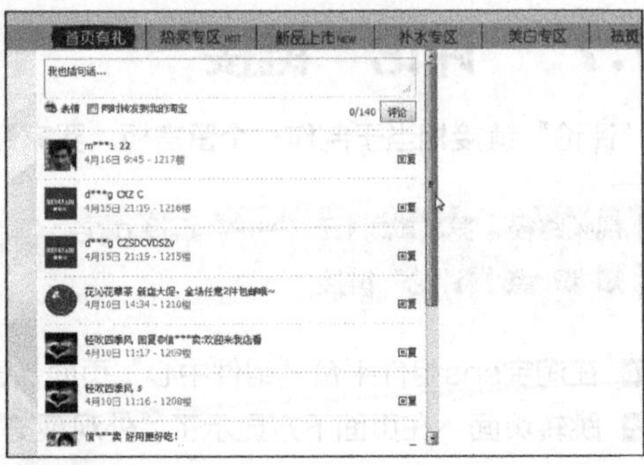

图8-29 代码及效果

8.1.8 “喜欢”链接

“喜欢”链接包括商品、店铺及活动3种。

◎ ┊视频路径┊第8章\8.1.8“喜欢”链接.mp4
✎ ┊知 识 点┊“喜欢”链接

步骤 01 在淘宝sns组件平台“组件中心”页面，选择“喜欢”选项，如图8-30所示。

步骤 02 选择一种代码，单击下方的“复制代码”按钮，如图8-31所示。

图8-30 选择“喜欢”选项

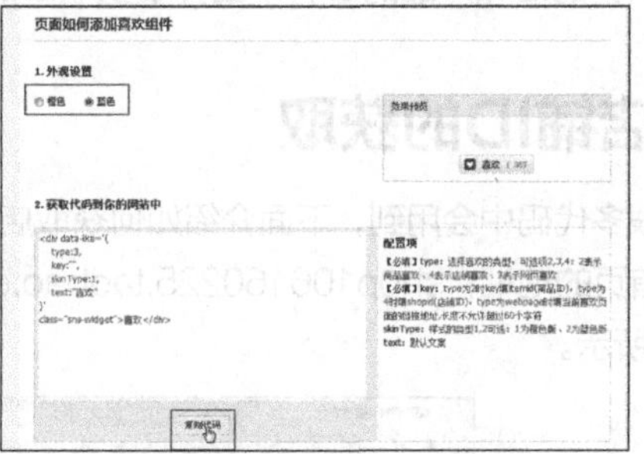

图8-31 单击“复制代码”按钮

步骤 03 将代码粘贴到Dreamweaver中，将商品ID修改即可将代码应用到店铺中了。

8.1.9 客服“旺旺”链接

我们在店铺中会添加客服的旺旺，而客服的链接如何获取呢？下面进行介绍。

◎ ┊视频路径┊第8章\8.1.9客服“旺旺”链接.mp4
✎ ┊知 识 点┊客服“旺旺”链接

步骤 01 用百度搜索“阿里旺旺旺遍天下”，进入页面，在该页面中可选择旺旺的动态图片格式，如图8-32所示。

步骤 02 填写旺旺用户名及图片提示后，单击“生成网页代码”按钮即可在下方的文本框中生成代码，如图8-33所示。

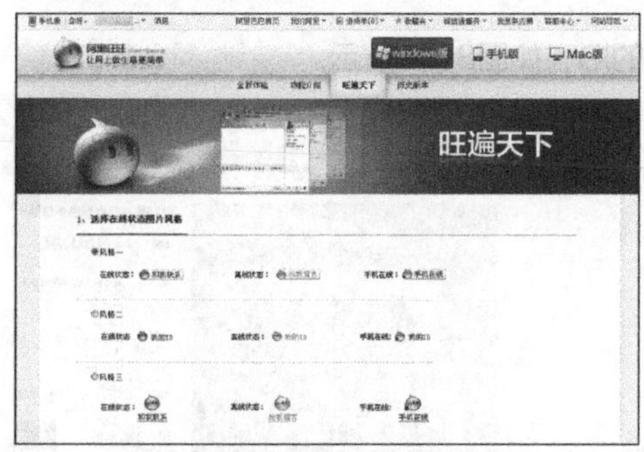

图8-32 选择旺旺的动态图片格式

图8-33 单击“生成网页代码”按钮

将生成的代码中href=""引号中的代码改为旺旺的链接地址。src=""引号中的代码为旺旺的图片地址。

步骤 03 单击“复制代码”按钮后选择文本框中的代码，按Ctrl+C复制即可应用到其他地方。

8.2 ID的获取

ID包括了店铺的ID和产品的ID，下面介绍获取ID的方法。

8.2.1 店铺ID的获取

店铺ID在很多代码中会用到，下面介绍如何获取店铺ID。打开店铺首页，在浏览器的地址栏中可以看到店铺首页的地址：shop106160225.taobao.com，而这个shop后的一串数字就是店铺的ID，如图8-34所示。

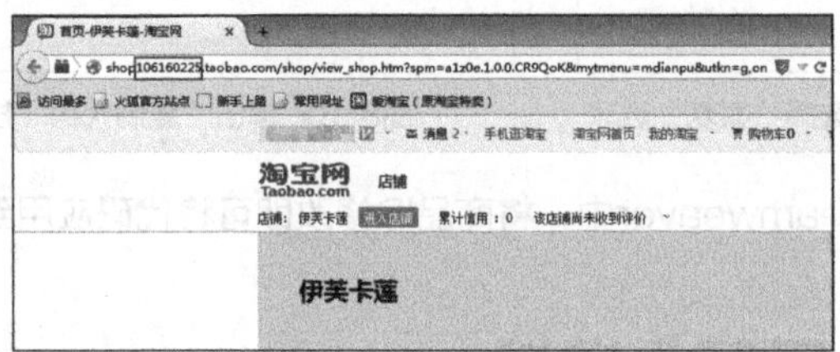

图8-34 地址栏显示

8.2.2 商品ID的获取

每个商品都有其ID，下面介绍商品ID的获取。

视频路径	第8章\8.2.2商品ID的获取.mp4
知 识 点	商品ID的获取

步骤 01 在“卖家中心”页面选择出售中的宝贝，将光标移至宝贝的标题上，此时在浏览器左下方的状态栏中即显示了商品的ID，如图8-35所示。

步骤 02 打开宝贝详情页面，在地址栏中也显示了商品的ID，如图8-36所示。

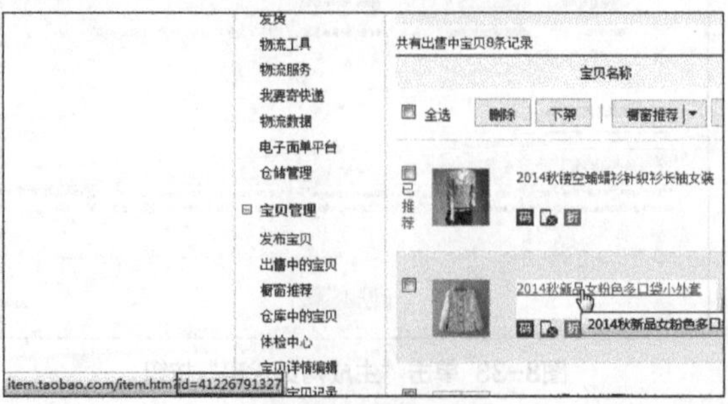

图8-35 状态栏显示

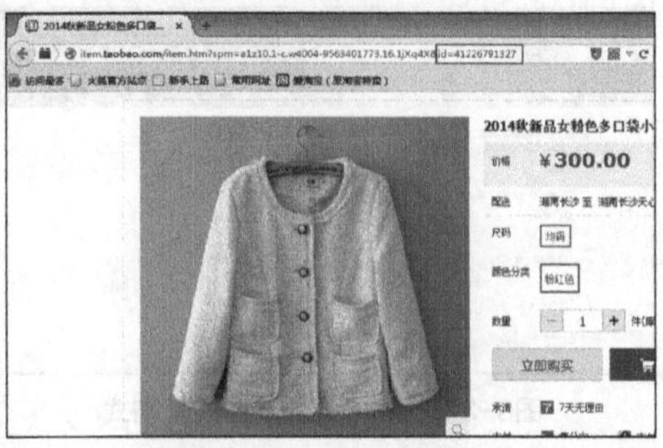

图8-36 地址栏显示

第9章 网店管理与经营

网店要想长久不衰地生存下去，与店铺的经营管理有着最大的关系。善于经营的卖家，不仅能带来店铺盈利，也能让店铺逐渐壮大，形成品牌效应。本章将介绍淘宝网店的经营与管理知识。

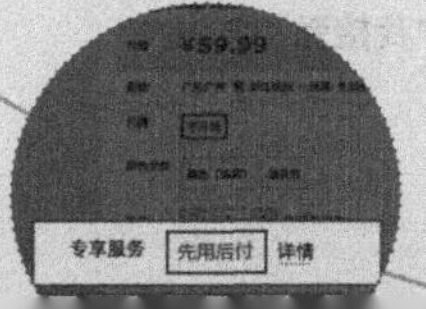

9.1 淘宝助理

淘宝助理是一款免费客户端工具软件，它可以不登录淘宝网就能直接编辑宝贝信息，快捷批量上传宝贝，其主要功能如图9-1所示。

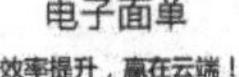

电子面单	子账号	上传预警	模板管理	图片空间
效率提升，赢在云端！	让你安心做甩手掌柜	宝贝冲突，违规风险提前预知	快递单全投设计，位置不束缚	随心所欲，管理图片

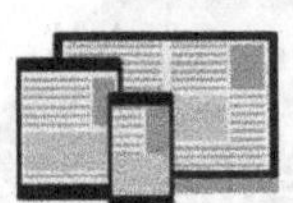

图9-1 主要功能

9.1.1 下载与安装

淘宝助理需要安装到电脑上才能使用。下面介绍下载与安装的操作。

步骤01 在浏览器中搜索“淘宝助理”，进入官方网站，单击“淘宝版下载”按钮，如图9-2所示。

步骤02 下载完成后，双击程序，进入安装界面，如图9-3所示。

图9-2 单击“淘宝版下载”按钮

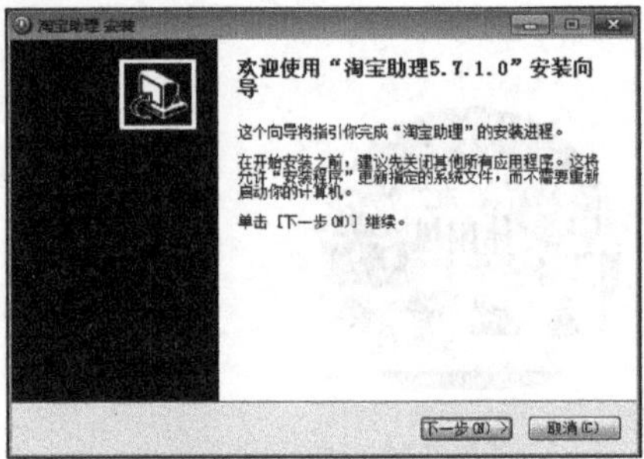

图9-3 进入安装界面

步骤03 单击“下一步”按钮，跳转界面，单击“我接受”按钮，如图9-4所示。

步骤04 在目标文件夹下修改文件安装的位置，如图9-5所示。

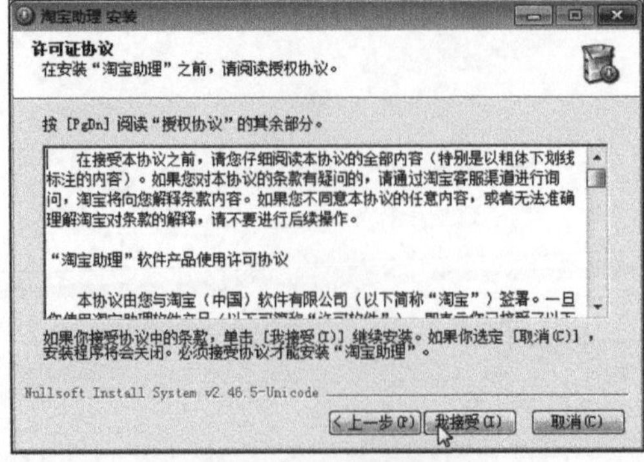

图9-4 单击“我接受”按钮

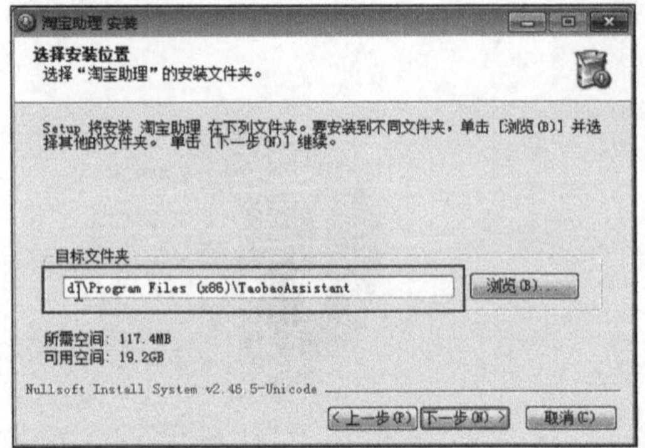

图9-5 修改安装的位置

步骤 05 单击“下一步”按钮，然后单击“安装”按钮，等待安装，如图9-6所示。

步骤 06 安装完成后，单击“完成”按钮，如图9-7所示。

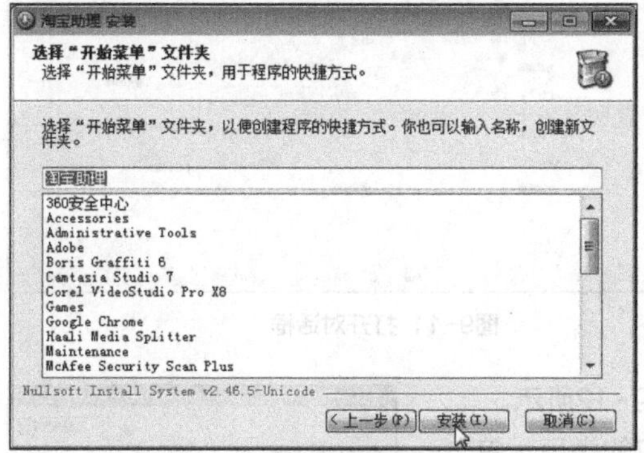

图9-6 单击“安装”按钮

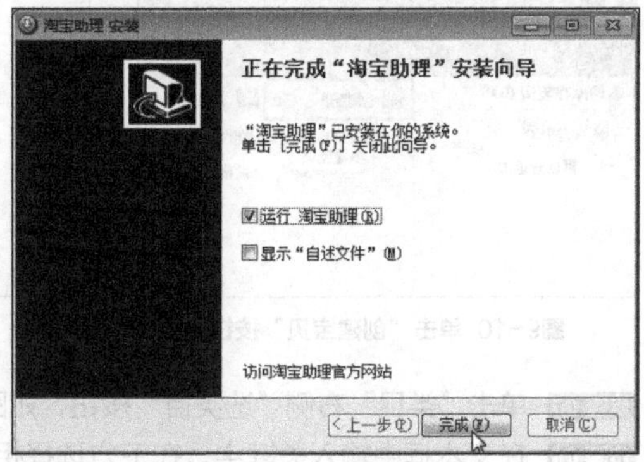

图9-7 单击“完成”按钮

9.1.2 上传宝贝

使用淘宝助理可以不用登录淘宝网就能上传与编辑宝贝。

视频路径	第9章\9.1.2上传宝贝.mp4
知 识 点	上传宝贝

步骤 01 运行淘宝助理，输入会员名与密码，单击“登录”按钮，如图9-8所示。

步骤 02 进入淘宝助理界面，如图9-9所示。

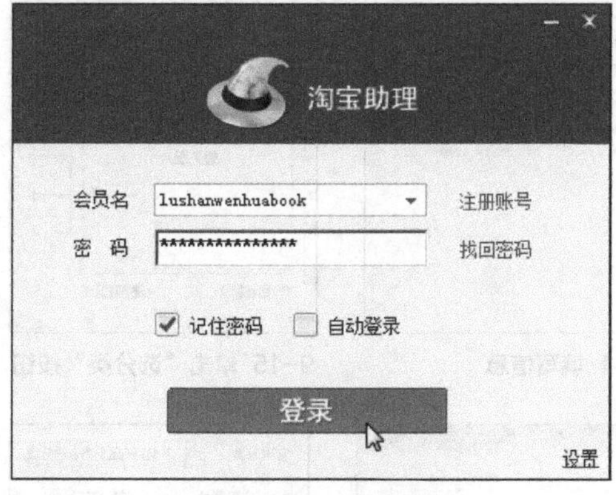

图9-8 单击“登录”按钮

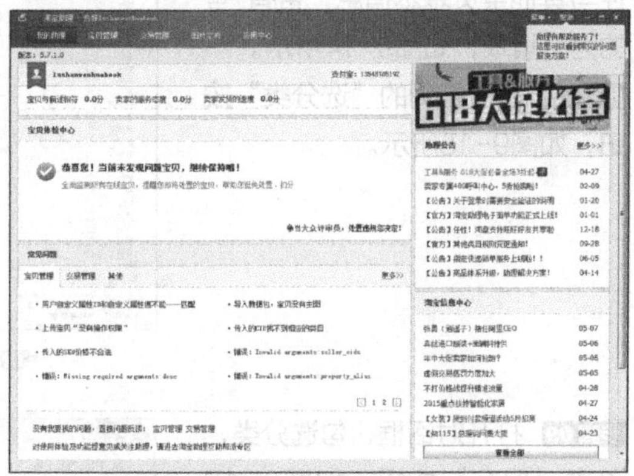

图9-9 淘宝助理界面

提示 淘宝助理与千牛登录界面中的会员名与密码，均为淘宝账号名与密码。

步骤 03 选择上方的“宝贝管理”选项，然后单击“创建宝贝”按钮，如图9-10所示。

步骤 04 打开“创建宝贝”对话框，如图9-11所示。

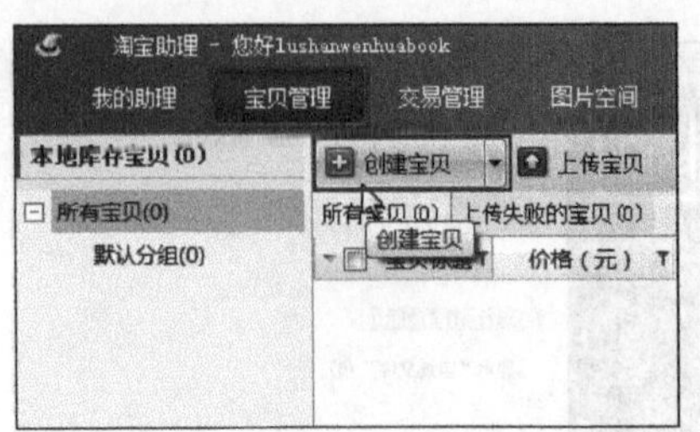

图9-10 单击“创建宝贝”按钮

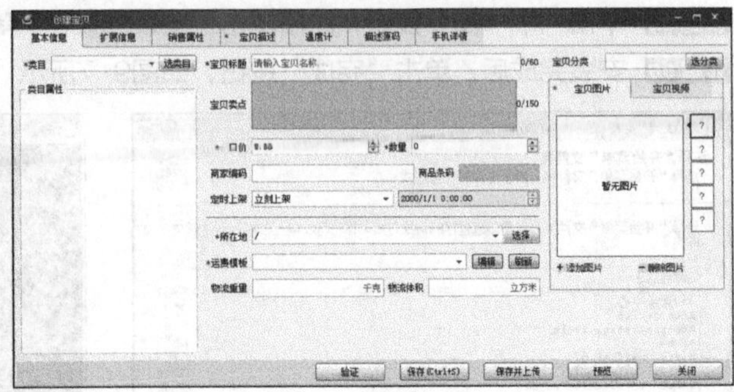

图9-11 打开对话框

步骤05 单击“类目”右侧“选类目”按钮，如图9-12所示。

步骤06 在文本框中输入关键字，在下方选择相应的类目，单击“确定”按钮，如图9-13所示。

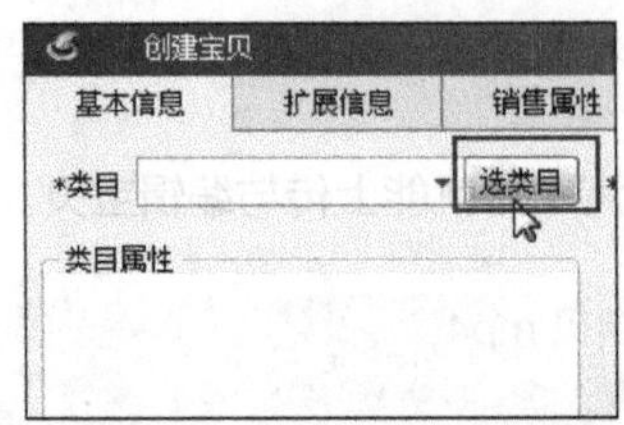

图9-12 单击“选类目”按钮

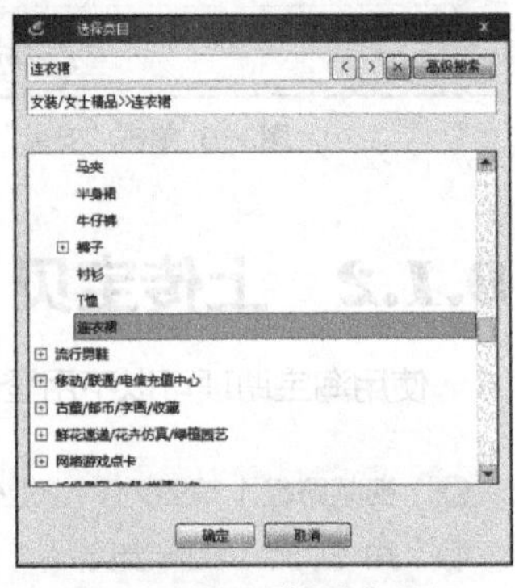

图9-13 单击“确定”按钮

步骤07 选择类目后，填写类目属性与其他宝贝基本信息，带有*号的为必填项，如图9-14所示。

步骤08 单击右侧的“选分类”按钮，如图9-15所示。

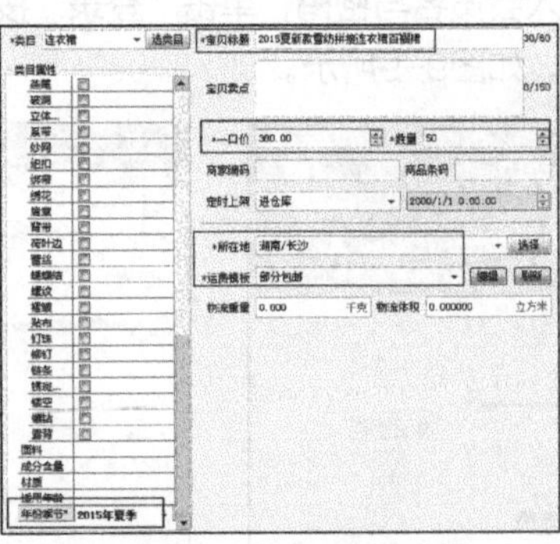

图9-14 填写信息

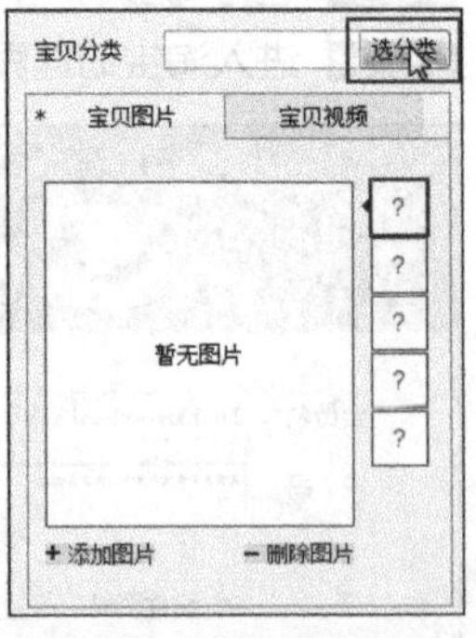

9-15 单击“选分类”按钮

步骤09 打开对话框，勾选分类，单击“保存”按钮，如图9-16所示。

步骤10 单击“添加图片”按钮，如图9-17所示。

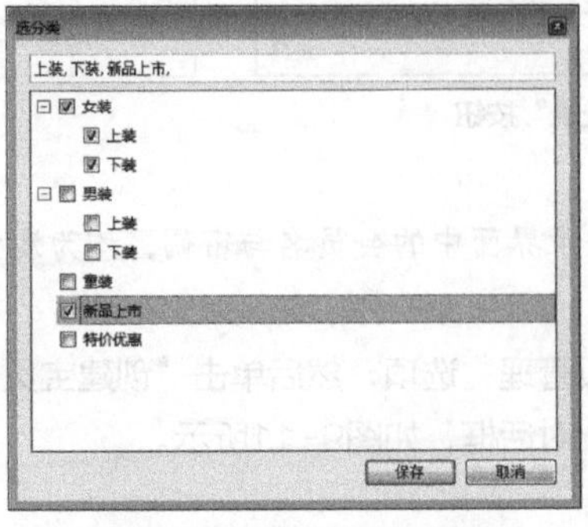

图9-16 单击“保存”按钮

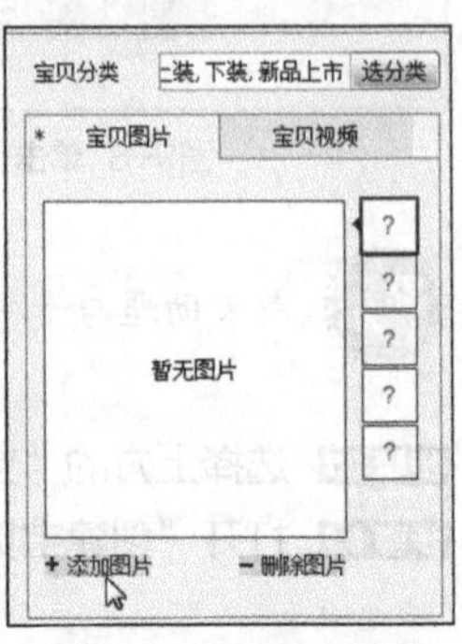

图9-17 单击“添加图片”按钮

步骤 11 在打开的对话框中单击“选择要上传的图片”按钮，如图9-18所示。

步骤 12 在打开的对话框中选择图片，单击“打开”按钮，如图9-19所示。

图9-18 单击“选择要上传的图片”按钮

图9-19 单击“打开”按钮

步骤 13 将图片添加到列表中后，单击“插入”按钮，如图9-20所示。

步骤 14 选择顶端的“销售属性”选项，如图9-21所示。

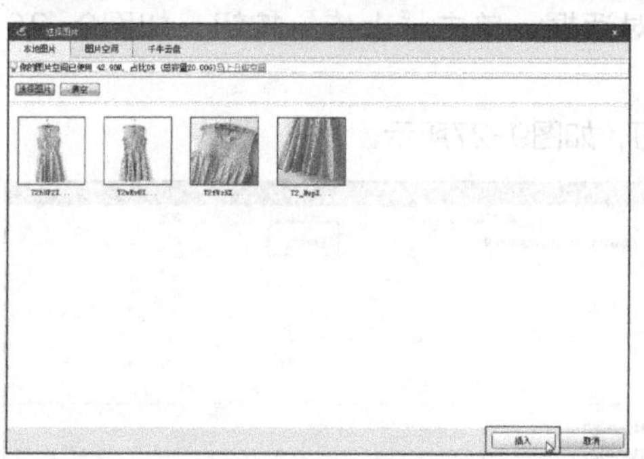

图9-20 单击“插入”按钮

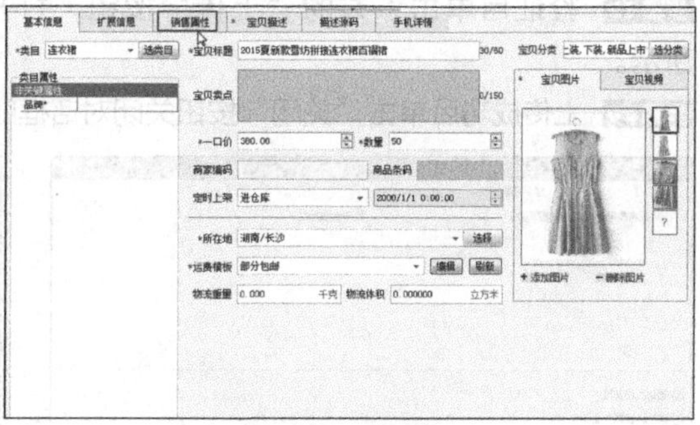

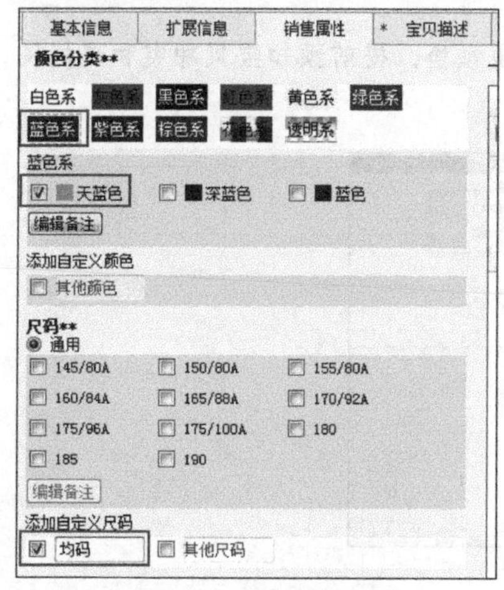

图9-21 选择选项

步骤 15 在颜色分类下选择一种色系，并选择一种颜色，设置尺码，如图9-22所示。

步骤 16 在右侧输入一口价与数量，并分别单击相应的“填充”按钮，如图9-23所示。

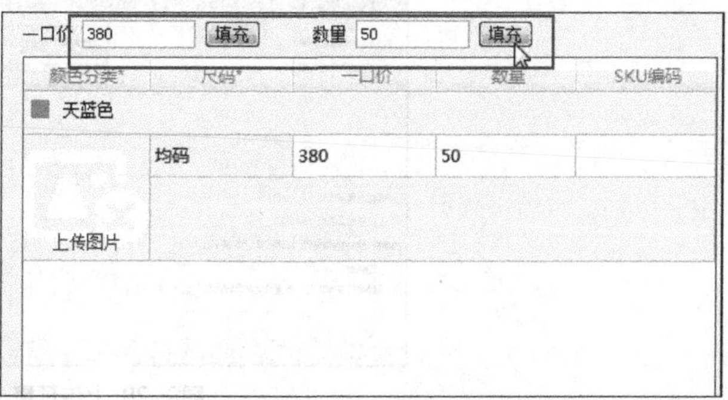

图9-22 设置颜色与尺码

图9-23 单击“填充”按钮

步骤 17 选择顶端的“宝贝描述”选项，在下方文本框中添加描述信息，如图9-24所示。

步骤 18 单击底部的“验证”按钮，提示“验证成功”，如图9-25所示，即可上传宝贝。

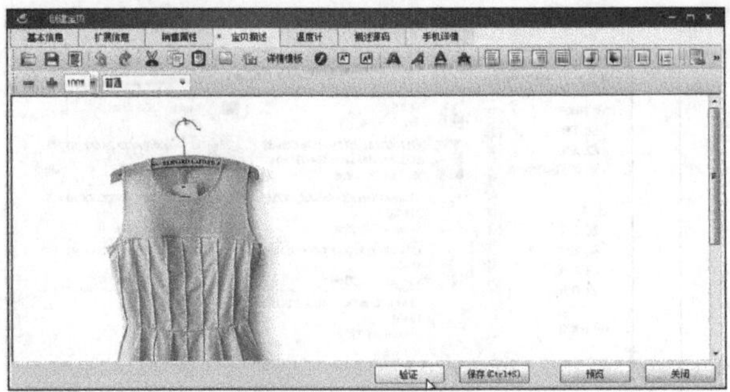

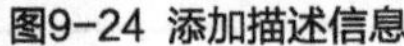

图9-24 添加描述信息

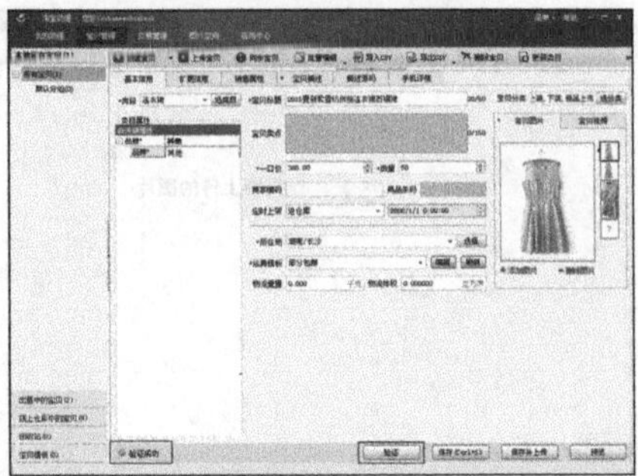

图9-25 验证成功

若验证失败则会提示需要修改的部分，根据提示修改后才能上传宝贝。

步骤 19 验证后单击下方的“上传”按钮，打开对话框，单击“上传”按钮，如图9-26所示。

步骤 20 上传成功后单击“关闭”按钮关闭对话框即可，如图9-27所示。

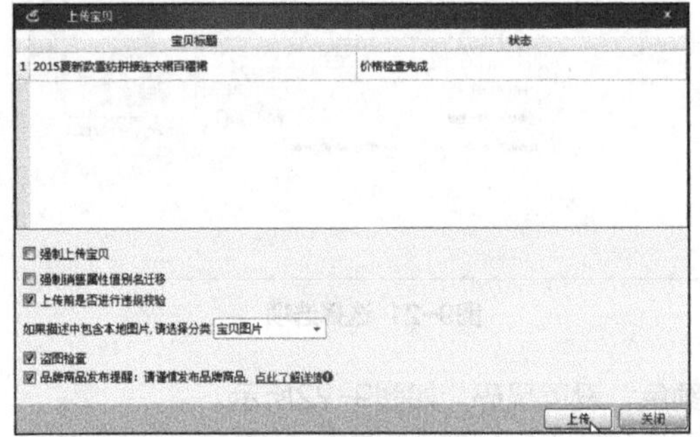

图9-26 单击“上传”按钮

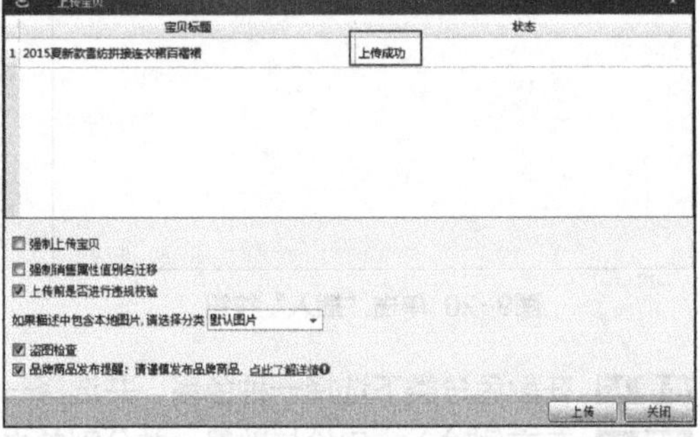

图9-27 上传成功

用淘宝助理发布宝贝，可以对要上传的宝贝进行违规预检，提前预知宝贝冲突和违规风险，降低宝贝处罚率，如图9-28所示。

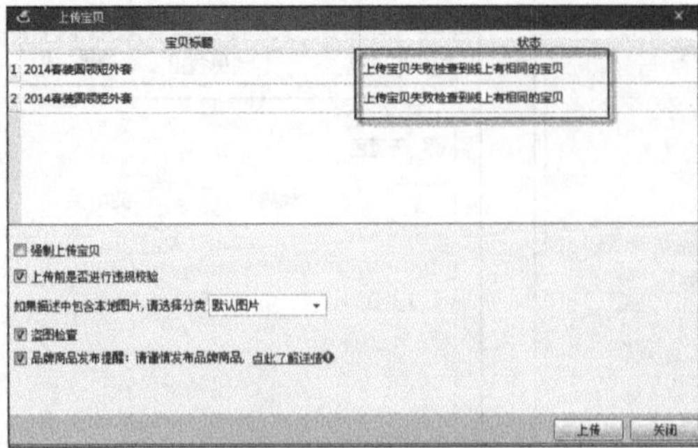

图9-28 上传预警

9.1.3 批量设置上架时间

使用淘宝助理可以批量上架仓库中的宝贝。

视频路径 | 第9章\9.1.3批量设置上架时间.mp4
知 识 点 | 批量设置上架时间

步骤01 登录淘宝助理后选择顶部的“宝贝管理”选项，在左侧选择“线上仓库中的宝贝”选项，如图9-29所示。

步骤02 选择宝贝列表，如图9-30所示。

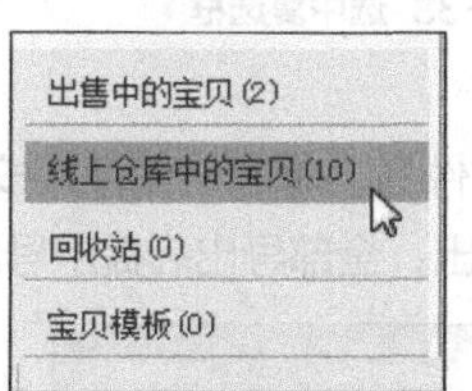

图9-29 选择“线上仓库中的宝贝”选项

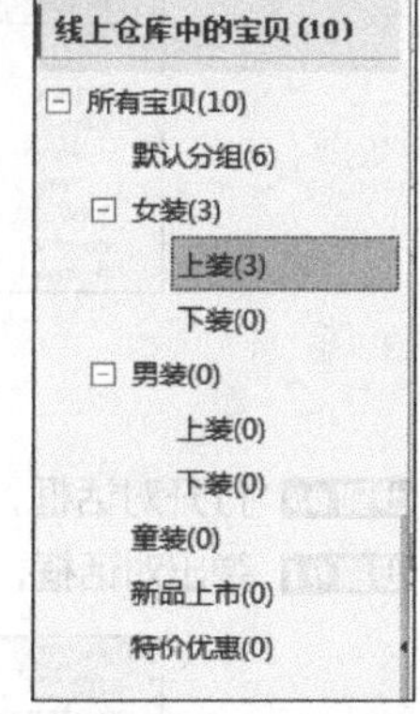

图9-30 选择宝贝列表

步骤03 在右侧勾选需设置上架时间的宝贝，单击“批量编辑”按钮，在下拉列表中选择“上架处理”选项，如图9-31所示。

步骤04 弹出“上架处理”对话框，在开始时间的下拉菜单中选择“定时上架”，并设置新的时间与间隔时间，如图9-32所示。

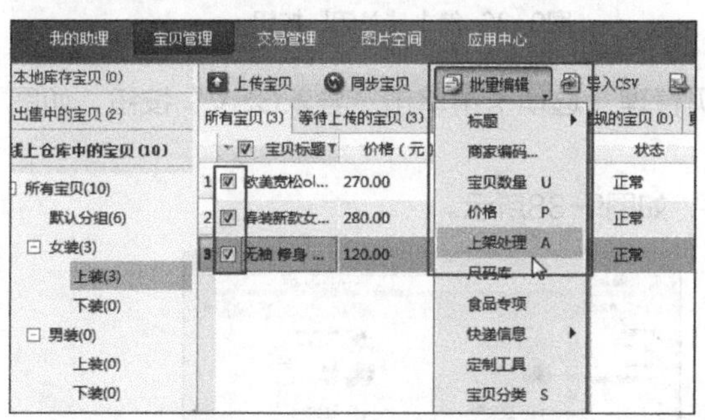

图9-31 选择“上架处理”选项

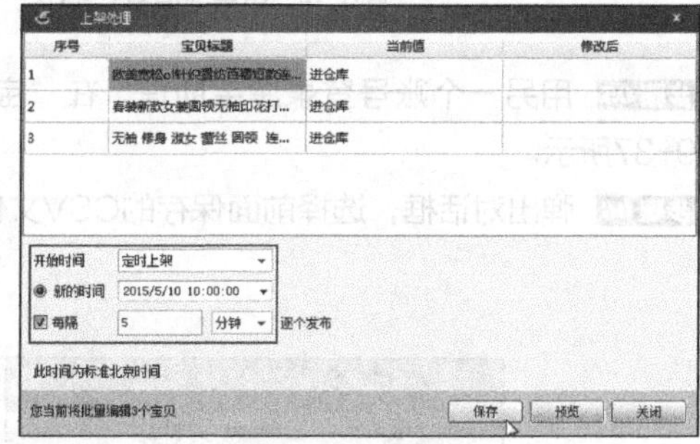

图9-32 设置时间

步骤05 单击“保存”按钮即可在设定的时间上架宝贝。

9.1.4 转移宝贝信息

转移宝贝信息是指将一个账号下的宝贝直接转移到另一个账号中，而不需要重新上传。

视频路径 | 第9章\9.1.4转移宝贝信息.mp4
知 识 点 | 转移宝贝信息

步骤 01 登录淘宝助理，在“宝贝管理”左侧的宝贝列表中选择宝贝，然后在右侧选中“所有宝贝”前的复选框，如图9-33所示。

步骤 02 单击“导出CSV”按钮，然后选择“导出所有宝贝”选项，如图9-34所示。

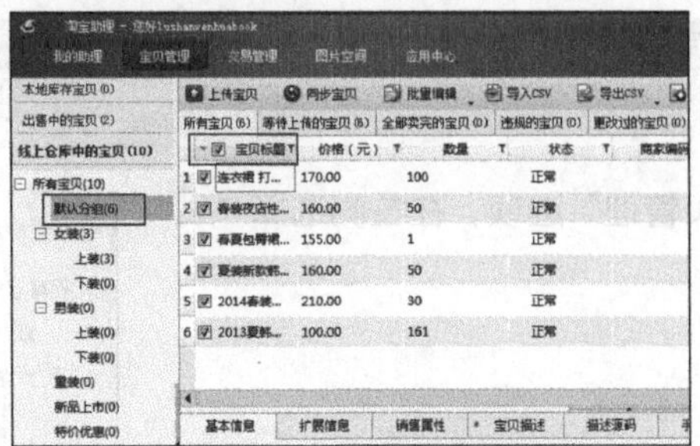

图9-33 选中复选框

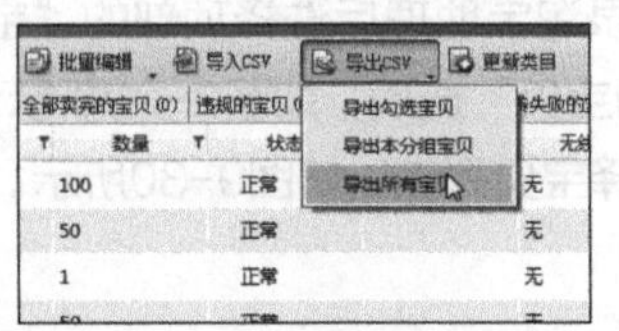

图9-34 选择“导出所有宝贝”选项

步骤 03 打开对话框，输入文件名，单击“保存”按钮，如图9-35所示。

步骤 04 弹出对话框，等待导出，全部导出后提示导出完成，单击“关闭”按钮，如图9-36所示。

图9-35 单击“保存”按钮

图9-36 单击“关闭”按钮

步骤 05 用另一个账号登录淘宝助理，在“宝贝管理”选项卡中单击“导入CSV”按钮，如图9-37所示。

步骤 06 弹出对话框，选择前面保存的CSV文件，如图9-38所示。

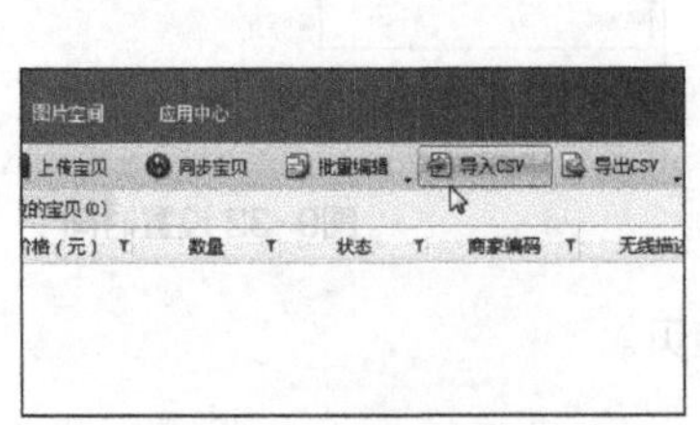

图9-37 单击按钮

图9-38 选中文件

步骤 07 单击“打开”按钮后弹出提示对话框，单击“关闭”按钮后即可，如图9-39所示。

图9-39 单击“关闭”按钮

9.1.5 批量交易管理

登录淘宝助理后，选择“交易管理”选项，在下方显示了交易的批量处理，包括批量编辑、打印快递单、批量发货和批量好评等，如图9-40所示。其中批量好评是最常用的功能之一。

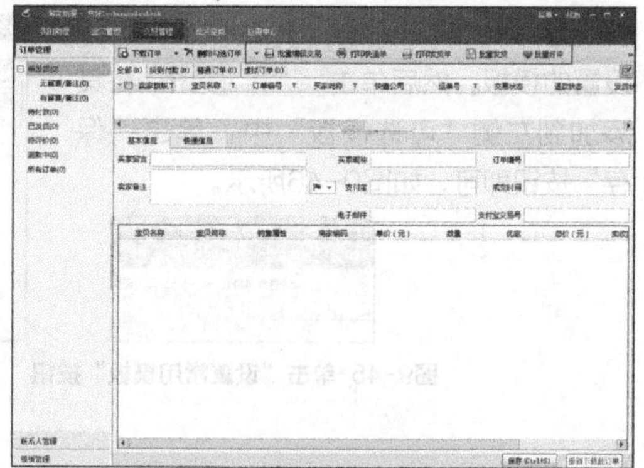

图9-40 批量交易管理

9.1.6 打印模板

淘宝助理“模板管理”自带了几家常用物流公司的快递单模板。

视频路径 | 第9章\9.1.6打印模板.mp4
知 识 点 | 打印模板

步骤 01 登录淘宝助理，选择“交易管理”选项，在左侧列表中选择“模板管理”下的“快递单模板”，如图9-41所示。

步骤 02 在右侧单击三角按钮，在展开的列表中选择快递公司，如图9-42所示。

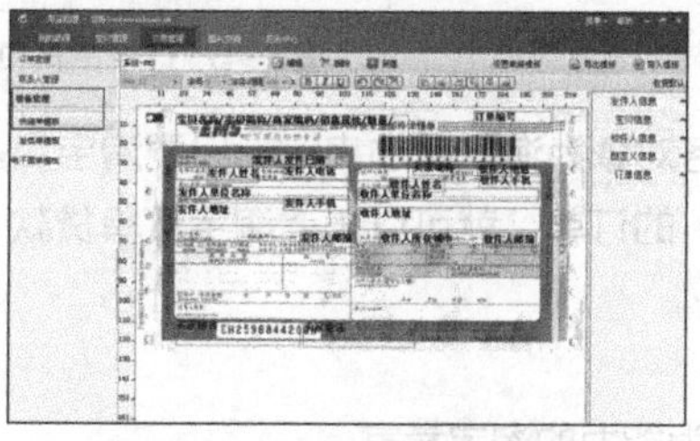

图9-41 单击“快递单模板”按钮

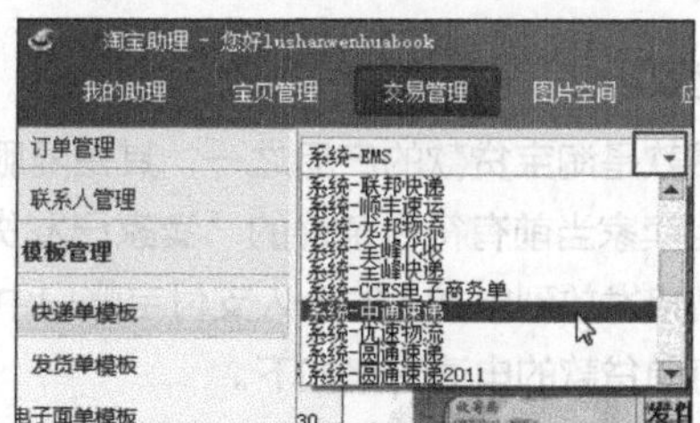

图9-42 选择快递公司

步骤 03 在下方选择不需要的标签，单击上方的“删除”按钮，如图9-43所示。

步骤 04 将其他标签调整至合适的位置，如图9-44所示。

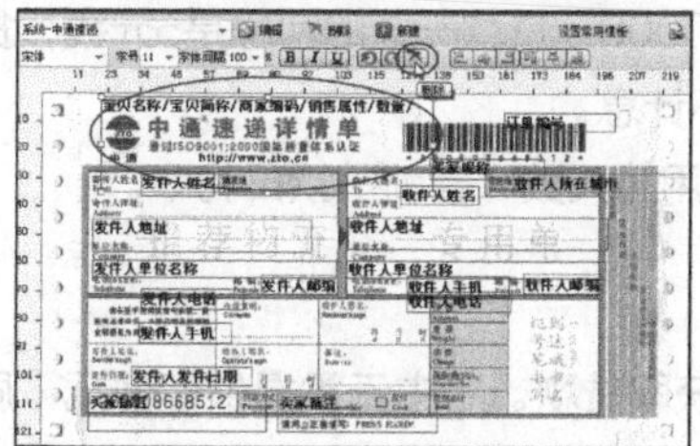

图9-43 单击“删除”按钮

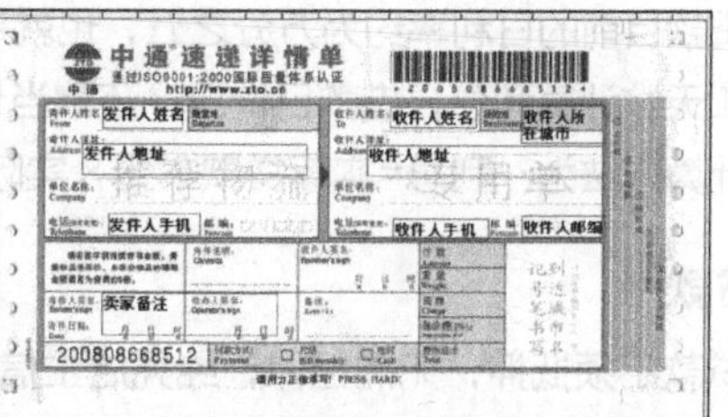

图9-44 调整位置

步骤05 单击右下角的"保存"按钮，这个模板就保存到常用模板中了。

步骤06 单击"设置常用模板"按钮，如图9-45所示。

步骤07 弹出的对话框，在右侧选择前面设置的模板，然后单击 << 按钮，将其添加到左侧"可选模板"中，单击"保存"按钮即可，如图9-46所示。

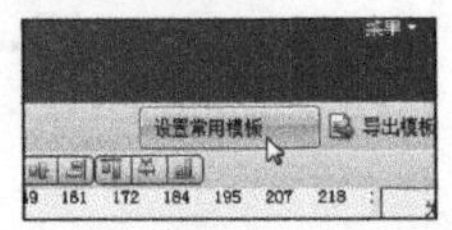

图9-45 单击"设置常用模板"按钮

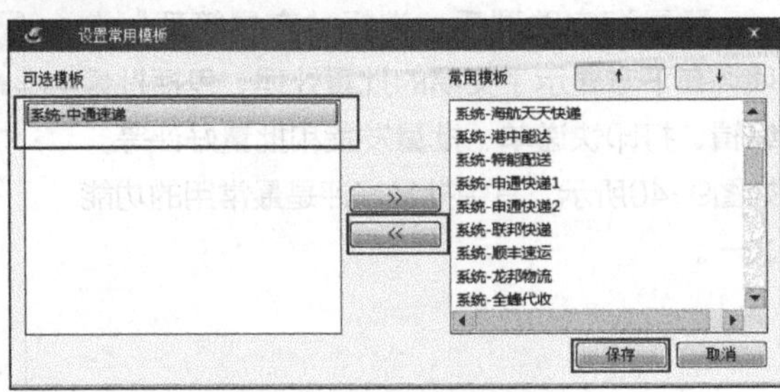

图9-46 单击"保存"按钮

9.2 淘宝贷款与进货管理

淘宝为卖家提供了很多便利，如资金不足时可以选择淘宝贷款，需要货源时可以在淘宝直接进货。

9.2.1 淘宝贷款

淘宝贷款是面向淘宝卖家的融资产品，旨在通过互联网及数据运营模式帮助众多小企业和创业者解决融资难问题，促进其自主创业，推动企业发展，创造更多就业机会。包括订单贷款和信用贷款两种，如图9-47所示。

订单贷款	信用贷款
周期：30天	周期：最长12个月
最高100万	最高100万
日利率0.05%	日利率最低0.05%
立即申请	立即申请

图9-47 订单贷款和信用贷款

1. 订单贷款

订单贷款是淘宝贷款的产品之一，其主要服务对象为淘宝网的卖家，只要淘宝卖家符合一定的条件，且卖家当前有符合条件的"卖家已发货"的订单，就可以申请淘宝订单贷款，申贷成功的贷款将直接发放到申贷人的个人支付宝账户中。

淘宝订单贷款的申请资格如下。

- 店铺注册人年满18周岁，具有完全民事行为能力的淘宝卖家。
- 淘宝店铺最近2个月持续有效经营，每个月都有有效交易量。
- 诚实守信，店铺信用记录良好。

订单贷款利息计算方法如下。

订单贷款目前的日利率约为万分之五，也就是10000元贷款一天的利息是5元钱；贷款按实际使用金额和天数计算利息，借款日计息，还款当日不计息。

具体计算方法为：利息=实际贷款本金×实际使用的天数×当前贷款日利率。

2. 信用贷款

信用贷款不须抵押，无需担保，纯凭店主信用获取贷款。店主无需提供任何抵（质）押。需要注意的是店主信用度为借贷信用评估，不是淘宝交易信用即星钻等级。

信用贷款的申请资格有以下几点。

- 淘宝店铺最近6个月持续有效经营，每个月都有有效交易量，经营情况良好。
- 诚实守信，店铺信用记录良好。
- 店铺注册人年龄在18~65周岁，具有完全民事行为能力。

目前集市信用贷款有2种，分别为授信期为6个月的随借随还，和授信期为12个月的等额本金，如图9-48所示。

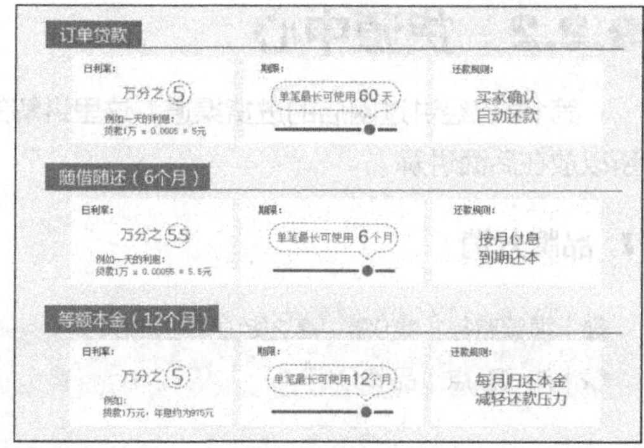

图9-48 信用贷款

随借随还的信用贷款日利率为0.055%/天，一万元贷款一天5.5元钱利息。等额本金的信用贷款，日利率为0.05%/天，一万元贷款一天5元钱利息。

3. 进入贷款页面

视频路径 | 第9章\9.2.1淘宝贷款.mp4

知 识 点 | 淘宝贷款

步骤 01 进入“卖家中心”页面，单击左侧的“淘宝贷款”链接，如图9-49所示。

步骤 02 打开“淘宝贷款”界面，如图9-50所示。

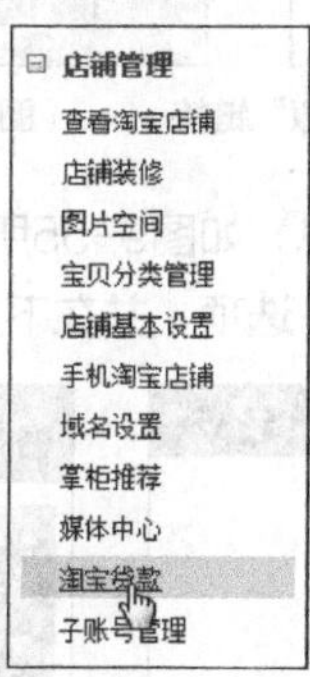

图9-49 单击“淘宝贷款”链接

图9-50 淘宝贷款界面

步骤 03 单击“查看详情”按钮，打开页面后会自动显示新手体验，若没有显示，单击右下角的“新手体验”按钮，如图9-51所示。

步骤 04 在打开的“新手体验”页面中介绍了贷款的步骤，如图9-52所示。

图9-51 单击按钮

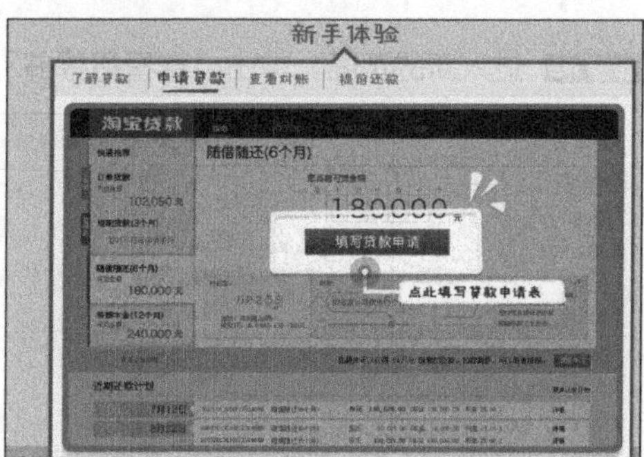

图9-52 新手体验

9.2.2 货源中心

第1章已经讲过网店的进货渠道，这里讲解的货源中心需要在开通店铺后，从卖家中心进入，所以放在后面讲解。

1. 品牌分销

视频路径	第9章\9.2.2货源中心.mp4
知 识 点	品牌分销

步骤01 在“卖家中心”页面单击“品牌货源”链接，如图9-53所示。

步骤02 在右侧单击“我要加入”按钮，如图9-54所示。

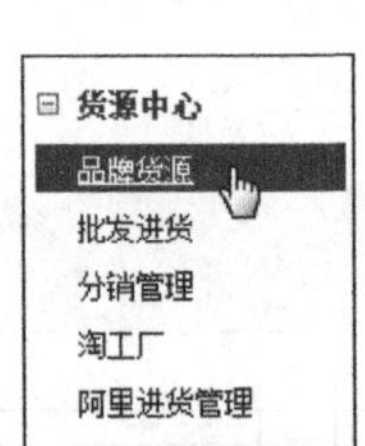

图9-53 单击“品牌货源”链接

图9-54 单击“我要加入”按钮

步骤03 打开页面，填写相关信息，如图9-55所示。

步骤04 选择上方的“品牌市场”选项，并在下方选择一个品牌，如图9-56所示。

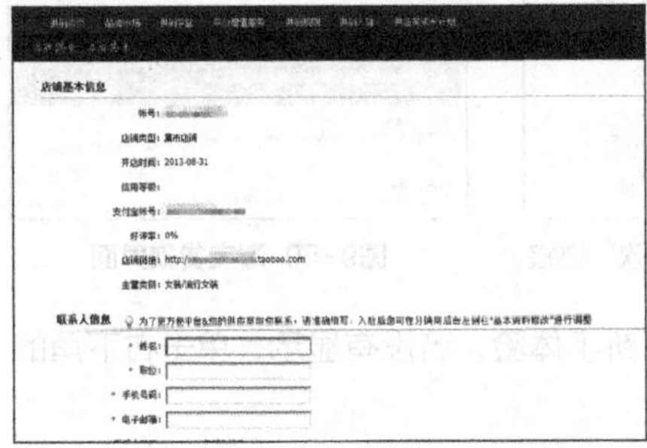

图9-55 填写信息

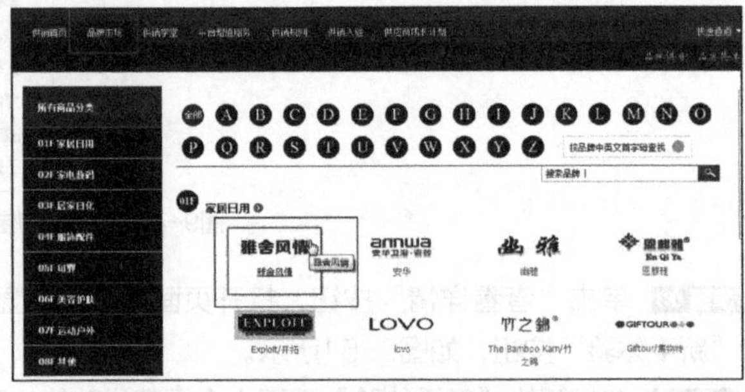

图9-56 选择品牌

步骤05 进入新的页面，单击“查看招募书”链接，如图9-57所示。

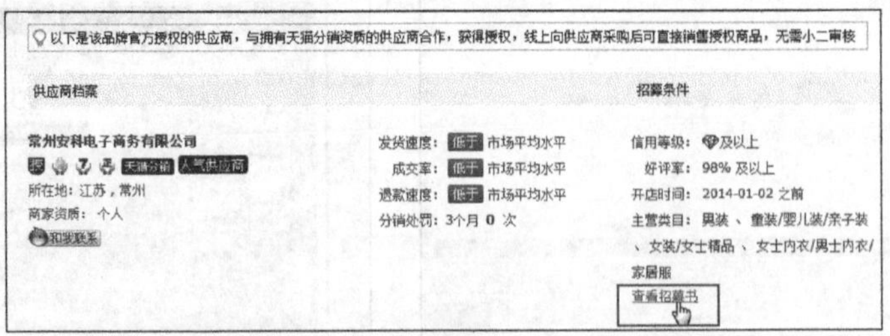

图9-57 单击“查看招募书”链接

步骤 06 在跳转的页面显示了招募条件，若不满足条件则不能申请；若满足条件，单击左侧的“申请合作”按钮即可，如图9-58所示。

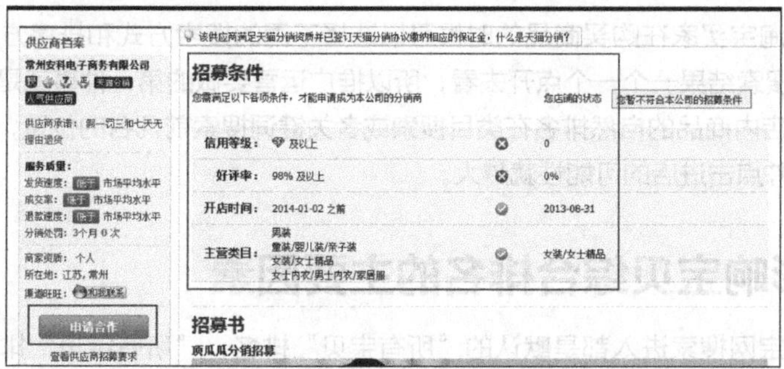

图9-58 招募条件

2. 阿里批发进货

随着线上交易市场的不断发展，淘宝和1688阿里巴巴账号已经实现互通，可以使用一个账号直接登录两个平台，十分方便。

在“卖家中心”页面单击“货源中心”下的“批发进货”或“淘工厂”链接，如图9-59所示。均可进入阿里巴巴页面，如图9-60所示。

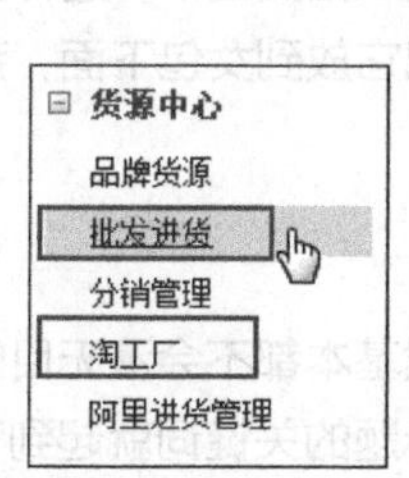

图9-59 单击链接

图9-60 进入阿里巴巴页面

3. 阿里进货管理

在阿里巴巴进货后，可以在淘宝“卖家中心”页面对货物进行管理，在“卖家中心”页面单击“阿里进货管理”链接即可进入管理界面，如图9-61所示。

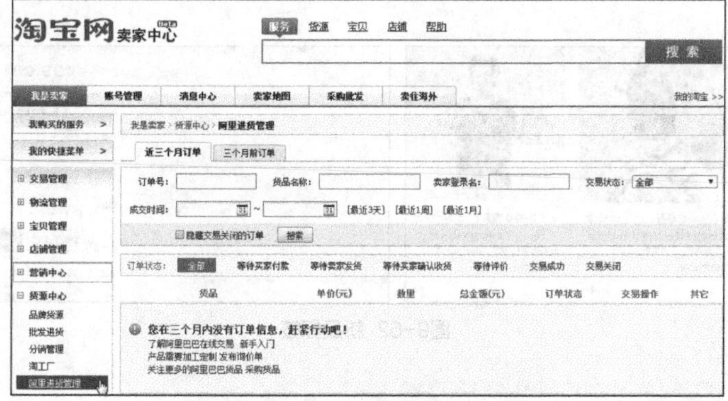

图9-61 单击“阿里进货管理”链接

9.3 淘宝搜索优化

我们都知道淘宝买家在购买商品的时候可以选择不同的搜索方式和排序方式，不会有买家有耐心将100页搜索结果一个一个点开去看，所以推广运营要做的第一件事就是淘宝搜索排名优化。就是让我们店内商品的自然排名在类目搜索或者关键词搜索前几名的位置，越多商品排名靠前，被买家看到并点击进店的可能性就越大。

9.3.1 影响宝贝综合排名的主要因素

基本上从淘宝网搜索进入都是默认的“所有宝贝”排名，“所有宝贝”排名下面有综合排序、人气排名、销量排名和价格排名四个维度。

淘宝综合排名因素主要有：动态评分，收藏人气，发货速度，销量，转化率，是否橱窗推荐，浏览量，下架时间，是否公益宝贝，价格及是否交保证金，这些因素形成一个综合人气，淘宝排名默认综合排名。

默认综合排名=人气+销量+信誉+价格，其中人气=浏览量+收藏量。

1. 类目相关

在发布宝贝时一定要选择合适的类目，是连衣裙就放在连衣裙类目下，这样买家在搜索连衣裙时就会优化展示你的宝贝。如果你的宝贝是连衣裙，你却把它放到女包下面，那么无论买家怎么搜索，都是不可能找到你的宝贝的。

2. 宝贝标题相关

网店宝贝标题的设置是至关重要的，买家在逛淘宝的时候基本都不会漫无目的，大部分买家都会根据自己的喜好在淘宝搜索里进行搜索。这个时候宝贝标题的关键词就起到了决定性作用，宝贝关键词设置得越详细，越热门，越贴近生活，那你的宝贝被搜索到的概率也就越高。

3. 新品

新品就是不存在同款并且第一次上架的产品，新品排在前面，上架新品会出现新品标签，在宝贝搜索页面和详情页面均有显示，如图9-62所示。新品标签会保留21天，这21天就是扶持期，排名靠前。

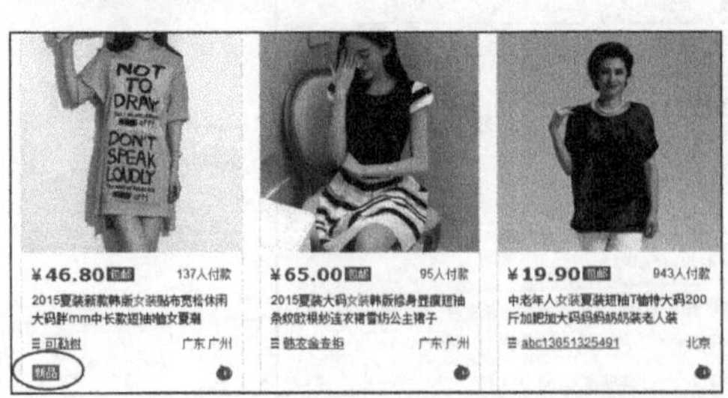

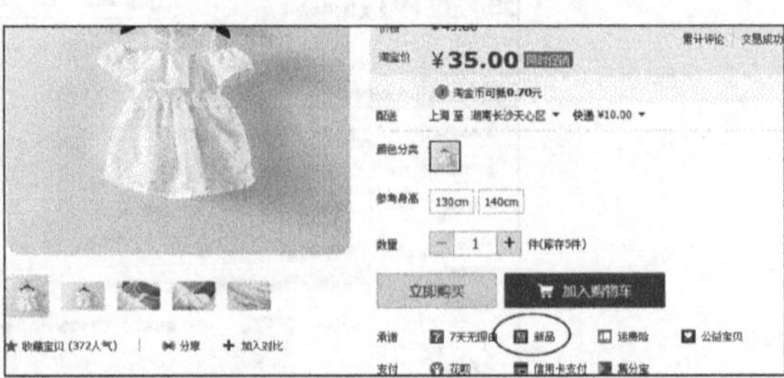

图9-62 新品标签

4. 公益宝贝

淘宝公益捐赠的设定和参加，对于掌柜们来说，除了传递奉献一份爱心之外，参与公益捐赠的宝贝会出现相应标志，增加了被搜索到的概率。在宝贝详情页会显示具体的公益计划，如图9-63所示。

该商品参与了公益宝贝计划，卖家承诺每笔成交将为壹乐园计划捐赠0.02元。该商品已累积捐赠106笔。
善款用途简介：基于游戏教育在儿童成长中的重要性，壹基金设立了"壹乐园计划"，帮助提供滑梯、攀爬架、跷跷板、秋千、乒乓球桌等，为灾后及贫困地区的孩子们搭建课…了解详情>>

图9-63 公益宝贝

5. 上下架时间

宝贝上下架时间是指卖家发布宝贝的时候选择的时间和时间周期，现在淘宝网一口价宝贝的有效期统一为7天，如图9-64所示。

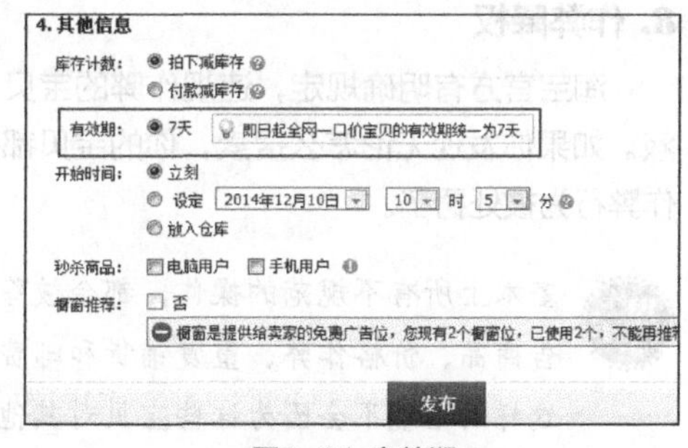

图9-64 有效期

如果我的宝贝是这个周四08:00上架的，那么7天后，也就是到下个周四的08:00就是这件宝贝的下架时间，在下架的瞬间淘宝会自动重新上架。宝贝在即将下架的时候会获得最靠前的搜索排名，这段时间是最能引来流量的。虽然这个因素的权重有所降低，但是依然有一定的影响。

6. 橱窗推荐

橱窗推荐位是淘宝推出的一种宝贝展示工具，在买家搜索类别时，在浏览的宝贝里，只有橱窗推荐的宝贝才会被展示出来，而其他的宝贝则要进入店铺才能看到，这就如同实体店铺的橱窗，当你在橱窗中看到了好东西，才会被吸引到店铺里面，因此，橱窗推荐是增加宝贝曝光率的重要因素。橱窗推荐是有数量限制的，根据卖家信誉不同和是否加入消保，会有不同的数量限制。

7. 卖家服务质量

卖家服务质量是一个综合分数，跟消保保证金的缴纳、DSR评分、宝贝主营占比、好评率、旺旺响应速度、违规扣分和纠纷退款率等因素相关。

动态评分包括宝贝与描述相符、卖家服务态度和卖家发货速度三项，这三项评分都是由买家给出，如图9-65所示。

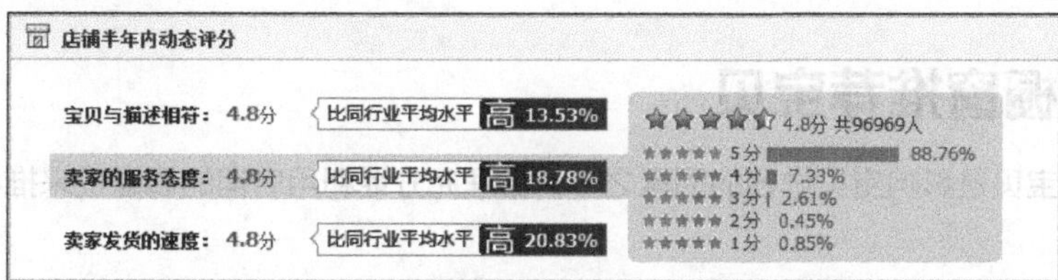

图9-65 动态评分

淘宝退款纠纷分为两种情况。第一种情况是退款交易由淘宝介入处理，且该退款淘宝曾经判决为“支持买家”。第二种情况是售后交易由淘宝介入处理，且该售后淘宝曾经判决为“维权成立”。符合以上任意一种情况都算纠纷退款。纠纷退款率就是指30天内纠纷退款笔数/支付宝成交笔数。图9-66所示为店铺的纠纷退款率。

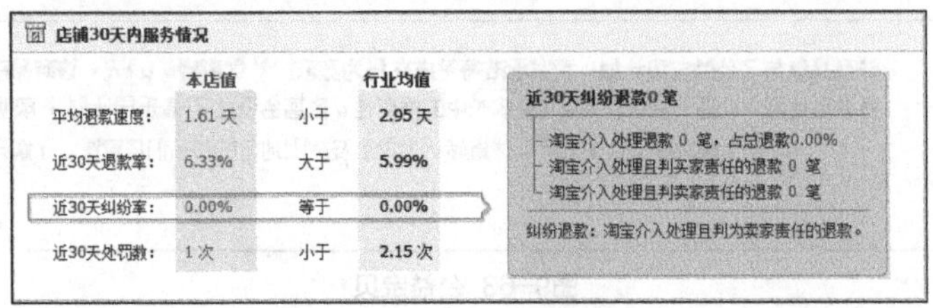

图9-66 查看纠纷退款率

8. 作弊降权

淘宝官方有明确规定，违规作弊的宝贝，不仅维度排名靠后或者不展示，严重的还会全店屏蔽。如果你发现无论怎么搜索，你的宝贝都找不到或者都排序排在最后几个，那么肯定是有一些作弊行为被处罚了。

基本上所有不规范的操作，都会被降权。例如：炒作信用、刷销量、故意堆砌关键词、广告商品、价格作弊、重复铺货和邮费虚假等。一旦被降权，你可以把有问题的宝贝删除，这样的话就不会因为这些宝贝对其他宝贝造成影响。如果舍不得删除的话，那就等着降权结束，目前最长的时间是30天左右。

9. 宝贝人气

影响宝贝人气的细节因素也很多，例如，买家在宝贝页面的停留时间、宝贝销量、转化率和宝贝收藏比等。参加聚划算、天天特价、淘金币、新品试用折扣和限时打折等官方活动所产生的销量，会打上较低的折扣作为因素来计算人气分从而影响排序。

- **收藏人气**：收藏人气高，浏览多的产品排名靠前，这个就是所谓的人气宝贝。
- **转化率**：转化高的产品排名靠前，转化高说明产品受欢迎，淘宝系统自动默认靠前。
- **销量**：销量高的宝贝排名靠前，销量排名权重今年减少了一大半，淘宝为了避免恶意刷单，降低销量排名权重。现在销量低的产品也能排在前面。

活动销量虽然不计入排名，但是活动之后带来的好评率、动态评分这些影响卖家的服务质量的因素会计入排名。

信誉不影响排名，信誉高低不影响排名，不论新店还是金冠店这点排名是公平的。

9.3.2 橱窗推荐宝贝

橱窗推荐宝贝是影响宝贝排名的因素之一，合理充分地利用店铺的橱窗位来推荐宝贝是吸引买家的关键。

1. 橱窗位的数量

淘宝根据信用等级、开店时间、是否缴纳消保保证金、店铺周成交额、金牌卖家和违规扣分等来发放不同的橱窗推荐数量，具体如图9-67所示。

日常规则发放橱窗位数量		活动奖励橱窗位数量		实际发放橱窗位总数量
2 日常规则应发：2个 发放上限（店铺在线商品数）：8	+	0	=	2

规则纬度	规则内容	你的状态	新橱窗数量
信用等级	星级卖家奖励10个橱窗位 钻级卖家奖励20个橱窗位 冠级卖家奖励30个橱窗位	信用分0	0
开店时间	开店时间少于90天内，奖励10个橱窗位 开店时间满1年奖励2个橱窗位 开店时间满2年奖励5个橱窗位 开店时间满3年奖励10个橱窗位	2013-08-31	2
消保	缴纳消保保证金的，奖励5个橱窗位	否 去交纳保证金>	0
店铺周成交额	周成交额是指上周的周成交额，计算周期为周四0点至周三23:59:59 由于您上周的支付宝成交额为0或您店铺星级不满1星，没有奖励橱窗位。 成交额奖励橱窗的使用有效期为1周，每周五老的奖励失效，新的奖励生效。	0.00	0
金牌卖家	金牌卖家奖励：5个橱窗位	否	0
违规扣分	一般违规扣分（A类扣分）满12分及以上，扣除5个橱窗位 严重违规扣分（B类扣分）满12分及以上，扣除10个橱窗位 出售假冒商品被违规扣分（C类扣分）满24分及以上，扣除20个橱窗位	A类扣分:0;B类扣分:0;C类扣分:0; 去体检中心查看违规扣分详情>	0

图9-67 橱窗位的数量

2. 设置橱窗推荐

下面介绍如何设置橱窗推荐宝贝。

视频路径 | 第9章\9.3.2橱窗推荐宝贝.mp4

知 识 点 | 橱窗推荐宝贝

步骤 01 进入“卖家中心”页面，单击“宝贝管理”下的“出售中的宝贝”链接，如图9-68所示。

步骤 02 在“出售的宝贝”列表中，选中需要橱窗推荐宝贝前的复选框，如图9-69所示。

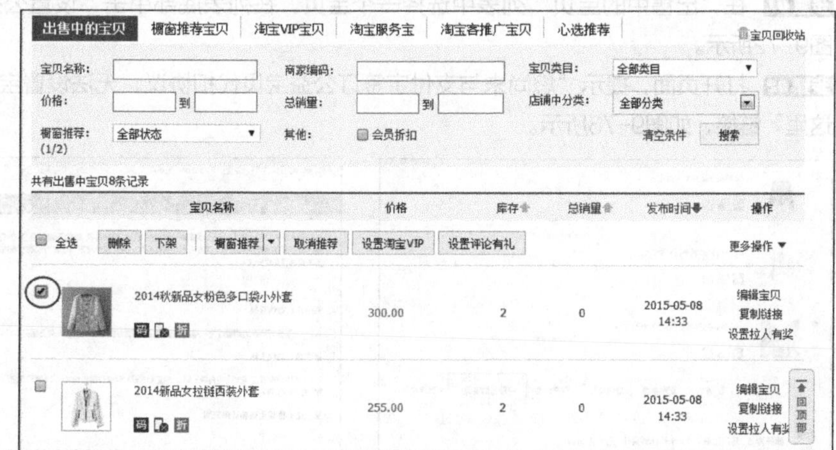

图9-68 单击链接

图9-69 选中复选框

步骤 03 单击“橱窗推荐”按钮，如图9-70所示。

步骤 04 设置推荐后，该宝贝前显示“已推荐”，选择上方的“橱窗推荐宝贝”选项，可以显示所有推荐的宝贝，如图9-71所示。

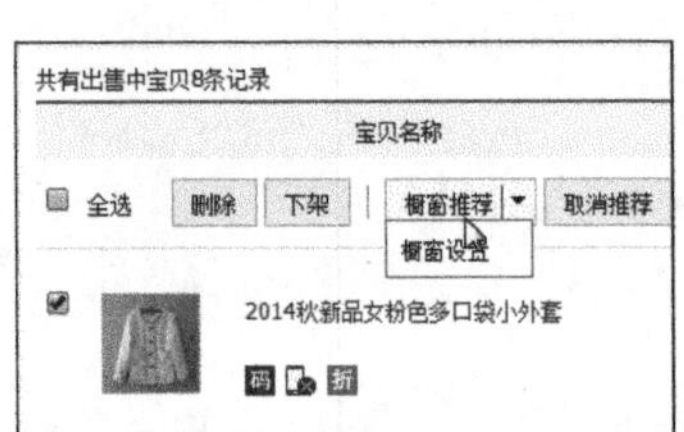

图9-70 单击“橱窗推荐”按钮

图9-71 单击选项

9.3.3 设置公益宝贝

公益宝贝是带有▣标志的宝贝。卖家在上架宝贝的时候自愿参与公益宝贝计划并设置一定的捐赠比例，在宝贝成交之后，会捐赠一定数目的金额给指定的公益项目，用于相关公益事业。下面介绍如何设置公益宝贝。

视频路径 | 第9章\9.3.3设置公益宝贝.mp4

知 识 点 | 设置公益宝贝

步骤 01 在“出售中的宝贝”列表中选择一个宝贝，在列表底部单击“设置公益宝贝”按钮，如图9-72所示。

步骤 02 打开页面，提示“您尚未与支付宝签订公益宝贝代扣协议，无法设置宝贝”，单击“点击这里”链接，如图9-73所示。

图9-72 单击“设置公益宝贝”按钮

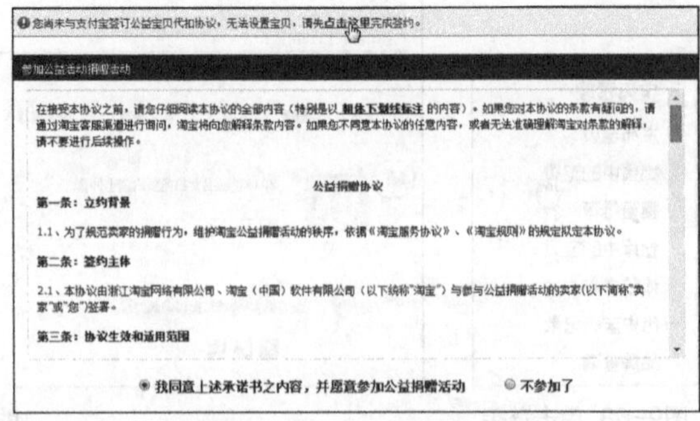

图9-73 单击“点击这里”链接

步骤03 在跳转的页面中填写支付宝账户、密码与验证码，单击“同意协议并提交”按钮，如图9-74所示。

步骤04 输入手机验证码，单击“开通”按钮，如图9-75所示。

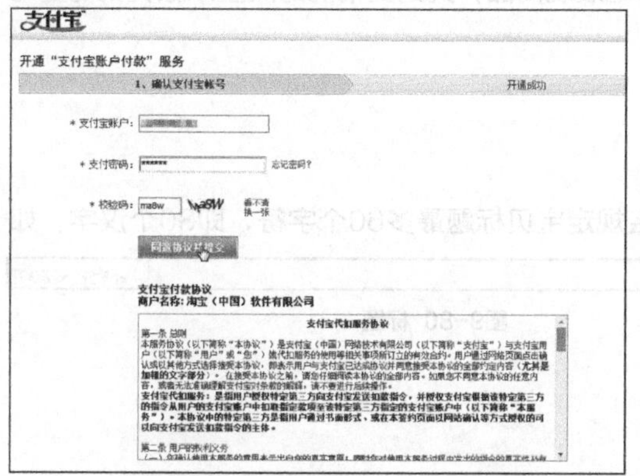

图9-74 单击“同意协议并提交”按钮

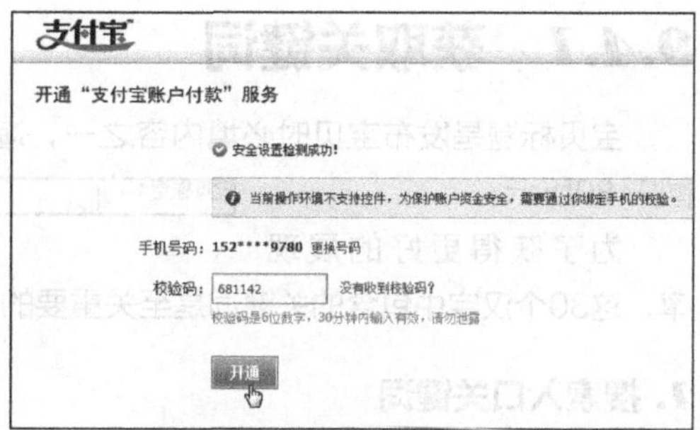

图9-75 单击“开通”按钮

步骤05 在跳转的页面中单击“点击返回出售中列表”链接，如图9-76所示。

步骤06 回到列表，重新设置公益宝贝，选择公益项目，并选择捐款方式，最后单击“保存”按钮，如图9-77所示。

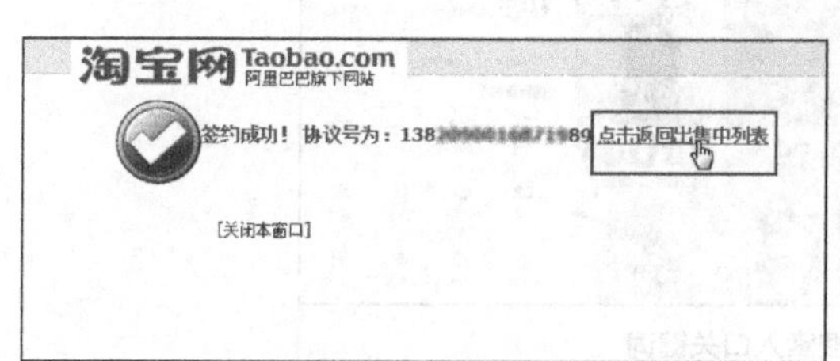

图9-76 单击链接

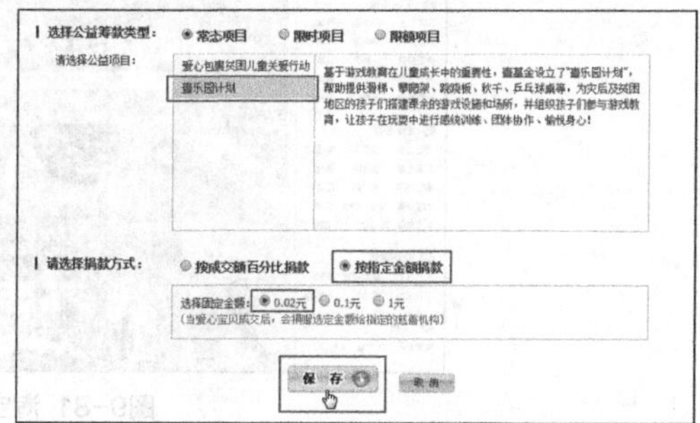

图9-77 单击“保存”按钮

步骤07 进入新的页面，提示宝贝成功参加公益捐赠活动，如图9-78所示。

步骤08 回到宝贝列表，该宝贝下显示了公益宝贝的图标，如图9-79所示。

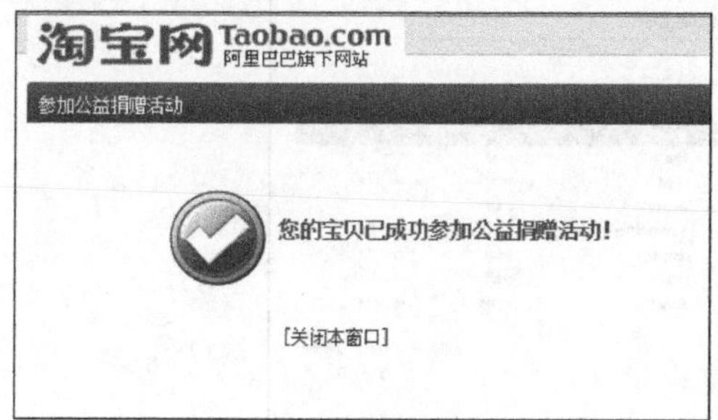

图9-78 提示

图9-79 公益宝贝的图标

9.4 宝贝标题优化

标题是一个宝贝的门户，在搜索时为了更好地展现商品，找到更精确的流量来源，就需要对标题进行优化。

9.4.1 获取关键词

宝贝标题是发布宝贝时必填内容之一，淘宝规定宝贝标题最多60个字符，即30个汉字，如图9-80所示。

宝贝标题：*		还能输入 30 字

图9-80 标题

为了获得更好的展现率，这30个汉字中包含的关键词是至关重要的。

1. 搜索入口关键词

进入淘宝网首页，在搜索栏下会看到一行关键词，如图9-81所示。这些关键词是根据买家关注的排行榜来显示的，这是我们设置关键词的参考之一。

图9-81 淘宝搜索入口关键词

单击后面的“更多”链接，进入淘宝排行榜的页面，显示了今日关注上升榜和一周关注热门榜，如图9-82所示。在关注榜单中的关键词是我们填写宝贝标题的重要参考。

图9-82 淘宝排行榜

单击“完整榜单”链接会显示全部排行，如图9-83所示。选择上方的“服饰”“数码家电”和“化妆品”等不同选项，进入相应的页面，并选择具体的类别，如“服饰”下的“T恤”类别，下方显示出销售排行榜，搜索排行榜等列表，根据榜单来参考关键词，如图9-84所示。

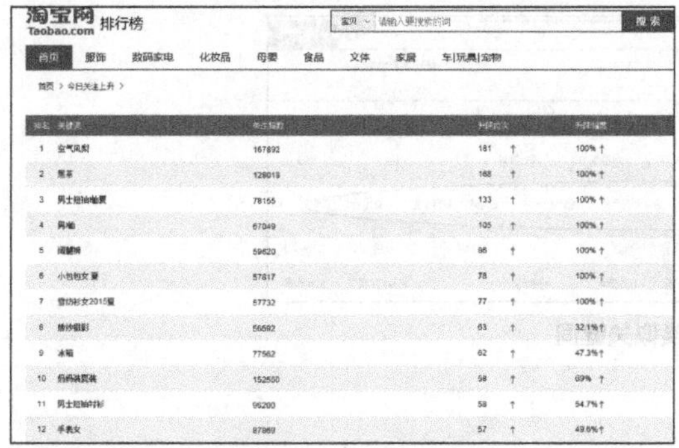

图9-83 全部排行

图9-84 参考关键词

2. 搜索下拉关键词

我们在搜索宝贝时，淘宝搜索系统会自动匹配一些关键词，这些词的流量通常比较大，也特别容易被买家选择。

步骤 01 在淘宝主页的宝贝搜索栏中输入“短袖”，弹出下拉列表，显示了其他相关联的关键词，如图9-85所示。

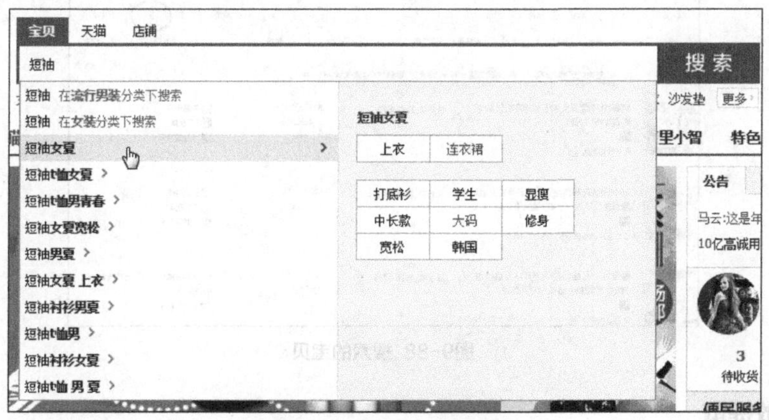

图9-85 搜索栏下拉关键词

步骤 02 选择某个关键词后，会在下面的导航框中出现相对应的宝贝数量，如图9-86所示。通过这些我们可以估算到这个关键词的竞争度。这些关键词都是淘宝系统经过筛选的词，是我们进行标题优化的重点。

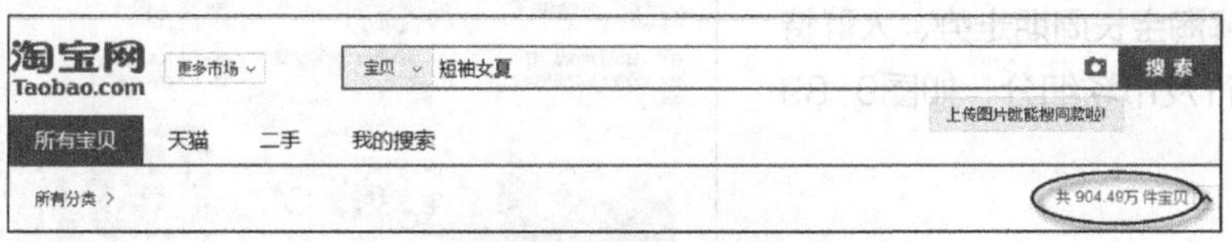

图9-86 关键词对应宝贝数量

3. 匹配类似关键词

选择一个关键词，在搜索结果页面下，“你是不是想找”中，也可以看到淘宝推荐的其他类似关键词，如图9-87所示。

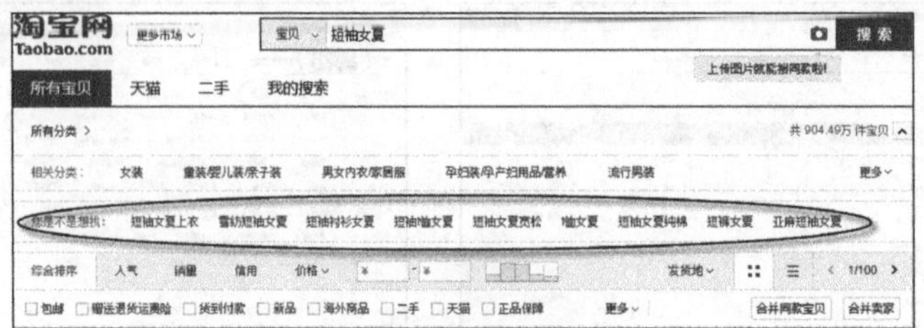

图9-87 类似关键词

4. 参考同行

搜索宝贝后，以列表模式显示宝贝，方便我们查看其他同行的宝贝标题，可以借鉴好的标题作为预选关键词，如图9-88所示。

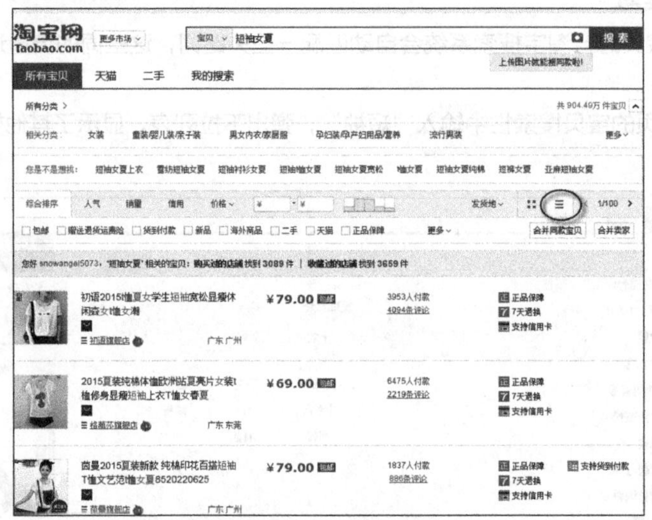

图9-88 搜索的宝贝

5. 淘宝指数提取

另外，我们还可以借用数据分析工具进行关键词的提取，如利用淘宝指数来提取关键词，淘宝指数是淘宝官方免费提供的数据分享平台，它面向的不仅仅是淘宝卖家，包括淘宝买家及第三方用户都可以利用淘宝指数来了解淘宝长周期走势、人群特性、成交排行及市场细分，如图9-89所示。

图9-89 淘宝指数的功能

视频路径 | 第9章\9.4.1获取关键词.mp4
知 识 点 | 淘宝指数提取关键词

步骤01 进入“卖家中心”页面，选择“卖家地图”选项，如图9-90所示。

步骤02 在“卖家地图”页面的“官方产品”一栏中单击“淘宝指数”链接，如图9-91所示。

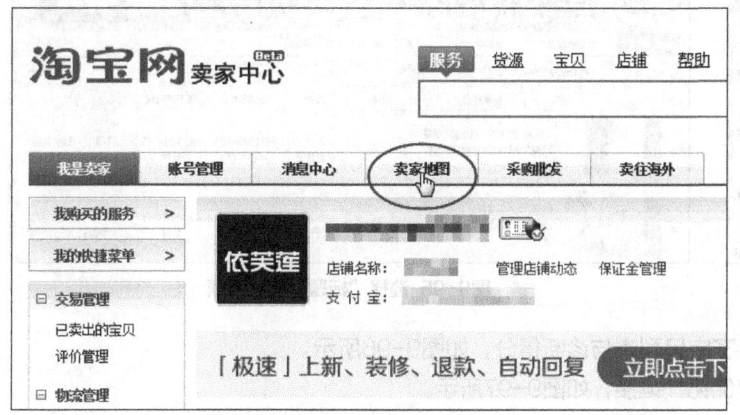

图9-90 选择“卖家地图”选项

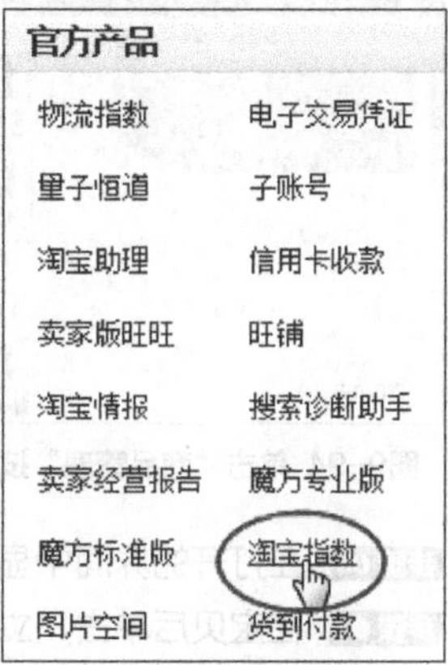

图9-91 单击“淘宝指数”链接

步骤03 在跳转的页面左下角单击“飙升词排行榜”按钮，如图9-92所示。

步骤04 在跳转的页面中即可以查看相关类目的搜索排序或成交排行，如图9-93所示。

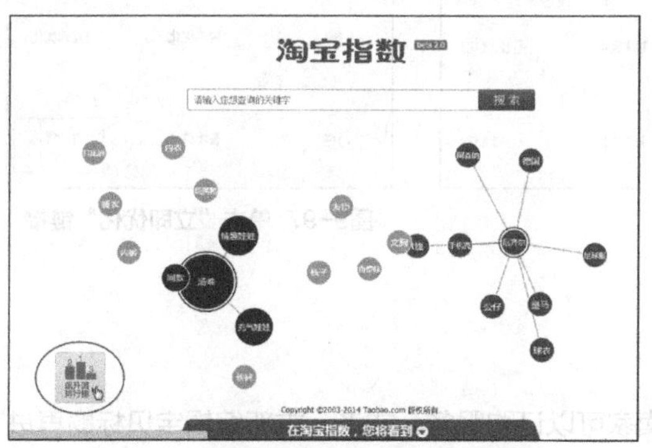

图9-92 单击“飙升词排行榜”按钮

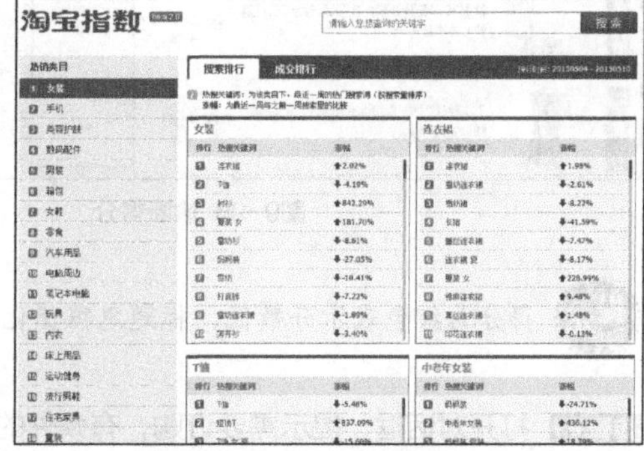

图9-93 淘宝指数排行榜

9.4.2 标题诊断与优化

在千牛中可以对宝贝的标题进行诊断，我们可以根据诊断分数，重新优化标题，也可以订购智能优化功能。

视频路径 | 第9章\9.4.2标题诊断与优化.mp4
知 识 点 | 标题诊断与优化

步骤 01 登录千牛工作台，单击右侧的“商品管理”按钮，如图9-94所示。

步骤 02 在打开的界面中选择“流量优化”列表下的“标题优化”选项，如图9-95所示。

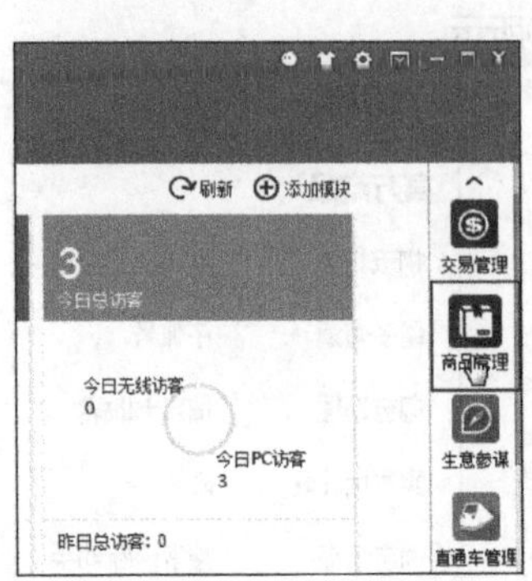

图9-94 单击“商品管理”按钮

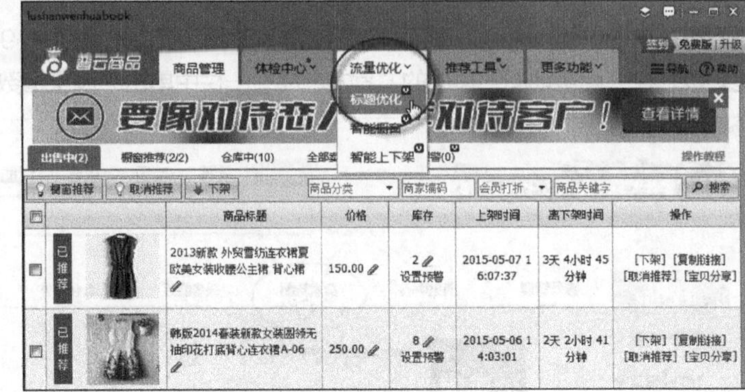

图9-95 选择“标题优化”选项

步骤 03 在打开的界面中显示了宝贝列表与诊断得分，如图9-96所示。

步骤 04 在宝贝后单击“立即优化”链接，如图9-97所示。

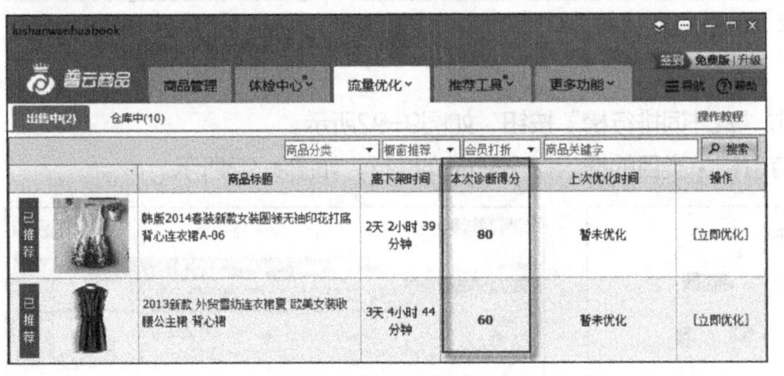

图9-96 诊断得分

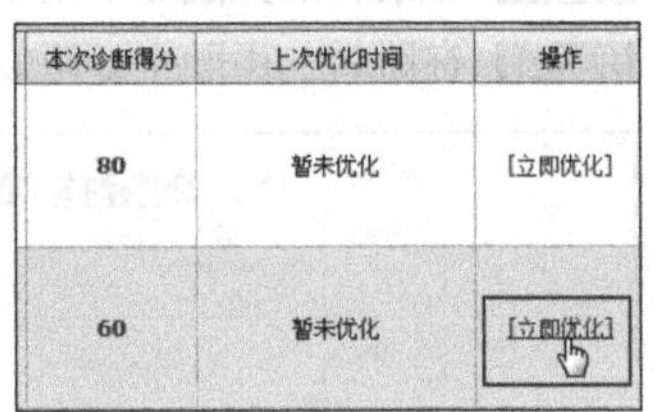

图9-97 单击“立即优化”链接

得分为红色表示分数低，标题急需优化。

步骤 05 打开对话框，提示需要订购，有条件的卖家可以订购服务。或者，重新编辑宝贝标题再进行诊断，以获得较高的得分。

9.5 店铺优化

店铺名、店铺友情链接和店铺二维码等这些都是店铺优化的内容。

9.5.1 店铺优化体检

对店铺体检可以查看店铺哪些地方存在不足，设法改进。

视频路径 第9章\9.5.1店铺优化体检.mp4
知 识 点 店铺优化体检

步骤01 登录千牛工作台，单击右侧的“商品管理”按钮，如图9-98所示。

步骤02 打开对话框，选择“体检中心”下拉列表中的“店铺体检”选项，如图9-99所示。

图9-98 单击“商品管理”按钮

图9-99 选择“店铺体检”选项

步骤03 在打开的界面中单击“开始体检店铺”按钮，如图9-100所示。

步骤04 显示体检结果，如图9-101所示，按体检结果来优化店铺。

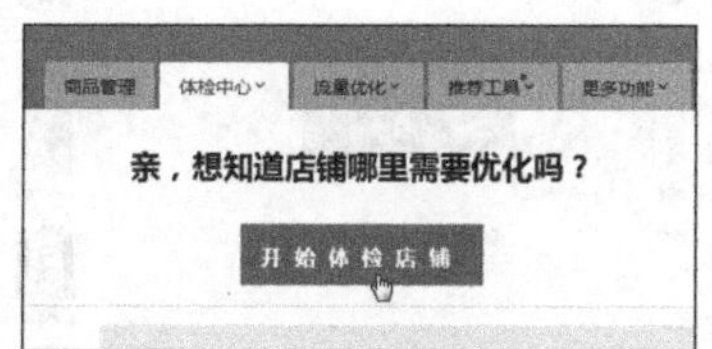

图9-100 单击“开始体检店铺”按钮

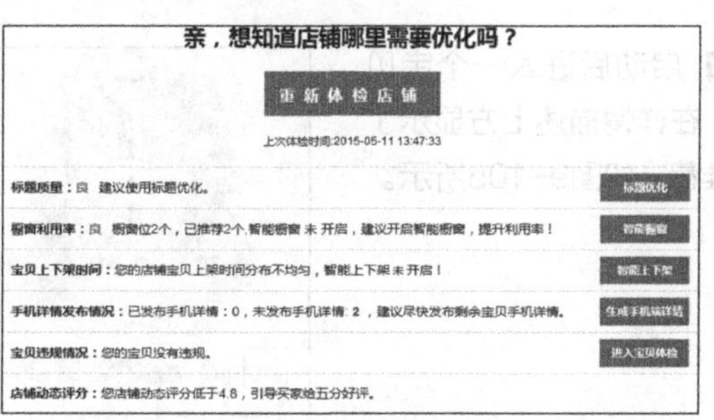

图9-101 显示体检结果

9.5.2 心选推荐

在店铺中设置心选推荐，宝贝详情页面的宝贝描述上面即会显示掌柜推荐列表，如图9-102所示。

图9-102 掌柜推荐列表

1. 启动心选推荐

视频路径 第9章\9.5.2心选推荐\1. 启动心选推荐.mp4
知 识 点 启动心选推荐

步骤 01 在“卖家中心”页面，单击“心选”链接，如图9-103所示。

步骤 02 进入“心选”页面，在默认计划的操作下单击“启动”按钮即可启动默认的掌柜推荐设置，如图9-104所示。

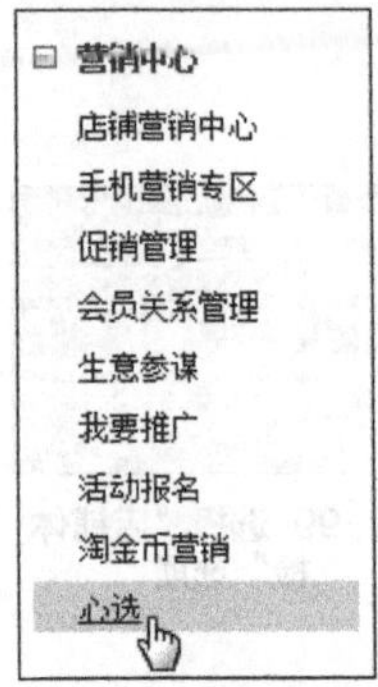

图9-103 单击“心选”链接

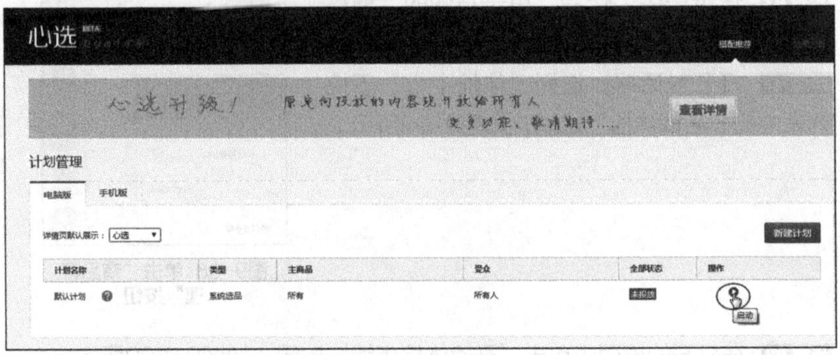

图9-104 单击“启动”按钮

步骤 03 启动后进入一个宝贝页面，在详情描述上方显示了掌柜推荐，如图9-105所示。

图9-105 显示了掌柜推荐

2. 相册推荐宝贝

视频路径 | 第9章\9.5.2心选推荐\2. 相册推荐宝贝.mp4

知 识 点 | 相册推荐宝贝

步骤 01 除此之外，还可以根据需要来自定义推荐的宝贝。在“心选”页面单击“新建计划”按钮，如图9-106所示。

步骤 02 在跳转的页面中设置计划名称，并单击“选择主商品”按钮，如图9-107所示。

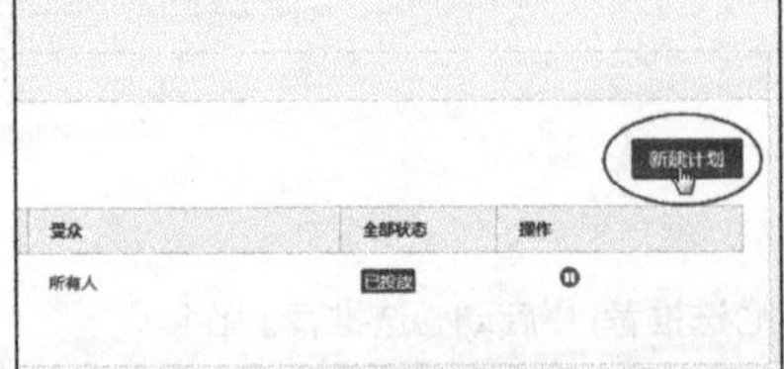

图9-106 单击“新建计划”按钮

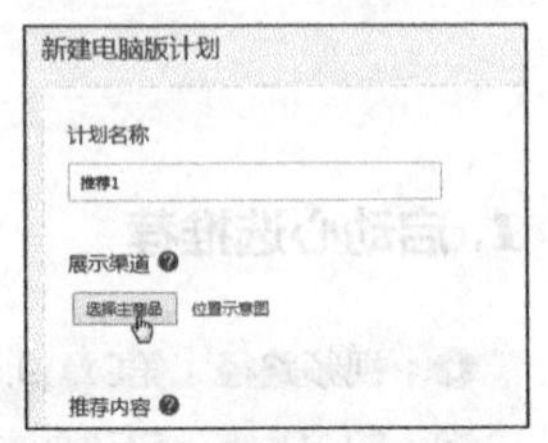

图9-107 单击“选择主商品”按钮

步骤03 在打开的对话框中选择商品，单击“确定”按钮，如图9-108所示。

步骤04 在推荐内容下，默认的样式为“相册”，单击“设置”按钮，如图9-109所示。

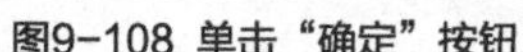

图9-108 单击“确定”按钮

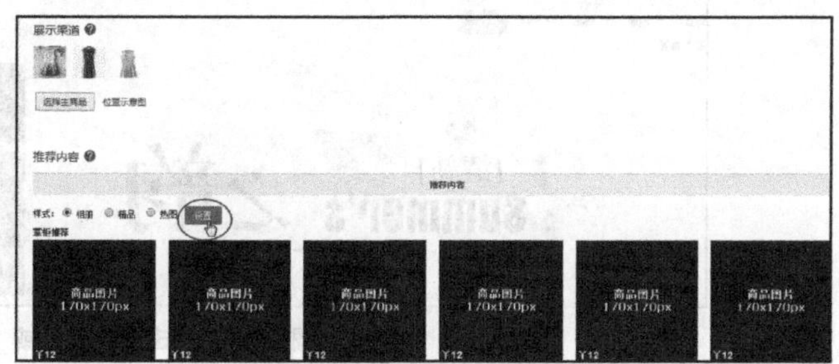

图9-109 单击“设置”按钮

步骤05 在打开的对话框中可以设置图片的行数与样式，如图9-110所示。

图9-110 设置图片的行数与样式

3.“精品”推荐宝贝

视频路径 | 第9章\9.5.2心选推荐\3.“精品”推荐宝贝.mp4

知识点 | “精品”推荐宝贝

步骤01 单击“精品”单选按钮可以设置“精品”样式，如图9-111所示。

步骤02 单击“设置”按钮，打开对话框，单击“上传自定义图”按钮，如图9-112所示。

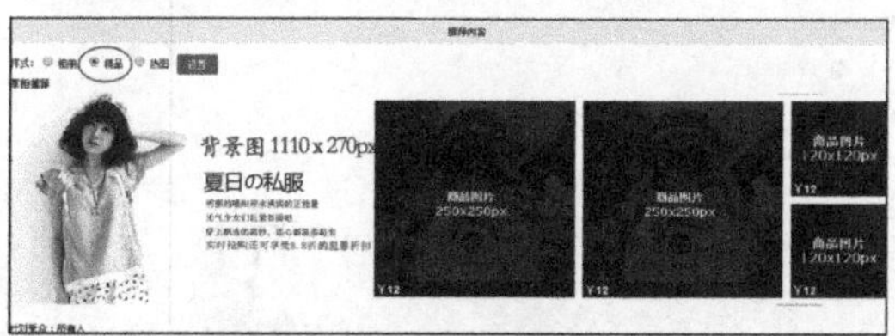

图9-111 设置“精品”样式

图9-112 单击“上传自定义图”按钮

步骤03 在打开的对话框中选择图片，单击“打开”按钮，如图9-113所示。

步骤04 回到“参数设置”对话框，设置样式为“一大图两小图”，如图9-114所示。

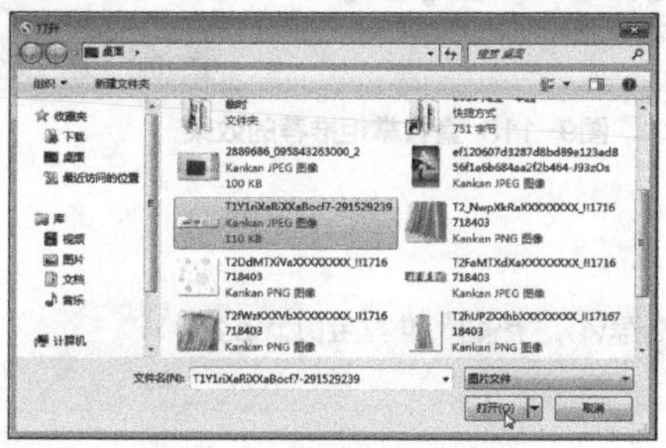

图9-113 单击“打开”按钮

图9-114 设置样式

步骤05 单击“确定”按钮。单击商品图区域，如图9-115所示。

图9-115 单击商品图区域

步骤06 在打开的对话框中粘贴商品链接，然后单击“获取信息”按钮，自动获取商品名称，如图9-116所示。

步骤07 单击“确定”按钮。设置其他的商品链接，设置后如图9-117所示。

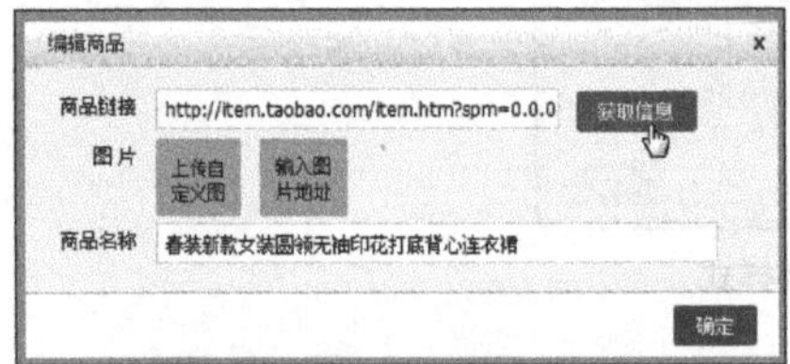

图9-116 单击“获取信息”按钮

图9-117 设置其他商品链接

步骤08 打开一个宝贝页面，在页面中查看掌柜推荐的效果，如图9-118所示。

图9-118 查看掌柜推荐的效果

4.“热图”推荐宝贝

视频路径 | 第9章\9.5.2心选推荐\4.“热图”推荐宝贝.mp4

知 识 点 |“热图”推荐宝贝

步骤 01 第3种样式为“热图”样式，单击“热图”单选按钮，如图9-119所示。

步骤 02 单击“设置”按钮，打开对话框，单击“上传自定义图”按钮，如图9-120所示。

图9-119 单击“热图”单选按钮

图9-120 单击“上传自定义图”按钮

步骤 03 在打开的对话框中选择图片，单击“打开”按钮，如图9-121所示。

步骤 04 回到对话框中，单击“确定”按钮，如图9-122所示。

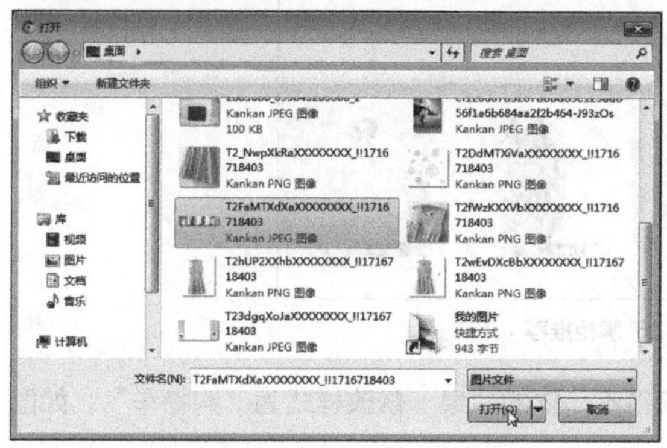
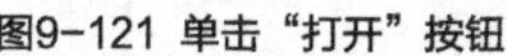

图9-121 单击“打开”按钮

图9-122 单击“确定”按钮

在“参数设置”对话框的图片背景右侧显示了建议的图片尺寸，当上传的图片大于这个尺寸时将会被裁剪。

步骤 05 在图像上绘制热点区域，如图9-123所示。

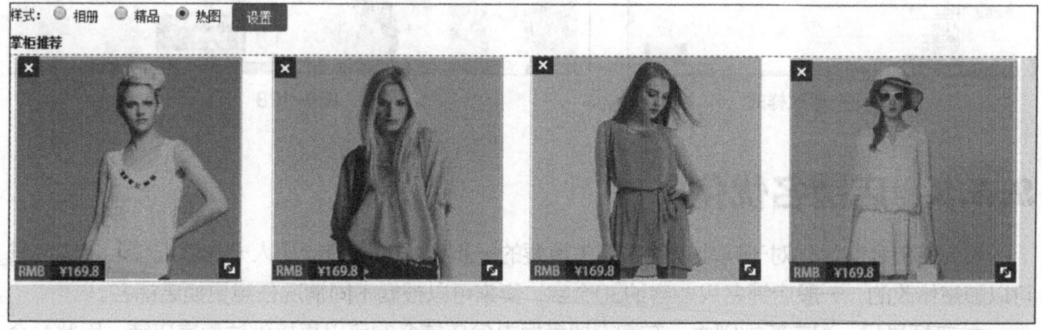

图9-123 绘制热点区域

步骤 06 在一个热区上双击，在打开的对话框中粘贴商品链接，单击“获取信息”按钮，自动获取商品名称，如图9-124所示。

步骤 07 单击“确定”按钮。设置其他热区的链接，单击底部右下角的“发布”按钮，如图9-125所示。

图9-124 单击“获取信息”按钮

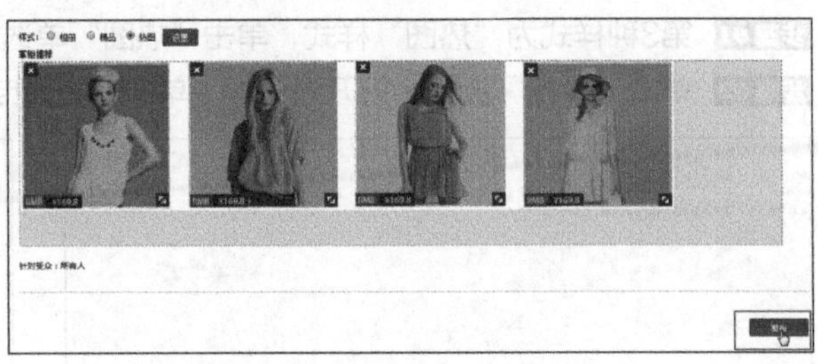

图9-125 单击“发布”按钮

步骤08 提示发布成功后，打开一个宝贝，此时的掌柜推荐如图9-126所示。

图9-126 掌柜推荐

步骤09 除此之外，修改热区样式，还可以获得不一样的效果。修改样式为“购物车”，如图9-127所示。

步骤10 掌柜推荐效果图上添加了购物车的图标，将光标移至图标，显示了商品信息，如图9-128所示。

图9-127 修改样式

图9-128

9.5.3 店铺名优化

淘宝店铺名字优化对于网店来说是至关重要的一步。好的店铺能让人一次就记住，店铺名是可以随意修改的，一般店铺名只能容纳30个字，卖家可以根据不同情况任意更换店铺名。

- **简短易记**：淘宝新规则中，在淘宝搜索框内@店铺名字可以直接到达卖家店铺。因此一个简短易记的店铺名字是十分重要的。
- **功能名**：一般的店铺名会由品牌名、功能名和诱惑名三个部分组成，品牌名一般都是旺旺会员名，这里重点介绍功能名。功能名起到关键词和介绍店铺经营范围的作用，就是要让买家一看就知道你的店铺里经营的产品类型是什么，并且功能名关键词还能获得精准的搜索流量。例如，某店的功能名取的就是“创意家居用品”，当买家搜索“家居用品”等关键词时，店铺就会显示在搜索结果中。

- **遵循淘宝规则**：选择店铺名，一定要遵守淘宝的规则，不然就很容易受到淘宝处罚。例如，淘宝规定不能使用带有“淘宝授权”和“淘宝网特许”等含义的字词；不能出现色情、暴力等违反法律的字词；也不允许出现不真实的文字描述，例如，非商盟的店铺就不允许在店铺名中借用商盟品牌来进行宣传。

9.5.4 客服掌柜命名

卖家的掌柜名也就是淘宝会员名，一旦注册成功，就不能修改了。因此在注册时就要想好名称。

当有人光顾你的店铺或需要购买店铺内的宝贝时，必然会联系掌柜或客服。好记、亲切的旺旺名能让人耳目一新、心情愉悦。

- 旺旺名要简单通俗，不要有生僻字，方便买家记忆。
- 使用内涵，生动的名称更符合多数人的审美。
- 根据店铺经营的商品来命名，可以体现店铺的特征。

9.5.5 建立友情链接

设置友情链接即在自己的网店内放置对方网站的LOGO图片或文字的网站名称，并设置对方网站的超链接，点击后，切换到该店铺中。或者在他人店铺添加自己店铺的链接，使得卖家在购物时发现自己的网店，达到互相推广的目的。

下面讲解如何建立友情链接。

视频路径 | 第9章\9.5.5建立友情链接.mp4
知 识 点 | 建立友情链接

步骤 01 进入装修后台，选择任意左侧模块，单击“添加模块”按钮，在打开的对话框中单击“友情链接”后的“添加”按钮，如图9-129所示。

步骤 02 添加“友情链接”模块后，单击“编辑模块”图标，如图9-130所示。

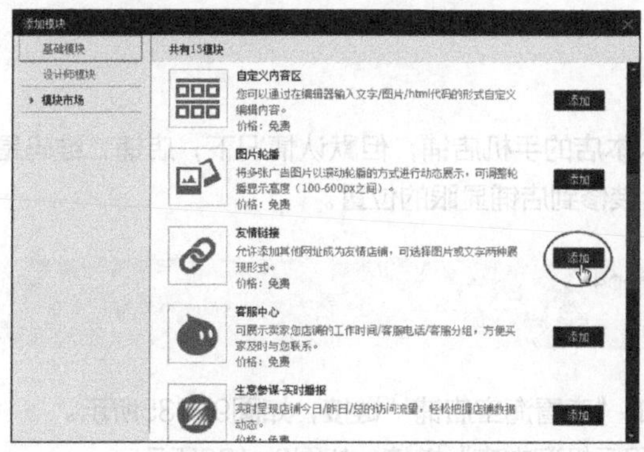

图9-129 单击“添加”按钮

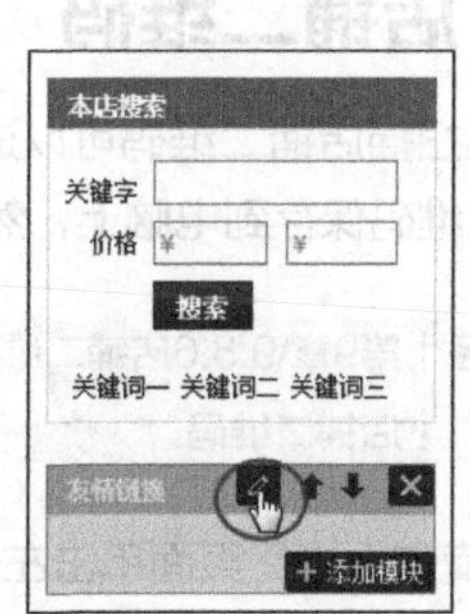

图9-130 单击“编辑模块”图标

步骤 03 弹出“友情链接”对话框，选择链接类型，这里单击“图片”单选按钮，单击“插入图片空间图片”按钮，如图9-131所示。

步骤 04 在下方展开的列表中选择图片，如图9-132所示。

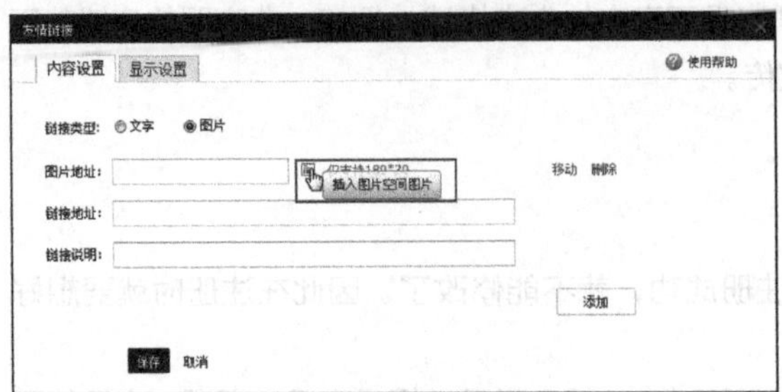

图9-131 单击“插入图片空间图片”按钮

图9-132 选择图片

友情链接的图片仅支持180像素×30像素。

步骤 05 输入链接的店铺的地址及说明，如图9-133所示。

步骤 06 单击“保存”按钮后即可。发布装修后，单击该链接即可进入链接的店铺中，如图9-134所示。

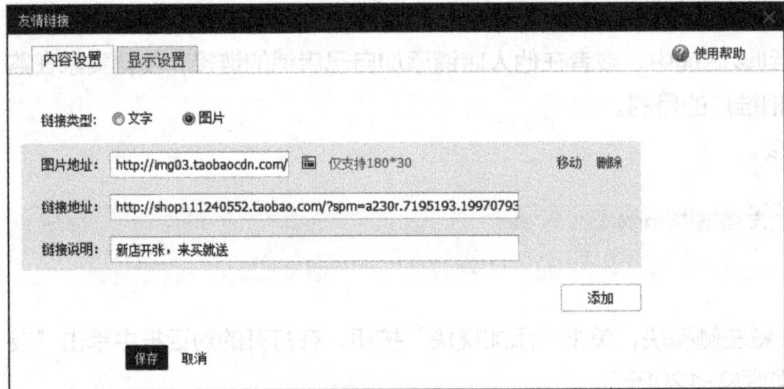

图9-133 链接店铺

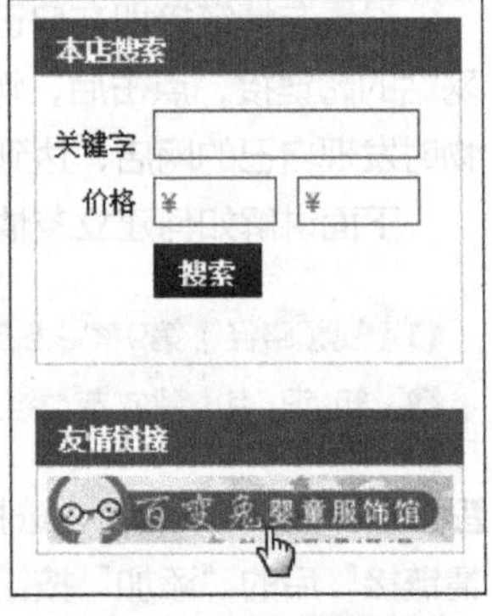

图9-134 单击店铺链接

9.5.6 店铺二维码

通过手机扫描店铺二维码可以进入本店的手机店铺，但默认情况下，店铺二维码是隐藏的，我们可以将二维码保存到电脑上，然后装修到店铺显眼的位置。

视频路径 第9章\9.5.6店铺二维码.mp4
知 识 点 店铺二维码

步骤 01 在“卖家中心”页面单击左侧的“查看淘宝店铺“链接，如图9-135所示。

步骤 02 在打开的店铺首页上，单击“用手机逛本店”链接，如图9-136所示。

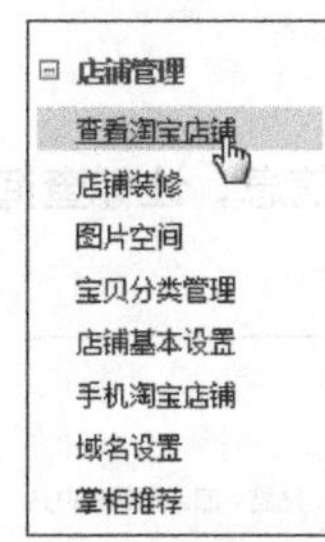

图9-135 单击“查看淘宝店铺“链接

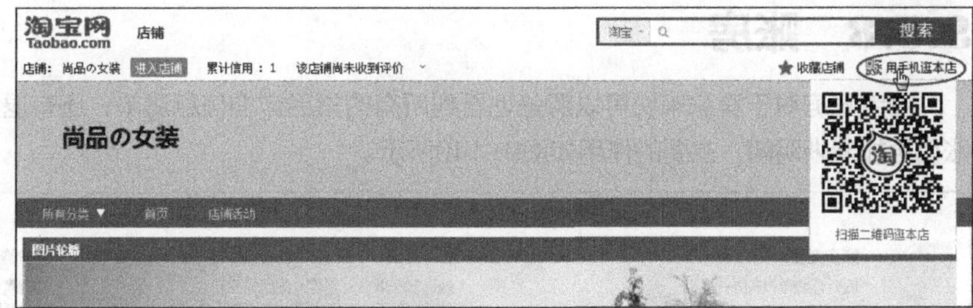

图9-136 单击“用手机逛本店”链接

步骤 03 打开对话框，显示店铺的二维码，如图9-137所示。

步骤 04 在图片上单击鼠标右键，执行“图片另存为”命令，如图9-138所示，可将二维码图片保存备用。

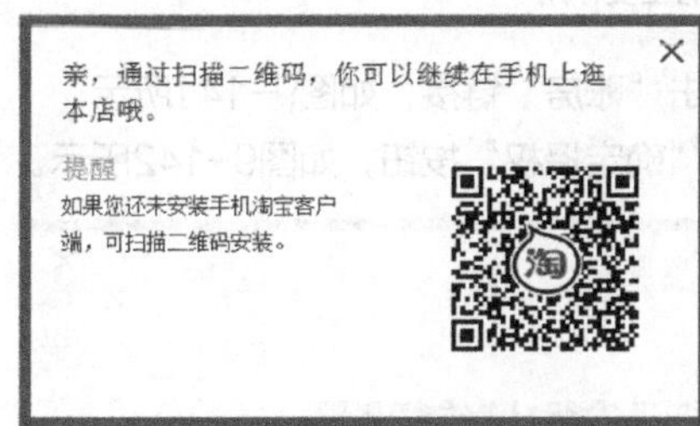

图9-137 显示店铺的二维码

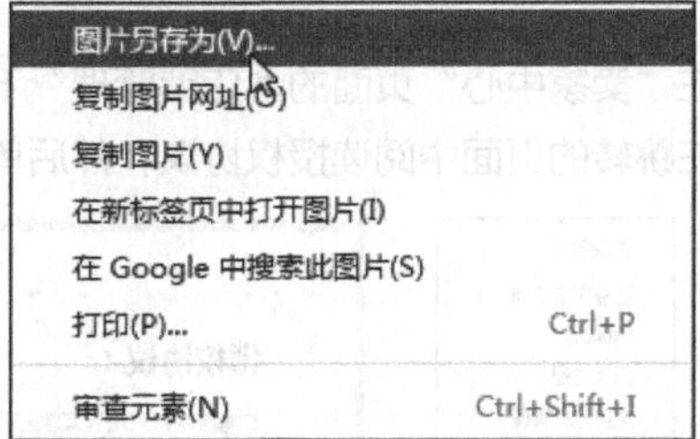

图9-138 执行“图片另存为”命令

9.5.7 淘字号

淘字号服务是指卖家通过字号保护从而获得店铺名唯一性等权益的一种店铺服务。店铺名由淘字号和自定义区组成，字号区为必填项，自定义区为选填项。淘字号总长度控制在4-14字节，店铺名总长度不超过20字节。其申请流程如图9-139所示。

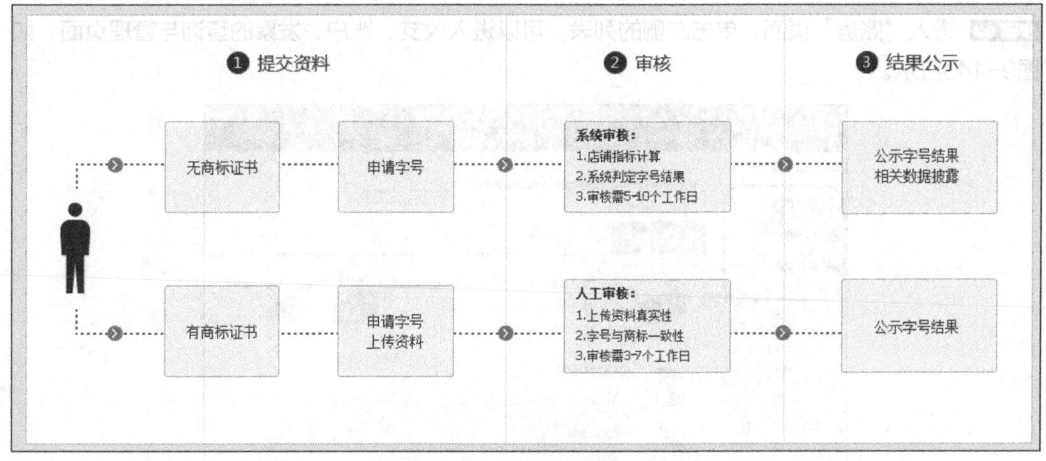

图9-139 申请流程

9.5.8 账房

淘宝账房对于卖家来说可以清楚地看到所有的货品详细信息清单，还有退货信息，让你查询账目更加清晰明朗，主要的作用如图9-140所示。

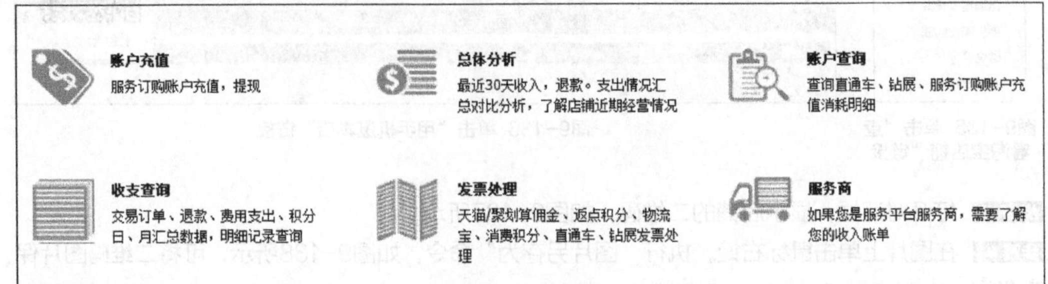

图9-140 账房主要作用

步骤01 在“卖家中心”页面的“店铺管理”下单击“账房”链接，如图9-141所示。

步骤02 在跳转的页面中阅读授权协议，然后单击“确定授权”按钮，如图9-142所示。

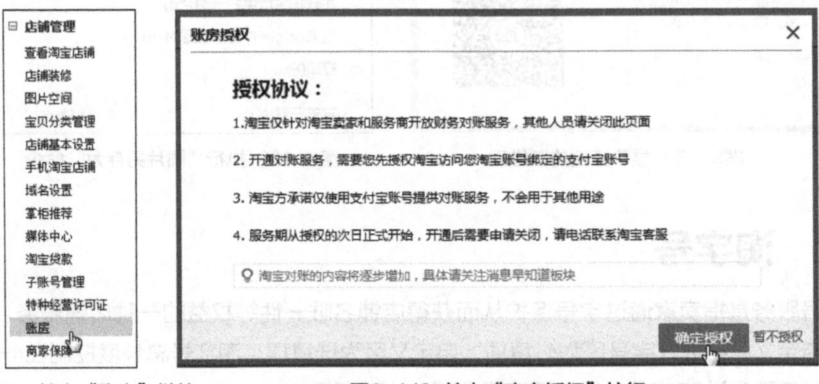

图9-141 单击“账房”链接　　图9-142 单击“确定授权”按钮

步骤03 进入“账房”页面，单击左侧的列表，可以进入收支、账户、发票的查询与管理页面，如图9-143所示。

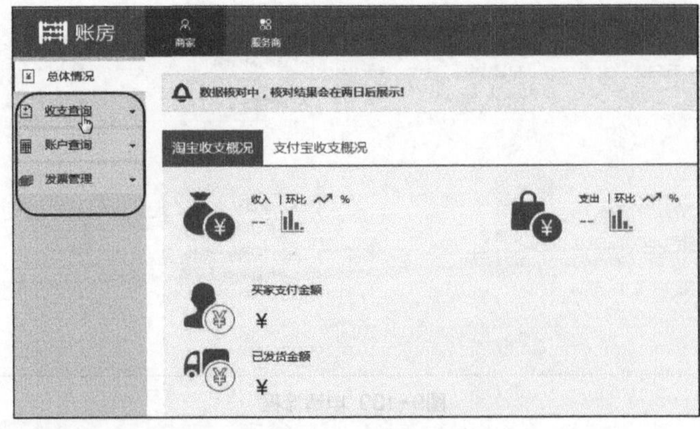

图9-143 单击列表

9.6 商品优化

商品优化主要包括宝贝描述、宝贝体检和宝贝下架处理等。

9.6.1 优化宝贝描述

优化宝贝描述能吸引买家、建立信任感、激发卖家的购买欲。一般宝贝描述包括以下几点。

1. 五张主图

在发布宝贝时，需要发布图片，作为左侧展示的主图，如图9-144所示。图片尺寸建议为800像素×1200像素，最大不超过500KB。五张图片放置的内容分别为：第一张正面图；第二张背面图；第三张侧面图或细节图；第四张细节图；第五张细节图。

2. 活动/优惠券

将最新活动及优惠信息放置在最顶部，如图9-145所示。利用活动信息，来促使买家点击查看的心理，就像"超市"最外面都会摆上一个促销大广告吸引买家进店购物。促销活动建议是整店活动的促销信息。

图9-144 宝贝主图

图9-145 活动及优惠券

3. 关联营销

通过关联营销，推荐性价比高的热销单品，控制数量不宜过多，如图9-146所示。

图9-146 关联营销

4. 产品特色/性能/卖点

将产品的特色使用图文方式描述出来，如图9-147所示。通过卖点展示，让买家更加了解产品的特性，提升购买欲望。产品特色图主要用于体现商品图片、商品属性、商品卖点三个方面。

图9-147 产品特色图

5. 产品介绍

通过产品编号、品牌、材质、产地、颜色、重量、尺寸、建议尺寸、相关参数、洗涤建议和尺码表等信息介绍产品的详细信息，如图9-148所示。

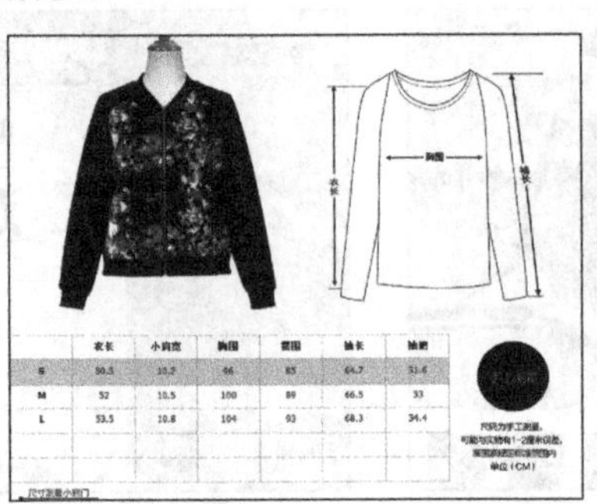

图9-148 产品介绍

6. 模特图/场景图

利用模特的感染力，提升买家的购买欲望，如图9-149所示。服装需要通过模特正面、背面及侧面等多角度展示模特实拍图，帮助买家获得真实的上身效果。其他商品则需要通过场景展示效果，以引起视觉的美感，如台灯放置在卧室的效果，白天与夜晚的效果。

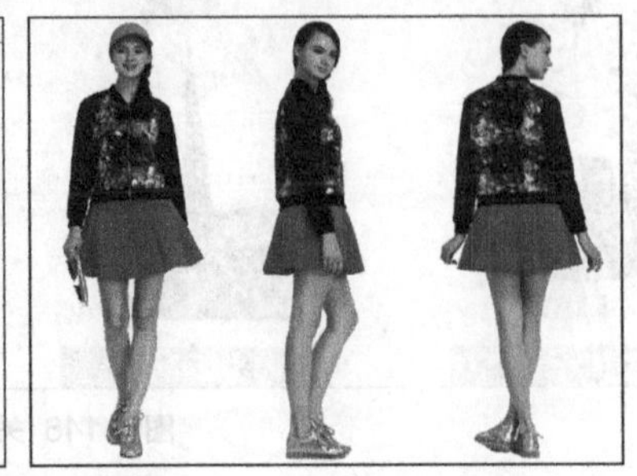

图9-149 模特图

7. 搭配推荐

推荐搭配展示，推荐与产品相关的搭配，获得其他商品的点击及单价，如图9-150所示。

图9-150 搭配推荐

8. 实物平铺图

通过平铺将产品的颜色、款式展示出来，可以在不同颜色的宝贝周围添加相关的描述与搭配，如图9-151所示。让买家了解宝贝的全方位样貌。

图9-151 实物平铺图

9. 产品细节图

清晰展示细节方面，如拉链、商标、吊牌和纽扣等，让买家更加清楚地了解你的产品，如图9-152所示。

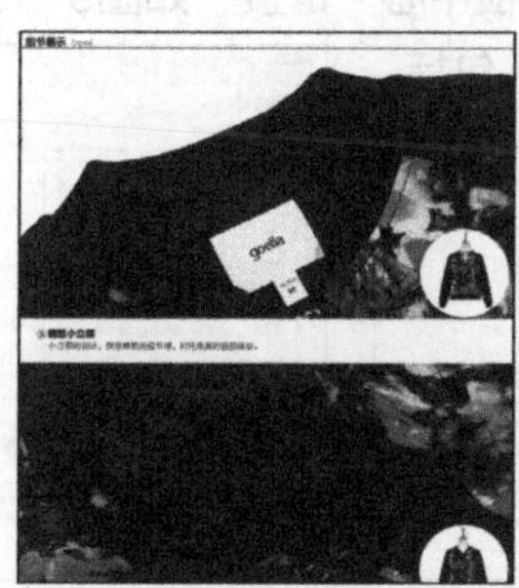

图9-152 产品细节图

10. 大小对比图

通过与其他常见物品放置在一起对比，展示出该商品的实际大小。如包包与杂志对比大小，音响与可乐瓶对比高度、实物与硬币对比厚度等。

11. 买家秀展示/好评截图

通过展示买家实拍照片及好评来获得顾客的信任。

12. 购物须知

包括邮费、发货、退换货、售后和包装等问题的介绍，如图9-153所示。通过购物须知的详细介绍，让买家放心购物。

13. 品牌文化介绍

通过对品牌文化的介绍来获得买家的认可，使之觉得店铺质量可靠，如图9-154所示。

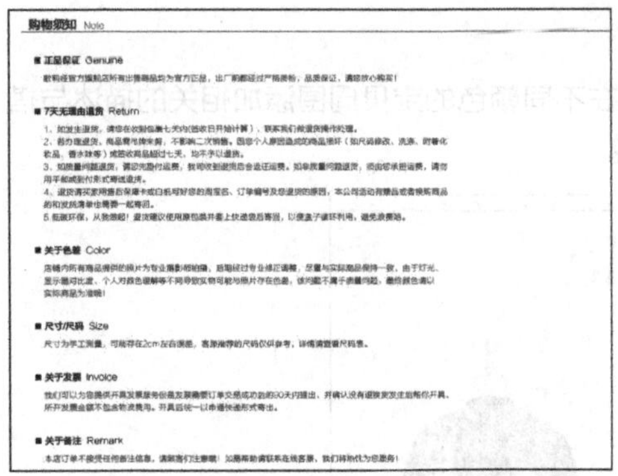

图9-153 购物须知

图9-154 品牌文化

9.6.2 宝贝体检中心与自检工具

在卖家中心的宝贝体检中心自动检测店铺宝贝的问题，方便卖家处理。

视频路径 | 第9章\9.6.2宝贝体检中心与自检工具.mp4

知 识 点 | 宝贝体检中心与自检工具

步骤 01 进入“卖家中心”页面，单击左侧的“体检中心”链接，如图9-155所示。

步骤 02 在打开的界面中显示了宝贝体检的结果，包括警告、违规及扣分情况，如图9-156所示。

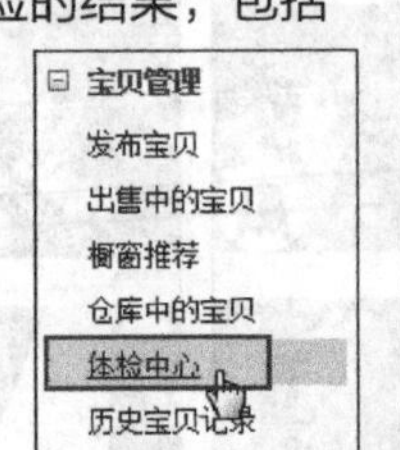

图9-155 单击“体检中心”链接

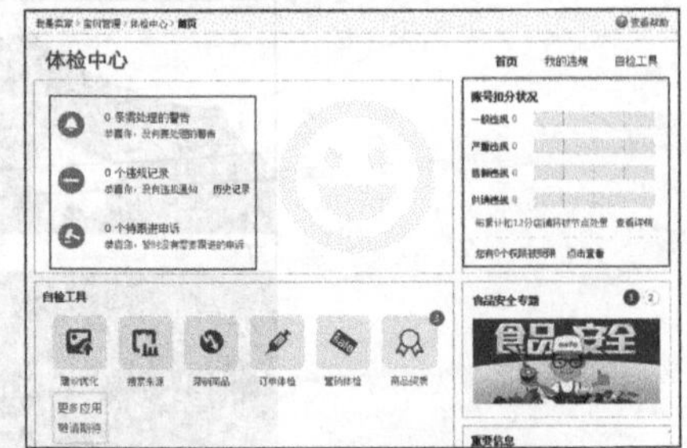

图9-156 宝贝体检的结果

步骤 03 下方的自检工具中包括了多种自检功能，其中“商品资质”图标右上角标记了数字，表示该内容需要优化的有3个宝贝，如图9-157所示。

步骤 04 点击进入，在宝贝列表中单击如图9-158所示的链接，即可在跳转的页面中提交资质。

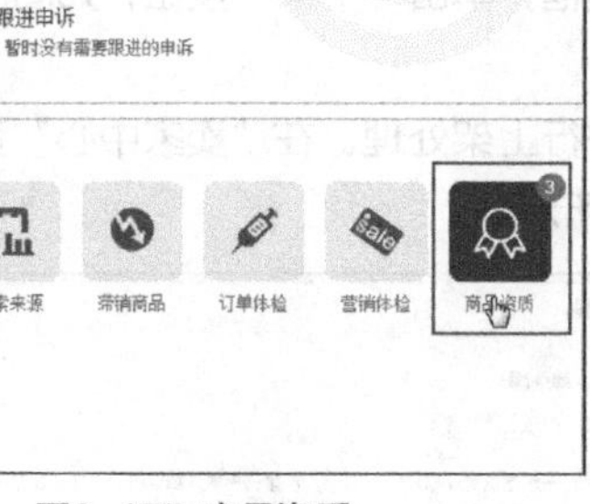

图9-157 商品资质

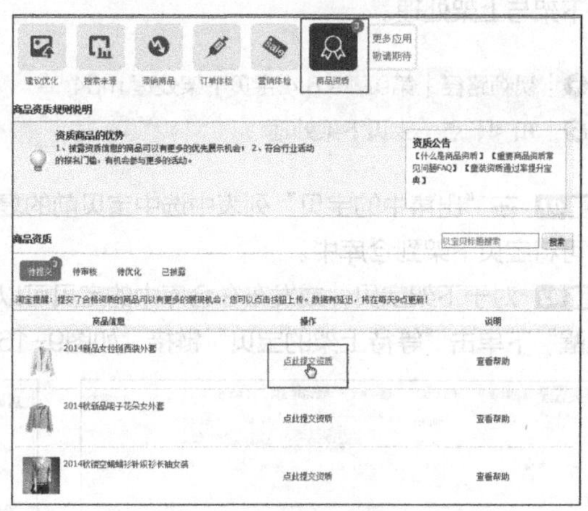

图9-158 单击链接

9.6.3 商品二维码

每个淘宝商品都有相应的二维码，下面介绍如何查看商品二维码。

视频路径 | 第9章\9.6.3商品二维码.mp4

知 识 点 | 商品二维码

步骤 01 进入“卖家中心”页面，在“出售中的宝贝”列表中，每个宝贝都显示了一个码图标，将光标移至相应宝贝的码图标上，即可显示出该宝贝的二维码，如图9-159所示。

步骤 02 单击电子标签右上角的“下载标签”链接，如图9-160所示。

步骤 03 下载标签后可在店铺装修页面中插入标签，便于手机用户的快捷搜索。

图9-159 宝贝二维码

图9-160 单击“下载标签”链接

9.6.4 宝贝下架处理

出售的宝贝在仍有库存的情况下会自动上架，即始终处于销售状态。下面介绍如何对宝贝进行下架与上架处理。

视频路径｜第9章\9.6.4.宝贝下架处理.mp4

知 识 点｜宝贝下架处理

步骤01 在“出售中的宝贝”列表中选中宝贝前的复选框，单击“下架”按钮，如图9-161所示，即可将宝贝下架到仓库中。

步骤02 对于下架宝贝，或发布在仓库中的宝贝可以进行上架处理。在“卖家中心”页面的“店铺提醒”下单击“等待上架的宝贝”链接，如图9-162所示。

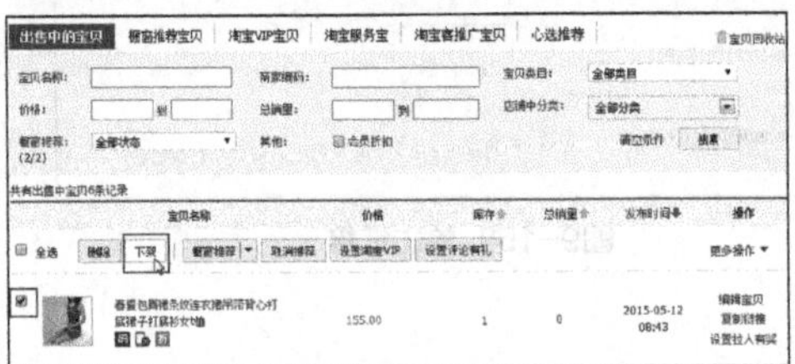

图9-161 单击“下架”按钮

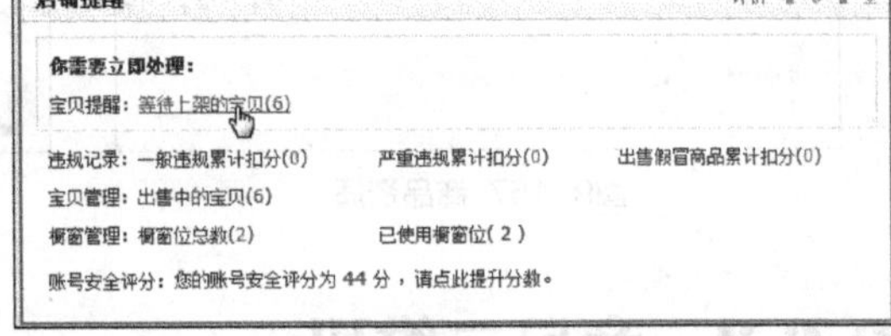

图9-162 单击“等待上架的宝贝”链接

直接单击“卖家中心”页面左侧的“仓库中的宝贝”链接也可以进入仓库。

步骤03 在每个宝贝后都有一个“上架”按钮，单击该按钮则可以上架对应的宝贝。或者选中宝贝前的复选框，单击顶部的“上架”按钮，批量上架宝贝，如图9-163所示。

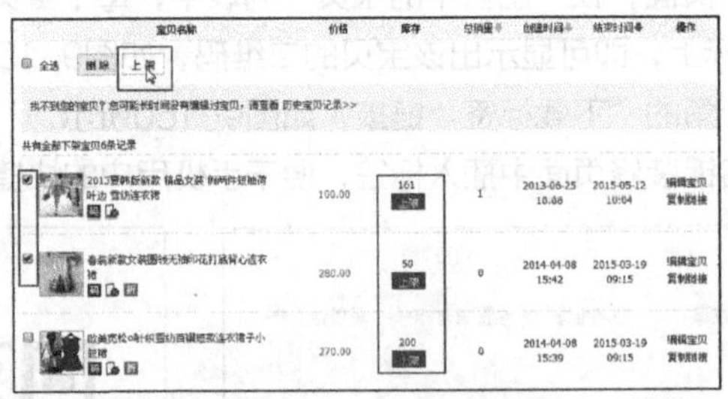

图9-163 单击“上架”按钮

9.6.5 电子交易凭证

淘宝线上购买线下消费的交易，如：餐饮团购、电影票和买家自提等，这类的交易存在的线下消费行为无法同步到线上的问题，一旦发生纠纷，由于淘宝无法涉及后续买家在线下真正的消费行为，导致卖家、买家体验不好。淘宝电子交易凭证平台为解决这类问题，把买家线下消费行为通过核销动作同步到线上，为保障交易双方的权益提供了依据。

开通电子凭证的业务。含自动开通的类目和需要二审核开通的类目。

1. 自动开通

视频路径 第9章\9.6.5电子交易凭证\1. 自动开通.mp4
知 识 点 自动开通电子交易凭证

步骤 01 发布宝贝时，在填写宝贝信息页面可以直接选中“电子交易凭证”复选框，然后单击“电子凭证管理后台”链接，如图9-164所示。

步骤 02 在跳转的页面中设置订单信息，如图9-165所示。

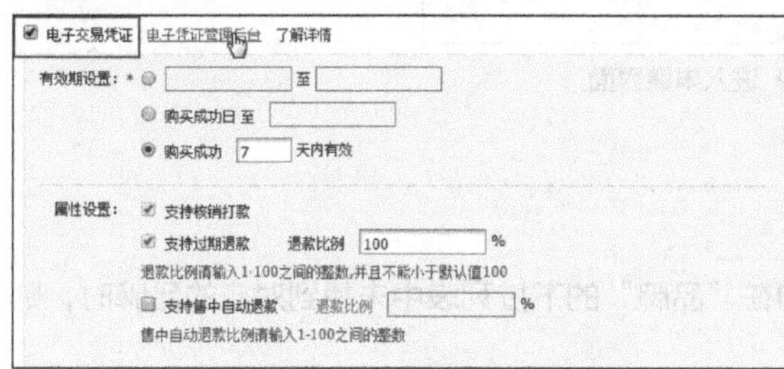

图9-164 单击“电子凭证管理后台”链接

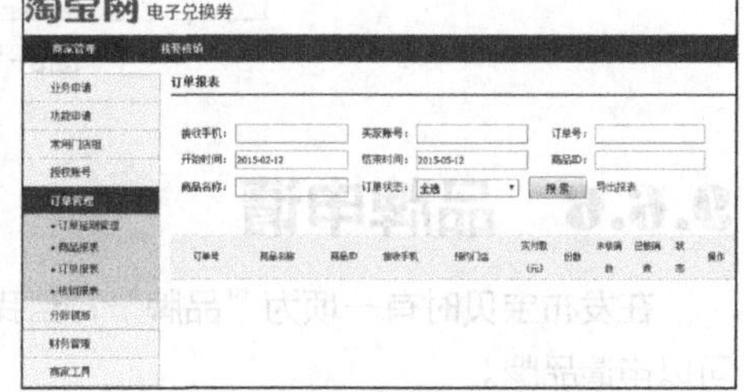

图9-165 设置订单信息

步骤 03 选择“授权账号”选项，设置授权账号。根据需要设置其他选项，如图9-166所示。

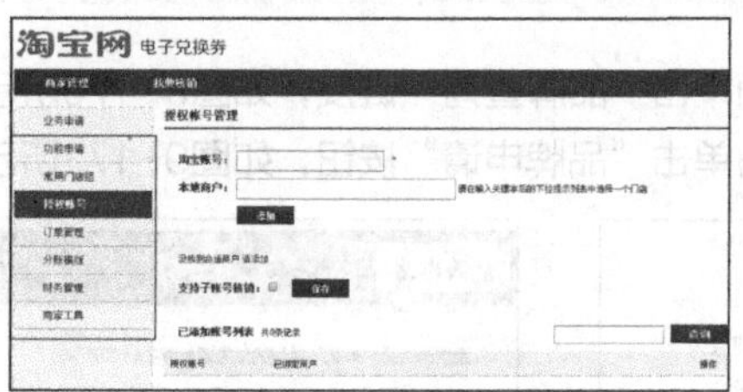

图9-166 设置其他选项

2. 申请开通

视频路径 第9章\9.6.5电子交易凭证\2. 申请开通.mp4
知 识 点 申请开通电子交易凭证

步骤 01 进入“卖家中心”页面，选择“卖家地图”选项，然后单击“电子交易凭证”链接，如图9-167所示。

步骤 02 在跳转的页面中单击“立即申请”按钮，如图9-168所示。

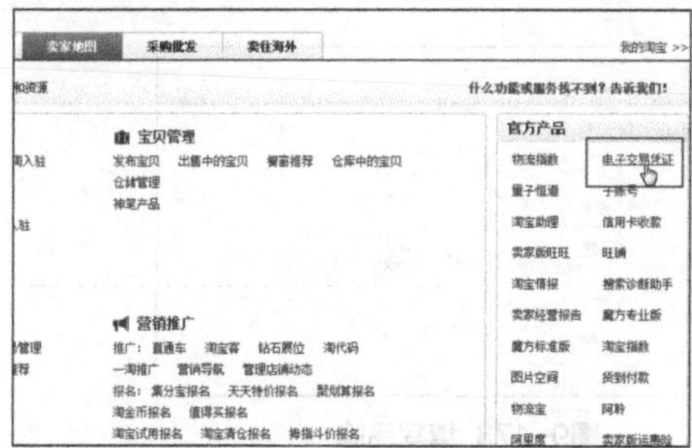

图9-167 单击“电子交易凭证”链接

图9-168 单击“立即申请”按钮

步骤03 跳转页面，单击“需申请开通”按钮，即可进入申请界面，如图9-169所示。

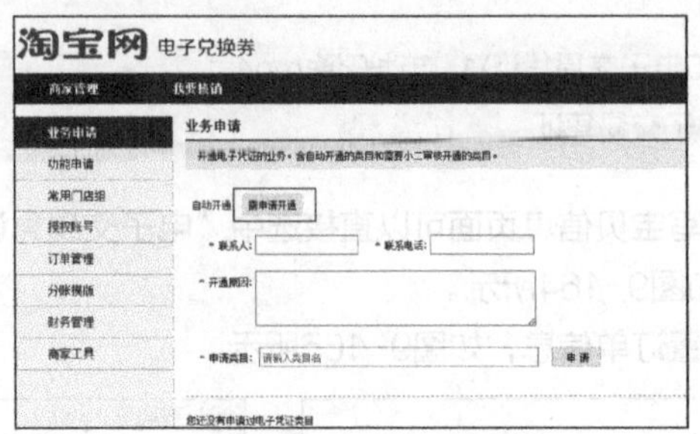

图9-169 进入申请界面

9.6.6 品牌申请

在发布宝贝时有一项为“品牌”，当我们在“品牌”的下拉列表中未找到对应的品牌时，则可以申请品牌。

视频路径 ┊ 第9章\9.6.6品牌申请.mp4
知 识 点 ┊ 品牌申请

步骤01 在“卖家中心”页面单击“品牌查询”链接，如图9-170所示。

步骤02 在跳转的页面左上角单击“品牌申请”按钮，如图9-171所示。

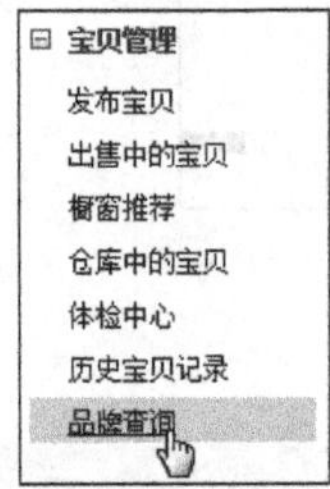

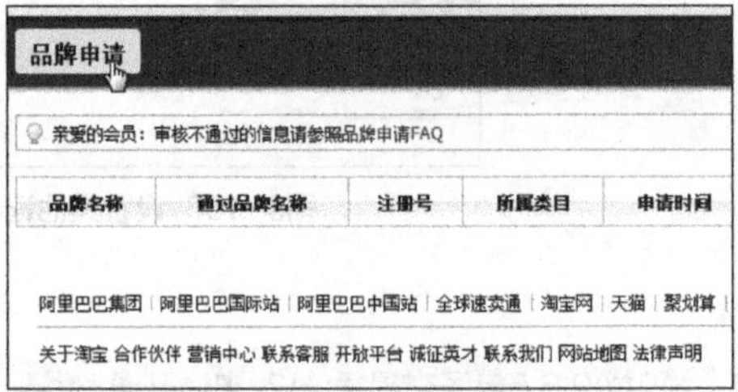

图9-170 单击“品牌查询”链接　　图9-171 单击“品牌申请”按钮

步骤03 填写信息，单击“提交”按钮，如图9-172所示。

步骤04 等待审核，审核通过后在发布宝贝页面即可填写品牌，如图9-173所示。

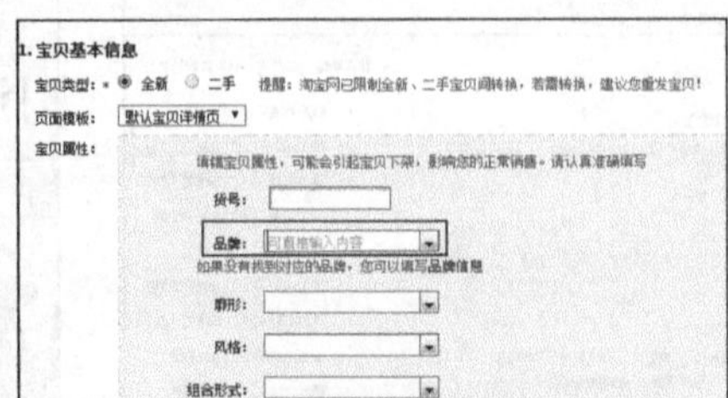

图9-172 单击“提交”按钮　　图9-173 填写品牌

国内品牌申请填写要求如下。

- 只有中文或英文品牌名，在对应的输入框填写即可，如无英文品牌名，不输入即可。
- 必须与商标网查询的品牌名一致，拼音、繁体、图形商标无法受理。
- 中文和英文需同一持有人持有，且商标注册大类一致，方可合并为同个品牌名。
- **注册号**：商标注册证和商标受理通知书中的注册号或申请号，多个注册或申请号用“/”隔开。
- **商标注册证或受理通知书**：提供JPG、PNG和JPEG格式图片。
- **品牌所有人**：填写商标注册证或商标受理通知书的注册人或申请人信息。
- **申请添加类目**：最多可申请10个类目以下，在实际商标注册产品范围内申请。

非国内品牌申请填写要求如下。

- **品牌名**：提交中文名或英文名必须与外包装一致，显示是品牌名。
- **发源地**：该品牌起源地。
- **宝贝外包装图片**：可提供多张，要求清晰。
- **报关单**：国外品牌不强制要求上传报关单，但是必须填写品牌发源地和上传宝贝外包装图片。

9.6.7 服务宝

服务宝是针对3C数码类商家定制的，签约后可以增加由第三方负责的售后服务，商家不需要额外付费，从而增加宝贝权重，加强竞争力。

视频路径 | 第9章\9.6.7服务宝.mp4

知 识 点 | 服务宝

步骤01 在“卖家中心”页面单击“出售中的宝贝”链接，然后单击“淘宝服务宝”链接，如图9-174所示。

步骤02 在跳转的页面中选择一个服务商，单击右侧的“签约”按钮，如图9-175所示。

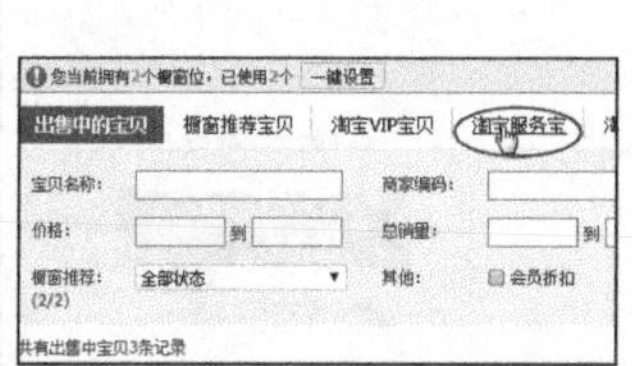

图9-174 单击“淘宝服务宝”链接

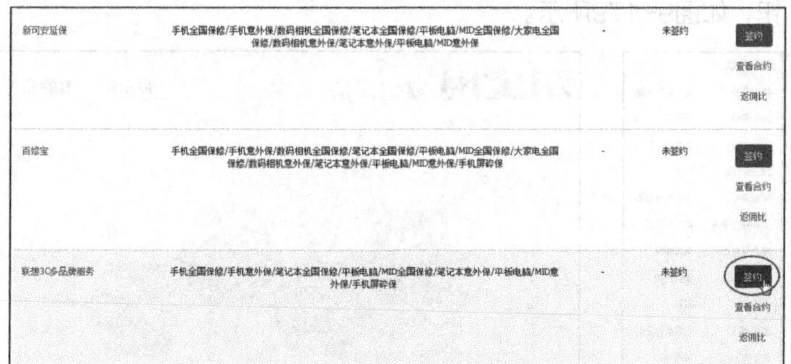

图9-175 单击“签约”按钮

步骤03 在打开的对话框中阅读协议，然后单击“我已阅读并同意以上条款”按钮，如图9-176所示。

步骤04 在打开的对话框中提示等待审核，单击“知道了”按钮即可，如图9-177所示。

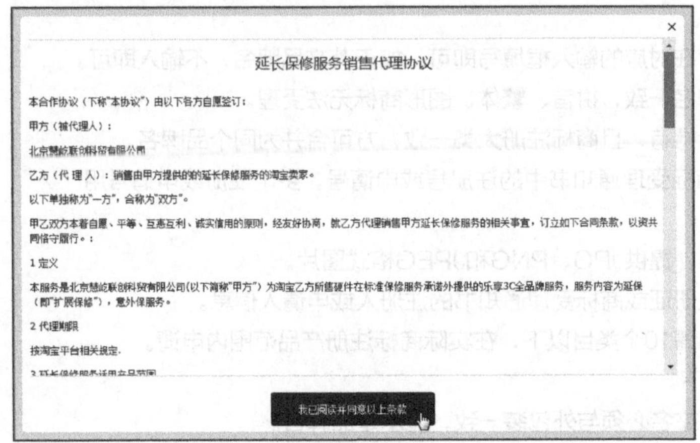

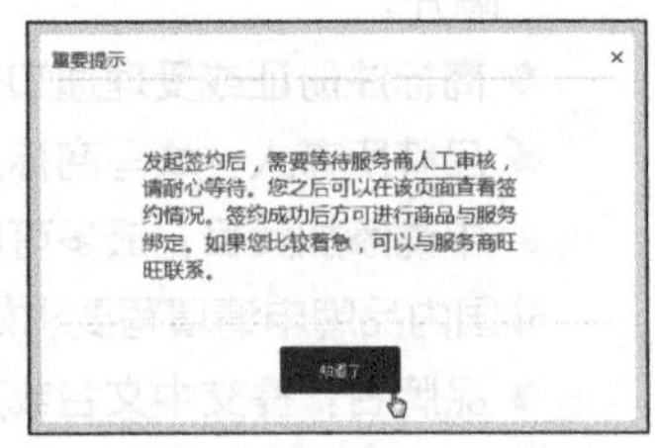

图9-176 单击"我已阅读并同意以上条款"按钮　　图9-177 单击"知道了"按钮

9.6.8 商品实拍保护

实拍保护是阿里巴巴集团为维护用户图片权益提供的一项服务。是指对需要保护的实拍图片打上不可见的云印，即使盗图者做缩放、裁剪、抠图等也能基本上识别出是否盗用了图片，从而大大降低淘宝网的盗图率，保护实拍卖家利益，提升买家体验。目前只有真人模特图才能享受服务，其他图片无法保护。

1. 开通实拍保护

视频路径：第9章\9.6.8商品实拍保护\1. 开通实拍保护.mp4
知 识 点：开通实拍保护

步骤01 在"卖家地图"页面单击"实拍保护"链接，如图9-178所示。

步骤02 在跳转的页面中选中"已阅读并同意服务协议"复选框，然后单击"开通实拍保护"按钮，如图9-179所示。

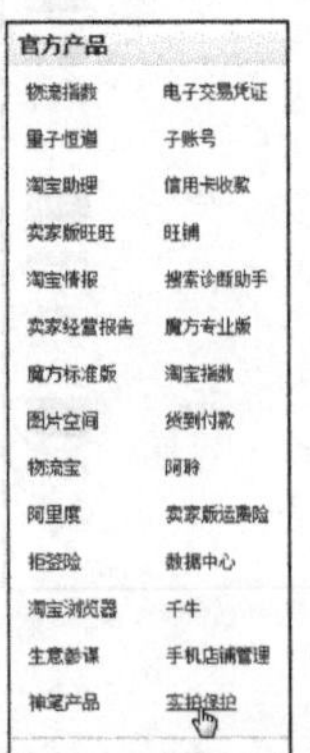

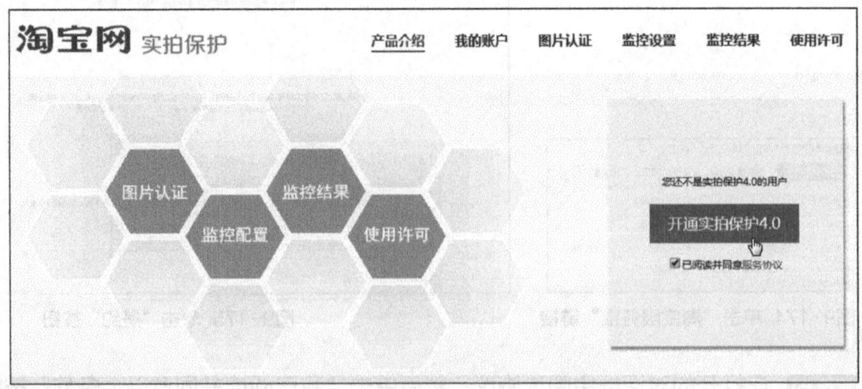

图9-178 单击"实拍保护"链接　　图9-179 单击"开通实拍保护"按钮

步骤03 显示“开通成功”，单击“进入实拍保护”按钮，如图9-180所示。

步骤04 在跳转的页面中回答问题，如图9-181所示，回答后单击“提交”按钮。

图9-180 单击“进入实拍保护”按钮

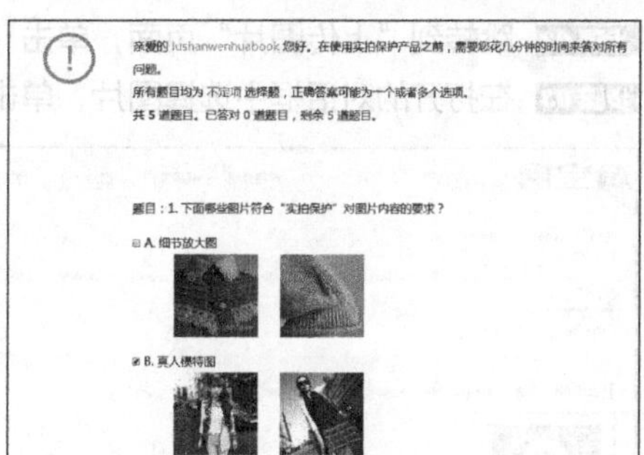
图9-181 回答问题

步骤05 答对后，单击“下一题”按钮，如图9-182所示，回答全部5道题。

步骤06 全部答对后，单击“开始图片认证”按钮，如图9-183所示。

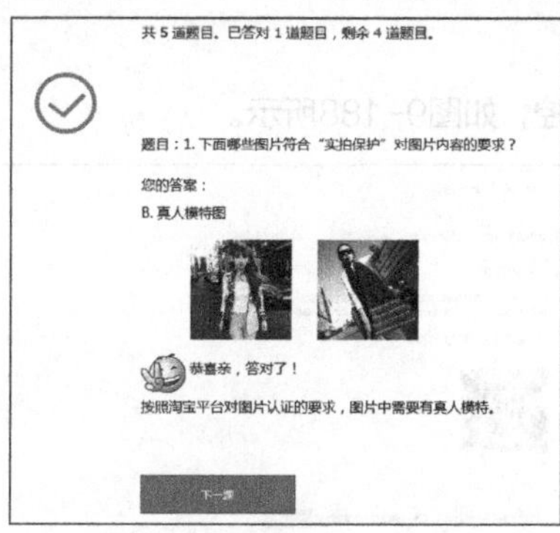

图9-182 单击“下一题”按钮

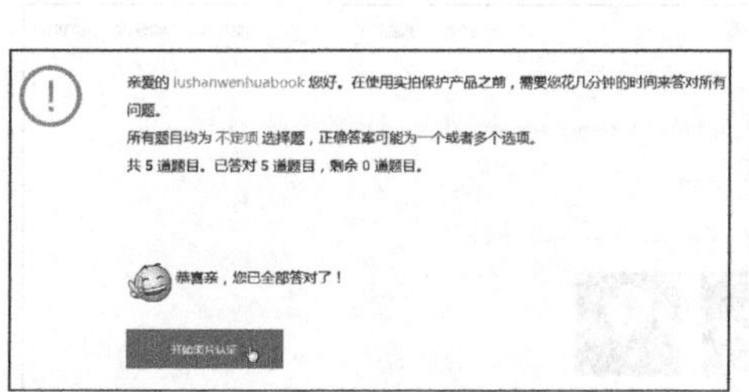

图9-183 单击“开始图片认证”按钮

2. 图片认证

视频路径 | 第9章\9.6.8商品实拍保护\2. 图片认证.mp4
知 识 点 | 图片认证

步骤01 在跳转的页面中单击“认证申请”按钮，如图9-184所示。

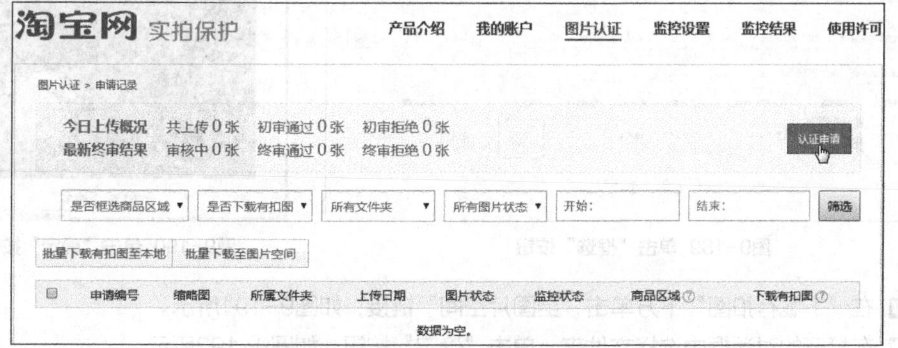

图9-184 单击“认证申请”按钮

步骤02 跳转到“上传图片”页面，单击“添加图片”按钮，如图9-185所示。

步骤03 在打开的对话框中选择图片，单击“打开”按钮，如图9-186所示。

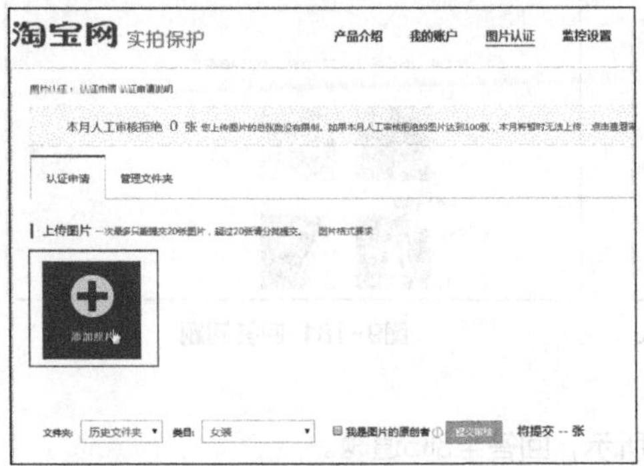

图9-185 单击“添加图片”按钮

图9-186 单击“打开”按钮

步骤04 单击“提交审核”按钮，如图9-187所示。

步骤05 审核通过后单击“开启监控”按钮可以开启监控，如图9-188所示。

图9-187 单击“提交审核”按钮

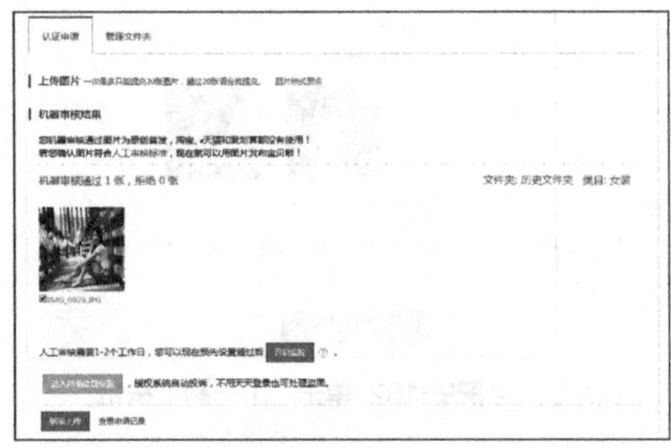

图9-188 单击“开启监控”按钮

步骤06 选择“图片认证”选项，单击宝贝后的“框选”按钮，如图9-189所示。

步骤07 在弹出的对话框中框选出商品区域，单击“确定”按钮，如图9-190所示。

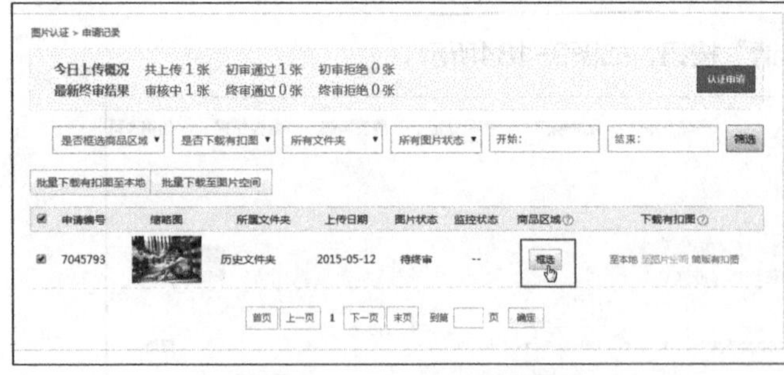

图9-189 单击“框选”按钮

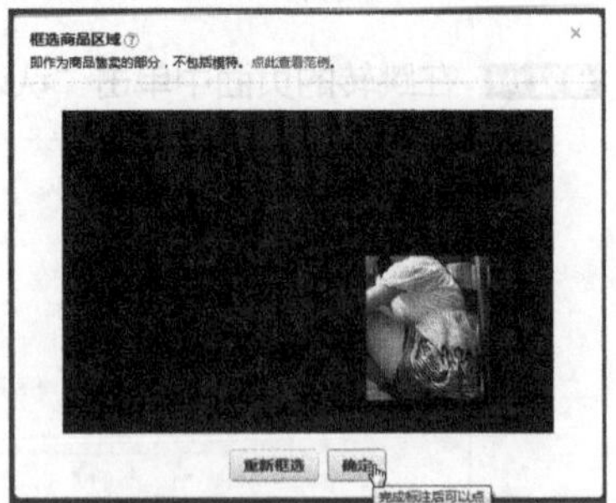

图9-190 单击“确定”按钮

步骤08 在“下载有扣图”下方单击“至图片空间”链接，如图9-191所示。

步骤09 在打开的对话框中选择文件夹，单击“确定”按钮，如图9-192所示。

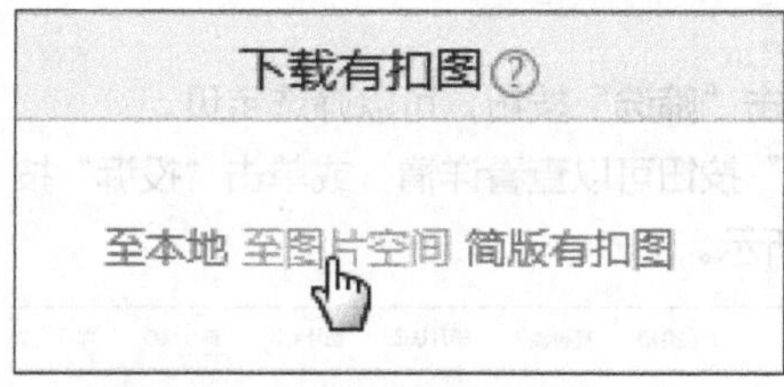

图9-191 单击“至图片空间”链接

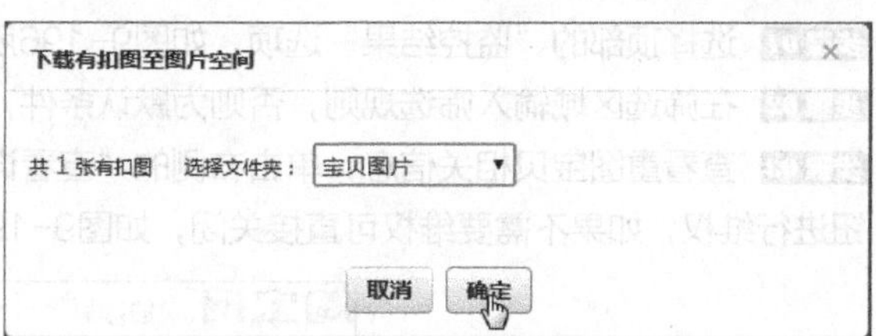

图9-192 单击“确定”按钮

3. 图片监控

系统每天检测未删除宝贝，找到哪些宝贝使用了监控中的图片。

视频路径 第9章\9.6.8商品实拍保护\3. 图片监控.mp4
知 识 点 图片监控

步骤 01 选择“监控设置”选项进入“监控设置”页面，如图9-193所示。

步骤 02 选择图片前的复选框，单击右侧的“移入监控”按钮，如图9-194所示。

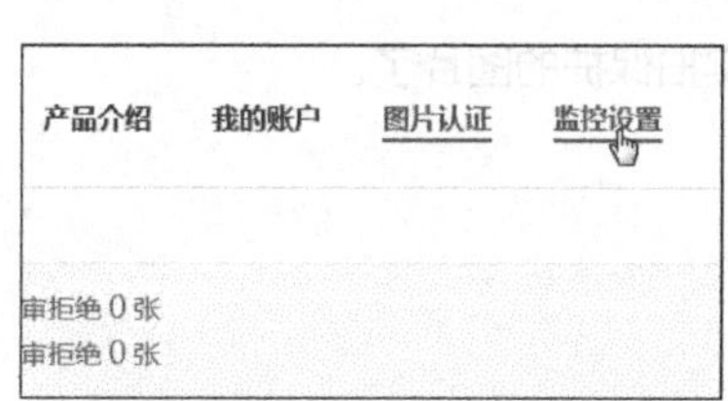

图9-193 进入“监控设置”页面

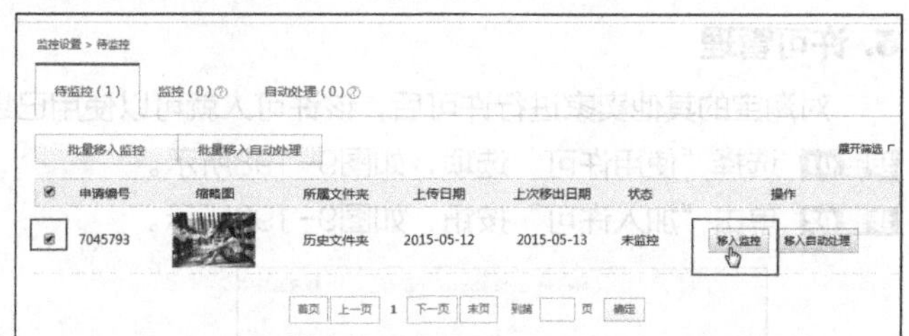

图9-194 单击“移入监控”按钮

步骤 03 选择“监控”选项，下方显示了监控的图片，如图9-195所示。

图9-195 下方显示了监控的图片

监控库中的图片，如果连续100天内没有产生重图报告将被系统自动移出。

4. 图片维权

当系统检测出他人店铺中使用了实拍保护的图片，就可以发起维权。

步骤01 选择顶部的“监控结果”选项，如图9-196所示。

步骤02 在筛选区域输入筛选规则，否则为默认条件，单击“筛选”按钮，可以筛选宝贝。

步骤03 查看重图宝贝相关信息，单击右侧的“查看详情”按钮可以查看详情，或单击“投诉”按钮进行维权，如果不需要维权可直接关闭，如图9-197所示。

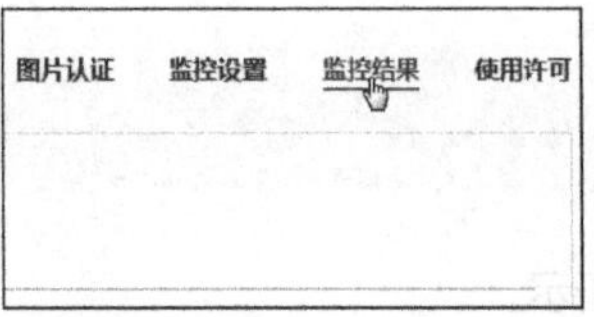

图9-196 选择“监控结果”选项

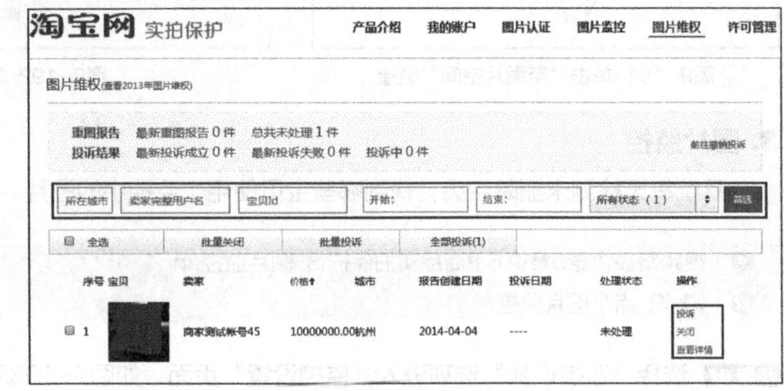

图9-197 单击右侧操作

5. 许可管理

对淘宝的其他卖家进行许可后，该许可人就可以使用已经实拍保护的图片了。

步骤01 选择“使用许可”选项，如图9-198所示。

步骤02 单击“加入许可”按钮，如图9-199所示。

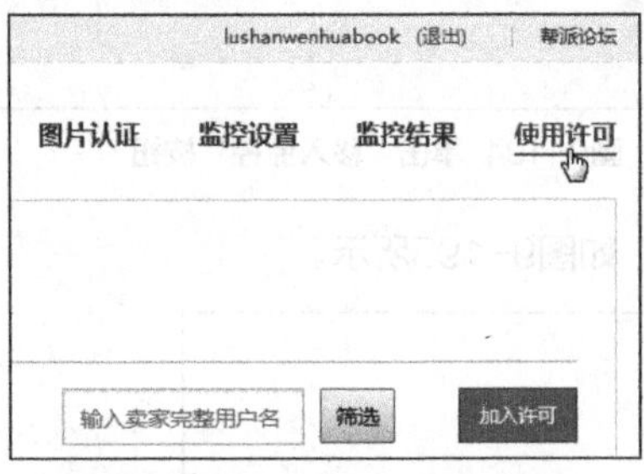

图9-198 选择“使用许可”选项

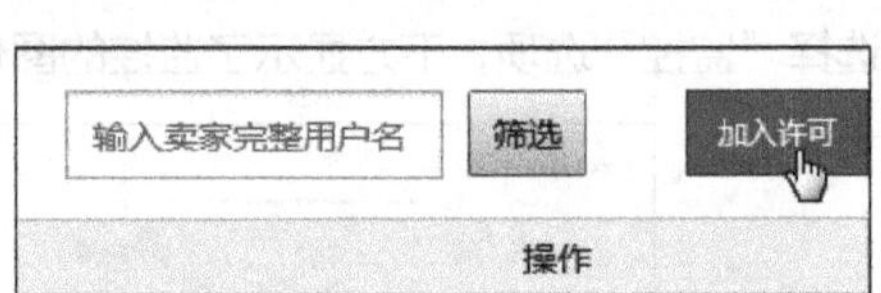

图9-199 单击“加入许可”按钮

步骤03 在打开的对话框中添加卖家用户名，单击“确定”按钮，如图9-200所示。

步骤04 在提示界面中单击“确定”按钮，在许可管理下显示了许可人，如图9-201所示。

图9-200 单击“确定”按钮

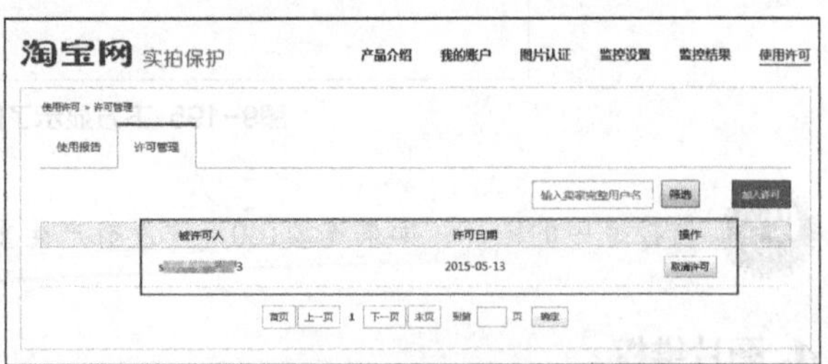

图9-201 显示了许可人

6. 使用他人保护图提醒

若使用了他人受保护的图片，系统将提醒需要删除或授权，或者当你不认为图片权益属于提醒人，可以单击“举报”按钮举报。

在“实拍保护”页面左上角，单击“图片原创者”并在展开的列表中选择“图片使用者”选项，如图9-202所示，则可查看使用图片的提醒。

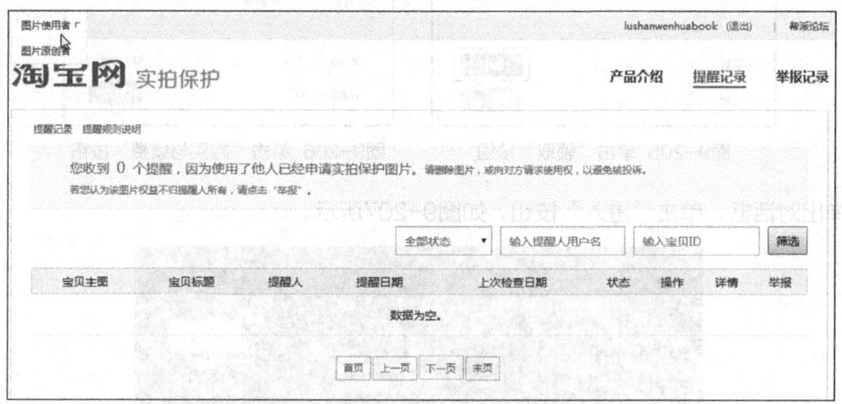

图9-202 选择“图片使用者”选项

9.7 客服优化

店铺的员工如何管理，如何设置权限，这都是本节要介绍的内容。

9.7.1 员工管理

对不同职位的员工可以设置不同的部门，以及设置不同的权限。

视频路径：第9章\9.7.1员工管理.mp4
知 识 点：员工管理

步骤01 在“卖家中心”页面中单击“子账号管理”链接，如图9-203所示。

步骤02 跳转至新的页面，弹出对话框，提示领取基础版，单击“确定”按钮，如图9-204所示。

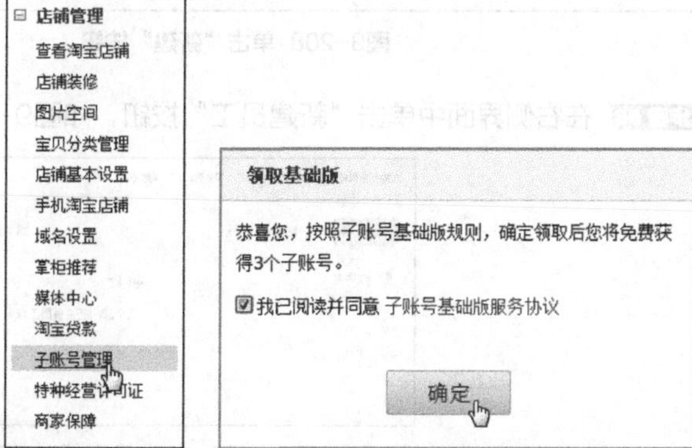

图9-203 单击“子账号管理”链接　　图9-204 单击“确定”按钮

提示 若未弹出对话框，单击页面左侧的“领取”按钮即可，如图9-205所示。若免费获得的子账号不够使用，可以单击标准版后的“购买与续费”按钮，如图9-206所示。

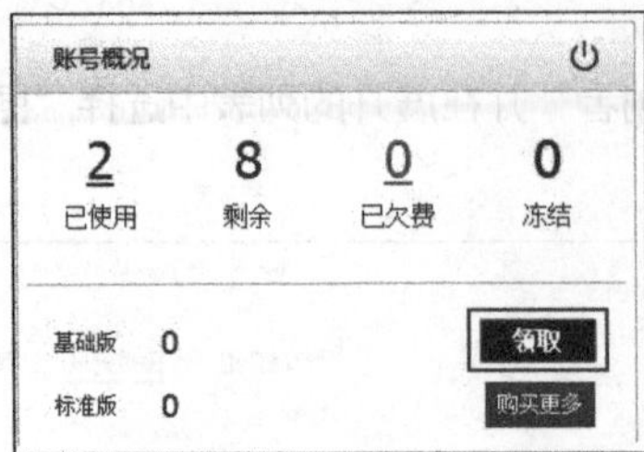

图9-205 单击“领取”按钮

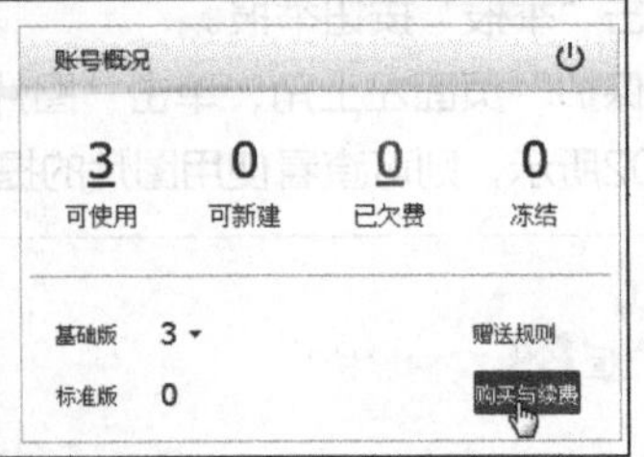

图9-206 单击“购买与续费”按钮

步骤03 弹出对话框，单击“进入”按钮，如图9-207所示。

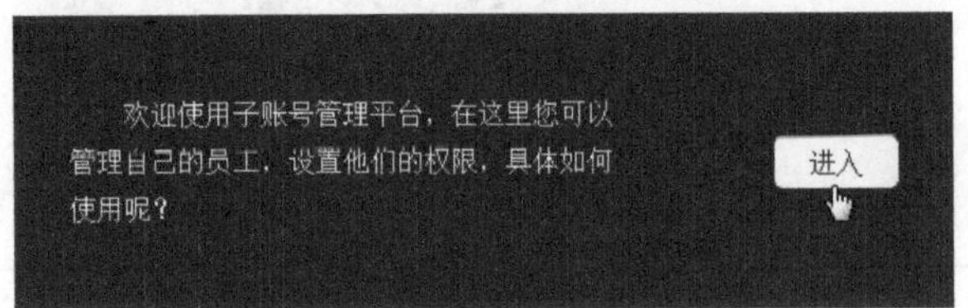

图9-207 单击“进入”按钮

步骤04 选择顶部的“员工管理”选项，然后单击“部门”右侧的“新建”按钮，如图9-208所示。

步骤05 在下方新建部门，输入部门名称，如图9-209所示。

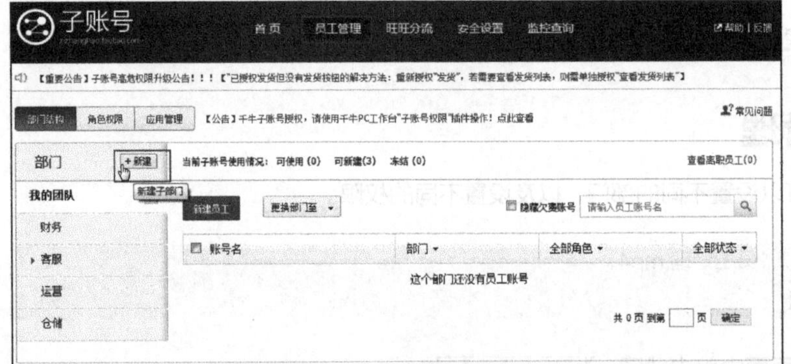

图9-208 单击“新建”按钮　　图9-209 新建部门

步骤06 在右侧界面中单击“新建员工”按钮，如图9-210所示。

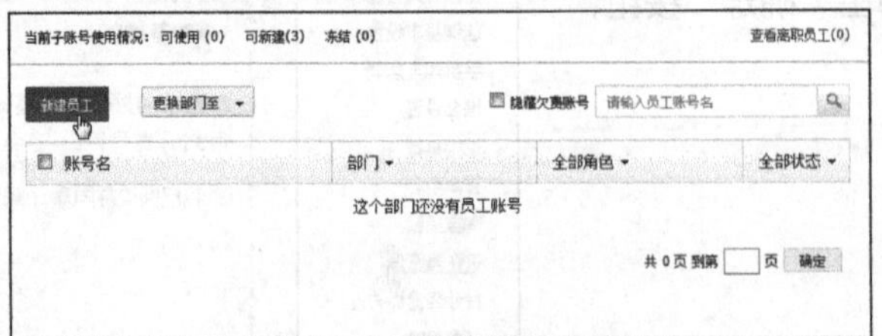

图9-210 单击“新建员工”按钮

步骤 07 在跳转的页面中填写员工基本信息，如图9-211所示。

步骤 08 填写完成后，单击右上角的“确认新建”按钮，如图9-212所示。

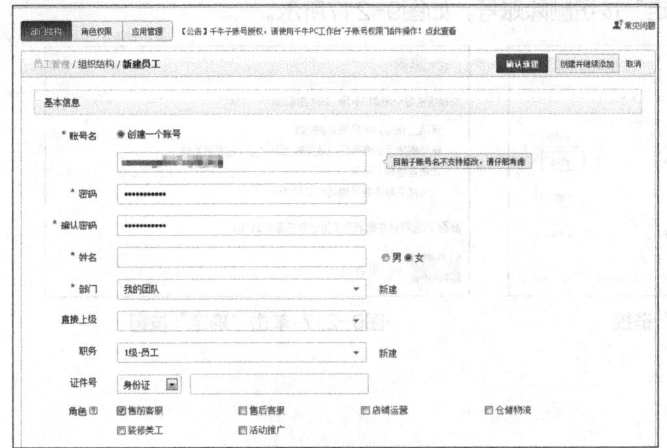

图9-211 填写信息

图9-212 单击“确认新建”按钮

步骤 09 提示新建员工成功，跳转到“员工管理”页面，显示新建的员工列表，如图9-213所示。

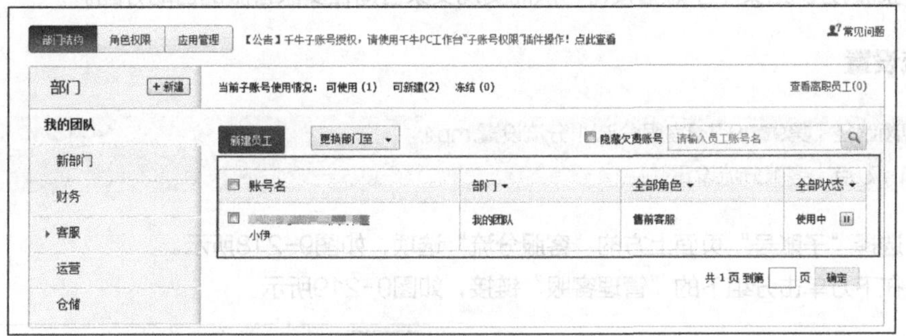

图9-213 员工列表

步骤 10 单击“角色权限”按钮，在“角色”列表中选择相应的角色，单击右侧的“修改权限”链接，如图9-214所示。

步骤 11 在打开的页面中可以选中相应权限前的复选框，如图9-215所示。单击右上角的“保存”按钮保存。

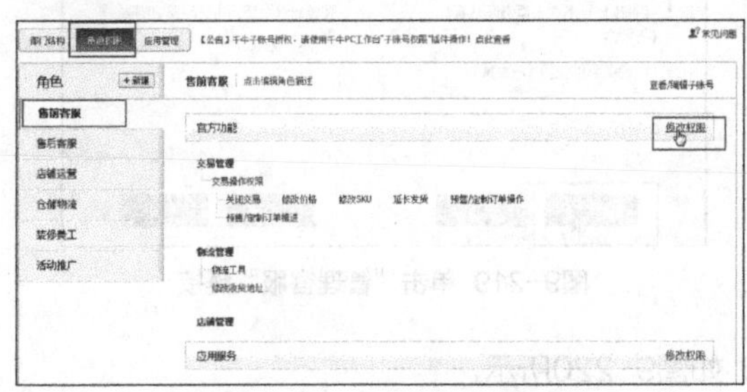

图9-214 单击“修改权限”链接

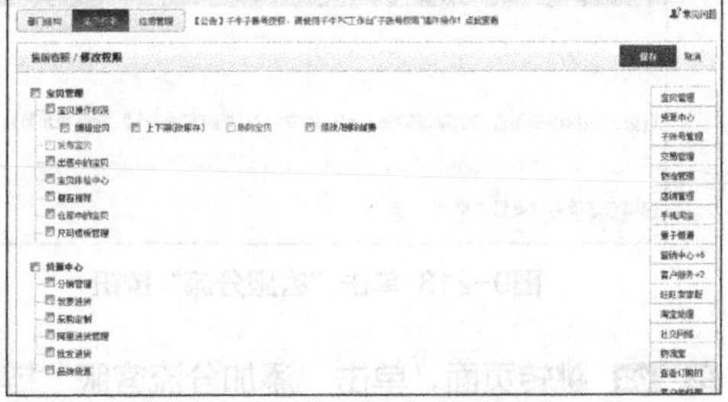

图9-215 选中相应的权限

步骤 12 对于离职的员工，可单击“暂停”按钮暂停该账号，或者单击“登记离职”链接，如图9-216所示。

步骤 13 打开提示对话框，单击“确定”按钮删除账号，如图9-217所示。

图9-216 单击“登记离职”链接

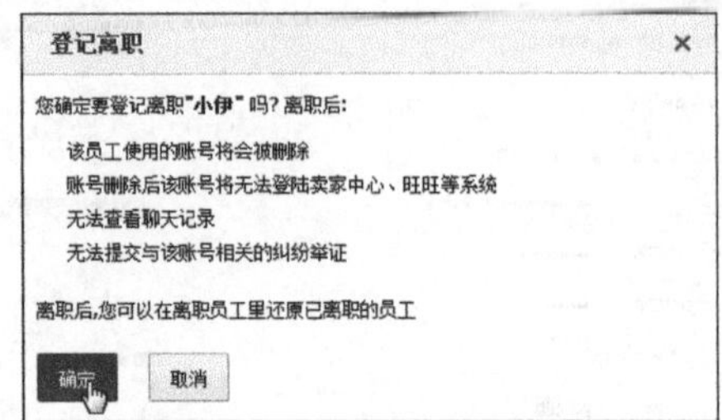

图9-217 单击“确定”按钮

9.7.2 客服分流

传统网店旺旺亮灯，一个旺旺亮灯只对应了一个旺旺账号，顾客点击咨询时只能分配到这个账号。现在通过旺旺分流一个旺旺亮灯可以对应多个子账号，顾客点击旺旺亮灯时，买家咨询按照一定的规则分配给某个子账号接待，从而实现买家咨询在卖家客服的自动分配。

1. 分流设置

视频路径 | 第9章\9.7.2客服分流\1.分流设置.mp4

知 识 点 | 客服分流设置

步骤 01 选择“子账号”页面上方的“客服分流”选项，如图9-218所示。

步骤 02 在下方单击分组下的“管理客服”链接，如图9-219所示。

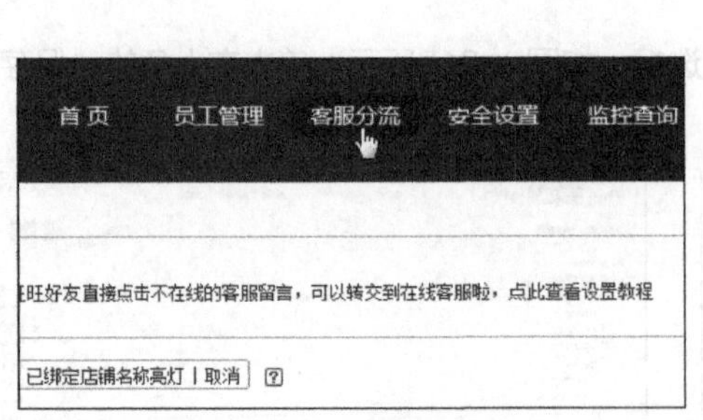

图9-218 单击“客服分流”按钮

图9-219 单击“管理客服”链接

步骤 03 跳转页面，单击“添加分流客服”链接，如图9-220所示。

步骤 04 在打开的对话框中选择客服，单击“确定”按钮，如图9-221所示。

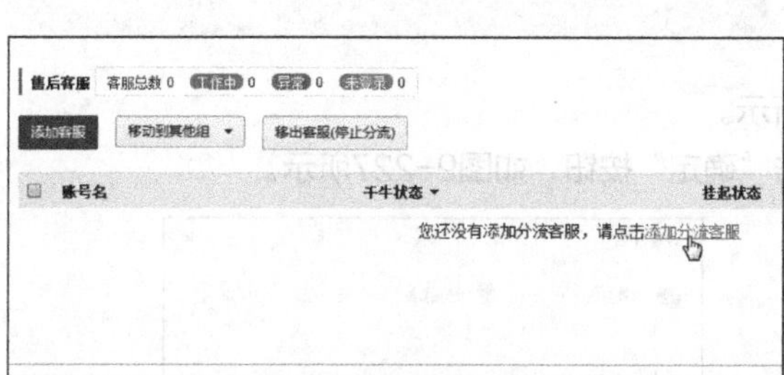

图9-220 单击“添加分流客服”链接

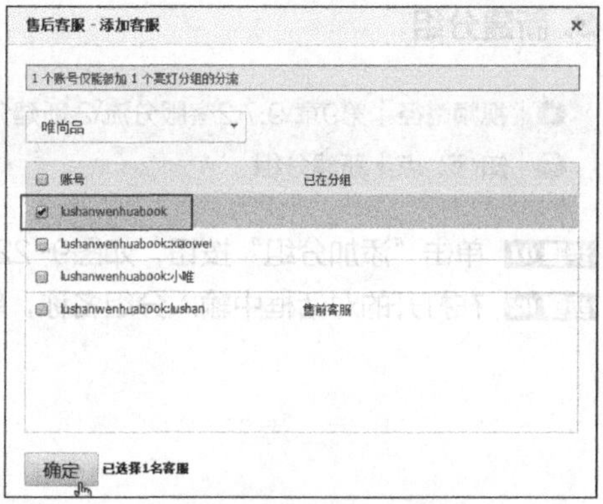

图9-221 单击“确定”按钮

步骤05 单击组下的“设置规则”按钮，如图9-222所示。

步骤06 在打开的对话框中选中复选框，单击“确定”按钮，如图9-223所示。

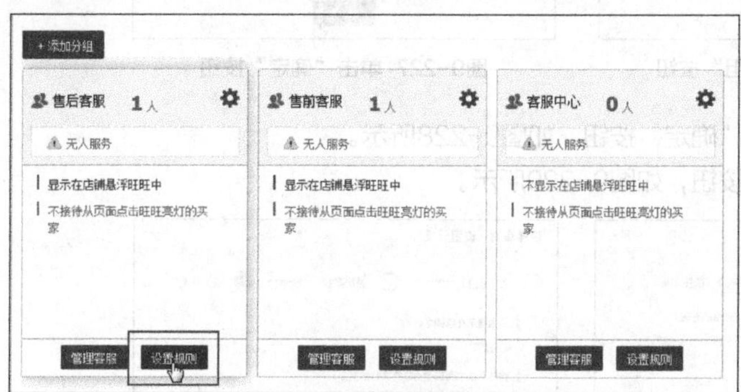

图9-222 单击“设置规则”按钮

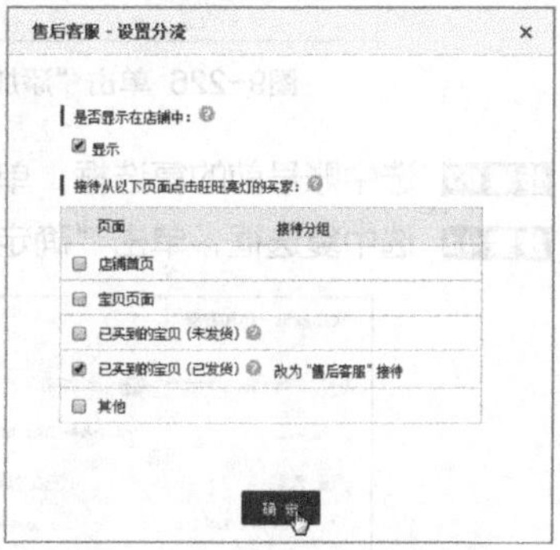

图9-223 单击“确定”按钮

步骤07 另外，还可以对分组进行重命名，单击分组右上角的⚙图标，在展开的列表中选择“重命名”选项，如图9-224所示。

步骤08 输入新的分组名称，如图9-225所示。

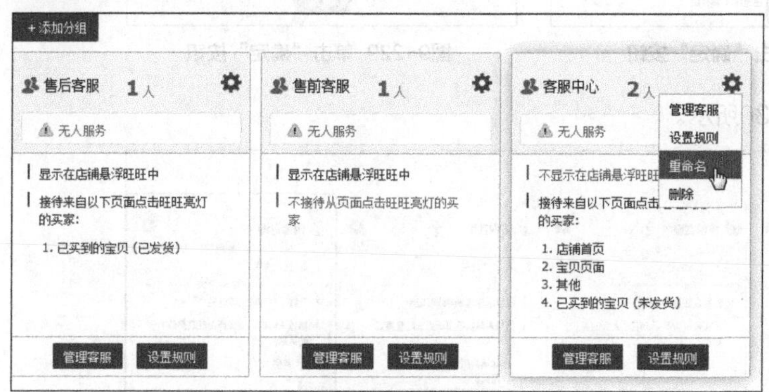

图9-224 选择“重命名”选项

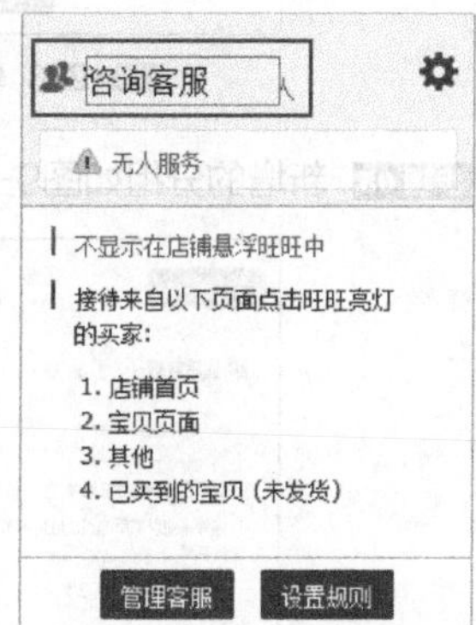

图9-225 输入名称

2. 新建分组

视频路径 | 第9章\9.7.2客服分流\2.新建分组.mp4
知 识 点 | 新建分组

步骤 01 单击“添加分组”按钮，如图9-226所示。

步骤 02 在打开的对话框中输入分组名称，单击“确定”按钮，如图9-227所示。

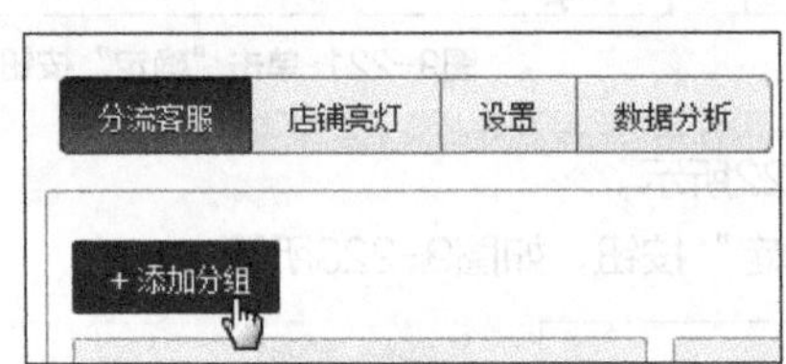

图9-226 单击“添加分组”按钮

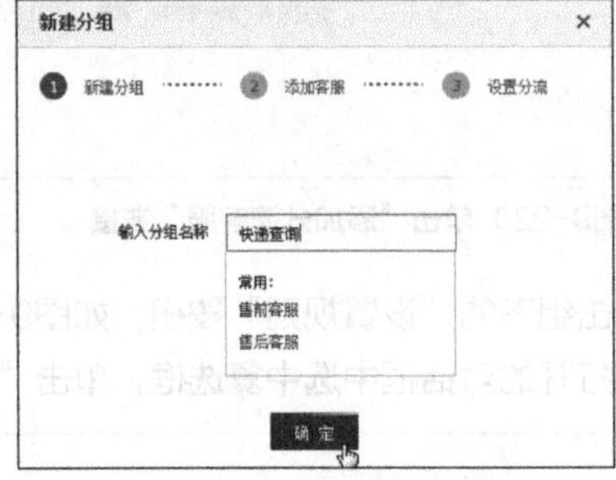

图9-227 单击“确定”按钮

步骤 03 选中账号前的复选框，单击“确定”按钮，如图9-228所示。

步骤 04 选中复选框，单击“确定”按钮，如图9-229所示。

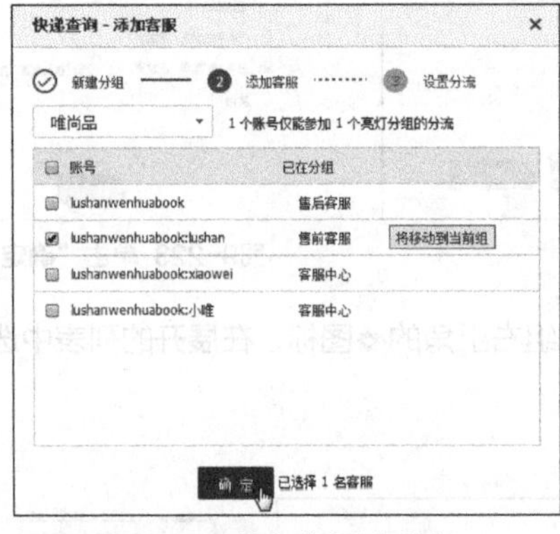

图9-228 单击“确定”按钮

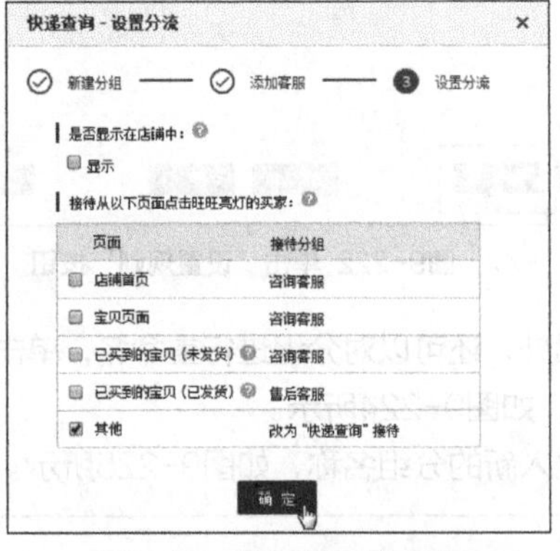

图9-229 单击“确定”按钮

步骤 05 新增的分组如图9-230所示。

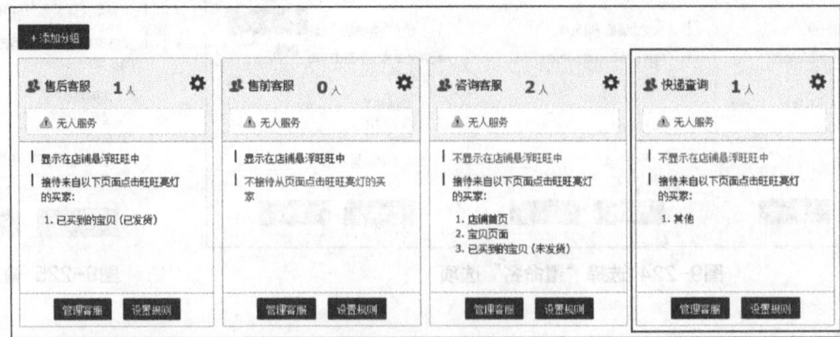

图9-230 新增的分组

3. 代理分流、手机分流与离线分流

单击“设置”按钮，在切换的界面中可以设置代理账号、手机分流与离线分流，如图9-231所示。

图9-231 单击“设置”按钮

- **代理分流**：当所有参与分流的客服子账号都不在线或挂起时，买家发送的消息，由代理账号统一接收。
- **手机分流**：开启手机分流后，参与分流的账号登录千牛手机端后，也可正常接待买家。
- 开启离线分流后，买家给离线且参与分流的账号发消息时，会自动转发给当前在线且参与分流的账号。

4. 店铺亮灯与数据分析

视频路径：第9章\9.7.2客服分流\4. 店铺亮灯与数据分析.mp4
知 识 点：店铺亮灯与数据分析

步骤 01 单击“店铺亮灯”按钮后可以显示亮灯的状态，当旺旺图标均为灰色显示时，可以对亮灯进行诊断，如图9-232所示。

步骤 02 单击“数据分析”按钮后显示客服及对应的未回复人数、平均等待、平均响应和服务时长等信息，如图9-233所示。可以以此来判断客服的工作效率。

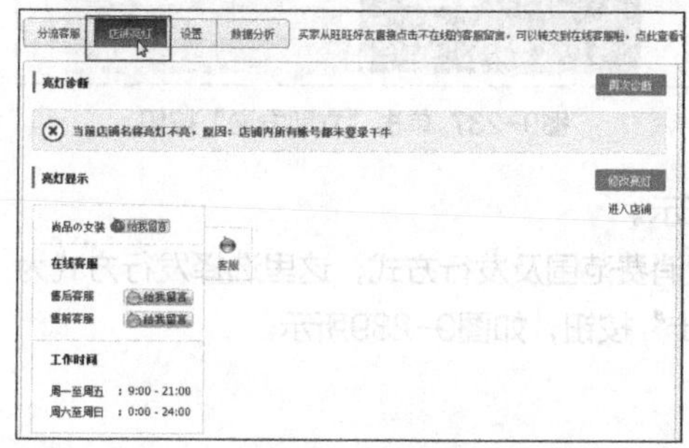

图9-232 单击“店铺亮灯”按钮

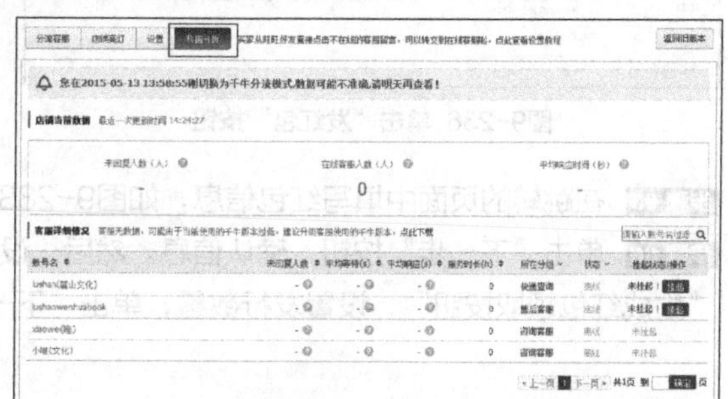

图9-233 单击“数据分析”按钮

9.8 发展回头客

买家对店铺、商品满意，愿意二次购买，或者推荐给亲朋好友，这就是回头客。回头客带来的是长久经济，这是每个店铺都需要的。

9.8.1 发行促销红包

卖家通过向买家派发红包，可以吸引买家在店铺进行购物。

视频路径 | 第9章\9.8.1发行促销红包.mp4
知 识 点 | 发行促销红包

步骤01 登录淘宝网后，进入“我的淘宝”页面，单击“我的支付宝”链接，如图9-234所示。

步骤02 进入“支付宝”页面，单击“账户资产”按钮，如图9-235所示。

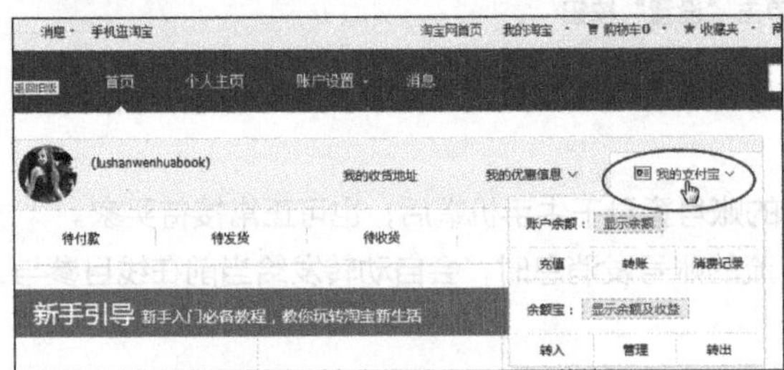

图9-234 单击“我的支付宝”链接

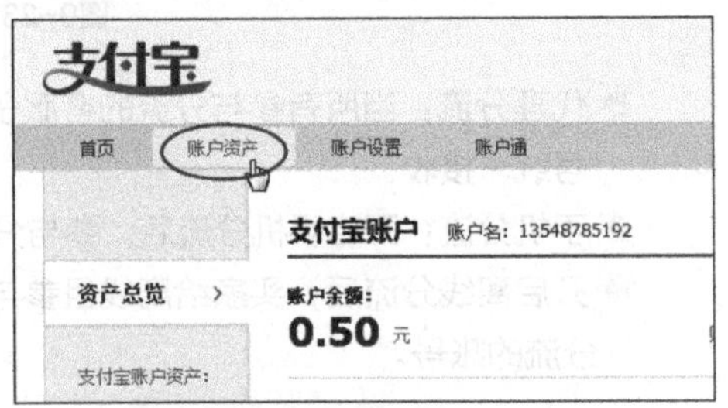

图9-235 单击“账户资产”按钮

步骤03 在左侧单击“红包”按钮，然后单击右上角的“发红包”按钮，如图9-236所示。

步骤04 跳转页面，单击“给客户”中的“立即发送”按钮，如图9-237所示。

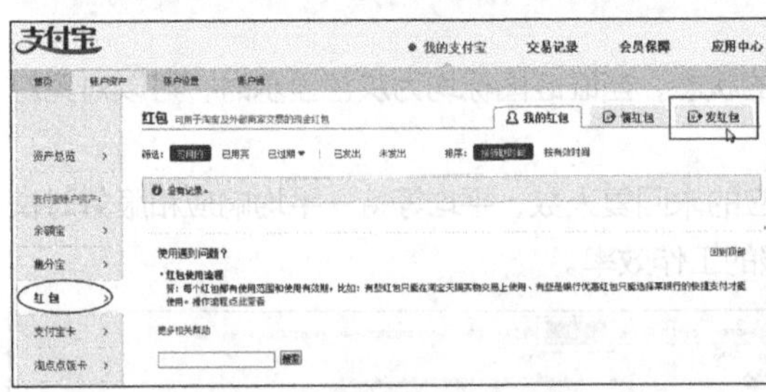

图9-236 单击“发红包”按钮

图9-237 单击“立即发送”按钮

步骤05 在跳转的页面中填写红包信息，如图9-238所示。

步骤06 单击“下一步”按钮，确认信息。然后，设置消费范围及发行方式，这里选择发行方式为“生成红包领取按钮”，设置发行数量，单击“下一步”按钮，如图9-239所示。

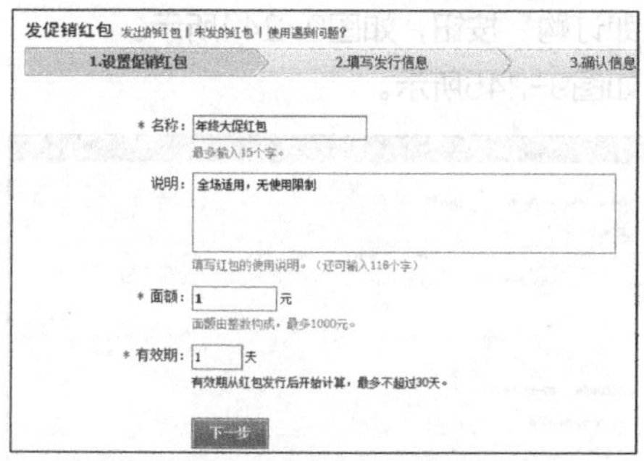

图9-238 填写红包信息

图9-239 确认信息

步骤07 进入“确认信息并发行”页面，信息确认无误后，输入支付密码，如图9-240所示。

步骤08 单击“确认发行”按钮，红包即可发送成功，如图9-241所示。

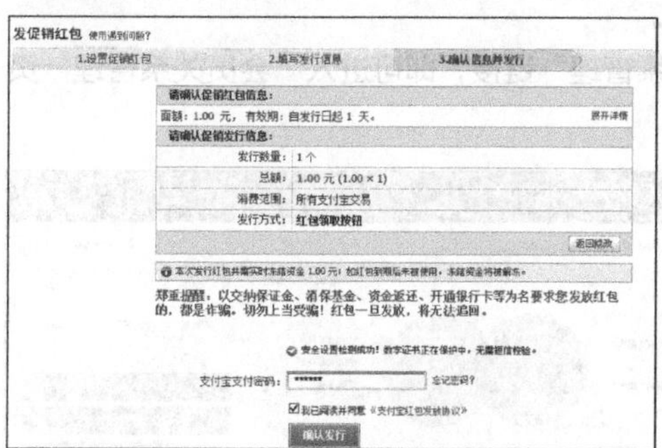

图9-240 输入密码

图9-241 红包发送成功

若发送给买家的红包到期且未经使用，会将红包的资金解冻即返回给自己，所以卖家不必担心红包未使用而资金也不知去踪的情况。

9.8.2 店铺会员升级与优惠设置

根据买家的消费程度设置不同的会员等级，对会员给予特殊的优惠是发展回头客的常用方法。

视频路径 | 第9章\9.8.2店铺会员升级与优惠设置.mp4

知 识 点 | 店铺会员升级与优惠设置

步骤01 在“卖家中心”页面单击左侧的“会员关系管理”链接，如图9-242所示。

步骤02 在打开的页面中单击“立即开通”按钮，如图9-243所示。

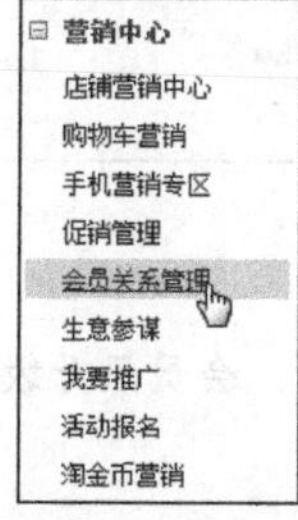

图9-242 单击“会员关系管理”链接

图9-243 单击“立即开通”按钮

步骤 03 在“会员管理”订购页面中选择周期后单击“立即订购”按钮，如图9-244所示。

步骤 04 在跳转的页面中单击“同意协议并付款”按钮，如图9-245所示。

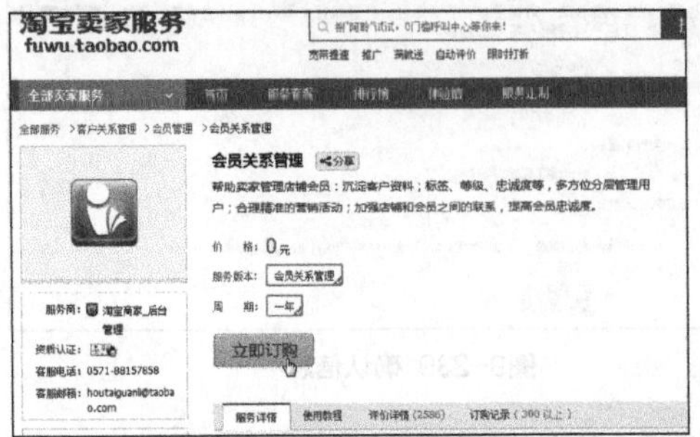

图9-244 单击“立即订购”按钮

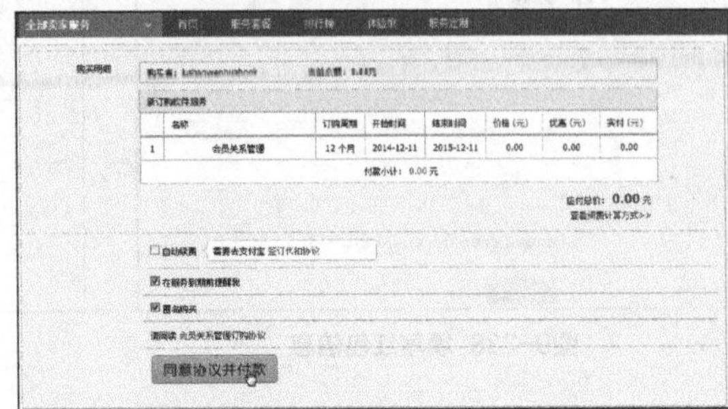

图9-245 单击“同意协议并付款”按钮

步骤 05 跳转页面，提示订购成功，如图9-246所示。

步骤 06 回到“卖家中心”页面，再次单击“会员关系管理”链接，即可进入“会员关系管理”页面，如图9-247所示。

图9-246 提示订购成功

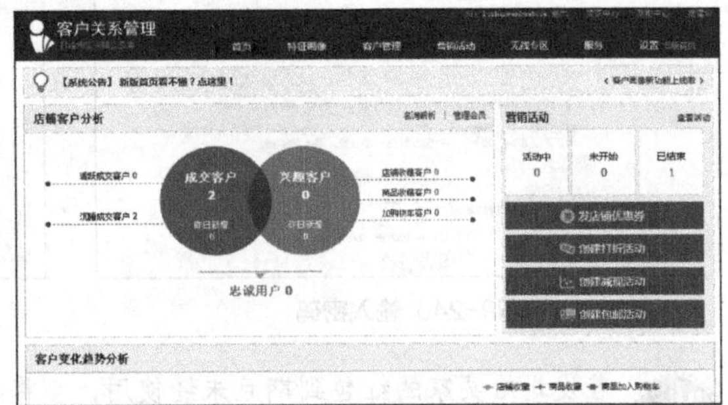

图9-247 进入“会员关系管理”页面

步骤 07 单击顶部的“设置”按钮，如图9-248所示。

步骤 08 选中相应的升级模式复选框，并设置满足条件，以及折扣，如图9-249所示。单击“保存”按钮完成VIP设置。

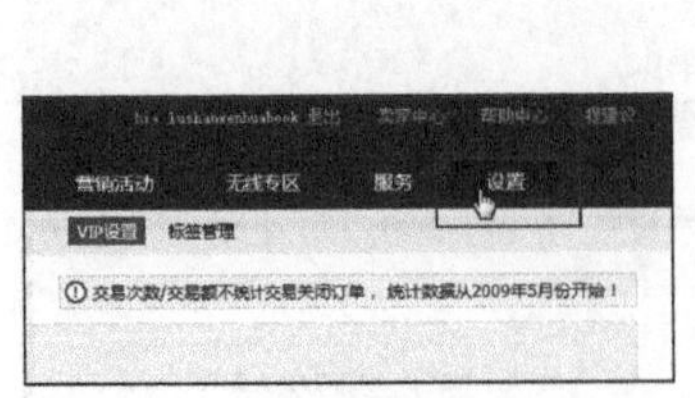

图9-248 单击“设置”按钮

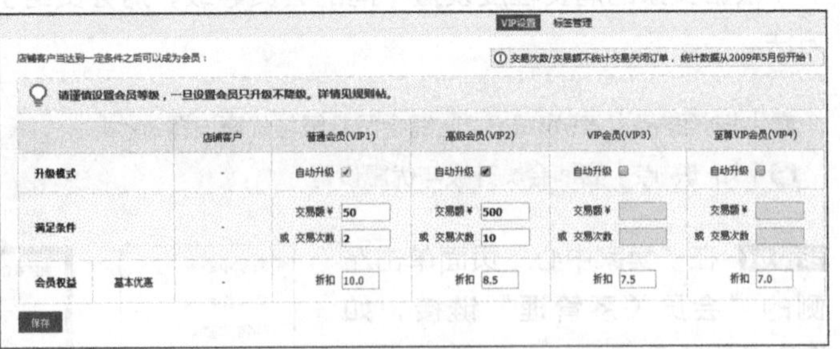

图9-249 设置

会员的升级模式与满足条件一旦设置，会员只升级不降级。

 单击“客户管理”按钮，显示了店铺的会员，如图9-250所示。

提示 Tips 设置完VIP折扣，并不意味着会员浏览商品就能看到VIP价格，商家可以自由选择参与VIP折扣的商品，因此请一定记得在发布商品信息时，单击“参与会员打折”单选按钮，如图9-251所示。

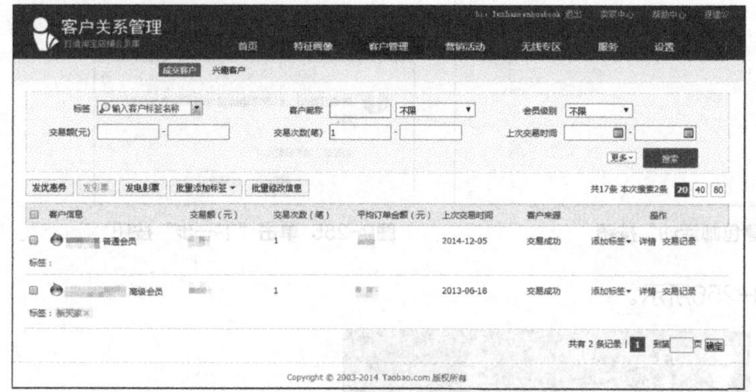

图9-250 店铺VIP会员

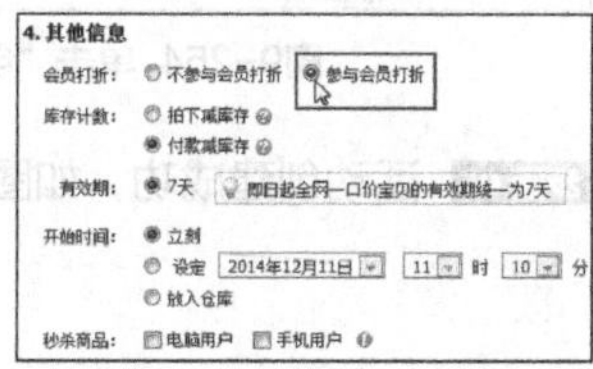

图9-251 单击“参与会员打折”单选按钮

9.8.3 会员限时包邮

创建包邮活动不同于前面设置的卖家承担运费，限时包邮不仅可以设置包邮的对象和包邮的宝贝，还可以设置包邮的时间，即限时包邮。

视频路径 第9章\9.8.3会员限时包邮.mp4
知 识 点 会员限时包邮

步骤01 在“客户关系管理”首页中单击“创建包邮活动”按钮，如图9-252所示。

步骤02 在打开的页面中选择活动对象，单击“下一步”按钮，如图9-253所示。

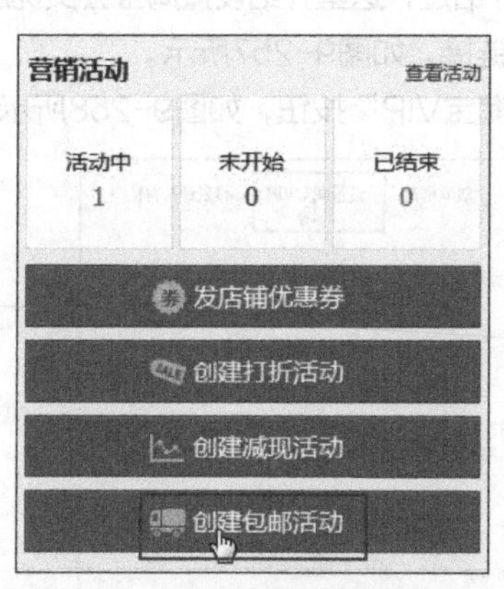

图9-252 单击“创建包邮活动”按钮

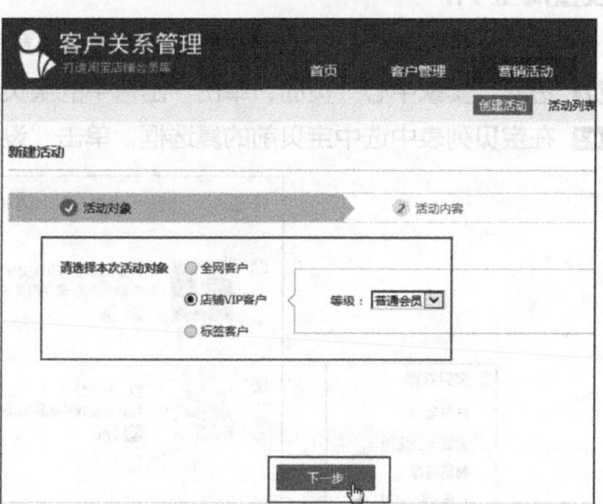

图9-253 单击“下一步”按钮

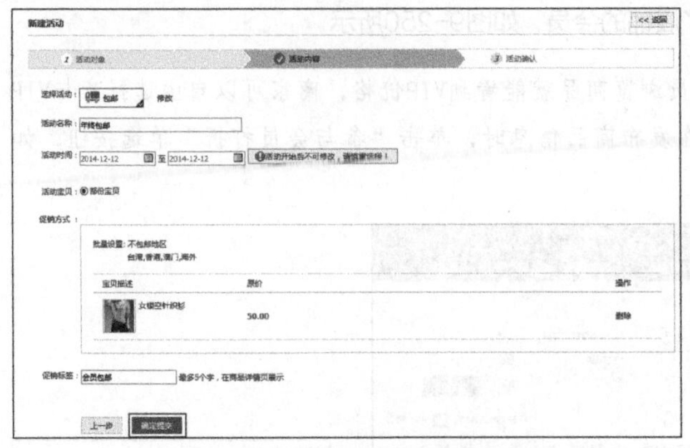

图9-254 单击“创建包邮活动”按钮

步骤03 在打开的页面中设置活动内容，包括活动的时间和活动的产品等，然后单击“确定提交”按钮，如图9-254所示。

步骤04 在弹出的对话框中单击“确认”按钮，如图9-255所示。

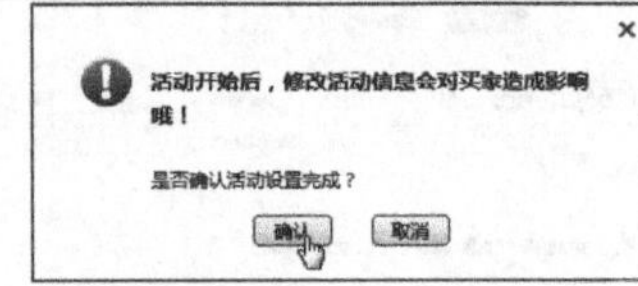

图9-255 单击“下一步”按钮

步骤05 活动创建成功，如图9-256所示。

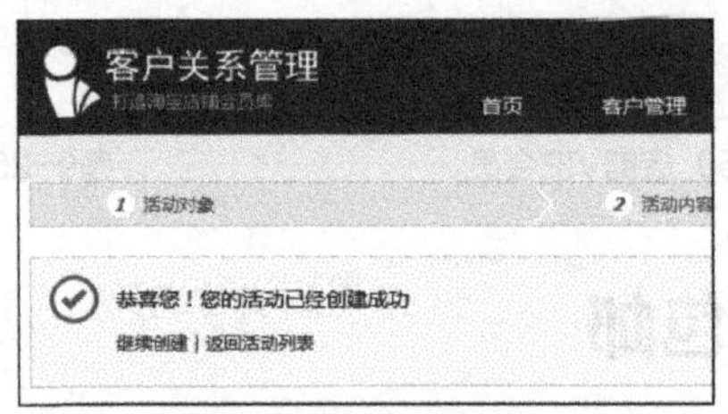

图9-256 活动创建成功

9.8.4 淘宝VIP优惠设置

淘宝VIP是指淘宝网会员，无论买家是不是你的店铺VIP，只要他是淘宝会员，都可享受淘宝会员优惠价。设置淘宝会员优惠价需参加“消费者保障服务”。

1. 设置淘宝VIP

淘宝VIP是指淘宝会员，淘宝会员的内容在前面章节介绍过，这里介绍设置淘宝会员优惠价。

步骤01 进入“卖家中心”页面，单击“出售中的宝贝”链接，如图9-257所示。

步骤02 在宝贝列表中选中宝贝前的复选框，单击“设置淘宝VIP”按钮，如图9-258所示。

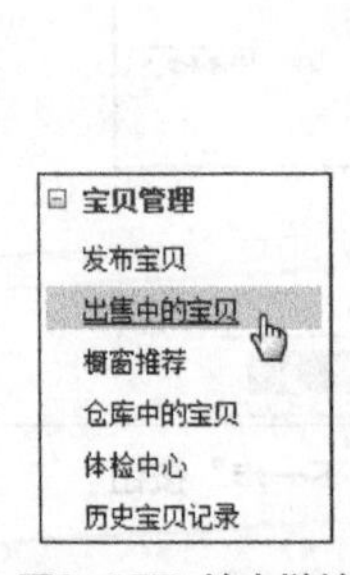

图9-257 单击链接

图9-258 单击“设置淘宝VIP”按钮

图9-259 设置VIP价格

步骤03 跳转页面，选择分类，单击“筛选”按钮筛选出相应分类的宝贝。

步骤04 或在下面的列表中直接选择宝贝，设置不同VIP等级的折扣，如图9-259所示。

步骤05 单击底部的“参加”按钮，如图9-260所示。

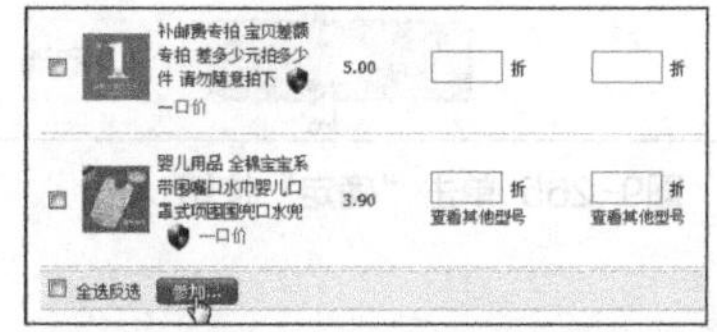

图9-260 单击“参加”按钮

提示设置V1~V3价必须是60天内设置的全网最低价，各等级之间折扣差不能低于0.5折。例如，如果设置V1~V3会员价为9.5折，那么V4~V5的会员价必须低于9折，V6的会员价必须低于8.5折，否则会有设置不成功的提示。

步骤06 弹出的对话框，单击“确定”按钮，如图9-261所示。

步骤07 打开宝贝详情页，在价格下方显示了会员等级及促销价，如图9-262所示。

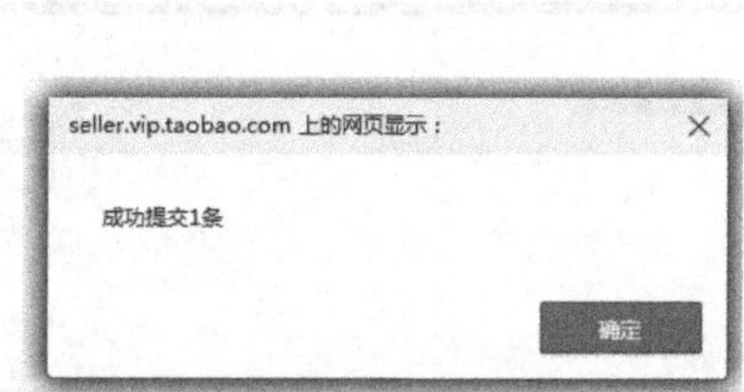

图9-261 设置VIP价格

图9-262 单击“确定”按钮

2. 取消淘宝VIP宝贝

步骤01 设置淘宝VIP宝贝后，单击“淘宝VIP宝贝”按钮，如图9-263所示。

步骤02 在打开的界面中显示了设置淘宝VIP的宝贝。选择宝贝，单击右侧的“取消”按钮，如图9-264所示。

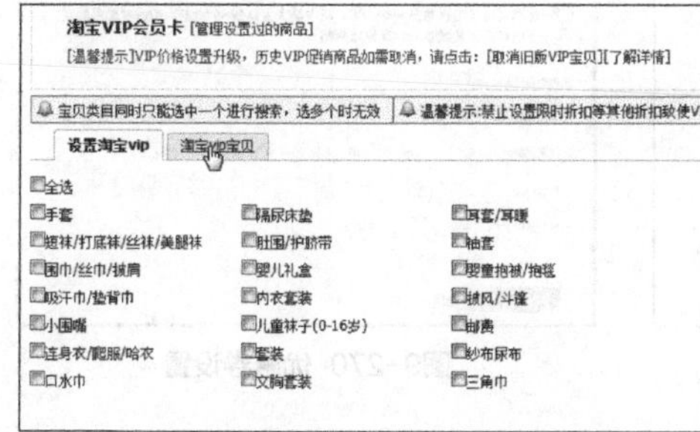

图9-263 单击“淘宝VIP宝贝”按钮

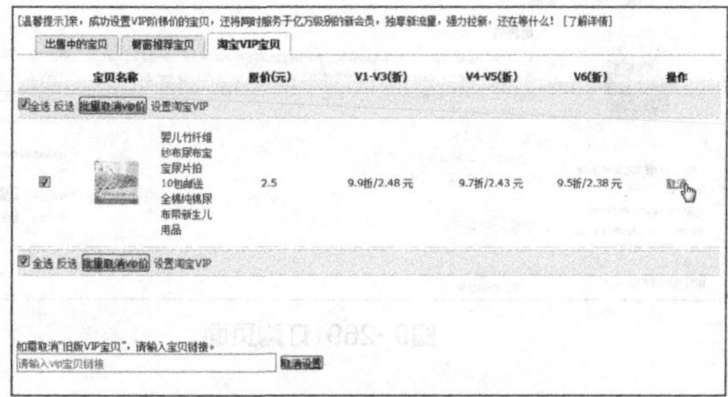

图9-264 单击“取消”按钮

步骤03 在弹出的对话框中单击“确定”按钮，如图9-265所示。

步骤04 弹出对话框，如图9-266所示，单击“确定”按钮即完成了VIP宝贝的取消设置。

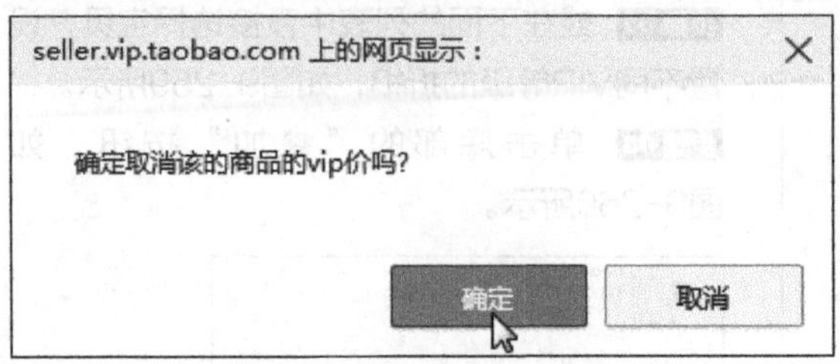

图9-265 单击“确定”按钮

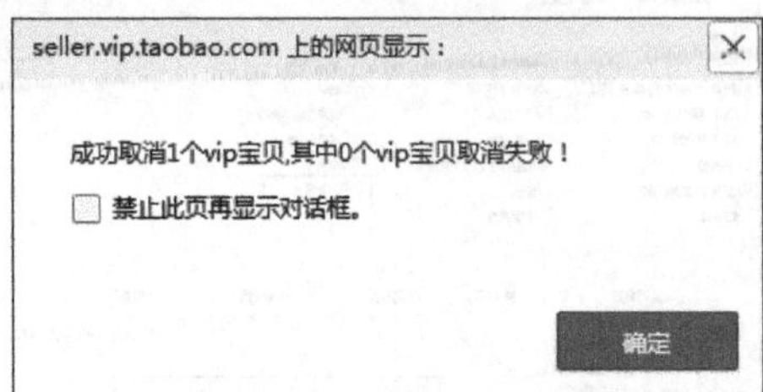

图9-266 单击“确定”按钮

9.8.5 赠送优惠券

卖家给买家赠送优惠券、彩票和电影票，可以促使买家进店消费。

视频路径 | 第9章\9.8.5 赠送优惠券.mp4

知 识 点 | 赠送优惠券

步骤01 在“卖家中心”页面单击“会员关系管理”链接，进入“会员关系管理”页面。

步骤02 单击“客户管理”，在页面中选择会员，单击“发优惠券”按钮，如图9-267所示。

步骤03 在打开的对话框中单击“创建店铺优惠券”链接，如图9-268所示。

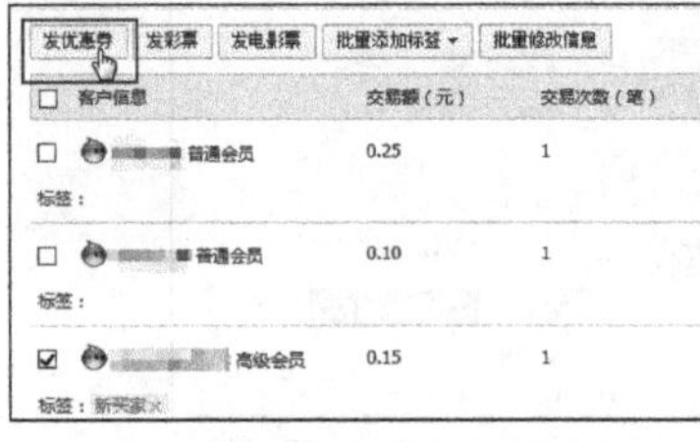

图9-267 单击“发优惠券”按钮

图9-268 单击“创建店铺优惠券”链接

步骤04 在打开的服务订购页面中订购服务，如图9-269所示。

步骤05 订购后再次进入“客户管理”页面，选择会员，单击“发优惠券”按钮，在打开的对话框中设置名称和条件等，如图9-270所示。单击“确定”按钮即可。

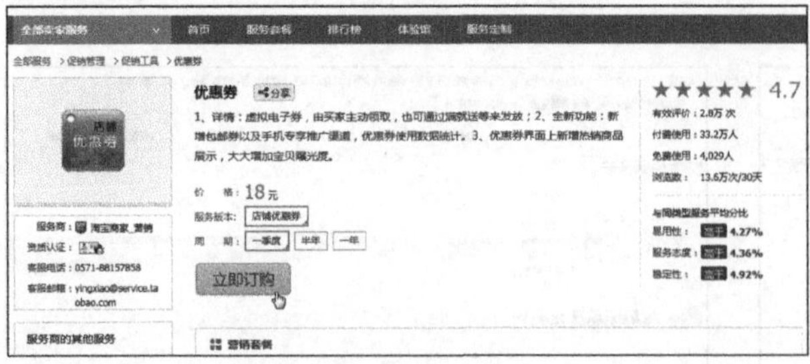

图9-269 订购页面

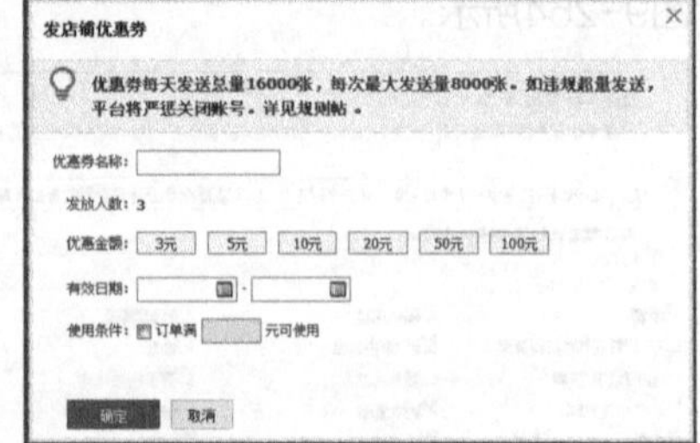

图9-270 优惠券设置

9.8.6 创建商品优惠券

商品优惠券能促进买家消费，下面介绍商品优惠券的创建。

视频路径 第9章\9.8.6创建商品优惠券.mp4

知 识 点 创建商品优惠券

步骤01 在“卖家中心”页面单击“店铺营销中心”链接，如图9-271所示。

步骤02 在左侧选择“创建活动”选项，如图9-272所示。

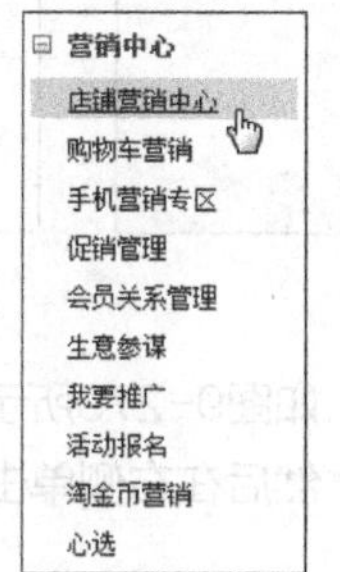

图9-271 单击“店铺营销中心”链接

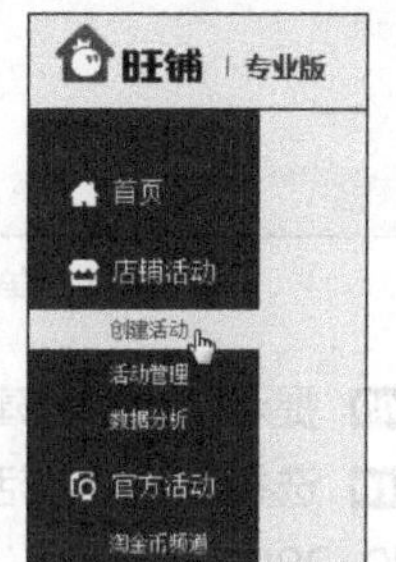

图9-272 选择“创建活动”选项

步骤03 在右侧单击“商品优惠券”链接，然后单击“创建活动”按钮，如图9-273所示。

步骤04 输入活动名称、面值和发行量，然后单击“选择宝贝”按钮，如图9-274所示。

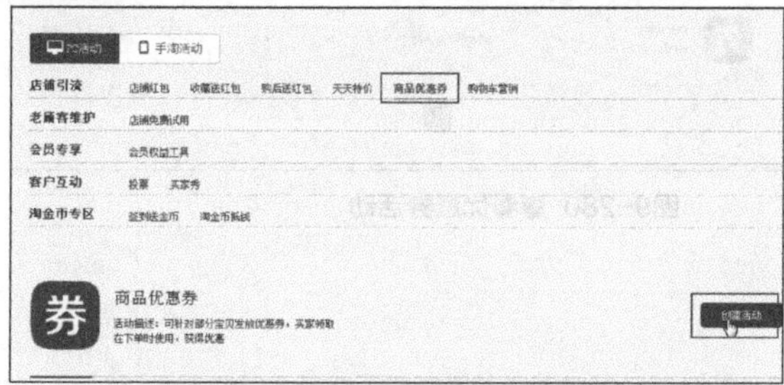

图9-273 单击“创建活动”按钮

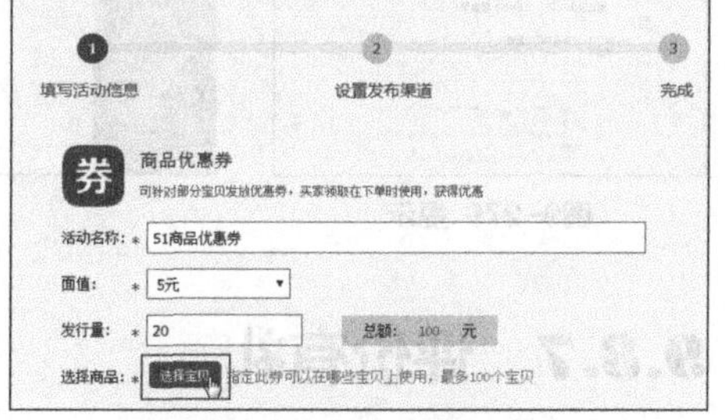

图9-274 单击“选择宝贝”按钮

步骤05 打开对话框，在宝贝后单击“选择”按钮，选择多个宝贝，如图9-275所示。

步骤06 单击“确定”按钮，继续设置其他信息，单击“下一步”按钮，如图9-276所示。

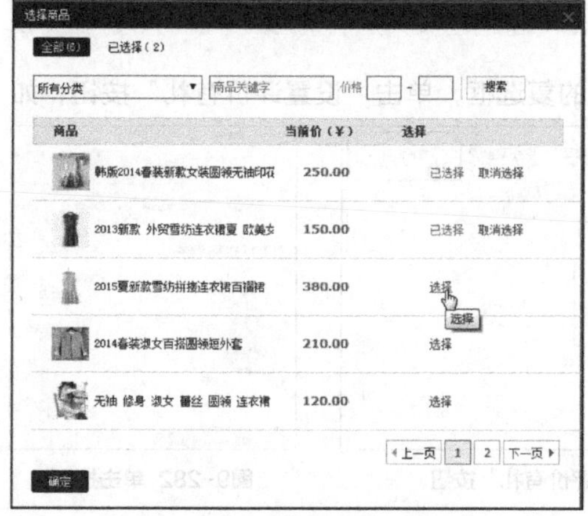

图9-275 单击“选择”按钮

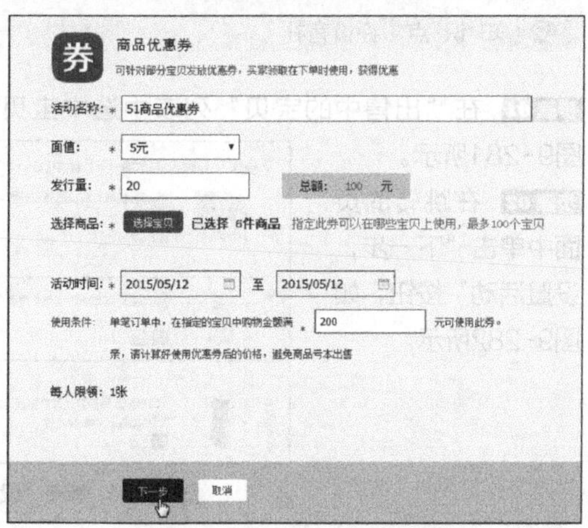

图9-276 单击“下一步”按钮

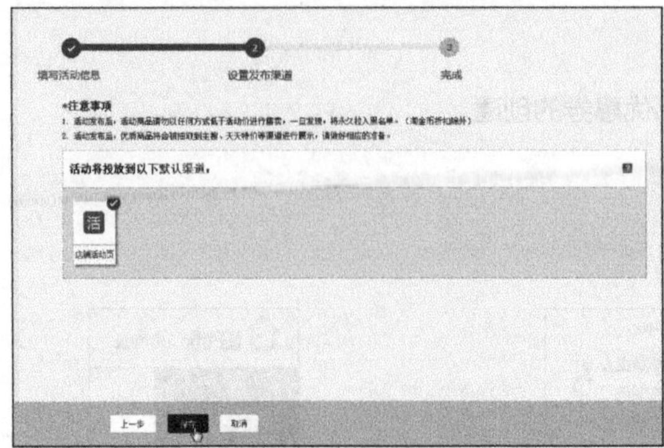
图9-277 单击“保存”按钮

步骤07 在跳转的页面中单击“保存”按钮，如图9-277所示。

步骤08 弹出对话框，单击“确定”按钮，如图9-278所示。

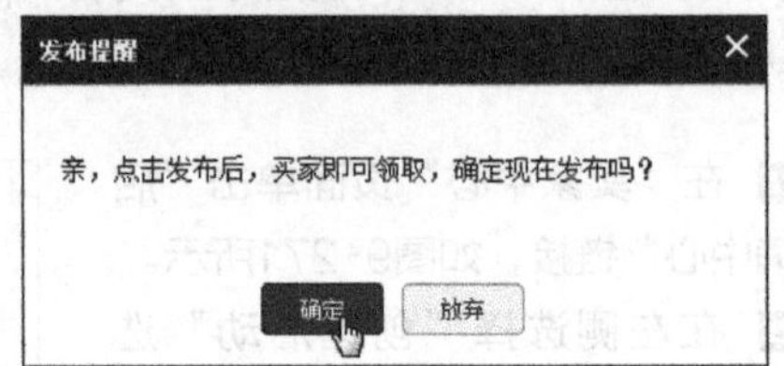

图9-278 单击“确定”按钮

步骤09 提示“成功创建店铺优惠券”，如图9-279所示。

步骤10 选择左侧的“活动管理”选项，然后在右侧单击“商品优惠券”按钮，查看优惠券活动，如图9-280所示。

图9-279 提示

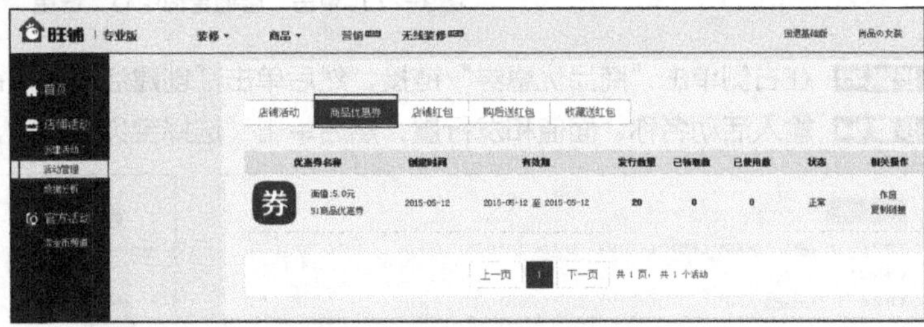
图9-280 查看优惠券活动

9.8.7 评价有礼

评价有礼是指对认真评价的买家给予奖励。不仅能提高卖家的主动评论率，还能提高买家的评论质量，以及提高新品的首次评论，让新买家购买新品不再犹豫。

视频路径 | 第9章\9.8.7评价有礼.mp4
知 识 点 | 评价有礼

步骤01 在“出售中的宝贝”列表中选中宝贝前的复选框，单击“设置评价有礼”按钮，如图9-281所示。

步骤02 在跳转的页面中单击“下一步，设置活动”按钮，如图9-282所示。

图9-281 单击“设置评价有礼”按钮

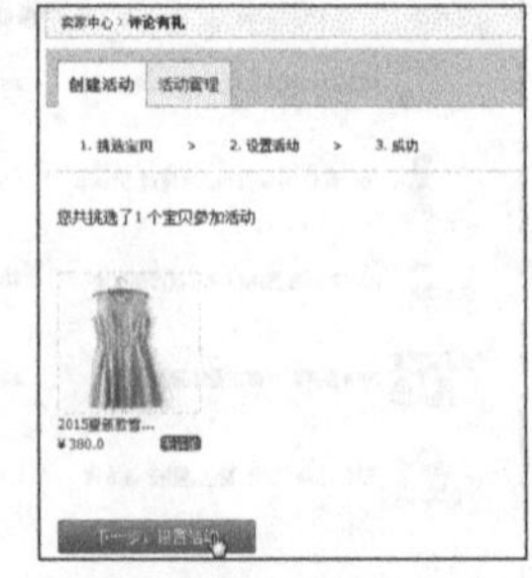
图9-282 单击按钮

步骤 03 设置活动名称，活动类型，截止日期与奖励方式，单击“确认”按钮即可，如图9-283所示。

步骤 04 若不能选中“店铺优惠券”前的复选框，需要先在“淘宝卖家服务”页面订购“优惠券”，如图9-284所示。

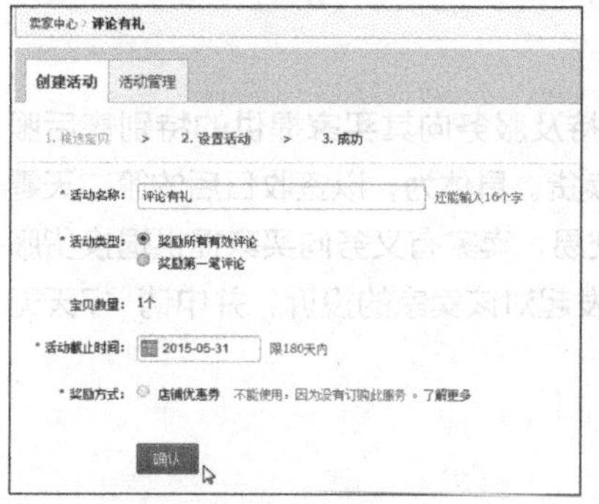

图9-283 单击“确认”按钮

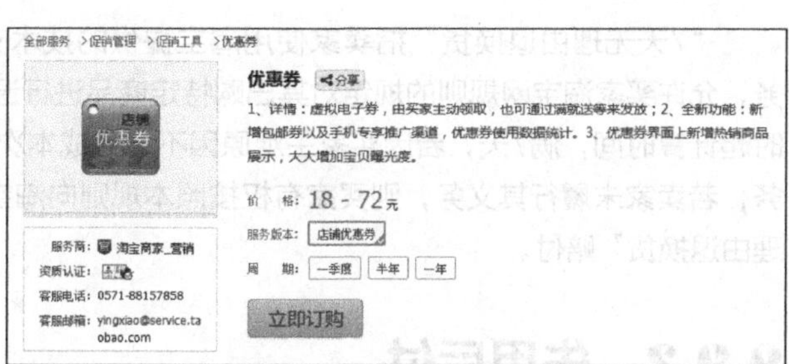

图9-284 订购“优惠券”

9.9 消费者保障

消费者保障服务鼓励卖家以服务制胜，以个性化、多样化的服务给消费者提供更好的选择，让消费者能了解到除商品之外的更多重要服务承诺，从而使消费者在购物过程中能放心购买、快速下单、售后处理也更有保障。

在“卖家中心”页面单击“消费者保障服务”链接，如图9-285所示。在右侧显示了11种服务，如图9-286所示。

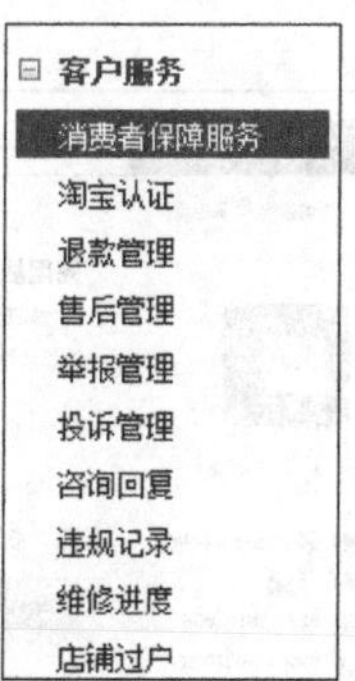

图9-285 单击“消费者保障服务”链接

图9-286 显示了11种服务

9.9.1 初级服务

初级服务是淘宝开店必须签署的服务，开店成功则默认开通，包括基础消保和七天无理由退货在内的初级服务。

1. 基础消保

淘宝网于2011年正式推出“全网消费者保障服务”，新开店卖家成功创建店铺，所有卖家都默认签署消保协议，加入了消费者保障基础服务，即基础消保。卖家签署消保协议以后，保证金可以根据实际情况选择立即性提交或暂时不交。

2. 7天无理由退货

“7天无理由退换货”指卖家使用淘宝提供的技术支持及服务向其买家提供的特别售后服务，允许买家淘宝网规则的规定对其已购特定商品进行退换货。具体为，以签收日后的第二天零时起计算时间，满7天，若因买家主观原因不愿完成本次交易，卖家有义务向买家提供退换货服务；若卖家未履行其义务，则买家有权按照本规则向淘宝发起对该卖家的投诉，并申请“7天无理由退换货”赔付。

9.9.2 先用后付

“先用后付”服务是淘宝网联合卖家推出的新型体验购物服务，买家在购买“先用后付”商品时，无需付款先行试用，确认收货后，在指定还款日前完成付款即可。消费者确认收货后，卖家即时收到货款。

“先用后付”打消了买家的顾虑，降低了购买门槛，在宝贝详情页中展示如图9-287所示。

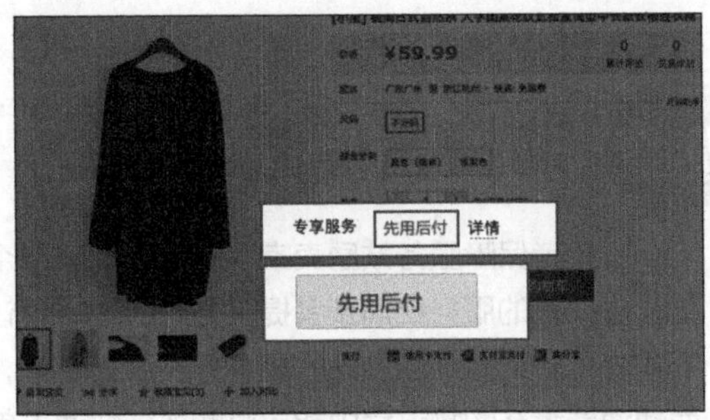

图9-287 先用后付

步骤01 单击“先用后付”下的“签署‘网购后付业务’合同”链接，如图9-288所示。

步骤02 在切换的页面中订购服务，如图9-289所示。进入订购页面，单击“同意协议并付款”按钮，订购成功。

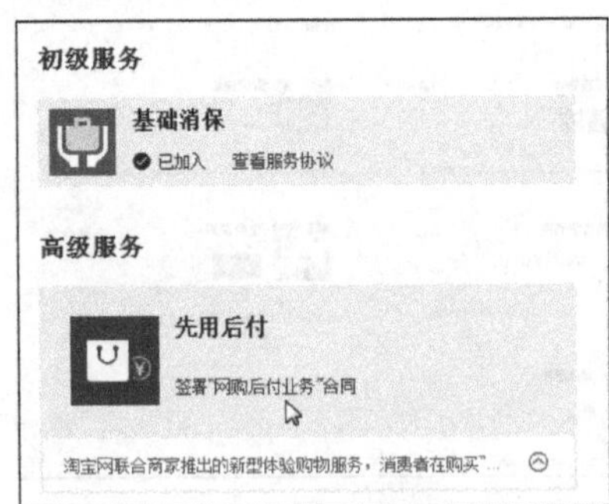

图9-288 单击“签署‘网购后付业务’合同”链接

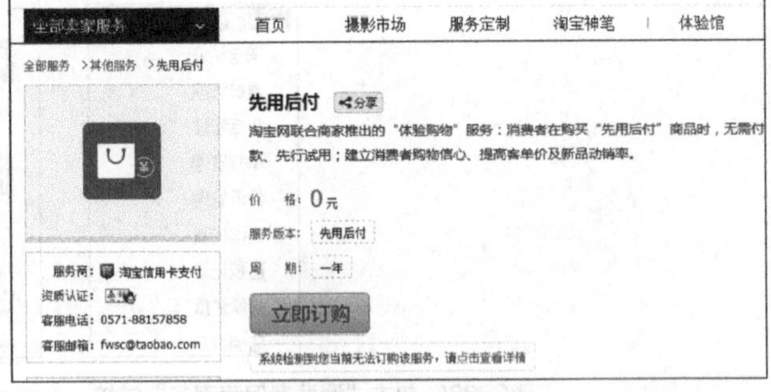

图9-289 订购服务

步骤03 回到“消费者保障服务”页面，单击“先用后付”下的“加入”按钮，如图9-290所示。

步骤04 在商品列表中选择商品，单击右侧的“设置”按钮，在弹出的对话框中设置内容，然后单击“确定”按钮即可，如图9-291所示。

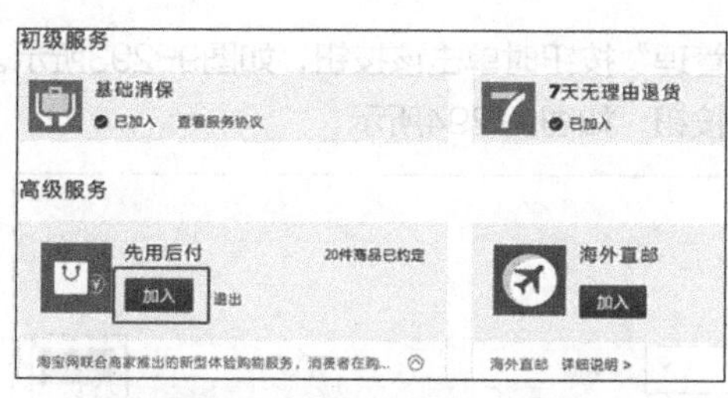

图9-290 单击“加入”按钮

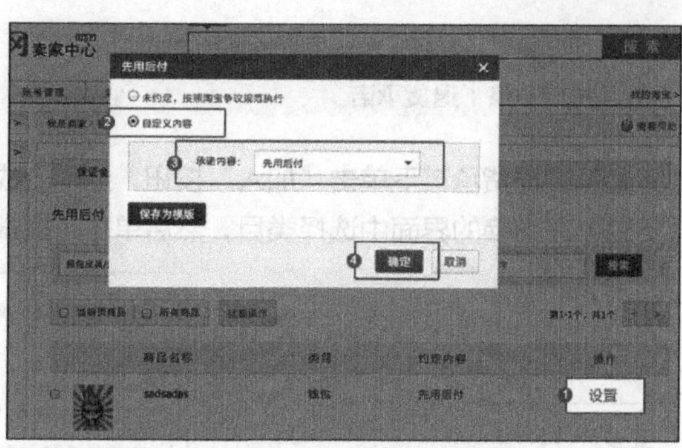

图9-291 单击“确定”按钮

若出现以下情况则不能订购该服务。

- **开店时长不符：**需要90天以上。
- **年龄不符：**应满足18~65岁。
- **星钻等级不符：**需1钻以上。
- **平台处罚过多：**近13个月A类罚分大于24分；B类罚分大于12分；则不准入。
- **历史严重逾期：**淘宝贷款或天猫贷款历史逾期超过30天以上。
- **好评率低：**近30天好评率低于7成（含）不准入。

9.9.3 海外直邮

海外直邮是指卖家承诺商品的发货地为除中国大陆以外的所有国家和地区（包括港澳台），在买家付款后，按照约定保证订单商品从海外直接发货，且所有海外物流的商品均支持在线物流跟踪，即消费者可以通过淘宝物流信息或跳转第三方平台来在线查询订单信息；卖家海外发货后，买家自动确认收货时间为20天。如买家购买货品未按约定从海外发出，可以申请退货，并可在交易关闭之日起15天内发起投诉，获得相应赔偿。

明显标识吸引海淘买家，向买家承诺相应违约金，增强买家购买信心，提升浏览转化和下单转化率。详情页展示效果如图9-292所示。

图9-292 详情页展示效果

卖家须符合以下条件，方可申请加入海外直邮服务。

- 卖家为消保卖家。
- 卖家已缴纳基础消保保证金或已购买保证金保险（保证金≥1000元）。
- 无出售假冒商品违规扣分。

9.9.4 退货承诺

卖家就该商品退货服务向买家作出承诺，自商品签收之日起至卖家承诺保障时间内，商品符合卖家约定状态的情况下，如买家对购买的商品不满意可无理由申请退货。

视频路径 | 第9章\9.9.4退货承诺.mp4
知 识 点 | 退货承诺

步骤01 在退货承诺下单击“加入”按钮，当前变成“管理”按钮时单击该按钮，如图9-293所示。

步骤02 在切换的界面中选择类目，然后单击“搜索”按钮，如图9-294所示。

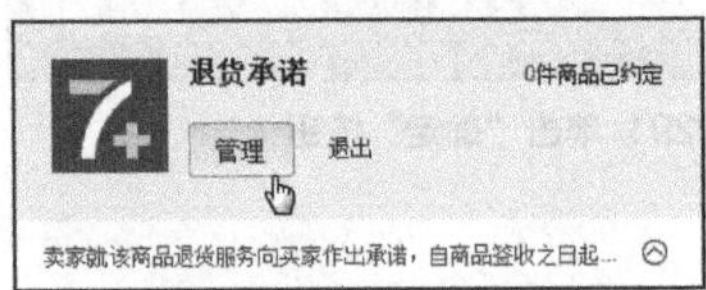

图9-293 单击“管理”按钮

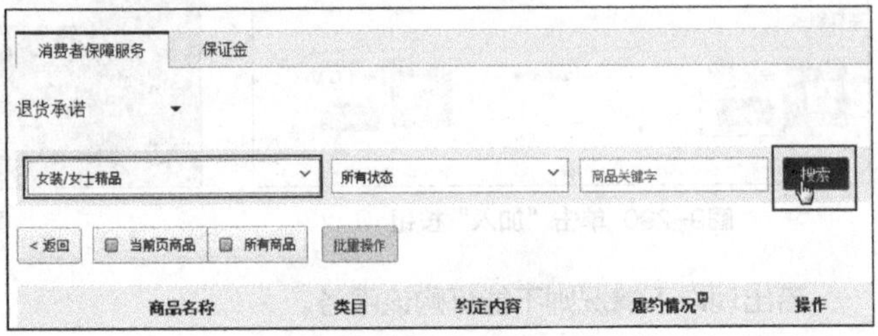

图9-294 单击“搜索”按钮

步骤03 搜索到宝贝后，选中宝贝前的复选框，单击上方的“批量操作”按钮，如图9-295所示。

步骤04 在打开的对话框中设置内容，单击“保存为模板”按钮，如图9-296所示。

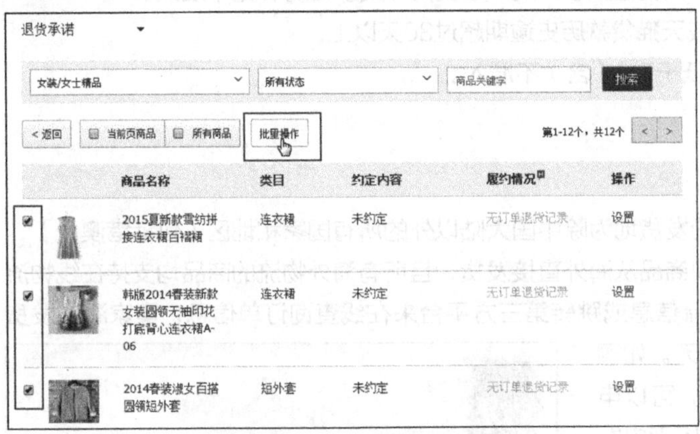

图9-295 单击“批量操作”按钮

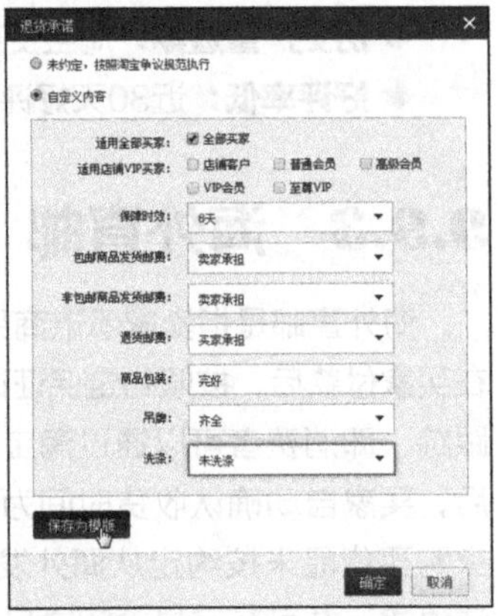

图9-296 单击“保存为模板”按钮

步骤05 单击“确定”按钮，如图9-297所示。

步骤06 设置退货承诺的宝贝后显示了相应的约定内容，如图9-298所示。

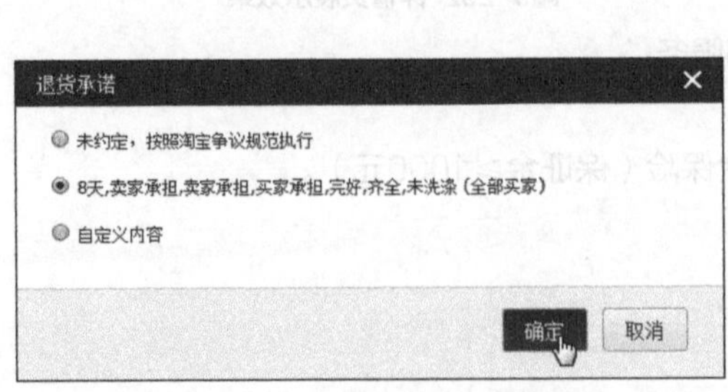

图9-297 单击“确定”按钮

图9-298 显示约定内容

9.9.5 破损补寄

卖家就该商品签收状态作出承诺，自商品签收之日起至卖家承诺保障时间内，如发现商品在运输途中出现破损，买家可申请破损部分商品补寄。

步骤 01 在破损补寄下单击“加入”按钮，当变成“管理”按钮时，单击该按钮，如图9-299所示。

步骤 02 同样，选中宝贝前的复选框，单击“批量操作”按钮，打开对话框，设置“破损补寄”信息，如图9-300所示。

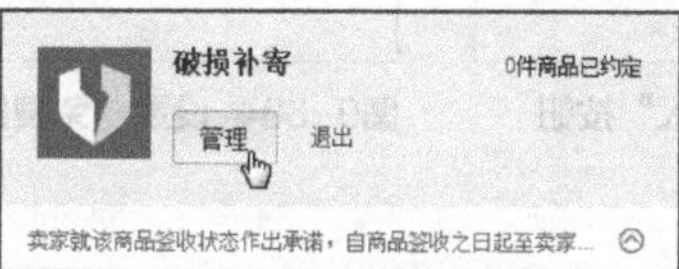

图9-299 单击按钮

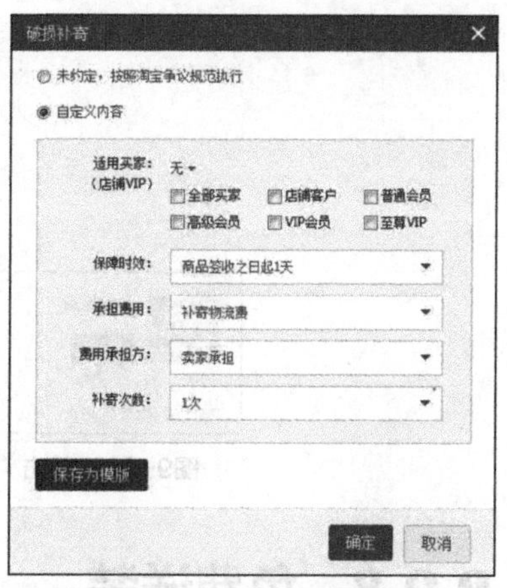

图9-300 设置“破损补寄”

9.9.6 指定快递

将选快递的权利交给买家，可提升买家购物物流体验，减少店铺物流差评，增加买家的二次购买率。

步骤 01 在“指定快递”下单击“管理”按钮，如图9-301所示。

步骤 02 在打开的页面中显示了多个服务，可以根据需要来订购，如图9-302所示。

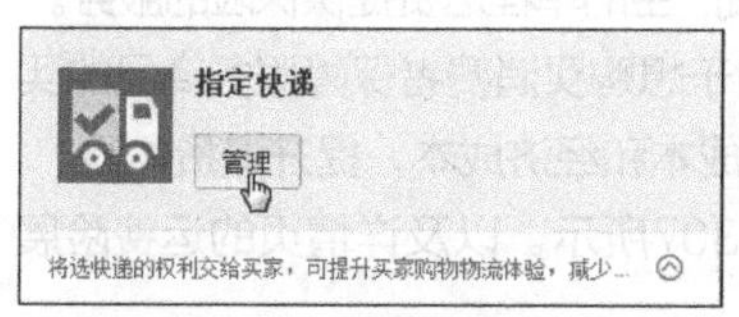

图9-301 单击“管理”按钮

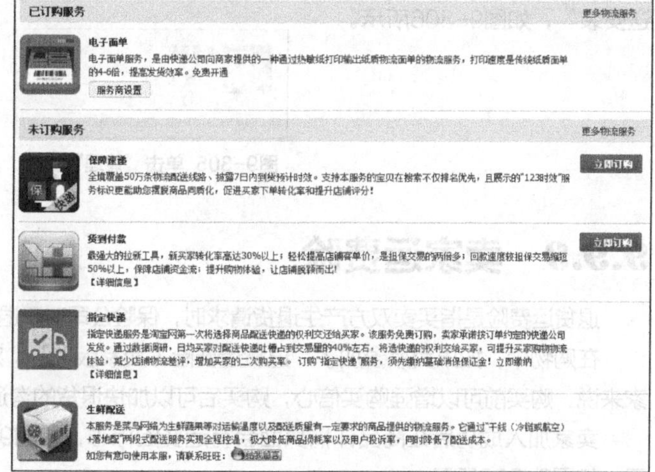

图9-302 显示订购服务

9.9.7 免费换新

卖家自主承诺在售后30天内，如发现商品出现故障无法正常使用，可提供买家免费更换全新同款商品或等值商品1次换新的服务，提供更好的售后保障，增加买家购物信心。

单击“加入”按钮加入免费换新，如图9-303所示。对宝贝进行批量操作，在打开的对话框中设置“免费换新”信息，如图9-304所示。

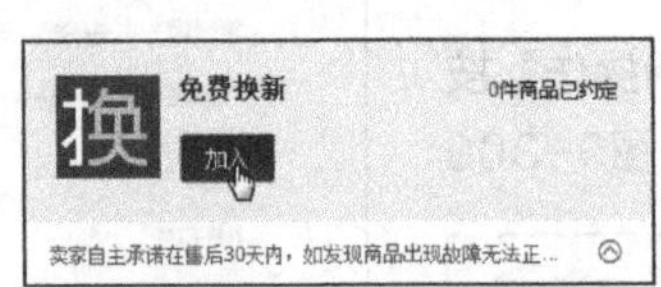
图9-303 单击“加入”按钮

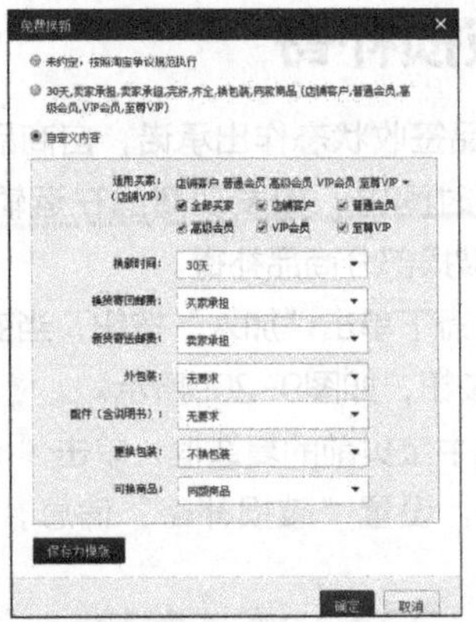
图9-304 设置“免费换新”信息

9.9.8 免费送装

若买家购买商品时的收货地址在卖家承诺的区域内，卖家需向买家免费提供送货到买家收货地址并安装（包括但不限于长途干线运输、同城配送、搬楼和入户安装）的特殊服务。

加入“免费送装”后单击“管理”按钮，如图9-305所示。对宝贝进行批量操作，在打开的对话框中设置“免费配送安装”，如图9-306所示。

图9-305 单击“管理”按钮

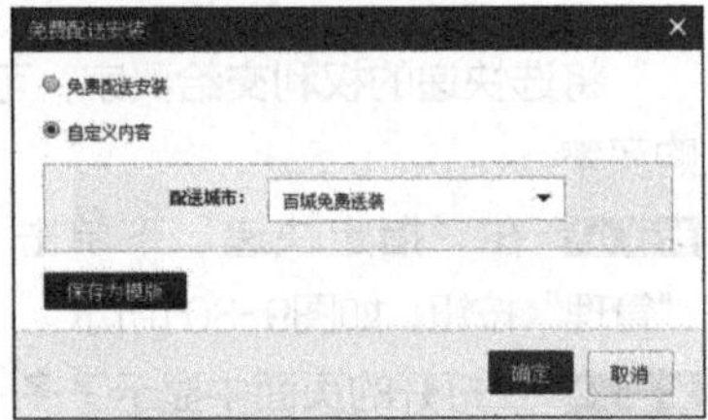
图9-306 设置“免费配送安装”

9.9.9 卖家运费险

退货运费险是指买卖双方产生退货请求时，保险公司对于退货产生的单程运费提供保险的服务。

在购物中，如果卖家参加了“退货运费险（卖家版）”，对于想购买消费者保障服务商品的买家来说，购买前可以增强购买信心，购买后可以加快退货的沟通成本和经济成本，提升退货体验。

卖家加入成功后在商品详情页面会有运费险标志，如图9-307所示。以及详情页的运费险展示，如图9-308所示。

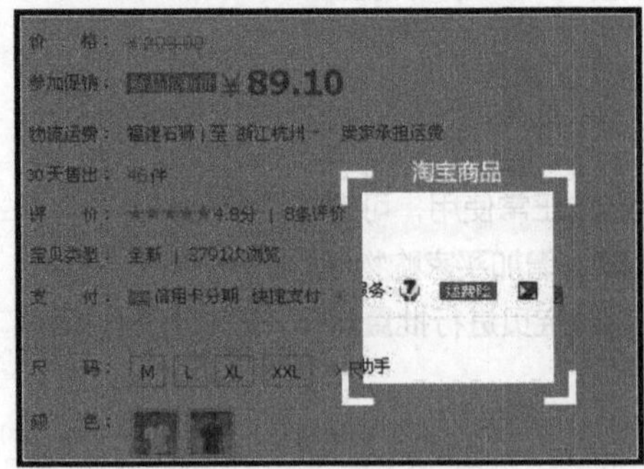
图9-307 运费险标志

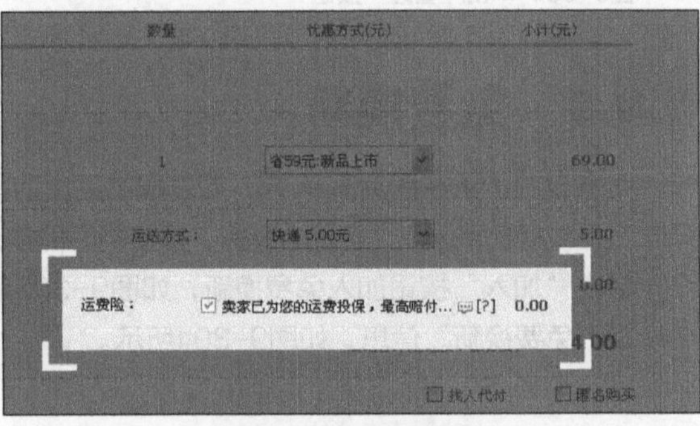
图9-308 运费险展示

在“卖家运费险”下单击“管理”按钮，如图9-309所示。在打开的页面中单击“我要加入”按钮即可，如图9-310所示。

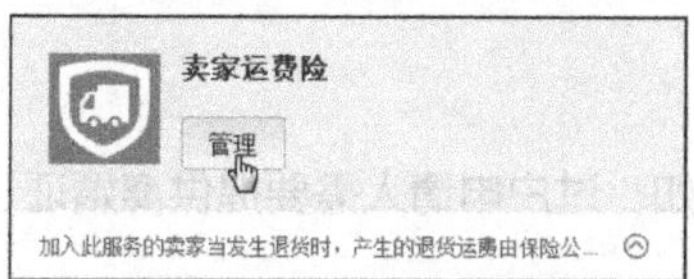

图9-309 单击“管理”按钮

图9-310 单击“我要加入”按钮

9.10 商家保障

商家保障包括保证金计划、余额宝分期、卖家运费险、乐业保及商品质量保证险。

步骤01 在“卖家中心”页面单击“商家保障”链接，如图9-311所示。

步骤02 在右侧界面中显示了多种保障，如“保证金计划”“余额宝分期”和“卖家运费险”等，如图9-312所示。

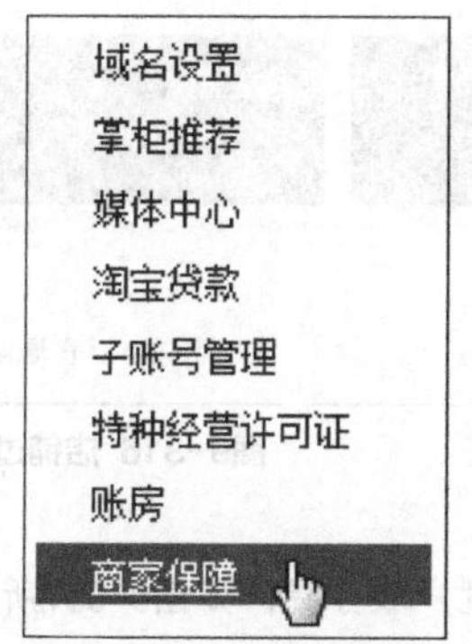

图9-311 单击“商家保障”链接

图9-312 显示了多种保障

步骤03 单击相应选项后的三角按钮，如图9-313所示。

步骤04 可以展开具体的内容，包括收费标准和保障范围等，单击“立即加入”按钮，如图9-314所示。

图9-313 单击三角按钮

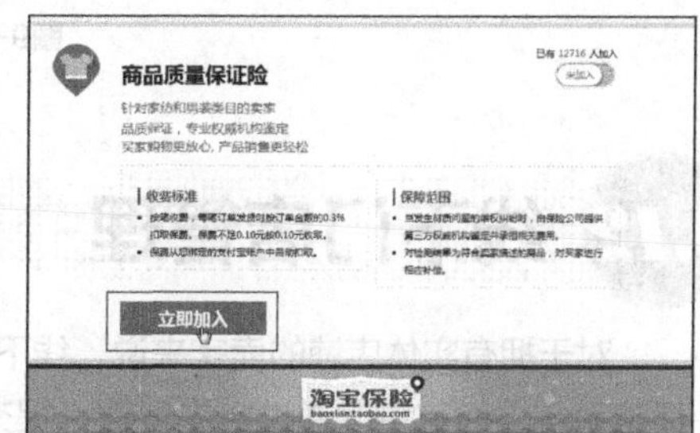

图9-314 单击“立即加入”按钮

步骤05 进入相应的页面，根据提示操作即可。

9.11 淘宝店铺过户

目前店铺过户支持的过户类型有离婚（协议离婚或判决离婚）、死亡继承。

1. 因离婚造成店铺过户的受理原则

淘宝将以事实为依据进行受理，例如：过户申请人需要提供离婚证、财产分割公证书。

2. 因继承造成店铺过户的受理原则

淘宝将以事实为依据进行受理，例如：过户申请人需要提供被继承人死亡证明、经过公证的遗嘱或提供遗产分割协议公证书。

步骤 01 进入“卖家中心”页面，单击“客户服务”中的“店铺过户”链接，如图9-315所示。

步骤 02 在右侧界面中按照步骤进行过户处理，如图9-316所示。

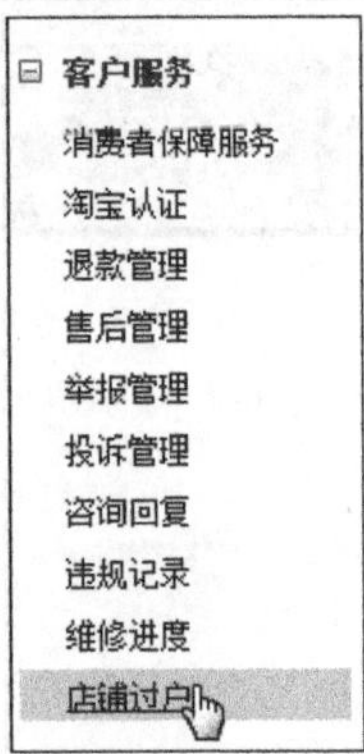

图9-315 单击“店铺过户”链接

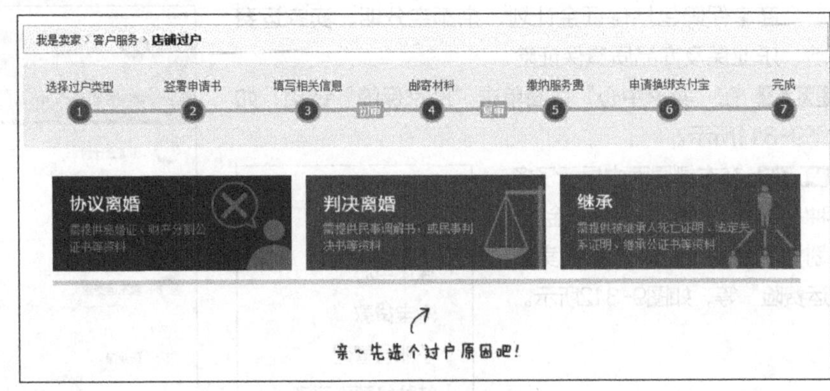

图9-316 店铺过户

店铺过户需要收取190元的店铺过户服务费，如图9-317所示。

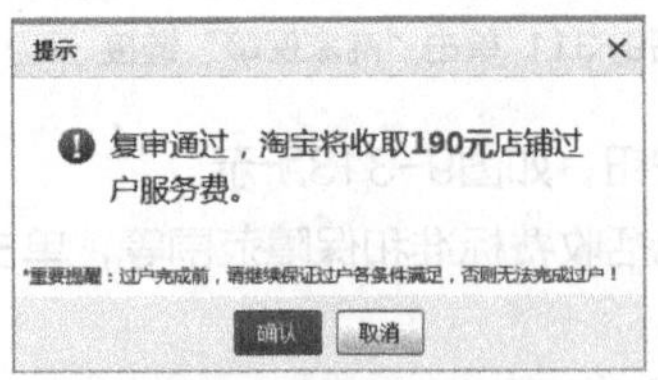

图9-317 店铺过户服务费

9.12 线下门店管理

对于拥有实体店铺的卖家来说，线下门店管理是免费为商家提供，面向本地生活服务的地图标注系统。商家可以通过自主管理，提交基本位置信息、深度信息及优惠信息。为商家提供方便、快捷的本地位置标注通道的同时，也为淘宝用户提供更丰富有效的本地服务信息。

步骤 01 在“卖家中心”页面单击“线下门店管理”链接，如图9-318所示。

步骤 02 打开“淘宝网商户中心”页面，包含了“添加线下门店”和“认领线下门店”两种功能，如图9-319所示。

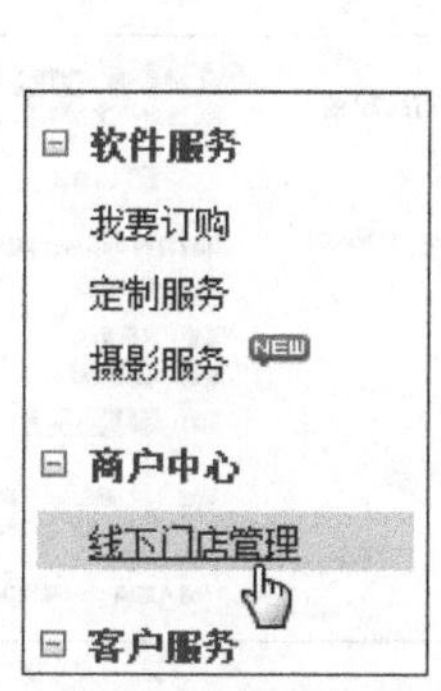

图9-318 单击“线下门店管理”链接

图9-319 两种功能

步骤 03 选择左侧的“门店管理”选项，然后选择“添加门店”或“认领门店”，这里选择“添加门店”，然后单击右侧界面中的“单个门店”按钮，如图9-320所示。

步骤 04 在切换的页面中填写信息，如图9-321所示，单击“提交”按钮即可。

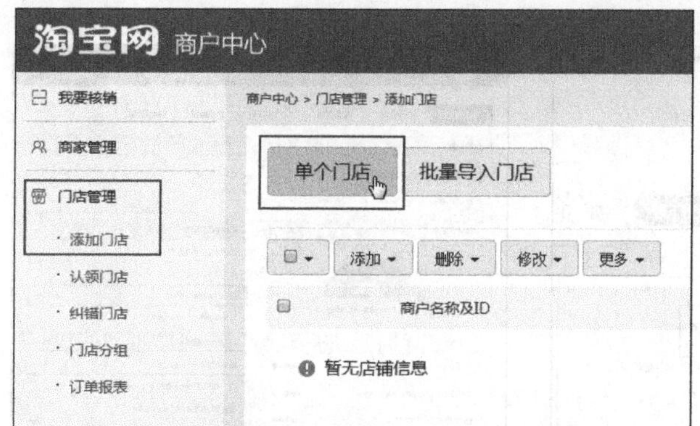

图9-320 单击“单个门店”按钮

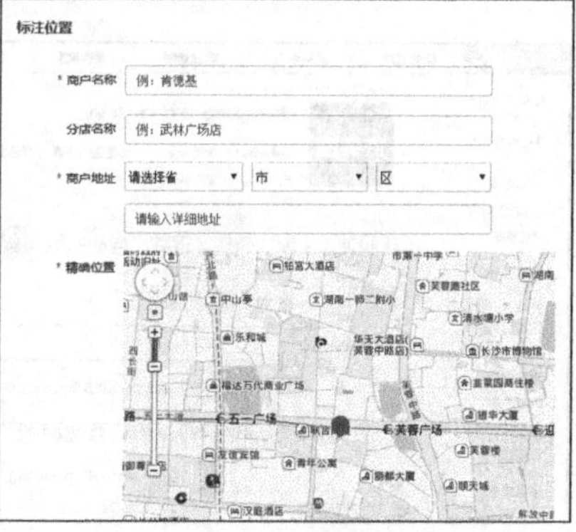

图9-321 填写信息

9.13 查看店铺经营成绩

店铺经营状况如何，优化是否有成效，该如何得知？下面介绍查看店铺经营成绩的几种方法。

9.13.1 金牌卖家

“金牌卖家”是对一段时间内成交好、服务好和口碑好的卖家的一种激励手段，淘宝运用数据，通过给卖家打标的方式完成。“金牌卖家”采用系统打标方式，系统会对符合标准的卖家自动审核打标，不需要申请。

获得“金牌卖家”资质后，卖家可获得流量加权、资金支持、异常评价自检、专属活动展现、学习提升、PC与无线标识的多场景展现等特殊权益。图9-322所示为“金牌卖家”的搜索页和详情页展现。

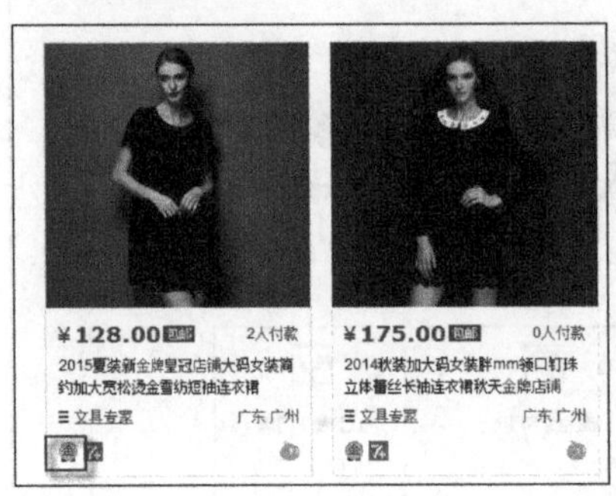

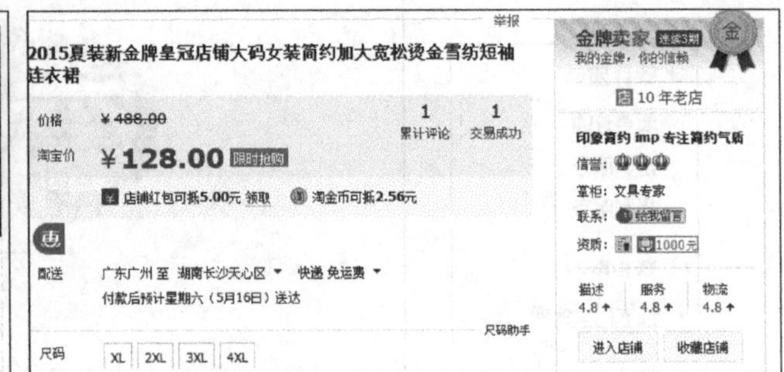

图9-322 “金牌卖家”的搜索页和详情页展现

步骤 01 进入“卖家中心”页面，在“卖家工作台”中的“金牌卖家”模块中显示了尚未通过金牌卖家考核，单击上方的链接，如图9-323所示。

步骤 02 跳转到“我的金牌”页面，在下方的检测数据中，显示为红×的表示为未达标的，标记为☹的为仍需努力的，如图9-324所示。

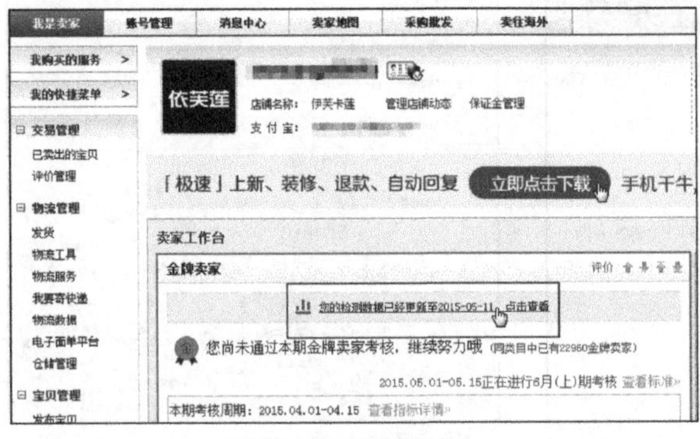

图9-323 单击链接

图9-324 显示数据

9.13.2 卖家经营报告

根据卖家经营报告查看哪些指标低于同行业平均值，以及查看哪些活动不能参加，不能参加的原因在哪？从而找到问题，然后解决问题。

步骤 01 在“卖家地图”页面的“官方产品”一栏中单击“卖家经营报告”链接，如图9-325所示。

步骤 02 打开“卖家经营报告”页面，如图9-326所示。

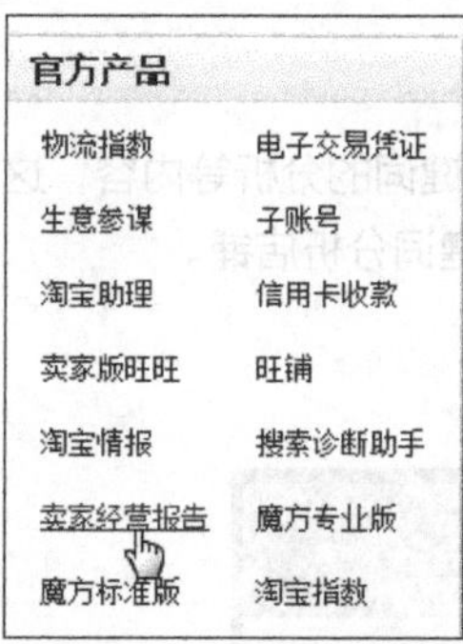

图9-325 单击“淘宝经营报告”链接

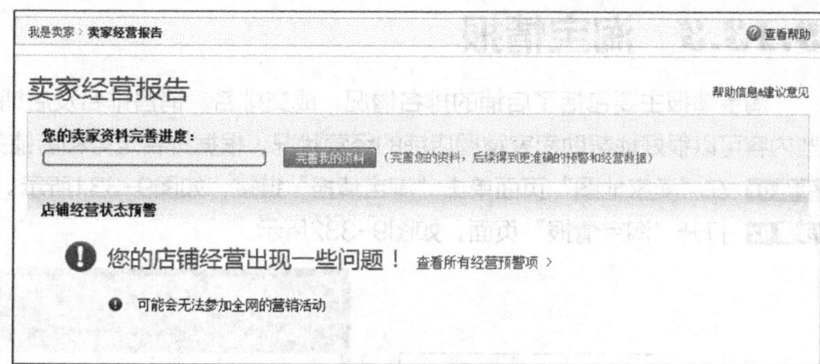

图9-326 打开页面

步骤 03 查看店铺经营，与类目平均值及相近卖家的数据对比，如图9-327所示，从数据中可以看出本店在仅有“30天纠纷退款”和“旺旺响应速度”两项数据，而其他数据没有显示。

步骤 04 单击上方的“查看所有经营预警项”链接，查看无法参加的营销活动，如图9-328所示。

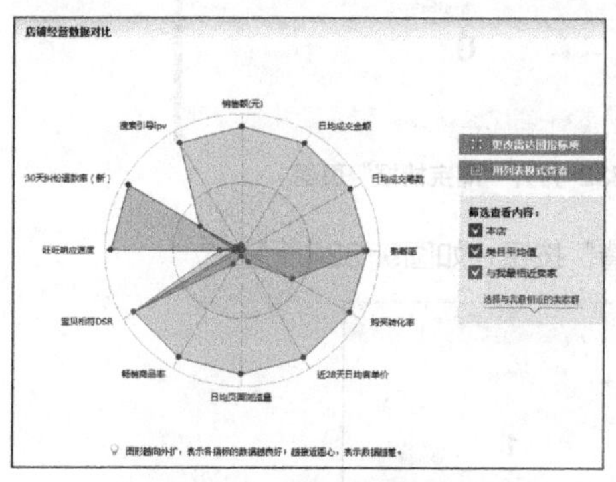

图9-327 查看店铺经营

我是卖家 › 卖家经营报告 › 预警　　查看帮助

您有未达标的预警项！

可能会无法参加全网的营销活动

店铺经营标准

淘宝孝心（中老年）市场卖家资质　待改善(2)
该资质仅验证店铺是否主营中老年人群，仅影响主营中老年人群店铺在孝心（中老年）市场zln.taobao.co... 详细说明>>
指标详情

淘宝网营销活动规则　未达标(3)
淘宝集市营销活动标准。不符合标准要求的均不可参加营销活动。详细说明>>
指标详情

直通车　未达标(3)
通过关键词竞价，按照点击付费，进行商品精准推广的服务。立即报名>>
指标详情

淘宝客　未达标(3)
提供单品和店铺的推广链接，做到推广内容和推广途径完全自定义，推广信息和网站或推广途径充分结合。立即报名>>
指标详情

图9-328 查看无法参加的营销活动

步骤 05 单击活动下的“指标详情”按钮，显示未达标项目，如图9-329所示。

步骤 06 单击未达标项目右侧的“查看”按钮，显示该项目未达标的影响因素，如图9-330所示。

我是卖家 › 卖家经营报告 › 指标列表　　查看帮助

淘宝网营销活动规则

淘宝集市营销活动标准。不符合标准要求的均不可参加营销活动。

指标名称	您的现状	达标条件	达标情况	提升通道
宝贝相符DSR	0	大于等于4.6	未达标	查看
发货速度DSR	0	大于等于4.6	未达标	查看
服务态度DSR	0	大于等于4.6	未达标	查看
是否在A类违规90天处罚期内(除虚假...	否	等于否	已达标	
因虚假交易扣分分数(不建议使用)	0	小于48	已达标	
B类扣分是否满12分或12的倍数(除出...	否	等于否	已达标	
因出售假冒商品扣分分数	0	小于12	已达标	
近30天纠纷退款笔数（新）	0	小于等于6	已达标	
近30天纠纷退款率（新）	0%	小于等于0.1%	已达标	
是否在搜索全店屏蔽处罚期内	否	等于否	已达标	

图9-329 显示未达标项目

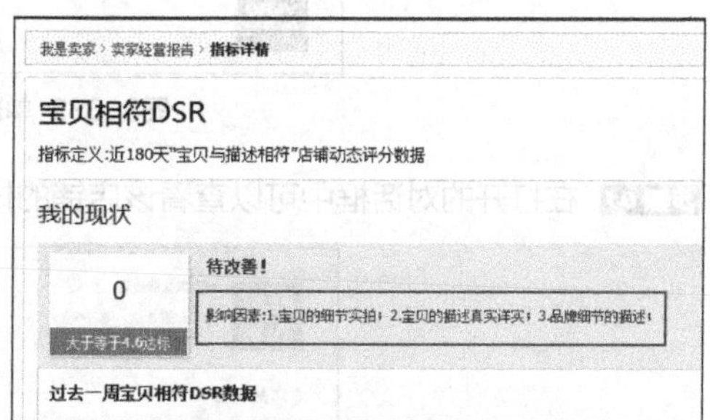

图9-330 未达标的影响因素

9.13.3 淘宝情报

淘宝情报主要包括了店铺的排名情况、成交排名、销售排名及店铺关键词的分析等内容，这些内容可以很好地帮助卖家掌握店铺的经营状况，根据排名走势和店铺关键词分析店铺。

步骤 01 在“卖家地图”页面单击“淘宝情报”链接，如图9-331所示。

步骤 02 打开“淘宝情报”页面，如图9-332所示。

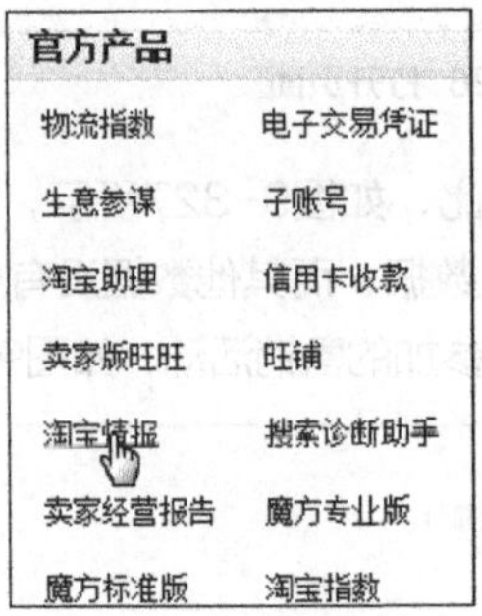

图9-331 单击“淘宝情报”链接 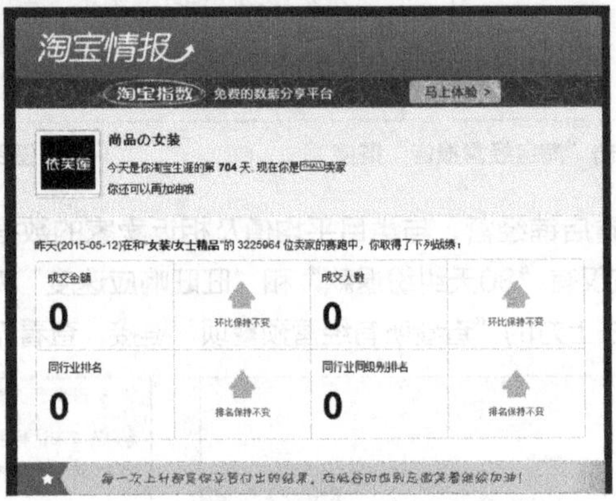　　图9-332 打开“淘宝情报”页面

步骤 03 在同行业TOP5店铺中选择店铺后的“查看详情”按钮，如图9-333所示。

图9-333 单击“查看详情”按钮

步骤 04 在打开的对话框中可以查看该店铺的排名，及人气对比，如图9-334所示。

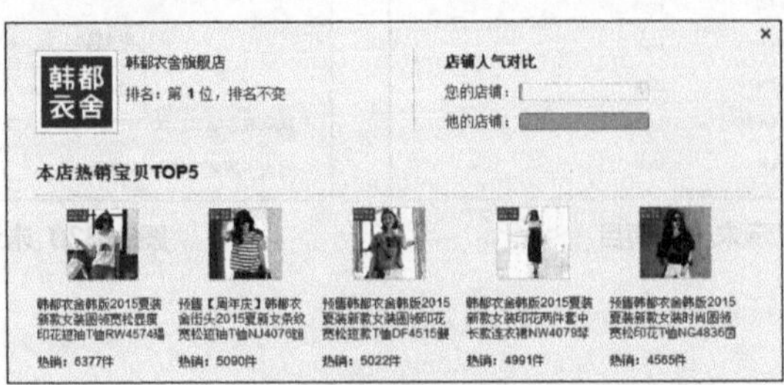

图9-334 查看

第10章 淘宝营销推广

店铺的美化和经营工作都做了，可是订单还是寥寥可数，这是什么原因？淘宝的店铺数不胜数，销售的同类商品不计其数，买家怎么找到我的宝贝，这就是原因所在。因此，店铺后期的重点就是如何将商品、店铺推广出去，引来流量，从而促成交易的达成。本章将介绍淘宝店铺的营销推广。

10.1 店铺引流活动

只有将买家引入我们的店铺才有可能带来销量，因此引流是前提。

10.1.1 免费试用活动

宝淘网的大量用户或新手用户，对于一些陌生品牌或产品，持怀疑态度，因此淘宝试用应运而生。试用中心聚集了上百万份试用机会以及亿万消费者对各类商品最全面真实客观的试用体验报告，为消费者提供购买决策。试用中心作为集用户营销、活动营销、口碑营销和商品营销为一体的营销导购平台，为数百万商家提升了品牌价值与影响力。如图10-1所示，显示免费试用的商家利益、流程与报名条件。

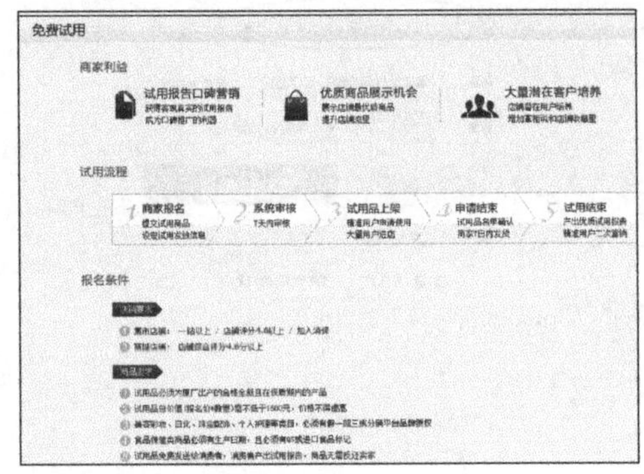

图10-1 免费试用

步骤 01 在“卖家中心”页面单击“我要推广”链接，如图10-2所示。

步骤 02 在右侧界面中单击“免费试用报名”按钮，如图10-3所示。

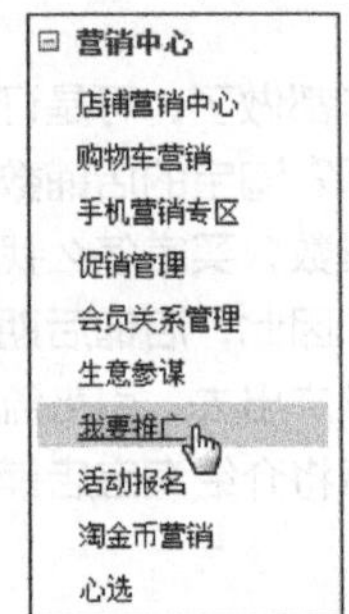

图10-2 单击“我要推广”链接

图10-3 单击“免费试用报名”按钮

步骤 03 在跳转的页面中，单击“免费试用”后的“报名免费试用”按钮，如图10-4所示。

步骤 04 在打开的页面中根据流程选择排期，单击“我要报名”按钮，如图10-5所示。

步骤 05 进行信息填写，等待审核，通过后即可成功报名。

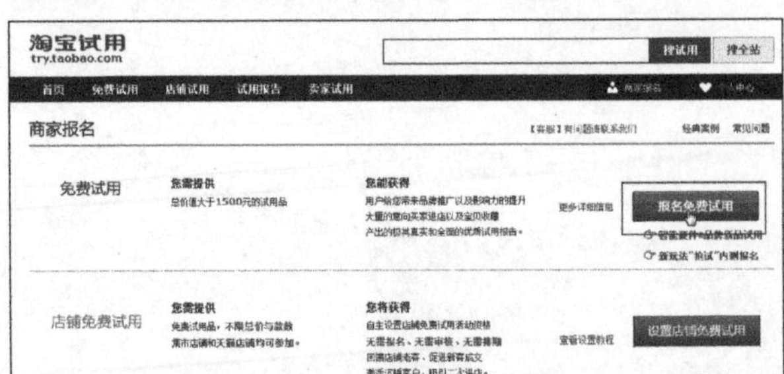

图10-4 单击“报名免费试用”按钮

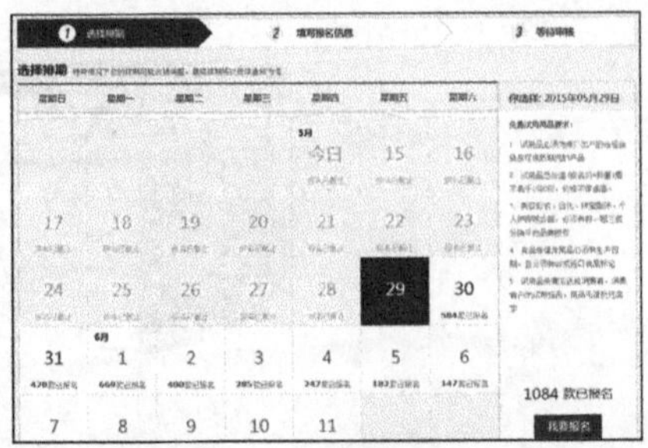

图10-5 单击“我要报名”按钮

10.1.2 店铺免费试用

店铺免费试用是由淘宝试用中心官方提供的一款店铺自主营销工具，帮助卖家做新老客户的营销，店铺免费试用无需报名、无需审核、无需排期，通过自主设置店铺免费试用活动资格，可以回馈店铺老顾客、促进新顾客成交、激活沉睡客户、吸引二次进店。

视频路径 | 第10章\10.1.2店铺免费试用.mp4

知 识 点 | 店铺免费试用

步骤 01 在“卖家中心”页面单击“店铺营销中心”链接，如图10-6所示。

步骤 02 进入“店铺营销中心”页面，选择左侧的“创建活动”选项，如图10-7所示。

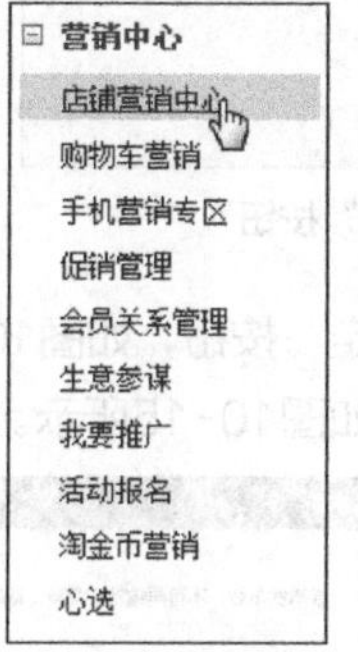

图10-6 单击“店铺营销中心”链接

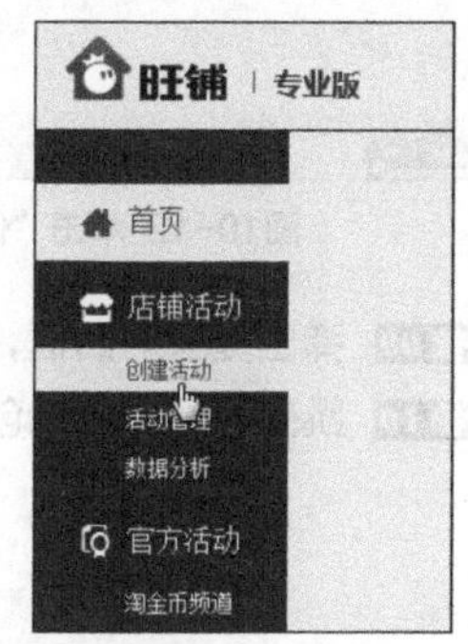

图10-7 选择“创建活动”选项

步骤 03 在右侧单击“店铺免费试用”链接，然后单击下方的“创建活动”按钮，如图10-8所示。

步骤 04 填写相关信息并上传图片，单击“下一步”按钮，如图10-9所示。

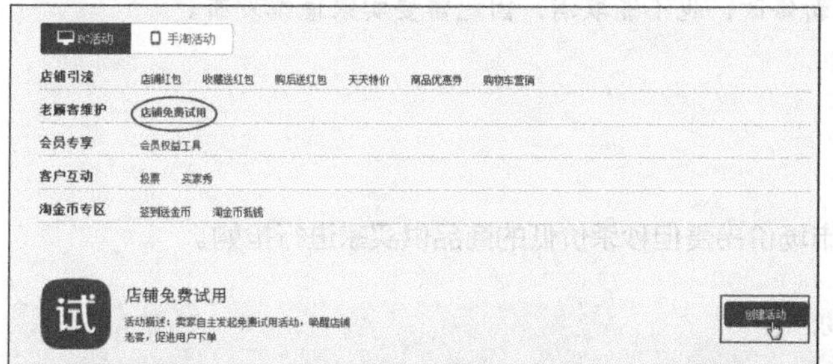

图10-8 单击“创建活动”按钮

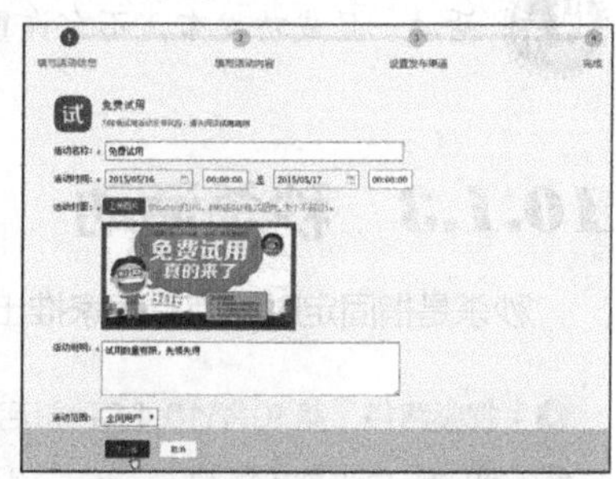

图10-9 单击“下一步”按钮

步骤 05 切换界面，单击“选择活动商品”按钮，如图10-10所示。

步骤 06 打开对话框，单击相应宝贝后的“选择”链接，然后单击“确定”按钮，如图10-11所示。

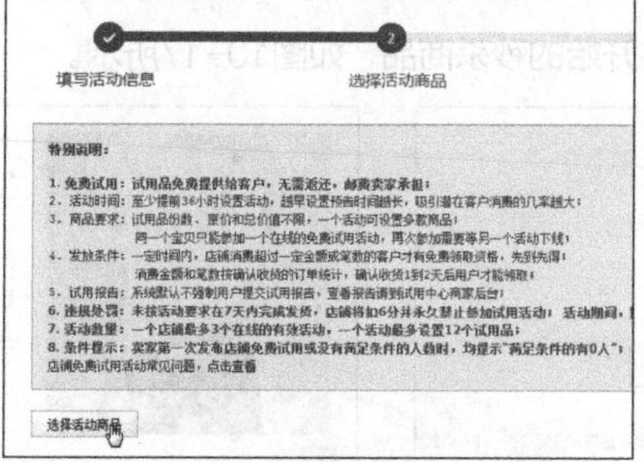

图10-10 单击“选择活动商品”按钮

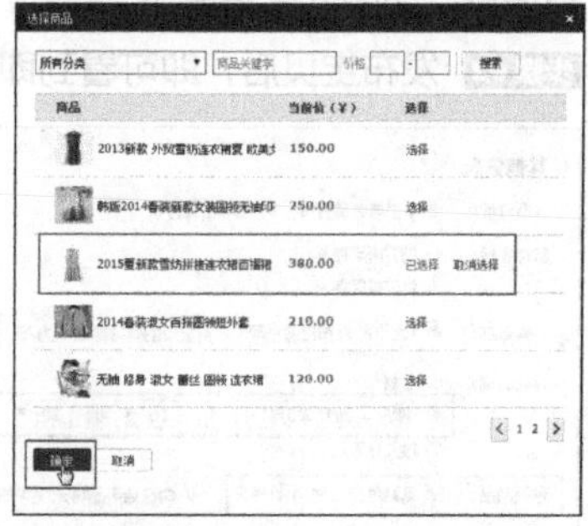

图10-11 单击“确定”按钮

步骤07 填写份数和发放人群，单击“保存并下一步”按钮，如图10-12所示。

步骤08 在切换的界面中单击“发布”按钮，如图10-13所示。

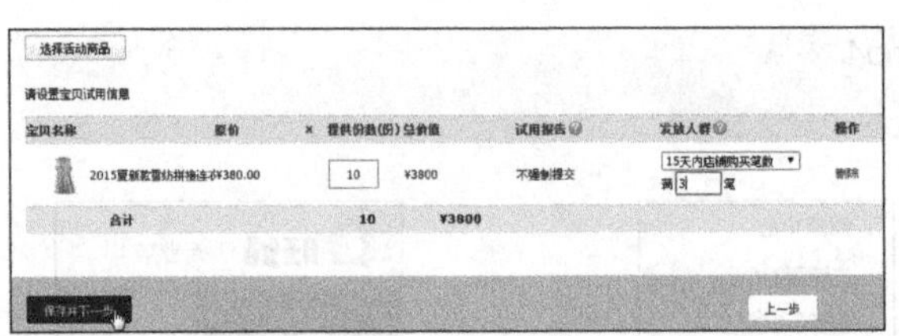

图10-12 单击“保存并下一步”按钮

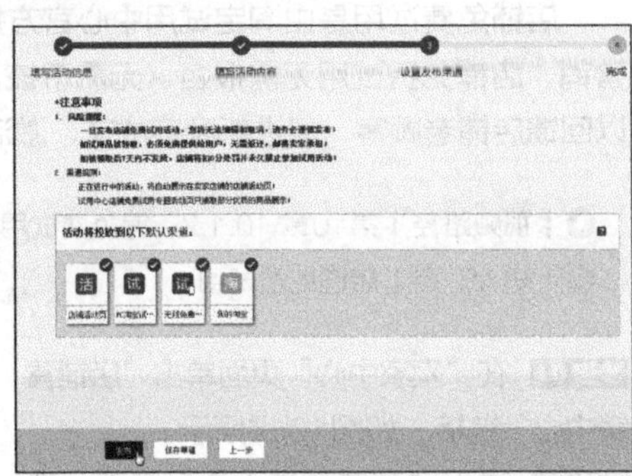

图10-13 单击“发布”按钮

步骤09 弹出提醒对话框，单击“确定”按钮，如图10-14所示。

步骤10 跳转界面，活动创建成功，如图10-15所示。

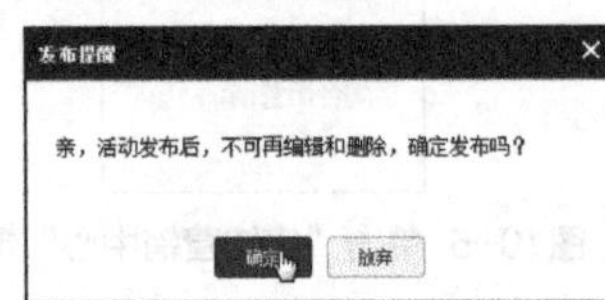

图10-14 单击“确定”按钮

图10-15 活动创建成功

活动一旦成功发布，不允许重新修改，也不能取消，因此需要卖家谨慎发布。

10.1.3 秒杀活动

秒杀是指固定时间点，卖家推出市场价昂贵但秒杀价低的商品供买家进行抢购。

视频路径 | 第10章\10.1.3秒杀活动.mp4

知 识 点 | 秒杀活动

步骤01 在发布宝贝页面中，单击“设定”单选按钮，设置开始时间，然后在“秒杀商品”后选中复选框，如图10-16所示。

步骤02 发布宝贝后，即可看到即将开始的秒杀商品，如图10-17所示。

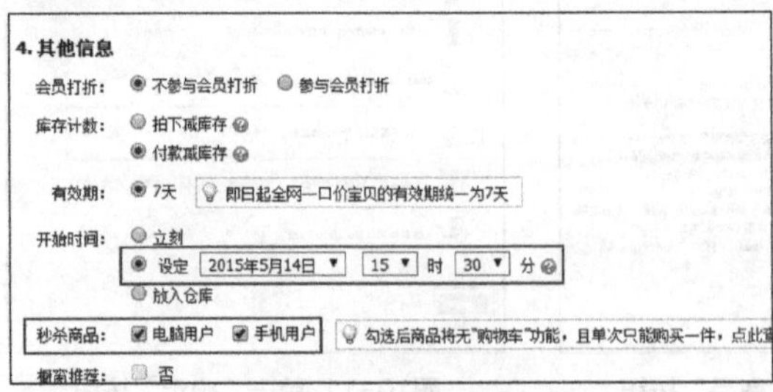

图10-16 选中复选框

图10-17 宝贝页面

在“秒杀商品”后有两个复选框，选择不同的复选框支付秒杀的终端不同。

● **只选中了“电脑用户”复选框：**商品只能在电脑上进行购买，且每次只能购买一件，商品无“购物车”功能，且手机端上会提示：不支持购买。

● **只勾选了“手机用户”复选框：**商品只能在手机客户端上购物，且每次只能购买一件，电脑上购买会提示“WAP秒杀订单不允许在PC流程中下单”。

● **“电脑用户”和“手机用户”两个都勾选：**商品可以在电脑或手机客户商中进行购买，但是商品都只能购买一件。

设置了秒杀的商品页面不再显示“加入购物车”按钮，只能直接购买。

10.1.4 拉人有奖

拉人有奖是引导老客户拉熟人进店消费的店铺营销工具，以现金奖励，激励您的老客户拉新客，实现客户裂变式增长。

在“出售中的宝贝”列表中选中宝贝前的复选框，单击“设置拉人有奖”链接，如图10-18所示。在打开的页面中进行设置即可。

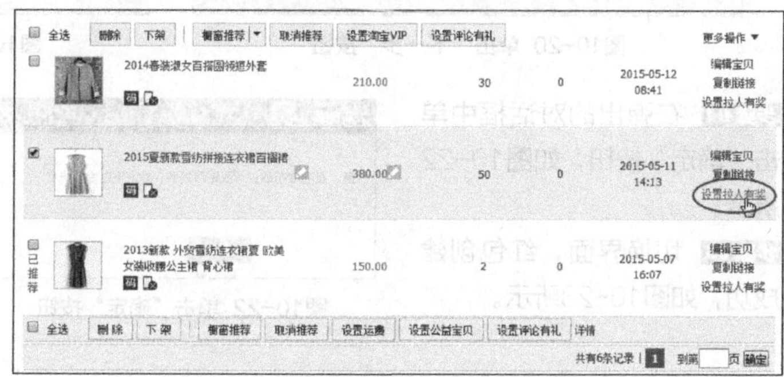

图10-18 单击“设置拉人有奖”链接

10.1.5 收藏送红包

“收藏送店铺红包”是发送给收藏本店或收藏本店宝贝的用户的店铺红包。收藏送红包不仅能刺激新收藏的用户立即转化购买，还能转化大量只收藏不购买的用户，带来源源不断的新订单。

视频路径 | 第10章\10.1.5收藏送红包.mp4
知 识 点 | 收藏送红包

步骤 01 在“店铺营销中心”页面选择“创建活动”选项，然后单击“收藏送红包”按钮，在下方单击“创建活动”按钮，如图10-19所示。

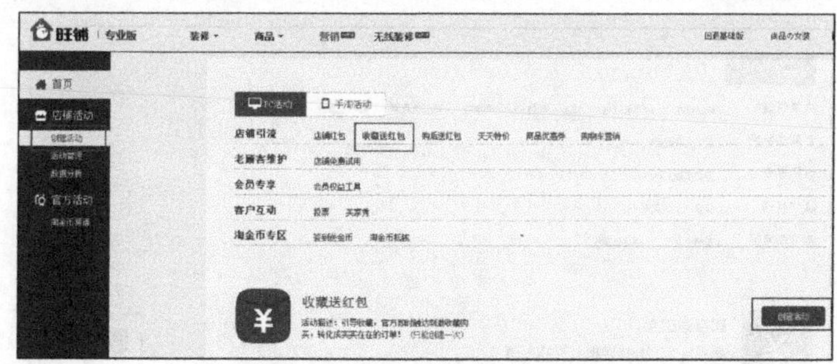

图10-19 单击“创建活动”按钮

步骤02 填写信息，单击“下一步”按钮，如图10-20所示。

步骤03 在切换的界面中单击“保存”按钮，如图10-21所示。

图10-20 单击“下一步”按钮

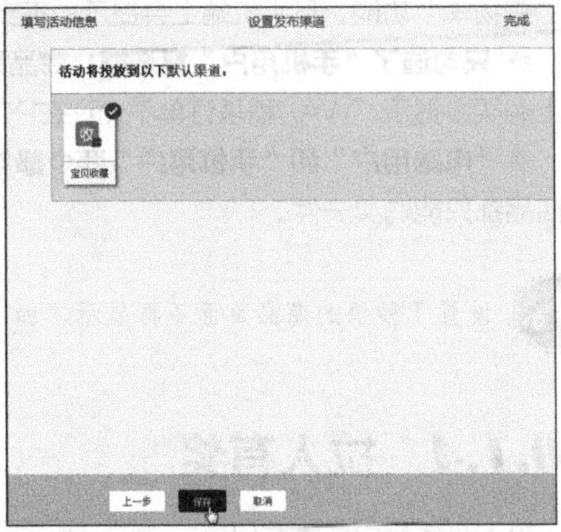

图10-21 单击“保存”按钮

步骤04 在弹出的对话框中单击“确定”按钮，如图10-22所示。

步骤05 切换界面，红包创建成功，如图10-23所示。

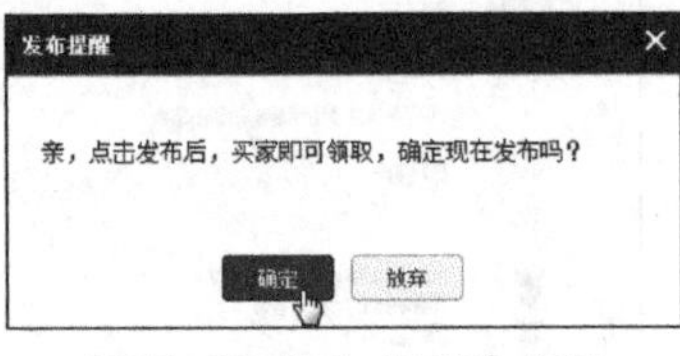

图10-22 单击“确定”按钮

图10-23 红包创建成功

10.1.6 购后送红包

购后送红包是发送给已在本店购买商品的用户的店铺红包，送的红包需下次在本店购买才能使用。购后送红包可以带来更多回头客。

视频路径 | 第10章\10.1.6购后送红包.mp4

知 识 点 | 购后送红包

步骤01 单击“购后送红包”链接后单击“创建活动”按钮，如图10-24所示。

步骤02 填写活动名称、发行条件、发行量、活动时间和代言商品等内容，单击“下一步”按钮，如图10-25所示。

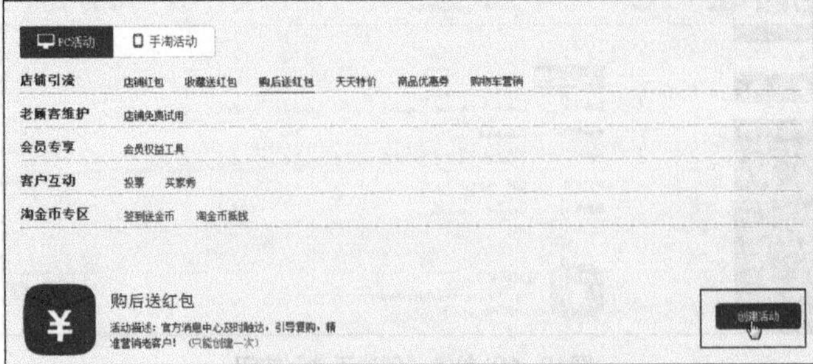

图10-24 单击“创建活动”按钮

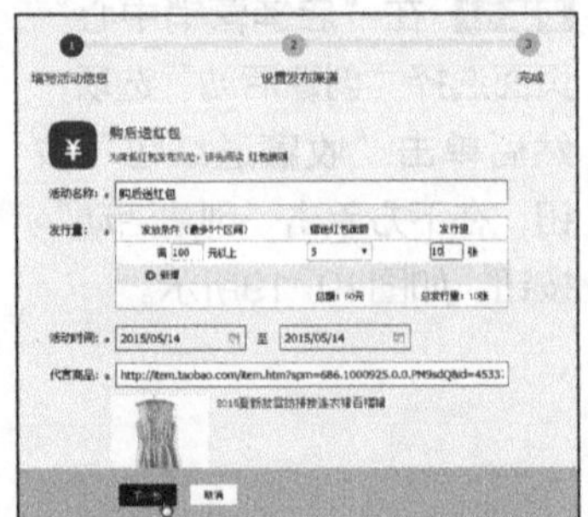

图10-25 单击“下一步”按钮

步骤 03 在切换的界面中单击“保存”按钮，如图10-26所示。

步骤 04 弹出提示对话框，单击“确定”按钮，如图10-27所示。

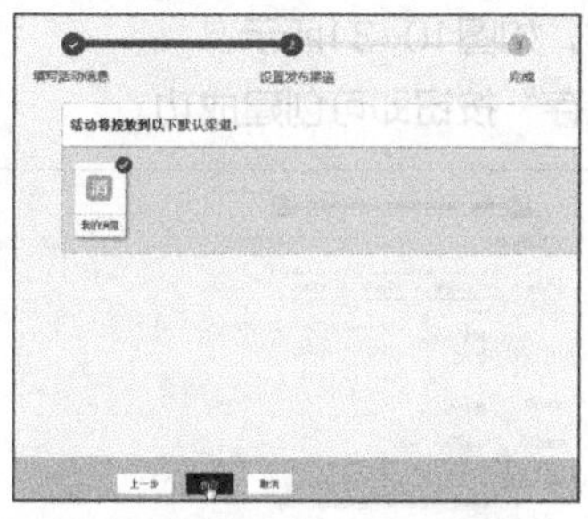

图10-26 单击“保存”按钮

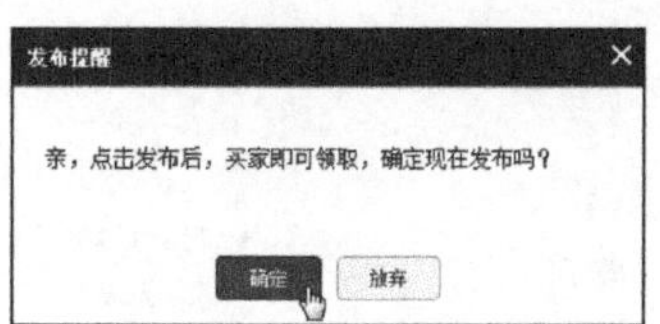

图10-27 单击“确定”按钮

步骤 05 成功创建红包，如图10-28所示。

图10-28 成功创建红包

10.1.7 客户互动引流

客户互动活动包括“投票”和“买家秀”两种，通过互动活动可以带来大量流量。

- **投票**：通过图文投票、文字投票及宝贝投票3种投票方式让买家互动，从而引来更多流量。
- **买家秀**：通过创建活动设立奖项，激发买家兴趣，晒出照片来参与秀搭配、秀新品的趣味互动。

这两种活动的创建方法类似，下面以“投票”为例讲解如何创建。

视频路径：第10章\10.1.7客户互动引流.mp4
知识点：客户互动引流

步骤 01 在“店铺营销中心”页面选择“创建活动”选项，选择“投票”选项后单击“创建活动”按钮，如图10-29所示。

步骤 02 填写信息，单击“下一步”按钮，如图10-30所示。

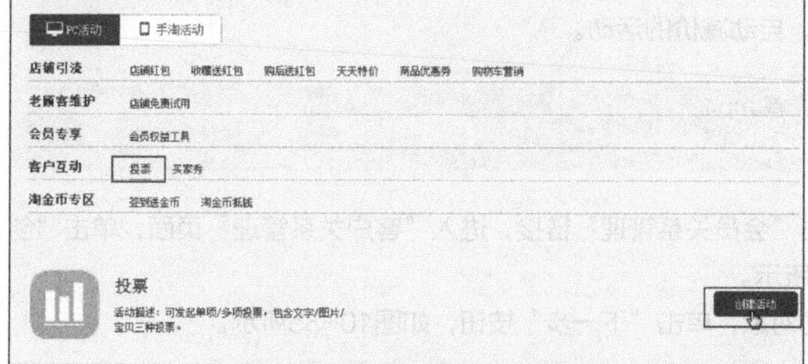

图10-29 单击“创建活动”按钮

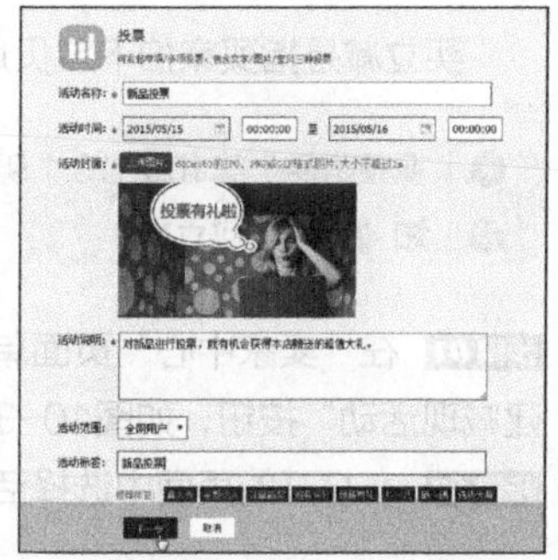

图10-30 单击“下一步”按钮

步骤 03 设置投票方式等活动内容，如图10-31所示。

步骤 04 在下一个页面中单击“保存”按钮即可创建成功。

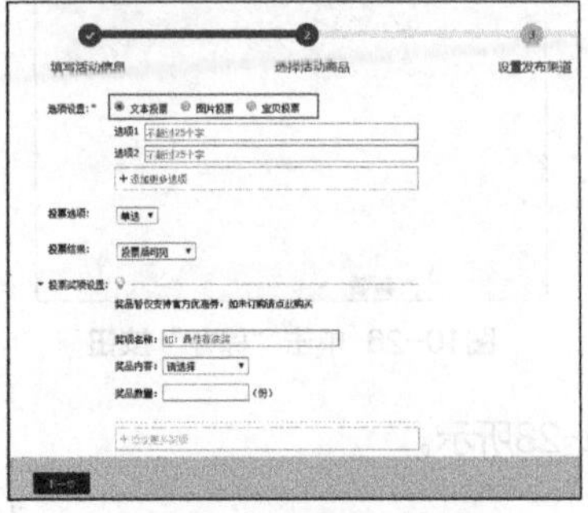

图10-31 设置活动内容

10.1.8 新人礼包

新人礼包针对所有从未在店铺产生过成功交易的买家，促成与新客户的首次交易。

步骤 01 在“客户关系管理”页面选择“营销活动”选项，然后单击“创建礼包”按钮，如图10-32所示。

步骤 02 在切换的界面中单击“优惠券”或“包邮券”按钮，如图10-33所示。

图10-32 单击“创建礼包”按钮

图10-33 单击“优惠券”或“包邮券”按钮

10.1.9 买立减

买立减是指买家拍下宝贝后，自动减价的活动。

视频路径 | 第10章\10.1.9买立减.mp4
知 识 点 | 买立减

步骤 01 在“卖家中心”页面单击“会员关系管理”链接，进入“客户关系管理”页面，单击“创建减现活动”按钮，如图10-34所示。

步骤 02 在打开的页面中选择活动对象，单击“下一步”按钮，如图10-35所示。

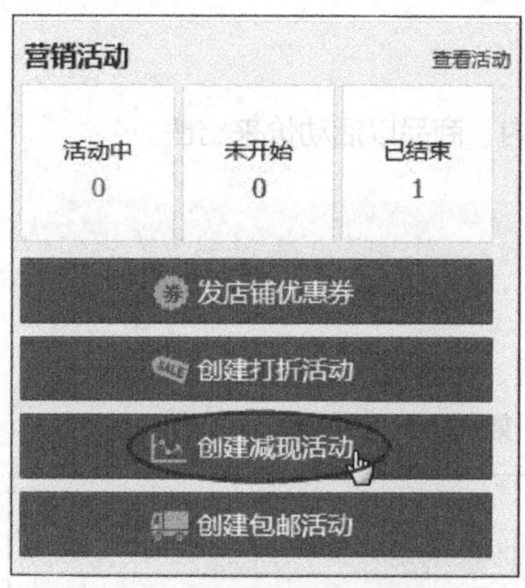

图10-34 单击“创建减现活动”按钮

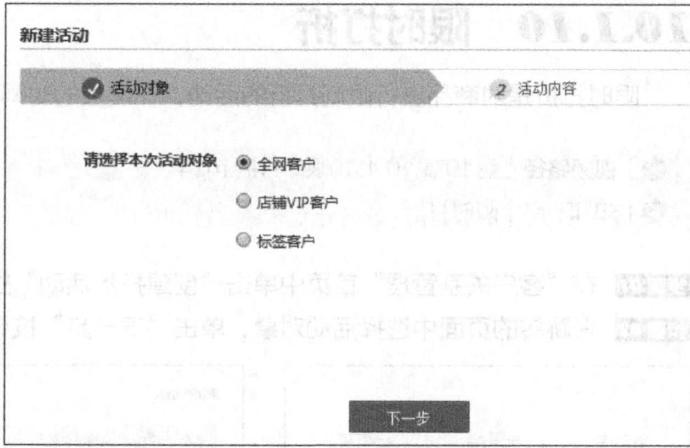

图10-35 单击“下一步”按钮

步骤03 设置活动内容，单击“确定提交”按钮，如图10-36所示。

步骤04 弹出对话框，单击“确认”按钮，如图10-37所示。

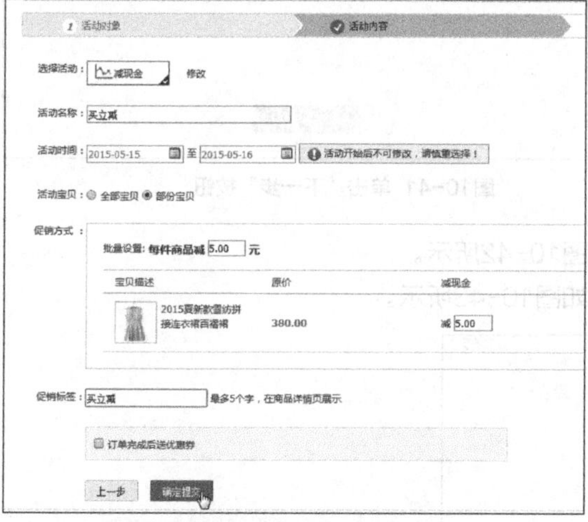

图10-36 单击“确定提交”按钮

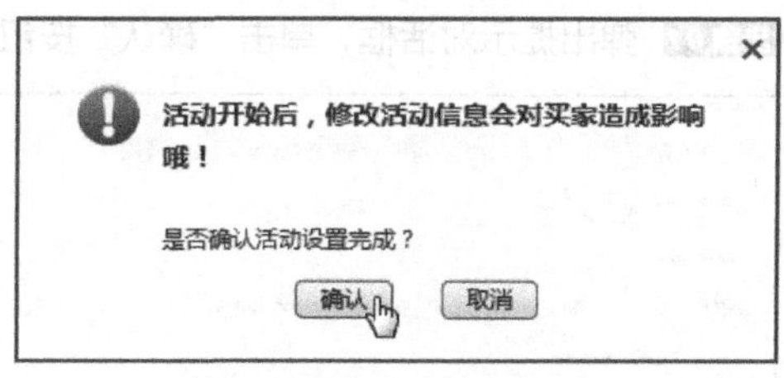

图10-37 单击“确认”按钮

步骤05 活动创建成功，如图10-38所示。

步骤06 打开店铺的宝贝，查看活动，如图10-39所示。

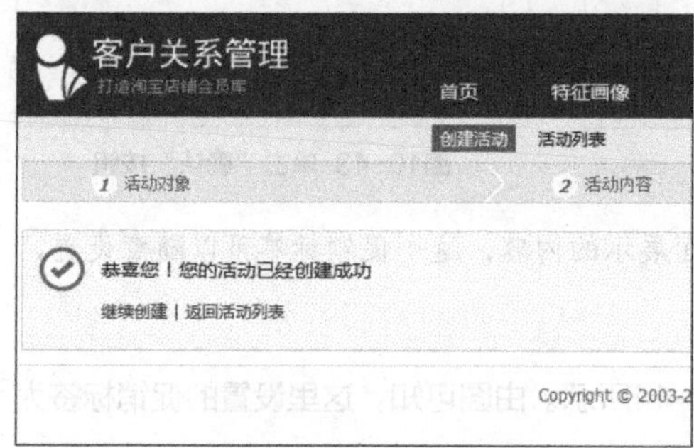

图10-38 活动创建成功

图10-39 查看活动

10.1.10 限时打折

限时打折是对商品进行限制打折的活动，在设置的时间段内，商品以活动价来出售。

视频路径｜第10章\10.1.10限时打折.mp4

知 识 点｜限时打折

步骤 01 在“客户关系管理”首页中单击“创建打折活动”按钮，如图10-40所示。

步骤 02 在跳转的页面中选择活动对象，单击“下一步”按钮，如图10-41所示。

图10-40 单击“创建打折活动”按钮

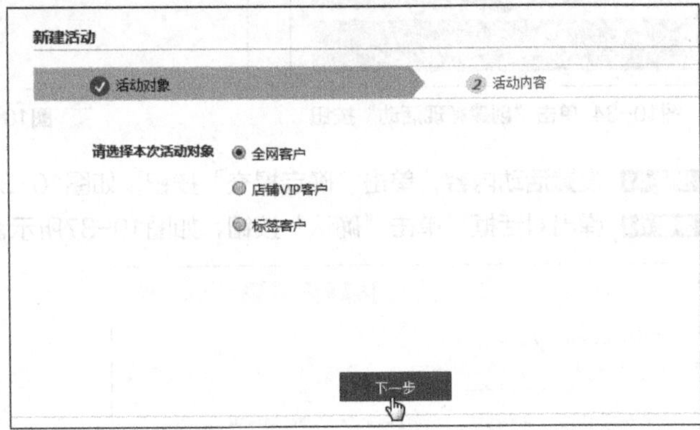

图10-41 单击“下一步”按钮

步骤 03 填写信息，单击“确定提交”按钮，如图10-42所示。

步骤 04 弹出提示对话框，单击“确认”按钮，如图10-43所示。

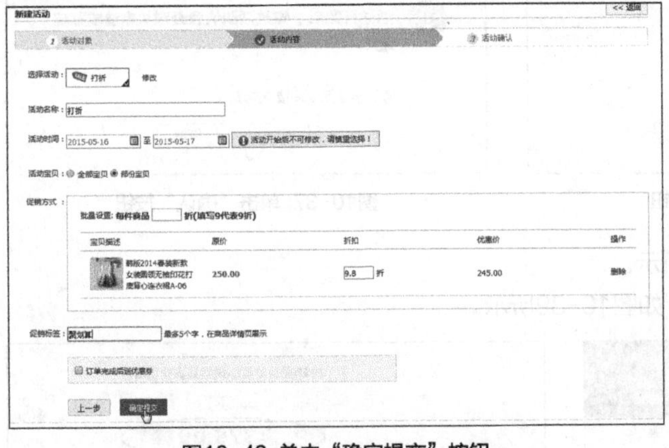

图10-42 单击“确定提交”按钮

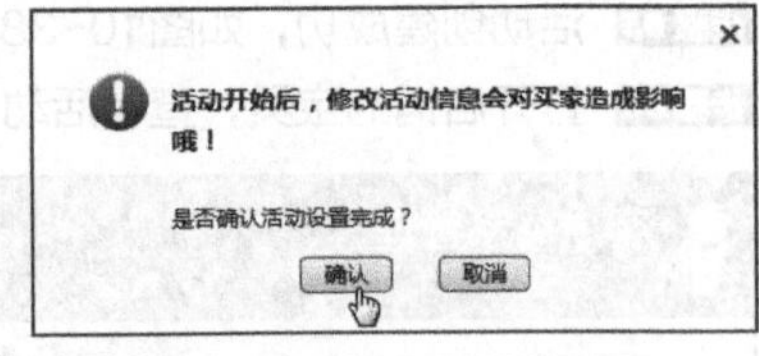

图10-43 单击“确认”按钮

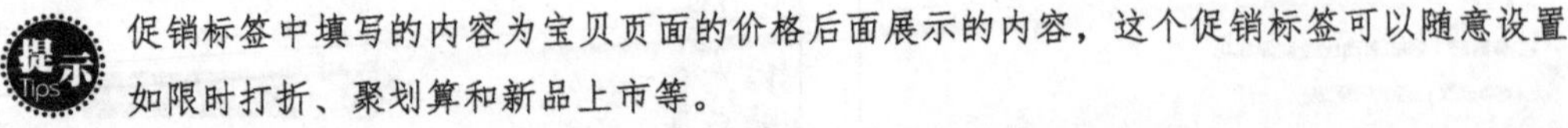

提示 Tips：促销标签中填写的内容为宝贝页面的价格后面展示的内容，这个促销标签可以随意设置，如限时打折、聚划算和新品上市等。

步骤 05 订购成功后，在宝贝页面查看效果，如图10-44所示。由图可知，这里设置的促销标签为“聚划算”。

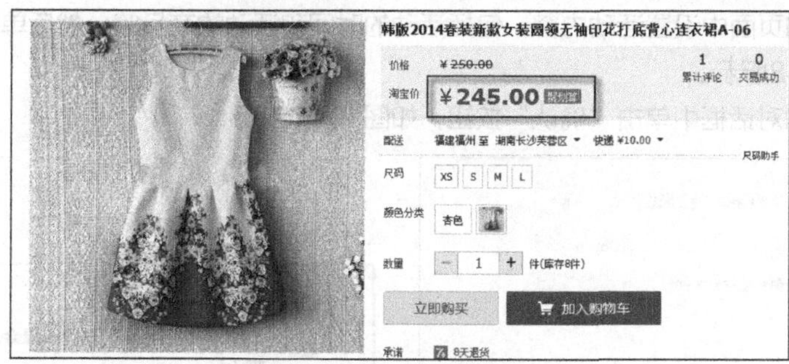

图10-44 查看效果

提示 活动开始后不能对活动进行编辑，但可以删除。在“活动列表”的活动后单击“删除”按钮即可，如图10-45所示。

图10-45 单击“删除”按钮

10.1.11 限时包邮

创建包邮活动不同于前面设置的卖家承担运费，限时包邮不仅可以设置包邮的对象和包邮的宝贝，还可以设置包邮的时间，即限时包邮。

视频路径 | 第10章\10.1.11限时包邮.mp4

知 识 点 | 限时包邮

步骤01 在“客户关系管理”首页中单击“创建包邮活动”按钮，如图10-46所示。

步骤02 在跳转的页面中选择活动对象，单击“下一步”按钮，如图10-47所示。

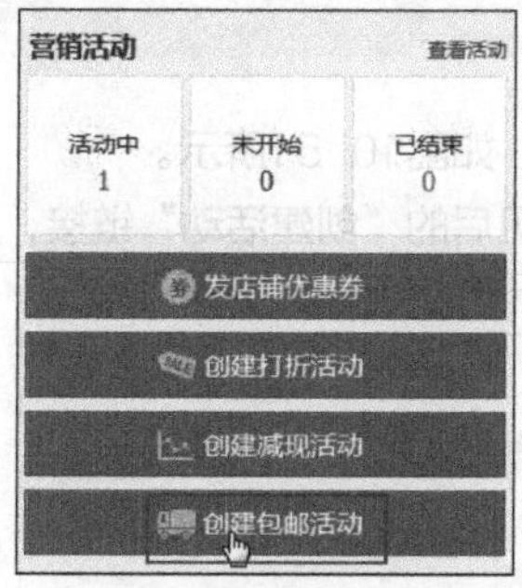

图10-46 单击“创建包邮活动”按钮

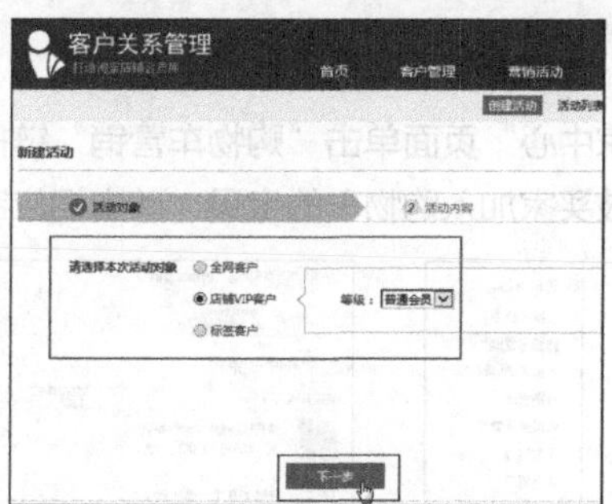

图10-47 单击“下一步”按钮

步骤03 在跳转的页面中设置活动内容，包括活动的时间和活动的产品等，然后单击“确定提交”按钮，如图10-48所示。

步骤04 在弹出的对话框中单击“确认”按钮，如图10-49所示。

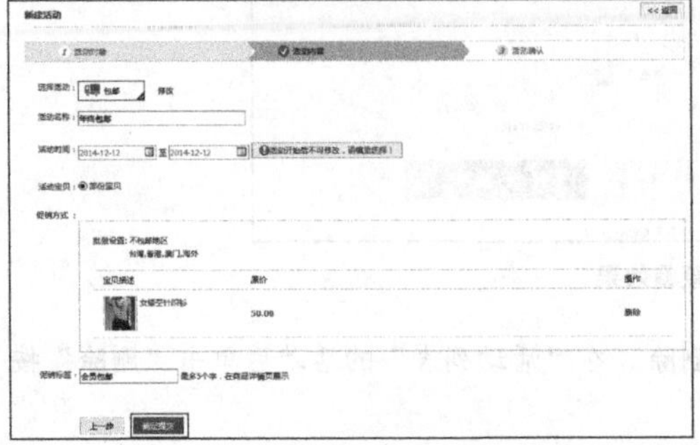

图10-48 单击“创建包邮活动”按钮

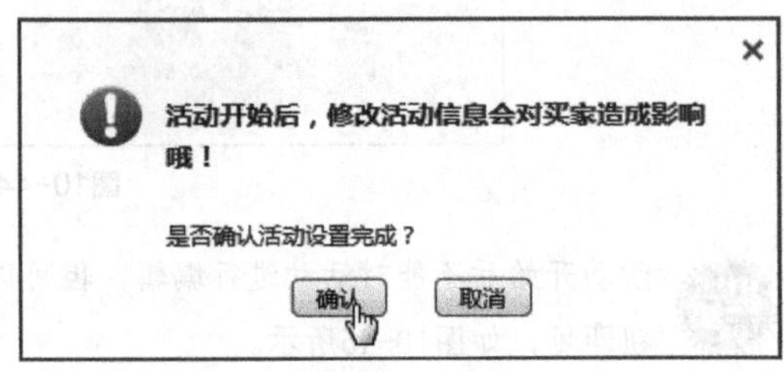

图10-49 单击“下一步”按钮

步骤05 活动创建成功，如图10-50所示。

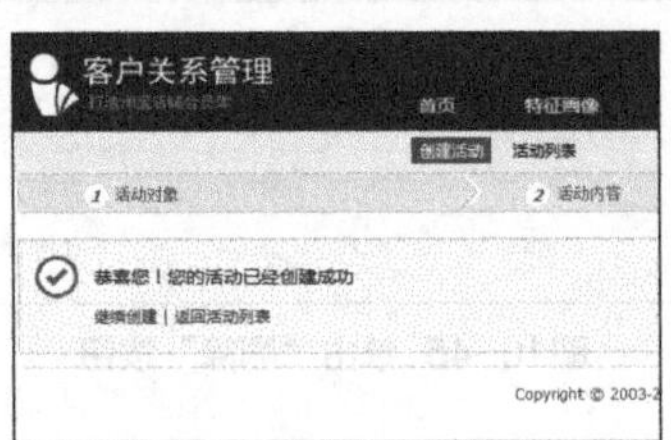

图10-50 活动创建成功

10.1.12 购物车营销

每天有大量的商品被加入购物车，但数据显示，约一半的商品并未被结算，而被留在了买家的购物车中。购物车中的商品是买家最有意向购买的商品，存在巨大的转化空间。

购物车营销工具对加入购物车用户群，设置定向营销，如打折和减价等。精准锁定潜在买家，挽回流失买家，促使成交转化。

视频路径 | 第10章\10.1.12购物车营销.mp4
知 识 点 | 购物车营销

步骤01 在“卖家中心”页面单击“购物车营销”链接，如图10-51所示。

步骤02 显示了被买家加入购物车的宝贝，单击相应宝贝后的“创建活动”链接，如图10-52所示。

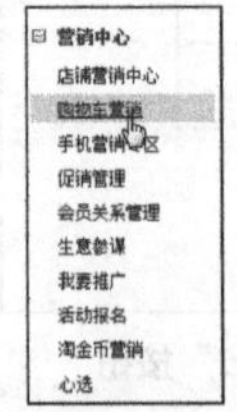

图10-51 单击“购物车营销”链接

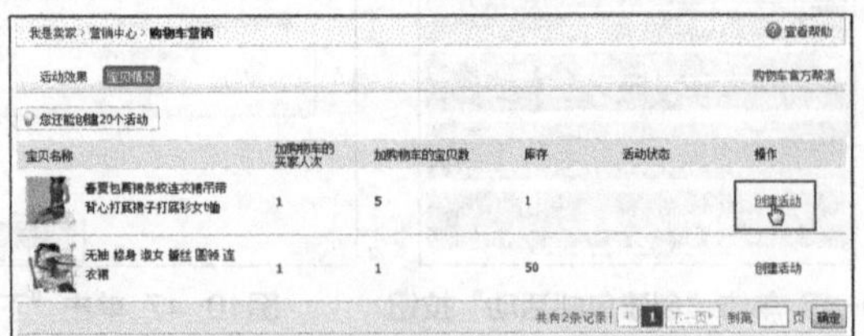

图10-52 单击“创建活动”链接

在“店铺营销中心”也可以创建“购物车营销”活动，如图10-53所示。

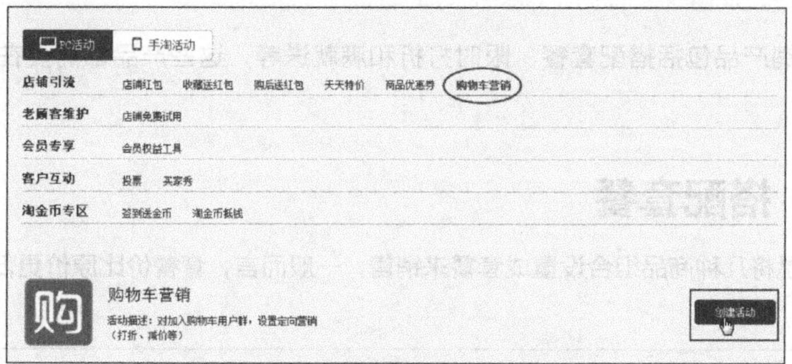

图10-53 店铺营销中心创建

步骤03 在切换的页面中设置活动名称、活动对象和优惠方式等内容，单击“确定”按钮，如图10-54所示。

步骤04 弹出对话框，单击“确定，创建活动”按钮，如图10-55所示。

图10-54 单击“确定”按钮

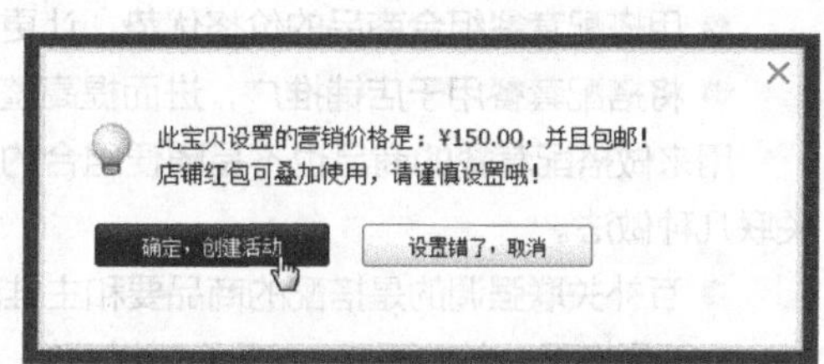

图10-55 单击“确定，创建活动”按钮

优惠方式有打折、减价和赠送店铺优惠券3种，可以选择设置。

步骤05 活动创建成功，如图10-56所示。

步骤06 买家加入购物车后，买家可以收到来自购物车和全网消息中心的降价消息提醒，如图10-57所示。

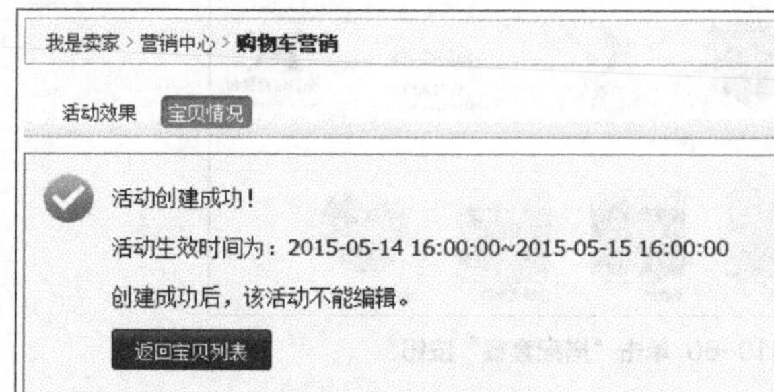

图10-56 活动创建成功

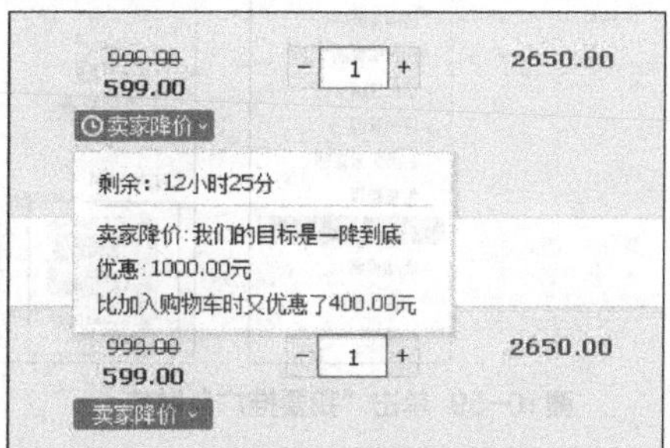

图10-57 降价提醒

10.2 官方营销产品

官方的营销产品包括搭配套餐、限时打折和满就送等，这些产品都需要在卖家服务市场订购。

10.2.1 搭配套餐

搭配套餐是将几种商品组合设置成套餐来销售，一般而言，套餐价比原价更低，如图10-58所示。

图10-58 搭配套餐

使用“搭配套餐”的优点如下。

- 利用搭配套餐让订单量和店铺人气双重增加，事半功倍。
- 用搭配套餐组合商品的价格优势，让更多进店的人购买店铺商品。
- 将搭配套餐用于店铺推广，进而提高整体交易额。

用来做搭配套餐的商品也不是随便组合的，一般选择关联产品有互补关联、替代关联和潜在关联几种做法。

- 互补关联强调的是搭配的商品要和主推商品有关联性，如衣服+裤子+帽子搭配；水+乳液+面霜搭配；美白面膜+保湿面膜搭配等。
- 替代关联是指主推商品和搭配商品之间可以完全替代，如同色系、同风格的衣服搭配。
- 潜在关联强调的是一种潜在互补性，例如，主推商品是泳衣，潜在关联商品可以是防晒霜，这种搭配方式比较适合多类目店铺；各种不同的零食也可以搭配起来以帮助节省邮费等。

搭配套餐是收费的工具，下面介绍订购方法。

步骤01 在“卖家中心”页面单击左侧的“我要推广”链接，如图10-59所示。

步骤02 在右侧界面中单击“搭配套餐”按钮，如图10-60所示。

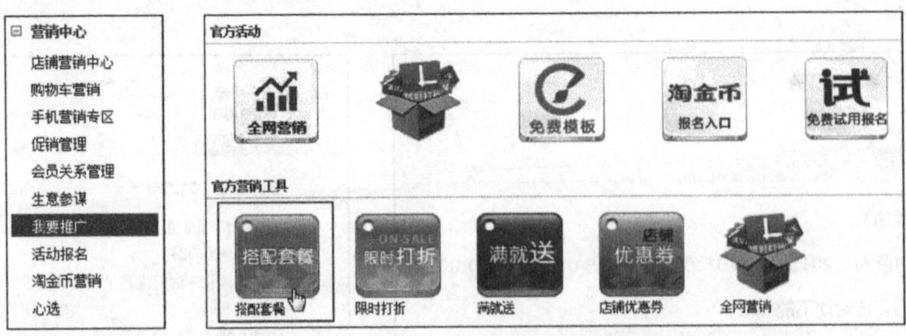

图10-59 单击“我要推广”链接　　图10-60 单击“搭配套餐”按钮

步骤 03 在打开的页面中进行订购，如图10-61所示。

图10-61 订购

10.2.2 满就送

满就送套餐是淘宝官方营销产品之一，可提供创建满就送（减）活动，并支持多样化玩法。主要包括满就减，满就送礼，满就包邮，满就送优惠券，满就送彩票，满就换购和满就送电子书。

使用“满就送”的优点如下。

- 使用“满就送”工具，促销广告会显示每一个宝贝的介绍页面。当消费者浏览商品看到促销广告时，可提高买家的客单价，达成促销的目的。
- 在淘宝网的宝贝搜索结果页面中，可以选择只看参加了“满就送”促销的商品。如果买家只搜索参加了促销的商品，将提高宝贝的曝光率。

10.2.3 营销推广中心

在“卖家中心”页面单击“我要推广”链接，在右侧单击“全网营销”按钮，如图10-62所示。跳转到“营销推广中心”页面，如图10-63所示。

图10-62 单击“全网营销”按钮

图10-63 “营销推广中心”页面

10.3 淘金币营销

淘金币，作为淘宝官方的一种营销工具，于买家及卖家而言都有各自的好处。对买家来说，淘金币相当于一张优惠券，可以进行重复消费的折扣卡；而对卖家来说，淘金币是一种营销手段，可以运用从买家手中赚过来的淘金币进行店铺收藏和宝贝抵钱等营销。

10.3.1 购物送淘金币

购物送淘金币可以促进买家下单，提升店铺成交转化。

视频路径 | 第10章\10.3.1购物送淘金币.mp4
知 识 点 | 购物送淘宝金币

步骤01 在"卖家中心"页面单击"淘金币营销"链接，如图10-64所示。

步骤02 跳转页面，在购物送金币下单击"立即运行活动"按钮，如图10-65所示。

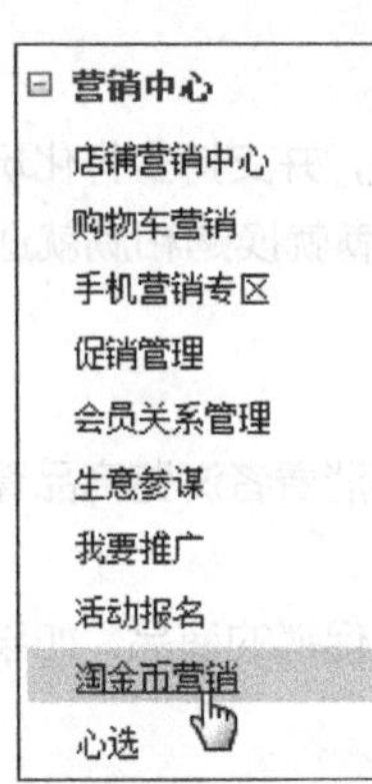

图10-64 单击"淘金币营销"链接

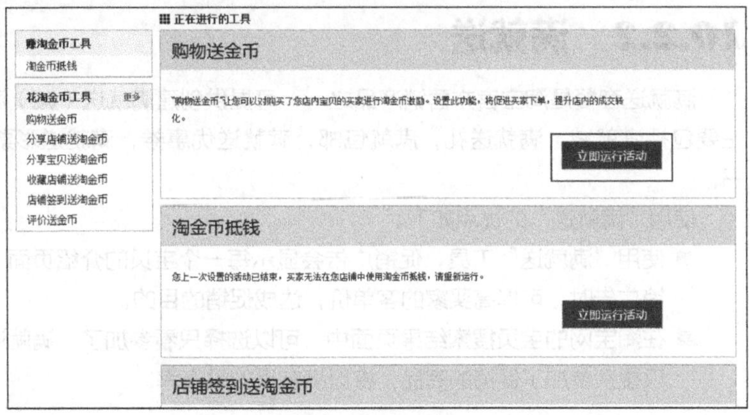

图10-65 单击"立即运行活动"按钮

步骤03 或者单击左侧的"购物送金币"链接，然后在打开的页面中单击"立即运行活动"按钮，如图10-66所示。

步骤04 在打开的页面中设置金币预算与活动时间，单击"确定开通"按钮即可，如图10-67所示。

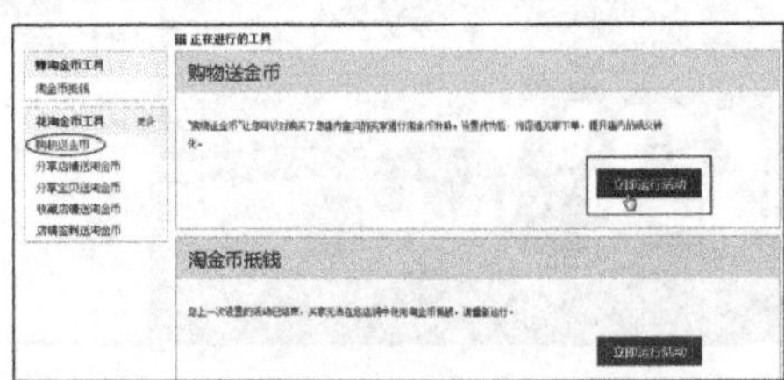

图10-66 单击"立即运行活动"按钮

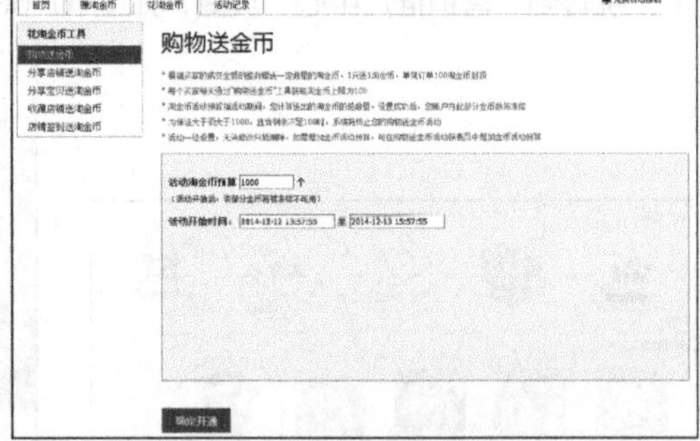

图10-67 单击"确定开通"按钮

10.3.2 淘金币抵钱

开通淘金币账户后即可开启全店支持淘金币抵扣功能。可以灵活设置店铺支持抵扣的有效时间，并能随时开启和关闭抵扣功能。

视频路径 | 第10章\10.3.2淘金币抵钱.mp4
知 识 点 | 淘金币抵钱

步骤01 在"淘金币账户"页面中单击"淘金币抵钱"下的"立即运行活动"按钮，如图10-68所示。

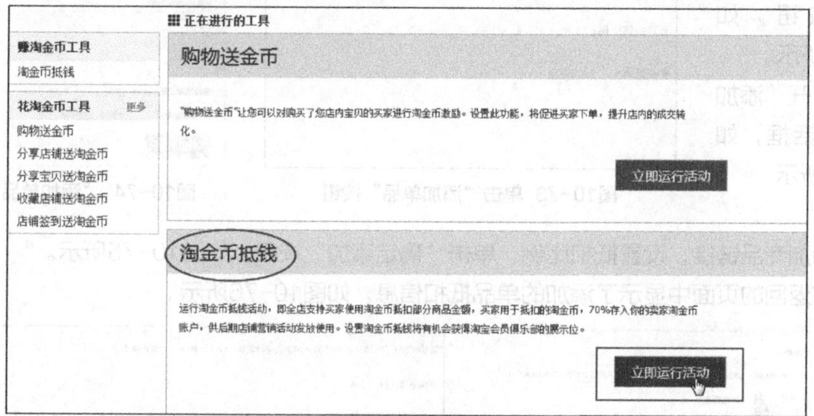

图10-68 单击"立即运行活动"按钮

步骤02 在打开的页面中设置抵扣比例及活动时间，如图10-69所示。

步骤03 单击"同意开通"按钮，弹出对话框，单击"确定开通"按钮，如图10-70所示。

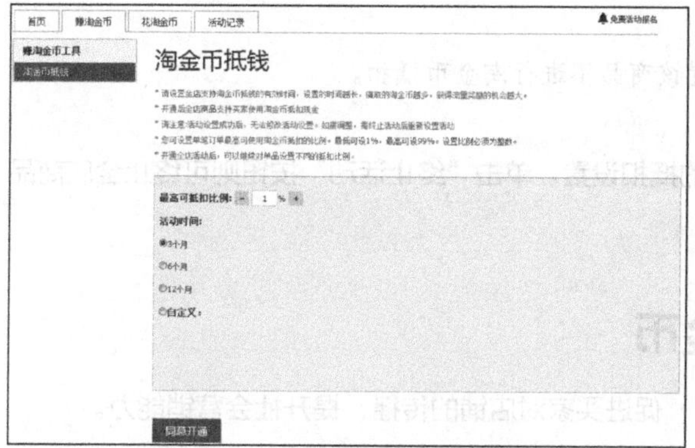

图10-69 设置抵扣比例及活动时间

图10-70 单击"确定开通"按钮

步骤04 淘金币抵钱活动开通成功，全店商品即均可使用淘金币抵钱，如图10-71所示。

步骤05 进入我的店铺，打开任意宝贝，在价格下显示了淘金币抵钱的信息，如图10-72所示。

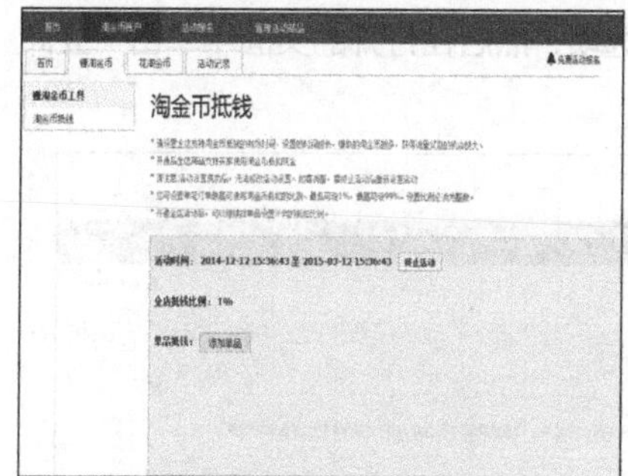

图10-71 设置抵扣比例及活动时间

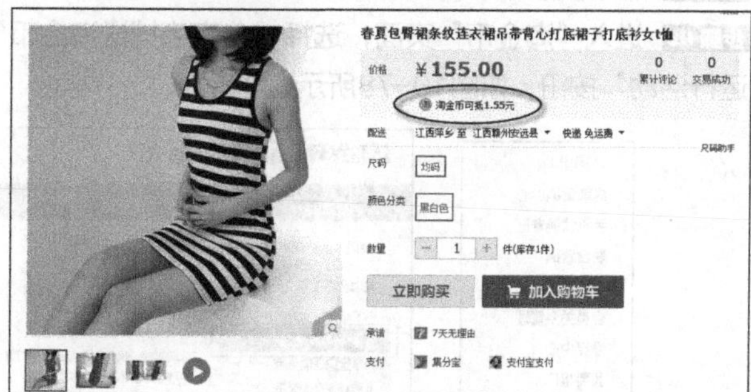

图10-72 淘金币抵钱

步骤 06 单击“添加单品”按钮，如图10-73所示。

步骤 07 打开“添加单品”对话框，如图10-74所示。

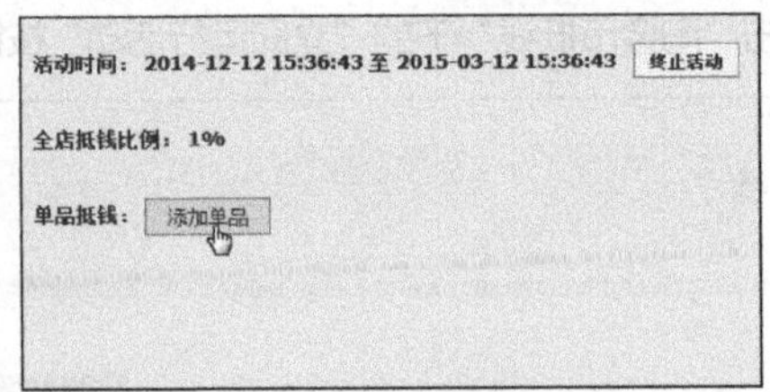

图10-73 单击“添加单品”按钮

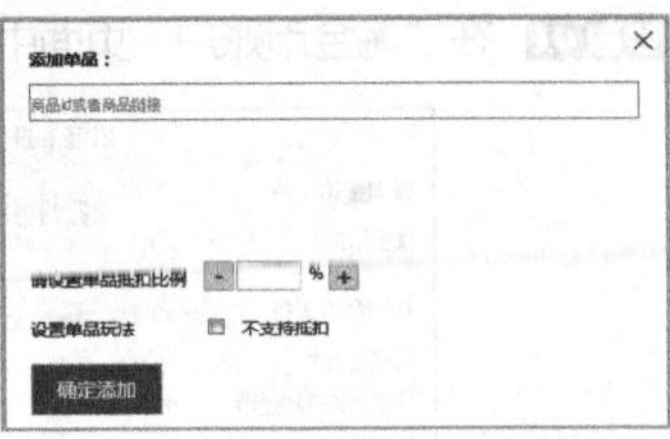

图10-74 “添加单品”对话框

步骤 08 添加商品链接，设置抵扣比例，单击“确定添加”按钮，如图10-75所示。

步骤 09 在返回的页面中显示了添加的单品抵扣信息，如图10-76所示。

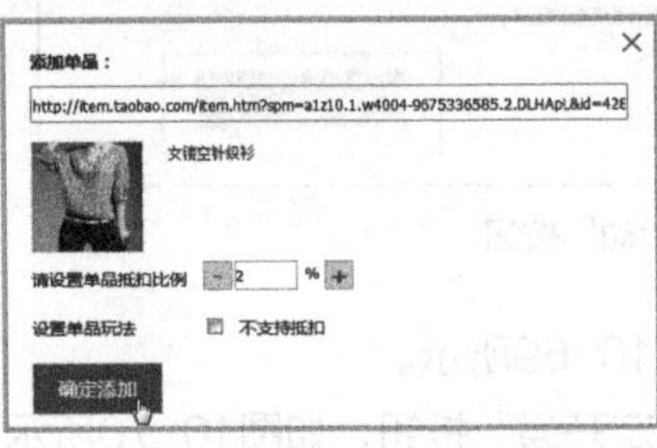

图10-75 单击“确定添加”按钮

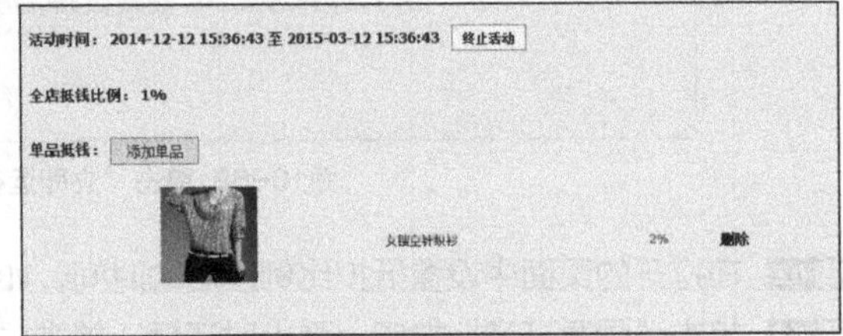

图10-76 单品抵扣

选中“不支持抵扣”复选框则可设置该商品不进行淘金币抵扣。

步骤 10 单击“删除”按钮则可删除该单品的抵扣设置。单击“终止活动”按钮则可终止全店商品的淘金币抵扣。

10.3.3 分享/收藏送淘金币

给分享或收藏了店铺的买家赠送淘金币，促进买家对店铺的传播，提升社会营销能力。

视频路径 | 第10章\10.3.3分享/收藏送淘金币.mp4

知 识 点 | 分享/收藏送淘金币

步骤 01 在“卖家中心”页面中单击“淘金币营销”链接，如图10-77所示。

步骤 02 进入“淘金币”页面，选择“分享店铺送淘金币”选项，然后在打开的页面中单击“立即运行活动”按钮，如图10-78所示。

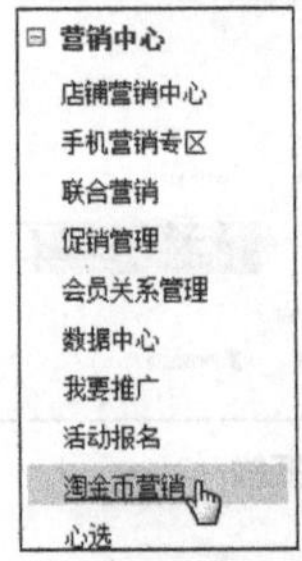

图10-77 单击“淘金币营销”链接

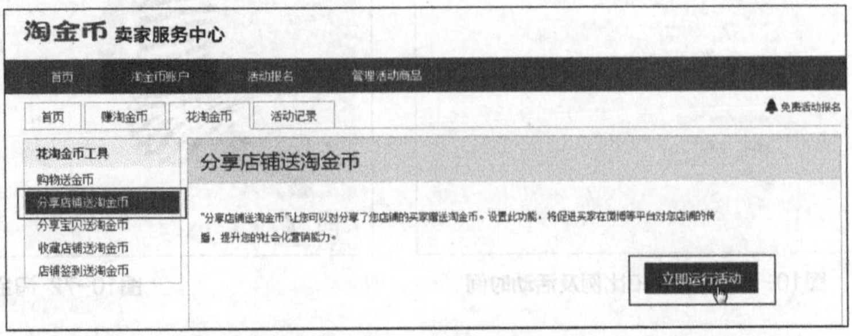

图10-78 单击“立即运行活动”按钮

步骤 03 在打开的页面中设置“分享店铺送淘金币”活动，单击“确定开通”按钮即可，如图10-79所示。

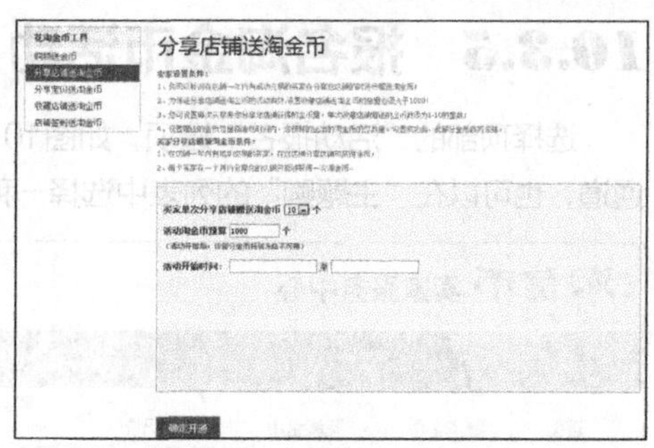

图10-79 设置“分享店铺送淘金币”活动

10.3.4 签到送淘金币

给来店铺签到的忠实顾客赠送淘金币，可以抓住老客户。

视频路径 | 第10章\10.3.4签到送淘金币.mp4
知 识 点 | 签到送淘金币

步骤 01 在“店铺营销中心”页面选择“创建活动”选项，如图10-80所示。

步骤 02 选择“签到送金币”选项，然后单击“创建活动”按钮，如图10-81所示。

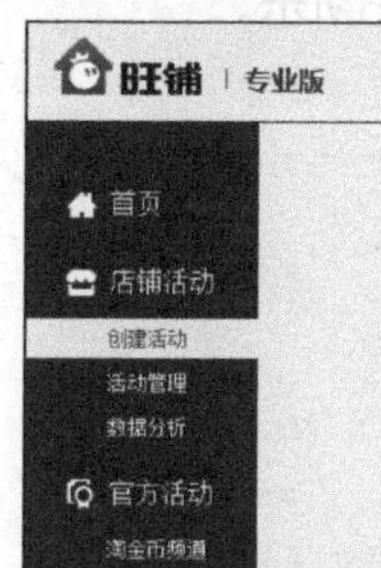

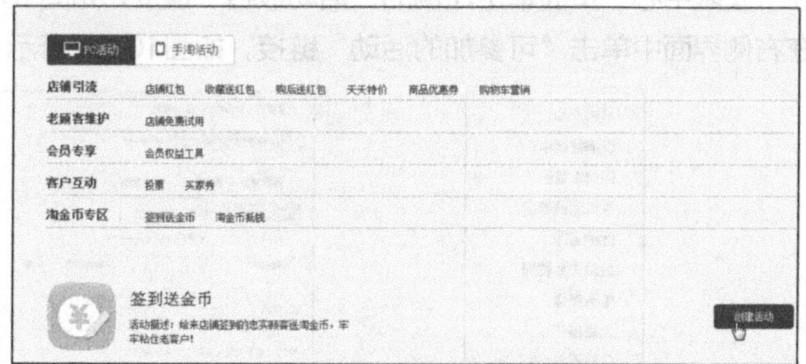

图10-80 单击“创建活动”选项　　图10-81 单击“创建活动”按钮

步骤 03 填写活动内容，单击“发布”按钮，如图10-82所示。

步骤 04 弹出对话框，单击“确定发布”按钮，如图10-83所示。即可成功创建“店铺签到送金币”活动。

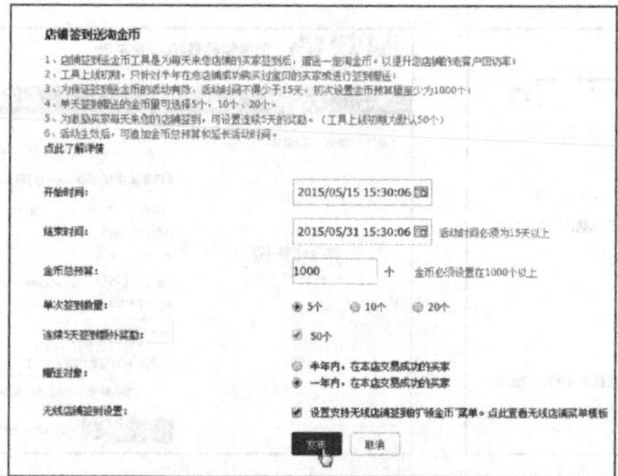

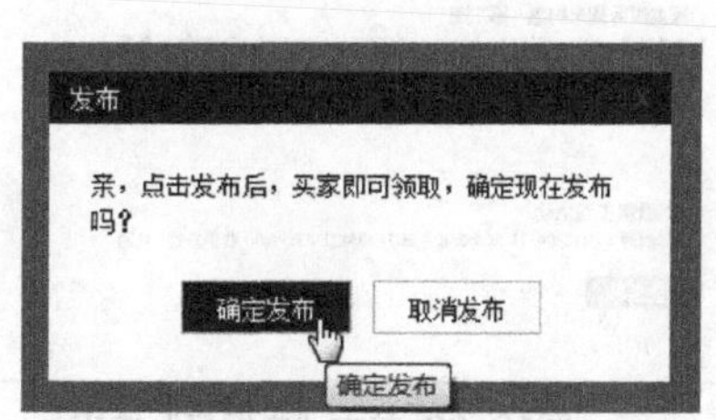

图10-82 单击“发布”按钮　　图10-83 单击“确定发布”按钮

10.3.5 报名淘金币活动

选择顶部的“活动报名”选项，如图10-84所示。在打开的特码中可以选择“品牌汇”的报名通道，也可以在“主题购”的列表中选择一种主题，单击右侧的“报名”按钮，如图10-85所示。

图10-84 选择“活动报名”选项

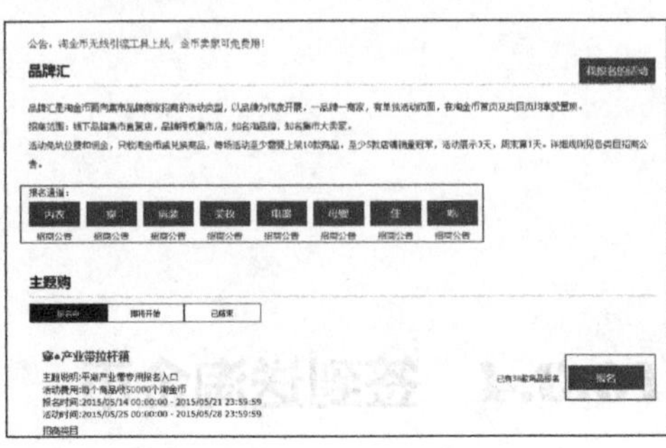

图10-85 单击“报名”按钮

10.4 淘营销活动报名

淘营销活动是为帮助卖家进行的营销活动，不同的活动有不同的报名要求。

步骤01 在“卖家中心”页面单击左侧的“活动报名”链接，如图10-86所示。

步骤02 在右侧界面中单击“可参加的活动”链接，如图10-87所示。

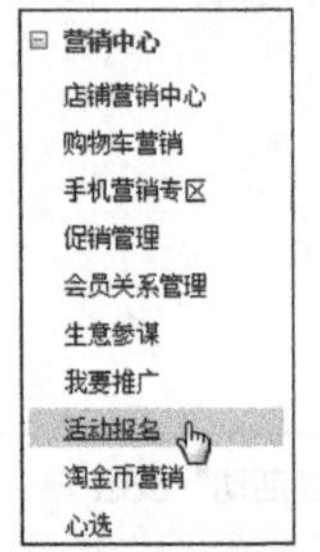

图10-86 单击“活动报名”链接

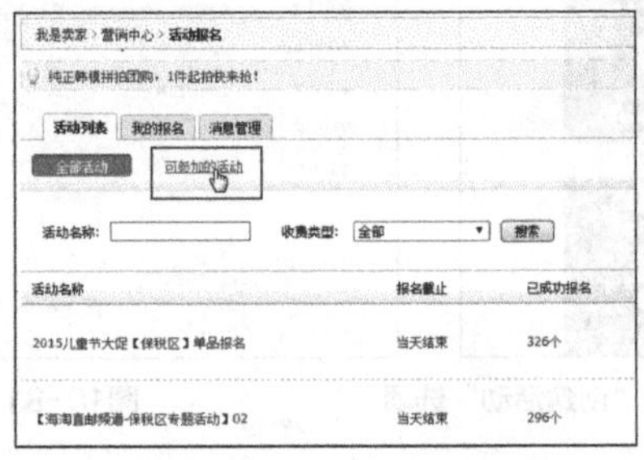

图10-87 单击“可参加的活动”按钮

步骤03 在跳转的页面中选择一个活动，单击“去报名”按钮，如图10-88所示。

步骤04 在跳转的页面中单击“立即报名”按钮，如图10-89所示。

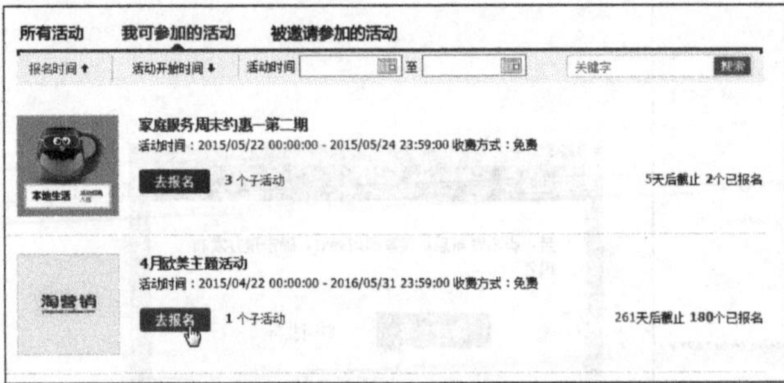

图10-88 单击“去报名”按钮

图10-89 单击“立即报名”按钮

10.5 营销推广

参加淘宝直通车、淘宝客、钻石展位、聚划算和天天特价这些都是最常见的营销推广方法。下面对这些方法进行分别介绍。

10.5.1 淘宝直通车

淘宝直通车是一款帮助卖家推广商品或店铺的营销工具。通过对买家搜索的关键词或是淘内/外的展现位置出价，从而将宝贝展现在高流量的直通车展位上，也可自行选择在哪些买家眼前展现，让宝贝在众多商品中脱颖而出找到它的买家。

淘宝直通车推广原理是根据宝贝设置的关键词来进行排名展示，按照点击进行扣费。

1. 进入直通车

步骤 01 在“卖家中心”页面单击“我要推广”链接，然后在右侧单击“淘宝直通车”按钮，如图10-90所示。

步骤 02 若未订购直通车则跳转至订购页面，若已订购则进入直通车操作平台首页，如图10-91所示。

图10-90 单击“淘宝直通车”按钮

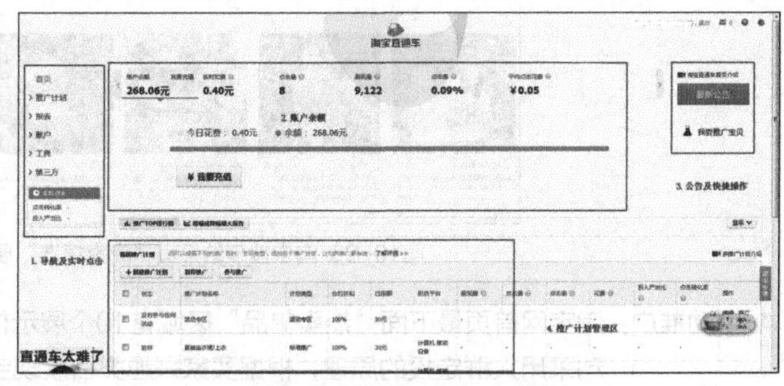

图10-91 直通车操作平台首页

目前申请加入淘宝直通车，店铺需要同时满足以下条件。

- 信用等级≥2心、店铺动态评分各项≥4.4分。
- 店铺主营商品所属的类目需要先加入“消保”并缴纳保证金。

2. 直通车推广方式及宝贝展示位置

被直通车推广的宝贝在淘宝网多处位置显示广告，流量巨大，可以大大提高宝贝的曝光率，为卖家带来更多潜在客户。

- **搜索推广**：搜索营销的原则是按词推广，精准匹配。通过关键词搜索，在搜索结果页面右侧有11个竖着的“掌柜热卖”展示位，页面底部有横着的5个“掌柜热卖”展示位，例如，搜索“短袖”，搜索结果如图10-92所示，搜索页面可一页一页往后翻，展示位以此类推。类目搜索结果页面的展示位置同样如此。

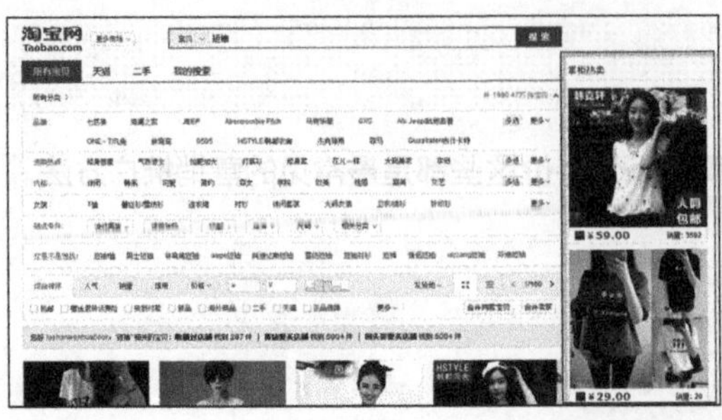

图10-92 关键词搜索展示位

● **店铺推广**：店铺推广是基于搜索营销推出的一种新的通用推广方式，可以向具有较模糊购买意向的买家推广店铺中的多个匹配宝贝，店铺推广的展现位置有站内和站外两种。其中第一种是，淘宝关键词搜索页面右侧“掌柜热卖”下方的“店家精选”区域3个展示位，如图10-93所示。

图10-93 淘宝搜索结果页“店家精选”展示位

● **活动推广**：淘宝网首页最下面“热卖单品”区域有10个展示位，如图10-94所示。热卖单品活动采用人群定投的原理，根据买家兴趣类目展现宝贝，展现概率与宝贝的出价以及点击率高低相关。同时，所有报名成功的宝贝，会匹配相关性较高的宝贝，展现至其他活动展位。

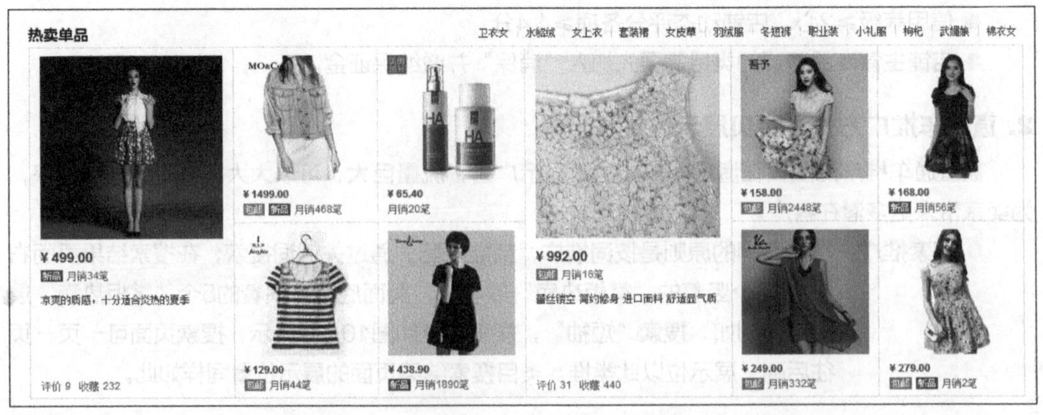

图10-94 淘宝首页“热卖单品”活动展示位

- **定向推广**：定向推广是一种人群定向，通过从细分类目中抓取那些特征与买家兴趣点匹配的推广宝贝，展现在目标客户浏览的网页上，帮助锁定潜在买家，实现精准营销。定向推广的展示位置主要分布在旺旺买家版每日焦点的“热卖”部分、我的淘宝“已买到的宝贝”页面下方的“热卖单品”区域、物流详情页的“热卖单品”区域、收藏列表页的“热卖单品”等，图10-95所示为收藏列表页的宝贝展示位。
- **明星店铺**：当你已经拥有较为成熟的品牌或店铺营销能力，希望能进一步做好品牌营销，可以考虑申请明星店铺功能。开通了明星店铺的卖家，通过对其推广信息设置关键词和出价，当买家在淘宝网搜索相应关键词时，在搜索结果正下方的位置就会展现你明星店铺的创意，包括品牌创意banner和右侧4个文字链，同时也会显示店铺名称及七天无理由退换以及是否加入消保等特色服务，如图10-96所示。

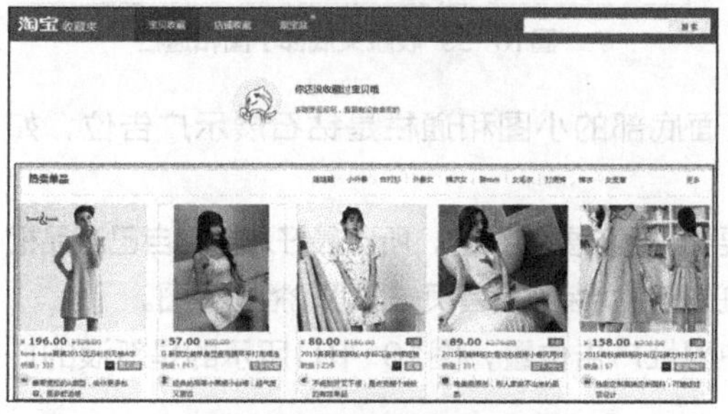

图10-95 收藏列表页展示位

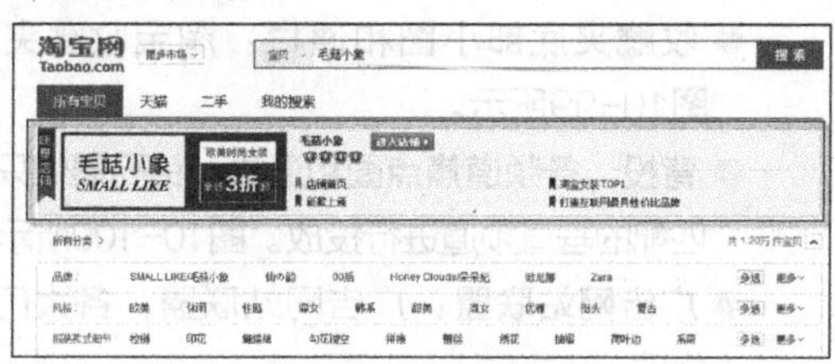

图10-96 明星店铺

- **站外投放**：直通车外投就是把你推广的商品投放在淘宝以外的网站上，以Banner、文字链、搜索栏等形式展现，并根据系统对数据的分析，锁定人群，匹配相应的宝贝，从而将外部消费者吸引到专门展现直通车宝贝的页面。可以在直通车客户操作系统后台设置投放平台，打开“网站列表”查看到部分合作网站，如图10-97所示。

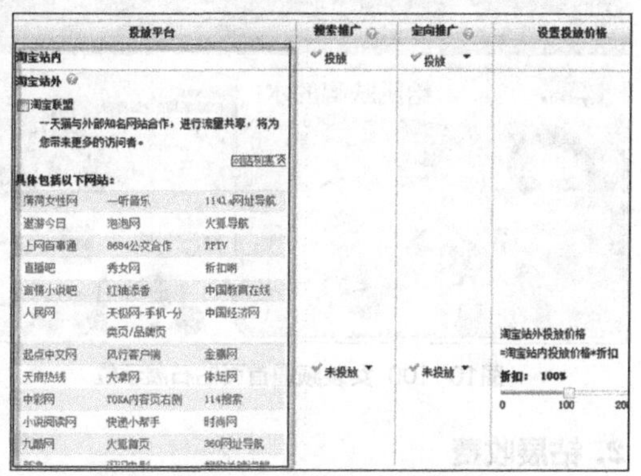

图10-97 站外投放合作网站

10.5.2 钻石展位

面向全网精准流量实时竞价的展示推广平台，以精准定向为核心，为客户提供精准定向、创意策略、效果监测和数据分析等一站式全网推广投放解决方案，帮助客户实现更高效、更精准的全网数字营销。

1. 广告位

钻石展位是面向全网精准流量实时竞价的展示广告平台，现有淘宝首页、各频道页、一淘首页、旺旺每日焦点、各功能页、搜索页和促销名店页等共143个广告位。

- **淘宝首页**：对于资金雄厚的大卖家来说，淘宝首页拥有巨大的流量，可以带来更多顾客。如图10-98所示，是淘宝首页上的钻石展位。

图10-98 淘宝首页的钻石展位

图10-99 收藏夹底部小图和通栏

- **收藏夹底部小图和通栏**：淘宝收藏夹页面底部的小图和通栏是钻石展示广告位，如图10-99所示。
- **背投、各频道焦点图和通栏**：钻石展位只要展示了就要收费的，所以最好选择和自己产品相匹配的垂直频道进行投放。图10-100所示的是淘宝女装类目首页一屏四轮播焦点图。
- **广告网站联盟**：广告网站联盟，各大门户网址广告位置，图10-101所示的是新浪的广告位。

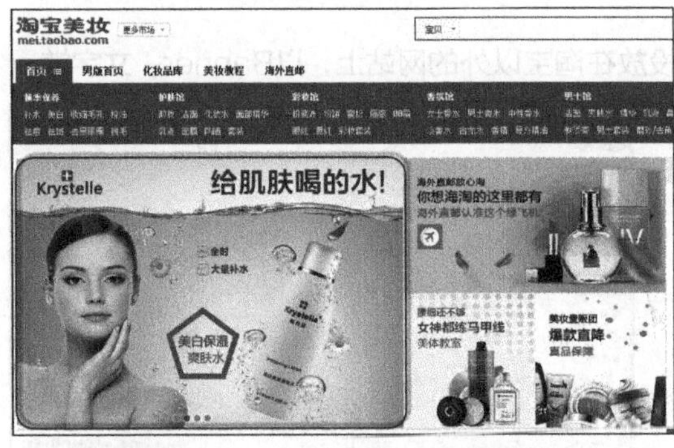

图10-100 女装频道首页钻石展示位

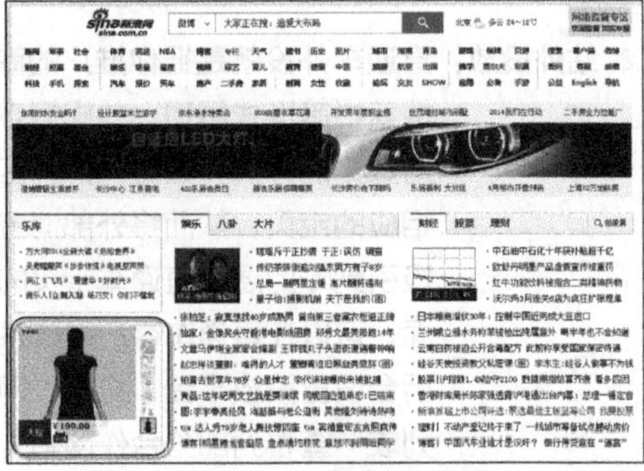
图10-101 新浪广告位

2. 钻展收费

与直通车不同，钻石展位不是按点击计费，钻石展位是按照流量竞价售卖广告位的，计费单位是“每千次浏览单价（CPM）”，即广告所在的页面被打开1000次所需要收取的费用。注意：千次浏览不是1000个点击，而是1000个PV。

☐ 流量到点击量的换算方法

做钻石展位花钱要合理，花多少可以自己预算：

总预算÷千次浏览价×1000=购买总流量

购买总流量×点击率=点击数

总预算÷点击数=单个点击成本

举例：准备1000元预算，竞拍一个点击率是2%的位置，成交价格是千次展示5元，那么能买到的总流量200,000（PV）能产生的总点击数4000个，每个点击所要花的钱是0.25元。

□ 竞拍规则

用户竞拍的是某个广告位某个时段的流量使用优先权。CPM出价高的用户的广告投放结束后，下一位的广告才会投放。

竞价展示按小时排序，每小时都会有新排序，如9点~10点出价过低导致没有排名，那么广告在此时间段就不会展示。每小时内系统按照用户出价高低顺序投放广告。

原钻石展位系统每日竞价截止时间为15点，次日生效。新系统中，客户调整完出价后，立即生效，每一次PV系统都会重新排列计划展示顺序。每日21点~24点为系统维护，无法修改价格。

竞拍结算价格，按照该用户下一位的出价加0.1元进行结算。

10.5.3 淘宝客推广

淘宝客的推广是一种按成交计费的推广模式，淘宝客只要从淘宝客推广专区获取商品代码，任何买家（包括你自己）通过你的推广（链接、个人网站、博客或者社区发的帖子）进入淘宝卖家店铺完成购买后，就可得到由卖家支付的佣金。简单地说，淘宝客就是指帮助卖家推广商品并获取佣金的人（可以是个人或者网站），卖家可以针对单个商品或店铺设置推广佣金。

下面介绍设置淘宝客推广的步骤，具体操作方法如下。

步骤 01 在“卖家中心”页面单击“我要推广”链接，在右侧单击“淘宝客”推广图标，如图10-102所示。

步骤 02 进入页面后，单击“新建自选淘宝客计划”按钮，如图10-103所示。

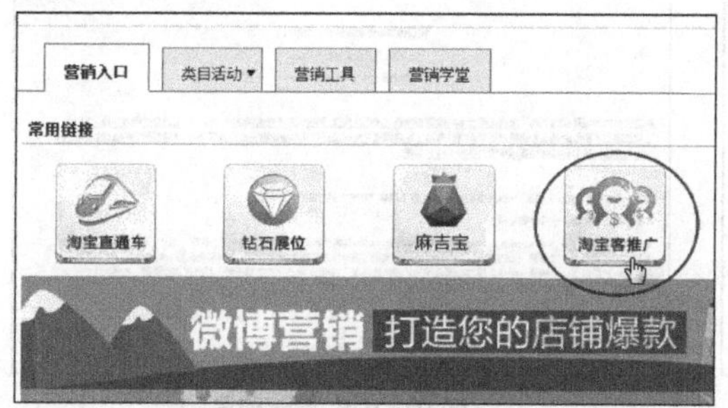

图10-102 推广服务页面

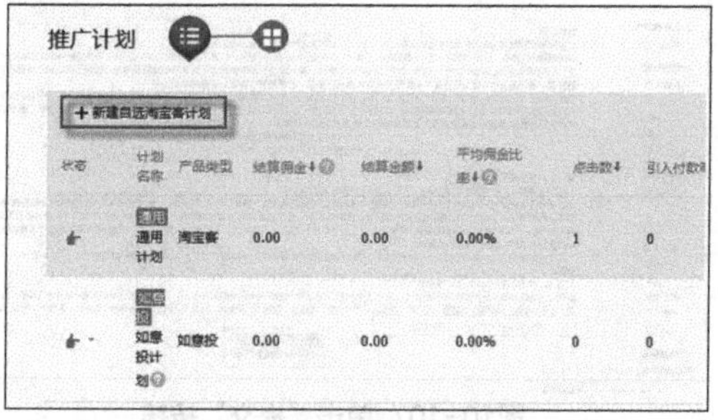

图10-103 新建自选淘宝客计划

步骤 03 在弹出的“新建推广机会”页面中设置计划名称、计划类型、审核方式、起止日期和类目佣金等，然后单击“创建完成”按钮，即可创建推广计划，如图10-104所示。

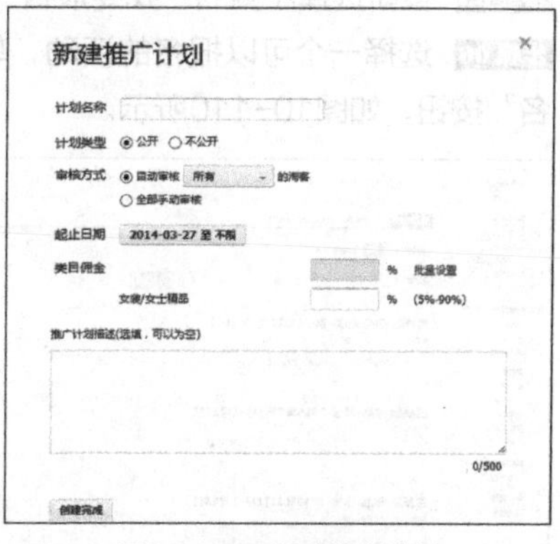

图10-104 创建推广计划

10.5.4 聚划算

团购是目前最流行的网购方式之一，参加团购活动能在短时间内带来大批用户。淘宝聚划算是阿里巴巴旗下的团购网站，其报名是免费的，但会在买家确认收货后收取一定的佣金。

步骤01 在“我要推广”页面中单击“报名聚划算”按钮，如图10-105所示。

步骤02 进入“聚划算”页面，单击“我要报名”按钮，如图10-106所示。根据实际情况进行报名。

图10-105 单击“报名聚划算”按钮

图10-106 报名流程

步骤03 在打开的页面中选中协议下方的复选框，单击“提交”按钮，如图10-107所示。

步骤04 提示已签署《聚划算卖家运费险协议（卖家版）》，如图10-108所示。

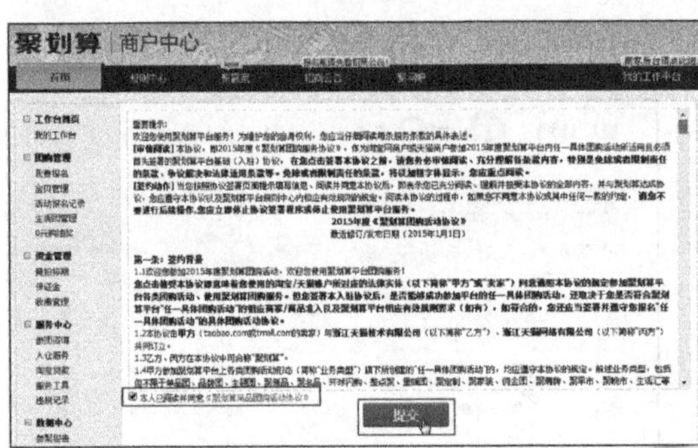

图10-107 单击“提交”按钮

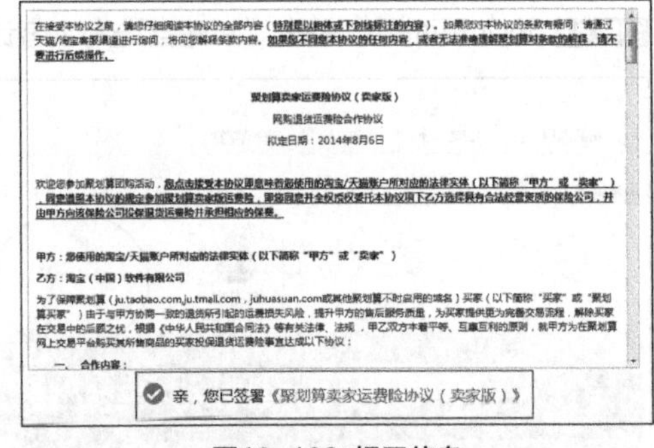

图10-108 提示信息

步骤05 重新选择左侧的“我要报名”选项，在右侧显示活动列表，如图10-109所示。

步骤06 选择一个可以报名的活动，单击“查看活动详情”按钮，在打开的页面中单击“我要报名”按钮，如图10-110所示。

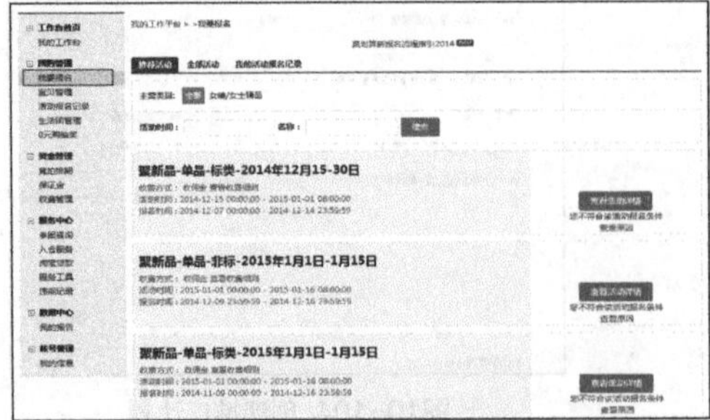

图10-109 显示活动列表

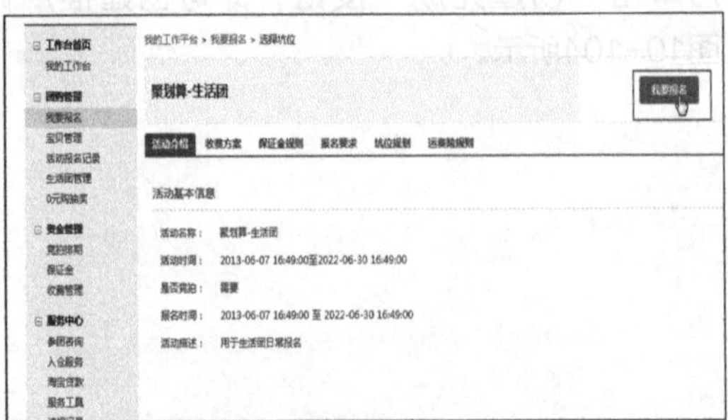

图10-110 单击“我要报名”按钮

步骤07 在打开的页面中选中复选框，单击“提交”按钮，如图10-111所示。

根据提示签署支付宝代扣协议。协议签署成功后选择的宝贝已经报名，等待审核结果即可。

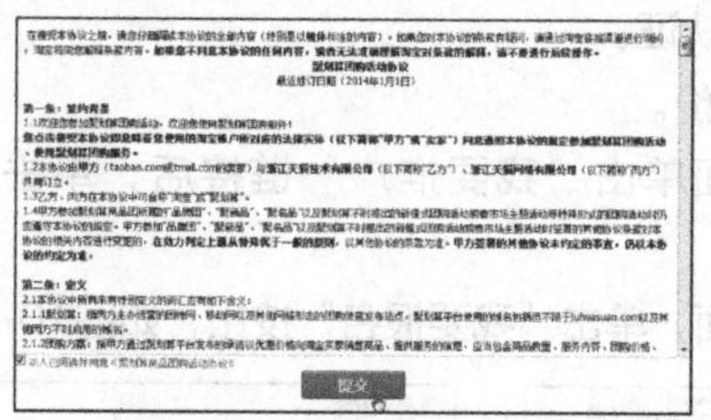

图10-111 单击“提交”按钮

10.5.5 天天特价

天天特价是以扶持中小卖家为宗旨的唯一官方平台，活动不收费。报名条件如下。

1. 店铺要求

- 符合平台活动要求的类目。
- 卖家信用积分：三星到五钻。
- 开店时间≥90天。
- 加入“消费者保障服务”且保证金余额≥1000元。
- 描述相符≥4.6 、服务态度≥4.6 、发货速度≥4.6。
- 实物宝贝交易≥90%。
- B类侵权（发布违禁信息、出售假冒商品、盗用他人账户、泄露他人信息及骗取他人财物）扣分为0分。
- A类扣分满12分或12分的倍数，自最近处罚起，六个月内不能报名。
- 因炒信被处罚的卖家永久禁止参与活动。
- 因为各种违规，店铺被搜索屏蔽的卖家，暂时禁止参与活动。
- 同一店铺15天内限参加一次天天特价。
- 无售假违规处罚。

2. 商品要求

- 报名宝贝原价不高于全网均价，禁止先提价再打折。
- 50件≤报名的宝贝数量≤300件。
- 报名宝贝近30天内交易≥10件(严禁炒作销量，一经发现，立刻取消活动资格并拉黑处理）。
- 报名宝贝折扣价格必须低于近60天历史最低价（包括手动修改价格、套餐搭配和限时折扣等），建议价格为历史最低价的3折及以下。
- 报名宝贝必须包邮（注：除港澳台地区外，全国包邮。卖家指定快递不能到达的地区，请用EMS或者其他快递包邮送达，不得让买家贴补邮费）。
- 报名宝贝应具有应季、优质、需求较大、热卖和价格优势明显等特性。

- 涉及售卖品牌商品需要上传品牌授权图片。
- 自上线日算起的1个月内，不准以低于天天特价的折扣价上其他活动或在店铺里促销。
- 食品类目商品需要QS认证。

下面介绍如何报名天天特价。

步骤01 在“卖家中心”页面单击“我要推广”链接后，单击“当今打折促销”按钮，如图10-112所示。

步骤02 进入“天天特价”页面，单击“我要报名”按钮，如图10-113所示。

图10-112 单击按钮

图10-113 单击“我要报名”按钮

步骤03 进入“商家报名”页面，选择日期，然后在右侧选择日常活动报名或主题活动报名，如图10-114所示。

- **日常活动**：为固定的活动时间，长期招商的活动。
- **主题活动**：是小二根据节日等不定期发起的活动，活动规则和时间每次都不同。

图10-114 商家报名

10.6 其他免费推广方法

对于资金有限的新手卖家而言，还有很多免费推广店铺的方式。

10.6.1 淘宝论坛

淘宝论坛是最具人气的淘宝店铺推广社区论坛，以淘宝网为依托，为网友提供发布信息的平台，板块围绕淘宝网开展，有淘宝买家的购物攻略和防骗技巧等，还有淘宝卖家的店铺促销。

1. 发表帖子

在淘宝社区中发表的帖子被加入精华帖，不仅可以获取更多的浏览量，还可以获得社区的“银币”奖励，下面讲解发表帖子和回复帖子的方法。

步骤01 登录淘宝网，在页面右上角单击“网站导航”链接，在打开的页面中单击“淘宝论坛”链接，如图10-115所示。

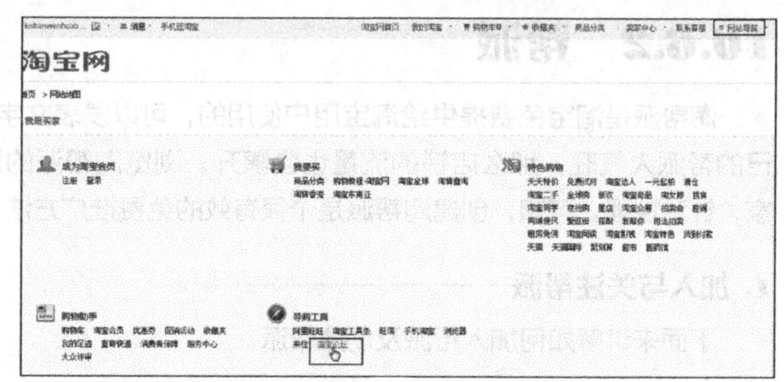

图10-115 单击“淘宝论坛”链接

步骤02 进入“淘宝论坛”首页，在全部论坛下选择不同的板块，这里以“淘宝杂谈”为例，单击“淘宝杂谈”链接，如图10-116所示。

步骤03 进入到淘宝杂谈的板块中，单击页面中的“发帖”按钮，在下拉菜单中选择“帖子”选项，如图10-117所示。

步骤04 进入到淘宝杂谈的板块中，单击页面中的“发帖”按钮，在下拉菜单中选择“帖子”选项，如图10-117所示。

步骤05 进入发布帖子的页面，输入帖子标题及帖子正文后，单击“发表”按钮即可发布帖子。如图10-118所示。

图10-116 单击“淘宝杂谈”链接

图10-117 选择“帖子”选项

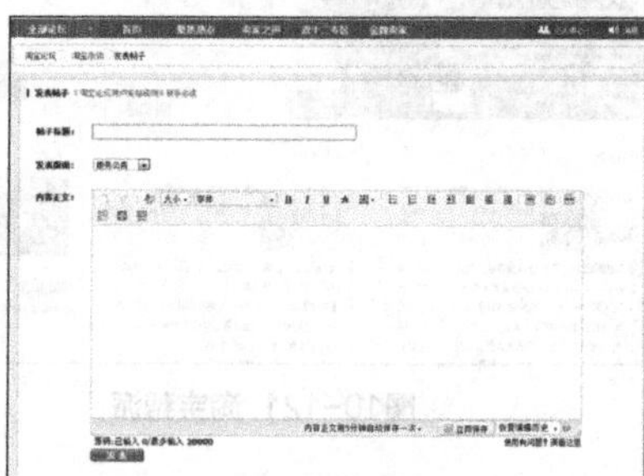

图10-118 发帖

2. 回复帖子

除了发表新帖外，还可以对别人所发的帖子进行回复。单击帖子标题，在右上角单击“回复本帖”按钮，如图10-119所示。跳转到快速回复区，在文本框中输入回复内容，单击“发表回复”按钮即可，如图10-120所示。

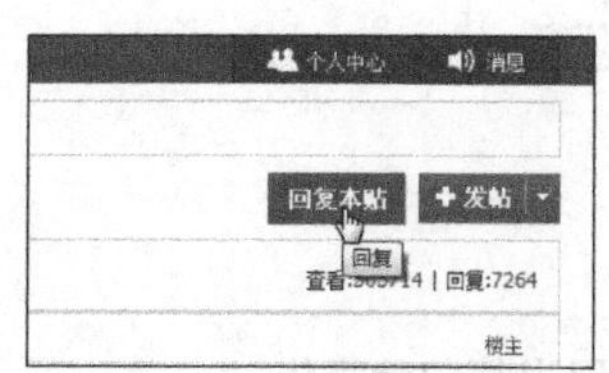

图10-119 单击“回复本帖”按钮

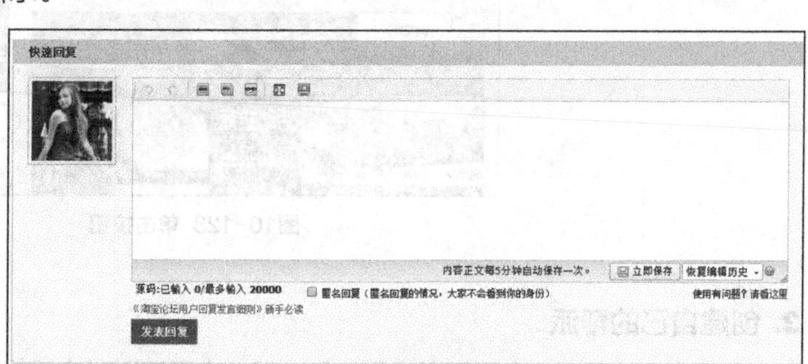

图10-120 单击“发表回复”按钮

10.6.2 帮派

淘帮派是淘宝免费提供给淘宝用户使用的，可以发表文字和图片等。对于新店而言，如果自己的帮派人气旺，那么店铺的流量也会骤升。浏览淘帮派的网民都是淘宝用户，有卖家也有买家，针对性强。可知，创建淘帮派是个很有效的免费推广方法。

1. 加入与关注帮派

下面来讲解如何加入帮派及创建帮派。

视频路径 | 第10章\10.6.2帮派\1. 加入与关注帮派.mp4
知 识 点 | 加入与关注帮派

步骤01 在浏览器地址栏中输入http://bangpai.taobao.com，进入“淘宝网帮派”首页，如图10-121所示。

步骤02 在打开的网页上方导航中可以看到各个类目的名称，根据需要单击类目名称链接，这里选择“购物”类目，打开该类“帮派”页面，单击需要加入的帮派，如图10-122所示。

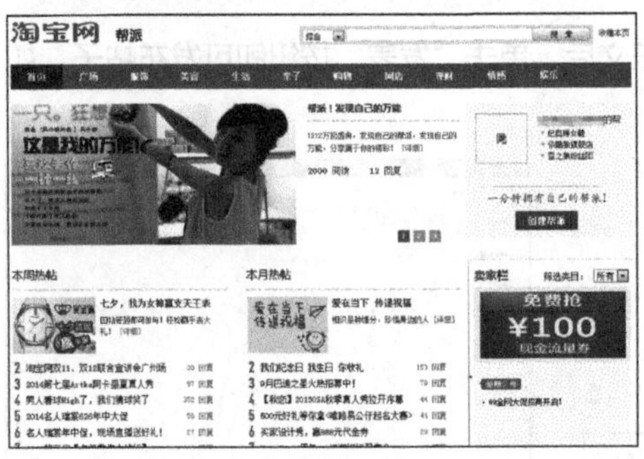

图10-121 淘宝帮派

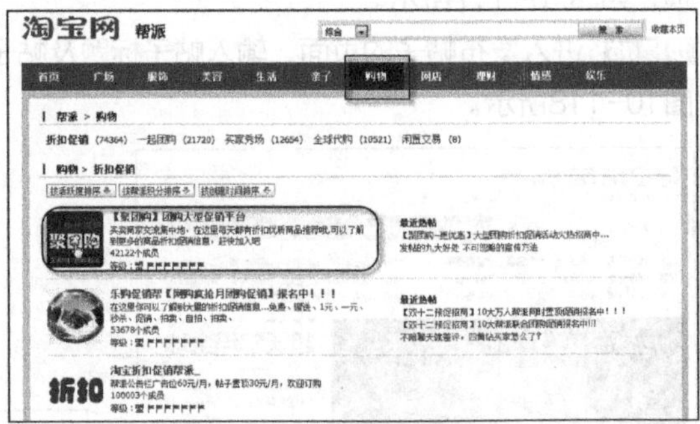

图10-122 单击

步骤03 打开该帮派页面，在页面的右侧单击“加入这个帮派”或 “关注这个帮派”按钮即可加入或关注该帮派，如图10-123所示。

图10-123 单击按钮

2. 创建自己的帮派

创建自己的帮派一方面可以吸引流量，另一方面可以对店铺的产品进行口碑宣传。

步骤 01 在“卖家地图”页面中单击“我的帮派”链接，如图10-124所示。

步骤 02 在打开的页面中单击“创建帮派”按钮，如图10-125所示。

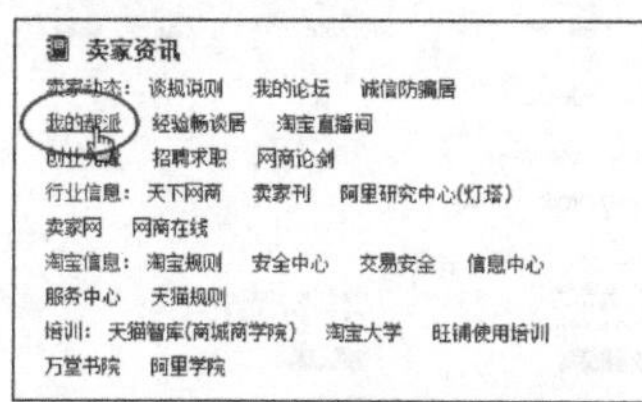

图10-124 单击“创建帮派”链接

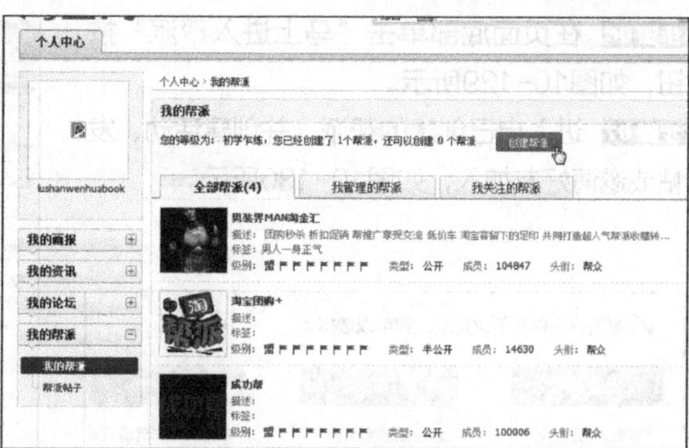

图10-125 单击“创建帮派”按钮

步骤 03 选择帮派类目，填写帮派资料，单击底部的“创建帮派”按钮，如图10-126所示。

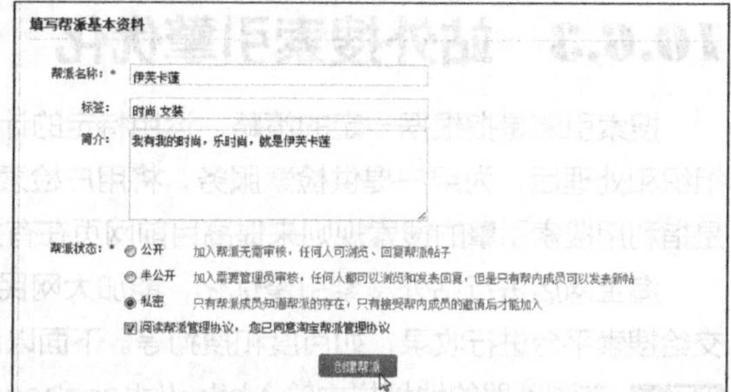

图10-126 单击“创建帮派”按钮

步骤 04 弹出对话框，确认信息后单击“确认”按钮，如图10-127所示。

步骤 05 进入新的页面，上传帮徽或者直接进入帮派，如图10-128所示。

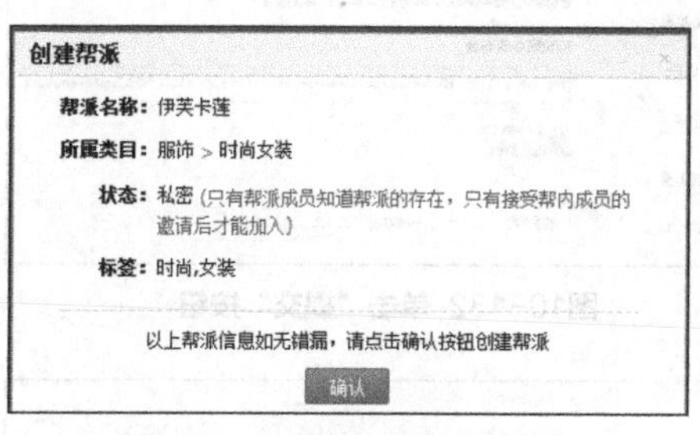

图10-127 单击“确认”按钮

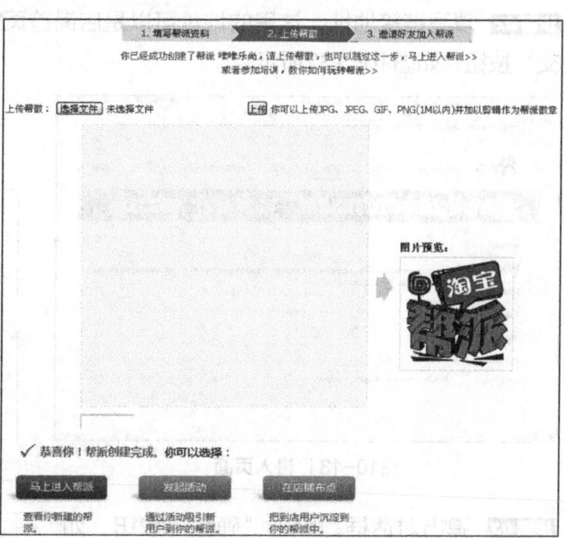

图10-128 上传帮徽

目前，已创建的淘帮派无法解散。

步骤06 在页面底部单击“马上进入帮派”按钮，如图10-129所示。

步骤07 进入自己创建的帮派，并创建活动、发帖或邀请好友加入，如图10-130所示。

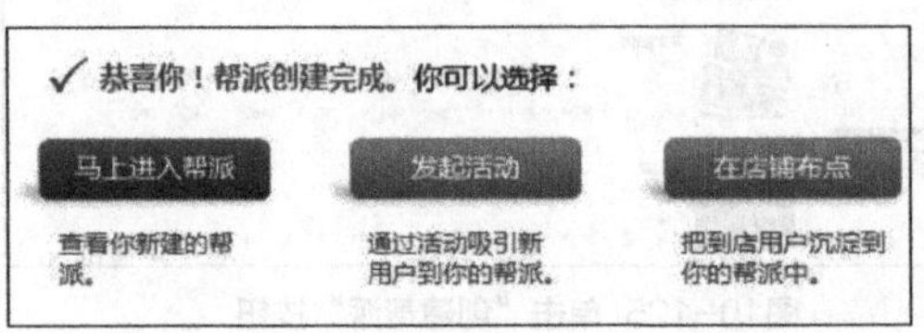

图10-129 单击“马上进入帮派”按钮

图10-130 进入帮派

10.6.3 站外搜索引擎优化

搜索引擎是指根据一定的策略、运用特定的计算机程序从互联网上搜集信息，在对信息进行组织和处理后，为用户提供检索服务，将用户检索相关的信息展示给用户的系统。搜索引擎优化是指利用搜索引擎的搜索规则来提高目前网页在有关搜索引擎内的自然排名的方式。

淘宝网店进行站外搜索引擎优化，能加大网民搜索的概率。第一步就是将店铺相关的网页递交给搜索平台进行收录，如百度和搜狗等。下面以百度搜索为例，讲解如何递交链接。

步骤01 在浏览器的地址栏中输入http://zhanzhang.baidu.com/linksubmit/url，进入页面，如图10-131所示。

步骤02 填写链接地址，这里的地址可以是店铺首页的地址，也可以是活动页的地址，单击“提交”按钮，如图10-132所示。

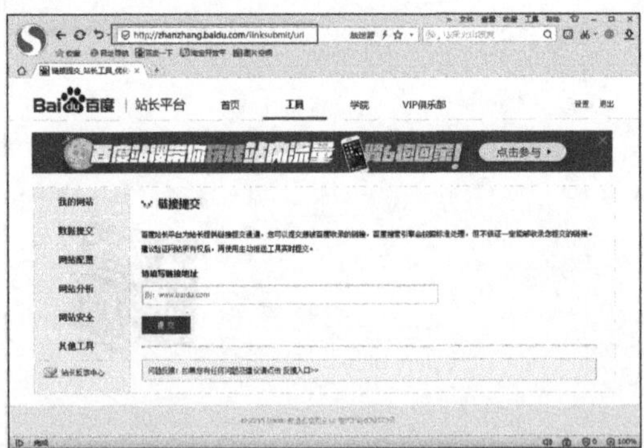

图10-131 进入页面

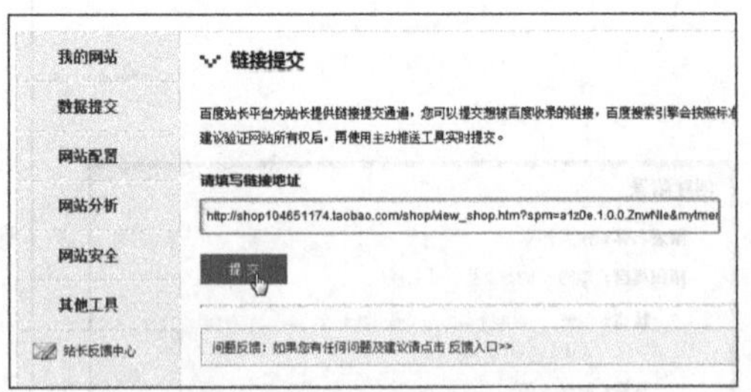

图10-132 单击“提交”按钮

步骤03 弹出对话框，单击“确定”按钮，如图10-133所示。

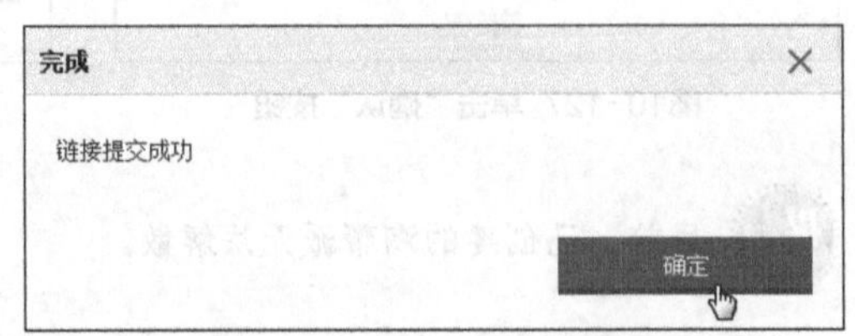

图10-133 单击“确定”按钮

搜狗的提交入口网址为http://www.sogou.com/feedback/urlfeedback.php。

10.6.4 百度推广

百度旗下的“百度贴吧”和“百度知道”都是很强大的免费推广平台，只要应用得当，可以为店铺带来不少流量。

1. 百度贴吧

百度帖吧的推广方式很简单，只要进入相关贴吧发帖即可，如图10-134所示。但是要注意大多数有人气的贴吧对广告帖管理都比较严格，发帖的时候注意内容不可太过于张扬。可以先含蓄一点，先介绍一些相关知识或者经验，然后在末尾或签名档处留下店铺或者产品名称，这样不但可以避免被吧主删帖，还可以间接增加其他用户浏览此帖的概率。

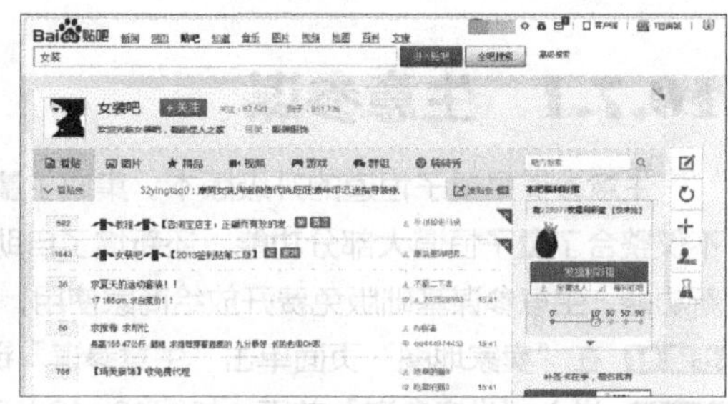

图10-134 百度贴吧

2. 百度知道

利用“百度知道”进行店铺推广，是一种很主动的营销方式，卖家可以在“百度知道”中查看相关的问题，对问题进行技巧性的回答。

步骤 01 进入“百度知道”页面，单击“新提问”链接，如图10-135所示。

步骤 02 在新的提问列表中选择一个与店铺宝贝相关的提问，如图10-136所示。

图10-135 单击“新提问”链接

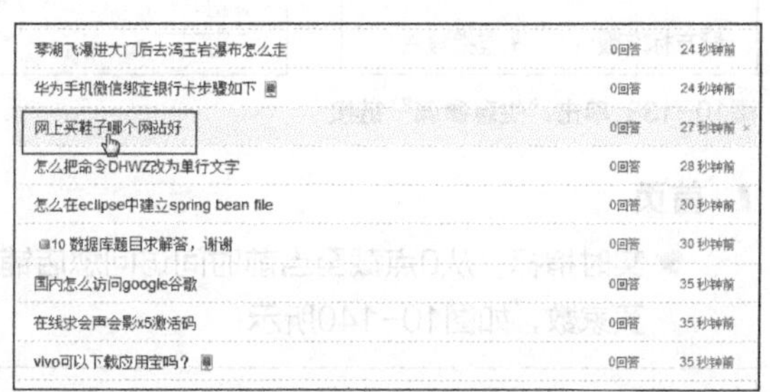

图10-136 选择问题

步骤 03 单击后，在展开的文本框中输入回复内容，单击“提交回答”按钮即可，如图10-137所示。

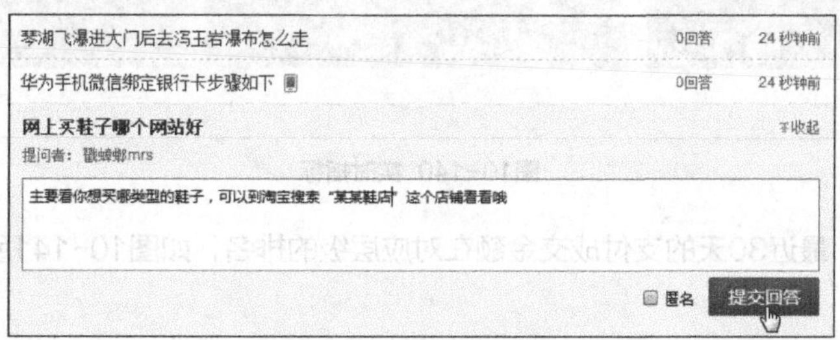

图10-137 回复并提交

10.7 监控营销效果

监控营销效果主要是通过店铺的数据分析，帮助我们挖掘出店铺宝贝优势，找出自己宝贝劣势或者是店铺营销存在的问题。数据分析对于每一个店铺运营来说都是极为重要的，做好数据分析可以很好地寻找出适合自己店铺发展的道路。

10.7.1 生意参谋

生意参谋是量子恒道的升级版本。集成了量子恒道的海量数据及生意参谋的店铺经营思路，不仅整合了量子恒道大部分功能，还新增了自助取数、单品分析、商品温度计和实时直播大屏等新功能。生意参谋基础版免费开放给商家使用，下面介绍如何操作。

步骤 01 在“卖家地图”页面单击“生意参谋”链接，如图10-138所示。

步骤 02 进入“生意参谋”首页，如图10-139所示。

图10-138 单击“生意参谋”链接

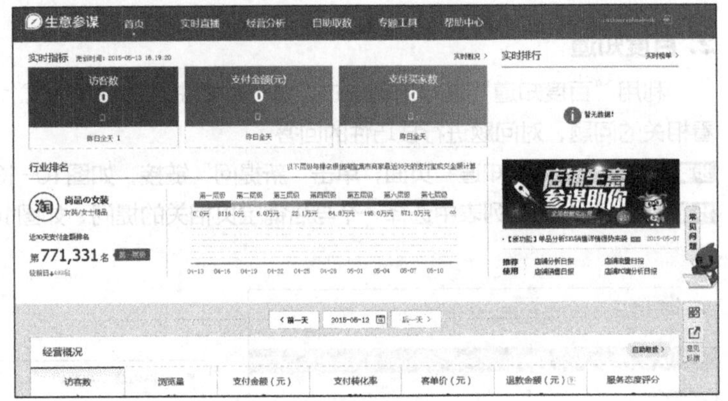

图10-139 “生意参谋”首页

1. 首页

- **实时指标**：从0点截至当前时间访问您店铺页面或宝贝详情页的访客数、支付金额与支付买家数，如图10-140所示。

图10-140 实时指标

- **行业排名**：最近30天的支付成交金额在对应层级的排名，如图10-141所示。

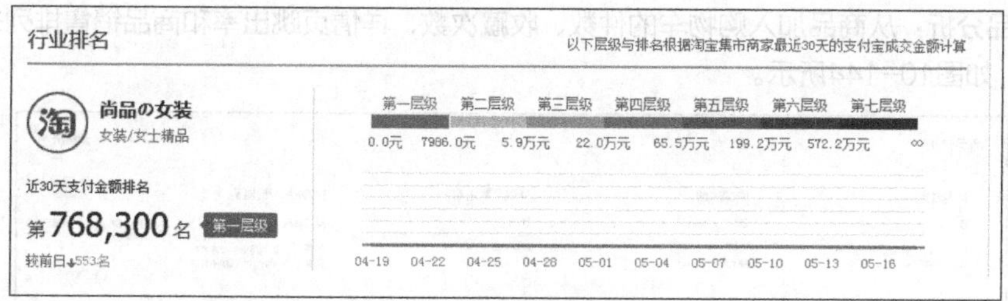

图10-141 行业排名

● **经营概况：**经营概况包括了店铺的访客数、浏览量、支付金额、支付转化率、客单价、退款金额和服务动态评分等内容，如图10-142所示。以曲线图展示最近30天的值，并与同行业平均值相比较，从而了解店铺的实际经营概况。

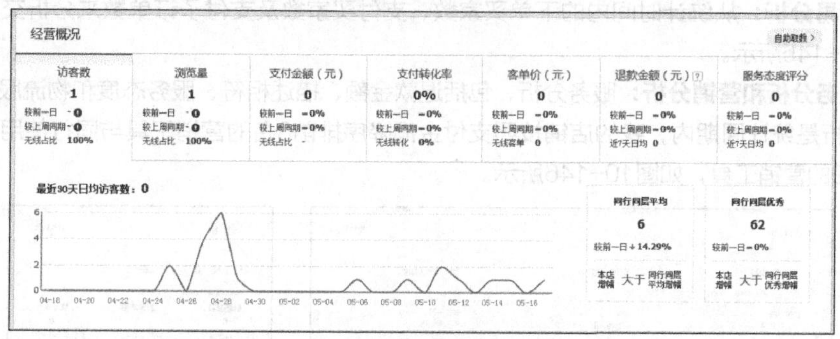

图10-142 经营概况

● **流量分析：**分析一个店铺近期流量的变化情况，从店铺跳失率、人均浏览量、平均停留时间、访客分析、PC流量来源TOP5和无线流量来源TOP5、PC端入店关键词TOP等内容分析店铺流量，如图10-143所示。

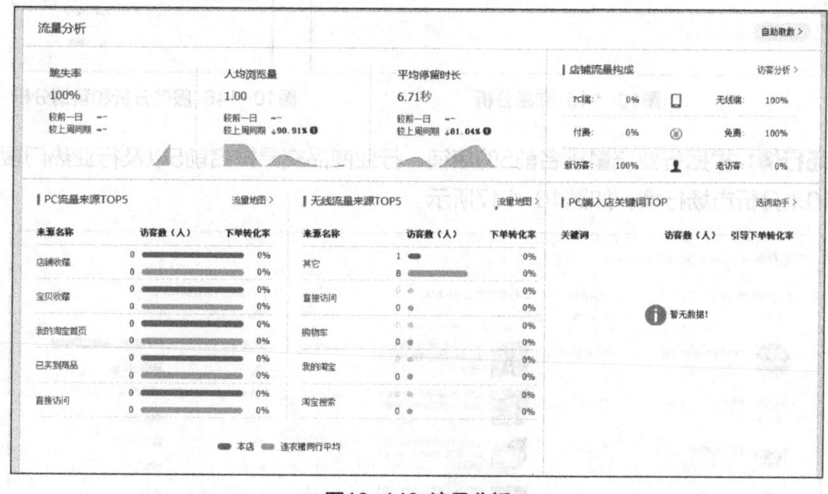

图10-143 流量分析

● **商品分析：**从商品加入购物车的件数、收藏次数、详情页跳出率和商品销售排列来分析商品，如图10-144所示。

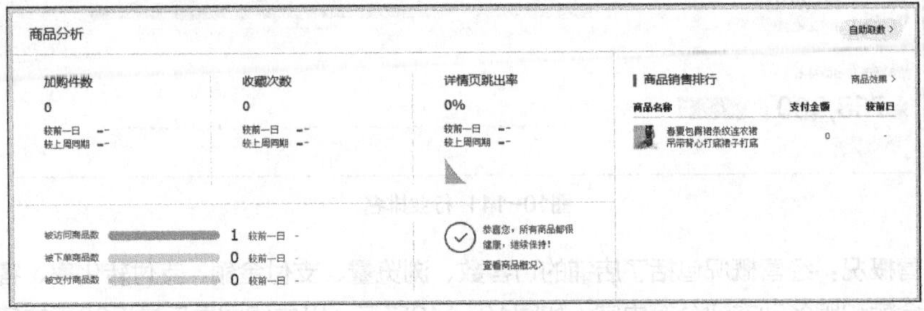

图10-144 商品分析

● **交易分析：**从统计时间内的下单买家数、支付买家数及支付子订单数来分析交易，如图10-145所示。

● **服务分析和营销分析：**服务分析，包括退款金额、描述相符、服务态度和物流服务。营销分析是统计周期内，我的店铺按照支付金额降序排前3名的营销工具与同行使用人数排名前3的营销工具，如图10-146所示。

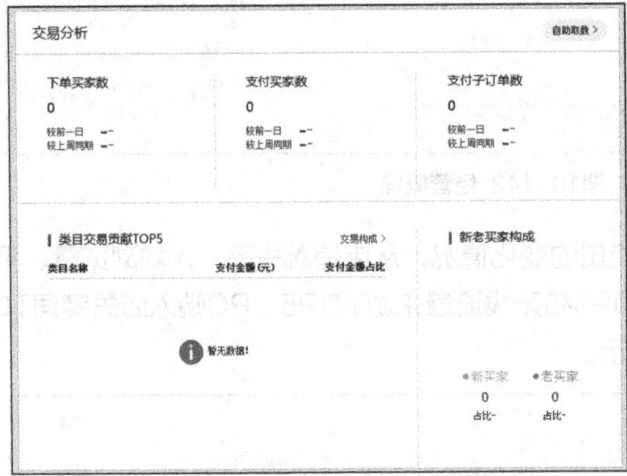

图10-145 交易分析

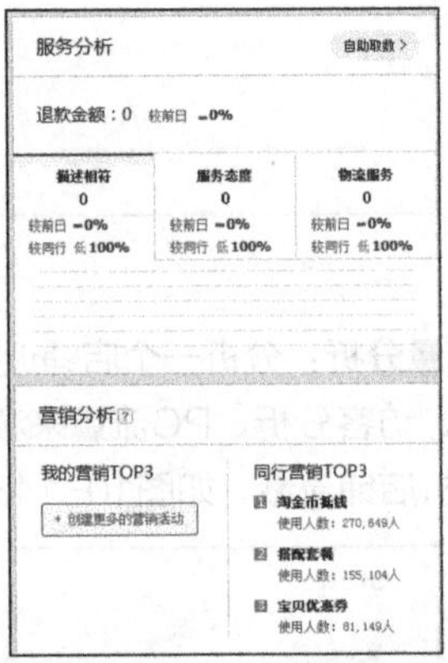

服务分析
自助取数 >
退款金额：0 较前日 -0%
描述相符 0 较前日 -0% 较同行 低100%
服务态度 0 较前日 -0% 较同行 低100%
物流服务 0 较前日 -0% 较同行 低100%
营销分析
我的营销TOP3
+ 创建更多的营销活动
同行营销TOP3
淘金币抵钱 使用人数：270,649人
搭配套餐 使用人数：155,104人
宝贝优惠券 使用人数：81,149人

图10-146 服务分析和营销分析

● **市场行情：**根据行业流量排名前5的店铺、行业商品交易排名前5以及行业热门搜索词排名前10来分析市场行情，如图10-147所示。

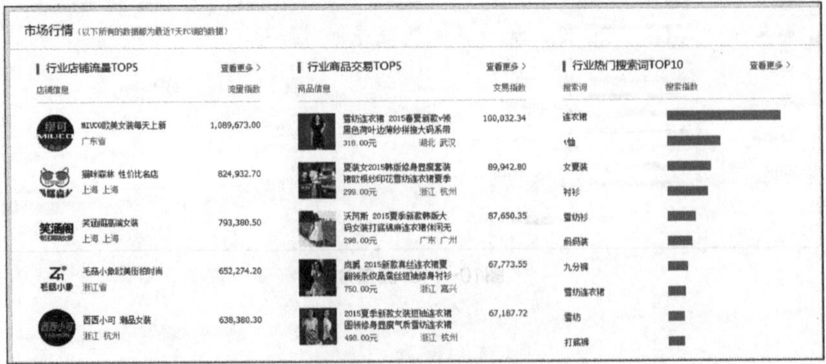

图10-147 市场行情

2. 实时直播

生意参谋提供店铺实时的概况数据，主要有实时支付金额、实时访客数、实时买家数及对应的排名和行业平均值，还提供小时力度的实时趋势图，并提供与历史数据对比功能，所有数据都分所有终端、PC端和无线端三种模式查看，其中还有实时数据大屏功能以及流星雨庆祝模式。下面介绍如何设置庆祝特效。

步骤 01 在“生意参谋”页面上方选择“实时直播”选项，进入实时直播，单击“全屏模式”按钮，如图10-148所示。

步骤 02 打开全屏模式，单击右上角的“设置”按钮，如图10-149所示。

图10-148 单击“全屏模式”按钮

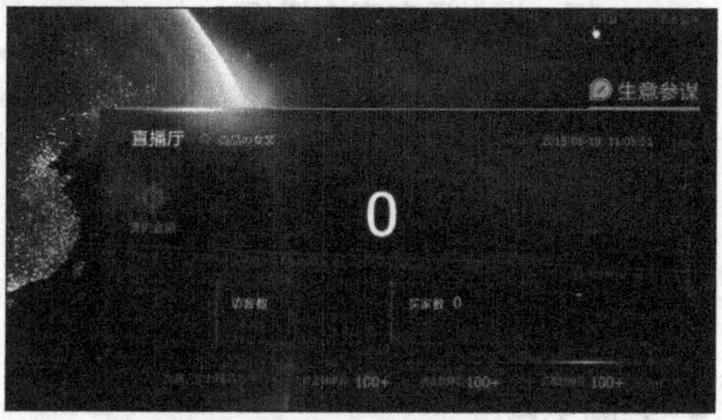

图10-149 单击“设置”按钮

步骤 03 在打开的对话框中设置特效，如图10-150所示。单击“确定”按钮即可。

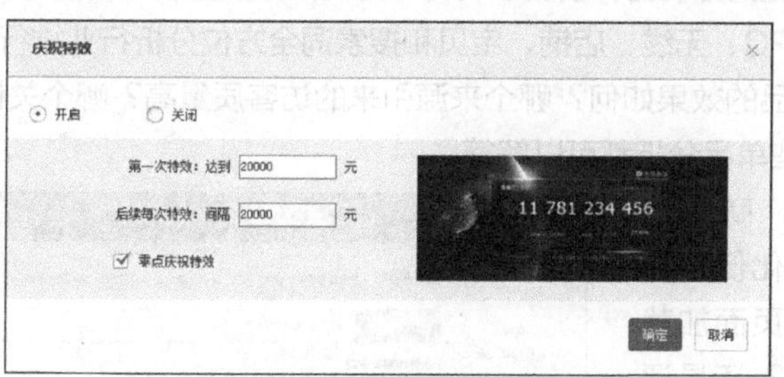

图10-150 设置特效

3. 经营分析

经营分析是通过店铺分析、商品分析、交易分析和营销推广等多个方面分析店铺，从而帮助买家了解店铺的状况，如图10-151所示。

图10-151 经营分析

4. 自助取数

自助取数满足广大商家个性化的数据提取需求，对自己店铺的数据可自由选择自然天、自然周和自然月的汇总周期进行查询。主要有我要取数、我的报表和推荐报表三项功能，如图10-152所示。

- **我要取数**：为用户提供从店铺/宝贝维度的各种指标的自由日期的查询，与保存为报表的功能服务。
- **我的报表**：为用户展示已经加入报表的取数模板，提供已有查询模板的快速查询服务。
- **推荐报表**：由官方推荐的一些常用的取数查询模板，提供对预设指标的快捷查询入口。

图10-152 自助取数

5. 专题工具

主要包括选词助手、行业排行、单品分析及商品温度计，如图10-153所示。

- **选词助手**：关键词分析器，引流、转化、全网热搜趋势，一网打尽。
- **行业排行**：从PC、无线、店铺、宝贝和搜索词全方位分析行业排行榜。
- **单品分析**：单品的效果如何？哪个来源引来的访客质量高？哪个关键词转化高？哪个地域流量给力？这些单品分析都可以解答。
- **商品温度计**：商品引流能力强但转化低是什么引起的？是页面加载慢？是价格高？还是评价差呢？商品温度计可以帮助诊断优化商品。

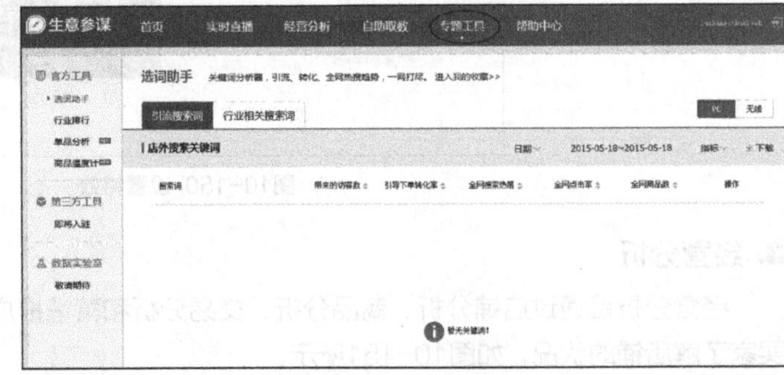

图10-153 专题工具

10.7.2 淘宝指数

淘宝指数是一款中国消费者数据研究平台。无论是淘宝上的卖家还是媒体从业者、市场研究人员，都可以利用淘宝指数来了解淘宝搜索热点，定位消费人群，研究细分市场。

在前面章节中我们提到过使用淘宝指数获取关键词。获取关键词只是淘宝指数的功能之一，它还有其他作用，如图10-154所示。下面介绍其他功能。

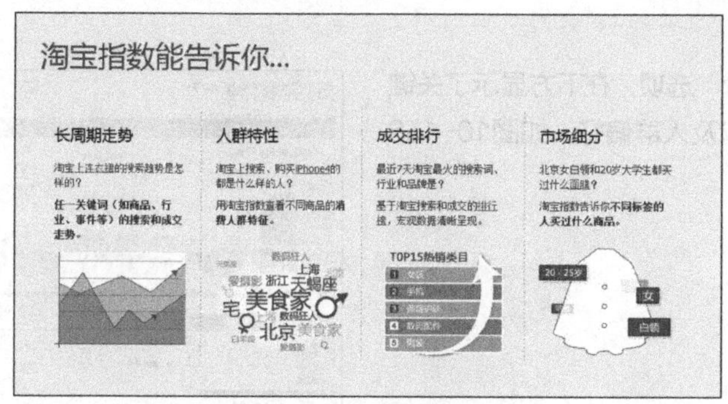

图10-154 淘宝指数作用

1. 搜索趋势

“搜索趋势”在一定程度上代表着市场需求趋势。从搜索词可以分析其趋势及其人群特征。另外，一次可对三个词进行趋势对比。

步骤 01 在“卖家地图”页面单击“淘宝指数”链接，进入淘宝指数首页，在搜索框中输入关键词，单击“搜索”按钮，如图10-155所示。

步骤 02 跳转页面，显示了搜索趋势，如图10-156所示。

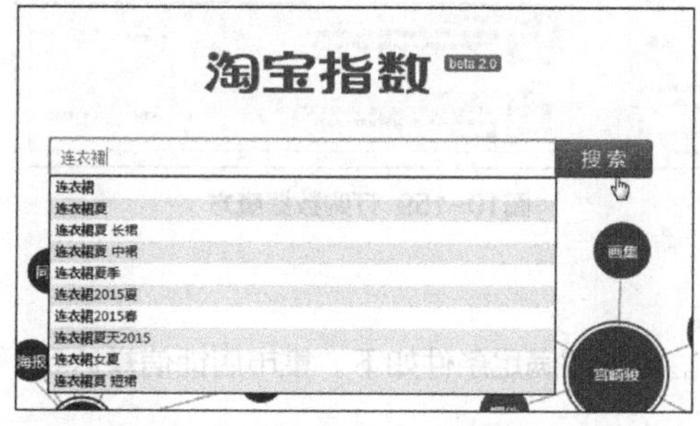

图10-155 单击“搜索”按钮

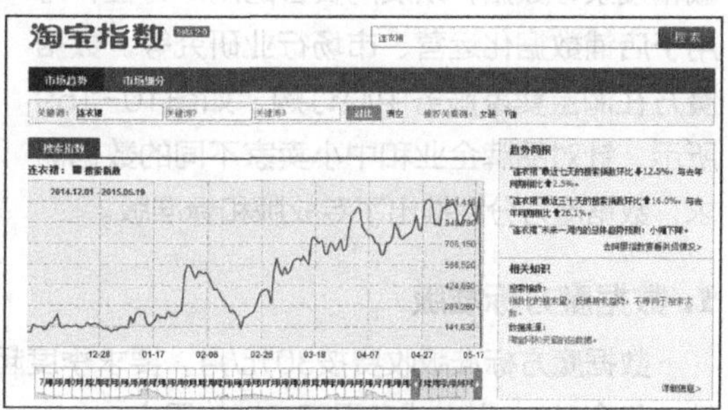

图10-156 搜索趋势

指数化的搜索量，反映搜索趋势，不等同于搜索次数。

步骤 03 向左或向右拖动下方的滑块，可以查看具体时间段的搜索趋势，如图10-157所示。

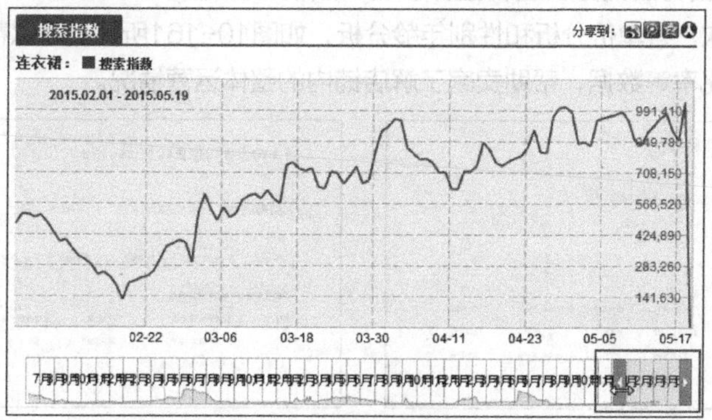

图10-157 拖动滑块

2. 市场细分

选择“市场细分”选项，在下方显示了关键词所在的类目分布以及人群偏好，如图10-158所示。

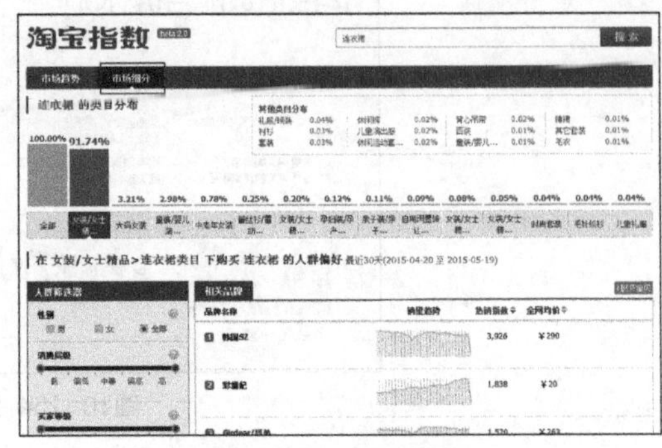

图10-158 市场细分

10.7.3 数据魔方

数据魔方是淘宝官方出品的一款数据产品，它可以分析淘宝全行业的浏览、交易、收藏和搜索等数据，以及消费者的用户特征，可用于店铺数据化运营、市场行业研究等。数据魔方在淘宝卖家服务中心订购，如图10-159所示，针对品牌企业和中小卖家不同的数据需求，数据魔方分别推出了专业版和标准版。

图10-159 订购数据魔方

1. 数据魔方标准版

数据魔方标准版收费按30元/月，要求季度起订。订购需满足条件如下。集市店铺信誉达到1钻（包含1钻）以上或者天猫商城的用户。

标准版包含的功能包括淘词、自有店铺分析、行情趋势如何、什么品牌好卖、什么产品好卖、谁家卖得好和什么宝贝好卖7大功能。

- **淘词：**淘词提供了最新的行业热词榜，分为行业关键词热搜top榜和行业关键词热搜飙升榜，如图10-160所示。卖家可随意查找关键词，优化标题引流量。
- **自有店铺：**自有店铺分析包含整体状况、店铺行业排名、热销宝贝、飙升宝贝、热销品牌、购买频次、客单价分析和性别年龄分析，如图10-161所示。可以帮助分析卖家店铺内的成交和转化率等数据，帮助卖家了解店铺内的整体运营情况。

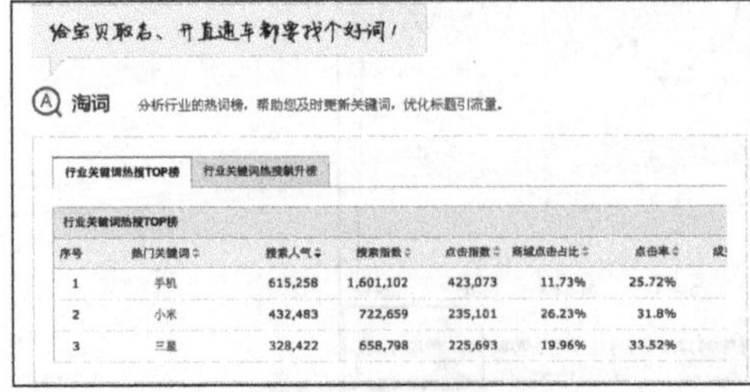

序号	热门关键词	搜索人气	搜索指数	点击指数	商城点击占比	点击率
1	手机	615,258	1,601,102	423,073	11.73%	25.72%
2	小米	432,483	722,659	235,101	26.23%	31.8%
3	三星	328,422	658,798	225,693	19.96%	33.52%

图10-160 淘词

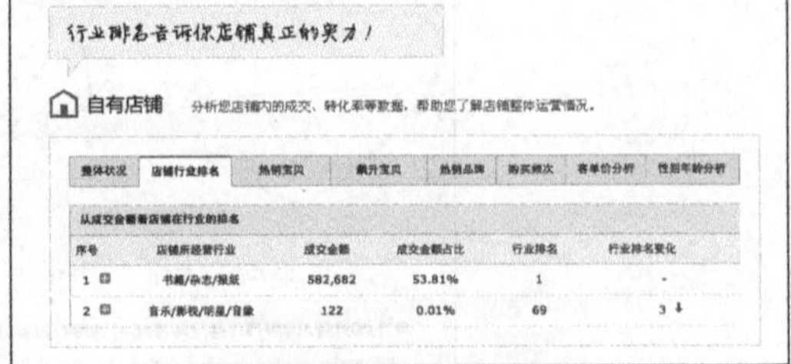

序号	店铺所经营行业	成交金额	成交金额占比	行业排名	行业排名变化
1	书籍/杂志/报纸	582,682	53.81%	1	-
2	音乐/影视/明星/音像	122	0.01%	69	3 ↓

图10-161 自有店铺

- **行业分析**：行情趋势通过俯瞰行业大盘，分析行业热销宝贝和买家信息，可以帮助卖家做品类管理和定向营销，如图10-162所示。
- **市场细分**：市场细分包括“什么品牌好卖”和“什么产品好卖”两块，如图10-163所示，从品牌和产品的角度分析市场行情，帮助卖家更细致地了解市场。

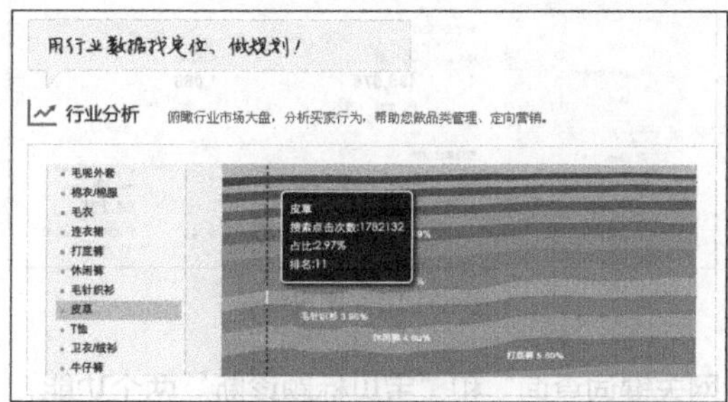

图10-162 行业分析

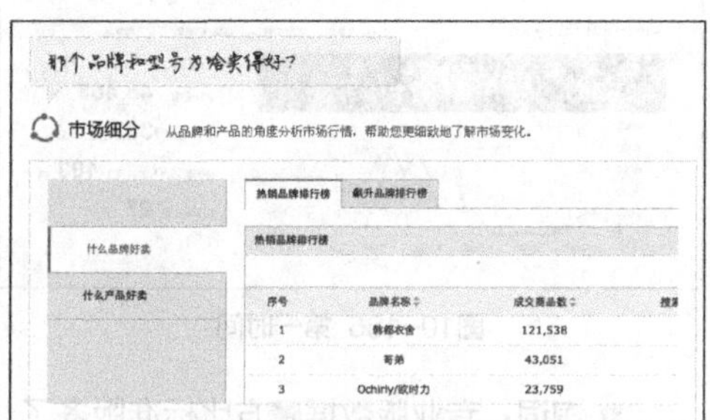

图10-163 市场细分

- **谁卖得好**：包括店铺热卖TOP榜、店铺热卖飙升榜和店铺热搜飙升榜，如图10-164所示。卖家可以通过这个功能分析竞争对手，知己知彼，还能发现优秀的商家，向他们学习。
- **什么好卖**：提供类目下最热卖的宝贝，分析流量来源，帮助卖家学习打造热卖单品，如图10-165所示。

图10-164 谁卖得好

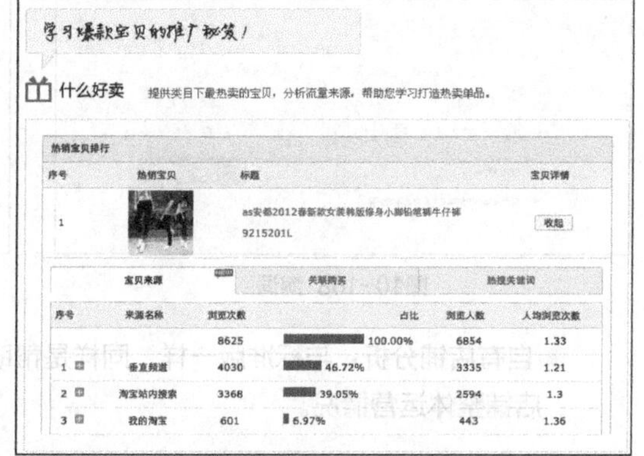

图10-165 什么好卖

2. 数据魔方专业版

数据魔方专业版收费按300元/月，要求一年起订，专业版订购需满足：集市店铺信誉1钻达到（包含1钻）以上或天猫商城的用户。专业版包含第一时间、行业分析、品牌分析、产品分析、属性分析、淘词、流失顾客分析和自有店铺分析8大功能。

- **第一时间**：卖家可以通过“第一时间”实时监测店铺成交量、店铺在行业内的经营变化等来掌握店铺动向，如图10-166所示。
- **行业分析**：和数据魔方标准版的行业分析一样。
- **市场细分**：市场细分从品牌、产品和属性3个角度帮助卖家做更细致深入的市场分析，如图10-167所示。

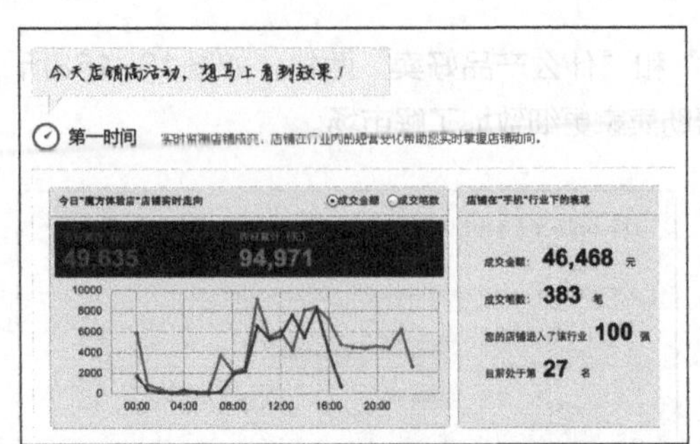

图10-166 第一时间

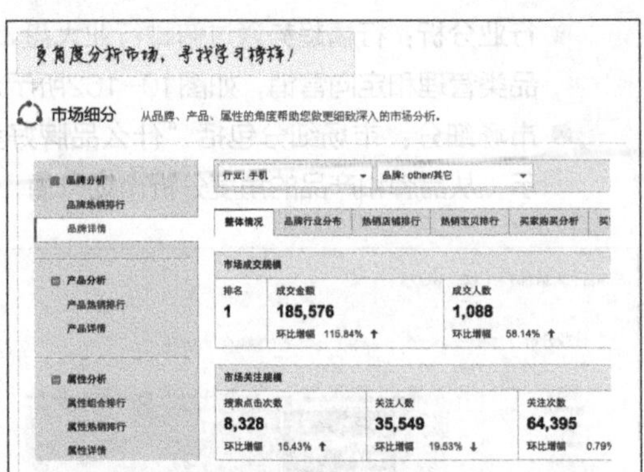

图10-167 市场细分

- **淘词：**专业版数据魔方比标准版多了“全网关键词查询”和“宝贝标题诊断”两个功能，如图10-168所示。
- **流失顾客：**流失顾客可以分析店铺宝贝流量来源和流失顾客的行为，如图10-169所示，帮助卖家分析顾客流失的原因。

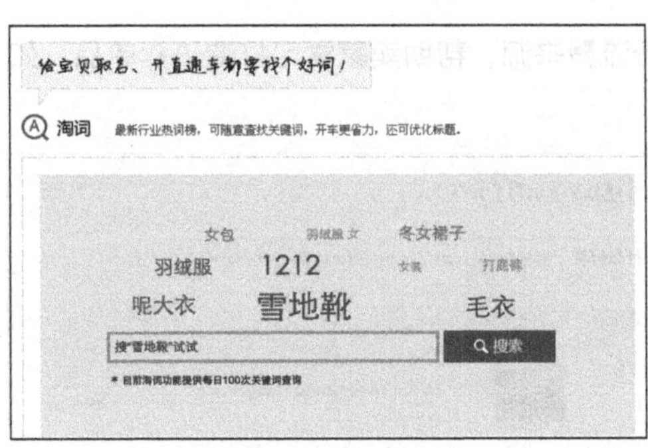

图10-168 淘词

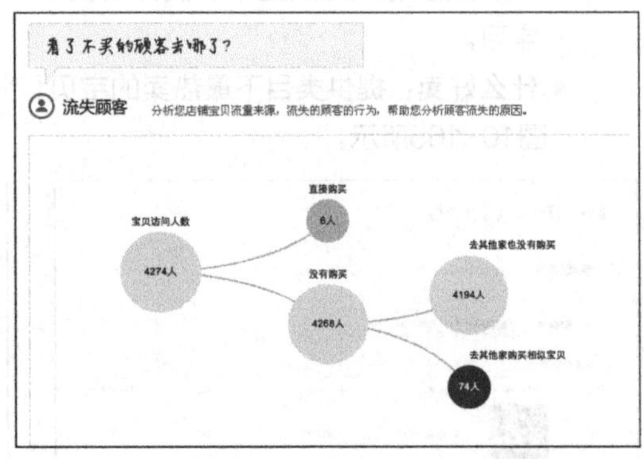

图10-169 流失顾客

- **自有店铺分析：**与标准版一样，同样是帮助卖家分析店铺内的成交和转化率等数据，了解店铺整体运营情况。

10.8 手机店铺营销推广

无线网购增长速度是电脑几倍之多，这说明了移动时代的来临。想在手机淘宝上抢占更多免费流量，这需要做好手机店铺的营销推广。

10.8.1 手机营销专区

在“卖家中心”页面中单击“手机营销专区”链接，如图10-170所示。即可进入手机营销专区，其中无线营销工具包括3个，如图10-171所示。

营销中心
店铺营销中心
购物车营销
手机营销专区
促销管理
会员关系管理
生意参谋
我要推广
活动报名
淘金币营销

图10-170 单击“手机营销专区”链接

图10-171 手机营销专区

1. 手机专享价

手机专享价是手机端独享的宝贝折扣。手机专享价拥有搜索加权、无线流量倾斜等资源支持，提高了卖家设置手机专享价的成交转化，也让消费者在手机端更方便找到更加优质、特惠的商品。活动创建页面如图10-172所示。

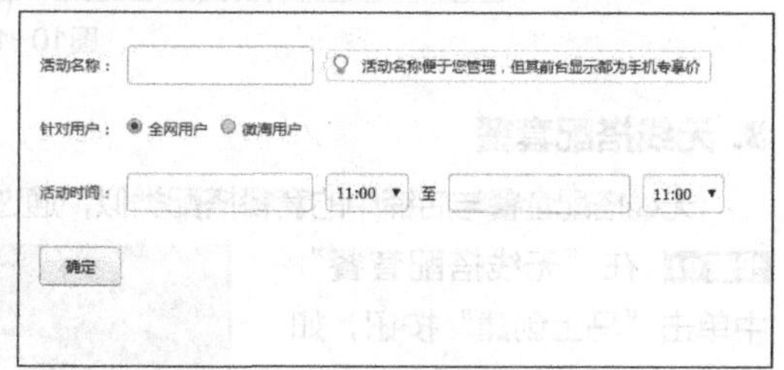

图10-172 手机专享价活动创建页面

手机专享价是折上折，会在其他折扣的基础上进行打折。

2. 扫码专享价

扫码专享价，是一款专门针对手机淘宝扫码下单的促销工具，需要卖家在商品上设置折上折优惠，结合条形码和二维码使用。消费者只有通过手机淘宝扫条形码和二维码才能享受专享优惠，比电脑下单更便宜。一款商品同时只能设置手机专享价和扫码专享价活动中的一个。

步骤01 在手机营销专区下，单击“扫码专享价”下的“马上创建”按钮，在打开的页面中设置内容，如图10-173所示。

步骤02 设置好后，选择宝贝，如图10-174所示。

图10-173 设置内容

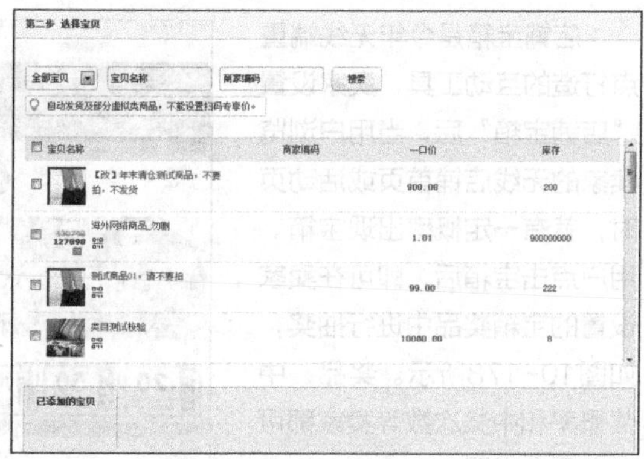

图10-174 选择宝贝

步骤 03 设置手机专享折扣与每个限购数量，如图10-175所示。单击“保存修改”按钮即可完成设置。

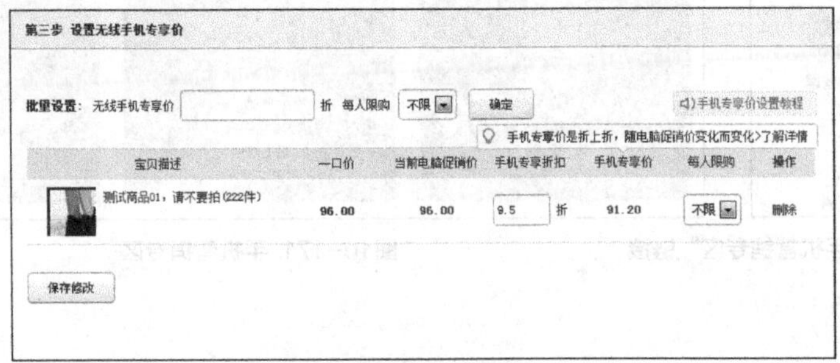

图10-175 设置

3. 无线搭配套餐

无线搭配套餐与店铺中的套餐搭配类似，通过将多个商品搭配组合销售的方式。

步骤 01 在“无线搭配套餐”中单击“马上创建”按钮，如图10-176所示。

步骤 02 进入手机店铺装修页面，在左侧的模块中选择“搭配套餐”模块，如图10-177所示。将其拖入右侧的手机中即可。

图10-176 单击“马上创建”按钮

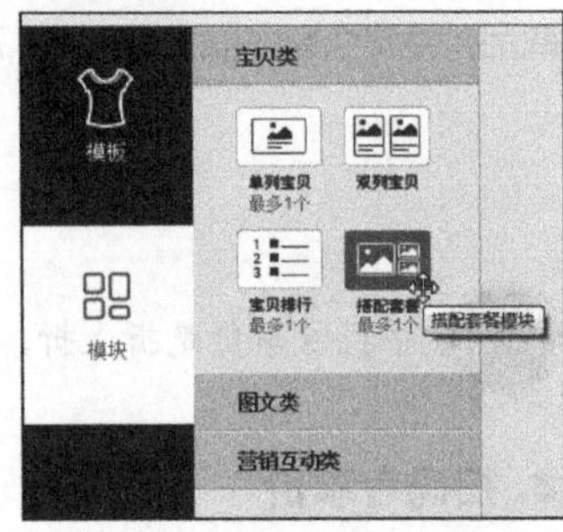

图10-177 选择“搭配套餐”模块

创建无线搭配套餐前需要订购“搭配套餐”工具。

10.8.2 店铺宝箱

店铺宝箱是今年无线端重点打造的互动工具，卖家设置“店铺宝箱”后，当用户浏览卖家的无线店铺首页或活动页时，就有一定概率出现宝箱。用户点击宝箱后，即可在卖家设置的宝箱奖品中进行抽奖，如图10-178所示。奖品、中奖概率和中奖次数等卖家都可以在后台设置。

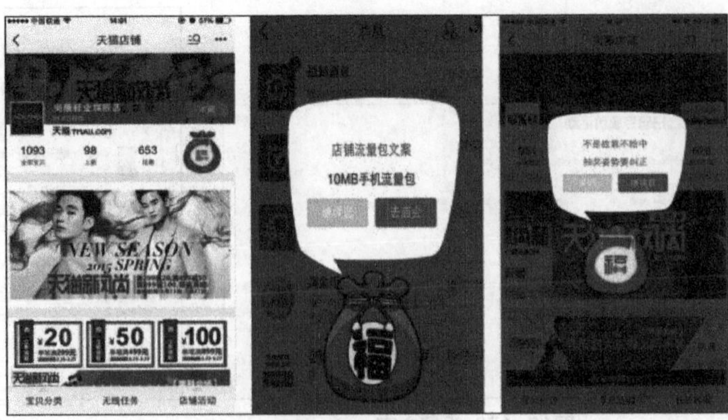

图10-178 店铺宝箱

步骤01 在店铺宝箱下单击“马上创建”按钮，如图10-179所示。

步骤02 切换页面后单击“马上创建”按钮，如图10-180所示。

步骤03 弹出对话框，单击“创建新奖池”链接，如图10-181所示。

图10-179 单击“马上创建”按钮

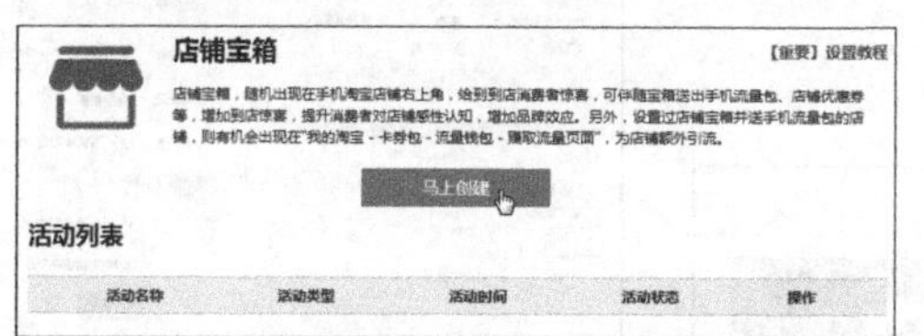

图10-180 单击“马上创建”按钮

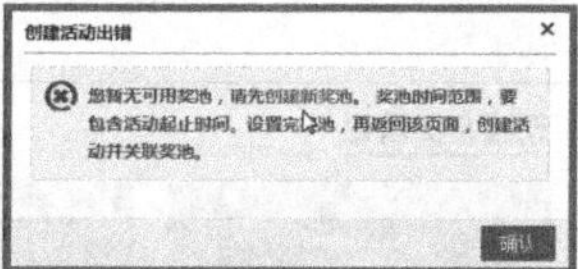

图10-181 单击“创建新奖池”链接

步骤04 在跳转的页面中设置奖池，如图10-182所示。

步骤05 设置完成后，回到“店铺宝箱”页面，设置内容，单击“创建”按钮，如图10-183所示。

图10-182 设置奖池

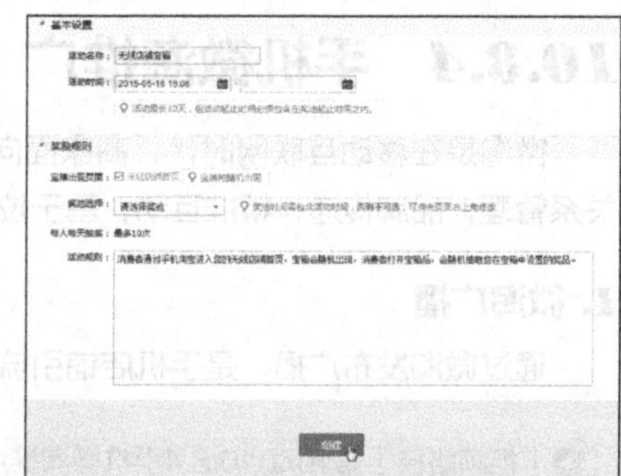

图10-183 单击“创建”按钮

10.8.3 无线会员专享

无线会员专享是提供给手机会员的专享活动。

1. 会员卡

无线会员卡的创建需要店铺达到4钻，会员卡的功能如图10-184所示。

图10-184 会员卡的功能

2. 会员专享活动

会员专享活动是给会员的特惠，会员专享活动会与手机专享活动同时生效，因此在设置时需要注意，避免损失。

步骤01 选择“卖家中心”页面的“手机营销专区”选项，然后单击“会员专享活动”中的“马上创建”按钮，如图10-185所示。

步骤02 在打开的页面中即可创建会员专享活动，如图10-186所示。

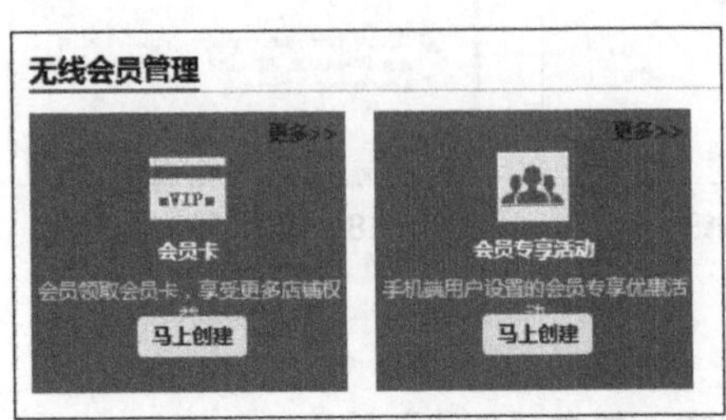

图10-185 单击“马上创建”按钮

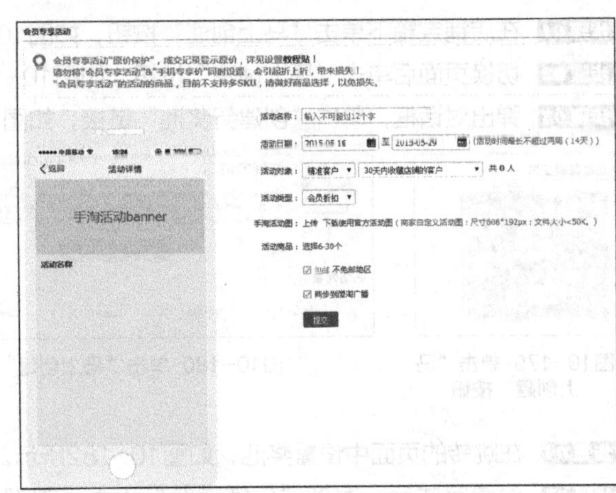

图10-186 创建会员专享活动

10.8.4 手机微淘推广

微淘是在移动互联网时代，商家面向消费者的移动电商平台。通过微淘，商家可以进行客户关系管理，品牌传递，精准互动，基于位置的导购，及成交转化。

1. 微淘广播

通过微淘发布广播，是手机店铺引流的重要手段。

视频路径	第10章\10.8.4手机微淘推广\1. 微淘广播.mp4
知 识 点	微淘广播

步骤 01 在卖家中心单击左侧的“手机淘宝店铺”链接，在“无线运营中心”下单击“立即装修”按钮，如图10-187所示。

步骤 02 在打开的页面中单击“新建图文广播”按钮，即可在右侧发布微淘广播，如图10-188所示。

图10-187 单击“立即装修”按钮

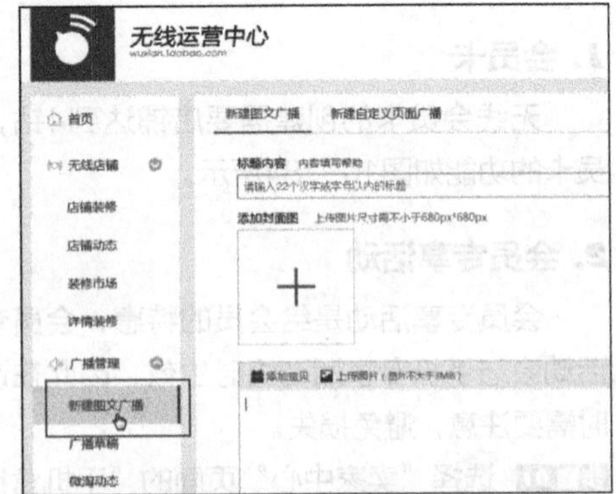

图10-188 单击“新建图文广播”按钮

2. 微淘专享价

视频路径 | 第10章\10.8.4手机微淘推广\2. 微淘专享价.mp4

知 识 点 | 微淘专享价

步骤01 进入“无线运营中心”页面，选择左侧的“互动营销”选项，在展开的选项中单击“我的互动”选项，如图10-189所示。

步骤02 在右侧的官方互动营销工具下单击“专享价”下的“查看详情”按钮，如图10-190所示。

图10-189 选择“我的互动”选项

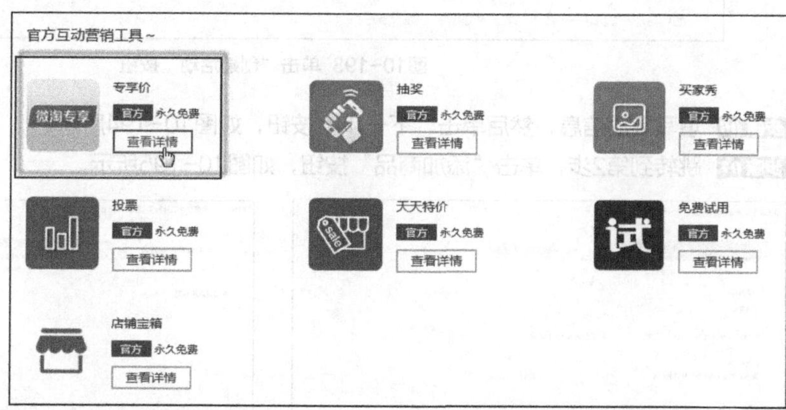

图10-190 单击“查看详情”按钮

步骤03 在打开的对话框中选中复选框，然后单击“确定”按钮，如图10-191所示。

步骤04 关闭对话框后，单击“专享价”下方的“进入”按钮，如图10-192所示。

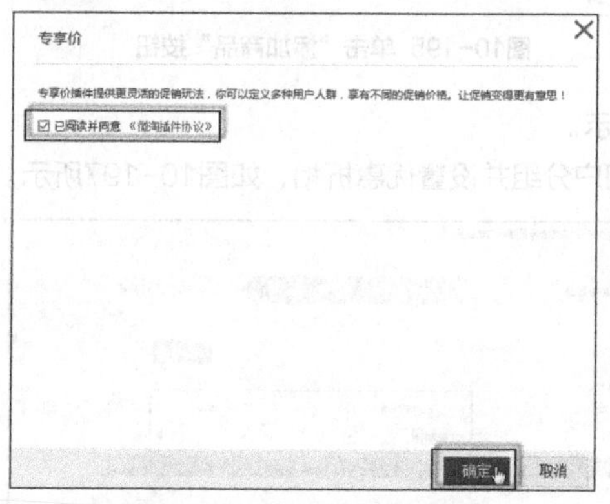

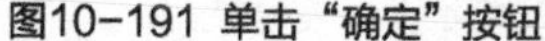

图10-191 单击“确定”按钮

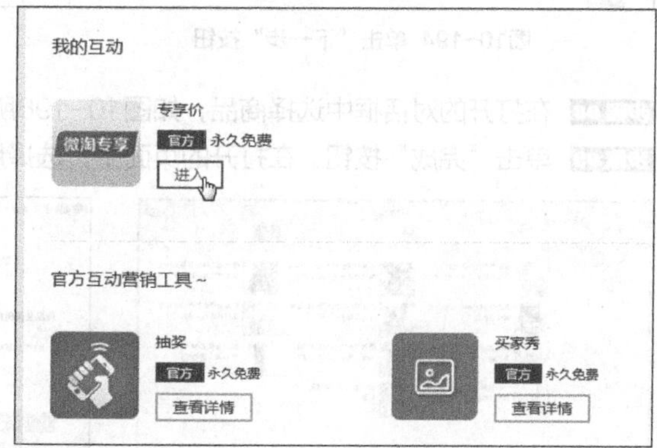

图10-192 单击“进入”按钮

步骤05 在打开的界面中单击“创建活动”按钮，如图10-193所示。

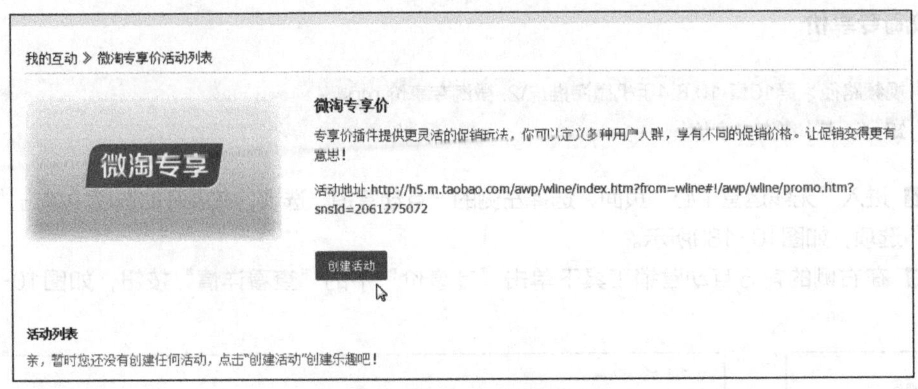

图10-193 单击“创建活动”按钮

步骤 06 填写活动信息，然后单击“下一步”按钮，如图10-194所示。

步骤 07 跳转到第2步，单击“添加商品”按钮，如图10-195所示。

图10-194 单击“下一步”按钮

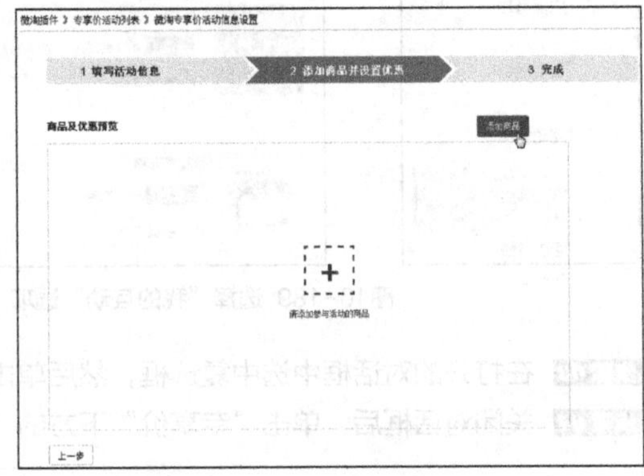

图10-195 单击“添加商品”按钮

步骤 08 在打开的对话框中选择商品，如图10-196所示。

步骤 09 单击“完成”按钮。在打开的页面中，选择用户分组并设置优惠折扣，如图10-197所示。

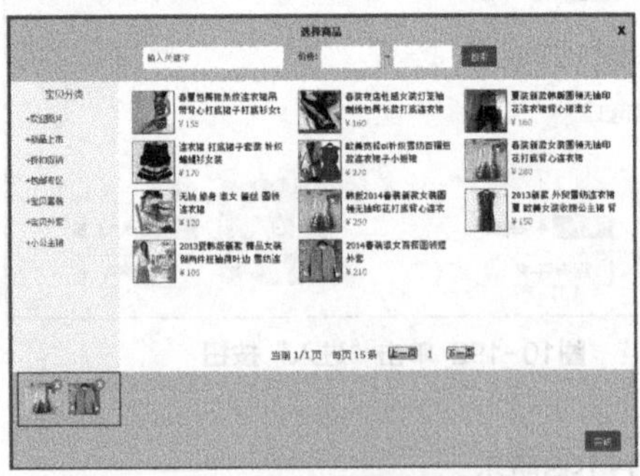

图10-196 选择商品

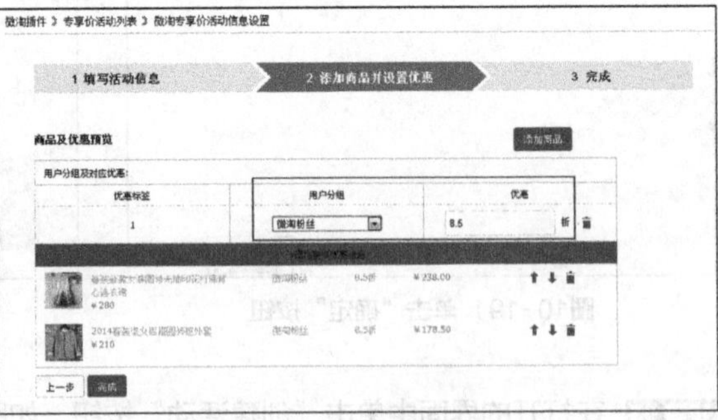

图10-197 设置优惠折扣

步骤 10 弹出对话框，单击“确定”按钮，如图10-198所示。

步骤 11 显示生成成功，如图10-199所示。

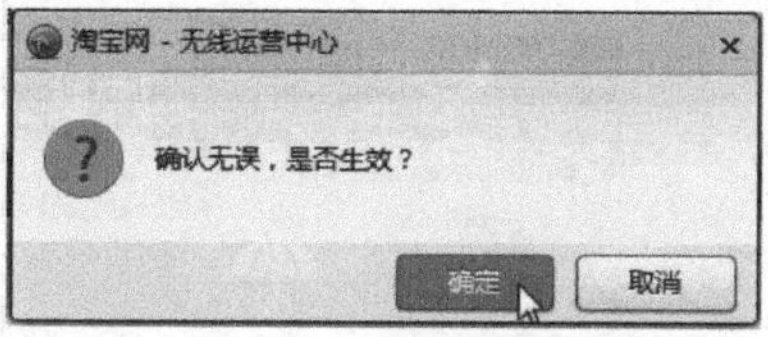

图10-198 单击“确定”按钮

图10-199 显示生成成功

10.8.5 码上淘推广

码上淘是基于手机淘宝扫码场景下各种丰富多彩的官方运营的码（二维码和条形码）业务和商家自主研发各种个性码营销服务场景的业务集合。

步骤01 在“卖家中心”页面中单击“手机淘宝店铺”链接，如图10-200所示。

步骤02 在打开的界面中单击“码上淘”选项中的“进入后台”按钮，如图10-201所示。

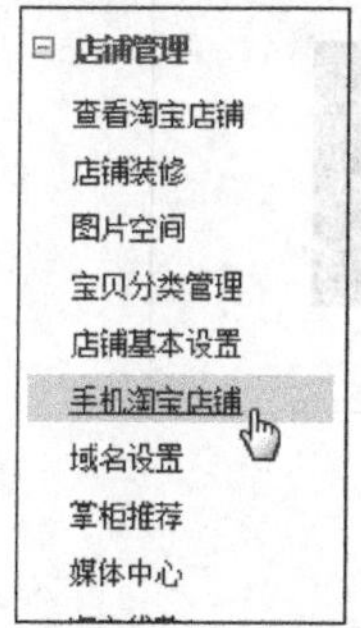

图10-200 单击“手机淘宝店铺”链接

图10-201 单击“进入后台”按钮

步骤03 在跳转的页面中单击“进入码上淘”按钮，如图10-202所示。

步骤04 选择“创建二维码”下的“通过工具创建”选项，如图10-203所示。

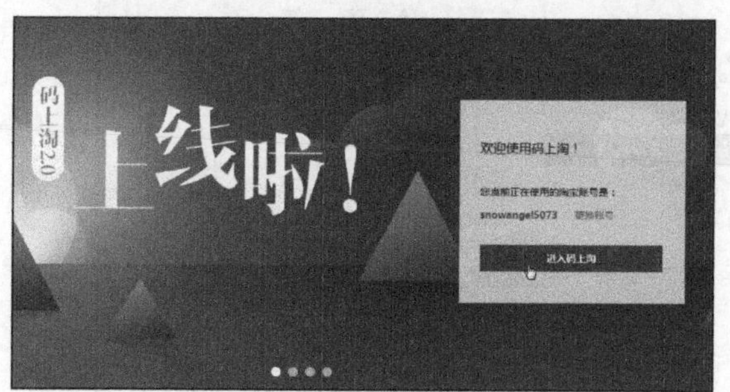

图10-202 单击“进入码上淘”按钮

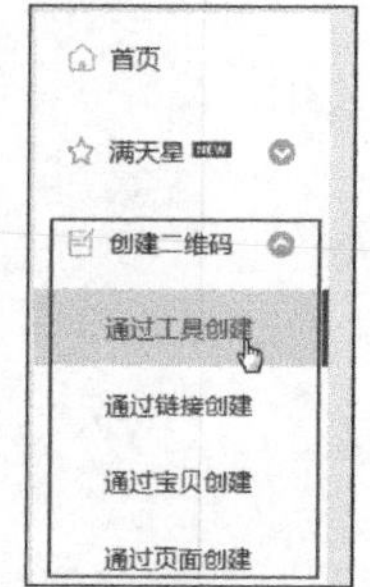

图10-203 选择“通过工具创建”选项

步骤05 在右侧显示了工具列表，选择一个工具，单击右侧的“查看详情”按钮，如图10-204所示。

步骤06 进入订购页面，选择版本与周期，单击“立即订购”按钮，根据页面提示订购，如图10-205所示。

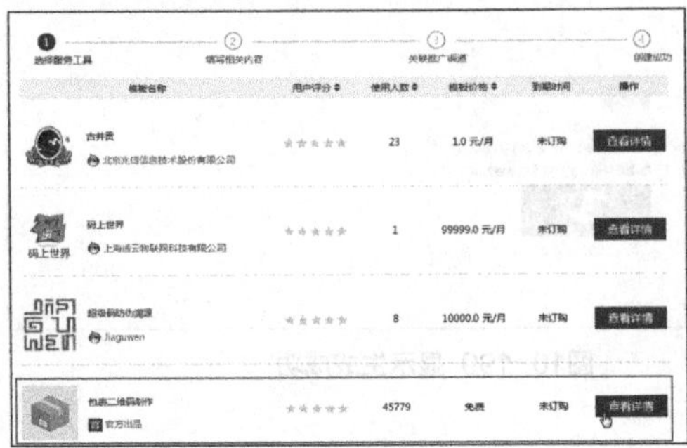

图10-204 单击“查看详情”按钮

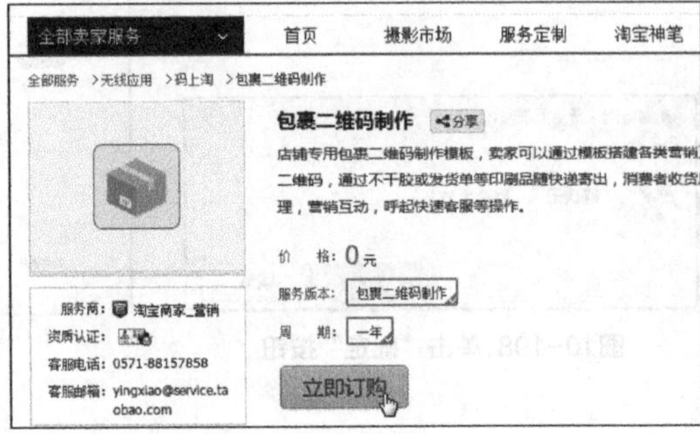

图10-205 单击“立即订购”按钮

步骤07 订购完成后，单击进入，在跳转的页面中单击“编辑”按钮，如图10-206所示。

图10-206 单击“编辑”按钮

步骤08 在编辑页面填写信息，确定发布即可，如图10-207所示。

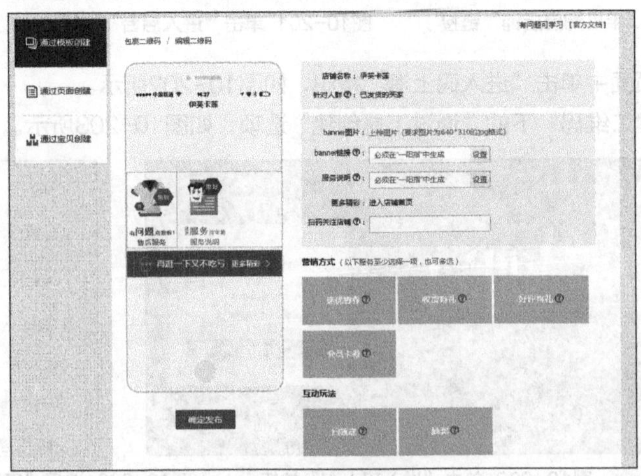

图10-207 填写信息

10.8.6 无线数据分析

根据无线数据、点击量来分析手机店铺，通过数据结果来总结店铺的不足并进行改进。

1. 运营概况

步骤01 进入“无线运营中心”页面，在左侧选择“数据分析”下的“无线概况”选项，如图10-208所示。

步骤02 打开无线概括界面，如图10-209所示。

图10-208 选择“无线概况”选项

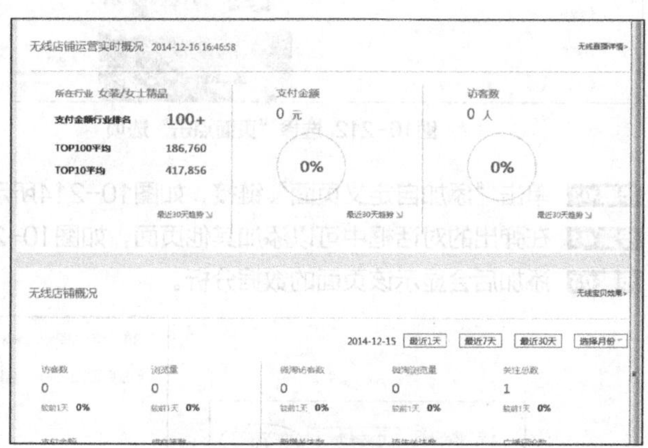

图10-209 无线概括界面

在界面中显示了无线店铺经营的概况，包括无线实时概况、无线店铺概况、最近7天数据解读和无线终端数据趋势。单击相应数据右侧的链接，如图10-210所示。则会跳转至生意参谋详细数据页面，如图10-211所示。

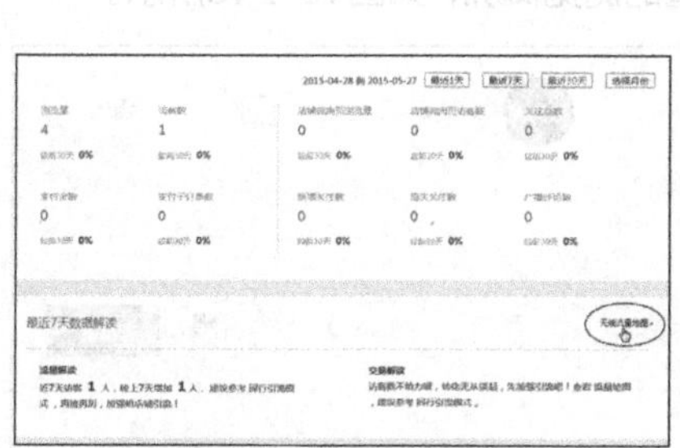

图10-210 单击链接

图10-211 详细数据

2. 页面点击

步骤01 选择左侧“数据分析”下的“页面点击”选项，如图10-212所示，则会在右侧显示出点击数据。

步骤02 在下方显示了手机店铺的首页，在界面中移动光标可以查看效果，如图10-213所示。

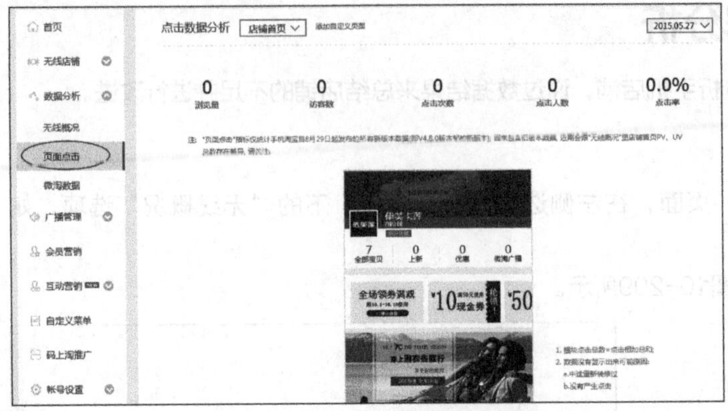

图10-212 选择“页面点击”选项

图10-213 查看效果

步骤 03 单击“添加自定义页面”链接，如图10-214所示。

步骤 04 在弹出的对话框中可以添加其他页面，如图10-215所示。

步骤 05 添加后会显示该页面的数据分析。

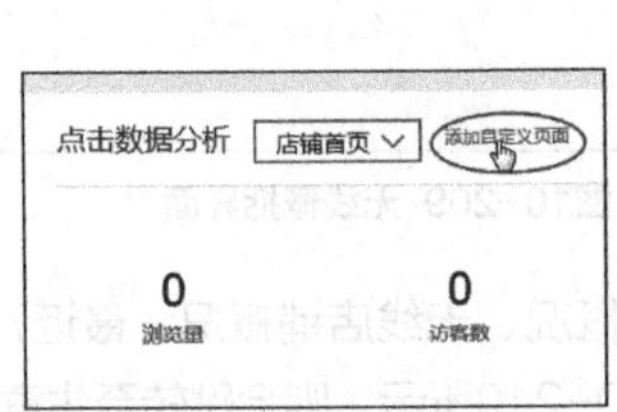

图10-214 单击链接

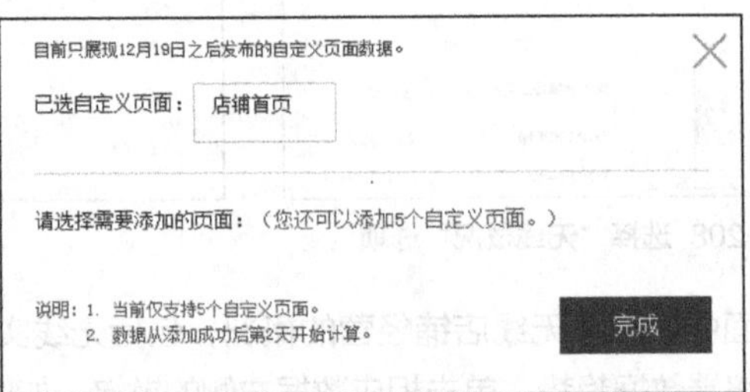

图10-215 添加其他页面

3. 微淘数据

选择左侧的“微淘数据”选项，在右侧界面中显示微淘的浏览概况，如图10-216所示。

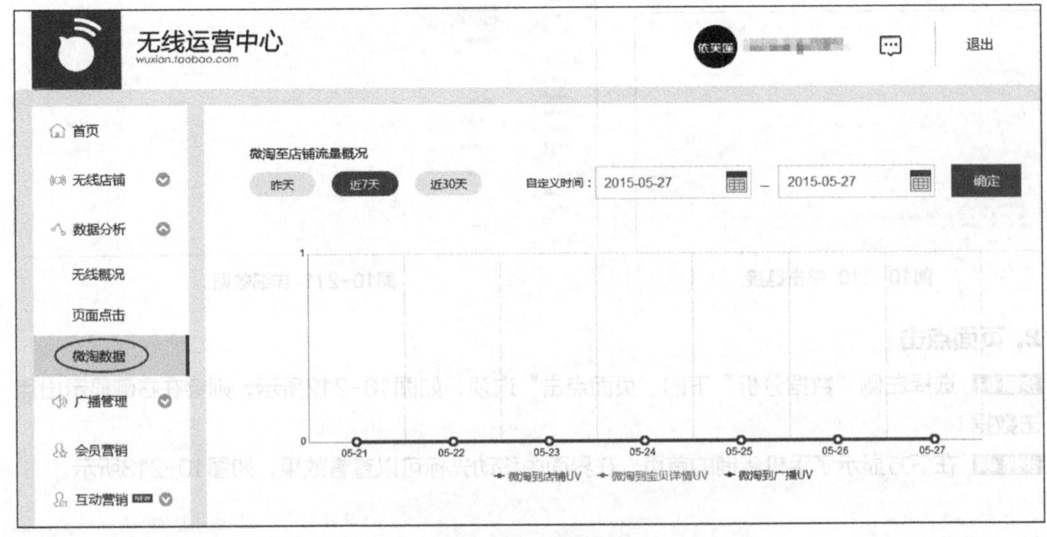

图10-216 微淘数据

第11章 物流与客服

细节决定成败，网店经营中也是如此，一个专业的客服团队，一个细心的物流包装，这些小细节往往能给买家带来优质的体验，而网店的好评也往往与这些方面相关联。

11.1 信誉度的重要性

网店信誉是买家判断店铺的标准之一，它决定了店铺流量和成交量。

11.1.1 店铺信誉

作为卖家的角色，其信用度分为以下20个级别，如图11-1所示。交易双方在淘宝每交易成功一个订单都可以获得相应的评价。淘宝会员在淘宝网每使用支付宝成功交易一次，就可以对交易对象作一次信用评价。评价分为“好评”“中评”和“差评”三类，每种评价对应一个信用积分，具体为“好评”加一分，“中评”不加分，“差评”扣一分，这是评价计分方式。然后这些评价累计一起，称之为评价积分，对会员的评价积分进行累积，并在淘宝网上进行评价积分显示，形成店铺的信用度。

评价期间指交易成功后的15天。有关信用评价的其他具体规则可以参见“淘宝网—帮助—淘宝规则—用户规则—交易规则—淘宝网评价规则”。

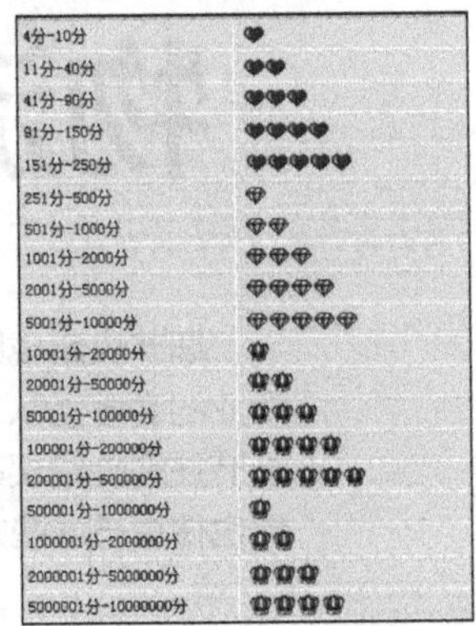

图11-1 淘宝信誉等级

11.1.2 店铺评价规则

店铺评分是指在淘宝网交易成功后，买家可以对本次交易的卖家进行如下四项评分：宝贝与描述相符、卖家的服务态度、卖家发货的速度和物流公司的服务。每项店铺评分取连续六个月内所有买家给予评分的算术平均值。

交易成功后的15天内，买家可本着自愿的原则对卖家进行店铺评分，逾期未打分则视为放弃，系统不会产生默认评分，不会影响卖家的店铺评分。

若买家在进行店铺评分时，只对其中1项或几项指标作出评分，就确认提交了，则视为完成店铺评分，无法进行修改和补充评分，剩余未评的指标视作放弃评分，不会默认评分。

店铺评分生效后，宝贝与描述相符、卖家服务态度和卖家发货速度三项指标将分别平均计入卖家的店铺评分中，物流公司服务评分不计入卖家的店铺评分中，但会计入物流平台中。

计算方法：每个自然月，相同买家、卖家之间交易，卖家店铺评分仅计取前三次（计取时间以交易成功时间为准）。店铺评分一旦做出无法修改。

11.2 物流的优化

物流不仅仅只是将商品发送出去而已，合适的快递、好的包装都决定了买家对本次购物的满意程度。

11.2.1 选择合适的快递

物流是开网店中一个十分重要的环节，邮费问题、覆盖面问题、速度问题都是买卖双方共同关心的问题。由于快递的原因给予差评的买家不在少数，因此物流的选择十分关键。

1. 平邮

平邮是邮政中一项寄送信与包裹业务的总称。在网络销售中，经常会涉及到发票的邮件，这时可以选择平邮的方式。

- **优点：** 收费较低，覆盖面广，可以到达小乡小镇，对于较偏远地区的订单，可以选择平邮的方式。
- **缺点：** 寄送时间都很慢，一般非偏远地区订单不建议选择平邮。

2. EMS

邮局的一项特快专递服务，速度比邮政其他包裹稍快，范围广，只要有邮局的地方就能送达。收费相比其他快递昂贵很多。

3. 快递公司

快递公司凭借其速度快、运费低等优势，已经成为网上首选的物流方式，其缺点为部分地区不能到达。

普通快递公司可供选择的有数十家，最常用的有顺丰、申通、圆通、中通、韵达和天天等。其中顺丰快递相对于其他快递收费较高，但服务质量较好，有全国统一客服电话，上门收件时间在1小时以内，快件寄达时间在48小时以内。

11.2.2 商品包装技巧

网上交易，商品需要经过快递公司才能到达买家手中，如何保证宝贝的完好无损，给买家专业的印象，商品的包装是关键。

为了防止运输过程中的磨损，在包装商品时经常需要多层包装。

1. 外包装

外包装指的是商品的最外面的一层包装，一般快递公司都会提供相应大小的包装袋，除此之外，常见的还有纸箱和编织袋等。

- **纸箱：** 这是使用比较普遍的一种包装，其优点是安全性强，可以有效地保护物品，需填充一些报纸或纸屑来对外界冲撞产生缓冲作用，缺点是大大增加了重量，运费也就相应增加了，图11-2所示为纸箱的图片示例。

● **布袋或编织袋：**常用材料有棉布和尼龙，最好能够防水。袋装的优点一是成本低，二是重量轻，可以节省一点运费；缺点是对物品的保护性比较差，只能用来包装质地柔软且耐压耐摔的宝贝，图11-3所示为编织袋的图片。

图11-2 纸箱

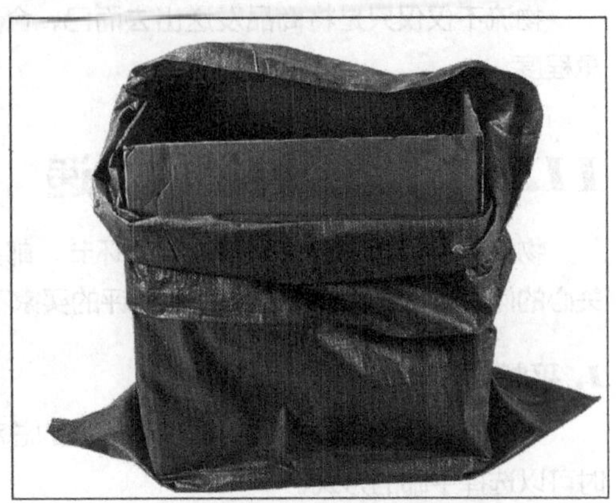

图11-3 编织袋

2. 中层包装

中层包装指的是产品和外包装之间的空隙填充材料。常见的有气泡膜、珍珠棉、海绵和泡沫块等，这些是比较正规的填充物，有时候为了简易、方便，也可以使用一些废旧报纸作为填充物。

● **泡泡袋/气泡膜：**其优点除了价格相对较低、重量轻之外，还可以比较好地防止挤压，对物品的保护性相对比较强，如图11-4所示。

● **珍珠棉/海绵：**它可以防刮、防潮、防震，它的作用类似于泡沫块，如图11-5所示。

图11-4 气泡膜

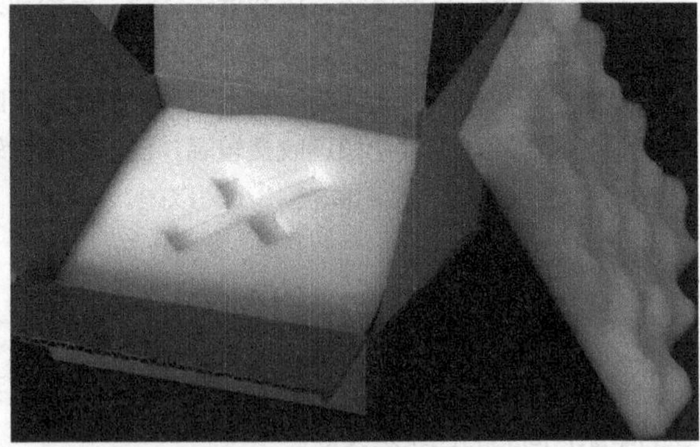

图11-5 珍珠棉

● **其他填充物：**除了前面讲到的填充物之外，还有一些比较廉价的填充物，主要通过占据空隙起到防滑、防震的作用，如泡沫块和报纸等。

3. 内包装

内包装指接近宝贝本身的那层包装材料，一般的商品厂家都会提供商品的内包装，若没有内包装，可以选择有OPP和PE两种材料的自封袋。

● **OPP自封袋：**保持商品整洁，避免灰尘、杂物影响商品的新旧程度以及美观性，如图11-6所示。

● **PE自封袋：**一般在开口处都有一条相当于拉链的凹凸带，材质柔软，韧性较好，不易破损，可以反复使用，如图11-7所示。

图11-6 OPP自封袋

图11-7 PE自封袋

11.2.3 查询快递收送范围

每种快递的收送范围及服务网点都不同，为了使快递能顺利地到达买家手中，可以在发货前查询收送范围或服务网点，查看选择的快递是否到达。下面以顺丰速运为例，讲解查询收送范围的操作。

视频路径 | 第11章\11.2.3查询快递收送范围.mp4
知 识 点 | 查询快递收送范围

步骤 01 百度搜索顺丰速运，进入网站，单击“收送范围查询”按钮，如图11-8所示。

步骤 02 跳转页面，单击输入框，如图11-9所示。

图11-8 单击“收送范围查询”按钮

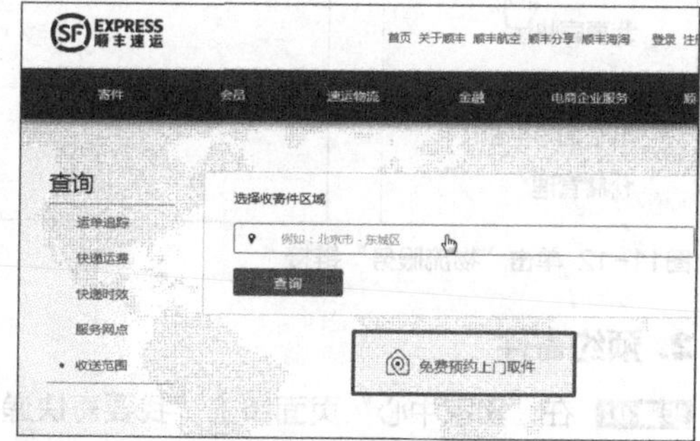

图11-9 单击输入框

步骤 03 在展开的列表中选择收件地区，这里以湖南岳阳为例，如图11-10所示。

步骤 04 单击“查询”按钮即可显示出正常收送地区与不服务地区，如图11-11所示。

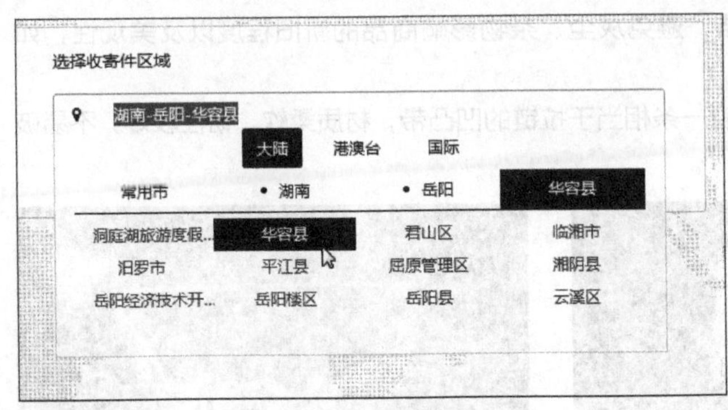

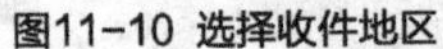
图11-10 选择收件地区

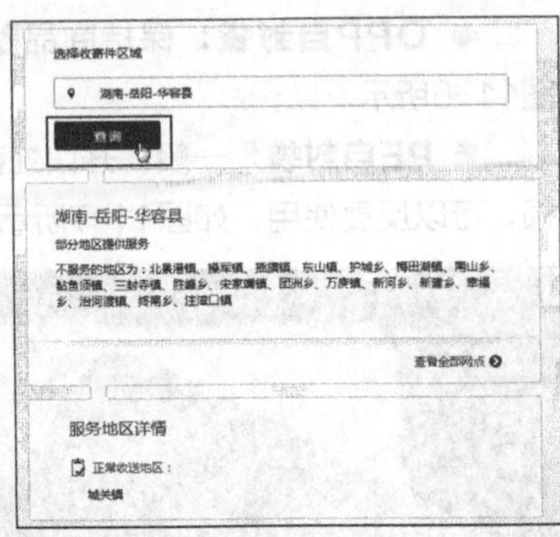

图11-11 单击“查询”按钮

11.2.4 淘宝物流

在淘宝上可以直接在线预约寄快递，也可以跟踪物流信息。还可以分析店铺的物流数据，以此为准来优化物流。

1. 物流跟踪

步骤01 在“卖家中心”页面单击“物流服务”链接，如图11-12所示。

步骤02 在右侧选择“物流跟踪信息”选项，在下方输入订单编号，单击“搜索”按钮，如图11-13所示，即可搜索。

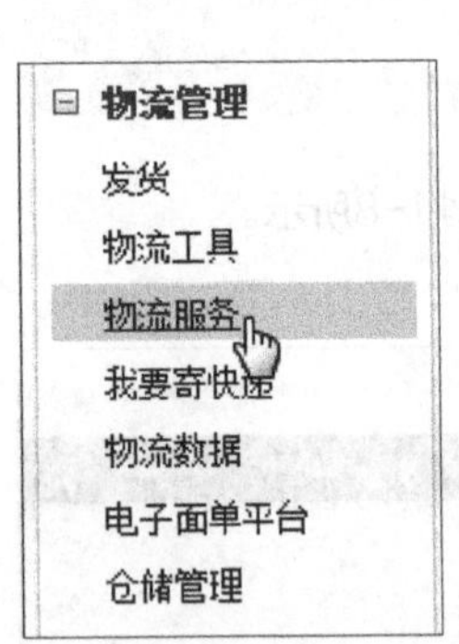

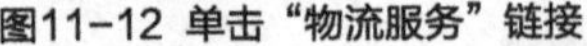
图11-12 单击“物流服务”链接

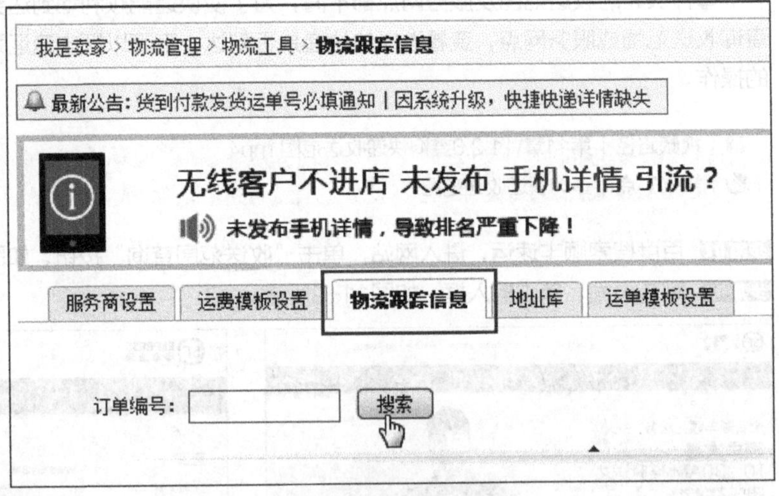

图11-13 单击“搜索”按钮

2. 预约寄件

步骤01 在“卖家中心”页面单击“我要寄快递”链接，如图11-14所示。

步骤02 在右侧界面中填写寄件人与收件人信息，单击“下一步”按钮，如图11-15所示。

步骤03 选择快递公司，然后单击“确认预约”按钮，如图11-16所示。

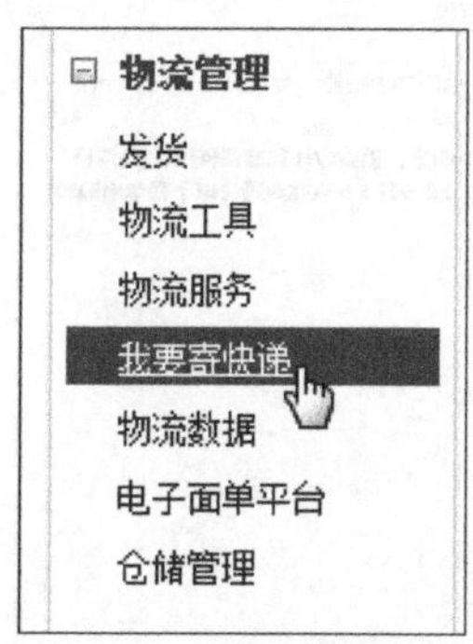

图11-14 单击“我要寄快递”链接

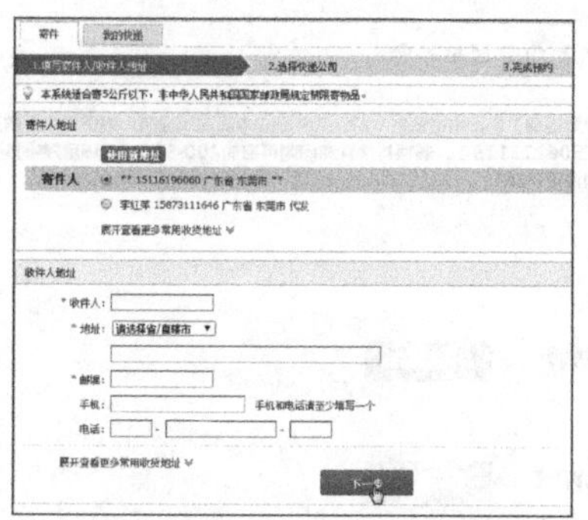

图11-15 单击“下一步”按钮

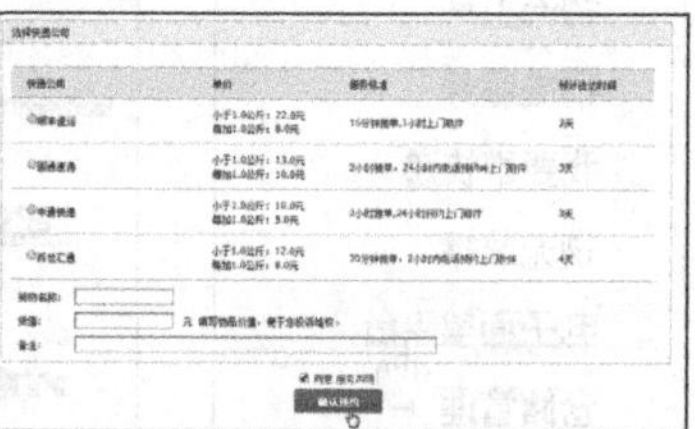

图11-16 单击“确认预约”按钮

3. 物流分析

在“卖家中心”页面单击“物流数据”链接，如图11-17所示。在右侧界面中显示了物流的相关数据分析，如图11-18所示。

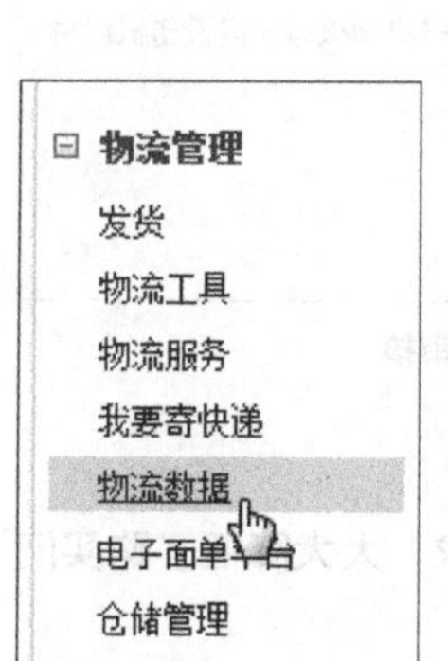

图11-17 单击“物流数据”链接

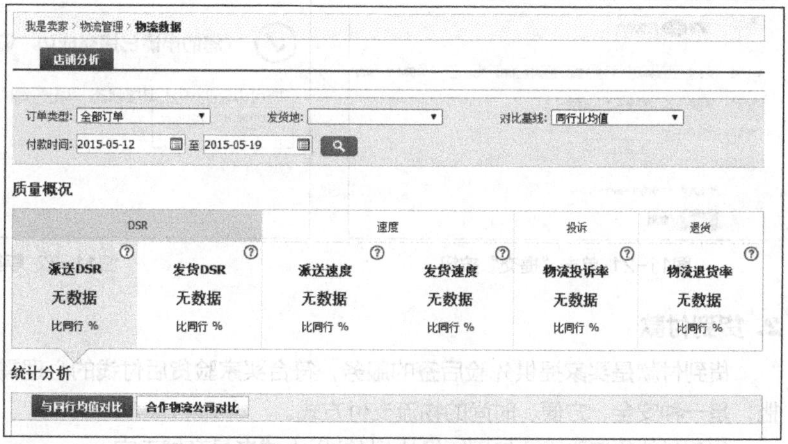

图11-18 物流的相关数据分析

11.2.5 物流服务

1. 电子面单

电子面单服务，是指由快递公司向卖家提供的一种通过热敏纸打印输出纸质物流面单的物流服务。

步骤01 在“卖家中心”页面单击“电子面单平台”链接，如图11-19所示。

步骤02 在打开的界面中选择一个服务商，单击“开通服务商”按钮，如图11-20所示。

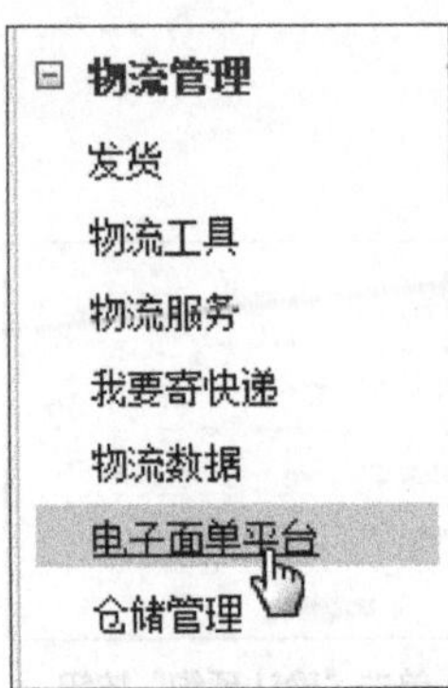

图11-19 单击“电子面单平台”链接

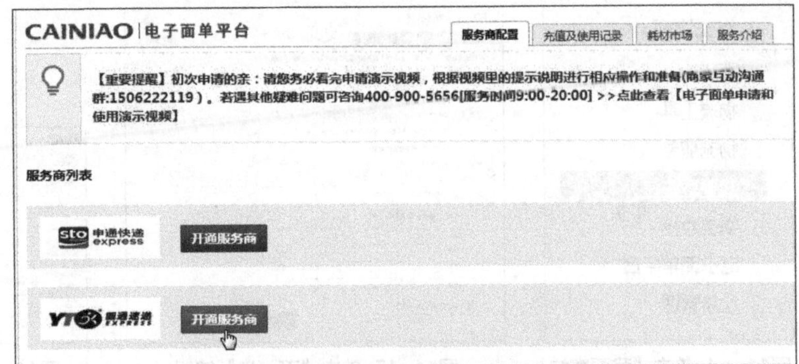

图11-20 单击“开通服务商”按钮

步骤03 填写信息，单击“提交”按钮，如图11-21所示。

步骤04 等待审核，如图11-22所示。也可单击“返回服务商列表”链接查看审核结果。

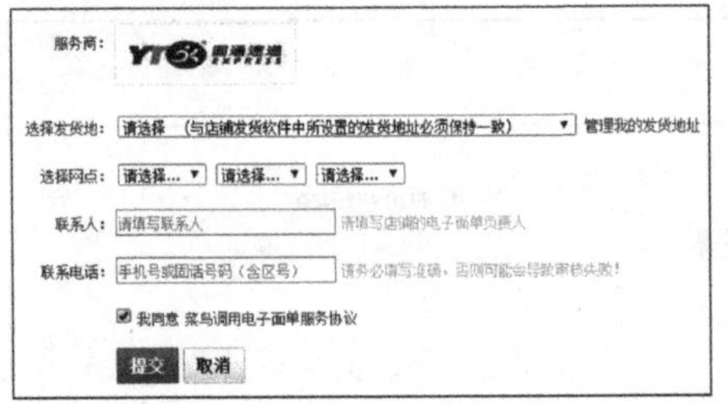

图11-21 单击“提交”按钮

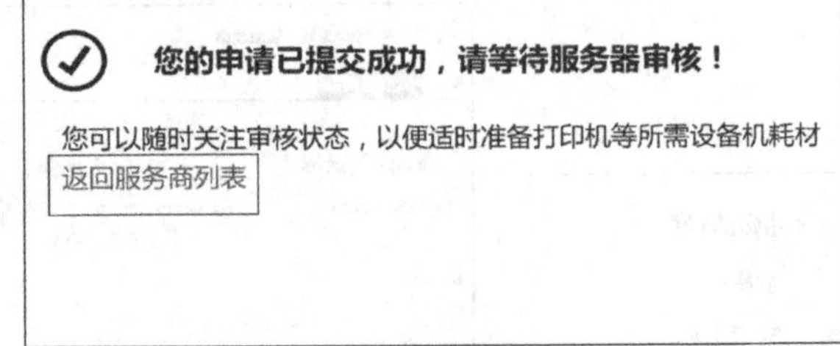

图11-22 等待审核

2. 货到付款

货到付款是买家提供先验后签的服务，符合买家验货后付钱的心理需求，大大降低了购买门槛，是一种安全、方便、时尚的物流支付方式。

货到付款的订购需要信用等级达到1钻以上或者是商城卖家。

在“卖家中心”页面单击“物流服务”链接，如图11-23所示。在右侧服务列表中选择“货到付款”选项，单击“立即订购”按钮，如图11-24所示，订购即可。

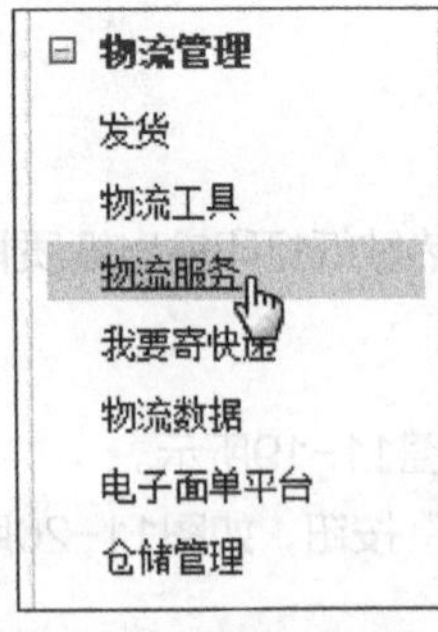

图11-23 单击“物流服务”链接

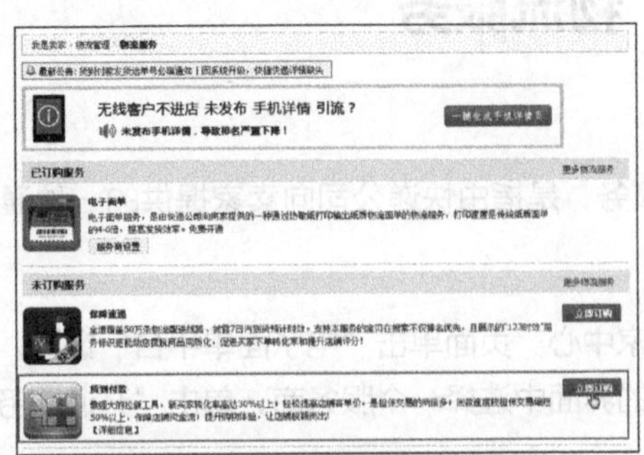

图11-24 单击“立即订购”按钮

11.3 客服的重要性

11.3.1 网店客服的意义

网店客服是通过网络提供给客户解答和售后等的服务，从卖家角度讲，旨在让淘宝掌柜更高效地管理网店、及时把握商机消息，从容应对繁忙的生意。从买家角度讲，一个优秀的客服能给前来咨询的顾客留下良好印象；通过专业的解答，能给予顾客购买的信心；通过耐心的售后，能引导买家给店铺好评。无论从哪个角度，都是为了更好地服务客户，使店铺获得良好信誉，从而长久经营下去。

11.3.2 客服具备的知识

一般小规模的网店，往往一人身兼数职，对客服并没有进行细分，但有些较有规模的网店对网店客服的分工则达到相当细致的程度。有通过旺旺、电话，解答买家问题的客服；有专门的导购客服，帮助买家更好地挑选商品；有专门的投诉客服，处理客户投诉；有专门的推广客服，负责网店的营销与推广；还有专业做仓储物流保障的客服等。要做好客服工作首先应具备一些基本能力和专业知识。

1. 电脑软件知识

客服人员虽然不需要太高深的电脑技能，但是需要对电脑有基本的认识，包括使用千牛工作台与淘宝助理，会发送电子邮件等。

2. 商品专业知识

客服担当给客户答疑解惑的责任，应当对商品的种类、材质、尺寸、用途和注意事项等都有了解，最好还应当了解行业的有关知识，对商品的使用方法、洗涤方法和修理方法等都有基础了解。

不同的商品可能会适合不同的人群，如护肤品，不同的肤质在选择护肤品时就会有很大的差别；如服装，不同的年龄生活习惯以及不同的需要，也适合不同的衣服款式；如玩具，有些玩具就不适合太小的婴儿。这些情况都需要客服有较多的了解，能针对不同的情况给出不同的解答方案。

如买家在网上购买服装时，一般最大的担忧就是怕所选服装不适合自己，穿上之后达不到自己想要的效果，所以会征询客服的意见。这时候客服人员需要用自己对服装的品牌、款型、价格、质地和尺码等各类知识掌握灵活，随问随答，专业的意见会让客服更信赖。记住给买家提供信息时，简略突出重点是最主要的。

3. 淘宝交易规则

一个客服必须会查看交易详情，了解如何付款、修改价格、关闭交易和申请退款等。

4. 物流知识

客服人员还应当了解一些物流知识，如了解如何查询各个物流方式的网点情况。了解不同物流方式的包裹撤回、地址更改、状态查询、保价、问题件退回、代收货款和索赔的处理等。

11.3.3 售前与售后客服分工

售前和售后客服的分工是为了更好地服务买家，将客服分为两类，可以分流，避免造成咨询人数过多而手忙脚乱的问题。很多店铺的客服分工更细，这里主要以售前和售后两大类为例。

1. 售前客服

售前客服就是当买家来咨询商品信息时，给予解答，争取使前来咨询的顾客能买到合意的商品。

- **熟悉产品：**了解产品相关信息。对于客服来说，熟悉自己店铺产品是最基本的工作。对于产品的特征、功能和注意事项等要做到了如指掌，这样才能流利解答买家提出的各种关于产品的问题。
- **接待客户：**作为售前客服来说，最好要热情、活变。一个优秀的客服懂得如何接待好客户，同时还能引导消费者进行附带消费。
- **核对地址：**客户下单付款后，跟客户核对收件信息。这不仅仅体现了客服的专业，也避免了买家选错地址而造成商品不能到达的问题。
- **修改备注：**当客户要求修改订单信息，或者是收件信息时，售前客服应及时予以修改，避免后续工作的出错。

2. 售后客服

售后服务是整个商品销售过程中最后的一个重要环节，它和商品的品质、信誉等一样重要，好的售后服务会带给买家好的购物体验，并得到买家的充分信任，这样能使这些买家成为店铺的回头客。

□ 基本售后

基本售后是指常规交易后，卖家所需做的基本工作。

- **发货通知：**商品成交后，卖家要及时联系买家，以免流失客户。发货后，通过旺旺或者短信及时通知买家已发货。
- **交易评价：**当买家做出了不公正的评价时，卖家可以在评价下面针对不合理的评价做出相应的解释，避免其他买家因为错误的评价而对店铺产生负面的认识。

□ 退换货的处理

因为网络交易是虚拟的，所以有些买家经常会担心收到货后，宝贝不合适、不喜欢，或者没有想象中的那么好，这就牵涉到售后的退换货服务。

当买家提出退换货要求时，作为卖家，首先要了解他为什么要退换货，确定是由谁的原因造成的，也就是责任归属问题。退换货的原因通常有以下几种。

- 商品的质量有问题。
- 顾客所收到的商品与描述和图片不符。

- 商品本身没问题，顾客只是想更换商品。
- 商品在运输过程中有磨损。
- 顾客使用不当，引起商品损坏。

如果是卖家的责任，要勇于承担，同时要尽快同买家达成退换货协议，否则容易使买家感到失望而丧失再次购买的机会。如果是买家的责任，一般应与买家说明，为对方提供相应的弥补建议，切忌在沟通中冷言冷语。

通常情况下，运费的归属问题是根据责任的划分来确定的。像由于商品的质量问题、运输磨损等情况引起的退换货，一般由卖家负责运费。而由于买家的原因，如想换一种产品或使用不当造成商品损坏引起的退换货，则产生的费用原则上由买家承担。

下面介绍如何进行退换货。

步骤 01 在“已卖出的宝贝”列表中选择订单，单击“退款”链接，如图11-25所示。

步骤 02 在打开的页面中查看留言板中的内容，若需要买家退货，则单击“拒绝退款申请”按钮，如图11-26所示。

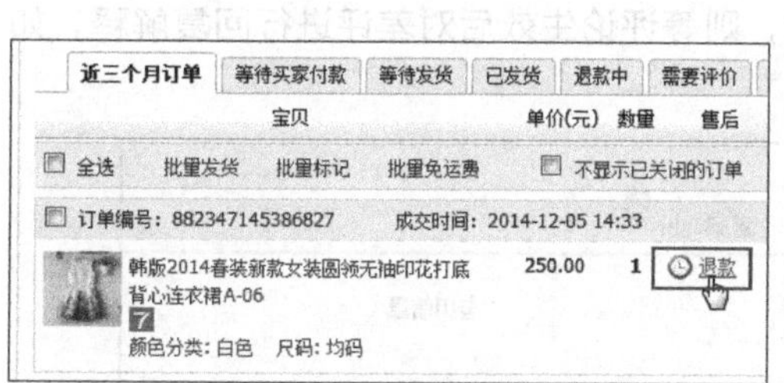

图11-25 单击“退款”链接

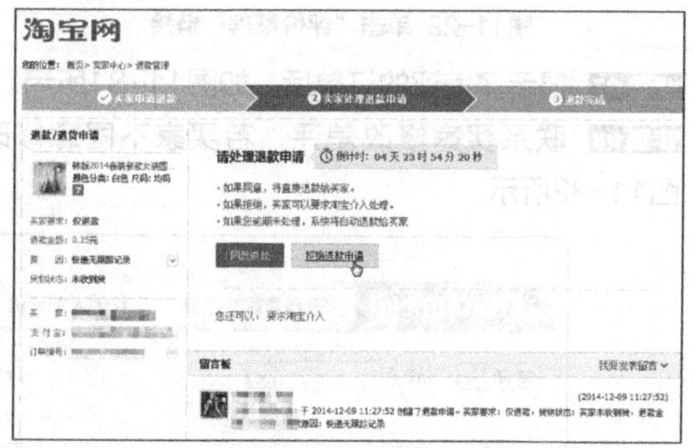

图11-26 单击“拒绝退款申请”按钮

步骤 03 在打开的页面中选择拒绝理由，并单击“确定拒绝”按钮，如图11-27所示。

步骤 04 等待买家修改退款申请，如图11-28所示，当货物退回后则可单击“同意退款”按钮。

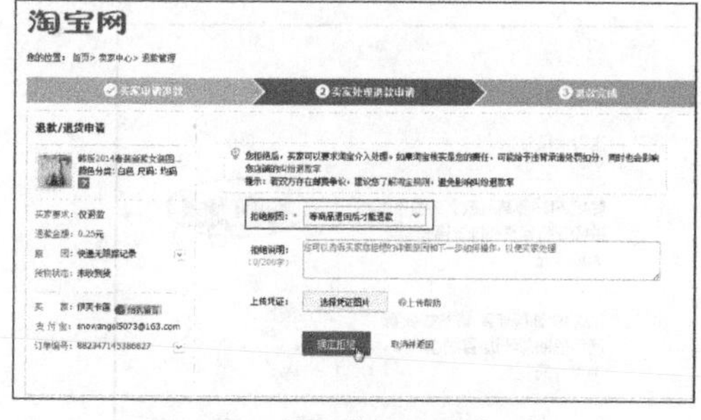

图11-27 单击“确定拒绝”按钮

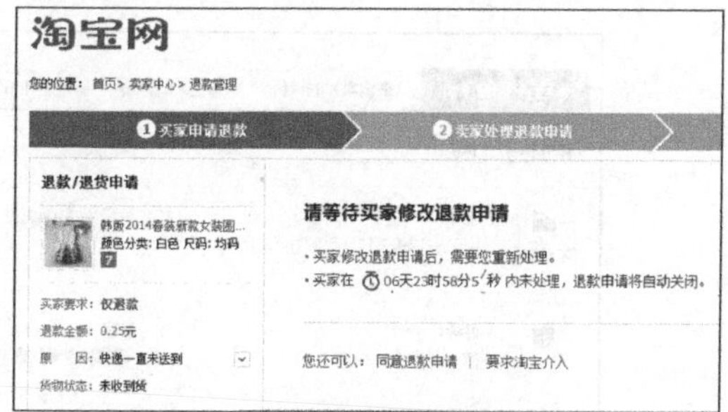

图11-28 等待买家修改退款申请

□ 处理中差评

评分是交易的最后一个环节，也是不容忽视的一个环节。我们知道，买家有权利给卖家中差评，而中差评会影响卖家的店铺信誉度。

淘宝网规定，有一方给出中评或差评，双方互评后，此时会有48小时的协商期，此时只有交易双方看到此评价，48小时后评价才会在全网显示。因此收到买家的中差评，应该及时与买家沟通协商，如达成一致。若48小时内不能达成一致，则可以在评价后的30天内，请买家修改评价。

若差评超过30天自助修改期，买家未修改差评，卖家还可以对该评价进行解释，表示诚恳、谦卑的态度。

步骤05 进入“买家中心”页面，单击“评价管理”链接，如图11-29所示。

步骤06 单击“来自买家的评价”按钮，在“评价”下选择“差评”选项，如图11-30所示。

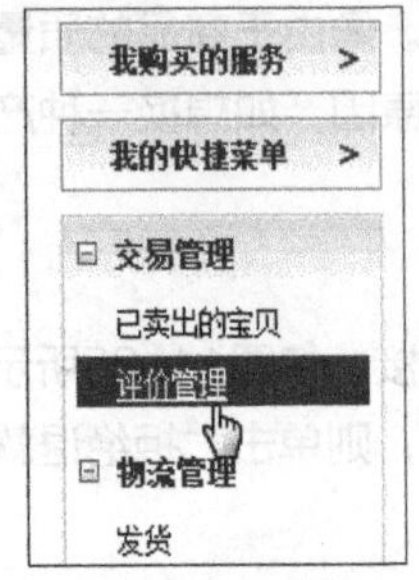

图11-29 单击“评价管理”链接

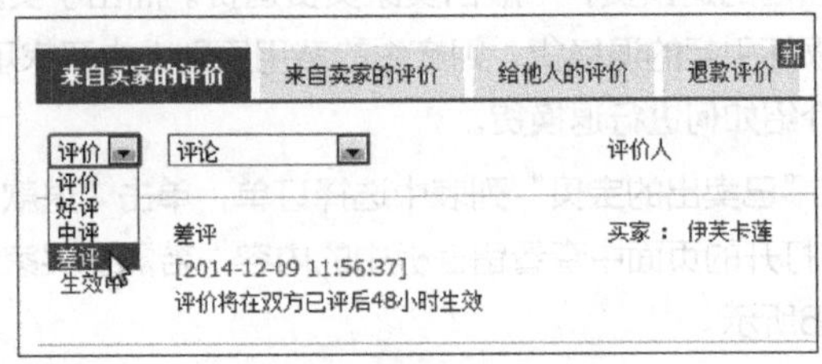

图11-30 选择“差评”选项

步骤07 显示了差评的订单后，如图11-31所示。

步骤08 联系买家修改差评，若买家不同意修改，则等评论生效后对差评进行回复解释，如图11-32所示。

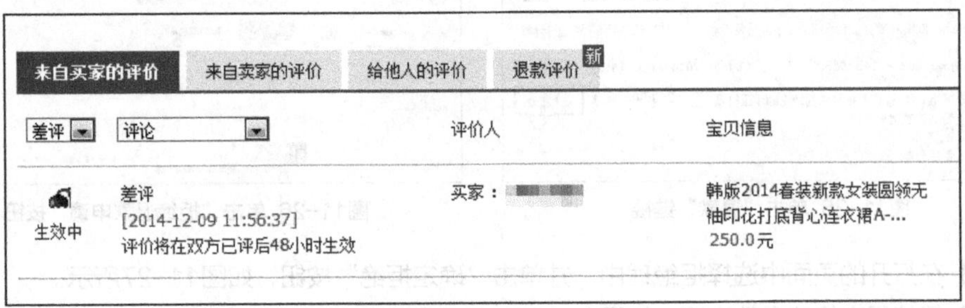

图11-31 显示差评订单

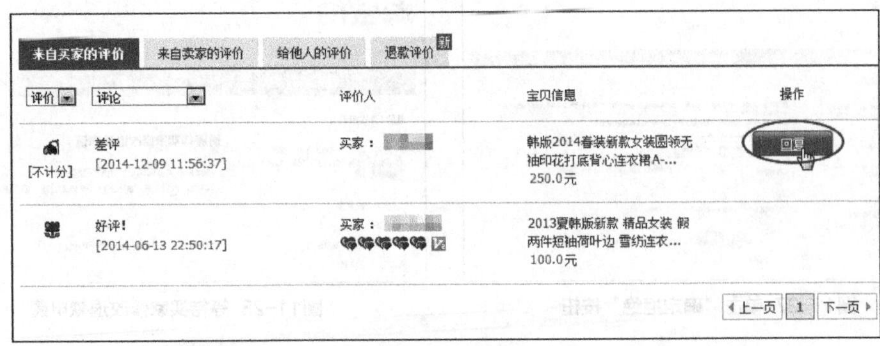

图11-32 解释差评

步骤 09 在弹出的对话框中输入回复的内容，单击“发表回复”按钮，如图11-33所示。

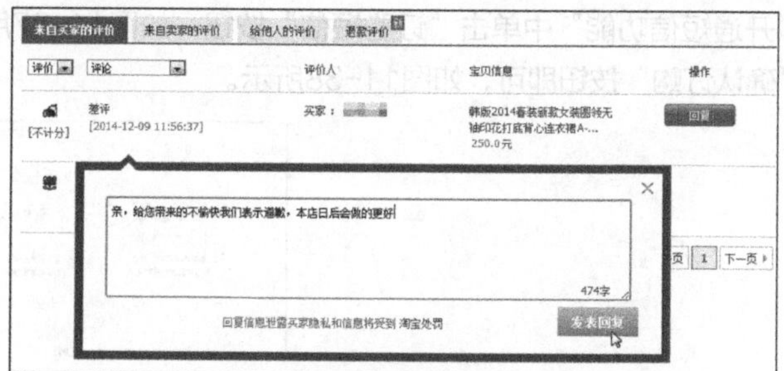

图11-33 单击“发表回复”按钮

步骤 10 回复的内容则会显示在评论下方，如图11-34所示。

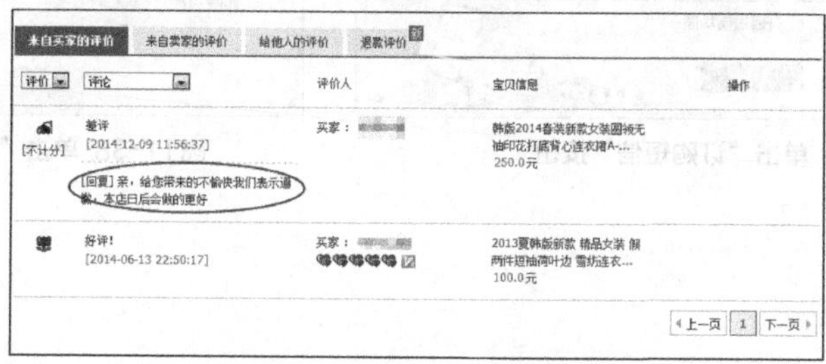

图11-34 显示回复内容

11.4 阿聆

阿聆是阿里巴巴官方出品的商家客服工具。为商家零门槛搭建呼叫中心客服体系，整合多沟通渠道（400电话、短信和旺旺等）、打通多系统数据，实现多样化客户关怀和全链路任务协同，最终提升服务效率和买家体验。

1. 电话功能

步骤 01 在“卖家地图”页面中单击“阿聆”链接，如图11-35所示。

步骤 02 在打开的页面中显示了不同的电话功能中不同的套餐与资费，如图11-36所示。若满足订购条件可以订购。

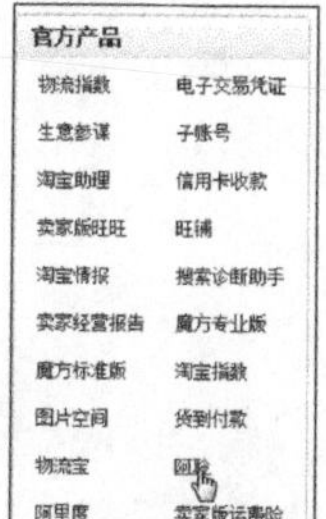

图11-35 单击“阿聆”链接

图11-36 不同套餐与资费

2. 短信功能

在页面下方的“开通短信功能”中单击“订购短信”按钮，如图11-37所示。在切换的页面中填写信息，单击“确认订购”按钮即可，如图11-38所示。

图11-37 单击“订购短信”按钮

图11-38 单击“确认订购”按钮

第12章 微店

京东微店

入驻微店

现代人生活的忙碌，使得人们更趋向于使用手机购物，电商逐渐转移到移动端，移动购物的火爆带动了手机淘宝的发展，也带来了一个新的开店平台——微店。

12.1 什么是微店

微店作为移动端的新型产物，其发展趋势使得越来越多的人瞄准了这一商机。

12.1.1 了解微商与微店

微商就是在移动端上进行商品售卖的小商家。微商包含微信电商。微信仅仅是微商的一个组成部分，是其中的一个媒介载体。

微商是区别于传统电子商务的、崭新的电商模式。微商在市场运营策略上，不再以平台为中心，而是通过微博、微信这样的沟通渠道，直接联系到客户的客户，从而带来销量，如图12-1所示。微商十分重视买家之间的口碑相传，在买家的微信朋友圈、微博等社交圈子上，形成广泛的二次传播，吸引更多的客户。总而言之，脱离了大平台，客户关系的长期维护，更高的复购率，更高的品牌忠诚度，这就是微商。

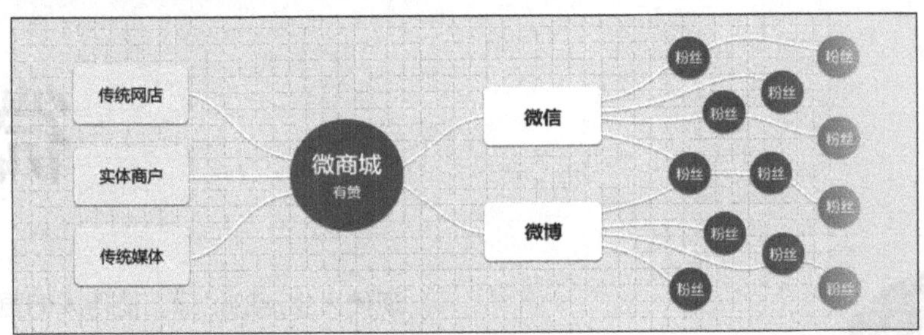

图12-1 微商

微商的崛起，使得越来越多的人加入到微商队伍中。这引发了一个思考，这么多人都在做微商，我要如何引流，我要怎么交易，难道一直靠自己的信任，直接支付宝转账或者微信转账。万一遇到不信任我的人想买呢？于是，市场上顺应了微商的趋势，各种微店开始出现。微店作为一个微商平台，一头是供货商，一头是网民。进驻微店资金、人力等门槛较低，大大降低了开店的成本，风险得以有效控制。

微店就类似于移动端的淘宝店，主要就是利用社交分享、熟人经济进行营销。很多人希望能在这一新的电商模式中抢占先机，甚至有很多淘宝卖家也选择了入驻微店，毕竟多一个平台就多了一个流量入口，也多了一个销售渠道。

12.1.2 微店平台

微店的出现，成为了微商成交引流的又一大拐点。微店平台有很多，主要分为两类模式，一类为B2C模式，如京东微店，直接通过商家对接消费者；一类微店多面向个体，类似于C2C模式，如有赞、口袋购物微店和微盟等。其中C2C类模式的玩家居多。

1. 有赞（原口袋通）

有赞，原为口袋通，是一套强大的微店铺系统，为商家提供了完整的微电商解决方案。使用有赞，可以快速、低成本地搭建一个微商城。有赞提供了全套的商品管理、订单管理、交易系统、会员系统和营销系统。另外，有赞提供的店铺页面管理系统很强大，包括全套的商品管理、订单管理、交易系统、会员系统和营销系统。商家有极高的自由度去定制自己的商城，几乎每一个页面都可以自定义，其所有服务全部免费。图12-2所示为有赞首页。

图12-2 有赞首页

口袋通和微信虽然没有直接联系。但是，通过把微信账号绑定到有赞店铺上后，就可以把店铺经营到微信上。向粉丝推送活动通告、上新通知和粉丝直接交流和沟通，粉丝也可以直接在微信APP内点击进入客户的店铺，浏览商品，并完成最终的购买。

入驻有赞是完全免费的，也几乎没有任何开店条件。为保障店铺和消费者的权益，微商城开设店铺需要进行店铺认证。认证免费，且非常简单。包括2种认证方式：个人认证和企业认证。

有赞分销平台上有供货商和分销商两种角色。

- **供货商：** 可以实现快速铺货；可以控制商品零售价范围，保证品牌价值；可以对公共库存严格控制；可实时查看分销订单，定期查看数据报表，预测交易趋势并快速响应市场需求。
- **分销商：** 可以一键将分销商品上架到您的有赞微商城店铺；供应商商品都经过平台的严格筛选把控，保障货源质量；先卖货，后付货款，真正零成本分销；拥有海量商品和个性化商品编辑，从头到尾满足商户的细致需求。

2. 微店（口袋购物旗下）

口袋购物旗下的微店，是很多微商选择的手机开店软件，如图12-3所示。在微店开店无门槛，零费用，可以通过一键分享吸引顾客，随时随地管理订单。还有微店买家版，让买家可以找到附近便宜又给力的卖家，畅享购物。

图12-3 微店

3. 微信小店

2014年5月29日，微信公众平台宣布正式推出“微信小店”。微信小店是基于微信公众平台打造的原生电商模式，包括添加商品、商品管理、订单管理、货架管理和维权等功能，开发者可使用接口批量添加商品，快速开店。

微信小店的开店条件如下。

- 必须是服务号。
- 必须开通微信支付接口。
- 服务号和微信支付都需要企业认证。

在服务中心选择“微信小店”选项，如图12-4所示。打开的微信小店界面如图12-5所示。

图12-4 选择“微信小店”选项

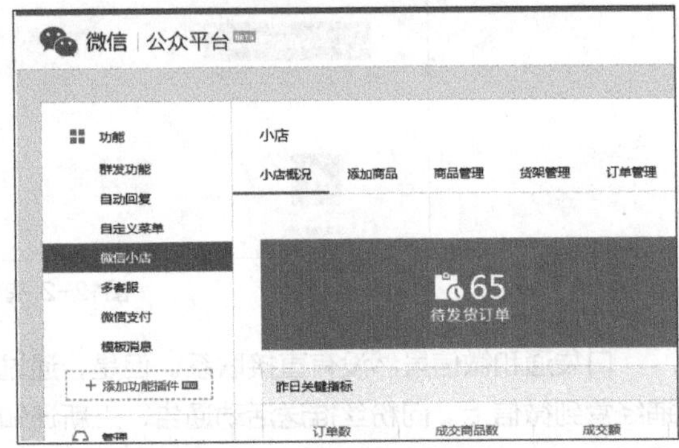

图12-5 微信小店界面

4. 微盟旺铺

微盟基于微信为广大企业提供开发、运营、培训和推广等一体化解决方案服务。2014年7月29日，微信第三方平台微盟宣布微盟旺铺正式上线。微盟旺铺是基于微信小店的第三方解决方案，主要为移动电商的核心需求运营提供相关服务。微盟旺铺具有百万级的商品SKU库，在商品上架难题上具有较好的处理能力。由于后台采用拖拽式傻瓜设计，商家商户在后台通过简易操作生成千变万化的店铺风格。

除基础的客户关系管理之外，微盟旺铺还配置了多款互动游戏，以营造良好的用户体验来留住用户。此举有助于增进用户的黏性，提高重复购买率。图12-6所示为微盟旺铺注册入口。

图12-6 微盟旺铺

5. 拍拍小店

拍拍小店是京东集团旗下基于移动端的微店铺。原名为拍拍微店。其有京东官方支持，开店完全免费，所有交易不收取任何手续费。同时，拍拍小店提供了丰富的货源，图12-7所示为拍拍小店下载页面。

图12-7 拍拍小店下载页面

12.1.3 京东微店

京东微店是基于京东商户平台、微信及微信公众平台构建的移动购物解决方案，图12-8所示为京东微店首页。相对来说，京东微店入驻门槛较高，入驻前需要先注册企业类型的服务号且该微信服务号不能开通其他第三方平台。

图12-8 京东微店首页

12.2 入驻微店

入驻微店需要选择一个微店平台，这里以口袋通旗下的微店为例，进行讲解。

12.2.1 注册微店

下面介绍如何注册口袋购物微店。

步骤 01 登录口袋购物旗下的微店官网http://www.vdian.com，单击不同版本，在展开的二维码下单击“下载安装包”链接，如图12-9所示。

图12-9 单击“下载安装包”链接

步骤 02 下载并在手机上成功安装微店之后，打开微店，单击“注册”按钮，如图12-10所示。

步骤 03 在跳转的界面中输入手机号码，单击右上角的“下一步”按钮，如图12-11所示。

图12-10 单击“注册”按钮

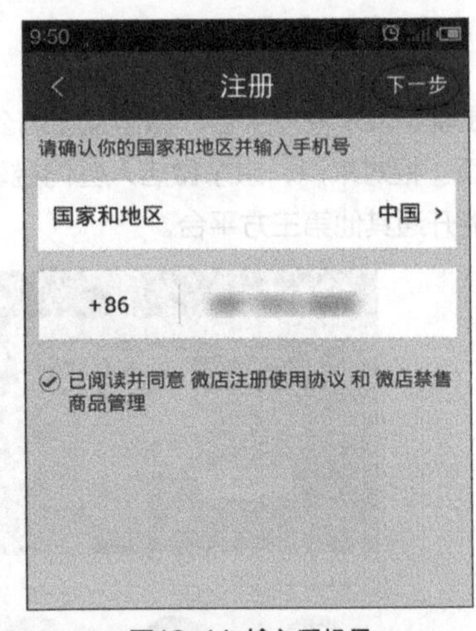

图12-11 输入手机号

步骤 04 弹出提示框，确认手机号码是否正确，如若正确，单击“好”按钮，如图12-12所示，等待接收短信。

步骤 05 手机接收到验证码短信后，在页面上填写验证码，单击右上角的“下一步”按钮，如图12-13所示。

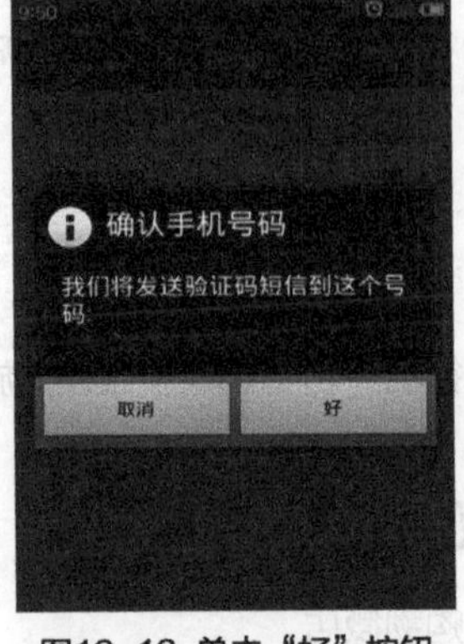

图12-12 单击“好”按钮

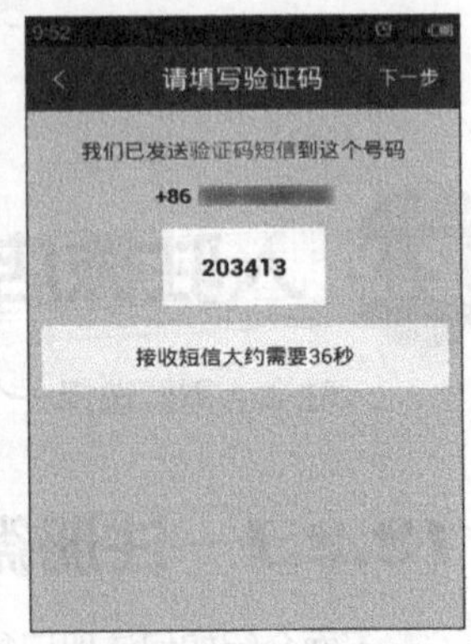

图12-13 单击“下一步”按钮

步骤06 在打开的界面中输入密码，确认完成后单击右上角的“下一步”按钮，如图12-14所示。

步骤07 填写真实姓名和身份证号等个人资料，如图12-15所示。

步骤08 完成以上的步骤，微店就注册成功了。

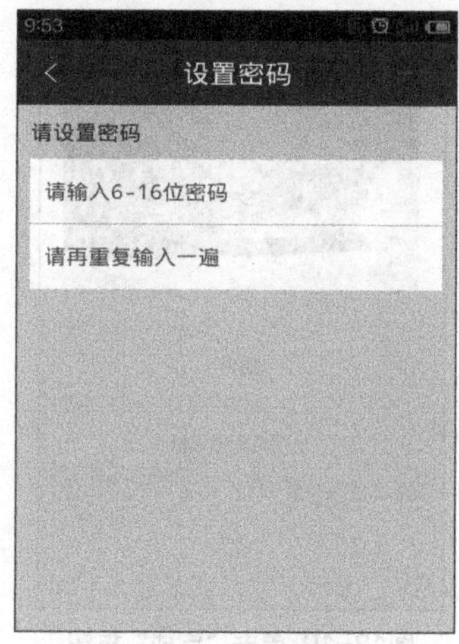

图12-14 设置密码

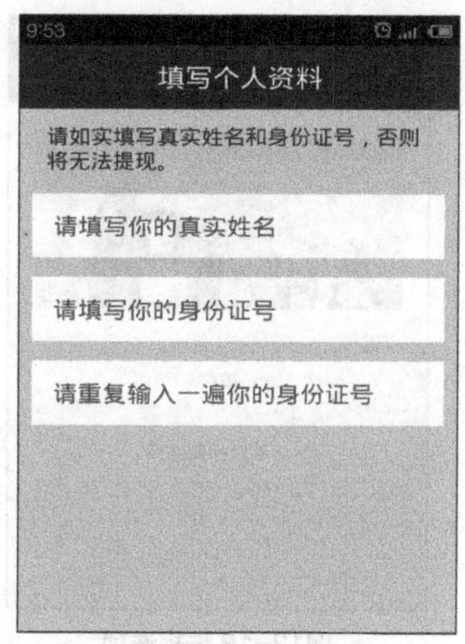

图12-15 填写个人资料

12.2.2 微店基本设置

下面介绍微店的基本设置。

1. 更换店招

店招是在买家进入店铺时，页面最上方显示的图片，店招是一个店铺最好的“装饰物”，有一个美观清晰的店招，会让你的微店看上去更具吸引力。店招的更换步骤如下。

步骤01 进入“我的微店”界面，单击“编辑”图标，如图12-16所示。

步骤02 在“编辑店铺”界面中，选择“更换店招”选项，如图12-17所示。

图12-16 单击“编辑”图标

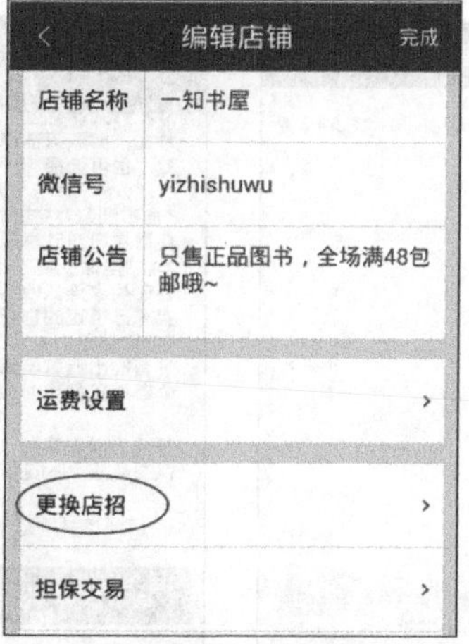

图12-17 选择“更换店招”选项

步骤03 在打开的界面中选择“拍照”或“从手机相册选择”选项，如图12-18所示。

步骤04 在选择好照片后可以自行截取图片的一部分，更换好照片后单击“完成”按钮，如图12-19所示。

图12-18 选择选项

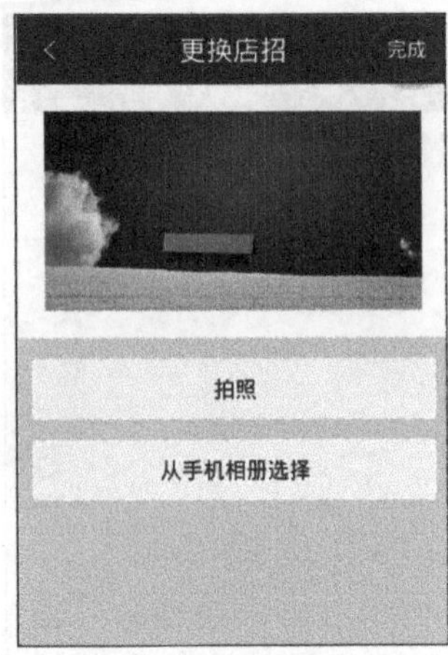

图12-19 单击“完成”按钮

微店的店招尺寸是横向长方形的，比例是1∶3，所以不宜选择竖向长方形的图片，建议用100×300大小的图片来作为店招。

2. 担保交易设置

微店的“担保交易支付”和淘宝的第三方监控平台类似，买家货到以后确认了才会把货款支付给卖家。这就意味着微店会有更大的成交量并且保护了买家的权益。

步骤01 进入“我的微店”界面，单击店铺头像下的“编辑”按钮，进入编辑店铺界面，选择“担保交易”选项，如图12-20所示。

步骤02 阅读《微店担保交易服务约定》，单击“开通担保交易”按钮，如图12-21所示。

步骤03 弹出的对话框，提示是否确认开通，单击“是”按钮即可，如图12-22所示。

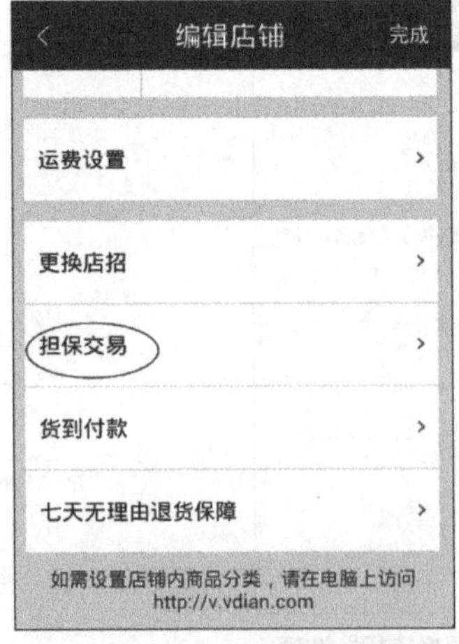

图12-20 选择“担保交易”选项

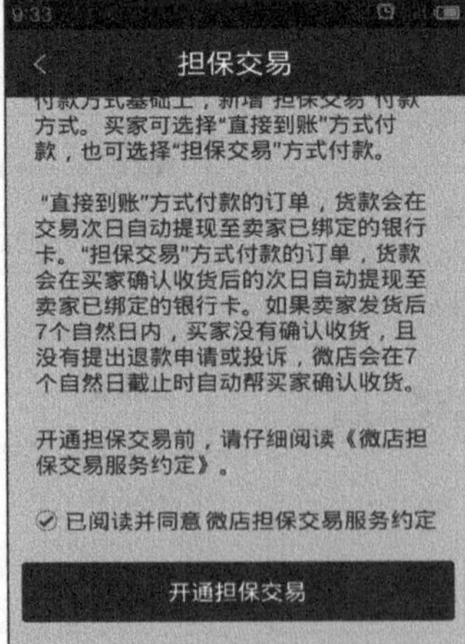

图12-21 单击“开通担保交易”按钮

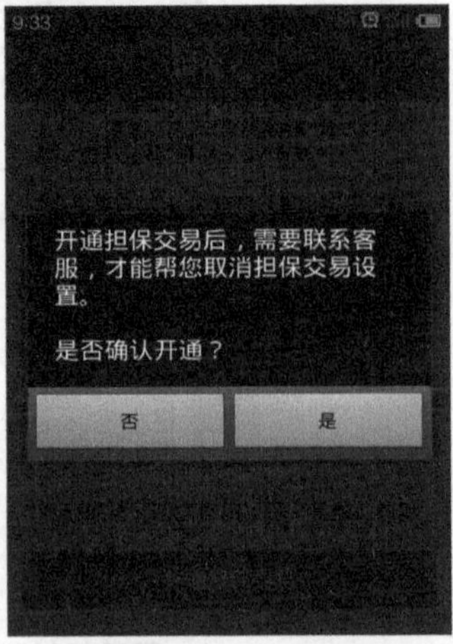

图12-22 单击“是”按钮

担保交易开通后，想要取消就需要联系微店官方客服。

12.2.3 添加商品

下面介绍如何在微店中添加商品。

1. 在手机上添加商品

步骤01 进入“我的微店”界面，单击右上角的“添加”按钮，如图12-23所示。

步骤02 进入“添加商品”界面，需上传商品图片，填写商品信息，单击底端的“添加型号”按钮还可以添加商品的多个型号，如图12-24所示。

步骤03 上传完图片，填写好商品信息之后，单击右上角的“完成”按钮即添加成功，单击“预览”按钮，如图12-25所示。

步骤04 进入商品预览页面，如图12-26所示。

图12-23 单击“添加”按钮

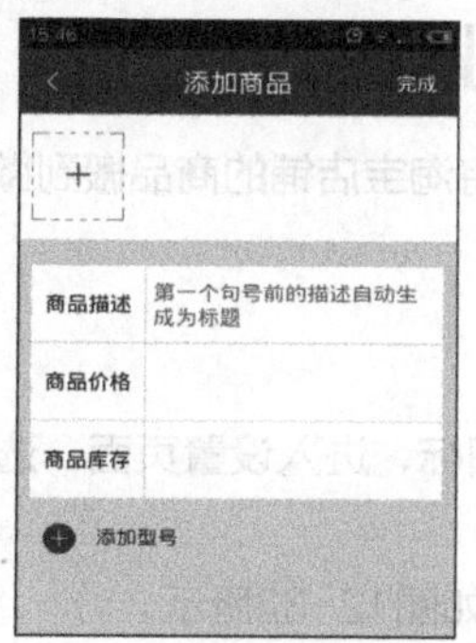

图12-24 添加商品页面

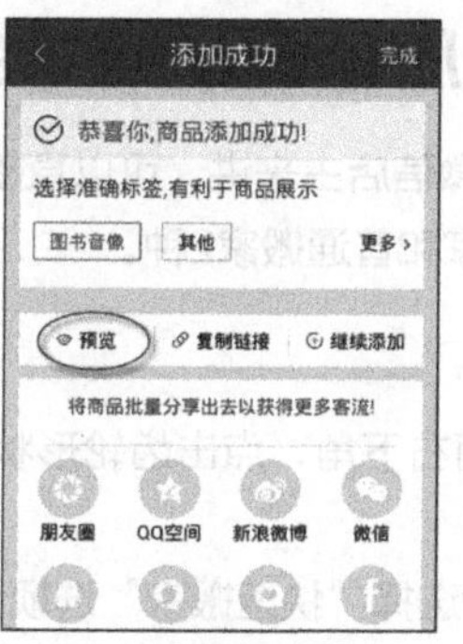

图12-25 单击“预览”按钮

图12-26 预览商品

2. 在电脑上添加商品

除了在手机上能够添加商品之外，在电脑上同样可以添加，只需进入微店的网页版（v.vdian.com）即可进行操作。

步骤01 在电脑上打开网页v.vdian.com，进行账号登录，如图12-27所示。

步骤02 登录成功后，页面显示三个模块：我的微店、订单管理和卖家市场报名。单击“我的微店”图标，如图12-28所示。

图12-27 登录

图12-28 单击“我的微店”图标

步骤03 进入我的微店，单击右上角的“添加商品”按钮，如图12-29所示。

步骤04 进入商品添加页面，操作步骤与手机上的一致，如图12-30所示。

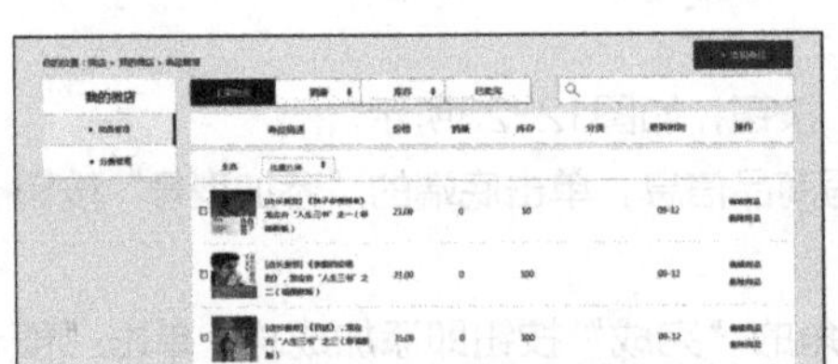

图12-29 单击“添加商品”按钮

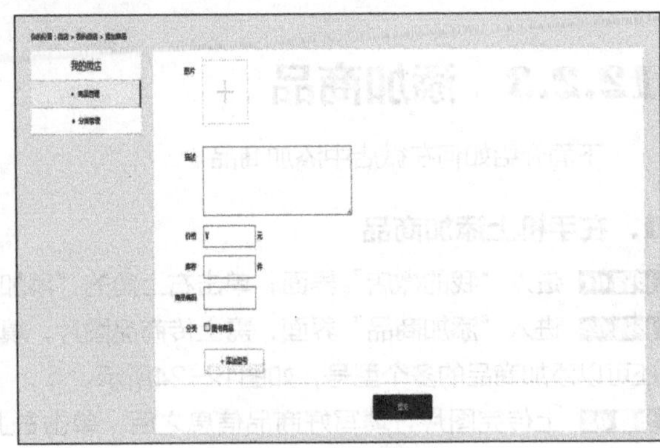

图12-30 商品添加页面

12.2.4 淘宝店铺商品搬家到微店

对于有淘宝网店的微信店主来讲，可以直接将淘宝店铺的商品搬到微店上，方便又快捷。淘宝搬家助手分为快速搬家和普通搬家2种。

1. 快速搬家

步骤01 在微店的主界面右下角，点击齿轮形状图标，进入设置页面，选择“淘宝搬家助手”选项，如图12-31所示。

步骤02 在打开的界面中选择“快速搬家”选项，如图12-32所示。

步骤03 跳转至淘宝账号登录界面，输入用户名及密码，单击“登录”按钮，如图12-33所示。

步骤04 登录成功后，单击“继续”按钮，如图12-34所示。

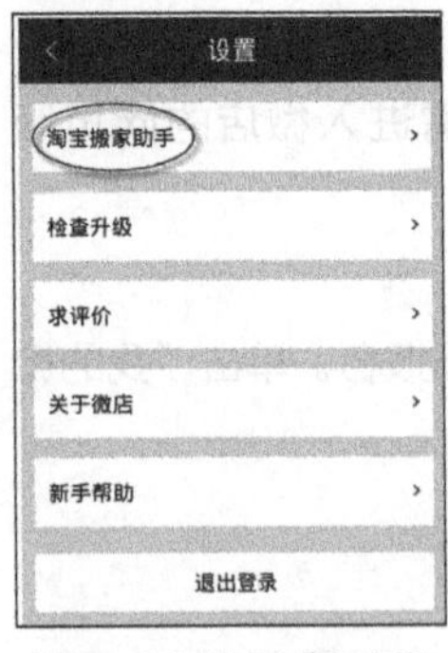

图12-31 选择“淘宝搬家助手”选项

图12-32 选择“快速搬家”选项

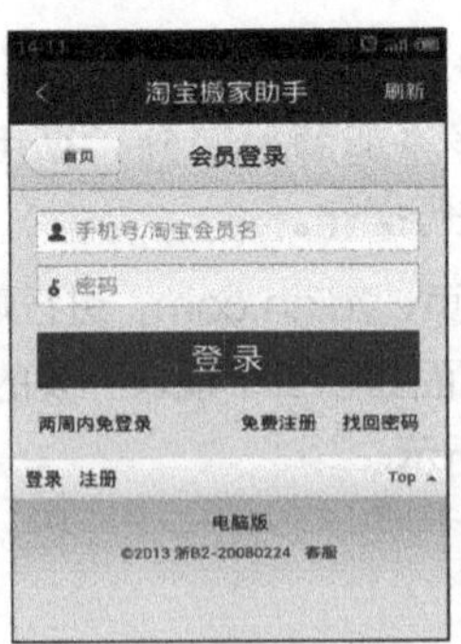

图12-33 单击“登录”按钮

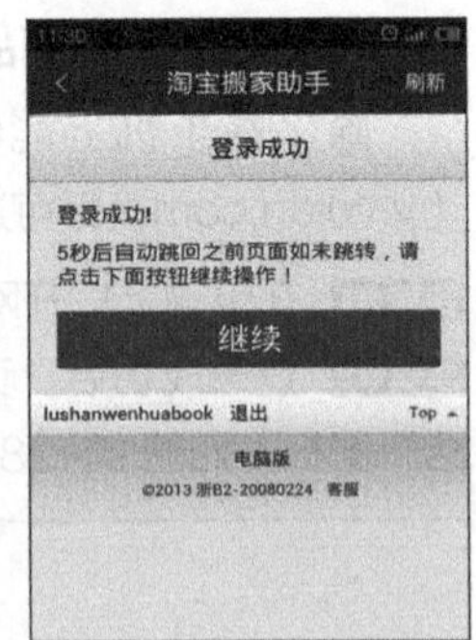

图12-34 单击“继续”按钮

步骤05 跳转至页面提示，单击“确定”按钮，如图12-35所示。等待搬家，如图12-36所示。

步骤06 如果淘宝店铺新增了商品，单击“更新”按钮即可将更新的商品同步到微店，如图12-37所示。

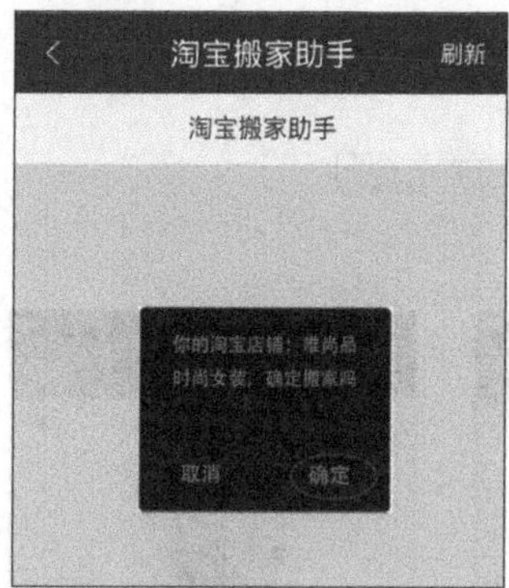

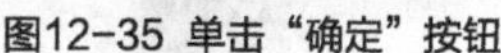
图12-35 单击“确定”按钮

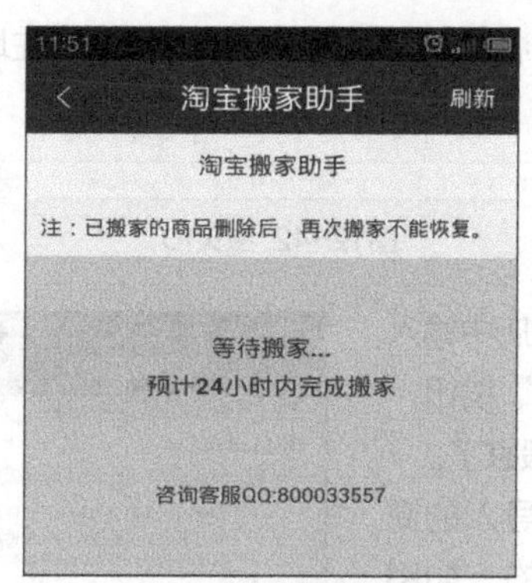

图12-36 等待搬家

图12-37 单击“更新”按钮

搬家时间的长短主要取决于需要导入的淘宝店商品的多少，商品越多，等待的时间越长。

2. 普通搬家

快速搬家是将所有商品全部导入到微店中，若只需要将部分商品导入到微店中则可以使用普通搬家。

步骤01 进入“淘宝搬家助手”界面，单击“普通搬家”按钮，如图12-38所示。

步骤02 生成一个序列号，如图12-39所示，单击“下一步”按钮。

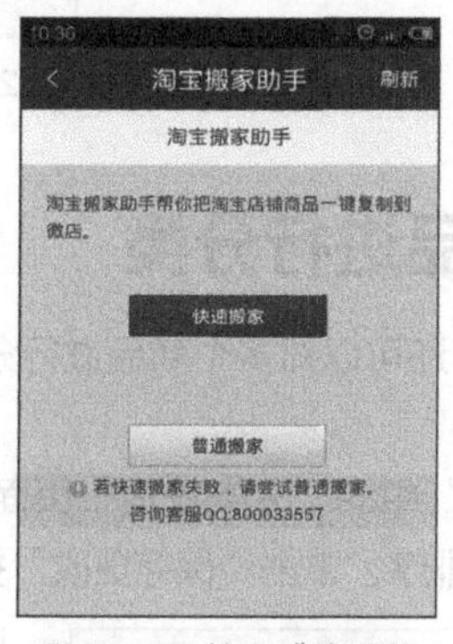

图12-38 单击“普通搬家”按钮

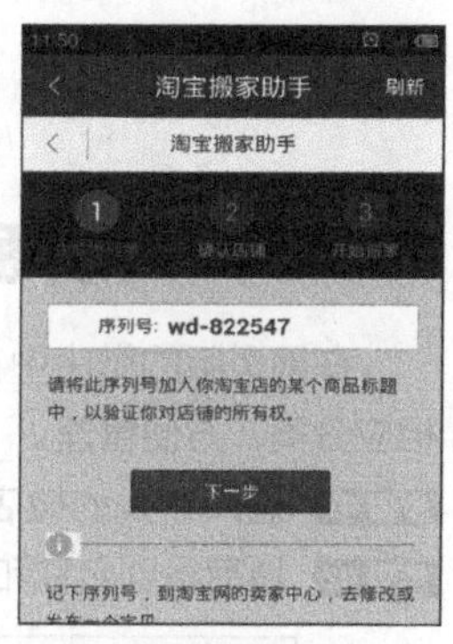

图12-39 单击“下一步”按钮

步骤03 在电脑上打开“淘宝网”，进入“卖家中心”中的“出售中的宝贝”页面，选择自己想要导入微店的商品，如图12-40所示。

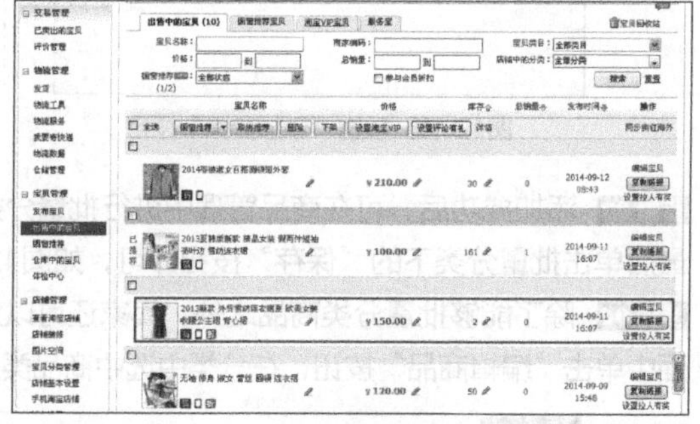
图12-40 选择商品

步骤04 在宝贝标题上单击，重新编辑宝贝名称，如图12-41所示。把手机上的序列号输入在标题后面。

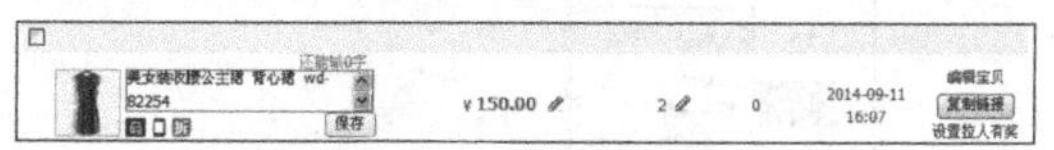
图12-41 编辑宝贝名称

输入序列码的用途是要微店识别到该宝贝是你所拥有的。

步骤 05 重新编辑过后，单击宝贝名称链接，进入宝贝的页面，在地址栏中查看页面的链接，记下ID号码，如图12-42所示。

http://item.taobao.com/item.htm?spm=686.1000925.1000774.13.c7nZid&id=39142334124

图12-42 宝贝ID

步骤 06 回到手机中的微店，在微店中输入刚刚的商品ID，然后单击“验证”按钮，如图12-43所示，就能开始自动搬家了。

步骤 07 完成后可在微店里查看导入的商品信息，是与淘宝上完全相同的，如图12-44所示。当然卖家也可以在微店里修改商品的相关信息。

图12-43 单击“验证”按钮

图12-44 查看商品

12.2.5 对商品进行分类

在网页版的微店中，还可以对多个商品进行分类，对于店铺商品较多的卖家来说，可以进行相应分类，方便管理。

步骤 01 进入“我的微店”中的“分类管理”页面，单击“添加分类”按钮，如图12-45所示。

步骤 02 填写类别名称和排序，单击“保存更改”按钮即添加成功，如图12-46所示。

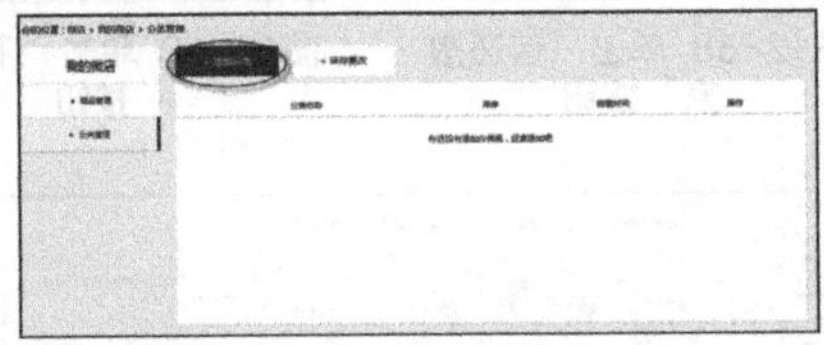

图12-45 单击“添加分类”按钮

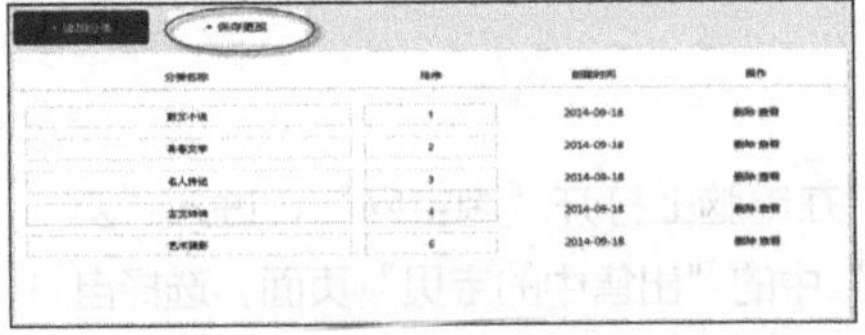

图12-46 单击“保存更改”按钮

步骤 03 添加成功后，可在商品管理中进行批量分类，选中要设置的分类，再选中要选择的商品，最后单击批量分类下的“保存”按钮即可，如图12-47所示。

步骤 04 除了能够批量分类商品之外，卖家还可以对单个的商品进行分类设置，在“商品管理”界面中单击“编辑商品”按钮，在分类中选中商品类别，单击“提交”按钮即可，如图12-48所示。

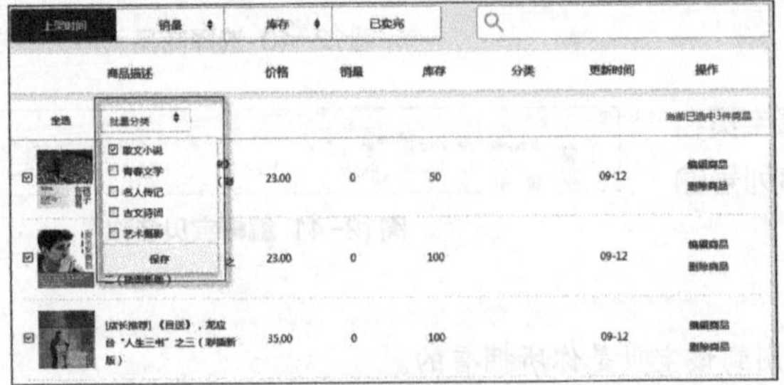

图12-47 批量分类

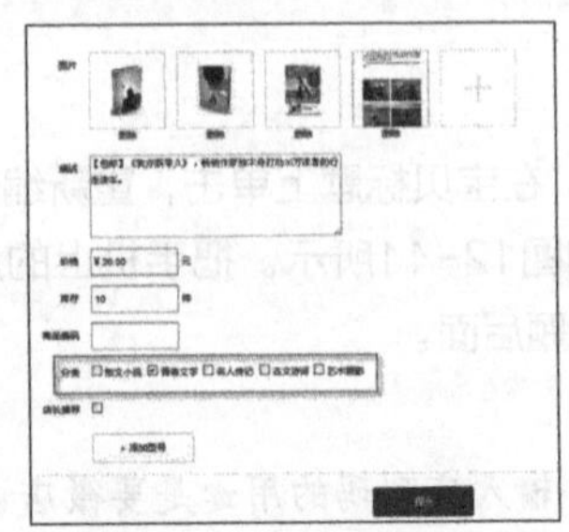

图12-48 选中商品分类

12.2.6 发货

买家已经付款的订单，微店会发短信到卖家的手机上，提醒尽快处理发货，点击订单即可进行操作。

步骤01 在待处理订单中，单击右上角的“处理”按钮，在展开的列表中选择“发货”选项，如图12-49所示。

步骤02 进入发货界面，选择发货方式，如图12-50所示。

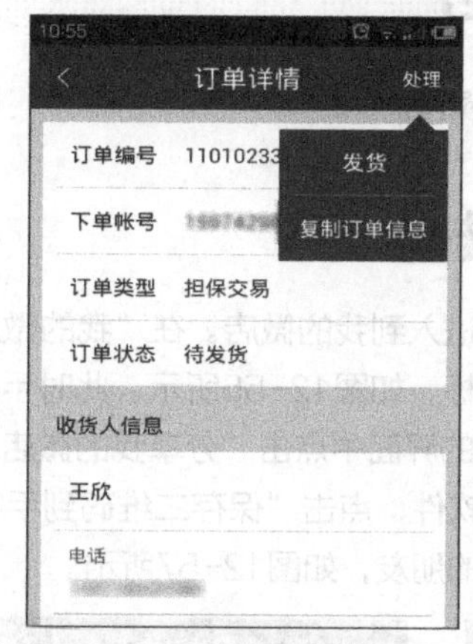

图12-49 选择“发货”选项

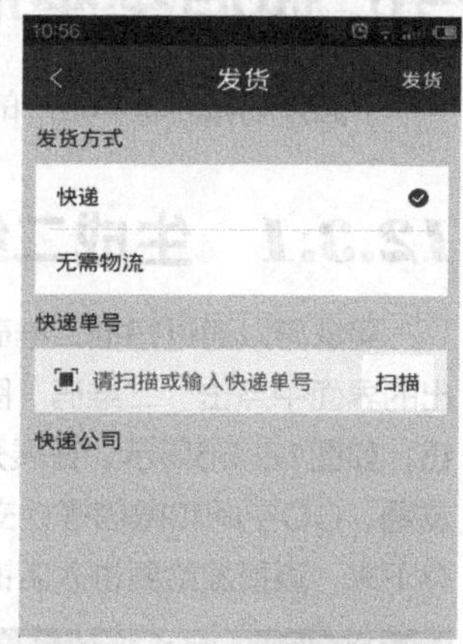

图12-50 选择发货方式

如果是同城交易或者卖家与买家私下商量好了不需要快递的话，即可选择“无需物流”的发货方式。

步骤03 展开列表，选择快递公司，或者在最下方选择“自己填写”，如图12-51所示。

步骤04 填写快递订单号，确定发货方式及信息，单击右上角的“发货”按钮，如图12-52所示即可完成发货。

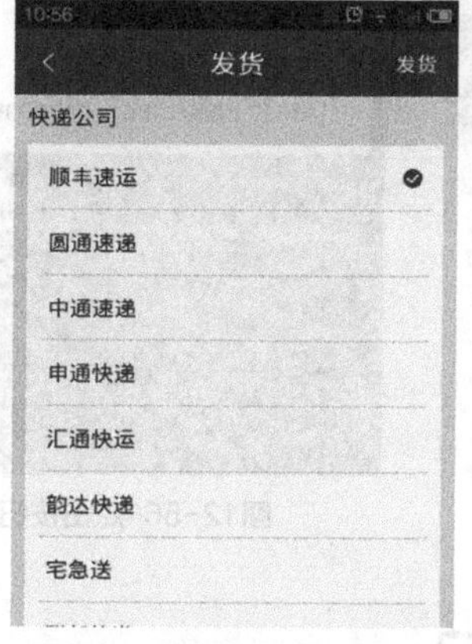

图12-51 选择“自己填写”

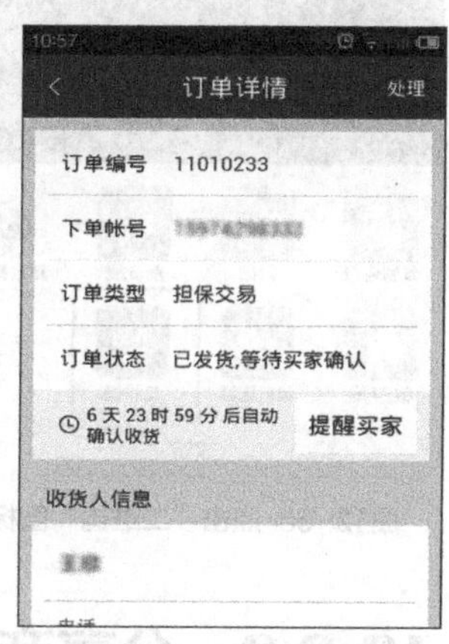

图12-52 完成发货

步骤05 在“订单详情”页面可对买家进行发货提醒操作，点击“提醒买家”，弹出提示对话框，如图12-53所示。

步骤06 复制提示信息后，可以直接粘贴到微信、QQ或者短信上通知买家已经发货。

步骤07 在卖家发货操作成功之后，买家也会马上收到微店发来的短信提醒，如图12-54所示，通知其订单已经发货。

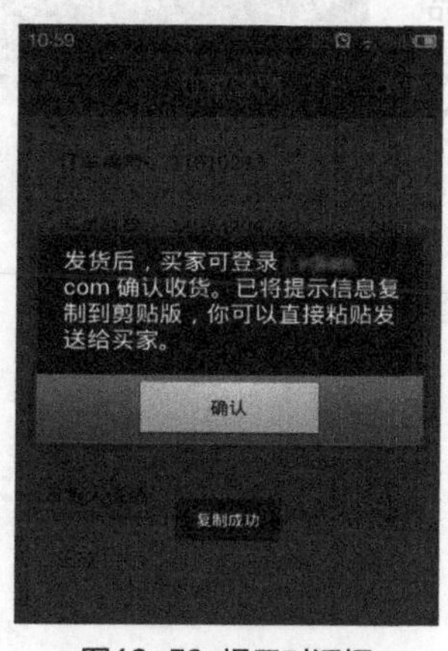

图12-53 提示对话框

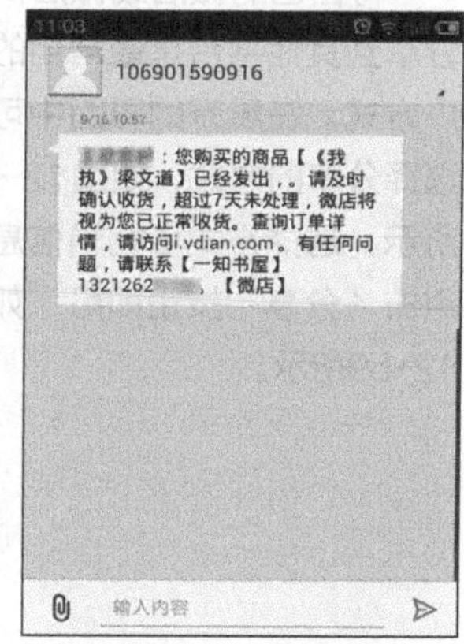

图12-54 短信提醒

12.3 微店基本推广

下面介绍微店基本推广的操作。

12.3.1 生成二维码

买家可以通过扫描二维码进入到我的微店。在“我的微店”界面中点击“分享”按钮，在弹出的界面中点击“二维码”图标，如图12-55所示。此时手机自动生成二维码，单击右上角的按钮，如图12-56所示。在展开的界面中点击“分享我的微店二维码”按钮可以将二维码分享至朋友圈、QQ空间和微信等社交软件；点击“保存二维码到手机”按钮可以将自己店铺的二维码保存下来，直接发给要进入店铺的朋友，如图12-57所示。

图12-55 点击“二维码”图标

图12-56 点击按钮

图12-57 点击

12.3.2 分享商品

将自己的微店或微店商品分享到其他平台是最常用的推广方式。在展开的界面中可以选择分享的方式，如图12-58所示。选择方式后编辑信息，点击“分享”按钮即可，如图12-59所示。

图12-58 选择方式

图12-59 单击“分享”按钮

第 13 章 微博与微信营销

在微时代来临的这一大趋势下，微信和微博无疑成为最好的推广方法，随时随地就可以推广店铺，带来无限流量。把握这一时机，以带动淘宝店铺的发展。

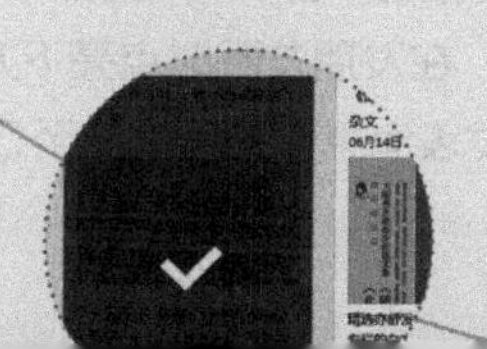

13.1 微信营销

微信营销是随着微信的火热而兴起的一种网络营销方式。对于个人而言，只要是你的微信好友，就可以通过朋友圈推广自己的产品。对于商家而言，可以通过注册公众号，向关注了本公众号的所有人进行消息推送，实现点对点的营销。

13.1.1 微信基本推广

微信的火爆给电商带来了商机，无论是个人还是企业，使用微信进行推广无疑是有效的推广方式之一。

1. 摇一摇

微信摇一摇是微信推出的一个随机交友应用，通过摇手机或点击按钮模拟摇一摇，可以匹配到同一时段触发该功能的微信用户，从而增加用户间的互动和微信黏度，如图13-1所示。

2. 漂流瓶

微信漂流瓶有“扔一个”和“捡一个”两个功能，使用“扔一个”功能可以扔出编辑有营销内容的文字，实现推广，另外还可以对漂流瓶进行设置，点击右上角的按钮，在打开的界面中可以设置漂流瓶头像，如图13-2所示。

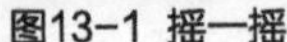

图13-1 摇一摇

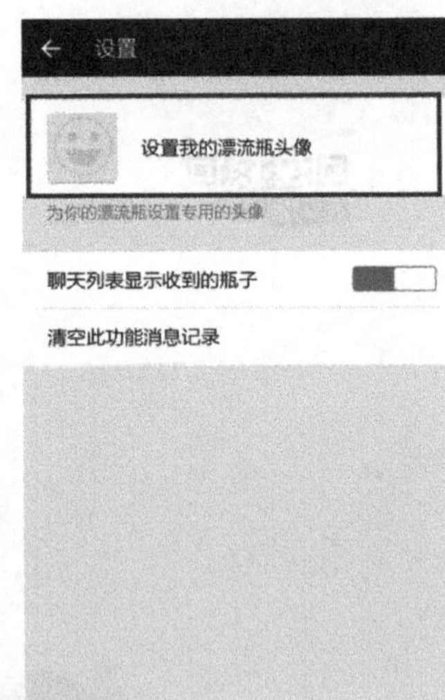

图13-2 设置漂流瓶

3. 朋友圈

微信朋友圈是腾讯微信上的一个社交功能，用户可以通过朋友圈发表文字和图片。玩微信的朋友，估计有一半以上的时间都会停留在朋友圈。那么对于一个商业意识很强的人来说，立马就会意识到这里可以宣传他的产品，可见朋友圈这个区域是多么重要。

- **QQ空间同步：**在发朋友圈时点亮下方一个带有QQ空间的“五角星”标志，如图13-3所示。在点亮此标志后发表消息，即可同步至QQ空间，如图13-4所示。

● **提醒谁看：**在朋友圈每发一条可以提醒10个好友查看。这个功能的价值核心体现在精准送达上，如图13-5所示。

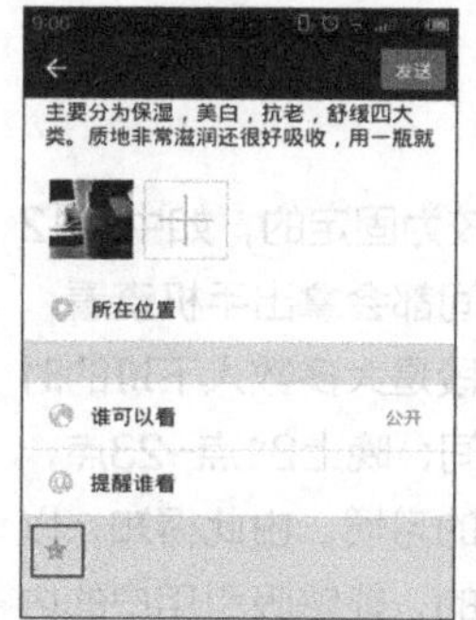

图13-3 点亮五角星标志

图13-4 同步到空间

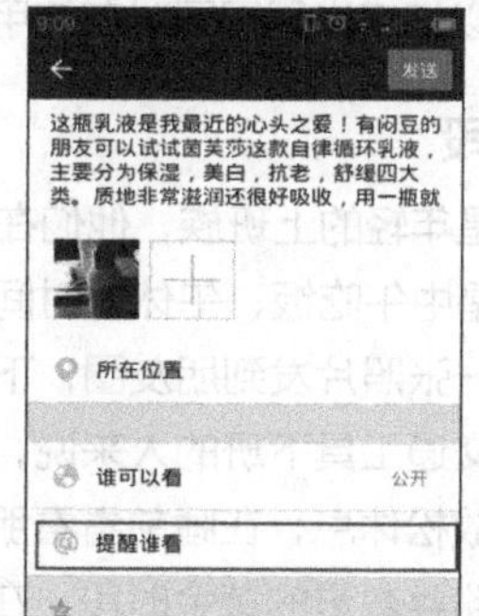

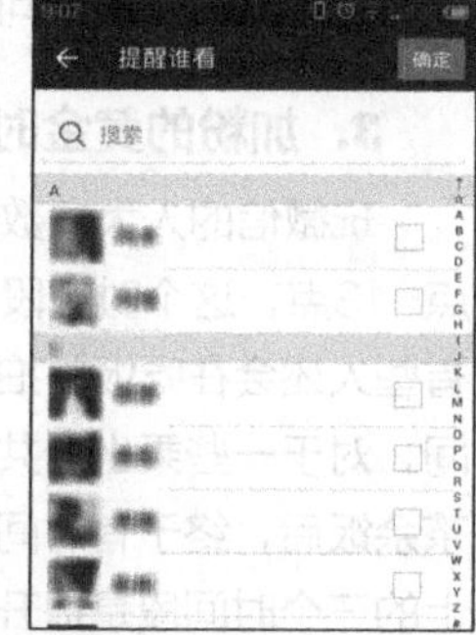

图13-5 “提醒谁看”功能界面

13.1.2 微信添加粉丝

众所周知，粉丝量是微营销的基础，下面介绍提升粉丝数量的技巧。

1. 附近的人

在微信中使用“附近的人”功能可以查看附近的人，同时自己也会被附近的人看到，如图13-6所示。

2. 添加朋友

点击微信右上角的“+”按钮，展开列表，点击“添加朋友”按钮，如图13-7所示。即可添加QQ好友、手机联系人、公众号以及雷达扫描周围的人来扩展自己的朋友圈。

图13-6 附近的人

图13-7 添加朋友

● **添加QQ好友：**若使用的微信是通过QQ号注册的，那么就可以添加QQ中所有开通微信的好友，也可以邀请未开通微信的QQ好友开通微信账号。

● **添加手机联系人：**可以将手机通讯录中开通了微信的联系人添加到你的微信中，可以加深彼此的联系频率。

● **查找公众号：** 通过搜索功能可以查找相关行业的公众号，并关注该公众号。同样，也可以自己建立一个公众号，向关注你的人推送相关营销的内容。

● **雷达加朋友：** 可以扫描出周围同时在使用此功能的用户。

3. 加粉的黄金时段

玩微信的人大多数是年轻的上班族，他们在微信上活跃的时间也都是较为固定的，如中午12点~13点，这个时间段是中午吃饭、午休的时间，他们在订餐等外卖的时间都会拿出手机查看，有些人还会在吃饭前拍一张照片发到朋友圈；下午18点~19点，这个时间段是大多数人下班的时间，对于一些乘坐公共交通工具下班的人来说，在车上可以用手机打发时间；晚上21点~23点，茶余饭后，终于有时间放松休息，在睡前看看朋友圈，玩玩微信是很多人的习惯。由此得知，以上的三个时间段是提升粉丝数量的黄金时段，在这个时间段可以转发有趣的，能够吸引用户的内容，通常会在用户之间转发，并主动添加你为好友。

13.1.3 微信公众平台

公众平台订阅号，是公众平台的一种账号类型，旨在为用户提供信息。公众号每天可以发送1条群发消息。发给订阅用户的消息，将会显示在对方的“订阅号”文件夹中。点击两次才可以打开。个人申请，只能申请订阅号。

步骤01 在浏览器地址栏中输入mp.weixin.qq.com，进入微信公众平台，若有账号则可直接登录，若无账号则单击右上角的“立即注册”链接，如图13-8所示。

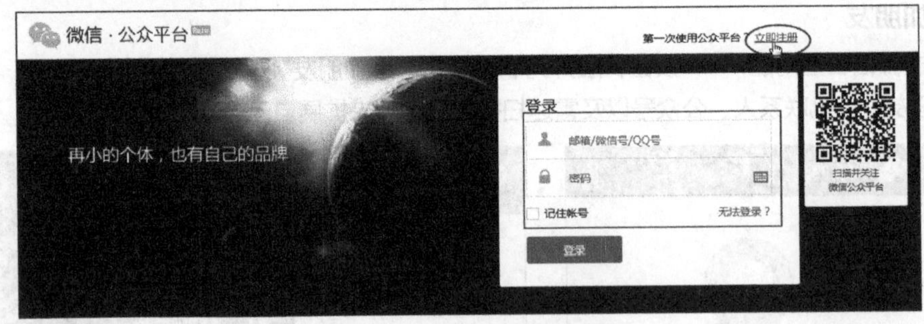

图13-8 单击“立即注册”链接

步骤02 在打开的页面中填写注册邮箱并设置登录密码，单击“注册”按钮，如图13-9所示。

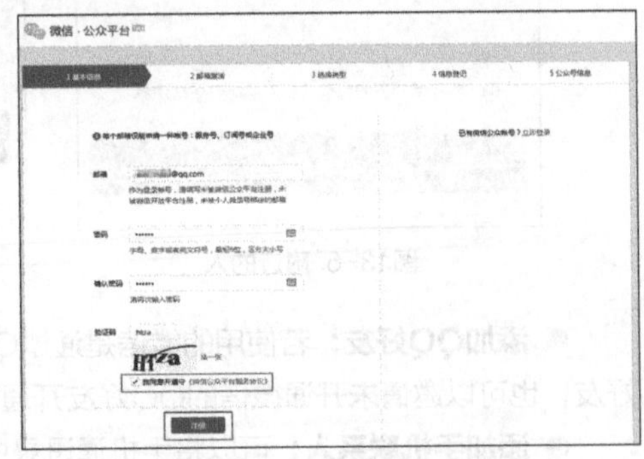

图13-9 单击“注册”按钮

步骤 03 进入第2步操作，提示激活公众平台账号，单击“登录邮箱”按钮，如图13-10所示。

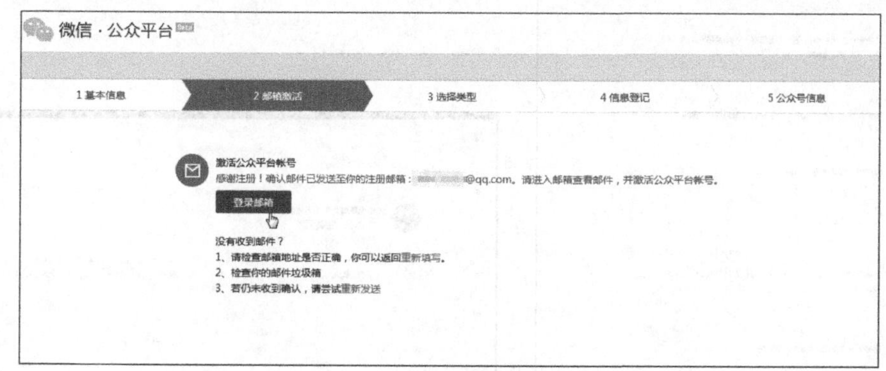

图13-10 单击“登录邮箱”按钮

步骤 04 打开邮箱登录页面，登录后，在收件箱中打开邮件，单击中间的链接，如图13-11所示。

步骤 05 激活后跳转至第3步操作，选择类型，包括订阅号、服务号和企业号，根据适用的范围来选择，这里选择的是适用于个人和组织的订阅号，如图13-12所示。

图13-11 单击中间的链接

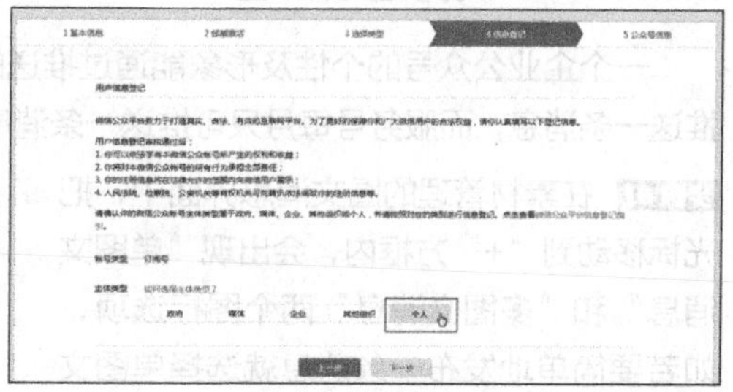

图13-12 选择订阅号

步骤 06 弹出对话框，单击“确定”按钮，如图13-13所示。

步骤 07 进入信息登记。选择主体类型，包括政府、媒体、企业、其他组织和个人，这里选择个人，如图13-14所示。

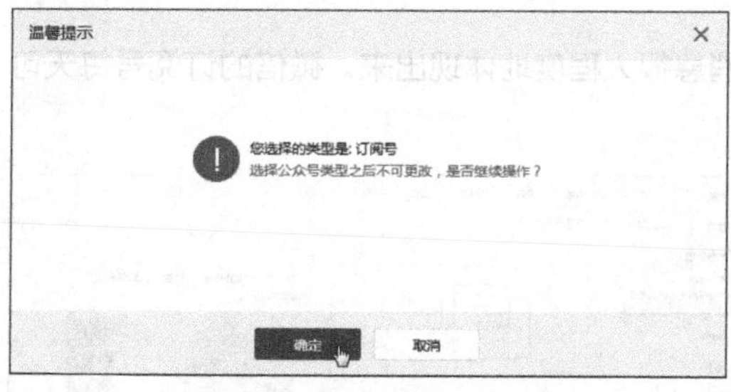

图13-13 单击“确定”按钮

图13-14 选择个人

步骤 08 填写信息，单击“继续”按钮，如图13-15所示。

步骤 09 弹出提示对话框，单击“确定”按钮，如图13-16所示。

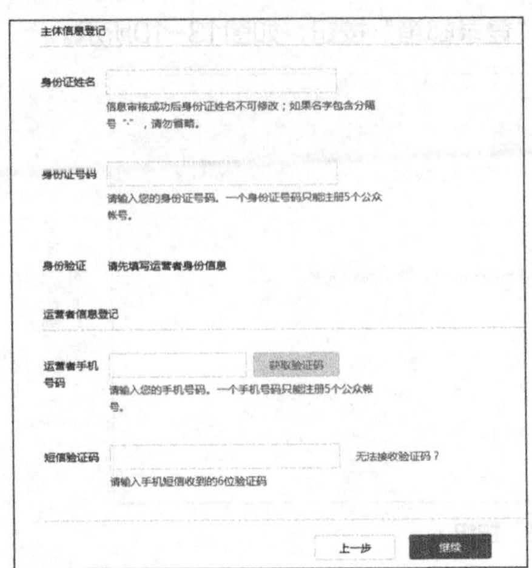

图13-15 单击“继续”按钮

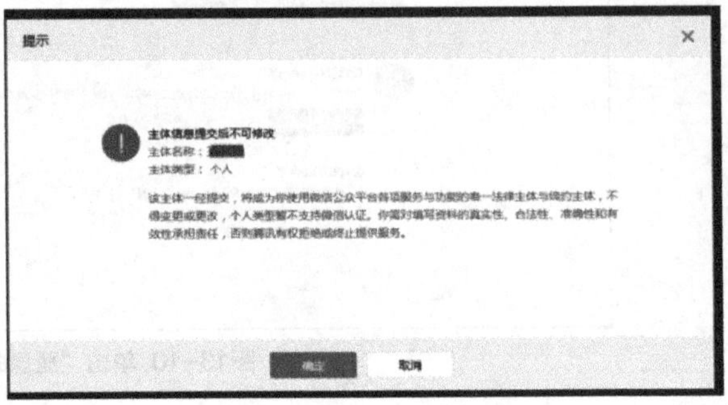

图13-16 单击“确定”按钮

步骤 10 进入第5步操作，填写公众账号的基本信息，单击“完成”按钮，如图13-17所示。

步骤 11 提交信息后，弹出对话框，提示系统会在7个工作日内进行审核，如图13-18所示。通过审核前，用户无法申请认证，也无法使用公众平台群发功能和高级功能。

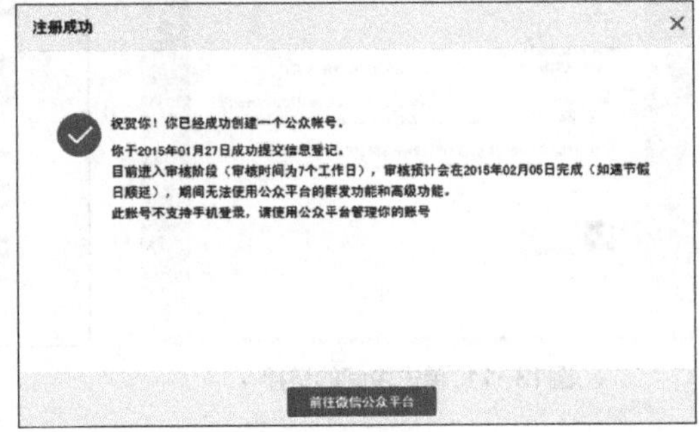

图13-17 单击“完成”按钮

图13-18 审核

13.1.4 消息推送

一个企业公众号的个性及形象能通过推送的消息很大程度地体现出来。微信的订阅号每天可推送一条消息，而服务号每月只可推送一条消息。

步骤 01 在素材管理的图文消息界面中，把光标移动到“+”方框内，会出现“单图文消息”和“多图文消息”两个图标选项，如若要简单地发布一条消息就选择单图文消息，多图文消息总共可以撰写8条消息。首先单击“单图文消息”图标，如图13-19所示。

图13-19 单击“单图文消息”图标

步骤 02 在跳转的界面中编辑标题、作者、摘要、正文和原文链接，上传封面图片，如图13-20所示。完成后单击页面下方的“保存”按钮即可。如果想要预览页面也可单击预览，输入一个微信号，在手机上进行预览。

步骤 03 单击“预览”按钮之后，弹出对话框，填写可供预览的个人微信号，如图13-21所示。单击“确定”按钮，即可预览图文消息。

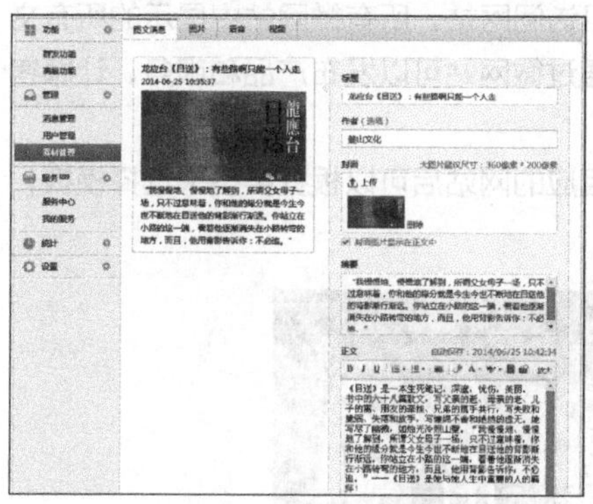

图13-20 编辑内容

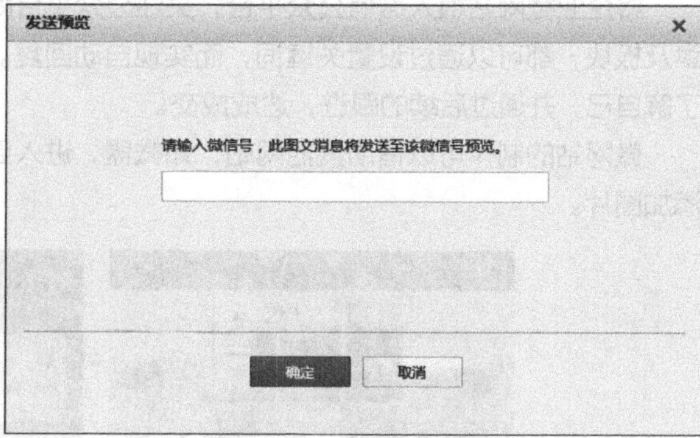

图13-21 输入微信号

步骤 04 当单击“多图文消息”图标后，在多图文消息中，至少需要两个标题消息，最多可添加至8个图文消息，如图13-22所示。当需要编辑各个列表的图文消息时，将光标移动到对应的图文消息上，当显示两个图标时，单击“铅笔”图标进行编辑操作，右侧则显示出编辑框，每个标题消息编辑操作与单图文消息一致。编辑完毕后单击页面下方的“保存”按钮即可。

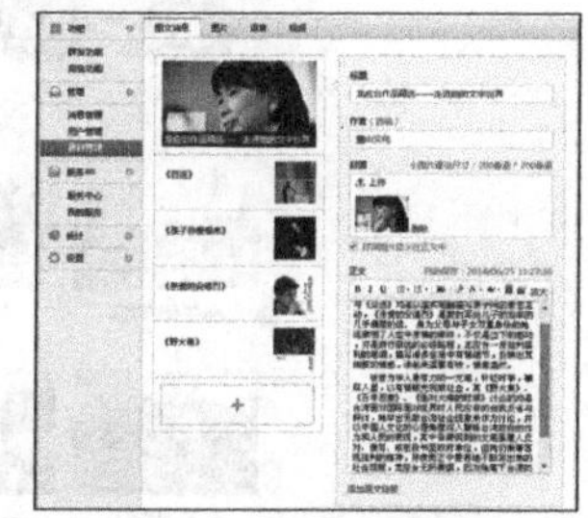

图13-22 编辑多图文消息

步骤 05 确认保存的图文消息后，选择功能板块中的“群发功能”选项，单击“图文消息”按钮，如图13-23所示。

步骤 06 在弹出的对话框中选择编辑好的需要群发的素材，单击“确定”按钮即可完成群发消息的操作，如图13-24所示。

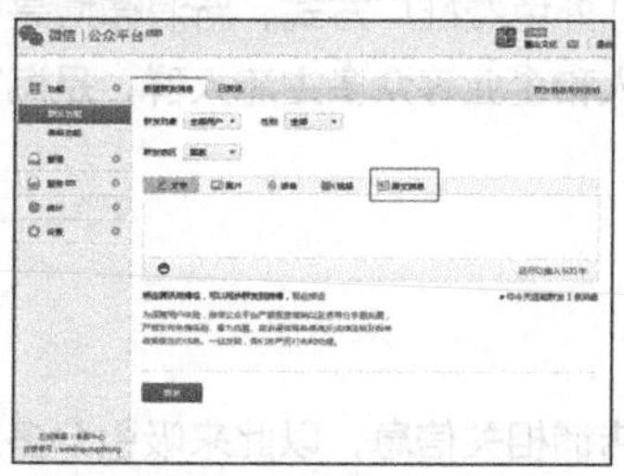

图13-23 单击“图文消息”按钮

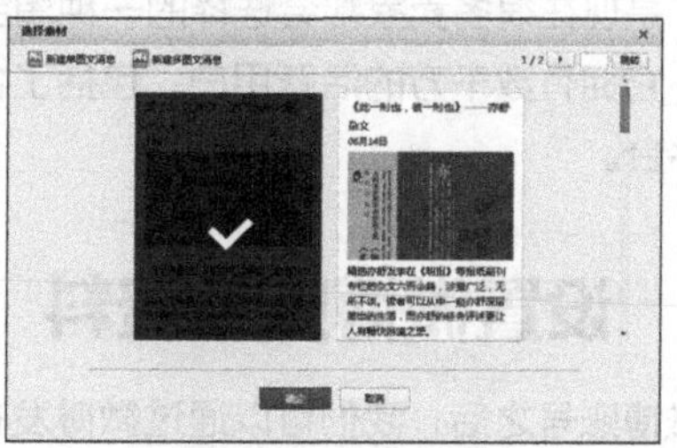

图13-24 群发消息

这里特别注意的是列表上的图文消息的封面图片都是400像素×400像素的，简单来说是方形的，所以图片要尽量处理成方形。有些平台账号会利用这里的消息列表效果编辑成有趣的消息条，大家也可以在这里设计出有特色的排列内容。

13.2 微网站

微网站是基于微信发展的，适应移动客户端浏览市场对浏览体验与交互性能要求的新一代网站，如图13-25所示。

将企业微网站植入微信公众平台，关注公众平台即可访问网站。所有微网站中显示的所有文章及板块，都可以通过设置关键词，而实现自动回复。通过微网站可以发布产品和服务，让顾客了解自己，并通过后续的跟进，达成成交。

微网站的制作可以借助其他网站，如微盟，进入到相应的网站后可以根据类型来选择模板，添加图片。

图13-25 微网站

13.3 微博推广

微博推广是现在很多卖家都会选择的一种淘宝站外免费推广方式，新浪微博是中国目前最大的微博平台，它拥有数千万的活跃用户，包括了名人和企业等众多主流人群，是淘宝店进行网络营销的最佳平台。

13.3.1 设置微博账号资料

注册好微博账号之后，我们可以通过微博发布店铺相关信息，以此来吸引众多的潜在客户访问我们的店铺。想做好微博营销，我们先要完善我们的账号资料。

1. 微博昵称

微博昵称最好和你店铺所卖的商品有关联性，如你是卖服饰的，你的微博昵称就可以写“潮流服饰”，这样别人一看就知道你的微博是介绍服饰的，在后期微博里面发一些产品图片也是比较合情合理的。也可以改成与你淘宝店铺一样的名字，这样统一以后方便你的潜在用户通过名字找到你。如果你的店铺已经具有了一定的品牌效应，还可以申请新浪官方的微博机构认证，树立品牌形象的同时也更容易获得消费者的信赖，如图13-26所示。

图13-26 微博昵称设置

2. 微博头像

头像设置方面第一件事是必须抓住眼球。这个要根据微博内容来选择，这样才能切合微博主题，可以选择你店内的产品或者比较有特色的Logo来做头像。

3. 微博描述

微博描述里面尽量不要太过广告化，微博资料里面也可以做到与网店完全一样，例如在个人简介里可以输入店铺地址和店铺介绍。让看过自己资料的人感到这个微博账户就是你网店的官方账户，具备唯一性。在设置微博标签的时候可以把淘宝店铺宝贝的关键词适当地嵌入2个~3个，以便粉丝搜索到我们的微博，如图13-27所示。

背景图片

微博背景图片也非常重要，建议将你的商品拼接成好看的图片作为背景，这样可以让消费者第一时间加深印象，或者也可以用当前的活动海报作为背景图片，如图13-28所示。

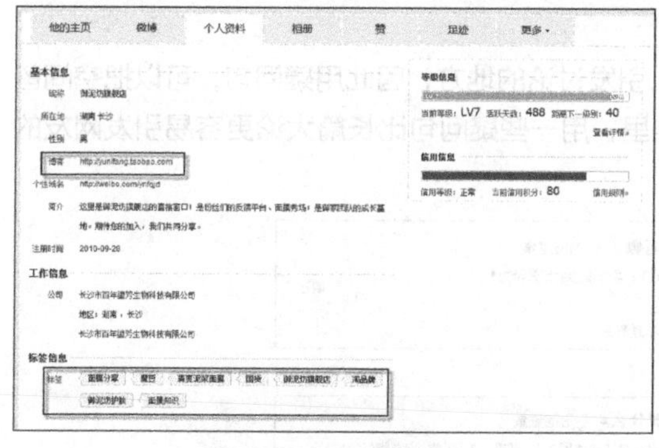

图13-27 设置微博描述

图13-28 设置微博背景图片

13.3.2 微博推广的技巧

账号设置完成之后，就是增加粉丝了，拥有足够的粉丝之后，我们要做的就是通过和粉丝的互动转播我们发的微博内容，增加微博的曝光度。

1. 写高质量的微博内容

● **简练文字：**微博140个字的容量，越精练越好。很多高度精练的一句话微博，转发量很高。原因是，简单的一句话背后，给广大粉丝留下广阔的讨论空间，如图13-29所示。

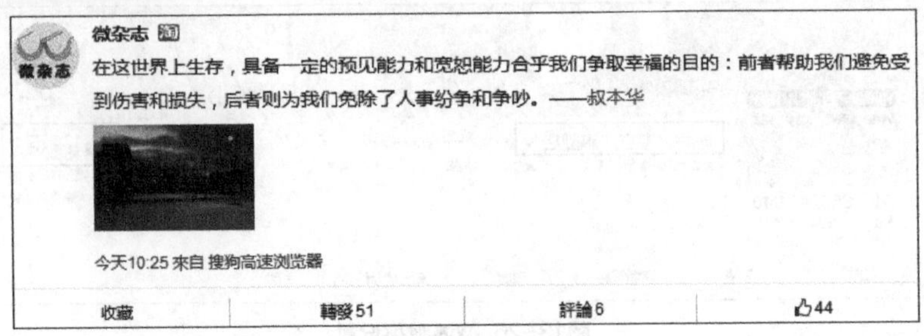

图13-29 简练文字

● **通俗语言：**语言风格一定要跟草根文化血脉相通，对吐槽、高富帅等微博热词要烂熟于胸、驾轻就熟，在微博上尽量少说官话、套话，只有说接地气的“人话”，才能赢得粉丝的追捧和关注。

● **情感真挚：**微博是一个几乎透明的平台，写微博时一定要投入最大限度的真诚。你的微博只有感动了自己，说得真真切切是自己内心的感受，才能够打动更多的人。

● **自嘲精神：**在微博上，遭遇质疑和攻击是司空见惯的事情，这时候一定不要去攻击和谩骂，要有宽阔的胸怀和娱乐精神，化解别人对自己的质疑。

● **善讲故事：**写微博，跟说相声一样，要善于抖包袱，在140个字中最好能写出跌宕起伏来，把悬念和笑料留在最后，甚至在读完微博以后，还留下想象和讨论的空间。如今微博上有许多的草根大号在这方面做得非常出色，能够化平庸为笑料。

● **结合热点：**在微博上，几乎每天都会涌现热点话题、各种微博体。作为个人微博和官微如果适时地与热点结合，借助热点的“热度”，可以提高自己的曝光率和关注度。但是，切忌用微博做一些低俗、恶意的炒作。

● **用疑问句：**微博是个可以发起热门话题，引发讨论的地方，因此用疑问句，可以把空间留给粉丝，激发粉丝的转发和讨论。在有限的文字里，用一些疑问句比长篇大论更容易引发网友的讨论，如图13-30所示。

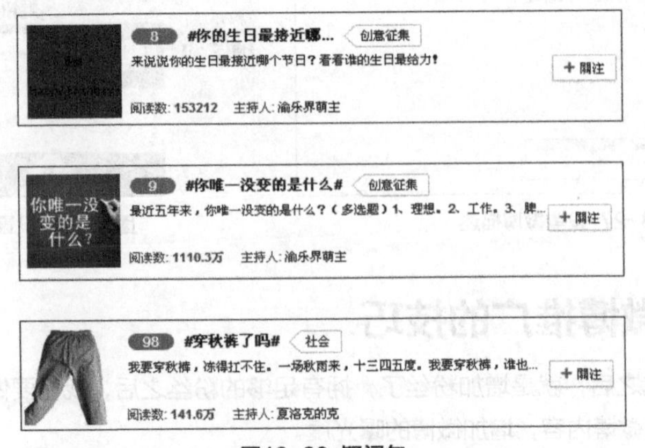

图13-30 疑问句

● **善用图片：**有时候一张图片，胜过千言万语。很多以图片为主的微博，只需要配上适当的文字，就可以很抓人，如图13-31所示。

● **善用长微博：**有时候，微博140字的容量，的确表达不了很深度的内容，因此出现了长微博、图片微博等工具，如图13-32所示。相比较在微博中加入文章链接，应用长微博和图片微博最大的好处是，不用离开微博页面，就能够看完全文，方便了用户。另外，用户一旦离开微博页面，转发的概率将大大降低，使用长微博相比加入链接，微博的传播效率会更高。

图13-31 善用图片

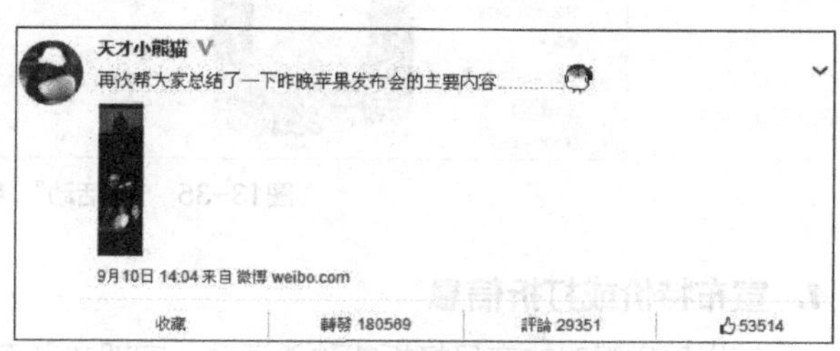

图13-32 善用长微博

2. 发起话题

多发布些有争议的话题带动微博粉丝互动，同时可以增加更多的人进来转播评论，这样就可以增加微博的转发量。因为微博上有淘宝店铺的地址，当有人觉得需要就会点击进入淘宝店铺去看看的。笑话、美容养生和明星热点等话题是最受关注的，每天发帖十多个，可以适当在几个帖子中加入店铺链接。如果你的话题够新颖、能引起别人注意，那么你就成功了一半。

单击微博输入框下面的“话题”按钮，可以插入你想说的话题，如图13-33所示，如果有必要你还可选择发布长微博。热门的话题会显示在新浪“微话题”的热门话题榜中，如图13-34所示，最热门的话题参与讨论的人数可以多达数十万。

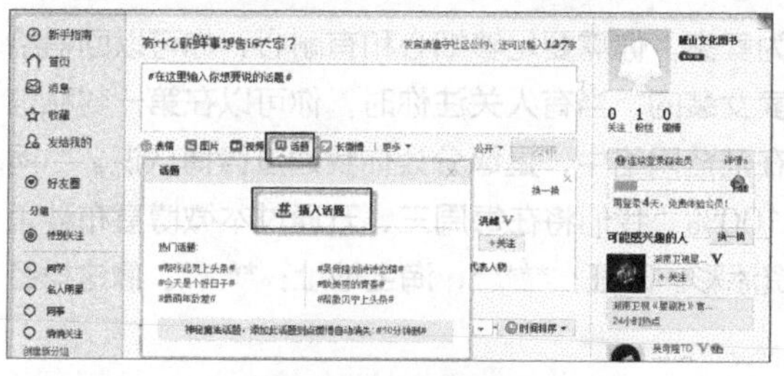

图13-33 插入话题

图13-34 热门话题榜

3. 发起活动

充分利用好微博的活动发布页面，新浪微博有专门的活动发布页面，作为一个普通人你也可以发起同城活动。例如你可以发起转发有奖活动，要求粉丝在约定的时间里转发有奖活动，依照转发数目分发不收费奖品，如图13-35所示。那么网友在转发的过程中无形地就给你免费做了广告和推广，而对应成百上千转发的人群你所要付出的只是几件商品。通过活动你可以迅速增加粉丝，也可以吸引更多的潜在用户，更重要的是，微博扩大了你的市场。但是需要注意的是，新浪微博仅支持新浪认证用户发起“微活动”。

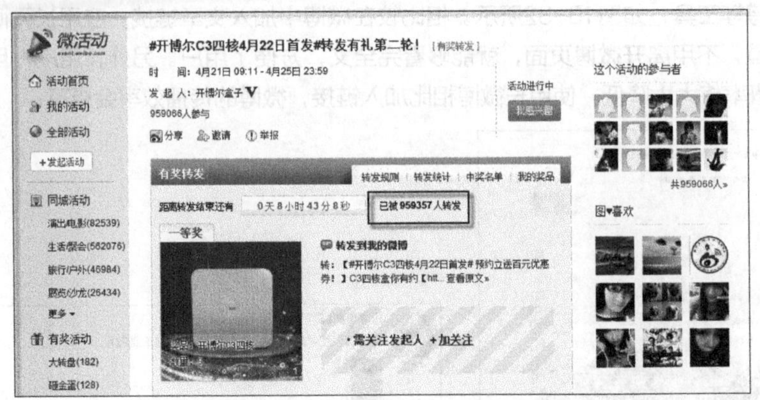

图13-35 “微活动”转发抽奖

4. 宣布特价或打折信息

可以采用限时的商品打折或秒杀活动，定期或者不定期宣布一些商品促销活动，这种办法会给粉丝带去切合实际的让利，有意的客户一定会关注你。在操作这些活动时，你可以设定得到好处的客户只限于自己微博粉丝客户，从而进一步扩张自己的粉丝群。而且，假如你保持定期让利，一定会有越来越多的听众主动关注你，其营销效果自然不言而喻。

5. 运用微群

微博玩转后，可以加入几个微群，聚合有相同爱好或者相同标签的朋友，将所有与之相应的话题全部聚拢在微群里面，让志趣相投的朋友以微博的形式更加方便地进行参与和交流，如图13-36所示。

6. 加强与粉丝的相互交流

这一点至关重要，当你有新的粉丝时，作为卖家，你需要足够细心和有耐心，你可以回信给他们，感谢他们对你的关注。例如，如果你是卖女装的，当有人关注你时，你可以在第一封私信里这样写：十分感谢您对**网店微博的关注，在茫茫网络中，是缘分让你我通过微博认识。**网店是淘宝女装店铺，自运营以来，好评率达到100%。我们将在每周三、五通过本微博宣布秒杀和特价促销活动，期望我们能够为您的生活增资添彩。旺旺：*****，淘宝地址：*****。像这样经过长期的交流，你的粉丝一定会忠实于你。

7. 主动关注别人，寻找潜在客户

你还可以主动去关注别人，寻找潜在客户，微博标签会自动推荐和你具有相同标签的人让你关注。此外，你还可以通过微博搜索来寻找你的目标客户。在微博搜索框中搜索与你店铺产品相关的信息，在搜索结果中会推荐“相关用户”及“热门微博”，如图13-37所示。在这些微博下是最有可能找到你的潜在客户的，关注这些用户并且经常积极参与转发评论这些微博内容，也可以为你吸引粉丝。

图13-36 新浪微群

图13-37 微博搜索

13.4 微信、微博营销误区

很多企业在进行微营销时都存在误区，这些误区直接影响了营销的开展。

13.4.1 微信营销误区

可以毫无争议地说，所有的微信营销最终都是决定于内容，不论是朋友圈只发两句话也好，还是微信公众平台发一篇文章也罢，都需要慎重操作。下面介绍微信营销内容中最常见的误区。

- **内容没有任何规划，随意乱发：**无论何种营销，都要讲求计划性，而很多人对于这点没有把握，无论是生活的琐事还是杂乱的转发，想发什么发什么。其实无论转发也好，自己写的也好，最重要的一点就是内容切忌过于杂乱。根据自己需要推广的产品进行定位，对发送的内容进行规划。如卖面膜的可以在夜间发张敷面膜的照片，并附上相关文字。也可以转发面膜护肤的相关知识。
- **只追求内容的长短，不追求内容的传播性和阅读性：**很多注册了公众号的人认为，推送的内容要有一定的长度才能说明诚意。其实这是错误的，使用移动设备阅读，内容太多本就不利于传播与阅读，没有人愿意花大量的时间看长篇大论。无论你发布的内容是什么，都要注意简短明了，可以使用小标题进行分段，帮助阅读。
- **对内容发布次数没限制，连续发布：**这类问题很常见，相信很多人都深有体会，朋友圈被刷屏十分烦心，大多数人都选择屏蔽或者删除这个朋友，这显然就不是营销推广的目的了。因此，对每日发布的内容要有限制。

13.4.2 微博营销误区

微博营销看似很简单，只需每天发点微博就可以了。过程简单，但很多人却对微博营销存在误区。

- **粉丝数量决定了微博的价值：**我们知道，粉丝是微营销的基础。因此很多企业为了追求粉丝的数量，通过购买的方式获得粉丝，获得互动、转发量等，这显然是错误的。因为即便是真实的粉丝，如果不能有效地挖掘粉丝的价值，对微博营销也没有大多意义。

- **微博营销一定要开通官方微博：**当提到微博营销，很多人会第一时间想到开通官方微博。其实，只要在微博这个平台上开展的营销都可以称之为微博营销。只要利用微博这个平台的特点，借助它的媒体属性来进行宣传、推广就达到了目的。因此，企业开不开通官方微博只是一种形式上的选择。